Israel Regardie

Das magische System des Golden Dawn

Israel Regardie

Das magische System des Golden Dawn

Band 1

Herausgeber der deutschen Ausgabe:
Hans-Dieter Leuenberger

Verlag Herman Bauer
Freiburg im Breisgau

CIP-Titelaufnahme der Deutschen Bibliothek

Regardie, Israel:
Das magische System des Golden Dawn / Israel Regardie.
[Ins Dt. übertr. von Roland Pawlowski und Jörg Wichmann]. –
Freiburg im Breisgau : Bauer
   Einheitssacht.: The complete Golden Dawn system
of magic ⟨dt.⟩
   ISBN 3-7626-0329-4 Gewebe
   ISBN 3-7626-0342-1 Ldr.
Bd. 1 (1987)
   ISBN 3-7626-0326-X Gewebe
   ISBN 3-7626-0343-X Ldr.

Die amerikanische Originalausgabe erschien 1984 unter dem Titel
The Complete Golden Dawn System of Magic
bei Falcon Press, Santa Monica, Kalifornien.
© 1984 by The Israel Regardie Foundation.
© für die Abbildungen 1983 by Falcon Press.

Der Übersetzung ins Deutsche liegt die 2. amerikanische Auflage
aus dem Jahr 1985 zugrunde.

Ins Deutsche übertragen von Roland Pawlowski (Teile I und II)
und Jörg Wichmann (Teile III und IV), bearbeitet von Hans-Dieter Leuenberger.

Gewebebände: Lederbände:
ISBN 3-7626-0326-X (Band 1)   ISBN 3-7626-0343-X (Band 1)
ISBN 3-7626-0327-8 (Band 2)   ISBN 3-7626-0344-8 (Band 2)
ISBN 3-7626-0328-6 (Band 3)   ISBN 3-7626-0345-6 (Band 3)
ISBN 3-7626-0329-4 (Gesamtausgabe)   ISBN 3-7626-0342-1 (Gesamtausgabe)

Mit 6 Farbtafeln, 24 Abbildungen und 137 Zeichnungen.

1987
© für die deutsche Ausgabe 1987 by
Verlag Hermann Bauer KG, Freiburg im Breisgau.
Alle Rechte der deutschen Ausgabe vorbehalten.
Schutzumschlag: Grafikdesign Wartenberg, Staufen.
Satz: Typobauer Filmsatz GmbH, Scharnhausen.
Druck und Bindung: Carl Ueberreuter Druckerei Ges. m. b. H., Korneuburg
Printed in Austria

Inhalt

Danksagung 11   Eine Bemerkung zur Schreibweise 12   Beharrlichkeit und Entschlossenheit 13   Vorwort zur deutschen Ausgabe 15   Vorwort des Übersetzers 20   Einführung 23   Mysterien und Orden 25   Das geistige und kulturelle Umfeld zur Gründungszeit des Golden Dawn 33   Gründung, Aufstieg und Fall des Golden Dawn 40   System und Lehre des Golden Dawn 59   Der Erste oder Äußere Orden 60   Der Zweite oder Innere Orden   63

Teil I

Das magische Alphabet

Einleitung 69   Initiation 75   Die esoterische Tradition des Westens 76   Selbstinitiation 80   Warnung 85   Die richtige Einstellung zum Geistkörper 93   Das Über-Ich und der Höhere und Göttliche Genius 93   Die Überhöhung des Ego 93   Die richtige Einstellung gegenüber den Instinkten 95   Das Verhältnis der Religion zum Großen Werk 95   Egotismus 97   Das magische Alphabet 100   Die Magie des hebräischen Alphabets 106   Die Mystik des Alphabets 108   Über die Aussprache des Hebräischen 112   Einführung zu *The Kabballah Unveiled* 117   Über die Hierarchien 135   Über die Mindestanforderungen an das Studium zur Erlangung der ersten Ordensgrade   155

Teil II

Die Bedeutung der Divination

Divination 163   Der Tarot 167   Terminologie 168   Der vorgeschichtliche Mensch und schriftlose Kulturen 169   Eine Zigeunermethode zur Tarot-Divination 170   Bemerkungen zum Tarot 174   Die Großen Arkana im Tarot 176   Einundzwanzigster Schlüssel – Die Welt 180   Zwanzigster Schlüssel – Das Gericht 181   Neunzehnter Schlüssel – Die Sonne 182 Achtzehnter Schlüssel – Der Mond 182 Siebzehnter Schlüssel – Der Stern 183 Sechzehnter Schlüssel – Der geborstene Turm 184 Fünfzehnter Schlüssel – Der Teufel 185 Vierzehnter Schlüssel – Das Maß 186 Dreizehnter Schlüssel – Der Tod 187 Zwölfter Schlüssel – Der hängende Mann 189 Elfter Schlüssel – Die Gerechtigkeit 191 Zehnter Schlüssel – Das Rad des Schicksals 192 Neunter Schlüssel – Der Eremit 193 Achter Schlüssel – Stärke 194 Siebenter Schlüssel – Der Triumphwagen 195 Sechster Schlüssel – Die Liebenden 196 Fünfter Schlüssel – Der Hierophant 196 Vierter Schlüssel – Der Herrscher 197 Dritter Schlüssel – Die Herrscherin 198 Zweiter Schlüssel – Die Hohepriesterin 199 Erster Schlüssel – Der Magier 200 Null – Der Narr 201 Bemerkungen zur Geomantie 202 Astrologie 209 Esoterische Astrologie 211 Einführende Schrift zu den Tattwas 214 Was Tattwas sind 214 Die Symbole der Tattwas 216 Swara und der Atem 218 Die Tattwas der östlichen Schule 222 Allgemeine Beobachtungen 223 Der Lauf der Tattwas 225 Die Tattwas 227 Meditation und Beherrschung der Tattwas 229 Die Heilung von Krankheiten 231 Zukunftsvorhersage 232 Alchemie (Regardie) 234 Alchemie (Nintzel) 237 Die Vivion des kosmischen Merkur 251 Übersetzung und Bemerkungen zur Schrift über Merkur 254

Teil III

Der Kern der Überlieferung

Die Säulen 259 Die Säulen II 260 Die Säulen III 266 Die Worte des verstorbenen Geistes, des Gottessohnes Osiris 270 Die Säulen IV 273 Die weiße Säule 273 Die schwarze Säule 277 Der Garten Eden vor dem Fall 279 Der Garten Eden nach dem Fall 280 Über die Führung und Reinigung der Seele 285 Shem Ha-Mephoresch – der 72fältige Name 288 Die 72 Namen und ihre Bedeutung 293 Die magischen Bilder der Dekanante 295 Hodos Chamelionis in bezug auf den Lebensbaum 302 Der Mensch als Mikrokosmos 310 Die Aufgabe des Adeptus Minor 319 Das Reisen in der geistigen Schau 321 Über die Mikrokosmen des Makrokosmos 322 Über Besessenheit, Trance und Tod 325 Über die Arbeit zwischen der Pforte und dem Adeptus Minor 326 Der Lebensbaum in der Aura 337 Die Lehrschriften 348 Zweite Lehrschrift 349 Das hebräische Alphabet 350 Tafel der Schlußbuchstaben 352 Der Etz

Chayim oder Baum des Lebens 352   Das kleine Pentagrammritual 353   Die Verwendungen des Pentagrammrituals 353   Die Ausführung des Pentagrammrituals 355   Weitere alchimistische Zuordnungen zum Lebensbaum 356   Die Qlippoth auf dem Lebensbaum 357   Das Altardiagramm des Baumes 358   Die vier Welten der Kabbala 360   Einige Entsprechungen aus dem Tarot 360   Dritte Lehrschrift 361   Die drei Gruppen der hebräischen Buchstaben 361   Die Swastika 362   Der Caduceus 363   Der Mond auf dem Lebensbaum 364   Vierte Lehrschrift 364   Die geometrischen Figuren der Planeten 365   Die magischen Quadrate der Planeten 365   Das griechische Würfelkreuz 366   Das räumliche Dreieck oder Tetraeder 366   Das griechische Kreuz 367   Der Kelch des Stolistes 367   Das Symbol Merkurs 368   Fünfte Lehrschrift oder Azoth 369   Einlassungszeichen im Grade des Philosophus 371   Eine andere Anordnung des Lebensbaumes 374   Die Spiegelung der Elemente den Lebensbaum hinab 374   Erste Meditation 375   Zweite Meditation 376   Dritte Meditation 376   Vierte Meditation 377   Fünfte Meditation 377   Sechste Meditation 378   Übungen zur Entwicklung 379   Die Sigil des heiligen Namens 379   Sensitivitätsübungen 382   Heiliger Boden 384   Das kabbalistische Kreuz 385   Der Heilige Geist 387   Der reinigende Atem 388   Prithivi 388   Vayu 389   Liebe 390

Teil IV

Grundlegende Techniken

Allgemeine Anweisungen 395   Z.A.M. zum Th.A.M – Acht Prüfungen 400   Katalog der Manuskripte 403   Katalog der fliegenden Rollen 404   Invokationstechniken 405   Das Pentagrammritual 407   Das große invozierende Ritual des Pentagramms 414   Das Hexagrammritual 417   Die vier Formen 426   Das kleine Hexagrammritual 428   Nachtrag 430   Das magische Schwert 435   Weihungszeremonie 437   Die vier Elementarwaffen 439   Der Stab des Feuers 439   Der Dolch der Luft 440   Der Kelch des Wassers 441   Das Erdpentakel 442   Das Ritual zur Weihung der vier Elementarwaffen 443   Grundsätzliche Bemerkungen zur Weihung der vier Werkzeuge 443   Das Weihungsritual 444   Der Stab des Feuers 447   Der Kelch des Wassers 448   Der Dolch der Luft 448   Das Pentakel der Erde 449   Der Lotusstab 451   Die Symbolik und der Gebrauch des Lotusstabes 453   Die Weihung des Lotusstabes 455   Die Anrufung der Kräfte der Tierkreiszeichen 457   Die Beschreibung des Rosenkreuzes 458   Das Rosenkreuz 459 I.N.R.I. 460   Die sieben Doppelbuchstaben auf der Rose 461 S.R.M.D.s Bemerkungen zur Herstellung eines Rosenkreuzes 462 Die Weihung des Rosenkreuzes 464   Das Ritual des Rosenkreuzes 467   Die Analyse des Schlüsselwortes 469   Der Gebrauch des Rosenkreuzrituals   470

Danksagung

Mit großer Freude danke ich den hier Genannten für ihre Großzügigkeit und für ihr freundliches Entgegenkommen:

Mr. Carr P. Collins jr. dafür, daß er mir freien Zutritt zu seiner Sammlung von Golden Dawn-Manuskripten gewährte, von denen viele aus der Zeit vor der Jahrhundertwende stammen, und dafür, daß er mir von zwei England-Aufenthalten eine vollständige Sammlung von Golden Dawn-Dokumenten mitgebracht hat, eigens, damit ich dieses Buch schreiben konnte;

dem jüngst verstorbenen Gerald Yorke dafür, daß er Carr Collins Kopien einer vollständigen Sammlung sämtlicher, ca. 1894–1896 dem Frater de Profundis ad Lucem (Mr. Leigh F. Gardner) gewidmeter Golden Dawn-Dokumente ausgehändigt hat, die vom Neophyten bis zum Adeptus Minor reichen;

Robert A. Gilbert (er schreibt gerade eine Biographie über A.W. Waite) dafür, daß er mir zwei Rituale aus Waites Rosenkreuzer-Loge geschenkt hat;

Francis King für seine Erlaubnis, umfangreichere Auszüge aus seinen Werken *Ritual Magic in England* und *The Rebirth of Magic* verwenden zu dürfen;

Gerald Suster dafür, daß er eine Besprechung des Buches von Ellic Howe über den Golden Dawn beigesteuert hat;

Thomas Head Ph.D., der die wissenschaftliche Einführung in das Henoch-System verfaßt hat;

Mrs. Patricia Monocris für ihr Ritual »Requiescat in Pace«;

Mr. Larry Epperson für sein Ritual zur Evokation der sichtbaren Erscheinung des Geistes Chassan;

Edwin Steinbrecher für die Erlaubnis, größere Abschnitte aus seinem *Inner Guide Meditation* zitieren zu dürfen;

Ithell Colquhoun für das von Moina Mathers gemalte Mathers-Porträt, dessen Hintergrund ich aufgehellt habe, damit sich die Gesichtszüge schärfer herausheben;

Stuart R. Kaplan für seine freundliche Erlaubnis, aus seinem Werk *Encyclopedia of Tarot* zitieren und einige Karten des *Golden Dawn Tarot* (U.S. Game Systems) benutzen zu dürfen;

Dr. Robert Wang für die Fotografie seines in einen sphärischen Raum projizierten Lebensbaummodells;

Hans Nintzel für die Benutzung seines Aufsatzes über Alchemie;

Mr. Neville Armstrong von Spearman Ltd. (England) für seine Erlaubnis, die Porträts von McGregor Mathers und von Dr. Wynn Westcott benutzen zu dürfen;

schließlich der Wizard Book Shelf für die Erlaubnis, aus deren von Nurho des Manhar (San Diego, Calif. 1978) übersetzten Ausgabe von *The Zohar* zitieren zu dürfen und Victor A. Endersby für das Zitat aus *The Hall of Mirrors*.

Eine Bemerkung zur Schreibweise

Außer den offiziellen und inoffiziellen Dokumenten des Ordens, die in dieses Buch aufgenommen wurden, gibt es eine Anzahl von Schriften und Aufsätzen, die von verschiedenen Autoren beigesteuert wurden. In diesen Dokumenten sind stilistische Unterschiede und unterschiedliche Schreibweisen einiger in der Kabbala und in der Magie üblichen Grundbegriffe festzustellen. Ursprünglich hatte ich beabsichtigt, in diesem Buch einen einheitlichen Stil und einheitliche Schreibweisen zu gebrauchen; nach längerer Überlegung beschloß ich jedoch, die Eigenpersönlichkeit der einzelnen Autoren für sich selbst sprechen zu lassen.

Dem Leser wird daher auffallen, daß es gerade bei den eigentlichen Termini technici hier und dort Uneinheitlichkeiten gibt. So wird zum Beispiel Sephiroth häufig ohne den letzten Buchstaben geschrieben. Gewiß, das ist nicht von sehr großer Bedeutung, aber immerhin mag dieses Beispiel verdeutlichen, wie leicht der Leser in die Irre geführt werden kann, wenn er den hier gegebenen Hinweis nicht beachtet. Mit anderen Worten: klammern Sie sich nicht an die Nebensächlichkeiten in Stil und Schreibweise, sondern versuchen Sie stattdessen zu verstehen, was der jeweilige Autor sagen will. Alles in allem waren wir bemüht, dem Anliegen jedes einzelnen Autors gerecht zu werden; dies sogar in solchem Maße, daß wir ganz bewußt auch manche ihrer geringfügigeren Fehler und Anmaßungen mit aufgenommen haben.

Beharrlichkeit und Entschlossenheit

Immer wieder hat man mich im Laufe der Jahre gefragt, welche Eigenschaften ein Schüler haben sollte, der an das Große Werk herantritt. Außer normaler Intelligenz und emotionaler Stabilität gibt es, so meine ich, zwei weitere für den Erfolg notwendige Eigenschaften. Folgendes Zitat faßt sie am besten zusammen:

Beharrlichkeit läßt sich durch nichts in der Welt ersetzen.

Talent allein bedeutet nichts; nichts findet man häufiger als erfolglose Menschen mit Talent.

Genialität allein bedeutet nichts; unbelohnte Genialität ist beinahe sprichwörtlich.

Erziehung allein bedeutet nichts; die Welt ist voll von gebildeten Versagern.

Allmächtig allein sind Beharrlichkeit und Entschlossenheit.

Vorwort zur deutschen Ausgabe

Im Verlauf etwa der letzten anderthalb Jahrzehnte beobachten wir ein stetig ansteigendes Interesse an einem esoterisch ausgerichteten Weltbild, das offenbar die während der letzten anderthalb Jahrtausende in der westlichen Kulturwelt vorherrschende kirchlich-christliche Sicht nach und nach ersetzen wird. Eine allmähliche Bewußtseinserweiterung ist nicht nur eine Sache des Individuums, sondern kann ebensosehr zum Evolutionsweg eines Kollektivs gehören.

Das Interesse an Esoterik ist freilich nicht allein unserer Epoche zueigen, sondern es hat zu jeder Zeit Menschen gegeben, die sich mit diesen alten Traditionen beschäftigten und versuchten, sie, so gut es unter den jeweils herrschenden Bedingungen eben ging, in ihr persönliches Leben zu integrieren.

Vor ziemlich genau hundert Jahren war in Europa und den USA ein ähnliches Phänomen zu beobachten, das allerdings nie im gleichen Maße in das öffentliche Bewußtsein eindrang, wie dies heute der Fall ist. (Nach demoskopischen Erhebungen sollen heute ca. 30% der westlichen Menschen an Reinkarnation glauben). Das Interesse an Esoterik bildete sich damals vor allem um zwei Kristallisationspunkte, deren Einfluß bis heute (namentlich im englischsprachigen Bereich) durchgreifend zu spüren ist. Der eine ist die im »magischen« Jahr 1875 von Helena Blavatsky gegründete *Theosophische Gesellschaft* zusammen mit der aus ihr herausgewachsenen Anthroposophie Rudolf Steiners, der andere der *Hermetic Order of the Golden Dawn*, dessen Gründung in das Jahr 1888 fällt. Der Einfluß des Golden Dawn ist in der Esoterik des englischsprachigen Raums heute umfassend geworden, bedingt durch den Umstand, daß Israel Regardie 1937 das gesamte, bis dahin unbekannte Ordensmaterial publizierte. Es gibt heute kaum mehr ein englisches oder amerikanisches Buch mit esoterischer Thematik, worin dieser Einfluß nicht deutlich erkennbar wäre. Das hat den Vorteil, daß sich die an Estoerik Interessierten im englischsprachigen Raum viel klarer ihrer Tradition bewußt sind und leichter die Möglichkeit haben, auf deren Quellen zurückzugreifen.

Im deutschsprachigen Raum ist dies anders. Die ursprüngliche

Theosophie von Helena Blavatsky ist fast gänzlich von der sie in manchem verwässernden und verfälschenden Anthroposophie zugedeckt worden. Über den Golden Dawn ist fast nichts bekannt. Was auf ihn zurückzuführen ist, entbehrt meist jeder Quellenangabe oder findet sich in korrumpierter und degenerierter Form aus dritter bis vierter Hand im publizierten Material von diversen Orden aus den zwanziger oder dreißiger Jahren wieder.

Die mangelnde Verbindung zu den verläßlichen Quellen der Tradition bringt für den deutschsprachigen Raum die Gefahr mit sich, daß das intensive Interesse für Esoterik in einem verschwommenen, unreflektierten New Age-Brei zu versinken droht. Ein Klima, das seit jeher die unkontrollierte Tätigkeit von Scharlatanen und falschen Gurus förderte. Schon aus diesem Grunde ist es angebracht, auch dem deutschsprachigen Interessenten den Zugang zu diesem einmaligen und wichtigen Material zu ermöglichen. Sein Studium eröffnet Perspektiven und Richtungen der Esoterik, die bisher bei uns noch kaum beachtet worden sind.

Ein großes Mißverständnis wäre es allerdings, wollte man auf Grund dieses Materials den Golden Dawn unter seinem oder einem anderen Namen als Ordensorganisation neu ins Leben rufen. Zwei Dinge stehen dem entgegen. Ein Orden muß von einer höheren transzendenten Ebene her gestiftet werden. Alles andere ist bloße Vereinsgründung. Die Kräfte, die den Golden Dawn vor hundert Jahren ins Leben gerufen haben, lösten den Orden als Organisation auch wieder auf. Falls sie immer noch auf unserer Ebene tätig sind, dann ganz bestimmt durch das Geheimnis geschützt an einem anderen Ort und auf andere Weise. Ein echter esoterischer Orden kann nur im Rahmen des Schweigens und des Geheimnisses arbeiten. Ein Initiationsritual, dessen Text in jeder Buchhandlung für jedermann zugänglich ist, kann nie und nimmer ein echtes Einweihungserlebnis vermitteln. Es hat, wenn es zelebriert wird, höchstens den Wert einer mehr oder weniger kunstvoll gestalteten Theateraufführung.

Der Wert des von Israel Regardie herausgegebenen Materials ist vor allem enzyklopädisch. Hier findet der Interessent alles vereinigt und kompiliert, was er für seine seriösen Studien braucht und was er andernfalls mühsam in Bibliotheken zusammensuchen und aus anderen Quellen erschließen müßte, sofern er über deren Vorhandensein überhaupt informiert wäre. Deshalb bedenke man: das hier gebotene Material ist nicht Lesestoff sondern hart forderndes Studienmaterial, dessen Erarbeitung seine Zeit braucht. Der Neophyt des Golden Dawn wurde im entsprechenden Ritual darauf hingewiesen, daß alles letztlich Name und Bild ist. Darin liegt der Schlüssel zum magischen (heute würde man eher sagen psychologischen) System des Golden Dawn. Nur eine intensive, sich über eine längere Zeit kontinuierlich hinziehende Beschäftigung mit dem Material kann bewirken, daß sich die Bilder allmählich, einem fotografischen Entwicklungsprozess vergleichbar, in der Seele zu bilden beginnen, von wo aus sie dann ihre Wirkung ausüben können. Ferner müssen die Namen genau gekannt und der Umgang mit ihnen gewußt werden, um die in Form der Bilder evozierten Kräfte zu kontrollieren.

Man lasse sich nicht frustrieren, wenn nicht gleich alles von Anfang an verstanden wird. Man bleibe nicht stecken, sondern übergehe das vorerst Unverständliche und halte sich zunächst an das, was leichteren Zugang bietet und besser begriffen wird. Mit der Zeit wird sich auch alles andere einem Steinchen vergleichbar in das große Mosaik einfügen.

Die Beschäftigung mit Magie ist nicht harmlos, weil wir es mit den stärksten Kräften der menschlichen Seele zu tun haben, und die von Regardie diesbezüglich im ersten Teil ausgesprochenen Warnungen und Ratschläge können nicht ernst genug genommen werden, wenn psychischer Schaden vermieden werden soll. Dies gilt vor allem für diejenigen, die mit den angegebenen Übungen praktisch trainieren wollen. Nicht einverstanden ist der Herausgeber indessen mit Regardies Wertschätzung von Aleister Crowley und seinen diversen Schriften als Hilfe für den Anfänger. Crowley hat wohl seine Schulung durch den Golden Dawn erhalten, ist aber im Verlauf seiner weiteren Entwicklung immer mehr von dessen Grundhaltung abgewichen, obgleich er die äußeren Strukturen beibehielt. Das führt leicht zu Verwirrung und Mißverständnissen, weil nur der Kenner einigermaßen feststellen kann, wo die Gemeinsamkeiten aber vor allem auch die Verschiedenheiten und Gegensätze liegen. Regardies Haltung erklärt sich wohl aus seiner Biographie.

Israel Regardie hat das Material des Golden Dawn in zwei voneinander recht verschiedenen Editionen herausgegeben. Einmal in der bereits zum Klassiker gewordenen Ausgabe von 1937 *The Golden Dawn* und ein zweites Mal 1984, ein Jahr vor seinem Tod in *The Complete Golden Dawn System of Magic*. Die deutsche Ausgabe basiert auf der zweiten Edition, weil sie gegenüber der von 1937 über mehrere Vorteile verfügt. Die Ausgabe von 1937 enthält das Ordensmaterial auf der Grundlage der damaligen *Stella Matutina* und war bereits nicht mehr in allen Teilen mit demjenigen des klassischen Golden Dawn in Übereinstimmung. Das gilt namentlich auch für die

Rituale. Zudem hat diese Ausgabe kaum erklärenden Text und ist ohne entsprechende Vorkenntnisse nur schwer brauchbar. Im Verlauf der letzten fünfzehn Jahre wurde der Golden Dawn sehr intensiv und kompetent erforscht. Diese Forschungen brachten manches, was 1937 noch nicht bekannt war, ans Licht. So stützen sich die Rituale in der vorliegenden Fassung auf Vorlagen von 1895. Zudem sind Schriften aus neuerer Zeit und erklärende Hilfstexte aus anderen Quellen (zum Beispiel Mathers Einleitung zu *The Kaballa Unveiled*, die Einführung in die Alchemie von Hans W. Nintzel etc.) eingefügt, um das Studium der nötigen Grundlagen zu erleichtern. Der textliche Zustand, vor allem einiger Lehrschriften, kann nicht unbedingt als gut bezeichnet werden. Die Mitglieder des Golden Dawns erhielten die Textvorlagen der Dokumente nur eine sehr begrenzte Zeit zur Verfügung gestellt, um sie eigenhändig abzuschreiben. Das bedeutete in der Praxis, daß das meiste kopiert wurde, bevor es studiert und verstanden werden konnte. Das führte natürlich zu Fehlern und Mißverständnissen. Dieser teilweise verdorbene Zustand der Texte ist bereits ein Mangel der Ausgabe von 1937, die in dieser Beziehung ein Abbild des traurigen Zustandes der damaligen Stella Matutina in ihrer Endphase ist. Leider wurde die Gelegenheit nicht immer ergriffen, für die Ausgabe von 1984 die Texte einer kritischen Prüfung zu unterziehen und Mängel und Lücken zu schließen, sowie von den Forschungen der letzten anderthalb Jahrzehnte zu profitieren. Herausgeber und Übersetzer haben sich bemüht, Fehler und Unklarheiten so gut wie möglich zu berichtigen oder darauf hinzuweisen. Allzu offensichtliche Fehler (zum Beispiel falsche Zitate, falsche Quellenangabe etc.) wurden auch ohne entsprechenden Hinweis korrigiert. Da sehr viele Dokumente des Golden Dawn auch heute noch für die Öffenlichkeit unzugänglich in Privat-Archiven lagern, ist eine seriöse textkritische Arbeit vorläufig leider nicht möglich.

Manche Texte, und natürlich auch die Rituale selbst, sind im Hinblick auf ihren praktischen Gebrauch in einem künstlichen kirchlich-liturgischen Stil gehalten, wie er teilweise auch in der freimaurerischen Praxis Verwendung findet, der an die Sprache der anglikanischen Hochkirche anklingt. Für die deutsche Ausgabe mußte die Frage geklärt werden, ob dieser Stil unter Verwendung der entsprechenden deutschen liturgischen Sprache übernommen werden soll oder ob um des besseren Informationswertes willen eine möglichst sachliche, klare Ausdrucksweise verwendet werden soll. Da die deutsche Ausgabe nicht für den praktischen rituellen Gebrauch gedacht ist, wurde für letzteres entschieden.

Die Transkription der hebräischen Buchstaben in lateinische Schrift ist für die verschiedenen Sprachen nicht unproblematisch. In der vorliegenden Ausgabe ist die Transkription auf die englische Sprache zugeschnitten und wurde weitgehend auch für die deutsche Ausgabe so belassen, um Übereinstimmung mit den Illustrationen zu erzielen. Ausnahme bildet der Buchstabe Jod (J), der im englischen Original durch Y wiedergegeben wird. Da J aber in die deutsche Sprache integriert ist, stand seiner Verwendung nichts im Wege. Das Original hat keine Fußnoten. Diejenigen im deutschen Text sind Anmerkungen des Herausgebers. Anmerkungen des Übersetzers sind als solche gekennzeichnet. Von den angegebenen Büchern sind diejenigen, die in deutscher Sprache vorliegen, mit ihren deutschen Titeln erwähnt, auf die Angabe des Verlages wurde meist verzichtet, da hier erfahrungsgemäß sehr schnell Änderungen eintreten können. Zusätzlich zur Originalausgabe verfügt die deutsche Ausgabe im Anhang des dritten Bandes über eine umfassende Bibliographie, ein Personenverzeichnis mit biographischen Angaben sowie ein Verzeichnis der im Golden Dawn gebräuchlichen Ordensnamen, soweit sie eruierbar waren.

Im Juli 1987						Der Herausgeber

Vorwort des Übersetzers

Die Übersetzung von Texten wie den Dokumenten des Golden Dawn ist eine heikle Angelegenheit, die nicht routinemäßig abgewickelt werden kann. Eine Reihe Vorentscheidungen mußten dafür getroffen werden, über die der daran interessierte Leser hier kurz informiert werden soll:
- Die Schreibweise hebräischer Worte ist an der englischen Umschrift orientiert, da diese sich zum einen in der deutschen Magie- und Esoterikliteratur bereits eingebürgert hat und zum anderen die Übereinstimmung des Textes mit den Illustrationsbeschriftungen gewährleistet. Die verschiedenen Autoren des Originals benutzten unterschiedliche und uneinheitliche Transkriptionen des Hebräischen. Der leichteren Lesbarkeit halber wurde dies in der deutschen Ausgabe vereinheitlicht.
- Das Original hat oft sprachliche Wendungen, die möglichst altertümlich klingen sollen, es aber nicht wirklich sind, zumal der altertümelnde Stil (»Thou hast« usw.) oft nicht einmal durch ein Kapitel hinweg beibehalten wird. Dafür ist normales Deutsch gewählt worden. Auch grammatisch ist der Originaltext oft sehr schwerfällig, manchmal regelrecht falsch (auch in der Orthographie). Es erschien weder sinnvoll noch lohnend, diesen oft unschönen Stil im Deutschen nachzuahmen, sondern er wurde statt dessen in möglichst leicht verständliches Hochdeutsch übertragen. Die Leitprinzipien waren also: inhaltliche Genauigkeit und leichte Lesbarkeit. In den rituellen Passagen wurde darüber hinaus versucht, die Stimmung und das Pathos magischer Zeremonialtexte nachzuempfinden.
- Das Original springt häufig zwischen verschiedenen Zeitebenen und auch zwischen der 2. und der 3. Person. Dies wurde weitgehend beibehalten.
- Im Original gibt es drei verschiedene Hervorhebungsarten: durch Großbuchstaben, durch Fettdruck und durch Kursivschrift. Diese verschiedenen Hervorhebungsweisen sind in der deutschen Ausgabe in Kursivschrift wiedergegeben.
- Das vorliegende erste Buch der deutschen Ausgabe wurde von zwei

verschiedenen Übersetzern bearbeitet und weist deshalb gewisse stilistische Unterschiede auf. Herr Pawlowski übersetzte Band I und Band II bis zum Ende des Tarot-Abschnittes. Herr Wichmann übersetzte von dort an bis zum Schluß.

– Die Ritual- und Übungsanleitung legten durch ihre Ausdrucksweise nahe, den Lesenden (die Texte waren an Studierende und Schüler der Magie gerichtet) mit »Du« anzureden. Andere Textpassagen entsprachen eher der deutschen Anrede »Sie«. Diese Unterschiede wurden in der Übersetzung berücksichtigt.

– Sonstige sprachliche Besonderheiten und Bemerkungen entnehmen Sie bitte im Text den Anmerkungen zur Übersetzung, die stets als solche kenntlich gemacht sind.

Einführung

Von Hans-Dieter Leuenberger

Mysterien und Orden

Das älteste Wissen der Menschheit ist Mysterienwissen. Es handelt sich dabei um ein Wissen, das weniger durch intellektuelle Anstrengung erworben als vielmehr durch Erlebnis und die damit verbundene Erfahrung vermittelt wird. Ferner ist es auch ein Wissen, das nicht jedermann zugänglich ist, sondern dessen Erwerb davon abhängt, ob derjenige, der es zu empfangen trachtet, geeignet und würdig dazu erscheint. Das zu beurteilen obliegt einem begrenzten Kreis derer, die dieses Mysterienwissen empfangen haben und nun als »Eingeweihte« dieses Wissen verwalten und weitervermitteln.

Damit sind in wenigen Worten die Bedingungen skizziert, die sowohl auf die Mysterien wie auf die Orden zutreffen. Das lateinische Wort Mysterium bedeutet Geheimnis, und der Begriff Orden leitet sich aus dem der gleichen Sprache zugehörigen Begriff Ordo ab, was allgemein Ordnung bedeutet, aber, für unsere Belange nicht ohne Relevanz, auch die Sitzreihe im Theater bezeichnet und ferner mit Regel oder Verfassung übersetzt werden kann. Damit kommt zum Ausdruck, daß es sich beim Mysterienwissen um ein sogenanntes esoterisches Wissen handelt (von griechisch *esoterikos*, nach innen gerichtet; für wenige bestimmt), das einem mehr oder weniger für die Allgemeinheit bestimmten exoterischen (nach außen gerichteten) Wissen gegenübersteht. Mysterienwissen wurde durch die Mysterien vermittelt, über die wir heute wenig Konkretes aussagen können, da sie der Geheimhaltung unterlagen. Auf den größten gemeinsamen Nenner gebracht läßt sich vielleicht zusammenfassend definieren, daß es sich bei den Mysterien um heilige Dramen handelte, die zu periodisch festgelegten Zeiten aufgeführt wurden und in deren Verlauf der Myste die sinnlichen Eindrücke empfing, die ihn zum Neophyten (der Neugepflanzte) machten. Der Name Neophyt soll zum Ausdruck bringen, daß von diesem Erlebnis an etwas durch und durch Neues beginnt.

Mysterien gab es zu allen Zeiten und an den verschiedensten Orten. Aus dem wenigen, was wir darüber wissen, läßt sich indessen doch erkennen, daß in allen Mysterienkulten, so sehr sie sich äußerlich auch voneinander unterscheiden mochten, ein gemeinsames Anliegen vorhanden war. Sie vermittelten die Erfahrung des einen Gottes oder vielmehr des einen schöpferischen Prinzips im Universum, dessen, »was die Welt im Innersten zusammenhält«. Sie lehrten die Wiederauferstehung nach dem Tode, das ewige Leben der menschlichen Seele, die Würde der menschlichen Seele und ließen den Mysten der Erfahrung des Göttlichen im Lichte des Universums teilhaftig werden. Ein wichtiger, ja zentraler Teil der Mysterien war, das Gesetz der entgegengesetzten Kräfte im Universum zur Darstellung zu bringen. Dies geschah stets in Form eines Dramas, in dessen Verlauf die Mächte des Bösen oder der Finsternis den Helden oder Repräsentanten des Lichtes beziehungsweise des Guten überwinden und besiegen. Dieser Held, obwohl vom Tode scheinbar bezwungen, erlebt die Wiederauferstehung und besiegt nun seinerseits die Mächte des Bösen oder der Finsternis. Der Mensch sollte dadurch angehalten werden, in sich selbst diesen Kampf nachzuvollziehen und in seinem Charakter und Verhalten, den Mächten des Lichtes gemäß, der kosmischen Ordnung zum Sieg zu verhelfen.

Es wurde ihm vor Augen und Ohren geführt, daß das, was er bisher als Gang des Naturgeschehens beobachtet hatte, der Wechsel von Tag und Nacht sowie der Verlauf der Jahreszeiten, Ausdruck eines höheren kosmischen Prinzips ist, in dessen zyklischen Ablauf der Mensch als Kollektiv wie als Individuum eingebunden ist. So durfte der zum Neophyten gewordene Myste darauf vertrauen, daß sich diese kosmischen Gesetze auch in seinem persönlichen, individuellen Dasein verwirklichen würden, was konkret die Wiederauferstehung nach dem Tode, das immerwährende Leben bedeutet.

Dieses ewige kosmische Drama wurde nun innerhalb der verschiedenen, untereinander aber höchstwahrscheinlich in Verbindung stehenden Mysterienkulte mittels der verschiedensten Bilder und Geschichten dargestellt. Bei den bekanntesten Mysterien der Antike in Eleusis scheint der Raub der Persephone, Tochter der Korngöttin Demeter, durch Hades, den Gott der Unterwelt, und der vor Zeus zwischen Demeter und Hades ausgehandelte Kompromiß als Vorlage für die Gestaltung des zentralen Themas der Auseinandersetzung zwischen Licht und Finsternis gedient zu haben. An der Ostküste des Mittelmeeres wurden Mysterien gefeiert, die mit Adonis in Verbindung gebracht wurden, dessen Geschichte fast identisch mit der von

Persephone ist. Adonis, der Geliebte der Göttin Aphrodite, wird durch einen vom eifersüchtigen Gott Mars gesandten Eber getötet. Auf inniges Bitten der Aphrodite erlaubt Zeus, daß Adonis während des Jahreslaufs eine gewisse Zeit am Licht des Tages bei Aphrodite zubringen darf, für den Rest der Zeit indessen in der Unterwelt verweilen muß. Ähnliche Mythen sind fast durchweg auch die Grundlagen der anderen Mysterienkulte.

Es ist klar ersichtlich, daß im heutigen Christentum manches aus den alten Mysterien noch vorhanden ist, wenn auch rudimentär und sicher auch verstümmelt. So zeigt sich auch in der Geschichte des Todes und der Auferstehung von Jesus die klassische Auseinandersetzung zwischen den Mächten der Finsternis und des Lichtes. Das Christentum hat sich nie als Erbe der Mysterien betrachtet, sondern ist in seinen äußeren Formen von Anfang an als deren Antipode aufgetreten, selbst wenn gewisse rituelle Handlungen, wie beispielsweise die Taufe, Gemeinsamkeiten mit den Mysterien erkennen lassen. Die Mysterien stellten, was sittlich moralische Haltung, Herkunft und körperliche Kraft betraf, hohe Anforderungen an diejenigen, die Zulassung erbaten. Bewußt sollten sie nur wenigen zugänglich sein. Verschärft wurde die Exklusivität ohnehin durch die gesellschaftliche Struktur der Antike, deren wirtschaftliche Existenz ausschließlich auf den Rücken von mehr oder weniger rechtlosen Sklaven ruhte. Mysterien werden von Göttern gestiftet, aber von Menschen zelebriert. Ein Satz, der gerade auch in Verbindung mit dem Golden Dawn nie vergessen werden darf. Er bedeutet, daß innerhalb der aus der Mysterientradition hervorgehenden Bewegungen, Logen und Orden ein überzüchtetes, elitäres Bewußtsein, das in manchen Fällen auch faschistoide Züge annehmen kann, stets als latente Gefahr vorhanden ist. Die Geschichte zeigt, daß manche Orden und Bewegungen dieser Gefahr nicht in ausreichendem Maße widerstanden haben und ihre privilegierte Position zu Machtmißbrauch eingesetzt haben. Damit haben sie selbst zu ihrem Untergang oder zu ihrer Degeneration beigetragen. Demgegenüber postulierte das frühe Christentum, daß Einweihung, die Erfahrung der göttlichen Nähe auch dem Sünder, Armen und Gebrechlichen zugänglich sei. Man kann die Bergpredigt von Jesus in gewissem Sinne auch als Gegenposition zu den Degenerationserscheinungen der antiken Mysterien verstehen. Es bleibt die Tragödie der letzten 1500 Jahre, daß das Christentum durch den unseligen Bund mit dem sterbenden Römischen Reich nicht mehr in der Lage war, das zu verwirklichen, was ursprünglich gemeint war, und die Kirche nun selbst auf die Seite der Herrschenden und ihrer

Gewalt geriet, ohne indessen das Licht, das in den Mysterien zweifellos vorhanden ist, allgemein zugänglich zu machen. Die durch die Mysterien vermittelte Kosmogonie (Kosmogonie bezeichnet eine Synthese von Religion und Naturwissenschaft) beruht auf dem Prinzip der Evolution. Damit ist gemeint, daß sich die Menschheit wie auch der einzelne Mensch auf einem stetigen Weg der Entwicklung befindet. Dem Individuum ist es praktisch unmöglich, inmitten all der Zeitwirren, Kriege, der politischen und kulturellen Umwälzungen das Gesetz dieser Evolution zu erkennen, weil es größere Dimensionen umfaßt, als Verstand und Bewußtsein des einzelnen Menschen zu überblicken imstande sind. Aufgabe der Mysterien ist es nun, dem einzelnen Menschen die Perspektive für dieses Größere zu öffnen und ihm damit zu ermöglichen, sein persönliches Leben unter dem Gesichtspunkt der Evolution zu verstehen und zu führen. Nach Ansicht der Alten konnte kein Mensch ohne fundamentale Kenntnisse der Natur und ihrer Gesetze vernünftig leben. Nach einer exoterischen Überlieferung soll der Zweck der antiken Mysterien darin bestanden haben, dem Menschen die Furcht vor dem Tode zu nehmen. Das kann im Lichte des Gesetzes der Evolution dahingehend verstanden werden, daß der Mensch sein persönliches Leben als Teil eines größeren Ganzen verstehen lernt. Die Persönlichkeit selbst wird dadurch als vergänglich erkannt, aber gleichzeitig erfährt der Mensch, daß etwas an ihm einen größeren kosmischen Bezug aufweist und er dadurch vom menschlichen Standpunkt aus gesehen unvergänglich ist.

Die Lehre von der Evolution hat nun aber für die Institution und Struktur der Orden eine folgenschwere Konsequenz, die gerade im Falle des Golden Dawn eine Bedeutung erlangte, wodurch Geschichte und Untergang dieses Ordens schwerwiegend geprägt waren. Wenn das persönliche menschliche Leben im Lichte der Evolution betrachtet nur eine vergängliche Form auf einem zielgerichteten Weg ist, dann ist auch die irdisch-materielle Ebene analog dazu nicht mehr als eine Durchgangsstation zu weiteren, noch höheren Ebenen im Universum. Daraus folgt aber zwingend, daß es Menschen geben muß, die zeitlich gesehen viel früher den Weg dieser Evolution begangen haben und sich nun dementsprechend auch in einer viel fortgeschritteneren Position befinden. Bildlich ausgedrückt ist das einer Seilschaft im Gebirge vergleichbar, die eine Felswand erklimmt. Der Führer dieser Seilschaft befindet sich höher als seine Seilgefährten und gelangt deshalb auch eher auf den Gipfel. Während seine Gefährten noch in der Felswand hängen und nur den steilen Fels vor Augen haben, kann er das Panorama, das sich bietet, betrachten und seinen Gefährten davon berichten. Diese erfahren dadurch, daß sich der mühselige Aufstieg durchaus lohnt. Ja mehr noch, der Führer (im spirituellen Sinne auch Guru genannt) ist durch seine vorangeschrittene Position imstande, den Seilgefährten Tips und Ratschläge für den weiteren Verlauf der Kletterroute zu geben, was für diese eine große Erleichterung bedeuten kann. Die meisten Mysterien berufen sich auf einen oder mehrere Gurus oder »Meister«. In vielen Fällen bestand ein wichtiger Teil des rituellen Dramas in der Darstellung der Biographie der entsprechenden Meister oder Stifter des Ordens oder eines Teils daraus. (Beim Golden Dawn ist dies das Adeptus Minor-Ritual.)

Daraus geht auch logisch hervor, was einen esoterischen Orden von allen anderen Vereinigungen unterscheidet. Ein Orden ist nicht einfach ein Verein oder ein Zusammenschluß von Menschen mit denselben Interessen, obgleich er diese Form nach außen hin durchaus zur Schau stellen kann. Sein Merkmal ist vielmehr, daß er von einem oder mehreren »Meistern« gestiftet ist, und da diese Meister sich auf einer höheren Evolutionsstufe befinden, handelt es sich dabei stets um eine Stiftung aus der Transzendenz. Hier sind wir nun bei etwas angelangt, was sich in der Geschichte der esoterischen Orden stets als ein äußerst empfindlicher Schwachpunkt erwiesen hat. Da dies gerade auch für den Golden Dawn gilt, müssen wir uns etwas länger mit diesem Thema beschäftigen.

Der Unterschied zwischen den verschiedenen Ebenen kann mit der Verschiedenheit von Schwingungsfrequenzen verglichen werden. So bezeichnen wir die für das menschliche Ohr vernehmbaren Schwingungen als Schall, während wir gleichzeitig wissen, daß es elektromagnetische Schwingungen gibt, deren Frequenzen für das menschliche Ohr nicht vernehmbar sind. Um die Informationen aus diesem höheren Frequenzbereich dem menschlichen Ohr zugänglich zu machen, benötigen wir ein Medium, einen Übermittler, der die Transformierung auf die untere Schwingungsebene vornimmt. Für den Hörbereich ist dies ein Radio- oder Funkgerät. Dieses Gerät muß eine Antenne haben, welche die höhere Frequenz zu empfangen imstande ist, muß über einen Tuner verfügen, der die Umwandlung vornimmt und über einen Lautsprecher, der die Informationen im Hörbereich wieder abgibt. Auf das Beispiel unserer Seilschaft übertragen ist es durchaus denkbar, daß zwischen dem Führer und den übrigen Mitgliedern der Seilschaft infolge der Geländeverhältnisse kein direkter Rufkontakt möglich ist und deshalb ein Funkgerät zu Hilfe genommen werden muß. Der Zustand und die Funktionstüchtigkeit dieses Funkgeräts sind nun entscheidend dafür, in welcher Qualität die ursprünglichen Informationen zu den übrigen Gliedern der Seilschaft durchkommen. Im Falle der esoterischen Orden ist es immer ein menschliches Medium, das die Funktion des Übermittlers einnimmt. Damit sind die aus der Transzendenz durchkommenden Informationen auch der ganzen menschlichen Unzulänglichkeit ausgesetzt. Um in der irdisch-materiellen Ebene manifest zu werden, braucht die aus der Transzendenz stammende Information eine Trägermaterie, durch welche die transzendentale Botschaft für den nichtmedialen Menschen zugänglich wird. Das ist in fast allen Fällen ein bereits auf dieser Ebene vorhandenes Denk- oder Struktursystem. In unseren Breiten wird die Ordnung und Struktur der äußeren Erscheinung der Orden meist von den Freimaurern hergeleitet, während das philosophische, religiöse oder Denksystem verschiedener Art sein kann. So ergeben sich drei Schichten, die streng auseinanderzuhalten und voneinander strikt zu unterscheiden äußerst wichtig ist.

1. Die ursprüngliche Information.
2. Der Übermittler.
3. Die Struktur und das Denksystem, worin die übermittelte Botschaft festgehalten wird.

An jeder Nahtstelle zwischen diesen drei Ebenen können nun (und tun es vielfach auch) entscheidende Fehler auftreten, die für den betreffenden Orden oder die Institution schwerwiegende Folgen haben können. So geschah es auch im Falle des Golden Dawn.

Vor allem zwei Fehlentwicklungen lassen sich immer wieder feststellen. So kann es geschehen, daß das System, das die Funktion des Festhaltens der Information hat, für die transzendente Information selbst gehalten wird. Im anderen Falle wird der Unterschied zwischen der transzendenten Quelle der Botschaft und der Persönlichkeit und auch der Person des Übermittlers verwischt. In beiden Fällen schiebt sich etwas anderes als das eigentlich Gemeinte an die Stelle der ursprünglichen Information. Der Kontakt ist damit abgerissen, und eine weitere Entwicklung ist unmöglich gemacht. Der erste Fall trat bei der Theosophischen Gesellschaft ein. Helena Blavatsky kleidete die Informationen, die sie nach ihren eigenen Angaben von ihren Meistern erhielt, in die Begriffe des Buddhismus mit Anlehnungen an andere östliche Religionen. Unter ihren Nachfolgern wurde das System dieser östlichen Religionen, namentlich des Hinduismus, zum

Zentralen selbst erhoben, und das Anliegen der »Meister« verschwand unter diesem Synkretismus.

Rudolf Steiner, zu Anfang des Jahrhunderts Sekretär der deutschen Theosophischen Gesellschaft, wollte diese Entwicklung verhindern, indem er versuchte, die zentrale Botschaft aus dem östlichen Gewand herauszuschälen und in ein System umzugießen, das der westlichen Tradition entspricht. Dabei passierte nun, daß im Zuge dieses Versuchs Steiner selbst als Autor der transzendenten Information angesehen wurde und noch wird, was nach seinem Tod die weitere Entwicklung der anthroposophischen Bewegung bis heute nachhaltig abgeblockt hat. Wie wir noch sehen werden, ist auch genau an dieser Nahtstelle der Untergang des Golden Dawn als eines esoterischen Ordens besiegelt worden.

Das zentrale Anliegen der Mysterienkulte und ihrer Rituale ist, Verbindung zur Transzendenz herzustellen und weiterzuvermitteln. Auf dieses Ziel hin sind sie organisiert und strukturiert. Im allgemeinen besteht die Struktur eines Ordens aus drei Ebenen:

1. Der Orden
2. Die Bruderschaft, Loge oder der Tempel
3. Die Gruppe

Der erste Kontakt erfolgt in der Regel über die Gruppe. Damit sind lose Verbindungen von esoterisch interessierten Menschen gemeint, die sich regelmäßig zu gemeinsamen Studienzwecken treffen; es können auch aktuell durchgeführte Seminare, Kurse, Tagungen und so weiter sein.

Die nächste Stufe ist die Bruderschaft, die üblicherweise streng von der Öffentlichkeit abgeschirmt arbeitet. Mit dem Zutritt zur Bruderschaft wird in der Regel auch die Schwelle vom Mysten zum Neophyten überschritten. In der Bruderschaft geschieht nun das eigentliche esoterische Training mit dem Ziele, die charakterlichen und esoterischen Fähigkeiten (in dieser Reihenfolge!) des Neophyten soweit zu entwickeln, daß er in der Lage ist, seinen eigenen individuellen Kontakt zu den hinter der Bruderschaft stehenden Kräften herzustellen oder imstande ist, den Faden aufzunehmen und selbständig zu halten, wenn er ihm von der anderen Seite dargereicht wird.

Unter Esoterikern herrscht fast einhellig die Auffassung, daß ein solch schwieriger und hart fordernder Schulungsweg unter Umständen kaum innerhalb eines einzigen Erdenlebens absolviert werden kann. Ein ernsthaft suchender Mensch erfüllt seine Aufgabe vielleicht mehrere Erdenleben lang auf der Ebene der Gruppe, bevor er zur Bruderschaft weiterschreitet, die ihm, möglicherweise ebenfalls wieder über mehrere Inkarnationen hinweg, ihre Schulung angedeihen läßt. Mehrere Logen oder Tempel können innerhalb des gleichen Ordens vorhanden sein. So gab es beim Golden Dawn mehrere Tempel, zunächst in ganz England und später auch in Frankreich und Amerika. Sie waren selbständige Organisationen, bearbeiteten aber alle die gleichen Rituale und das gleiche System.

Die dritte und höchste Stufe ist der eigentliche Orden. Er hat seine Existenz vorwiegend auf der als transzendent bezeichneten Ebene. Hier, an dieser Grenze zwischen Transzendenz und irdisch materieller Ebene befindet sich die empfindlichste und störanfälligste Stelle, weil der Kontakt zwischen den beiden Ebenen ganz allgemein in einem Bereich stattfindet, der sich wissenschaftlicher Forschung und Erkenntnis, so wie diese heute ganz allgemein verstanden wird, entzieht. So ist es durchaus denkbar, daß Kontaktversuche aus der Transzendenz auf der Ebene der Gruppe nicht erkannt werden oder daß nicht entsprechend darauf reagiert wird. Andererseits gibt es viele Beispiele dafür, daß sich nach einem anfänglich guten und erfolgreichen Arbeiten die Kräfte von der Ebene der Logen zurückziehen, weil dort eine, in den meisten Fällen menschlich bedingte, Fehlentwicklung eingetreten ist. Das klassische, historisch sehr gut nachvollziehbare Beispiel dafür ist der Golden Dawn und möglicherweise auch der Orden der französischen Tempelritter im Mittelalter. Der Orden arbeitet dann meistens auf der Ebene des Tempels weiter, ohne zu merken, daß der Kontakt längst abgerissen ist. Es ist dann nur noch eine Frage der Zeit, bis seine Organisation auch äußerlich der menschlichen Unzulänglichkeit zum Opfer fällt. Was zurückbleibt sind Spuren, oft von erheblichem Wert; im Falle der Tempelritter vielleicht der Mythos vom Gral, beim Golden Dawn seine Rituale und Lehrschriften.

Von großer Wichtigkeit ist daher, daß jede Aktivität wie überhaupt alles, was den Orden betrifft, unter den Schutz eines strengen Schweigegelübdes gestellt wird. Dies hat sicher zu verschiedenen Zeiten auch verschiedene Gründe gehabt. In den Mysterienkulten der alten Zeit diente das Schweigegelübde wahrscheinlich primär vor allem der Einhaltung und Abgrenzung einer Hierarchie von Wissenden gegenüber den Unwissenden sowie der Erhaltung und Kontrolle von Machtprivilegien. Ein ebenfalls wichtiger Grund war sicher auch zu allen Zeiten, das geheime Wissen zu schützen und zu verhindern, daß dieses in die Hände von Menschen gerät, bei denen ohne entsprechende Schulung und Charaktereignung die Gefahr des Mißbrauchs groß ist. Während der politischen Herrschaft der Kirche und ihres Einflusses, den sie mit den Mitteln der Inquisition rücksichtslos durchsetzte, war das Schweigegelübde überhaupt das einzige Mittel, um eine esoterische Arbeit und Schulung zu ermöglichen. Der wichtigste Grund ist aber der Schutz des von einem esoterischen Orden aufgebauten Energiefeldes vor dem Einfluß anders gestimmter Energien, die unweigerlich ihren Einfluß geltend machen, sobald die Existenz des Ordens über den Kreis seiner initiierten Mitglieder hinaus bekannt wird.

Das geistige und kulturelle Umfeld zur Gründungszeit des Golden Dawn

Jeder esoterische Orden ist in die geistig-esoterischen und kulturellen Strömungen eingebettet, die zur Zeit seiner Gründung vorherrschen. Der Golden Dawn macht da keine Ausnahme. Um das Eigentliche und den Kern seiner Lehren besser verstehen zu können, ist es deshalb wichtig kennenzulernen, welches geistige und kulturelle Klima im England des ausgehenden 19. Jahrhunderts vorhanden war.

Diese Zeit zeichnet sich vor allem durch den unaufhaltsamen Aufstieg Englands zur Weltmacht aus, das mittels des Empires einen ansehnlichen Teil der Welt kontrollierte und wirtschaftlich ausbeutete. Die weißen Flecke auf der Landkarte, die unerforschte Gebiete anzeigten, waren weitgehend verschwunden, die Welt unter den damaligen Großmächten aufgeteilt und der Glaube an die Überlegenheit der christlich-westlichen Kultur noch ungebrochen. Nachdem es nun in der äußeren Welt nichts mehr zu entdecken gab, wandte sich der Forscherdrang des Menschen der inneren Welt zu, und man ging daran, die Dimensionen der menschlichen Seele zu entdecken. Dies geschah in zwei Strömungen. Einerseits durch die Forschungen Sigmund Freuds und seiner Schüler wie C.G. Jung, Wilhelm Reich und so weiter, die zu einer mehr oder weniger wissenschaftlichen Anerkennung der Psychoanalyse beziehungsweise der analytischen Psychologie führten, andererseits durch ein vermehrt auftretendes Interesse an esoterischen oder okkulten, wie man sie damals vorwiegend nannte, Wissensgebieten. Während die Geschichte der modernen Psychologie in der Nachfolge von Freud und Jung zur Genüge beschrieben und untersucht wurde, blieb demgegenüber die Renaissance der

Esoterik im 19. Jahrhundert von der offiziellen Geistesgeschichte weitgehend unbeachtet, obgleich es auf den ersten Blick auffällt, daß moderne Psychologie und Esoterik in sehr vielen Fällen erstaunliche Parallelen aufweisen, wobei das esoterische Interesse viel früher einsetzte als die Forschungen Freuds. Dieses Wiedererwachen des Interesses an Esoterik, welches zu Beginn des 19. Jahrhunderts einsetzte, lag schwerpunktmäßig in Frankreich und England. In Frankreich ist es vor allem verbunden mit Namen wie Alfons Louis Constant, besser bekannt unter dem Pseudonym Eliphas Lévi, sowie dem Arzt Gérard Encausse, der sich den Namen Papus zulegte. J.K. Huysmans hat in seinen Romanen *A Rebours* und vor allem *Là Bas* eine äußerst dichte und detaillierte Schilderung des geistigen und psychischen Klimas gegeben, das den Nährboden für das wiedererwachende okkulte und magische Interesse bildete.

In England, wo seit jeher ein besonderer Spürsinn für das Verborgene der menschlichen Seele und für die archaischen Mythen vorhanden war, war das Interesse an okkulten Dingen vor allem in der sogenannten Middle Class weit verbreitet. Erstaunlich ist auch, immer wieder festzustellen, in welchem Maße sich offizielle Amtsträger der anglikanischen Kirche in okkulten Wissensgebieten engagierten. In der Zeit vor der Gründung des Golden Dawn gab es einige Personen, die in der einen oder anderen Weise starken Einfluß auf den Golden Dawn ausübten, ohne dem Orden direkt anzugehören. Hier muß vor allem John Dee genannt werden (1527–1608). Zusammen mit dem Medium Edward Kelly schuf er das Henochianische System der Magie, das im Golden Dawn eine zentrale Bedeutung hatte. Zu Beginn des 19. Jahrhunderts ist vor allem Francis Barret zu nennen.

Er veröffentlichte im Jahre 1801 ein Buch *The Magus*, das die alten okkulten Lehren in England wieder bekanntmachte und darüber hinaus auch alle Angaben enthält, die zur Ausübung der praktischen Magie nötig sind. Zu seinen Anhängern zählte Frederick Hockley (1808–1885), dessen Namen wir in Verbindung mit der Gründung des Golden Dawn wieder begegnen werden. Sein Schüler K.R.H. MacKenzie (1833–1886) bereiste verschiedene Länder Europas und knüpfte überall Verbindungen mit Gleichgesinnten an. In Paris besuchte er Eliphas Lévi, der ihn mit der esoterischen Bedeutung des Tarot bekanntmachte, ein Wissen, das er nach England mitbrachte und seinem Freundeskreis zugänglich machte. Er dürfte auch derjenige gewesen sein, der den berühmten Besuch Eliphas Lévis in England in die Wege leitete, der für den Golden Dawn von

Einführung

einiger Bedeutung war. Bei dieser Gelegenheit traf Lévi E.G. Bulwer-Lytton, den bekannten Verfasser von *Die letzten Tage von Pompeji* und des Rosenkreuzer-Romans *Zanoni*. Insgesamt läßt sich ersehen, daß im England des 19. Jahrhunderts die Atmosphäre für esoterische Arbeit äußerst günstig war. Dazu kam sicher noch, daß durch den Dienst im britischen Empire zahlreiche Engländer mit östlichen Lehren in Kontakt kamen und wahrscheinlich vieles davon in ihre Heimat mitbrachten.

Ordnet man die im 19. Jahrhundert in England einflußreichen esoterischen und okkulten Strömungen, gelangt man zu folgenden Begriffen:

a. Spiritismus
b. Theosophie
c. Rosenkreuzertum
d. Freimaurerei

Sie alle übten einen wichtigen Einfluß auf den Golden Dawn aus, sowohl was die Mitglieder als auch was Lehre und Struktur des Ordens betrifft, so daß wir uns mit diesen Begriffen etwas näher auseinandersetzen müssen.

Der Spiritismus entstand 1847 in Amerika, ausgelöst durch paranormale Phänomene im Haus der Farmerfamilie Fox. Als man darranging, die mysteriösen Klopfzeichen mittels eines bestimmten Schlüssels als Alphabet zu deuten, schien die Verbindung zwischen der Welt der Menschen und einer transzendenten Ebene hergestellt und möglich zu sein. Nötig dazu war offenbar ein menschliches Medium, das im Trancezustand seinen materiellen Körper den transzendenten Wesen zur Verfügung stellt, so daß sie sich entweder direkt oder mittels bestimmter technischer Mittel wie Schreibbrett, Pendel, Tisch und so weiter ausdrücken können. In der Folge entstand ein ungeheurer spiritistischer Boom. Zahlreiche Medien tauchten auf, unter denen sich sicher auch dubiose und betrügerische befanden, aber auch durchaus ernstzunehmende wie der berühmte D.D. Home, der auf dem Landsitz von Bulwer Lytton eine Séance abhielt. Für den Golden Dawn ist der Spiritismus insofern von Bedeutung, als McGregor Mathers und seine Frau Moina, die ebenfalls mediumistisch begabt war, erklärten, Lehren und Rituale des Golden Dawn mittels spiritistischer Techniken aus der Transzendenz erhalten zu haben.

Ebenfalls als Medium tätig war Helena Petrowna Blavatsky (1831–1891), die mit ihren angeblich von transzendenten »Meistern«

diktierten Büchern *Die entschleierte Isis* und *Die Geheimlehre* und mit der Gründung der Theosophischen Gesellschaft den vielleicht bedeutendsten Einfluß auf die Esoterik des 20. Jahrhunderts ausgeübt hat. Im Jahre 1887 zog sie nach London, um dort ihre letzten Lebensjahre zu verbringen. Sie sammelte einen Kreis von esoterisch interessierten Menschen um sich, zu denen auch William Westcott, einer der drei Gründer des Golden Dawn gehörte, der mit Helena Blavatsky bis zu ihrem Tode freundschaftlich verbunden war. Die immer stärker werdende Ausrichtung der Theosophischen Gesellschaft auf die östlichen Systeme ließ in manchen Mitgliedern den Wunsch nach einer Organisation wach werden, welche die grundlegenden esoterischen Lehren wieder mehr ins Gewand der westlichen Traditionen einkleidete. Dies hat wohl entscheidend mit zur Gründung des Golden Dawn beigetragen.

Seine äußere Organisation, die Struktur und Form der Rituale, übernahm der Golden Dawn von der Freimaurerei, die gerade in England stets eine ganz besondere Rolle spielte. Historisch beginnt die Geschichte der Freimaurerei mit der Gründung der Großloge in London 1717, doch spricht vieles dafür, daß freimaurerähnliche Organisationen und Logen schon früher vorhanden waren. Es ist nicht auszuschließen, daß die Freimaurerei in irgendeiner Weise mit den Bauhütten der großen gotischen Kathedralen zu tun hat. Miers definiert in seinem *Lexikon des Geheimwissens* die Freimaurerei als eine »Bruderschaftsbewegung ausgewählter Mitglieder, welche unter Anwendung bildlicher (symbolischer), größtenteils dem Bauhandwerk und der Baukunst entlehnter Formen für das Wohl der Menschheit wirken wollen, indem sie sich und andere geistig und sittlich zu veredeln suchen, um dadurch einen allgemeinen Menschheitsbund herbeizuführen, den sie unter sich im kleinen bereits darstellen.« Die Freimaurerei ist meines Erachtens nicht der Esoterik zuzurechnen, da ihre Anliegen eher im idealistischen, philosophischen Bereich liegen und ihre Rituale nicht einer okkulten, magischen Praxis dienen, sondern rein symbolischen Charakter haben. Das schließt allerdings nicht aus, daß die Freimaurer in der Pflege ihrer Symbol-Tradition noch manche äußerliche Formen bewahren, die ihren Ursprung in alten esoterisch-magischen Orden haben mögen. Auch wenn in diesem Rahmen keine magische oder irgendwie esoterische Praxis ausgeübt wurde, so waren die Freimaurerlogen im 19. Jahrhundert doch bevorzugte Orte der Begegnung von esoterisch interessierten Männern. (Die Freimaurerlogen sind ausschließlich Männern vorbehalten, im Gegensatz zum Golden Dawn, der auch Frauen als gleichberechtigte

William Wynn Westcott

Mitglieder aufnahm.) Alle in dieser Einleitung erwähnten männlichen Personen waren Mitglieder einer oder mehrerer Freimaurerlogen. Zu beachten ist in diesem Zusammenhang auch, daß einem Gerücht zufolge einige wenige Tempelritter sich vor der Verfolgung durch den König von Frankreich und den Papst nach England und Schottland in Sicherheit bringen konnten und daß dort der Orden der Templer im Verborgenen weiterbestanden habe. Manche Freimaurerlogen führen ihre Geschichte bis zur Tradition der Templer zurück, und dies mag bei der Gründung des Golden Dawn keine unwesentliche Rolle gespielt haben.

Der Golden Dawn verstand sich ausdrücklich als ein rosenkreuzerischer Orden, das heißt, er sah sich in der legitimen Nachfolge der Rosenkreuzer, deren geheimnisvolle Existenz nie eindeutig geklärt worden ist, die aber in Europa in der Zeit vor dem Dreißigjährigen Krieg einen wichtigen geistigen Einfluß ausgeübt hatten.

Im Jahre 1614 erschien unter dem Titel *Allgemeine und Generalreformation der ganzen weiten Welt, die Fama Fraternitatis. Gerücht der Bruderschaft des Hochlöblichen Ordens des Rosencreutz an alle Gelehrten und Häupter Europas* eine anonyme Schrift, die bald weite Verbreitung fand. In ihr war die Erzählung vom Vater Rosencreutz enthalten, der mit sechzehn Jahren in den Orient reiste und dort das heilige Land, die Türkei und Arabien besuchte, wo er die geheimen hermetischen Wissenschaften kennenlernte. Das Gelernte schrieb er in ein Buch. Kernstück dieser Lehren war die Übereinstimmung und Harmonie zwischen dem Menschen und dem Kosmos. Alles, was der Mensch tut und spricht sowie sein körperlicher und seelischer Zustand müssen im Einklang mit dem großen Kosmos sein. Mit diesem esoterischen Wissen und diesen Kenntnissen ausgestattet ging Christianus Rosencreutz nach Europa zurück, um das, was er im Osten gelernt hatte, auch dem Westen zugänglich zu machen. Aber er mußte bald erkennen, daß die Zeit dazu noch nicht reif war, und so kehrte er nach Deutschland zurück, lebte zurückgezogen in seinem Haus, um sich nur noch ganz seinen Studien zu widmen. Er soll den Stein der Weisen besessen haben, das heißt die Fähigkeit, Gold zu machen und sein Leben fast beliebig zu verlängern. Von beidem machte er allerdings keinen Gebrauch. Er fand drei Schüler und lehrte sie alles, was er im Osten gelernt hatte. Er gab ihnen den Auftrag, wenn die Zeit dazu reif würde, diese Lehren an die Mitglieder einer dann zu gründenden, geheimen Bruderschaft weiterzugeben. Die Mitglieder sollten von ihren Fähigkeiten Gebrauch machen, indem sie ohne Entgelt Kranke heilten. In jedem Land, in dem sie sich niederließen, sollten

Einführung

sie die dort übliche Kleidung tragen sowie seine Gebräuche und Gesetze achten. Hundert Jahre lang soll die Bruderschaft im Geheimen arbeiten und erst dann wieder an die Öffentlichkeit treten.

Nach der Erzählung starb Christianus Rosencreutz im Jahre 1484 im Alter von 106 Jahren und wurde an einem geheimen Ort beigesetzt. Während hundertzwanzig Jahren arbeiteten die Brüder im Verborgenen, dann wurde durch einen Zufall die Grabstätte von Christianus Rosencreutz wieder entdeckt. In der Grabstätte fanden die Brüder Symbole und Figuren sowie Schriften von Christianus Rosencreutz. Der Leichnam selbst war unversehrt erhalten. Die Brüder entnahmen dem Grabgewölbe die Schriften, versiegelten die Gruft erneut und setzten ihre Tätigkeit fort.

Der Golden Dawn hat sich ohne Zweifel als der in der *Fama Fraternitatis* designierte Nachfolgeorden verstanden, der nach ziemlich genau 200 Jahren nach Auffindung des Grabes von Christianus Rosencreutz dessen Erbe übernehmen und weiterführen sollte. Das Einweihungsritual zum sogenannten Zweiten Orden des Golden Dawn hat die Geschichte der Auffindung des Grabes von Christian Rosencreutz zum Inhalt.

Obgleich das Rosenkreuzertum in Deutschland seinen Ursprung hatte (wie wir sehen werden, suchten die Mitglieder des Golden Dawn immer wieder nach noch eventuell bestehenden Spuren des Ordens in Deutschland), fand es in England seine prägnantesten Vertreter und seine lebendigste Tradition. Bereits John Dee, Magier und früher Spiritist, vertrat rosenkreuzerische Ideen; indessen ist es umstritten, ob er wirklich mit den echten Rosenkreuzern in Verbindung stand. Ferner ist der Arzt und Gelehrte Robert Fludd (1574–1637) zu nennen, der verschiedene vom Geist der Rosenkreuzer durchdrungene Werke schrieb.

Im Jahre 1866 wurde die Societas Rosicruciana in Anglia, abgekürzt S.R.I.A., die rosenkreuzerische Gesellschaft in England gegründet. Ihre Mitglieder waren Freimaurer, die sich ernsthaft mit esoterischen Studien theoretisch wie praktisch befaßten und denen die im Unverbindlichen bleibenden und nur symbolisch verstandenen Rituale der offiziellen Freimaurerlogen offensichtlich zu wenig boten. Die S.R.I.A. ist neben der theosophischen Gesellschaft die wichtigste Keimzelle des Golden Dawn, nicht nur was den Inhalt der Lehren betrifft. Auch die meisten Mitglieder des Golden Dawn kamen aus einer dieser beiden Vereinigungen zum Orden.

Gründung, Aufstieg und Fall des Golden Dawn

Über keinen Aspekt des Golden Dawn ist so viel geschrieben und sind so viele Mutmaßungen erhoben worden wie über die Umstände seiner Gründung. Obgleich Fakten und Dokumente vorhanden sind, verlieren sich die Ursprünge des Ordens im Nebel von Mythos und Legende, der wohl nie mehr endgültig zu klären sein wird. Beginnen wir mit der Geschichte, die den Mitgliedern des Ordens über seine Gründung vermittelt wurde.

Nach dieser Fassung soll der Arzt Adolph Frederick Alexander Woodford in einem Londoner Buchantiquariat an der Farringdon Road ein in Geheimschrift verfaßtes Manuskript entdeckt und erworben haben. Da es ihm nicht gelang, den Text zu entziffern, übergab er das Manuskript an W.W. Westcott, der wie Woodford Freimaurer war. Westcott entdeckte, daß das Chiffre-Manuskript in einer vom Abt Johannes von Tritheim (Trithemius), einem Esoteriker des 15./16. Jahrhunderts, in seinem Buch *Polygraphia* verwendeten Verschlüsselung abgefaßt war. Zusammen mit dem Arzt W.R. Woodmann, ebenfalls Mitglied der S.R.I.A., entzifferte Westcott das Manuskript. Es enthielt fünf in skizzenhaften Entwürfen niedergeschriebene Initiations-Rituale in verschiedene Grade rosenkreuzerischer Prägung. Sie waren in englischer Sprache verfaßt. Da sich beim Manuskript ein loses Blatt mit den Initialen A.L.C. befand, nahm Woodford an, daß es sich um ein Manuskript aus dem früheren Besitz von Eliphas Lévi (Alphons Louis Constant) handle. Woodford starb im Dezember des Jahres 1887, so daß das Manuskript bei Westcott verblieb. Im Chiffre-Manuskript war auch die Mitteilung enthalten, daß von S.D.A. (Sapiens Dominabitur Astris) weitere Auskünfte erhalten werden könnten. Westcott nahm die Korrespondenz mit einem Fräulein Anna Sprengel in Deutschland auf, deren Anschrift im Manuskript enthalten war. In der Antwort stellte sich Fräulein Sprengel als ein führendes Mitglied eines deutschen Rosenkreuzer-Ordens vor. Sie beauftragte Westcott mit der Gründung eines englischen Zweigs des Ordens und übermittelte ihm, ebenfalls brieflich, alle die dazu nötigen Informationen. Im Jahre 1888 gründeten Westcott und Woodford den Londoner Isis-Urania-Tempel des Ordens The Golden Dawn (Orden der goldenen Dämmerung). Die Gründungsurkunde wurde von Westcott, Woodman und Samuel Liddle Mathers, ebenfalls Mitglied der S.R.I.A., unterzeichnet, sowie von Fräulein Sprengel, deren Unterschrift Westcott stellvertretend leistete.

Einführung

Im Jahre 1891 riß die Verbindung mit Fräulein Sprengel ab. An ihrer Stelle antwortete eine andere Persönlichkeit des Rosenkreuzer-Ordens in Deutschland und teilte mit, daß Fräulein Sprengel verstorben sei. Da die anderen Mitglieder des Ordens nie mit der Gründung eines Zweiges in England einverstanden gewesen seien, würden keine weiteren Informationen mehr übermittelt. Falls aber der englische Orden trotzdem weiter arbeiten wolle, müsse er von sich aus eine Verbindung zu den über dem Orden stehenden transzendenten Kräften suchen.

Samuel Liddle Mathers kam aus dem Kreis um Helena Blavatsky, die ihn als einen der besten zeitgenössischen Kenner der Kabbala bezeichnete. Er war ebenfalls Mitglied der S.R.I.A., verfügte über hervorragende esoterische Kenntnisse und war wohl auch derjenige, der die im Chiffre-Manuskript enthaltenen Skizzen zu ausführlichen Ritualen ausgestaltete.* Mathers behauptete nun, daß ihm der Kontakt zu diesen höheren Ordens-Meistern, offenbar mittels spiritistischer und mediumistischer Techniken, gelungen sei. Als Folge davon wurde der sogenannte Zweite Orden innerhalb des Golden Dawn gegründet, der Orden der Roten Rose und des Goldenen Kreuzes. Er war der eigentliche magische Orden, während der Erste, sogenannte Äußere Orden vorwiegend zur Instruktion und Wissensvermittlung an die Mitglieder bestimmt war.

Soweit über die Gründungsgeschichte des Golden Dawn, wie sie der Orden selbst verstand und sie sich vorstellte. Da es trotz intensiver Recherchen, an denen sich auch der Schriftsteller Gustav Meyrink beteiligte, nie gelang, weder die Existenz dieses Rosenkreuzerordens in Deutschland noch eines mit ihm in Verbindung stehenden Fräulein Sprengel nachzuweisen, wurden immer wieder Zweifel an der Echtheit der Ordenslegende gehegt. Francis King beispielsweise behauptet in seinem Buch *Ritual Magic in England* (London 1970), daß das fragliche Chiffre-Manuskript aus dem Nachlaß von Frederick Hockley stammte, der in die Hände von Woodford gelangte. Karl R.H. Frick stellt in seiner historischen Darstellung der freimaurerisch-okkulten Bewegungen *Licht und Finsternis* (Graz 1978) die These auf, daß ein Fräulein Sprengel nie existiert habe, sondern daß

---

* Die Chiffre-Manuskripte wurden leider bis heute noch nie vollständig publiziert. Was davon bekannt ist, gibt den Eindruck, als habe jemand auf stenographische Weise Schwerpunkte und wichtige Details eines eben miterlebten Rituals notiert, wie um die Skizze später genauer auszuführen. Angesichts dieser Ausgangslage ist Mathers' Leistung als höchst respektabel zu bezeichnen.

die Initialen S.D.A. sich auf eine männliche Person beziehen, deren Identität nicht näher definiert werden kann. Schließlich konnte Ellic Howe in seinem 1972 erschienenen Buch *The Magicans of the Golden Dawn* unter Mithilfe des Graphologen und Okkultforschers Oskar R. Schlag überzeugend nachweisen, daß der Briefwechsel zwischen Westcott und Fräulein Sprengel offensichtlich eine Fälschung von Westcott war, ja daß möglicherweise auch das berühmte Chiffre-Manuskript eine Fälschung Westcotts sei. Damit wurde eine Auseinandersetzung unter Esoterikern in Gang gesetzt, deren Wogen sich bis heute nicht gelegt haben. Auf der einen Seite stehen die Anhänger Howes, für die mit der Fälschung gleich alles, was den Golden Dawn betrifft, in Bausch und Bogen abklassifiziert und erledigt ist. Auf der anderen befinden sich Autoren, welche die von Howe angeführten Beweise gelten lassen, aber davon absehen, seinem Beispiel folgend nun gleich das Kind mit dem Bade auszuschütten und eine differenziertere Betrachtungsweise anwenden wollen. Die zum Teil recht heftig geführten Auseinandersetzungen lassen sich in folgenden Schlußfolgerungen zusammenfassen:

1. Im Jahre 1887 erhält W.W. Westcott von W.R. Woodford ein in Chiffre geschriebenes Manuskript. Über die Herkunft dieses Manuskripts gibt es verschiedene Vermutungen, sie bleibt aber letztlich ungeklärt.
2. In Verbindung mit diesem Chiffre-Manuskript wird eine Persönlichkeit mit den Initialen S.D.A. genannt. Die Identität dieser Persönlichkeit konnte nicht geklärt werden. Es ist auch ungewiß, ob es sich um einen Mann oder eine Frau handelt.
3. Im Zusammenhang mit den Initialen S.D.A. wird von Westcott die Person eines Fräulein Sprengel genannt, die mit S.D.A. identisch sein soll und die in einem Rosenkreuzerorden in Deutschland einen hohen Grad bekleidete. Die Existenz Fräulein Sprengels und dieses Ordens konnte nicht nachgewiesen werden.*
4. Auf der Grundlage des von ihm transkribierten Chiffre-Manuskripts und unter Zuhilfenahme von nicht in allen Fällen identifizierbaren Quellen errichtet Westcott zusammen mit Woodman

---

* Der Vollständigkeit halber muß noch erwähnt werden, daß Scholem in seinem Buch *Von Berlin nach Jerusalem* eine jüdisch-freimaurerische Loge erwähnt mit dem hebräischen Namen Chabrath Zereh Boger Aur (übersetzt: Der Hermetische Orden zur Goldenen Morgendämmerung). Eine Verbindung zum englischen Golden Dawn ist aber nicht erwiesen.

Einführung

und Mathers ein (den späteren Ersten Orden umfassendes) Ordenssystem.
5. Dazu beruft sich Westcott auf die Autorität von Fräulein Sprengel in Deutschland, von der er den legitimen Auftrag zur Gründung des Golden Dawn erhalten haben will. Der als Beweis vorgelegte Briefwechsel mit Fräulein Sprengel ist mit höchster Wahrscheinlichkeit gefälscht.
6. Aufgrund der im Chiffre-Manuskript enthaltenen Angaben wird der Orden *The Golden Dawn* im Jahre 1888 gegründet. Westcott, Woodman und Mathers sind (in Anlehnung an die historischen Rosenkreuzer) seine drei Meister.
7. Als nach dem angeblichen Tod von Fräulein Sprengel der Kontakt zum Mutterorden in Deutschland abreißt, behauptet Mathers, daß ihm der Kontakt zu den transzendenten Meistern des Ordens gelungen sei. Aufgrund der Informationen, die er von dort erhalten haben will, wird im Jahre 1892 der Zweite Innere Orden gegründet.

Was mag Westcott dazu gebracht haben, die Ordensgründung mit Hilfe von gefälschten Dokumenten und einer gefälschten Legende in die Wege zu leiten? So paradox es auch klingen mag, vielleicht waren es gerade für einen durchschnittlichen Menschenverstand nicht plausibel zu erfassende Fakten im Zusammenhang mit der Ordensgründung, die ihn bewogen, auf solche Mittel zurückzugreifen. Wer neu in den Orden eintrat, mußte über dessen Zweck und Ziel informiert werden, und zwar auf eine Weise, die verstandesmäßig einigermaßen nachvollzogen werden konnte und die den Kandidaten davon überzeugte, daß sein Beitritt zum Golden Dawn die natürliche Fortsetzung seines bisherigen Weges war. Wenn wir das geistige Umfeld zur Gründungszeit des Golden Dawn betrachten, dann kamen potentielle Mitglieder des Ordens vornehmlich von zwei Seiten. Zum einen kamen sie aus der Freimaurerei, deren System sicher für manche ihrer Mitglieder zu unverbindlich war, zum anderen aus der theosophischen Gesellschaft, mit deren Anliegen sie sich zwar identifizierten, aber deren Praxis ihnen zu sehr von den östlichen Religionen und dem damit verbundenen Denken geprägt war. Westcott mußte damit rechnen, daß von beiden Seiten ganz bestimmte Fragen bezüglich der Legitimität des Ordens gestellt wurden. Wer von der Freimaurerei kam, stellte gewiß die Frage, ob der Orden auch in der richtigen apostolischen Sukzession war, weil für Freimaurerlogen die »Abstammung« von der richtigen Mutterloge von eminenter Bedeutung ist.

Für diese Fragen hielt Westcott die Geschichte von Fräulein Sprengel und ihrem Orden in Deutschland bereit. (Deutschland wurde wohl gewählt, weil durch Christian Rosencreutz der Ursprung der Rosenkreuzer in Deutschland angenommen wurde.) Gleichzeitig wurde diesen Freimaurern, die anderes gewöhnt waren, klargemacht, daß Frauen im Golden Dawn in jeder Beziehung gleichberechtigt waren, eine für das Viktorianische England mit seinem männlichen Club-Verständnis wohl eher ungewohnte Sache, die aber wiederum für einen höheren Ursprung des Golden Dawn spricht.

Helena Blavatsky behauptete stets, daß die von ihr vertretenen Lehren von sogenannten »Meistern« übermittelt worden seien. (Siehe Seite 28f.) Die Lehre von den Meistern bildet einen Grundpfeiler der Theosophie, und wer von dort zum Golden Dawn kam, stellte mit großer Wahrscheinlichkeit die Frage, ob es Meister seien, womöglich die gleichen, die hinter der Theosophie Helena Blavatskys stehen, die auch den Golden Dawn institutionalisierten. Für diese Fragen verwiesen Westcott und Mathers auf Meister, die in einem der materiellen Sphäre enthobenen Dritten Orden dem Golden Dawn vorstanden.

Täuschungen und Betrügereien im Stile von Westcott kommen im Zusammenhang mit der Esoterik ab und zu vor. Auch Helena Blavatsky war nicht frei davon, wie die Vorgänge um die sogenannten Mahatma-Briefe zeigen. Selten aber geschehen sie aus Gründen des persönlichen Vorteils oder der Bereicherung. Meist sind sie dort zu finden, wo es darum geht, Vorgänge, die sich schwer oder überhaupt nicht erklären lassen, in einer äußerlichen Manifestation sinnlich erfaßbar oder dem Verstand zugänglich darzulegen. Fast jedes Mittel mag von daher gesehen recht sein, um etwas, von dessen Echtheit man aufgrund der Erfahrung überzeugt ist oder dessen Existenz einem durch einen transzendenten Kanal bewiesen wurde, anderen Menschen auf irgendeine Weise nahezubringen. Das Mittel mag nach dem ersten Anschein vielleicht den erhofften Effekt ausüben, hat aber, wenn es entdeckt wird, katastrophale Folgen für die betreffende Person oder Organisation in bezug auf ihre weitere Glaubwürdigkeit.

Der Tempelgründung in London folgten rasch weitere in Weston Super Mare (Somerset), Bredford (York) und 1893 in Edinburgh. Bis zum Mai 1892 zählte der Orden 150 Mitglieder. Es ist erstaunlich, wie viele Persönlichkeiten, die im damaligen geistigen und kulturellen Leben Englands eine Rolle spielten, Mitglieder des Golden Dawn waren.

Unter denen, die auch heute noch einen gewissen Bekanntheits-

S.L. MacGregor Mathers

grad besitzen, sind beispielsweise zu nennen: Der irische Dichter und Nobelpreisträger W.B. Yeats, die Schauspielerin Florence Farr, der Magier Aleister Crowley, die Esoteriker A.E. Waite und Dion Fortune, die Schriftsteller Alexander Machen, Bram Stoker, Algernon Blackwood und möglicherweise Henry Rider-Haggard, in deren Werken sich der Einfluß des Golden Dawn deutlich erkennbar widerspiegelt, sowie die irische Nationalistin und Feministin Maud Gonne.

Die Versammlungen und rituellen Arbeiten fanden in der ersten Zeit meist in den Privatwohnungen von Mathers oder anderen Mitgliedern statt, dann in der Mark Masons Hall, einem Freimaurertempel in London. Die fünf aufgrund des Chiffre-Manuskriptes ausgearbeiteten Rituale wurden zelebriert, und den Mitgliedern wurden Wissensstoff und Symbole in den zu jedem Grad gehörigen Lehrschriften vermittelt. Das allein aber genügte Mathers nicht. Ihm schwebte eine wirklich magische Praxis vor. Zu diesem Zweck gründete er den sogenannten Zweiten Orden *Roseae Rubae et Aureae Crucis*. Dieser Zweite Orden war bereits im Briefwechsel zwischen Westcott und Fräulein Sprengel zur Sprache gekommen. In einem dieser Briefe wurden Westcott, Mathers und Woodman in den für diesen Zweiten Orden vorgesehenen Grad aufgenommen. Was noch fehlte, waren Rituale und Lehrinhalt dieses Zweiten Ordens, denn das Chiffre-Manuskript umfaßte ja nur das Grundlagenmaterial zum Ersten Orden. Da die Quelle Fräulein Sprengels in dieser Beziehung etwas voreilig zum Versiegen gebracht worden war, mußte die nötige Hilfe in einer anderen Richtung gesucht werden. Mathers nahm sich des Problems an.

Über die Art und Weise, wie er zu den Unterlagen und zum Material des Zweiten Ordens gelangte, gab Mathers folgenden Bericht:

»Was die Geheimen Meister des Ordens betrifft, auf die ich mich berufe und von denen ich die Weisheit des Zweiten Ordens erhalten habe, kann ich nichts sagen. Ich kenne nicht einmal ihre irdischen Namen. Ich kenne sie nur unter gewissen, mir zur Verfügung gestellten geheimen Mottos und habe sie nur bei sehr seltenen Gelegenheiten in einem physischen Körper gesehen. Bei diesen seltenen Gelegenheiten ging die Initiative zur Begegnung von ihnen auf astrale Weise aus. Sie trafen mich in körperlicher Gestalt zu der Zeit und an dem Ort, der mir zuvor bezeichnet wurde. Meinerseits glaube ich, daß sie Menschen sind und auf dieser Erde leben, aber über ganz außerordentliche, übermenschliche Kräfte

verfügen. Wenn eine solche Begegnung an einem Ort stattfand, der auch von anderen häufig frequentiert wurde, dann war nichts in ihrer persönlichen Erscheinung oder Kleidung, das sie von gewöhnlichen Menschen unterschied, ausgenommen die Wahrnehmung und Ausstrahlung einer gleichsam übernatürlichen Gesundheit und Vitalität (wobei sie weder alt noch jung schienen), die ihre unveränderliche Begleiterscheinung war; mit anderen Worten ausgedrückt, die physische Erscheinung, die traditionsgemäß Ausdruck für den Besitz des Elixiers des Lebens ist.
Andererseits, wenn die Begegnung an einem von der Öffentlichkeit geschützten Orte stattfand, trugen sie gewöhnlich symbolische Gewänder und Insignien.
Indessen zeigte mir die physische Begegnung mit ihnen bei diesen seltenen Gelegenheiten, wie schwierig es für einen Sterblichen ist, selbst wenn er in den okkulten Fähigkeiten fortgeschritten ist, die Gegenwart eines Adepten im physischen Körper zu ertragen... Ich glaube nicht, daß die seltenen Gelegenheiten einer direkten körperlichen Begegnung mit ihnen den gleichen Effekt einer intensiven physischen Erschöpfung hervorbrachten wie bei einer Absaugung von Magnetismus. Andererseits war das Gefühl vorhanden, mit einer solch schrecklichen Kraft in Kontakt zu stehen, die ich nur mit der Erfahrung einer Person vergleichen kann, die während eines heftigen Gewitters in unmittelbarer Nähe den Einschlag eines Blitzes erlebt, gepaart mit dem Erstickungsgefühl, das durch das Einatmen von Äther hervorgerufen wird. Wenn ein solches Resultat bei jemandem eintritt, der im gleichen Maße wie ich in okkulter Arbeit trainiert ist, kann ich mir nicht vorstellen, daß ein weniger fortgeschrittener Eingeweihter eine solche Anstrengung auch nur fünf Minuten ohne Todesfolge zu ertragen imstande ist.
Beinahe alles Wissen des Zweiten Ordens habe ich von ihnen mittels der verschiedensten Arten von Hellsichtigkeit erhalten, durch Astralprojektion von ihrer und meiner Seite her, durch den Tisch, mittels Ring und Scheibe (gemeint sind Tischrücken, Pendel und das Oui-ja-Board für automatisches Buchstabieren), zeitweise durch eine direkt meinen äußeren Ohren und denen von Vestigia vernehmbare Stimme. Manchmal kopierte ich sie aus Büchern, die mir auf eine für mich nicht faßbare Weise gebracht wurden und wieder aus meinem Blickfeld verschwanden, sobald meine Abschrift beendet war. Zuzeiten wurde ich an einen bestimmten Ort gerufen, der mir bis dahin unbekannt war. Diese Aufbietung geschah in der gleichen Weise wie anläßlich der seltenen Gelegenhei-

ten, da ich vor ihre körperliche Erscheinungsform zitiert wurde. Die Strapazen einer solchen Arbeit waren, wie ihr euch vorstellen könnt, enorm. Speziell die Übermittlung des Z-Rituals brachte mich und Vestigia, wie wir glaubten, dem Tode nahe... Dazu kamen noch die Zeremonien der Anrufung, ein fast ständig dauernder Kampf mit gegensätzlichen dämonischen Kräften, die alles daran setzten, die Übergabe und den Empfang dieses Wissens zu stoppen, sowie die Notwendigkeit, den Geist ständig in Verbindung mit dem höheren Selbst zu halten...«

Das Initiationsritual zum Zweiten Orden hat die Geschichte der Auffindung des Grabes von Christian Rosencreutz zum Thema. Zu diesem Zweck wurde eine möglichst genaue Nachbildung der Gruft von Christian Rosencreutz, wie sie in der *Fama Fraternitatis* beschrieben ist, angefertigt. Deshalb und wahrscheinlich noch mehr, um eine Mauer des Schweigens zwischen dem Ersten und dem Zweiten Orden zu erhalten, fanden die Initiationen und Arbeiten des Zweiten Ordens an einem anderen Orte statt. Die Mitglieder des Ersten Ordens wurden in dem Glauben gehalten, daß die Meister des Zweiten Ordens, deren Genehmigung und Zustimmung alles, was den Ersten Orden betraf, unterstand, mit den geheimen Meistern des Ordens identisch waren. Daß es sich dabei wiederum um Mathers und Westcott handelte, dieselben Personen, die auch dem Ersten Orden vorstanden, entdeckten die Mitglieder des Zweiten erst anläßlich ihrer Initiation in den Zweiten Orden. Dann waren aber ihre Lippen bereits durch das abgelegte Schweigegelübde gegenüber den Mitgliedern des Ersten Ordens geschlossen. Dies kann als ein Beispiel dafür betrachtet werden, wie offensichtliche Mängel und Lücken in einem Ordenssystem durch den Mißbrauch des Schweigegelübdes verdeckt werden können. Mathers und seine Mitarbeiter lehrten indessen noch die Existenz eines Dritten, dem Zweiten übergeordneten Ordens, der allerdings bereits in einer höheren transzendenten Sphäre angesiedelt war.

Im Jahre 1891 starb W.R. Woodman. Zwischen den verbleibenden zwei Meistern des Ordens, Westcott und Mathers, bahnte sich nun allmählich eine Rivalität an. Da der Erste Orden in seiner Konzeption vorwiegend eine Schöpfung Westcotts war (Mathers besorgte die detaillierte Ausführung), scheint es wahrscheinlich, daß Mathers den Zweiten Orden unter anderem auch einführte, um seine persönliche Machtposition innerhalb des Ordens zu stärken. Es kann auch nicht ausgeschlossen werden (Indizien deuten darauf hin), daß Mathers in bezug auf den Briefwechsel mit Fräulein Sprengel den Verdacht schöpfte, die Dokumente könnten eine Fälschung Westcotts sein.

Mit dieser Konstellation war der Ruin des Golden Dawn bereits vorprogrammiert. Innerhalb des Ordens bildeten sich verschiedene Untergruppen. Die bedeutendste davon war ein Kreis um die Schauspielerin Florence Farr, der sich »Die Sphäre« nannte. Dort wurde die Technik der sogenannten Astralreisen ausgeführt, eine spezielle Art der aktiven Imagination, übrigens lange bevor C.G. Jung diese Technik in die offizielle Psychotherapie einführte. Mit deren Hilfe wurde versucht, den Kontakt zu den transzendenten Meistern des Ordens herzustellen, um weitere okkulte Instruktionen zu erhalten. Um den Reverend W.A. Ayton bildete sich eine Gruppe, die sich mit alchemistischen Studien beschäftigte. Die einzelnen Gruppen beschrieben die Erfahrungen, die sie in ihrer Arbeit machten, in sogenannten »Flying-Rolls«; das sind Schriften, die nicht oder nur halbwegs zum offiziellen Material des Ordens zählten und unter den Mitgliedern zirkulierten. Ihre Lektüre gibt ein anschauliches Bild von der okkulten Arbeit, die damals im Golden Dawn betrieben wurde.*
Der Londoner Arzt W. Berridge wiederum war ein Anhänger des Sexual-Mystikers Thomas Lake Harris, der für die Einbeziehung der Sexualität in die okkulte Praxis in einer mehr oder weniger vergeistigten, nur auf einer energetischen Basis stehenden, nicht dem Lustprinzip verpflichteten Form eintrat. Auch er scheint gleichgesinnte Mitglieder des Ordens um sich versammelt zu haben.

Ähnliches kann auch vom Leiter des schottischen Zweiges des Golden Dawn, J.W. Brodie-Innes, gesagt werden. Direkt von Sexual-Magie zu sprechen, wäre wohl etwas überspitzt und führte in die falsche Richtung. Es handelte sich zum Teil wohl auch nur um Versuche, die tantrischen Elemente einer unter dem Titel *Nature's Finer Forces* von der theosophischen Gesellschaft veröffentlichten tantrischen Schrift von Rama Prasad einzubeziehen. Wir dürfen nicht vergessen, daß Mitglieder des Golden Dawn ihrer Zeit gemäß sehr sexualfeindlich erzogen waren. Bei ihrer magischen Arbeit wurden sie unweigerlich mit ihrer Sexualität konfrontiert, die ja nur eine besondere Form der magischen Energie ist, und wahrscheinlich in einem erheblichen Maße dadurch verunsichert. Die in *Nature's Finer Forces* dargelegten Gedanken und die von Harris propagierten Praktiken boten einen Ausweg, Sexualität zu praktizieren und sich gleichzeitig nicht damit zu identifizieren. In dem Moment, in dem ein körperlich

---

* Der größte Teil der heute noch erhaltenen Flying-Rolls wurde von Francis King in seinem Buch *Astral Projection, Ritual Magic and Alchemy* herausgegeben (Neville Spearman, London 1971; erweiterte Ausgabe Aquarian Press 1987).

sexueller Kontakt stattfindet, entäußern sich die Partner ihrer Persönlichkeit und werden Götter oder sonstwie magische Wesen, die sich repräsentativ oder stellvertretend für die durch einen sexuellen Kanal einfließende Kraft zur Verfügung stellen. Auf diese Weise läßt sich Sexualität praktizieren, ohne daß sich die Alltags-Persönlichkeit des im Viktorianischen Zeitalter lebenden Esoterikers durch eine so tierische Angelegenheit wie Sexualität beschmutzt fühlen muß. Dies gilt sicher auch für Mathers Ehe, wie anhand eines Briefs von Moina Mathers an Annie Horniman vom 8. Januar 1896 vermutet werden kann.[1] Solche verschlungenen emotionalen Pfade mögen uns heute etwas skurril anmuten, aber sie müssen vor dem Hintergrund ihrer Zeit verstanden werden. Sexual-Mystik war übrigens nicht nur eine Angelegenheit des Golden Dawn, sondern wurde wahrscheinlich in den meisten esoterischen Vereinigungen der ersten Jahrzehnte dieses Jahrhunderts bis in die Reihen der Theosophischen Gesellschaft in der einen oder anderen Weise praktiziert. Diese Seite des Golden Dawn wird von den meisten Autoren entweder nicht oder nur am Rande erwähnt.[2] Man könnte diese Seite ausklammern, wenn sie nicht mit ein wichtiger Faktor gewesen wäre, der offenbar die spätere Entwicklung des Ordens im Untergrund doch recht nachhaltig beeinflußt hat. Dies kommt vor allem zum Vorschein, wenn man beachtet, welche Personen sich anläßlich des späteren Schismas des Ordens welcher Partei anschlossen. Annie Horniman, eine für den Orden äußerst wichtige Person, sowohl was ihren persönlichen Einfluß als auch was ihren finanziellen Hintergrund betrifft, nahm an der Gruppe um Berridge Anstoß und verlangte deren Ausschluß aus dem Orden. Mathers, der finanziell total von Annie Horniman abhängig war, weigerte sich und gab ihr zu verstehen, sich nicht in die Angelegenheiten und Studien anderer Ordensmitglieder einzumischen. Als Annie Horniman trotzdem auf ihrem Anliegen bestand, schloß Mathers sie selbst aus dem Orden aus, obgleich eine Menge namhafter Mitglieder ihn mit einer Petition davon abzuhalten versuchten.

Mathers hatte 1892 seinen Wohnsitz nach Paris verlegt. Die Gründe, die ihn dazu bewogen, sind nicht klar zu eruieren. Moina Mathers sagt in ihrem 1926 geschriebenen Vorwort zur 6. Auflage von Mathers' *Kabbalah Unveiled*, daß diese Übersiedlung auf Geheiß der

---

[1] Zitiert bei Howe Seite 121.
[2] Nur Ithell Colquhoun widmet in ihrem Buch *Sword of Wisdom* (London 1971) dieser tantrisch beeinflußten Seite des Golden Dawn ein Kapitel, und auch Francis King gibt in seinem *Tantra for Westerners* (Wellingborough 1986) Seite 77 ff. und Seite 131 ff. interessante Informationen und Zusammenhänge dazu.

geheimen Meister des Ordens erfolgte. (Vielleicht um eine größere räumliche Nähe zu diesen herzustellen. Mathers behauptete, mehrere Begegnungen mit diesen geheimen Meistern seien in Paris im Bois de Boulogne erfolgt.) Tagebuchaufzeichnungen und Notizen der mit Moina eng befreundeten Annie Horniman geben den Hinweis, daß Moina ihre künstlerischen Studien in Paris fortsetzen und intensivieren wollte. Es scheint nicht ganz ausgeschlossen, daß Annie Horniman Moina zu dieser Wohnsitzverlegung bewog in der Hoffnung, sie von ihrem Gatten zu entfernen, der dann zum Ärger Miss Hornimans doch seiner Frau nach Paris folgte. Die Mathers gründeten in Paris eine Zweigniederlassung des Golden Dawn unter dem Namen Ahathoor-Tempel (nach Athor, der ägyptischen Göttin der Nacht), zu deren Mitgliedern eine ansehnliche Zahl Amerikaner, aber auch der Okkultist Papus zählten. Zu seiner Statthalterin im Londoner Tempel ernannte Mathers Florence Farr. Wenn er die Hoffnung gehegt haben sollte, eine Frau wäre ein williges Werkzeug seiner Autorität, sah er sich bald enttäuscht. Florence Farr war eine Persönlichkeit, die, was autoritäre Haltung und Durchsetzungsvermögen betrifft, wenig hinter Mathers zurückstand. Er sollte dies bald zu spüren bekommen.

William Westcott, Mitarbeiter und Rivale Mathers und Mitbegründer des Ordens, trat 1897 aus dem Golden Dawn aus. Über die Gründe dafür gibt es mehrere Versionen. Der einen zufolge soll durch die Unachtsamkeit Westcotts, der das respektierliche Staatsamt eines königlichen Coroners bekleidete, seinen Vorgesetzten bekanntgeworden sein, daß er ein führendes Mitglied eines magischen Ordens war. Da dies mit seinem Amt als unvereinbar betrachtet wurde, sah sich Westcott vor die Alternative gestellt, entweder sein Amt oder den Golden Dawn aufzugeben. Er wählte das letztere. Es gab aber auch Gerüchte, die behaupten, es sei Mathers selbst gewesen, der Westcott bei seinen Vorgesetzten kompromittiert habe mit dem Ziel, sich die alleinige Führung des Ordens anzueignen. Es kann aber auch durchaus sein, daß Westcott der ewigen Intrigen und Rivalitätskämpfe mit Mathers müde war und resignierte.

Die eigentliche Todesstunde des Golden Dawn wurde aber am Abend des 26. November 1898 eingeläutet, als ein junger Neophyt namens Aleister Crowley, in eine schwarze Robe gekleidet, ein Seil dreifach um seinen Bauch geschlungen, mit verbundenen Augen bereitstand, um seine Einweihung zum Neophyten entgegenzunehmen. Crowleys unzweifelhaft vorhandene magische Begabung ließ ihn im Orden rasch vorankommen. Unter der Anleitung seines Freundes Allan Bennet studierte er die Lehrschriften des Ersten Ordens im

Rekordtempo, und Mathers schien von seinen Fähigkeiten derart angetan gewesen zu sein, daß er, wahrscheinlich durch die Vermittlung Bennets, Crowley bereits mit Dingen vertraut werden ließ, die erst den Adepten des Zweiten Ordens vorbehalten waren. Crowley hatte auf der anderen Seite einen überaus zweifelhaften Charakter, der ihn den meisten Mitgliedern des Golden Dawn äußerst suspekt erscheinen ließ. Dazu hatte er – vor allem in sexuellen Belangen – einen für die damalige Zeit extrem libertinen Lebenswandel. Dies führte dazu, daß Crowley, als er um Aufnahme in den Zweiten Orden ersuchte, abgewiesen wurde, obgleich er die dazu erforderlichen Voraussetzungen mitbrachte. Erbost über die abschlägige Entscheidung seines Gesuchs reiste Crowley nach Paris zu Mathers und erhielt dort von ihm die Initiation in den Zweiten Orden. Danach kehrte er nach London zurück und verlangte als legitimes Mitglied des Zweiten Ordens Zugang zu dessen Dokumenten und Lehrschriften. Dies wurde ihm verweigert, da der Londoner Tempel Crowleys Initiation in den Zweiten Orden nicht anerkannte. Das war die offene Revolte gegen Mathers, dessen herrisches und autoritäres Regime offenbar schon längere Zeit die Unzufriedenheit im Orden geschürt hatte.

Florence Farr, Mathers Stellvertreterin in London, teilte diesem die Absicht mit, angesichts der ständigen Intrigen und Querelen innerhalb der verschiedenen Gruppierungen im Orden den Ersten Orden bis auf weiteres zu schließen. Mathers war aufs höchste alarmiert, und aus seiner Reaktion geht hervor, daß er befürchtete, die Londoner Mitglieder würden Westcott an die Spitze des Ordens zurückrufen oder gar einen Konkurrenz-Golden Dawn unter dessen Leitung gründen. Interessant ist dabei, daß hier zum ersten Mal Indizien dafür auftauchen, daß Mathers in bezug auf die Fräulein Sprengel-Korrespondenz Westcotts Verdacht geschöpft hatte. In einem Brief vom 16. Februar 1900 teilte er Florence Farr mit, daß Westcott zu keiner Zeit irgendeinen Kontakt zu den geheimen Meistern des Ordens hatte und daß dieser die angebliche Korrespondenz mit Fräulein Sprengel entweder eigenhändig fälschte oder fälschen ließ. Westcott selber habe dies ihm gegenüber zugegeben, allerdings erst, nachdem er, Mathers, absolutes Schweigen darüber gelobt hatte. Nur er, Mathers, habe den Kontakt zu den geheimen Meistern, und nur ihm sei das gesamte okkulte Material des Ordens von deren Seite übermittelt und anvertraut worden.

Dies schlug natürlich in London wie eine Bombe ein. Sollte Mathers Behauptung sich bewahrheiten, dann war dem gesamten Orden durch die Nichtexistenz von Fräulein Sprengel und ihres Rosenkreuzerordens der im okkulten Sinne legitime Boden unter den Füßen entzogen. Die führenden Mitglieder des Londoner Tempels beabsichtigten, eine Untersuchungskommission einzusetzen, die den Behauptungen Mathers auf den Grund gehen sollte. Mathers widersetzte sich dieser Absicht aufs heftigste und verbot kurzerhand die Kommission.

Jetzt war in dieser allmählich auf das Niveau einer billigen Schmierenkomödie absinkenden Auseinandersetzung der Moment für den großen Auftritt von Aleister Crowley gekommen. Mathers, dessen großes Interesse neben der Magie auch den Militärwissenschaften galt, arbeitete zusammen mit Crowley generalstabsmäßig einen Plan aus, um die unbotmäßigen Brüder und Schwestern zur Räson zu bringen und die Autorität Mathers' aufs neue herzustellen. Crowley sollte zunächst in London die Räumlichkeiten des Zweiten Ordens besetzen und mittels neuer Schlösser den Zugang für die Mitglieder verbarrikadieren. Im Verlauf der nächsten Tage sollten dann sämtliche Mitglieder des Zweiten und auch des Ersten Ordens vor Crowley erscheinen, der sie, durch eine Maske getarnt, auf ihre Loyalität Mathers als dem Repräsentanten der Geheimen Oberen gegenüber befragen würde. Fielen die Antworten nicht zufriedenstellend aus, würden die betreffenden Mitglieder aus dem Zweiten Orden hinausdegradiert. Alle sollten sie ein Dokument unterzeichnen, worin sie Mathers die Gefolgschaft versicherten. Wer nicht unterzeichnete, sollte aus dem Orden ausgestoßen werden.

Am 16. April 1900 schritt Crowley zur Tat. Nachdem er in einer Kneipe einen stämmigen Rausschmeißer angeheuert hatte – falls seine magische Kraft versagen sollte –, erschien er in der Blythe Road 36, wo sich die Räumlichkeiten des Zweiten Ordens befanden. Die Sekretärin des Zweiten Ordens, die dort gerade arbeitete, wurde hinausgeworfen und die Schlösser wurden ausgetauscht. Damit war der erste und wichtigste Teil von Mathers militärischem Plan, der die Eroberung der Nachbildung der im Ritual verwendeten Gruft von Christian Rosencreutz zum Ziel hatte, siegreich durchgeführt. Diese Gruft war eine äußerst kunstvolle, siebeneckige Holzkonstruktion, mit komplizierten Symbolen und Ornamenten bemalt, die nicht so leicht von irgend jemand nachgebildet werden konnte. Deshalb war ihre Inbesitznahme auch so vordringlich, weil sie für die rituelle Arbeit des Zweiten Ordens von großer Bedeutung war.

Der zweite Teil der »militärischen« Operation verlief nicht ganz so erfolgreich. Die Sekretärin alarmierte natürlich sofort die anderen Mitglieder. Eine Abordnung erschien auf dem Schlachtfeld, darunter Florence Farr und W.B. Yeats. Crowley trat ihnen entgegen, angetan mit einer schwarzen Maske, einer Kapuze, einem goldenen Kreuz auf dem Bauch und mit einem Dolch an der Hüfte. Angesichts solch magischer Kraft blieb offenbar der Gegenseite nichts anderes übrig, als die Polizei zu Hilfe zu rufen. Damit wurde die ganze Angelegenheit polizeiaktenkundig und gerichtsnotorisch, etwas vom Schlimmsten, was einem esoterischen Orden passieren kann. Die Justiz entschied für die Mitglieder des Londoner Tempels und gegen Crowley. Für diesen war die Angelegenheit damit erledigt, und im stolzen Bewußtsein, eine Heldentat vollbracht zu haben, fuhr er nach Amerika. Seine Verbindung zum Golden Dawn war damit beendet. Später entzweite sich Crowley mit Mathers und gründete als Plagiat des Golden Dawn einen eigenen Orden namens A.A. So begeistert er Mathers einst folgte, so erbittert bekämpfte er ihn nun bis zu dessen Tod.

Für Mathers war die Sache indessen keineswegs abgeschlossen, er wurde noch am gleichen Tage vom Londoner Tempel aus dem Orden ausgeschlossen. Da seine militärische Strategie offenbar versagt hatte, besann er sich auf seine magischen Fähigkeiten. Er nahm ein Sieb, füllte es mit trockenen Erbsen, von denen er jede mit dem Namen eines der Londoner Mitglieder getauft hatte, schüttelte und rüttelte sie durcheinander und rief die Dämonen Leviathan und Typhon zu Hilfe. Die kamen denn auch prompt in der Form eines Mr. und einer Mrs. Horos.

Dieses Abenteurerpaar, sein eigentlicher Name war Jackson, kam aus Amerika nach London, wo sie sich als Reinkarnationen von Jesus Christus und Maria in dubiosen, okkulten Kreisen herumtrieben. Ende 1899 reisten sie nach Paris und kamen im folgenden Frühjahr in Kontakt mit Mathers. Dieser war von ihnen sehr beeindruckt. Mrs. Horos hatte sich bei ihm unter dem Namen Sapiens Dominabitur Astris, dem Ordensnamen von Fräulein Sprengel eingeführt, und so unglaublich es klingt, Mathers war offenbar der ehrlichen Meinung, Mrs. Horos sei das wirkliche Fräulein Sprengel, die nicht, wie Westcott behauptete, bereits im Jahre 1891 verstorben war. Sie schien über interne Angelegenheiten des Ordens überaus gut informiert zu sein, und, was Mathers vollends überzeugte, sie wiederholte ihm ein Gespräch, das er vor einigen Jahren mit Helena Blavatsky unter vier Augen geführt hatte. Die Einzelheiten über den Golden Dawn hatte das Paar offensichtlich in Amerika bei dortigen Mitgliedern aufgeschnappt, die es mit dem Schweigegelübde nicht so genau nahmen, und die Rekapitulation des Gesprächs ist für einen das Unbewußte lesenden, hellseherisch begabten Menschen, und Mrs. Horos scheint

Einführung

über diese Eigenschaft verfügt zu haben, nichts Außergewöhnliches. Mathers übergab dem Paar in seinem guten Glauben Dokumente und Rituale des Golden Dawn, womit sich die Horos wieder nach England absetzten. Unter Verwendung dieses Materials gründeten Mr. und Mrs. Horos dort einen Orden namens *The Golden Door* und führten Initiationen durch, in deren Verlauf sich die weiblichen Neophyten einer Art himmlischer Hochzeit mit Mr. Horos auf durchaus irdische Art zu unterziehen hatten.

Unterdessen war W.B. Yeats als Nachfolger von Mathers mit der Leitung des Ordens betraut worden. Er bewog Annie Horniman dazu, wieder in den Orden einzutreten, um als dessen Sekretärin von neuem Ordnung und Struktur hineinzubringen. Gemäß ihres Ordensnamens *Fortiter et Recte* machte sich Annie Horniman an die Arbeit. Die Akten und Archive des Ordens waren in schrecklicher Unordnung. Vor allem aber erkannte Annie Horniman, daß eine wichtige Ursache für den desolaten Zustand des Ordens in den nebeneinander herlaufenden Spezialgrüppchen innerhalb des Golden Dawn lag. Sie forderte Yeats auf, etwas dagegen zu unternehmen, namentlich gegen die »Sphäre« um Florence Farr. Zwischen Annie Horniman und Florence Farr entwickelte sich eine Rivalität analog der Rivalität, die früher zwischen Mathers und Westcott bestand. Yeats, der beiden Frauen auf eine jeweils besondere Weise nahestand (Annie Horniman war die finanzielle Förderin seines literarischen Werks), geriet in eine Sandwich-Position und trat 1901 zurück.

Zu alledem platzte nun noch der Horos-Skandal. Eine der Neophytinnen des Golden Door war nicht gewillt, die himmlische Hochzeit mit Mr. Horos zu vollziehen, so daß Mrs. Horos mit physischer Gewalt etwas nachhelfen mußte. Das Paar wurde vor Gericht gestellt und wegen Vergewaltigung zu mehreren Jahren Gefängnis verurteilt. Die Folgen für den Golden Dawn waren katastrophal. Da das Paar die Rituale des Golden Dawn für seine Machenschaften verwendet hatte, wurden diese nicht nur ausgiebig vor Gericht, sondern auch in der Presse zitiert. Der Golden Dawn kam in die Schlagzeilen mit allen damit verbundenen Folgen. Das war das Ende. Zahlreiche Mitglieder, die um ihre Reputation fürchteten, traten aus dem Orden aus, der nun vollends in die Konfusion verfiel. Beelzebub und Typhon hatten ganze Arbeit geleistet.

Die unerfreulichen Vorgänge um das Ende des Golden Dawn sind für manche der Beweis dafür, daß der Orden von Anfang an auf falschen Voraussetzungen und Anmaßung beruhte. Aber wer Augen hat zu sehen, wird bemerken, daß sein Ende, wie ein Satyrspiel ins

Groteske verzerrt, die genauen Details seiner Gründung reziprok wiederholt, und zwar so perfekt inszeniert, wie dies von einer nur menschlichen Ebene aus kaum möglich ist. So kann es auch sein, daß die Kräfte, die den Golden Dawn hervorbrachten, sich von ihm zurückzogen und, auf diese Weise Zeichen setzend, selbst sein Ende herbeiführten, als er die in ihn gesetzten Hoffnungen nicht erfüllte. Ein solcher Rückzug transzendenter Kräfte von einem Orden oder auch einem einzelnen Menschen, gehört zu den schlimmsten Erfahrungen eines esoterisch ausgerichteten Lebens. Es ist, als würde in einem hell erleuchteten Zimmer plötzlich das Licht ausgeschaltet. Die Menschen, die sich vorher ohne Schwierigkeiten im Raum bewegen und umhergehen konnten, verlieren die Orientierung und verhalten sich nun wie hilflos Blinde, stoßen aneinander, fallen und verletzen sich gar, und eine heillose Konfusion bricht aus. Genauso verhielten sich auch Mathers und die Mitglieder des Golden Dawn, als das Ende über sie hereinbrach. Vielleicht ein Indiz dafür, daß der Golden Dawn eben doch in Verbindung mit einer transzendenten Ebene stand, die sich nun von ihm zurückzog und ihn seinem Schicksal überließ.

Im Frühjahr 1903 versammelten sich die übriggebliebenen Mitglieder des Golden Dawn, um ihre Zukunft und weitere Arbeit zu besprechen. Das Resultat war die Spaltung des Ordens. Eine Gruppe um Arthur Edward Waite, dem die von Mathers vertretene magische Richtung der Ordensarbeit sowieso nie gepaßt hatte, gründete unter dem alten Namen Golden Dawn einen neuen Orden. Diese Gruppe verneinte die Existenz von geheimen Meistern und richtete die Ordensarbeit ganz auf die christliche Mystik aus. Zu diesem Zweck schrieb Waite die Rituale entsprechend um. Dieser Zweig des Golden Dawn bestand bis in das Jahr 1914, dann löste Waite ihn auf und gründete einen neuen Orden mit dem Namen *Fellowship of the Rosy Cross*.

Dr. Berridge und Brodie-Innes blieben Mathers treu. So wie er ihnen gegenüber anläßlich der Angriffe von Annie Horniman gegen seine materiellen Interessen loyal gewesen war, so standen sie jetzt zu ihm. Brodie-Innes erhielt von Mathers ein Zertifikat, das ihn zum rechtmäßigen Oberhaupt des Golden Dawn erklärte. Dr. Berridge versammelte in London die Mathers treu gebliebenen Mitglieder um sich und arbeitete mit ihnen in der traditionellen Weise weiter. Mathers selbst beschränkte sich auf seinen Ahathoor-Tempel in Paris. Wahrscheinlich unter dem Einfluß von Moina verschrieb er sich mehr und mehr einem ausgeprägten Isis-Kult, dessen Rituale Mathers nicht

Einführung

nur im Orden, sondern gegen Eintritt auch in Pariser Theatern zelebrierte. Zahlreiche Amerikaner in Paris stießen zu seinem Tempel und brachten infolgedessen den Golden Dawn nach den Vereinigten Staaten.

Die Mehrheit der Mitglieder gründete unter dem Tropenmediziner Dr. Felkin einen neuen Tempel mit dem Namen Stella Matutina (Morgenstern). Für diese Gruppe, die sich zwar von Mathers getrennt hatte, aber noch immer das von ihm geschaffene und vertretene Ordenssystem bearbeitete, war es nun von größter Wichtigkeit, den Kontakt zu den geheimen Meistern des Ordens wiederherzustellen. Zum Teil benutzten die Mitglieder dieser Gruppe die Techniken, die in Florence Farrs »Sphäre« angewendet wurden, um auf diese Weise eine Verbindung über die Astralebene herzustellen. Auf diese Weise hofften sie, neue esoterische Lehren zu erhalten und die bereits vorhandenen zu verbessern. Sie arbeiteten teilweise recht nachlässig ohne die strengen, von Mathers gegebenen Vorsichts- und Kontrollmaßnahmen, die verhindern sollten, daß bei diesen Astralvisionen Energien evoziert wurden und einfließen konnten, die mit der Schwingung des Golden Dawn nicht harmonisch waren. Die Folgen zeigten sich bald, indem jeder und jede behaupteten, auf ihre Weise Kontakt zu den Meistern hergestellt und persönlich neues Wissen übermittelt bekommen zu haben.

Felkin selbst baute offenbar nicht allein auf diese astralen Offenbarungen. Er unternahm verschiedene Reisen auf den Kontinent, vorwiegend nach Deutschland, auf der Suche nach dem geheimnisvollen Rosenkreuzorden, der über Fräulein Sprengel den Golden Dawn in England gegründet haben sollte. Er knüpfte Kontakte zu verschiedenen Rosenkreuzer-Zirkeln, die damals in mehr oder weniger loser Form in Deutschland bestanden, und wurde schließlich auf Rudolf Steiner verwiesen, der damals Sekretär der Theosophischen Gesellschaft in Deutschland war und überdies Leiter einer Rosenkreuzer-Loge innerhalb des O.T.O. (Ordo Templis Orientis), eines magischen Ordens, der von Karl Kellner nach Studien im Osten gegründet worden war. Felkin glaubte, in Steiner die verlorene Verbindung zu den geheimen Meistern wiedergefunden zu haben, und Steiner scheint diese Rolle akzeptiert zu haben. Ein Ordensmitglied wurde nach Deutschland delegiert, um dort die entsprechende Schulung zu erhalten, damit der Londoner Tempel reorganisiert und ausgebaut werden konnte. Steiner besuchte im Jahre 1912 London und nahm an verschiedenen Tempel-Arbeiten und Ritualen des Golden Dawn teil. In der Folge floß mehr und mehr durch Steiner gefärbtes Gedankengut ein, was neue Spaltungen bewirkte. So wurde die Stella Matutina über einen Teil ihrer Mitglieder zur Keimzelle der Anthroposophie in England. Felkin lebte dann einige Jahre lang in Neuseeland, wo er ebenfalls einen Golden Dawn-Tempel gründete, und überließ die Leitung des Londoner Tempels dem in Deutschland geschulten Mitglied. Nach seiner Rückkehr im Jahre 1916 fand er die Stella Matutina in einem erbärmlichen Zustand wieder. Sie war ganz in ihren Astralvisionen versunken (mindestens ein Mitglied mußte wegen dieser Praktiken psychiatrisch hospitalisiert werden), und in die Rituale und Tempel-Arbeiten hatte der Gebrauch von Haschisch und Heroin Eingang gefunden. Erst nach langen, heftigen Auseinandersetzungen gelang es Felkin wieder, einigermaßen Ordnung herzustellen.

Die Mathers treu gebliebenen Mitglieder arbeiteten in einem eigenen, A und O (Alpha und Omega) genannten Orden in London unter der Leitung von Berridge und Brodie-Innes in der traditionellen Art und Weise weiter. Nach dem Tode von Mathers im Jahre 1918 kehrte Moina Mathers nach England zurück und gewann im A und O wieder Einfluß. Das Bedeutsamste an dieser Gruppe ist, daß 1919 Violet Firth, die sich später Dion Fortune nannte, durch die Vermittlung von Brodie-Innes dort Mitglied wurde. Bald entbrannte zwischen ihr und Moina Mathers die für den Golden Dawn offenbar unvermeidliche Rivalität. Dion Fortune gibt im 14. Kapitel ihres Buches *Selbstverteidigung gegen PSI* (Psychic Self-Defence) eine ausführliche Schilderung der fürchterlichen Astralkämpfe, welche die beiden Damen miteinander ausfochten. Schließlich wurde Dion Fortune von Moina Mathers aus dem A und O hinausgedrängt und gründete ihren eigenen Orden, die *Fraternity of the Inner Light*. Durch ihre ausgedehnte schriftstellerische Tätigkeit wurde viel esoterisches Wissen, das dem Golden Dawn verbunden ist, einem größeren Kreis bekannt. Ihr 1935 erschienenes Buch *Die mystische Kabbala* (The Mystical Qabbalah), das die Grundlagen der im Golden Dawn gelehrten Kabbala enthält, gilt heute noch als Klassiker.

Von den Lehren des Golden Dawn fasziniert war auch der 1907 in England geborene Israel Regardie. Er lernte diese durch das Studium von Crowleys Zeitschrift *Equinox* kennen, wo ein Teil des Materials publiziert worden war. Er fuhr nach Europa, wurde eine Zeitlang Crowleys Sekretär und schrieb zwei Bücher, in denen der Einfluß des Golden Dawn, in der Weise, wie Crowley ihn vermittelte, klar erkennbar war. Die beiden Bücher *A Garden of Pomegranates* und *The Tree of Life* erregten in den esoterischen Kreisen Englands Aufsehen. Die Stella Matutina suchte Kontakt zu Regardie, der 1934 dem Orden beitrat. Regardie fand den Orden in einem total degenerierten Zustand vor und erkannte bald, daß das unschätzbare Material, welches der Orden immer noch besaß, aber nicht mehr verstand und womit er nicht mehr umgehen konnte, unrettbar verloren ginge, wenn es nicht der Öffentlichkeit zugänglich gemacht würde. Unter dem Titel *The Golden Dawn* veröffentlichte Regardie 1937, indem er sein Schweigegelübde bewußt brach, das gesamte Material des Ordens einschließlich der Rituale. Das war das Ende des Golden Dawn als Organisation. Was noch an Ritualgegenständen übrig war, wurde in eine Kiste gepackt und in einer Klippe an der Südküste Englands vergraben. Dreißig Jahre später öffneten die Wellen des Meeres das Grab des Ordens und spülten die Gegenstände an Land, kurz bevor ein erneutes Anwachsen des Interesses an Esoterik in der westlichen Hemisphäre den Golden Dawn und seine Lehren wieder aktuell werden ließ.

System und Lehre des Golden Dawn

Moina Mathers umschreibt in ihrem Vorwort zu *The Kabbalah Unveiled* den Sinn und Zweck des Golden Dawn als Schulungsstätte folgendermaßen: »Die Lehre wird hauptsächlich durch Zeremonien, Rituale und Lehrschriften vermittelt. Reinheit in der Bestrebung wie in der Lebensführung sind die ersten und wichtigsten Eigenschaften, die vom Lernenden verlangt werden. Auf eine gleichzeitige Entwicklung von Seele, Geist und Körper wird großes Gewicht gelegt. Der Lehrgang umfaßt das Studium der intelligenten Kräfte hinter der Natur, die Beschaffenheit des Menschen und seine Beziehung zu Gott. Der ganze Sinn und Zweck der Lehre besteht darin, dem Menschen die Kenntnis seines höheren Selbst zu vermitteln, alle Eigenschaften und Kräfte seines Wesens zu entwickeln, so daß der Mensch letztlich seine Einheit mit dem in ihm verborgenen Göttlichen Menschen, dem Adam Kadmon, herstellen kann, den Gott nach seinem eigenen Bild geschaffen hat.

Dem Ideal der Brüderlichkeit wird große Bedeutung zugemessen. Die Stärke der Brüderlichkeit war von jeher ein zentraler Faktor innerhalb eines esoterischen Ordens, ganz abgesehen von seinem uneigennützigen Aspekt; und gleiches gilt auch für den spirituellen und psychischen Bereich. Jeder Bruch in der Harmonie eines in sich geschlossenen Kreises schafft Eindringungsmöglichkeiten für eine entgegengesetzte Energie, wie jeder erfahrene Esoteriker bezeugen kann.«

Zugegeben, die Äußerungen von Moina Mathers klingen sehr idealistisch, besonders wenn man sie vor dem Hintergrund der Geschichte des Golden Dawn betrachtet. Trotzdem treffen sie im wesentlichen den Kern nicht nur in dem Sinne, wie der Golden Dawn von seinen Gründern gemeint war, sondern was jede Ordensarbeit seit den Mysterien der alten Ägypter betrifft. Dies ist auch, was für unsere heutige Zeit und unsere Generation Gültigkeit behält, selbst wenn menschliche Unzulänglichkeit und Schwäche oft sehr weit von diesen Zielen weggeführt haben.

Jeder Kandidat, der sich um eine Aufnahme in den Golden Dawn bewarb, hatte sich zunächst, wenn wir Conan-Doyle und Ithell Colquhoun Glauben schenken wollen, einer »astralen Prüfung« seines innersten Wesens zu unterziehen. Vom Standpunkt der unbedingten Entscheidungsfreiheit und der Wahrung der Intimsphäre, worauf ja bei der Weißen Magie so großer Wert gelegt wird, eine nicht ganz unbedenkliche Sache. Der Eintritt in den Orden erfolgte dann mittels des Neophyt-Rituals, dem vier weitere folgten, je eines für den jeweils nächsthöheren Grad.

Der Erste oder Äußere Orden

Jedes Mitglied des Golden Dawn begann seine Ordenslaufbahn im Ersten oder Äußeren Orden, wie er auch genannt wurde. Der Erste Orden war nach den fünf Ritual-Skizzen des Chiffre-Manuskripts in fünf Grade strukturiert. Die Namen dieser Grade sind die gleichen, die auch bei den Gold- und Rosenkreuzern des 18. Jahrhunderts in Deutschland verwendet wurden. Der Erste Orden diente ausschließlich dem Zweck, die Mitglieder mit dem für den Zweiten Orden notwendigen propädeutischen Wissen auszustatten. Mit Ausnahme des Kleinen Pentagramm-Rituals wurde keine magische Praxis gelehrt. Die zu jedem Grad gegebenen praktischen Übungen bestanden aus mehr oder weniger einfachen Meditations- und Atemübungen, die zum Teil der klassischen Yogatradition entnommen sind. Ziel dieser Übungen war es, den Lernenden in der für jede magische Praxis unerläßlichen Konzentration und Fokussierung der Gedanken, Gefühle und Emotionen zu trainieren. Ferner sollte eine allmähliche

Herauslösung aus einer primär natürlichen Egozentrik erreicht werden mit allmählicher Hinführung zu einer kosmischen Bezogenheit des Individuums.

Als Träger- und Übermittlungssystem der transzendenten Information (siehe Seite 30) hatten Westcott und Mathers Lehre und System der Kabbala gewählt und speziell das Bild des kabbalistischen Baums des Lebens. Dies erscheint einleuchtend, wenn wir bedenken, daß vor allem Mathers in dieser Materie äußerst bewandert und kenntnisreich war. Der Baum des Lebens wird unter anderem auch als Himmelsleiter betrachtet (siehe 1. Moses 28; 10-12), welche der wechselseitigen Kommunikation zwischen Himmel (Transzendenz) und Erde dient, und diese wechselseitige Kommunikation entsprach ja genau dem Ziel des Golden Dawn. Mit der Aufnahme in jeden Grad schritt der Lernende, bei Malkuth beginnend, von Sephira zu Sephira weiter, um dann mit seinem Eintritt in den Zweiten Orden im Grad des Adeptus Minor Tipharet, den Schwerpunkt und das Zentrum des Baums des Lebens zu erlangen. Die im Golden Dawn übliche formelhafte Bezeichnung für die einzelnen Grade spiegelt diese wechselseitige Kommunikation wieder, indem für jeden Grad als Bezeichnung seine numerische Position am Baum des Lebens geschrieben wurde. Beide Ziffern wurden mit dem Zeichen = verbunden. In dieser Weise erhielten die Grade folgende Namen und Bezeichnungen:

1. Zelator 1 = 10 (1. Grad entspricht Malkuth)
2. Theoricus 2 = 9 (2. Grad entspricht Jesod)
3. Practicus 3 = 8 (3. Grad entspricht Hod)
4. Philosophus 4 = 7 (4. Grad entspricht Nezach).
   Der Grad des Neophyten galt als reiner Eintritts- und Vorbereitungsgrad und wurde 0 = 0 bezeichnet.

Die einzelnen Grade mit ihrer Symbolik und Bedeutung werden in den entsprechenden Ritualen und Lehrschriften im zweiten Band eingehend dargestellt. Bei seinem Eintritt mußte sich jeder Kandidat ein möglichst kurzes und leicht zu merkendes Motto (lateinisch, in einzelnen Fällen auch gälisch oder keltisch) wählen, das fortan seinen Ordensnamen bildete und gleichzeitig Motivation und Schwerpunkt seiner esoterischen Bestrebungen zum Ausdruck bringen sollte. Eine Promotion in den nächsthöheren Grad konnte nur erfolgen, wenn der Lernende in einem Examen nachgewiesen hatte, daß er den Wissensstoff seines bisherigen Grades genügend beherrschte.

Von der äußeren Form her glich der Erste Orden in etwa einem

Verein. Jeder Tempel war in dieser Beziehung autonom strukturiert und wurde von einem Imperator, einem Prämonstrator und einem Cancellarius geleitet. Dem Vorsitzenden entsprach der Imperator, der die Verantwortung dafür trug, daß die Anweisungen des übergeordneten Zweiten Ordens innerhalb des Ersten durchgeführt wurden. Aufgabe des Prämonstrators war, darauf zu achten, daß die Rituale sowie die gesamte praktische Arbeit in der richtigen Weise durchgeführt wurden. Dem Cancellarius oblag die Funktion eines Sekretärs, der die Korrespondenz besorgte und die Arbeit des Ersten Ordens protokollierte; zugleich versah er die Aufgabe eines Bibliothekars, in dessen Verantwortung die Verwaltung der Lehrschriften und Ritualkopien lag.

Die Rituale wurden, dem Vorbild der Freimaurer entsprechend, von Amtsträgern zelebriert. Allerdings trugen sie nicht die bei den Freimaurern üblichen Bezeichnungen, sondern man wählte die Titel der bei den eleusinischen Mysterien zelebrierenden Priester. Sie waren ihrer Funktion entsprechend hierarchisch sorgfältig abgestuft. An oberster Stelle stand der Hierophant als Repräsentant der transzendenten Kräfte und Mächte, die hinter dem Orden standen. Gewissermaßen als sein Gegenpol amtierte der Hiereus als Repräsentant der Dunkelheit, der materiellen Energie, sozusagen als der Ausgangspunkt, von wo jeder Kandidat seinen symbolischen Weg zum Licht antrat. In der Verantwortung des Hegemonen lag die ordnungsgemäße Vorbereitung des Kandidaten und seine Führung durch das Ritualgeschehen. Diese drei bildeten zusammen die Gruppe der höheren Amtsträger. Dem Kerux fiel die Wächterrolle innerhalb des eigentlichen Tempelraumes zu. Er trug die Verantwortung dafür, daß nur Angehörige des betreffenden oder der höheren Grade am spezifischen Ritual teilnahmen und war zuständig für das richtige Arrangement der Ritualgegenstände im Tempel. Ferner diente er als Führer aller Prozessionen im Tempel, denen er mit einer Lampe voranschritt. Der Kerux war auch der Gewandmeister des Ordens und hatte die Verantwortung für die richtige Kleidung, so wie sie das jeweilige Ritual erforderte. Ferner repräsentierte er das Element Wasser und führte die damit erforderlichen Reinigungszeremonien durch. Der Dadouchos war der Repräsentant des Elementes Feuer, dementsprechend war ihm die Obhut über die Lichter und die Räucherungen anvertraut. Zu seinen Aufgaben gehörte die Durchführung der Reinigungszeremonien mittels Feuer. Der Sentinel schließlich wachte über die Vorräume des eigentlichen Tempels, wo er den Kandidaten auf das jeweilige Initiationsritual vorbereitete. Für bestimmte Ämter war die

Zugehörigkeit zu einem bestimmten Grad erforderlich, aber alle Ämter standen auch den weiblichen Ordensangehörigen offen. In diesem Fall wurden die Namen in folgender Weise verwendet: Hierophantia, Hireia, Hegemonia, Dadouché, Sentinel.

Die Ritualgewänder der Amtsträger werden in den ritualexegetischen Schriften, die in dieser Ausgabe enthalten sind, ausführlich beschrieben und kommentiert. Die Mitglieder trugen bei der Zelebrierung der Rituale eine schwarze Tunika mit einer Schärpe, auf welcher der Grad bezeichnet war, den das jeweilige Mitglied im Orden innehatte. Angehörige des Zweiten Ordens trugen zwei gekreuzte Schärpen. Wer wollte, konnte eine schwarz-weiß gestreifte Nemys tragen, die bekannte ägyptische Kopfbedeckung. Erlaubt waren ferner auch mit den Gesichtszügen des Osiris versehene schwarze Masken, die nach genauer Anweisung verfertigt werden mußten. Für das Aufnahmeritual war der Neophyt in eine schwarze Robe gekleidet, er trug rote Schuhe, und ein Seil war dreifach um seinen Leib geschlungen.

Der Zweite oder Innere Orden

Der Zweite Orden, in den man mit der Aufnahme in den Grad eines Adeptus Minor $5 = 6$ gelangte, war der eigentliche Kern des Golden Dawn. Alles, was im Ersten Orden geschah, diente nur der Vorbereitung auf den Zweiten Orden. Er war das eigentliche Werk von Mathers. Ursprünglich waren für den zweiten Orden keine speziellen Aufnahmerituale vorgesehen. Entsprechend geeignete Personen des Ersten Ordens wurden mittels einer einfachen Ernennung zu Angehörigen des Zweiten Ordens. Später schuf Mathers kunstvolle Rituale, und es wurde genau festgelegt, welche Bedingungen ein Kandidat erfüllen mußte, um in den Zweiten Orden zu promovieren. Erst da begann die eigentliche magische Praxis. Wer neu in den Zweiten Orden aufgenommen wurde, hatte eine ganze Reihe festgelegter Arbeiten zu verrichten. Er mußte nach genauen schriftlichen Anweisungen mit eigener Hand seine magischen Werkzeuge herstellen und sie mit den entsprechenden Ritualen weihen. Im übrigen wurde nun von ihm erwartet, daß er seine magischen Studien und Arbeiten selbständig weiterführen konnte. Die entsprechenden Erfahrungen wurden in den sogenannten Flying-Rolls niedergeschrieben, die unter den Mitgliedern des Zweiten Ordens zirkulierten. Sie galten nicht als offiziell anerkannte Lehrschriften. Gleichgesinnte schlossen sich zu Studiengruppen zusammen. Da im Zweiten Orden eine eigentliche straffe Führung mit der entsprechenden rituellen Struktur fehlte, (die Mitglieder des Zweiten Ordens versammelten sich nur einmal im Jahr zu einer Art Rapport), verlagerte sich die Arbeit des Ordens schwerpunktmäßig in diese Studiengruppen, deren bekannteste die »Sphäre« um Florence Farr war. Vieles, ja vielleicht das meiste, was im Golden Dawn mit Magie bezeichnet wurde, ist unter Verwendung einer anderen Terminologie und mit anderen »Ritualen« längst Bestandteil der modernen Psychologie und Psychotherapie geworden. Die magische Praxis von damals trägt jetzt die Namen Katatymes Bilderleben, Aktive Imagination, Gestalttherapie, Psychosynthese, Bioenergetik, Reichsche Körperarbeit, Rebirthing und so weiter. (Dem Kenner werden übrigens beim Studium des Ordensmaterials sofort die Parallelen zur Analytischen Psychologie C.G. Jungs sowie zur Psychoanalyse Freuds auffallen.)

Für die meisten Mitglieder des Golden Dawn endet ihre magische Karriere wohl mit der Aufnahme in den Zweiten Orden. Die Kriterien und die Anforderungen, die dort gestellt wurden, waren wohl nur für professionelle Magier erfüllbar, kaum aber für die Amateure des Golden Dawn, die nicht im geringsten daran dachten, ihr bürgerliches Leben entsprechend ihren esoterischen Erkenntnissen zu verändern. Esoterik war für sie ein Hobby, vielleicht ein Spleen, nicht mehr als eine amüsante Abwechslung im Alltag. Zwar gab es einzelne Mitglieder, welche die Herausforderung des Golden Dawn ernstnahmen. So etwa Aleister Crowley, der dann allerdings vom eigentlichen Wesen des Ordens wegdriftete und an einem Ort landete, der mit dem Anliegen und der Zielsetzung des Golden Dawn kaum mehr etwas zu tun hatte. Auch Allan Bennet ist hier zu nennen, der buddhistischer Mönch wurde, und Florence Farr, die sich in ihren späteren Jahren der Arbeit mit behinderten Kindern widmete. Am vehementesten trug Dion Fortune die Fackel des Golden Dawn weiter und verwaltete in ihrer *Fraternity of the Inner Light* dessen Erbe. Aber auch sie verlor den Kontakt zu den transzendenten Mächten, und ihre Anhänger verkümmerten mehr und mehr zu einem spiritistischen Kränzchen.

Ein echter esoterischer Orden hat zwei Aufgaben auf dieser Ebene zu erfüllen: durch seine Arbeit verschwiegen und vom Geheimnis geschützt ein starkes Energiefeld aufzubauen und dieses dann in einer hilfreichen, die Menschheit voranbringenden Weise in die Welt hineinzutragen und wirken zu lassen, ohne seine Quelle erkennbar werden zu lassen, wie es in der Sage vom Gral und dessen Ritter Lohengrin verschlüsselt geschildert ist. Ferner hat er die Aufgabe, das seit Tausenden von Jahren erworbene esoterische Wissen zu bewahren, von Generation zu Generation weiterzureichen und seinen Mitgliedern eine eingehende Schulung und ein Training für den rechten Umgang mit diesem Wissen angedeihen zu lassen. Im ersten Punkt hat der Golden Dawn vollständig versagt. Vielleicht vermag er seine zweite Aufgabe besser zu erfüllen. Durch den Verfall und die Auflösung des Ordens sind seine Lehren vom Geheimnis, das sie einst versiegelte und unzugänglich machte, befreit und der Allgemeinheit zu einer besseren Verwendung zugänglich geworden. Vielleicht kann das eine oder andere, das der Menschheit von den Meistern des Golden Dawn zugedacht war, auf diesem Wege doch noch verwirklicht werden und zum Ziele kommen. Der Tempel des Golden Dawn ist endgültig geschlossen und sein Feuer erloschen. Aber in dem, was uns der Orden hinterlassen hat, glimmt noch ein schwacher Funke, der auch vom einzelnen, sofern er mit aufrichtiger Gesinnung ans Werk geht, vielleicht von neuem zu einer kleinen Flamme entfacht werden kann, die dazu beiträgt, der Menschheit voranzuleuchten, die sich anschickt, in das Zeitalter des Wassermanns zu treten.

Teil I

Das magische Alphabet

Einleitung

Bereits fünfzig Jahre, seitdem ich es mir zur Aufgabe gemacht habe, die Grundprinzipien der Magie, der Kabbala und des Okkultismus im allgemeinen gründlich kennenzulernen und an andere weiterzugeben, beschäftigt mich vordringlich das Problem des Widerspruchs zwischen der Lehre des Golden Dawn und der Charakterstruktur des Durchschnittsschülers, ja sogar der Leiter okkulter Gruppen. Eine Zeitlang machte mich das recht besorgt, einfach deswegen, weil ich meinte, daß ein gewisser Grad an Übereinstimmung zwischen der Lehre und dem Lernenden vorhanden sein sollte.

Erst viele Jahre später erkannte ich die Funktion der Therapie. Zum Bekanntenkreis einiger guter Freunde in London, wo ich damals wohnte, zählten auch Psychotherapeuten. Bei der Diskussion dieses Widerspruchs zwischen Lehre und Schüler kam ich manchen von ihnen persönlich nahe. Der eine oder andere von ihnen pflichtete mir bei, daß es nur eine einzige Möglichkeit zur Aufhebung dieses Widerspruchs gäbe, nämlich sich als Patient einer Psychotherapie zu unterziehen. Ich tat das mehrere Jahre lang, und ich kann sagen, daß mir die Therapie außerordentlichen Gewinn brachte. Selbst heute noch, dreißig bis vierzig Jahre nach dieser Zeit, erhalte ich immer wieder aus allen Himmelsrichtungen Briefe von Schülern, in denen festgestellt wird, daß ich einer der wenigen geistig normalen Schriftsteller sei, die über Magie schreiben. Es sei dahingestellt, ob die Verfasser dieser Briefe recht haben, aber immerhin spüren sie, daß es einen Unterschied macht, ob sich jemand einer Therapie unterzogen hat oder nicht.

Heute stelle ich daher Briefpartnern wie Besuchern gegenüber in aller Entschiedenheit fest: Nur derjenige erzielt aus der Magie den größten Gewinn, der sich bewußt ist, daß man eine Doktorarbeit keinesfalls der Arbeit eines Studenten im ersten Semester zum Thema der persönlichen Therapie gleichsetzen darf. Die Unterschiede sind gewaltig.

Lange Zeit meinte ich, die Therapie Jungs halte die Antwort auf dieses Problem bereit. Hin und wieder hörte ich jedoch von Leuten, mit denen ich persönlich zusammenkam oder die mir schrieben, die Klage, die von Jung entwickelte Therapie sei gleichsam Ain Soph, nämlich ohne Ende. So gelangte ich zu der Überzeugung, daß Jungs Psychoanalyse mit dem Herpes genitalis verglichen werden kann, das heißt, sie kommt nie zum Schluß. Das führte schließlich dazu, daß in mir hinsichtlich der therapeutischen Wirksamkeit des Jungschen Systems – ungeachtet seines Wertes als Philosophie – ernste Zweifel kamen; auch wenn zahlreiche Autoritäten auf dem Gebiet des Okkultismus meinen, dies sei die einzige Art geistiger Therapie. Natürlich ist das Unsinn. Bei der Durchführung der Therapie kommt es nicht darauf an, ob ihre Inhalte und Grundlagen geistig, seelisch oder sonst etwas sind, sondern einzig und allein darauf, ob die Therapie einen dazu bringt, mit der eigenen latenten Infantilität, mit der man unaufhörlich konfrontiert wird, fertigzuwerden. Ob es manchen Autoritäten auf dem Gebiet der Magie oder des Okkultismus paßt oder nicht: die Freudsche Psychoanalyse ist unendlich effektiver.

Aus der Freudschen Schule hat sich ein völlig neuer und außergewöhnlicher Zugang zu diesem Problem entwickelt. Ein Zugang, dessen Methode, obwohl sie an sich nicht in diese Richtung zielt, in den Wirkungen und in den Ergebnissen seltsamerweise weitaus spiritueller ist als alles, was ich sonst kenne. Wilhelm Reich, ursprünglich ein begeisterter Anhänger Freuds, hat ein therapeutisches System erarbeitet, das, erstaunlich genug, eine Brücke von der orthodoxen Psychotherapie zur Welt des Okkulten schlägt. Wilhelm Reich selbst hätte das um alles in der Welt nicht zugegeben, aber Tatsachen sind nun mal Tatsachen, die man nicht leugnen kann.

Meine über dreißig Jahre lange Erfahrung als Psychotherapeut führte mich zu meiner eigenen Überraschung zu der Entdeckung, daß viele Patienten, die vor Antritt der Therapie zu Magie und dergleichen nicht den geringsten Bezug hatten, sich am Schluß einer Sitzung tief von dem erfüllt fanden, was man eine mystische oder religiöse Erfahrung auf der Couch nennen könnte. Deshalb lege ich nach all den vielen Jahren nach wie vor großen Wert darauf, daß der Schüler dieser Materie sich selbst tief in die Therapie einbezieht; allerdings äußere ich jetzt den Vorbehalt, daß es sich dabei um eine Reichsche oder Neo-Reichsche Therapie handeln soll. Der Schüler spart sich eine ganze Menge Zeit, Geld und Kummer, wenn er – sofern er sich überhaupt dazu entschließt, meinem Rat zu folgen – einen Therapeuten oder Lehrer zu finden trachtet, der diese Techniken beherrscht.

Zugegeben, es gibt in dieser Hinsicht Probleme, aber sie sind nicht unüberwindbar.

Andernorts habe ich verschiedentlich behauptet, der Golden Dawn sei als wirkender Orden auf Jahre hinaus erloschen. Erfreut stelle ich nun fest, daß es in letzter Zeit eine Gruppe junger Schüler unternommen hat, unter Verwendung traditioneller Techniken aktiv arbeitende Tempel aufzubauen. Es gibt jetzt überall in den USA etliche Tempel, auf die ich den interessierten Schüler gern verweise.

Der Hermetische Orden des Golden Dawn hatte für seine Herkunft eine eigene Erklärung. Er behauptete von sich, er sei »eine Hermetische Gesellschaft, deren Mitglieder in den Grundlagen der okkulten Wissenschaften und der Magie des Hermes unterrichtet sind. Anfang des vorigen Jahrhunderts starben nach und nach mehrere namhafte Adepten und Ordensleiter in Frankreich und in England, und deren Tod bewirkte einen zeitweiligen Stillstand der Arbeit am Tempel«. Weiter heißt es, daß diese Adepten »ihre Lehre, ihr System der Theosophie, der Hermetischen Wissenschaft und der höheren Alchemie allerdings von einer langen Reihe praktisch tätiger Forscher übernommen und überliefert haben, von Forschern, deren Ursprung auf die Fratres Roseae Crucis in Deutschland zurückgeführt wird, deren Vereinigung um das Jahr 1398 n.Chr. von einem gewissen Christian Rosenkreutz gegründet worden ist...«

»Die Wiederbelebung der Mystik bei den Rosenkreuzern war indessen eine Neuentfaltung des weitaus älteren Wissens der kabbalistischen Rabbis und des uralten Geheimwissens, nämlich der Magie der Ägypter, worüber dir der hebräische Pentateuch sagt, daß der Begründer des jüdischen Lehrgebäudes, Moses, ›kundig‹ gewesen sei, das heißt, daß er darin eingeweiht worden war.«

Das ist, seiner eigenen Darstellung nach, die Geschichte des Golden Dawn. Viele haben die Richtigkeit dieser Erklärung bezweifelt, aber wir brauchen an dieser Stelle darauf nicht näher einzugehen, denn im Augenblick ist diese Frage für uns nicht von eigentlichem Interesse. Die vielleicht beste und objektivste Darstellung der Geschichte des Golden Dawn verfaßte Aleister Crowley knapp und prägnant im *Liber LXI vel Causae*. Die ersten wenigen Abschnitte sind so vorzüglich formuliert, daß es gerechtfertigt ist, sie hier wiederzugeben.

»Vor einigen Jahren entdeckten und entzifferten zuverlässige Fachleute eine Anzahl chiffrierter Manuskripte. Da diese Manuskripte von den Rosenkreuzern zu stammen schienen, erregten sie großes Aufsehen. Ob es sich tatsächlich um Originalschriften der Rosenkreuzer handelt, ist zweifellos aber auch gar nicht wesentlich; kommt es bei solcher Literatur doch in erster Linie auf den Inhalt an, das Problem der Authentizität ist zweitrangig.

Eines dieser Manuskripte enthielt die Adresse einer in Deutschland lebenden Frau, einer gewissen S.D.A. Die Entdecker jener Geheimschriften schrieben dieser S.D.A., und weisungsgemäß wurde eine Bruderschft gegründet, deren Wirken mehr oder weniger geheim war.

Nach einiger Zeit starb jene S.D.A. Weitere Bitten um Unterstützung lehnten die Mitarbeiter der S.D.A. unverzüglich ab. Einer dieser Mitarbeiter schrieb, das System der S.D.A. sei schon immer mißbilligt worden. Von einer aktiven Opposition habe man nur deswegen abgesehen, weil die absolute Vorrangstellung der Adepten einen Widerspruch zur Auffassung anderer, um wen es sich dabei auch handle, nie zulasse; das gelte erst recht für den hier vorliegenden Fall, wo es sich bei dem Adepten um eine hochgeschätzte Persönlichkeit aus ihrer Mitte gehandelt habe. Der Adept, der dies schrieb, fügte hinzu, der Orden verfüge bereits über durchaus genügend Kenntnisse, um sich oder seine Mitglieder zu befähigen, zu den Adepten eine magische Verbindung herzustellen. Bald darauf gab ein gewisser S.R.M.D. (Mathers) bekannt, er habe eine derartige Verbindung hergestellt, und es sei an ihm, den Orden zusammen mit zwei anderen zu leiten.«

Eine weitere historische Quelle ist ein von Dr. W.W. Westcott verfaßtes kleines Pamphlet. Dort wird gesagt, daß »mit Erlaubnis der S.D.A., einer Rosenkreuzer-Adeptin auf dem europäischen Kontinent, im Jahre 1887 der Isis-Urania-Tempel der Hermetischen Schüler des Golden Dawn zwecks Unterweisung in die mittelalterlichen okkulten Wissenschaften geschaffen wurde. Oberste dieses Tempels wurden gemeinsam die Fratres M.E.V. (Woodman), S.A. (Westcott) und S.R.M.D.; letzterer verfaßte anhand alter Rosenkreuzermanuskripte (die ihm gehörten) in neuzeitlichem Englisch die Zeremonienbücher, wobei er diese alten Manuskripte durch die Ergebnisse seiner eigenen Forschungen ergänzte.«

Diese verschiedenen Erklärungen kennzeichnen also den Beginn des Hermetischen Ordens des Golden Dawn. Seit seinen Anfängen im letzten Viertel des 19. Jahrhunderts hat dieser Orden zum Wachstum esoterischen Wissens und zur Verbreitung der praktischen Unterweisung in der Magie und der theoretischen Kenntnisse über das Okkulte weit mehr beigetragen, als dies von den meisten, die sich damit befassen, heutzutage bewirkt werden kann. Zunächst entstammten die Mitglieder dieses Ordens den weiten Kreisen englischer Intellektueller und Künstler, ja selbst des Klerus, später jedoch gesellten sich auch ganz einfache Männer und Frauen aus allen möglichen Gesellschaftsschichten hinzu.

Dem damaligen Zeitgeist entsprechend umgab sich der Orden mit dem Reiz von Mystik und Geheimniskrämerei. Ungeachtet der Gerüchte, die über ihn umgingen, wurde es sehr schwierig, in den Orden aufgenommen zu werden. Sogar A.E. Waite, der von einigen als Autorität auf dem Gebiet des Okkulten angesehen wurde, bemerkt in seiner Autobiographie sarkastisch, seinem ersten Antrag auf Mitgliedschaft sei nicht entsprochen worden. Erst viel später bewarb er sich auf dringende Bitten einiger seiner Freunde hin nochmals, und erst dann wurde seinem Antrag stattgegeben.

Die Lehren und Unterweisungsmethoden des Ordens waren von Schwüren und verschiedenen Strafandrohungen umrahmt. Hinzu kamen, um die Geheimhaltung sicherzustellen, größte Ehrfurcht einflößende rituelle Verpflichtungen. Worum es sich dabei handelte, werden Sie in den verschiedenen Ritualen sehen, die im Hauptteil des Textes behandelt werden. Es ist heute allgemein bekannt, daß Arthur Machen, Florence Farr, W.B. Yeats, Algernon Blackwood, Aleister Crowley, Dion Fortune und A.E. Waite – um nur einige zu nennen – Mitglieder dieser auf Ansehen bedachten Organisation gewesen sind. Es sollte selbstverständlich sein, daß gar manche dieser Mitglieder nicht die verrückten Schwachköpfe waren, an die einige Kritiker glauben möchten, sondern bekannte und intelligente Leute.

Vielleicht sollte an dieser Stelle auf die weltlichen Namen einiger derer eingegangen werden, deren Ordens-Wahlsprüche oder Mottos oben erwähnt sind. Sapere Aude und Non Omnis Moriar waren die von Dr. William W. Westcott, einem Londoner Arzt und amtlichen Leichenbeschauer, gewählten Mottos. M.E.V. oder Magnum est Veritas wiederum war der Wahlspruch des Dr. William R. Woodman. Dieser bedeutende Freimaurer des letzten Jahrhunderts starb 1891 sehr bald nach der Gründung des Ordens, so daß er bei dessen Leitung nur mehr eine geringe Rolle spielte. S.R.M.D. beziehungsweise S. Rhiogail Ma Dhream war das Motto des Samuel Liddel Mathers, bekannt auch unter dem Namen McGregor Mathers. Dieser wohl rührigste aller Leiter des Ordens gebrauchte auch den Wahlspruch Deo Duce Comite Ferro. Recht ausführlich dargestellt wird er in der von Ithel Colquhoun verfaßten biographischen Studie *The Sword of Wisdom*, die in diesem Zusammenhang lesenswert ist. Westcott war übrigens auch der Autor einiger minder bedeutender Bücher und der Herausgeber einer Reihe heute sehr geschätzter hermetischer und alchemistischer Schriften. Berühmt war er auch in gewissen damaligen Freimaurerkreisen.

Mathers hatte drei mittelalterliche magische Schriften übersetzt, und zwar *The Greater Key of King Solomon*, *The Book of the Sacred Magic of Abramelin the Mage* und *The Kabbalah Unveiled* (die an manchen Stellen auch Knorr von Rosenroths lateinische Übersetzung von Teilen des Sohar enthält. Durchaus eigenständig ist Mathers' Übersetzung aber nicht zuletzt auch durch die verhältnismäßig umfangreiche, von großer Gelehrsamkeit und Belesenheit zeugende Einleitung, die allein eine Neuauflage als Einführung in das Studium der Kabbala rechtfertigen würde.)

Empfehlen möchte ich in diesem Zusammenhang *The Rosy Cross Unveiled* von Christopher McIntosh. Das Werk soll die angebliche Geschichte, die Mythologie und die Zeremonien eines okkulten Ordens darlegen. (Veröffentlicht 1980 bei Aquarian Press.)

Die jeweils zweifachen Wahlsprüche beziehungsweise Mottos, die sich sowohl Mathers wie auch Westcott zugelegt hatten, erklären sich daraus, daß eines der Mottos dem nach außen hin sichtbaren Orden des Golden Dawn vorbehalten war, während der andere Wahlspruch dem Inneren Orden des R.R. und A.C. galt.

S.D.A. war die Abkürzung des von einem Fräulein Anna Sprengel aus Nürnberg gewählten Wahlspruchs Sapiens Dominabitur Astris. Obwohl in dieser Einleitung nicht polemisiert werden soll, muß ich bei aller dem noch suchenden Schüler gegenüber gebotenen Unparteilichkeit die von Ellic Howe verfaßte überaus kritische, ja höchst negative Abhandlung über den Orden *The Magicians of the Golden Dawn* erwähnen. Und zwar deshalb, weil diese Abhandlung trotz ihrer so offensichtlichen Vorurteile, deren Widersinnigkeit man ohne weiteres nachweisen kann, manche wichtigen historischen Daten enthält.

Schließlich gibt es, ich möchte darauf hinweisen, meine eigene recht ausführliche Darstellung der Geschichte des Golden Dawn mit dem Titel *What You Should Know About the Golden Dawn* (Falcon Press, Phoenix, Arizona, 1983). Abgesehen davon, daß ich dort auf einige Unklarheiten bezüglich des Ursprungs dieses Ordens eingehe, bietet diese Darstellung einen gewissermaßen vogelschauartigen Überblick über die Lehren, der vor allem eiligen Lesern nützlich ist. Der Orden bot auf eine sehr organisierte und systematische Art und Weise Initiation in die Mysterien.

Initiation

Initiation ist die Vorbereitung für die Unsterblichkeit. Der Mensch ist nur potentiell unsterblich. Unsterblichkeit wird erst dann erreicht, wenn der rein irdisch-menschliche Teil des Menschen sich mit der spirituellen Essenz verbindet, mit jener Essenz, die nie erschaffen, nie geboren war und nie stirbt. Es geht darum, diese spirituelle Verbindung mit dem Höchsten herzustellen, der der Golden Dawn all seine Rituale und seine praktische magische Arbeit verdankt.

Initiation bedeutet einen Beginn, einen Aufbruch in etwas Neues. Sie repräsentiert den Anfang eines neuen Lebens auf der Grundlage einer völlig unterschiedlichen Einstellung zu den Prinzipien, die dem Menschen zu eigen sind, den Wilhelm Reich einst geringschätzig als »homo normalis« bezeichnete. In Anbetracht der gewaltigen Entwicklung des wissenschaftlichen Pragmatismus ist es denkbar, daß in naher oder ferner Zukunft Roboter oder Computer erfunden werden, die den Menschen in jeder Hinsicht von der Alltagsplackerei befreien. Was aber wird der Durchschnittsmensch mit seiner Freizeit dann anfangen? Trotz aller Behauptungen der Protagonisten einer freien Zukunft des Menschen bezweifle ich, daß es viele geben wird, die ihre Zeit und ihre Energie dem Großen Werk, welcher Gestalt es auch sei, opfern werden. Die meisten werden auch weiterhin jagen, angeln, mit Fahrzeugen aller Art hin und her reisen, Bier trinken, dick werden, fernsehen, Sportereignissen zuschauen und ihr Leben auf einer durchaus faden und weltlichen Grundlage dahinschleppen. Ich bin mir keineswegs sicher, daß nicht auch diejenigen, die dereinst in den Weltraum vorstoßen werden, um Kolonien außerhalb der Erde zu gründen, dasselbe Schicksal erwarten wird wie die, die versucht haben, neue, utopische Gesellschaftsordnungen zu errichten. Es gibt nur noch eine Handvoll von denen, die mehr als nur einen flüchtigen und gelegentlichen Blick auf anderes vertragen als auf die Oberflächlichkeiten, die ihnen das Leben bietet.

Diesen wenigen bietet das System des Golden Dawn die Antworten auf unzählige Fragen. Das System selbst ist zeitlos. Es verdankt seine Entstehung nicht etwa jenem speziellen, im letzten Viertel des 19. Jahrhunderts gegründeten, Golden Dawn genannten Orden. In dieser oder jener Gestalt bestand dieses System bereits Jahrhunderte – tatsächlich ewig –, wenn es auch nicht stets nach außen sichtbar in Erscheinung trat, wo es von profanen oder geistlichen Autoritäten angegriffen werden konnte, aber es bestand verborgen, geheim und geschützt. Diejenigen, die der Lehren und der Werke dieses Systems dringend bedurften, wurden stets auf irgendeine Weise von Personen, die dieses Systems kundig waren, angezogen und unterzogen sich der Initiation. Dieser Vorgang fand nicht nur in der Vergangenheit statt, sondern vollzieht sich auch in unserer Zeit. Sobald die Zeit für diese innere Erweckung, wie man den Vorgang nennen könnte, reif ist, kommt es, um mit Jung zu sprechen, zu jenen synchronistischen Abläufen, die den davon Berührten auf den rechten Weg, nämlich in die Tradition der Esoterik des Westens, führen.

Die esoterische Tradition des Westens

Im Umfeld des Okkulten gibt es zahlreiche Legenden, denen sich entnehmen läßt, was man allgemein unter der esoterischen Tradition des Westens, im Unterschied zu der sogenannten esoterischen Tradition des Ostens, versteht.

Eine dieser Legenden erzählt, daß sich vor mehreren Jahrhunderten im Nahen Osten mehrere weise Männer versammelt hätten, um Gedanken darüber auszutauschen, wie man das zeitlose Wissen so unter die Menschen bringen könne, daß es nicht eigensüchtigen Interessen ausgeliefert werde und daß es gleichzeitig den Weisen zur Erkenntnis verhelfe, die eine besondere geistige Bereitschaft entwickelt hatten. Nach langer Beratung kam man überein, man solle sich eine Reihe von Bildern ausdenken, die als Spielkarten verwendet werden könnten; Bilder, die eine Geschichte sichtbar machen sollten, die auf jeden beliebigen Menschen, wer er auch sei und woher er auch stamme, Bezug nähmen; Bilder, die den Betrachter als einen in die gesamte Welt eingebetteten Menschen zeigen; Bilder, mit denen er zu sich selbst finden könne. Kurz, die Tarotkarten erhielten ihre entsprechende Bedeutung. Ursprünglich als Spielkarten gebraucht oder als Mittel, die Zukunft vorauszusagen, gelangten die Tarotkarten, durch Zigeuner und andere Fahrende verbreitet, in den gesamten Nahen Osten, weiter nach Europa, bis in alle zivilisierten Länder der westlichen Welt.

Eine andere Legende findet man in der *Fama Fraternitatis*, einer Schrift, die zu Beginn des 17. Jahrhunderts in Umlauf war. Sie erzählt die Geschichte eines gewissen Christian Rosenkreutz, eines in einem Kloster in Deutschland herangebildeten jungen Mannes, der nach

Nordafrika und in den Nahen Osten wanderte, wo er von den dort lebenden weisen Männern wohl aufgenommen wurde. Diese Weisen unterwiesen ihn in Alchemie, Astrologie, in der Kabbala und in anderen okkulten Wissensgebieten. Als Rosenkreutz seine Lehrer verließ, brachte er das reiche Wissen, das er in den okkulten Künsten erworben hatte, zurück nach Deutschland in das Kloster, aus dem er ursprünglich ausgezogen war. Nach und nach vermittelte er sein Wissen dem einen oder anderen Mitbruder, bis es so viele mehr oder minder erleuchtete Mönche gab, daß sie eine organisierte Körperschaft bildeten, die als Rosenkreuzer bekannt geworden sind.

Zum großen Teil ist das oben Gesagte Legende. Zahlreiche neuzeitliche Autoritäten behaupten sogar, schlechthin alles, was über die Entstehungsgeschichte der Rosenkreuzer berichtet werde, sei eine einzige Legende – sehr zum Mißfallen mancher heute existierender Pseudo-Rosenkreuzerorden in aller Welt, die einen jeweils unhaltbaren Vorrang gerade für ihre eigene Gruppe beanspruchen. Wie dem allerdings auch sei, allein die Tatsache, daß es eine solche Legende überhaupt gibt, zeigt die Annahme, daß es in der Tat eine Gemeinschaft derer gegeben hat, die um Okkultes wußten und die miteinander regelrecht in Verbindung standen.

Ein dritter Faktor, der nicht übersehen werden sollte, es aber oft wird, bezieht sich auf das Wesen der Klöster im römisch-katholischen Europa. Die Klöster waren die tragenden Bildungszentren im Umfeld einer im übrigen völlig unwissenden Welt, dem Europa jener finsteren Zeit. Die Klöster hielten das gesamte damalige Wissen lebendig und gaben es gewissenhaft an die nachfolgenden Generationen weiter. Wir wissen, daß viele der Gläubigen Alchemie wie auch Astrologie studierten und praktizierten. Ferner ist bekannt, daß auch die Kabbala der Hebräer studiert wurde, wenn auch wohl zu dem hauptsächlichen Zweck, mit Hilfe dieses Wissens die unglücklichen Juden zu den Freuden und Segnungen des Christentums zu bekehren.

Die Geschichte der katholischen wie auch der byzantinischen Kirche ist reich an großen Mystikern, an Männern und Frauen, an die der höchste Ruf erging, nämlich die Suche nach Gott. In zahlreichen Klöstern dieser Kirchen gab es Lehrer für die mystische Meditation und für das innere Gebet, so daß nie vergessen wurde, wie man sich auf einen so hohen Ruf richtig vorbereitete. Diese Lehrer hatten unterschiedliche Glaubensvorstellungen, und ebenso die Mystiker, die aus diesen Institutionen hervorgingen. Sie ließen ihre Spuren in der Kirche zurück, obwohl die Kirche aus Furcht, ihr Anspruch auf Einheitlichkeit auf der Grundlage eines festgesetzten, überlieferten Dogmas könnte abgelehnt werden, dieser Art von Mystik feindlich gegenüberstand.

Es gibt noch eine andere, überaus bemerkenswerte, wenn auch nur zu häufig unterdrückte oder nicht richtig verstandene historische Tatsache. Dabei handelt es sich um eine der entscheidensten, wichtigsten und interessantesten Perioden der europäischen Geschichte. Es muß daran erinnert werden, daß die Araber einst in Europa eingefallen waren und dabei einen Teil, wenn nicht gar ganz Spanien erobert hatten. Die Araber brachten nicht nur ein siegreiches Heer mit sich, sondern auch die Kultur des Islam. Diese umfaßte nicht nur die Mathematik (wenn man auch gut daran tut, darüber nachzudenken, was allein schon dieser Gegenstand dem europäischen Wissen gegeben hat), sondern darüber hinaus die griechische Klassik und die antike Literatur seit Aristoteles. Der Beitrag der islamischen Kultur erstreckte sich auch auf die Alchemie, die Astrologie und auf weitere okkulte Künste. Vor allem aber brachten die Araber die islamische Mystik, nämlich den Sufismus. Dieser blühte nicht nur in Nordafrika, sondern auch in Spanien, von wo aus er auf verschiedene Weise in alle Teile Europas und in alle Studienzentren getragen wurde.

Zur selben Zeit blühte in Spanien und im übrigen Europa die christliche Mystik, und eine ganze Reihe großer, glänzender Leute verbreiteten diese Mystik rührig in alle Lande. Für Spanien wie für die Kirche überhaupt war dies die Zeit der Erneuerung und des geistigen Wachstums.

Schließlich darf nicht vergessen werden, daß sich die allgemeine Stimmung in der Gesellschaft dem hin und her ziehenden, in das Exil geschickten jüdischen Volk immer mehr zuzuneigen begann. Der Beitrag der Juden für die spanische Kultur und für die wissenschaftlichen Kenntnisse war außerordentlich, und gleichzeitig nahm eine spezifisch hebräische Mystik Gestalt und Form an. Diese beinhaltete manches aus der prä-soharischen Literatur, und zu ihr zählten auch einige der größten Namen in der Geschichte der Kabbala.

Man tut gut daran, sich zu vergegenwärtigen, daß aus allen diesen Gründen in Spanien ein fruchtbarer Boden für die Aufnahme der aufbrechenden und erblühenden islamischen, christlichen und jüdischen Mystik bereitlag, einer Mystik, deren Größe nie wieder erreicht wurde. Die sich damals in Spanien kreuzenden Religionen befruchteten ihre mystischen Inhalte in geradezu großartiger Weise.

Alle diese in ihrer jeweiligen Besonderheit ungemein kraftvollen religiösen Richtungen erbauten insgesamt das sich aus Wissen und Erfahrung zusammensetzende, charakteristisch westliche esoterische

Gebäude. Dieses mag durchaus einige Ähnlichkeiten mit den esoterischen Traditionen des Ostens aufweisen, die der westlichen esoterischen Tradition zukommenden Eigenheiten charakterisieren es jedoch durchaus als ein Gegenstück zu den östlichen Überlieferungen.

Es ist das, was wir heute die esoterische Tradition des Westens nennen. Zu verschiedenen Zeiten, an verschiedenen Orten und auf verschiedene Weise hat sie sich in ihrer Größe gezeigt. Oftmals mag es scheinen, als sei sie erloschen und auf Erden nicht mehr vorhanden. Aber immer wieder kehrte sie, durch zeitweilige Abwesenheit anscheinend wiederbelebt, zurück, breitet sich immer mehr aus, beeinflußt immer mehr Menschen und durchdringt unaufhörlich die ihrer Dauerhaftigkeit feindlich gesinnten Institutionen.

Immer wieder kam es hier und dort zur Gründung von verschiedenen Organisationen oder Gesellschaften, die das Ziel hatten, das verborgene hermetische Wissen weiterzuführen. Der Golden Dawn ist einer dieser Orden, die, das Wissen früherer Zeiten, insbesondere das Wissen des Westens benutzend, entstanden waren, um die Menschheit durch Initiation auf eine höhere Ebene psycho-spiritueller Funktion zu führen.

Neben dem soeben Ausgeführten gibt es noch eine andere »Legende« oder Lesart über die esoterischen Orden. Danach soll es außer den äußerlich vorhandenen Orden auch noch einen verborgenen Orden geben. Dieser äußerlich nicht sichtbare Orden wirke in innergeistigen Bereichen oder auf der irdischen Ebene, wo die meisten von uns leben. Gebildet werde dieser Orden von Adepten und anderen erleuchteten Wesenheiten, die über das Menschengeschlecht und deren Nöte wachen. Ohne in die offenbar freie Möglichkeit des Menschen, sich jeweils selbst zu zerstören oder aber die Gemeinschaft mit Gott herbeizuführen, einzugreifen, suchen diese Ordensträger die Entwicklung des Menschengeschlechts zu fördern. Von Zeit zu Zeit, so wird behauptet, lassen diese Wesenheiten das Auftreten einer der oben beschriebenen Organisationen zu oder lenken diese sogar. Es wird auch geglaubt, jeweils am Ende eines Jahrhunderts oder in Zeiten historischer Krisen trete einer dieser verborgenen Meister in dieser oder jener Maske offen in Erscheinung, nicht nur um großes Unheil abzuwenden, sondern auch um einigen wenigen oder gar vielen einen neuen kreativen Weg zu weisen.

Auch sie verkörpern die esoterischen Traditionen des Westens, und mehr als eine lediglich nach außen hin in Erscheinung tretende Organisation sind sie die Wahrer dieser Lehren.

V.H. Frater A.M.A.G. (Israel Regardie)

Selbstinitiation

Die wichtigsten und wirkungsvollsten Rituale des Ordens sind das Neophyt-Ritual und das Ritual des Adeptus Minor-Grades. Dazwischen liegen die sogenannten elementaren Rituale, von denen Crowley nicht viel hielt. Francis King nahm fälschlich an, auch ich sei ein Vertreter dieser Auffassung. Tatsächlich jedoch bin ich der Meinung, daß diese Rituale in einem vollständigen Initiationsprozeß durchaus einen ganz bestimmten Wert haben. Ich stimme zu, daß sie recht weitschweifig und zu lang sind. Trotzdem gibt es Mittel und Wege, um mit diesem Problem fertigzuwerden. In dem von mir verfaßten und kürzlich veröffentlichten Buch *Ceremonial Magic* (Aquarian Press, England) konnte ein Eröffnungsritual, das ich »Opening by Watchtower« (Eröffnung durch den Wachturm) genannt habe, auf viele verschiedene Arten bedeutungsvoll ausgearbeitet werden, die so effektiv wie abgekürzte elementare Initiationen benutzt werden können. Erstmals demonstriert wurde dies im Rahmen der Einweihungszeremonie des Gewölbes der Adepten.

Es geht bei der elementaren Initiation darum, die Elementare so anzurufen, daß sie auf die Gefühlsphäre oder auf das Energiefeld des Kandidaten einwirken. Diesem Energiefeld sind eine Reihe von Impressionen und Symbolen derart eingeprägt, daß sie dem Kandidaten als eine Art Reisepaß dienen, der sicheren Eintritt und Bewegungsfreiheit in dieser elementaren Wirkungssphäre bietet.

Angenommen, daß dies der Fall ist, dann bewirken die vier elementaren Initiationsgrade des Äußeren Ordens nur wenig mehr als das abgekürzte Eröffnungsverfahren durch die Zeremonien der Wachttürme. Dies hätte eine ganze Reihe von Vorteilen. Zum einen ist dieses Ritual in seinem Verlauf auch nicht an einer einzigen Stelle so aufgebläht, langatmig und ermüdend wie das jeweilige Grad-Ritual. Das alles sind Kriterien, die Crowley und andere zu der falschen Folgerung führten, man könne diese Arten von Ritualen als nutzlos entbehren. Der zweite, wie ich meine, größte Vorteil ist, daß das Wachtturm-Ritual, wie es in dem genannten Buch beschrieben ist, als Ritual zur Selbst-Initiation verwendet werden kann.

Nochmals vorausgesetzt, daß dies alles richtig ist, dann haben wir nun ein Stadium erreicht, wo das ursprüngliche Versprechen einiger meiner früheren Schriften über den Golden Dawn erfüllt wird. Damals hatte ich geschrieben, da der hermetische Orden des Golden Dawn erloschen sei, könne der nunmehr auf sich allein gestellte Studierende überall, wo er auch ist, jetzt sein eigener Initiator sein. Das schließt nicht aus, daß in verschiedenen Teilen der Welt und unabhängig voneinander irgendwelche andere Tempel entstehen. In den letzten Jahren kam es zur Gründung neuer Tempel, und diese arbeiten sehr erfolgreich zusammen. Es entstehen auch jetzt noch weitere neue Tempel.

Wenn wir sagen, daß der auf sich allein gestellte Studierende nun sein eigener Initiator sein kann, dann ist ein wichtiger Hinweis dringend geboten. Dieser lautet: Der Selbstinitiator muß unter allen Umständen genauso beharrlich, kompromißlos und streng gegen sich sein, als unterzöge er sich der Initiation unter ständiger Aufsicht erfahrener, offizieller Autoritäten in einem regulären Golden Dawn Tempel.

Die Verantwortung für seinen Fortschritt lastet so unerbittlich auf dem Studierenden oder Kandidaten selbst. Meines Erachtens – und ich habe das, wenn auch nur an sehr wenigen Studierenden, beobachtet – erfordert jede elementare Initiation beziehungsweise Wachtturm-Zeremonie eine mehrfache Wiederholung. Eine der Studierenden, an die ich dabei denke, hat die gesamte Eröffnung auf der Grundlage der Wachtturm-Zeremonie fünfzig- bis sechzigmal wiederholt. Ich bin der Ansicht, daß sie sich selbst ebenso effektiv und positiv initiiert hat, wie dies ein Team von Hierophanten in einem Tempel hätte durchführen können. Alle wichtigen »Kommando«-Symbole von Bedeutung für die Elementare sind so tief in ihre Aura oder in ihr Energiefeld eingebettet, daß die Elementare sie nicht als feindlichen Eindringling in ihren heiligen Kreis ansehen würden, wenn sie ihre Wirkungssphäre durch das sogenannte »skrying« in der spirituellen Vision besuchen würde. Statt dessen würde sie als freundlich angesehen und als göttlicher Helfer, führt sie doch gleichsam den einzigen einwandfreien und gültigen, von den Elementaren als offizielles Losungswort anerkannten Reisepaß mit sich.

Die Lösung des größten Problems bleibt allerdings noch offen: Es geht darum, auf welche Weise die Neophyten- und Adeptus Minor-Rituale in die Handlungen zur Selbstinitiation umgewandelt werden können. Ich neige zur Ansicht, daß es zumindest unmöglich ist, die Adeptus Minor-Rituale in eine Zeremonie der Selbstinitiation umzuformen. Wie die Sache nun einmal steht, sehe ich keine Möglichkeit, das zu ändern.

Im Gegensatz dazu, meine ich immer noch, dürfte das Neophyt-

Ritual durchaus die Möglichkeit einer Umformung enthalten, wenn auch auf andere Weise. Beispielsweise hat Crowley, als er in Mexiko weilte, auf der Grundlage der hellseherischen Visionen des G.H. Frater S.R.M.D. (Mathers) eine Reihe ihrer Natur nach tantrischer Meditationen ausgeführt. Letzterer hat in Z-1 und Z-3 beschrieben, was der Kandidat im Verlauf der Neophyt-Initiation im Rahmen der vollständigen Zeremonien im Tempel erlebt hatte. Beschrieben habe ich dies in der von mir verfaßten Biographie über Aleister Crowley mit dem Titel *The Eye in the Triangle*, Falcon Press, 1982. (Wenn auch manche Studierende Crowley nicht mögen, ist die Kenntnis seines Lebens und der Wirkung des Golden Dawn auf ihn zum Verständnis der Verbreitung der Ordenstätigkeit doch notwendig.)[1] Jahre später, als er selbst in seiner besten Zeit als Initiator war, schrieb er ein Instruktionsbuch mit dem Titel *Liber HHH* (abgedruckt in *Gems from the Equinox*, Falcon Press, 1982). In einem Abschnitt dieses Buches verfeinert er seine frühere Meditation und schuf eine großartige Unterweisung. In *The Eye in the Triangle* habe ich darauf hingewiesen.

Darum geht es mir im Augenblick aber gar nicht. Ich möchte durch Streichung einer Anzahl von für den Initiationsprozeß unwesentlichen Teilen das Neophytenritual, wie es im Orden praktiziert wird, vereinfachen und lediglich eine Art von Gerüst für die Zeremonien übriglassen, das von jedem Schüler jeweils seiner eigenen Initiation angepaßt werden kann. Weglassen würde ich zum Beispiel völlig den Abschnitt, in dem die verschiedenen Amtsträger darauf hinweisen, was die verschiedenen Symbole bedeuten und in dem sie die einzelnen Gegenstände benennen, die der Kandidat kennen muß, um im Orden weiter vorrücken zu können. Dadurch würde erheblicher Ballast beseitigt und das Ritual, über das der Schüler Bescheid wissen muß, würde verkürzt. Höchstwahrscheinlich könnte, ohne Nachteil für den vollständigen Initiationsprozeß, auch das meiste des Ritualteils der Eröffnung des Tempels ausgelassen werden – mit Ausnahme des Abschnitts, in dem der Hierophant erklärt, daß mittels der Namen und der Symbole alle Kräfte erweckt und wiedererweckt werden. Ob die feierliche Umkreisung übergangen werden sollte, ist auf der Grundlage eigener Experimente zu entscheiden. Entsprechendes gilt für die Reinigung mit Wasser und die Weihung durch Feuer, die mehrere Male zu wiederholen sind.

---

[1] Die erwähnte Crowley-Biographie von Israel Regardie ist bisher noch nicht ins Deutsche übersetzt worden. Die ausführliche Biographie von John Symmonds, *Das Tier 666*, ist in Deutsch im Sphinx Verlag, Basel, erschienen.

Das bindende Gelübde vor dem Altar, die Aufforderung des Hierophanten, die Nacht hinter sich zu lassen und den Tag zu suchen, die Aufnahme in den Orden, die Führung des neu Initiierten seitens des Hegemonen zwischen die zwei Säulen zwischen dem Altar und der Station des Ostens, dies alles bliebe als der bedeutende Teil der Zeremonie übrig.

Erst kürzlich, im Verlauf einer Diskussion über diese Angelegenheit mit V.H. Soror Sic Itur Ad Astra in Los Angeles wurde dieses Problem erhellt. Im wesentlichen kam man zu dem Schluß, außerhalb eines ordnungsgemäß gegründeten Tempels sei eine Initiation nur möglich, wenn mindestens zwei Schüler vorhanden wären. Diese müßten einer dem andern – nicht Dritten gegenüber – bestätigen, sich dem Großen Werk voll hinzugeben, sich soweit hinzugeben, um mindestens mehrere Monate lang gemeinsam oder auch jeder für sich die in dem Werk *The Foundations of Practical Magic* (Aquarian Press, 1979) beschriebene Technik der Mittleren Säule zu praktizieren. Bei beharrlicher und intensiver Durchführung dieser Technik würden die beiden Schüler in sich die psycho-spirituelle Energie erwecken, die ihre eigene Entwicklung beschleunigt und darüber hinaus in einer Weise mitgeteilt werden könnte, die von der in Z-3 beschriebenen Weise nicht allzu verschieden wäre.

Grundlegende Bedingung war, daß der Initiator auch tatsächlich ein Initiator sein müsse – nicht aber ein Laie aus der breiten Masse. Irgend etwas muß ihm zugestoßen sein, irgend etwas muß er erlebt haben, das ihm das Stigma des »gewöhnlichen« genommen hat. Noch vorteilhafter wäre es, wenn er (oder sie) Empfänger oder Empfängerin einer in *Varieties of Religious Experience* von James beschriebenen Art spontaner mystischer Erfahrung wäre. Da so etwas jedoch nicht gewissermaßen auf Bestellung erfolgt, bleibt als einzige Möglichkeit, sich rechtzeitig anerkannter und bewährter Methoden zur Ermöglichung der Entwicklung und des Wachstums zu bedienen.

Ich bin mir der Auseinandersetzungen, die sich über viele Jahre hingezogen haben, wohl bewußt, ob nämlich mystische oder okkulte Praktiken die mystische Erfahrung herbeiführen können – handle es sich um Konversion, Samadhi, Satori oder was auch immer. Sollte das nicht der Fall sein, ist doch festzustellen, daß diese Praktiken den Schüler wenn nicht tatsächlich mystischer Erfahrung teilhaftig werden lassen, so doch zumindest darauf vorbereiten. Und wenn er die Geduld aufbringt, »auf das Erscheinen des Herrn« zu warten, dann ist, wie ich es sehe, das eine ebensogut wie das andere.

Während der Fortsetzung ihres Werkes auf der Grundlage der

Technik der Mittleren Säule und einer Reihe anderer Übungen können die Schüler nun darangehen, das Neophyten-Ritual und die dazugehörigen Z-Schriften zu studieren. Weiteres zum Denken anregende Material zu diesem Thema bietet die Schrift *The Eye in the Triangle*. Unter Benutzung der von Mathers verfaßten hellsichtigen Beschreibung dessen, was sich mit dem Kandidaten zwischen den Zwei Säulen wirklich ereignet, entwickelte Crowley eine Meditation, die sämtliche von mir oben angeführten Gedanken enthält. Allem Anschein nach hat sich diese Meditation als erfolgreich erwiesen, denn viele Jahre später, als er der wurde, der er war, verfaßte er die später unter dem Titel *Liber HHH* bekanntgewordene Schrift für seinen eigenen Orden, den A.A. Der erste Teil dieser Schrift enthält die Ausarbeitung jener Meditation und formt Mathers Beschreibung zu einem außergewöhnlichen magischen Werk um, das mich über Jahre hinweg fasziniert hat, von der Zeit an, da ich von der *Equinox* gewußt habe, die er bereits vor langer Zeit, von 1909 bis 1914, veröffentlicht hatte.

All dies könnte ihnen Ideen und Hinweise dafür geben, wie man vorzugehen habe, um sich selbst oder auch andere zu initiieren. Zuerst einem, dann einem anderen könnte geholfen werden, zum Licht zu gelangen, und das in einer sehr ähnlichen Weise, als arbeiteten sie in einem ordnungsgemäß gegründeten Tempel. Ja, man kann noch weitergehen und sagen, daß kein Grund ersichtlich ist, weshalb die Amtsträger eines regulären Tempels nicht ebenfalls einige dieser Prozeduren vornehmen sollten. Es würde gewiß nicht schaden, sondern vielmehr eine ganze Menge bewirken. Wo immer bei uns oder sonstwo in der Welt ein Golden Dawn-Tempel eingerichtet wird, mag dieser Rat allen jenen von großem Nutzen sein, die darum bemüht sind, den Wert des ganzen Initiationsprozesses zu erhöhen.

Sobald das geschehen ist, können die so Selbstinitiierten ihre eigenen Wege gehen oder die bisherigen Verbindungen beibehalten, um einander beizustehen und zu helfen. In diesem Stadium würden allerdings die elementaren Initiationen mittels der Öffnung durch den Wachtturm (die üblich gewordene Bezeichnung) als solche gepflegt werden, und das ist der Punkt, wo sie vor der Adeptus Minor-Initiation stünden. Darüber, was dann zu tun ist, will ich lieber gar nicht nachdenken. Wie ein Initierter allerdings einmal geäußert hat: Eines tut not, und zwar den Tempel zu bereiten und dann zu beten, er möge bewohnbar werden.

Diese ganze Diskussion ist allerdings lediglich zur Anregung gedacht. Sehr vieles muß dem Einfallsreichtum der Schüler, die sich diesem großen Abenteuer hingegeben haben, überlassen bleiben. Durch die Einbettung in das Werk wird ihre Intuition geschärft, auch sollen sich ihre Fortschritte und Absichten eigenständig von selbst entfalten. Mehr ist dazu nicht zu sagen. Zumindest aber konnte gezeigt werden, daß der Weg nicht ohne Licht ist; und wie trostlos der Weg ohne einen Lehrer und ohne das Vorhandensein eines Ordenstempels auch scheinen mag, die Schüler brauchen keineswegs verlassen und hilflos in der Finsternis der Außenwelt umherzustolpern. Sagt doch das Ritual: »Meine Seele wandert im Dunkeln, und ich suche das Licht des verborgenen Wissens.«

Abschließend sei dem Studierenden nachdrücklich geraten, wenigstens zwei oder drei Aufsätze in diesem ersten Buch gründlich durchzuarbeiten. Der erste ist die hier nachstehend abgedruckte Warnung, der zweite ist der Aufsatz, der von der Überhöhung des Egos handelt, ein Zustand, der mittels Selbstbeobachtung und Studium unter allen Umständen vermieden werden muß. Der dritte schließlich ist der von Hyatt und mir verfaßte wichtige Artikel, der einige Hauptirrtümer und Unklarheiten behandelt, die manchen Schülern früher einmal unterlaufen sind. Zur Erreichung der erstrebten Ziele werden sich auch noch manch andere, in einzelnen Kapiteln dieses Werkes behandelte Schriften als sehr hilfreich herausstellen.

Warnung

Als der größte Teil dieses Werkes nur als Manuskript vorhanden war und verschiedene Schreibkräfte es ins Reine schrieben, beunruhigten mich ihre gelegentlichen Bemerkungen über das System des Golden Dawn ein wenig. Christopher Hyatt, einer der Falcon Press-Editoren, war der erste, der mich auf die Gefahr möglicher Mißverständnisse aufmerksam machte und mich dazu anregte, ein Wort der Warnung einzuschieben, um zu vermeiden, daß auch andere Leser gleiche irrige Vorstellungen entwickelten.

Er hatte völlig recht; denn einige derer, die das Manuskript mit der Schreibmaschine lesbar gemacht hatten, wie später auch der eine oder andere Leser, scheinen die Vorstellung entwickelt zu haben, das gesamte Golden Dawn-System beruhe ausschließlich auf den Initiationsritualen. Das brachte mich in Verlegenheit, hatte ich doch angenommen, allein schon aus den Ritualen gehe ganz eindeutig hervor, daß das System aus weit mehr besteht als aus den Ritualen selbst; zumal doch in dem vorliegenden Werk über die Beschreibung der Rituale hinaus ein vollständiges System magischer Praxis ausgearbeitet wird, das von den Initiationsritualen völlig unabhängig sein kann.

Ich war mir dessen so sicher, daß ich einigen jener Leute erzählt habe, ich würde, obwohl mein Interesse am Schreiben erschöpft sei, gewiß später einmal den Drang verspüren, ein weiteres Buch zu verfassen, und zwar ein Buch, in dem die Beziehungen oder die Verwandtschaft zwischen den beispielsweise in dem Buch *Milarepa – Tibets großer Yogi* von Evans Wentz dargestellten tibetischen magischen Praktiken und dem Golden Dawn-System nachgewiesen werden sollen. Es gibt unzählige Parallelen, die einer Untersuchung und Herausarbeitung wert sind. Auch diese tibetischen Praktiken haben mit den Initiationsritualen im eigentlichen Sinne nichts zu tun. Ich kann mir schon jetzt gut vorstellen, daß ich in jenem Buch bald am Anfang werde betonen können, daß diese Praktiken dem Golden Dawn-System der Magie weit mehr entsprechen als die Initiationsrituale oder andere Arten von Ritualen. Nicht daß ich die Bedeutung der Rituale im Gesamtsystem schmälern möchte, aber die magischen Praktiken außerhalb der Rituale bedeuten so viel mehr, daß es mich irritiert, wie jemand der Meinung sein kann, die Rituale hätten absoluten Vorrang. Der Schüler, der die Z-1- und die Z-3-Schriften gründlich studiert hat, sollte begreifen, daß die Wirksamkeit welchen Rituals auch immer völlig von den Ritualteilnehmern abhängt, die in dem von dem Orden vorgeschriebenen magischen Werk bedeutende Fähigkeiten erreicht haben.

Abgesehen von der elementaren Kunst der Invokation mittels des Pentagramms und des Hexagramms gibt es zahlreiche weitere Techniken, die gebraucht und gemeistert werden müssen. Nicht nur um einen höheren Ordensgrad zu erlangen – was gar nicht so überaus wichtig ist –, sondern um ein tüchtiger und fähiger Schüler der Magie zu werden, ist es erforderlich, diese Künste nicht nur theoretisch zu kennen, sondern sie vielmehr auch praktisch völlig zu beherrschen. So zum Beispiel die Bildung von Gottformen und die Fähigkeit, mehr oder minder auf gleicher Ebene, telesmatische Bilder aufzubauen; beides Grundlagen praktischer Theurgie. Sodann gibt es die Technik der Mittleren Säule, deren Bedeutung nicht genug betont werden kann. Derjenige, der es vernachlässigt, in diesen besonderen Praktiken beträchtliche Fähigkeiten zu entwickeln, wird stets enttäuscht sein. Endlich gibt es die vibrierte Form der Mittleren Säule. Ich kann mir auch nicht ein einziges Ritual vorstellen, das ohne den richtigen

Gebrauch dieser Formel erfolgreich durchgeführt werden kann. Dabei beschreite ich einen – so meine ich jedenfalls – recht neuen Weg, und zwar in dem Abschnitt dieses Buches, in dem dies behandelt wird. Überhaupt rate ich dem angehenden Schüler der Magie dringend, nicht nur dem soeben Ausgeführten, sondern überhaupt allen hier genannten Techniken besondere Aufmerksamkeit zu schenken.

Der Orden hat es sich auch nicht zur Hauptaufgabe gemacht, zu diesem Zweck trockenes, durch Lehrschriften oder mittels anderer Texte überliefertes kabbalistisches Wissen zu diesem Thema auswendig lernen zu lassen. Dieses gesamte Material ist nur ein bloßes Gerüst für das Wissen des Ordens. Es ist nur das Grundalphabet für die sogenannte Sprache der Magie. Jede Wissenschaft und jede Kunst hat ihre eigene Sprache, ohne die eine Kommunikation nur in geringem Maße stattfinden kann. In den ersten Semestern an der Universität besteht die Haupttätigkeit vor allem darin, die Sprache der Wissenschaft zu lernen, die man studieren möchte. Beispielsweise hat die Physik ihre eigene Terminologie, ohne die es kaum gelänge, in ihre vielfältigen Geheimnisse einzudringen. Entsprechendes gilt für die Geologie, die denjenigen, die ihre Sprache nicht beherrschen, immer ein Rätsel bleiben wird. Auch die Verhaltensforschung hat ihre Spezialbegriffe beziehungsweise ihre eigene Sprache, die man beherrschen muß, um sich verständlich ausdrücken zu können. Das geht so weit, daß manche Wissenschaftler und Forscher ihre Fachausdrücke derart selbstverständlich gebrauchen, daß sie auch im Alltag unverständlich sind, was ihre Kritiker wiederum dazu veranlaßt, die Fachsprache an sich zu verurteilen. Nichtsdestoweniger ist es eine Sprache eigener Art. Um sich klar und verständlich in einer Wissenschaft ausdrücken zu können, muß eine solche Sprache erlernt, beherrscht und benutzt werden. Gleiches gilt für die Sprache der Magie. Sie ist höchst komplex, und das meiste dessen, was das vorliegende Werk enthält, ist eine Darlegung der grundlegenden Prinzipien eben dieser Sprache. Der Schüler, der damit noch nie etwas zu tun hatte, ist gut beraten, sich die Zeit zu nehmen, sie beherrschen zu lernen. Tut er das, ist er vor der irrigen Meinung sicher, alles, was *Das magische System des Golden Dawn* bietet, sei einzig und allein eine Einführung in die Sprache der Magie und nichts mehr. Ist dieses Werk doch vielmehr ein umfangreiches und umfassendes System; und wenn man es zu einem integralen Bestandteil persönlichen Denkens und Fühlens machen will, lohnen sich große Mühen.

Schließlich gibt es die Methode der Tattwa-Vision, einer Geist-Vision, die auch als Hellsicht (»skrying«) bezeichnet wird. Sie ist von großer Bedeutung, doch meine ich, daß ihr in der Vergangenheit zuviel Aufmerksamkeit auf Kosten anderer Methoden geschenkt wurde. Zur Zeit der Anfänge des Ordens scheint es viele Ordensangehörige mit großer Begabung für Visionsübungen gegeben zu haben, führte dies doch möglicherweise zur Entwicklung der Hellsichtigkeit und so weiter – ein Grund, weshalb die Methode zu häufig angewandt wurde. Hinzu kam die Vernachlässigung von Schutzmaßnahmen und die zunehmende Leichtgläubigkeit und Unbesonnenheit derer, die die Hellsicht praktizierten; das Vorhandensein von natürlicher Skepsis ist aber einer der unerläßlichen und unbedingt notwendigen Faktoren für das Wohlergehen eines Schülers der Magie. Ohne Skepsis ist man in dem Wust von Illusionen und Phantasie verloren. Auf solch schwankendem Boden kann man nicht bauen.

Selbstverständlich sind auch die Weissagungsmethoden, Geomantie und Tarot, dem Orden nicht unbekannt. Der Schüler darf jedoch dabei nicht verharren. Offenbar dienen diese Methoden der Vorhersage der Zukunft; es wäre aber ein großer Fehler, wollte man sich darauf beschränken, sie nur in diesem Sinne zu interpretieren. Abgesehen davon, daß diese Methoden Intuitionsgabe und psychospirituelle Wahrnehmungsfähigkeit entwickeln, ermöglicht die Benutzung geomantischer Symbole und der Tarotkarten die Erforschung und Entdeckung einer ganzen inneren Welt, sie dienen auch als Pforten zu anderen Dimensionen der Existenz, zu einem völlig anderen Aspekt unserer selbst, der uns in der Regel kaum bewußt ist. Schon im Neophytenritual bedeutet die Aufforderung »Laß die Nacht zurück und suche den Tag«, daß die Ordensarbeit auf der Selbstfindung beruht; auch der Name des Ordens »Golden Dawn« (Goldene Dämmerung) ist ein symbolisches Bild spiritueller Erfahrung, des Ziels all unserer Arbeit, und bringt zum Ausdruck, daß es um das Gewahrwerden der Göttlichkeit geht und darum, diese Göttlichkeit dazu zu bringen, in unserem alltäglichen Leben, in dieser Welt von Malkuth, nämlich der äußeren Hülle Gottes, zu wirken. Nach wie vor, wenn auch in etwas anderer Weise, schätze ich den kabbalistischen Aphorismus, wonach Kether in Malkuth und Malkuth in Kether ist. Das ist nicht ohne Bezug zu dem Mahayana-Aphorismus, der besagt, das Nirwana sei das Samsara und der Samsara das Nirwana.

Ich darf nicht vergessen, auf etwas hinzuweisen, was oft vergessen wird, nämlich auf die Meditation über die Bedeutung und den Sinn magischer Instrumente. Sie werden oft von Ordensmitgliedern hergestellt und geweiht und so benutzt, wie es immer empfohlen wird, aber selten sind sie sich darüber einig, was ihrem allgemeinen Gebrauch an Bedeutung zugrunde liegt. Jedem fortgeschrittenen Studierenden sollte klar sein, daß beispielsweise der Lotusstab, neben anderen Symbolen, ein Symbol für die Wirbelsäule mit dem Scheitel ist – ein Kanal, in dem sich das spinale Geistfeuer, die Kundalini, bewegt. (Machen Sie sich, in diesem Zusammenhang, die Mühe, sich das von dem Hindu Gopi Krishna verfaßte Buch *Kundalini*[2] zu beschaffen und durchzulesen.) Tiefe Bedeutung haben auch alle anderen ähnlichen Instrumente der Magie. Als ein Hilfsmittel für die Meditation kann ich bei dieser Gelegenheit nachdrücklich Aleister Crowleys großartiges Frühwerk *Buch 4*[3] empfehlen, in dem die Theorie der Magie und ihrer Handwerkszeuge behandelt wird. Es enthält einige herrliche meditative Beschreibungen der Elementwaffen, und der ernsthafte Studierende darf es sich nicht leisten, diese nicht zu kennen oder ohne sie auszukommen. Solche Einsichten werden wachsen, wie er selber wächst. Erkenntnis und Intuition ergänzen sich gegenseitig, bis das letzte Ziel all dieser Arbeit, nämlich die Erleuchtung, ganz selbstverständlich erlangt ist.

In dem Maße, in dem jemand in der Ordensarbeit an Erfahrung gewinnt, und in dem Maße, in dem sich Einsicht und Verständnis entwickeln, wird einem offenbar, daß alle diese Methoden miteinander verknüpft sind und etwas Ganzes bilden; dieses Ganze wird zur magischen Triebkraft für die Besteigung des Berges der Initiation und zur Erreichung des Himmlischen Königreiches, so daß der Mensch nach Gott strebt und Gott nach dem Menschen.

Es handelt sich um einen magischen Orden. Keinesfalls darf jedoch seine Mystik von der Magie getrennt werden. Auf den ersten Blick mag es durchaus scheinen, dies seien völlig unterschiedliche Methoden, um das Höchste zu erreichen. Die wachsende Einsicht des Studierenden, daß beide Methoden tatsächlich durch nichts getrennt sind, daß beide letztlich ein und dasselbe sind, ist ein Kennzeichen wahrer Meisterschaft.

Mit anderen Worten, und um auf das eingangs dieses Kapitels Gesagte zurückzukommen: Bei dem Orden des Golden Dawn geht es um weitaus mehr als nur um das Initiations- oder andere Rituale. Allein schon das Neophyt-Ritual und das Adeptus Minor-Ritual enthalten so viel Wertvolles für den Aspiranten, daß derjenige, der annähme, bei der Ordensarbeit gehe es im wesentlichen nur um Rituale, tatsächlich gar nicht so sehr unrecht hätte. Ja, die Rituale enthalten

---

[2] Deutsch: O.W. Barth Verlag im Scherz Verlag, München.
[3] Deutsch: Verlag psychosophische Gesellschaft, Zürich.

sehr vieles. So lautet zum Beispiel beim Neophyt-Ritual eine der ersten Mahnungen des Hierophanten, daß alle Kräfte und alle Macht durch Name und Bild erweckt und wiedererweckt werden. Der neu in den Orden aufgenommene, initiierte Frater (Bruder) oder die Soror (Schwester) könnten beträchtliche Mühe und Zeit aufwenden, über die Bedeutung dieses Hinweises nachzusinnen. Tun sie das, dringen sie in die tiefsten Geheimnisse der Lehren des Ordens ein und beginnen zu begreifen, worauf die Vielfalt der in dem Orden geübten Techniken hinausläuft. Ich muß es mit der Warnung bewenden lassen, daß sich der Studierende davor hüten möge, zu meinen, mit einem nur durch eilige und flüchtige Beschäftigung mit den einzelnen Ritualen oder mittels der Lektüre des vorliegenden Buches erfolgten, oberflächlichen Kennenlernen der im Orden gepflegten Methoden auskommen zu können. Das ganze System muß gründlich und sorgfältig durchgearbeitet werden. Lassen Sie sich auch nicht durch die anscheinende Einfachheit des Systems irreführen. Es mag den Schüler einige Zeit, vielleicht sogar Jahre kosten, bis er die Einfachheit dieses Systems voll würdigen kann, aber dieser Zeitaufwand wird sich als der Mühe wert erweisen. Wenn auch in diesem Buch von der Meditation nur an manchen Stellen die Rede ist, hoffe ich dennoch, daß ein ernsthaft Studierender tief darüber nachsinnt, was er, im Sinne des Ordens, lernt und tut, erzielt er daraus doch erheblichen Gewinn. Noch sehr vieles wäre in Worte zu fassen, aber gerade dadurch, daß nicht alles mit Worten ausgedrückt oder daß manches sogar absichtlich nicht gesagt wird, erhalten sich die wesentlichen Grundlagen dieses Systems.

Vor kurzem erst (Ostern 1983) wurde eine andere Kritik laut, eine Kritik, die ich schon früher einmal von einem der Ordens-»Versager« gehört habe: der Ordensarbeit ermangle das devotionale Element, Andacht, Frömmigkeit, Gebet fänden im Orden keine Pflege. Es ist das ein Tadel, den man eigentlich von einem ehemaligen, bibelgesättigten Kirchgänger erwartet oder von einem – was auf dasselbe hinausläuft – Mitglied der Gesellschaft des Rosenkreuzes (der Name von Waites Version des Golden Dawn).

Im Grunde genommen könnte man solch einen Vorwurf stillschweigend übergehen; als ich ihn das letzte Mal vernommen habe, kam er jedoch von einem jüngeren Schüler, der soeben aus einem der Ashrams in Indien zurückgekehrt war, wo er eine Menge über den Bhakti-Yoga[4] gehört hatte. Hier kann ich diese Kritik verstehen, steht

---

[4] Yoga der Devotion und Liebe.

Bhakti im eigentlichen Sinne in der Tat nicht im Mittelpunkt der Arbeit des Ordens. Allerdings darf ich darauf aufmerksam machen, daß den Schülern auch eine ganze Menge emotioneller Inhalte des Ordens offenkundig werden, wenn sie die Ordensarbeit ebenso genau nehmen, wie ihnen beigebracht worden ist, sich um das Yogasystem zu bemühen. Allein bei den wenigen Gelegenheiten, wo ich bei der Initiation eines Neophyten zugegen war, habe ich mich einer emotionalen Ergriffenheit sehr nahe gefühlt, ich war fast zu Tränen gerührt und spürte beinahe jenen Kloß im Hals, der einem die Sprache verschlägt. Auch die Hierophantin eines der bestehenden Tempel, V.H. Soror S.I.A.A., die bei der Initiation von rund vierzig Neophyten amtiert hatte, sagte mir, sie sei bei den Zeremonien häufig den Tränen nahe.

Davon abgesehen, rate ich jedem Schüler, sollte er ähnliches empfinden, dringend nochmals, eines meiner früheren Werke zu lesen, nämlich das Buch *What You Should Know About the Golden Dawn* (Falcon Press, Santa Monica/Kalifornien, 1983). Dieses Buch enthält zahlreiche Belege über die verschiedenen Rituale. Die sprachlich und stilistisch vorzüglichen Zitate sind treffliche Beispiele für den devotionalen Aspekt der Arbeit des Ordens. Um sich ins Gedächtnis zurückzurufen, daß dem Orden auch Bhakti nicht fremd ist, sollte man sich möglichst oft in diese Zitate vertiefen.

Wem das nicht genügt, den verweise ich auf das Werk von Aleister Crowley, der immerhin, was man über ihn auch reden mag, einst ein Mitglied des Ordens gewesen ist und ihm einen großen Teil seiner Einweihung verdankt. Insbesondere lege ich nahe, seine Anleitung *Liber Astarte vel Berylli* zu lesen, die einen Überblick über die gesamte Einstellung des Ostens zur Bhakti bietet. Man findet sie in einer der *Equinoxes* oder in meinem Buch *Gems from the Equinox* (Falcon Press, Santa Monica/Kalifornien, 1982). Meines Erachtens ist dieses Liber ein Meisterwerk, das ich vor allem dem nachdrücklich empfehlen kann, der sich über den Mangel an devotionalem Schrifttum im Orden beklagt.

Des weiteren ist auf Crowleys ursprünglich von der Sangreal Foundation herausgegebenes meisterliches Frühwerk *Three Holy Books* hinzuweisen. Nach meinem Dafürhalten ist es überhaupt seine bedeutendste Arbeit. Ich habe dazu eine kurze Einführung geschrieben, und dem Vernehmen nach wird das Werk von der Samuel Weiser Inc., New York, neu aufgelegt. Der Band enthält das *Liber LXV* oder *The Book of the Heart Girt with a Serpent*, das *Liber VII* oder *Liber Lapidis Lazuli* und schließlich das *Liber 813 vel Ararita*. Alle diese drei Werke sind ganz hervorragend geschrieben, und jedes Wort strömt Hingabe aus. Persönlich mag ich *Liber LXV* und *Liber VII* am meisten. Falcon Press gibt auch Tonbandkassetten heraus, die *Liber LXV* oder *The Book of the Heart Girt with a Serpent*, *Liber VII* oder *Liber Lapidis Lazuli* und *Liber DCCCVIII* oder *Ararita* enthalten. Wenn ich zu Bett gehe, spiele ich diese Tonbänder manchmal ab, und beim Lauschen auf die schönen und andachtsvollen Texte schlafe ich schließlich ein. Die Behauptung, es handle sich um ein besonders bedeutendes Werk in der Reihe der devotionalen Literatur des Ordens, ist möglicherweise etwas übertrieben. Ich halte jedenfalls dieses Werk Crowleys für mehr dieser Kategorie zugehörig als die religiöse Fleißarbeit des ehemaligen Ordensangehörigen Mr. A. E. Waite. Letzterer gründete eine eigene Gesellschaft und schrieb die Rituale um (drei davon sind weiter unten in dem hier vorliegenden Werk abgedruckt), wobei er zahlreiche Auszüge aus der Bibel, vielleicht auch aus dem Römischen Missale einbaute. Ich möchte nicht als ein Gegner von Waite angesehen werden, betonen muß ich allerdings, daß ich, habe ich die Wahl, die sogenannten heiligen Bücher von Aleister Crowley vorziehe. Sie vermitteln mir weit mehr Andacht und Liebe als beinahe alles andere. Sollte tatsächlich in den Ritualen und in der Arbeit des Ordens an Devotionsgut Mangel herrschen, wird das durch die Bezugnahme auf das Werk des ehemaligen Ordensmitglieds Aleister Crowley mehr als nur wettgemacht. Ich bin zuversichtlich, daß sich damit jedwede Klage bezüglich dieser Frage erledigt.

Israel Regardie und Christopher S. Hyatt

Die richtige Einstellung zum Geistkörper

Seit den letzten fünfzig Jahren lege ich großen Wert darauf, daß der ernsthafte Schüler die Magie sich zum Schutz gegen gewisse katastrophale Folgen, die bei vielen unserer hoffnungsvollen Studierenden zutagezutreten scheinen, einer Psychotherapie unterzieht.

Die Schwierigkeiten scheinen aus folgendem zu erwachsen:

Das Über-Ich und der Höhere und Göttliche Genius

A. Die Verwechslung des Freudschen Über-Ichs (das unbewußte infantile Gewissen) mit dem Ordensbegriff des Höheren und Göttlichen Genius.

Zahlreiche Schüler der Magie, aber auch solche, die keine Beziehungen zur Magie haben, setzen einen der Inhalte ihres infantilen Gewissens häufig mit einem der Inhalte des »Höheren Selbst« oder mit sonst irgend etwas gleich. Das kann nur zum Unheil und Verderben führen. Anstatt von einem höheren Genius geleitet zu werden, ist diese Person tatsächlich in der Gewalt von infantilen »Stimmen« und Werten, schlicht und einfach: von Hirngespinsten. Das führt nicht nur zu maßlosem persönlichen Leiden und zur Selbsttäuschung, sondern auch zum völligen Stillstand jedes tatsächlichen Fortschritts in den theurgischen Künsten und Wissenschaften. Diese zu beobachtende geistige oder seelische Verwirrung trägt in großem Umfang zum »schlechten Ruf«, der den Schülern des Okkulten häufig anlastet, bei.

Kennern der Ordensgeschichte sind treffliche Beispiele für solche Torheit nicht fremd. Es besteht hier jedoch keine Veranlassung, darauf näher einzugehen. In fast jeder Ordensgruppe gibt es Mitglieder, häufig genug auch geistige Führer, die kopfüber in die Grube fallen, die sich Übereifrigen und allzu Sorglosen auftut.

Die Überhöhung des Ego

B. Es gibt erschreckend viele Fälle, wo sich das Ego aufbläht und überhöht – ein Zustand, der zuweilen auf eine infantile Megalomanie

(Größenwahn) zurückgeführt wird. Um dem Schüler durch Begreiflichmachen dieser Problematik zu helfen, wollen wir uns das gesunde Ego als einen Computer vorstellen, der so eingerichtet ist, daß er Entscheidungen trifft. Ebenso ist die Funktion des Ego die, der einzelnen Person zu helfen, Entscheidungen zu treffen, die auf festen, starren, vorgegebenen Daten gegründet sind. Ziel dieser Funktion sollte die Ermöglichung des Überlebens und der persönlichen Erfüllung in allen ihren Bereichen und Wünschen sein. In einem gewissen Sinne ist das gesunde Ego mehr oder weniger unpersönlich. Es realisiert Ursache und Wirkung in Malkuth und kennt seine Grenzen.

Andererseits ist die infantile Megalomanie in der frühen Kindheit eine ganz natürliche Erscheinung, der das gesunde, erwachsene Ego bei ordnungsgemäßer Entwicklung entwächst und die sich so verliert. Da das ein Idealfall ist, ereignet er sich in der Praxis nur selten, und um dieses Ziel zu erreichen, bedarf es einer »Therapie«, sei diese nun östlich oder westlich orientiert. Praktiziert man nun Magie oder sonst etwas, das ungewöhnliche Energiemengen aus dem Unbewußten freisetzt, wird der infantile megalomanische Unterbau reaktiviert, und alle die Illusionen und Selbsttäuschungen hinsichtlich der Selbstüberhebung und des Hochmuts der frühesten Kindheit kommen wieder an die Oberfläche. Von diesen Schmeicheleien wird das Ego überwältigt. Die Person, sei sie Mann oder Frau, sieht die unpersönliche und universale Natur der Kräfte, die sie erfährt, so an, als habe sie die Kräfte, Erfahrungen, Erlebnisse und Fertigkeiten durch ihr eigenes sogenanntes »Ich« geschaffen.

Hält diese von Jung »Mana-Persönlichkeit« genannte Erfahrung bei einer Person zu lange an, wird diese abnorm ichsüchtig und völlig selbstzentriert. Das kann sowohl bei Patienten beobachtet werden, die sich einer Psychotherapie unterziehen, als auch bei sogenannten normalen Menschen auf der Straße. Diese maßlose Selbstbewunderung oder diese, um mit Jung zu sprechen, »naive Konkretisierung von primordialen Bildern«, verursacht eine Überaufblähung des Ego, was zum Unheil führt und im Widerspruch zum Großen Werk steht.

Dem Studierenden muß aber auch gesagt werden, daß eine butterweiche Bescheidenheit und Passivität nicht etwa das Gegenteil der infantilen Megalomanie ist. Bescheidenheit und Passivität sind das sine qua non einer tief eingekerbten und potentiell noch gefährlicheren Form infantiler Megalomanie.

Die richtige Einstellung gegenüber den Instinkten

C. Es liegt eine Gefahr in dem ungebändigten Herausbrechenlassen infolge Unterdrückung und Verleugnung verzerrter und verformter Instinkte ebenso wie in ihrer erzwungenen Verdrängung, deren Folge ein ausgehöhltes und unerfülltes Geschlechtsleben ist. Fast jeder, der in der Welt der allgemeingültigen jüdisch-christlichen Moralvorstellungen aufgewachsen ist, leidet unausweichlich unter der restlos verrenkten und verdrehten Einstellung zum Geschlechtlichen wie überhaupt zu sämtlichen biologischen Funktionen ganz allgemein. Aus diesem Grunde ist ein erfülltes Geschlechtsleben, das nicht nur die körperliche Lust befriedigt, sondern ebenso zur Entwicklung der Seele beiträgt, völlig ausgeschlossen. Eine gesunde Einstellung zu allen körperlichen Funktionen tut not; wobei man stets dessen eingedenk sein muß, daß Kether in Malkuth und Malkuth in Kether ist, wenn auch in anderer Weise.

Diejenigen, die sich mit dem Großen Werk befassen, erfahren an sich selber häufig genug den Sturz in Exzesse dieser oder jener Art, nämlich in ein Zuviel oder in ein Zuwenig. Für die Entdeckung und Entwicklung des Höheren Genius spielt rechter Gebrauch und Freude am Sex eine wichtige Rolle. Einer der sehr wenigen, welche die Realität dieses Problems erkannt haben, war Aleister Crowley, obwohl er selber infolge seiner Plymouth Brethren[5]-Erziehung von Zeit zu Zeit in dieselbe Falle gelaufen ist. Den meisten von uns machen Hemmungen im Bereich des Geschlechtlichen ein wenig zu schaffen, oder noch schlimmer, sie leiden unter einem zwanghaften Abreagieren ihres verdrängten Geschlechtstriebs. Eine solche Einstellung trägt allerdings nicht zur Entwicklung der eigenen Persönlichkeit, zu tiefer und völliger Entspannung oder als ein Hilfsmittel zur Öffnung der tief im Innern liegenden Kanäle bei.

Das Verhältnis der Religion zum Großen Werk

Die Frage, wie sich religiöser Glaube mit einer Arbeit am Großen Werk vereinbaren läßt, öffnet den Weg zur Erörterung eines sehr ernsten und bedeutenden Sachverhalts, über den ich schon lange Zeit nachgedacht habe. Die Notwendigkeit, auf dieses Problem einzugehen, ergibt sich allein schon durch die Aufnahme einiger von Waite

---

[5] Pietistische Sekte in England, welcher Crowleys Eltern angehörten.

praktizierter Rituale in das hier vorliegende Werk. Mathers und der von ihm gegründete Orden waren nur dem Namen nach christlich. Man muß schon sehr sorgfältig die Rituale und anderes, worin sich die Lehre kundtut, durchgehen, will man etwas finden, was eigentlich und buchstäblich auf den historischen Jesus Bezug nimmt. Tatsächlich wird man auch vergeblich danach suchen. Die Hinweise auf Osiris als ein Symbol für Vollkommenheit ließen sich ebensogut auf irgendeinen anderen der zahlreichen mythischen gekreuzigten Götter im Mittelmeerraum beziehen. Der Orden war eine Hermetische Bruderschaft, und das Christentum spielte bei den in dieser Bruderschaft durchgeführten Operationen eine nur sehr geringe Rolle. Mathers war mit Anna Kingsford, der Gründerin einer anderen Hermetischen Gesellschaft, in der das Christentum eine bedeutende Rolle spielte, befreundet. Er war aber weit davon entfernt, aufgrund dieser Freundschaft den von ihm gegründeten Orden ihrer Gesellschaft anzugleichen.

Es gibt dazu eine ganze Reihe hochinteressanter Ansichten, auf die an dieser Stelle nur kurz eingegangen werden soll. So haben sich einige Lehrer und Lehrerinnen des Okkulten immer wieder bemüht, die uralte Religion der Weisheit zu christianisieren. Eine dieser Lehrerinnen, Anna Kingsford, habe ich bereits erwähnt. Ein anderer von ihnen, der Dr. Felkin gewaltig beeinflußt hatte, ist Rudolf Steiner, der dazu bestimmt schien, den Okkultismus auf grotesken, dem eigentlichen Wesen der Magie fundamental entgegengesetzten Wegen zu verchristlichen. Dabei trat er in die Fußstapfen von Annie Besant und Bishop Leadbeater, denen es bereits gelungen war, die Theosophie der Helena Petrowna Blavatsky durch Umwandlung in einen christlichen Okkultismus mit östlicher Übertünchung zu verfälschen und zu entstellen. Trotz der Meinungsverschiedenheiten, die Steiner mit diesen beiden hatte, scheinen ihn deren Lehren tief beeindruckt zu haben, und das, obwohl Steiners sogenannte hellseherische Fähigkeiten zu den entsprechenden Fähigkeiten Leadbeaters in Gegensatz standen.

Während dieser Ereignisse begann alles darauf hinzudeuten, daß Waite, der sich zum römisch-katholischen Glauben bekannte, den Wegen der obengenannten Lehrer folgen werde. Nach der 1900 im Orden ausgebrochenen Revolte war er eines der Komiteemitglieder, die den Orden am Leben erhielten. Später verließ er dieses Komitee und gründete seine eigene Gesellschaft des Rosenkreuzes. In jener Zeit überarbeitete er nicht nur die Rituale, sondern auch den gesamten philosophischen Kontext des Ordens. Das hier vorliegende Werk enthält drei seiner Rituale. Der urteilsfähige Leser wird bei ihrer Lektüre erkennen, zu welcher Perversion die Methodologie des Ordens dabei gelangt ist. Zwischen den ursprünglich niedergelegten Lehren und der von Waite später eingeflochtenen Betonung des Biblischen gibt es so gut wie überhaupt keine Verbindung mehr.

Es ist nur selbstverständlich, daß Waite nun auch die kirchlichen Moral- und Reinheitsvorstellungen einführte, die in fast allem, was er geschrieben hat, sichtbar sind. Seine gesamte Einstellung gegenüber dem Geschlechtlichen wie auch gegenüber dem Okkulten wurde negativ. Die Ausmerzung jeder von Mathers und Westcott in den Lehrplan der Magie aufgenommenen Bezugnahme auf Okkultes wurde ihm gleichsam eine Ehrensache. Zum Glück starb sein Orden Ende der Dreißiger Jahre mit ihm[6], und dasselbe Los ereilte seine dem Geschlechtlichen abgeneigten Einstellungen wie auch sein schrecklich schwülstiges Englisch, das dadurch gekennzeichnet ist, daß er dort, wo schlichtes und einfaches Englisch am Platze gewesen wäre, mit Vorliebe lateinische Ausdrücke gebrauchte. Im Widerspruch zu seinen Lehren steht auch sein offenbarer persönlicher Ehrgeiz, der sich in den pompösen Titeln kundtut, mit denen er in den Ritualen sich und die ihm dabei Assistierenden bedachte.

Egotismus

Eine der großen Gefahren, die der Praxis der Magie wie gewiß auch aller anderen okkulten Künste anhaften, ist die Entstehung eines durch messianische Gefühle, infantile Allmachtsvorstellungen und den Verlust aber auch jeden Vermögens zu effektiver Selbstkritik charakterisierten, gewaltigen Egotismus. Es ist festzustellen, daß der Studierende in dem Maße, in dem er in der Meditation, beim Hellsehen oder bei den Zeremonien Fortschritte macht, von einer Überhöhung des Ego bedroht wird. Sie taucht langsam und schleichend auf, ohne erkennbare Warnung. Gewahr werden dieser Veränderung nur die dem von dieser Überhöhung seiner selbst Bedrohten sehr Nahestehenden oder seine Gefährten. Der davon Befallene ist sich seiner ihm selbst nicht auffallenden Verwandlung nur selten bewußt. Jeder Versuch, ihn auf diesen Egotismus aufmerksam zu machen, ist zum Scheitern verurteilt; es ist, als versuche man, gegen eine Wand anzurennen.

---

[6] Andere Quellen erwähnen 1942 als Todesjahr von Waite.

Dieser Hybris scheinen vor allem solche Aspiranten zu verfallen, die außerhalb eines okkulten Ordens oder außerhalb einer anerkannten Schule der Magie auf sich allein gestellt tätig sind. Gerade »Einzelgänger« sind dagegen nur in den seltensten Fällen gefeit. Hingegen scheinen solche, die ihr okkultes Werk unter der Obhut einer legitimen Gesellschaft oder unter der Leitung eines erfahrenen und weisen Gurus oder Lehrers ausüben, vor diesen Anmaßungen sicherer – es sei denn, der Guru ist selber ein Opfer seiner eigenen messianischen Phantasien und seiner eigenen Überheblichkeit geworden. Dann nämlich steckt er selber die Schüler mit seiner persönlichen Krankheit an; wobei er den Zusammenbruch seiner ihn umgebenden Schüler nicht einmal wahrnimmt.

Ich will gar nicht erst auf die Lebensgeschichte mancher Okkultisten vergangener Zeiten hinweisen, man braucht sich nur einige Okkultisten unserer Tage anzuschauen, und man weiß, wie recht ich damit habe. Wie viele von ihnen entwickelten hinsichtlich ihrer scheinbar so einzigartigen Rolle auf Erden, wenn nicht sogar in kosmischen Bereichen, völlig phantastische Vorstellungen. Vor kurzem erst hörte ich von jemandem, der behauptete, er sei der Lehrer Jesu gewesen. Zu diesem Thema gibt es eine wahre Fülle an Material.

Wer auch immer sich mit dem Okkultismus abgibt, sei es innerhalb oder außerhalb okkulter Orden, muß sich dieser eindeutigen und stets gegenwärtigen Gefahr bewußt sein, andernfalls ist er dem Verderben anheimgegeben. Zunächst erfahren manche eine Steigerung des Lebensgefühls, sie genießen das neue Wissen, die ihnen bisher verschlossen gewesenen neuen Erkenntnisse, sie sind glücklich über die Feststellung, daß ihr Geschick mit einem Male eine neue Richtung erhalten hat – nur um sodann in totaler Frustration, Schmach und Schande sowie im Ausschluß aus der Gesellschaft zu enden.

Theoretisch gesehen führt die allmähliche Ausweitung der dem Ego gesetzten engen Grenzen durch magische Praktiken zu einem gewissen Kontakt mit dem »Unbewußten«. Ein neuer Energiequell wird frei, einer Energie, die nicht nur neues Fühlen, sondern auch eine größere Kapazität an Selbstvertrauen freizugeben scheint, mittels derer die Fähigkeit erlangt wird, seine Mitmenschen zu beeinflussen und zu motivieren. Das unvorbereitete Ego wird von dieser Energie, die Grenzenloses verspricht, durchflutet. Der Kandidat hat nur dann Aussichten, diese Gefahren ernstzunehmen, wenn er auf das Auftreten dieser Erscheinung richtig vorbereitet ist oder wenn er von einem kompetenten, erfahrenen Lehrer geleitet und behütet wird. Wirkungsvolle Selbstkritik löst sich offenbar in Luft auf.

Wie aus einigen seiner Frühwerke ersichtlich, scheint Crowley sich dieser Gefahren durchaus bewußt gewesen zu sein. Er selbst hatte eine Reihe großartiger Lehrer wie Alan Bennett, George Cecil Jones und Oscar Eckenstein. So schreibt er an einer Stelle im *Liber O*: »Dieses Buch kann sehr leicht mißverstanden werden; die Leser werden gebeten, beim Studium dieses Buches genauso kritisch zu sein, wie ich es bei seiner Abfassung gewesen bin. In dem Buch ist von den Sephiroth und den Pfaden die Rede, von Geistern und von Beschwörungen, von Göttern, Sphären, Ebenen und von vielen anderen Dingen, die existieren mögen oder auch nicht. *Bestimmte Handlungen bringen bestimmte Resultate hervor; die Schüler seien auf das Nachdrücklichste davor gewarnt, irgendwelchen dieser Resultate objektive Realität oder philosophische Gültigkeit beizumessen.* Die Gefahr liegt nicht so sehr darin, daß der Schüler irgendwelche Resultate nicht erzielt, weil er zu faul oder zu töricht ist; eine große Gefahr liegt vielmehr darin, daß er von den Resultaten besessen und überwältigt wird, und sei es von solchen Resultaten, deren Erzielung für ihn notwendig ist. Darüber hinaus hält der Schüler irrigerweise viel zu oft den erreichten Rastplatz für das Ziel, und er legt, als wäre er ein Sieger, die Rüstung ab, noch ehe der Kampf richtig begonnen hat.«

Ähnlich warnen auch andere mit der Praxis vertraute Okkultisten. Auch Blavatsky spricht in ihrer *Stimme der Stille* die Warnung aus, »daß sich unter jeder Blume eine Schlange windet«, und in einer Anmerkung fügt sie hinzu: »Die Astralregion, die psychische Welt der übersinnlichen Wahrnehmung und der trügerischen Gesichte – die Welt der Medien. Es ist die große »Astrale Schlange« des Eliphas Lévi. Nicht eine der in diesen Regionen gepflückten Blumen ist je ohne ihre sich um den Stengel windende Schlange auf die Erde hinabgebracht worden. Es ist dies die Welt der *Großen Illusion*.«

Nur ein mit beinahe übermenschlichen Fähigkeiten zu wirkungsvoller Selbsteinschätzung und Selbstkontrolle ausgestatteter, fähiger Guru hat die Mittel, die Überhöhung des Ego und das sich daraus ergebende Unheil zu vermeiden. Ein drittes Mittel ist eine gute Psychotherapie. Allem Anschein nach bietet diese die Möglichkeit, die freigewordenen, unkontrollierten, massiven Energiequantitäten abfließen zu lassen und sie auf neue und dem Persönlichkeitsaufbau dienende Ziele zu leiten. Reichianer mit Verständnis für »Okkultes« zeigten sich, wenn sie sich mit diesem Phänomen befaßten, effektiver als die meisten andern.

Auch C.G. Jung hat das umfassend und vorzüglich in *Zwei Schriften über Analytische Psychologie* dargestellt. Wenn auch die von ihm beschriebenen und von seinen Nachfolgern praktizierten Therapiemethoden viel zu wünschen übrig lassen, sollte jeder, der sich mit dem Okkultismus beschäftigt, diese Abhandlung nicht nur kennen, sondern auch besitzen, um die Kapitel, die von der Überhöhung des Ego handeln, immer wieder lesen zu können.

Seiner Meinung nach versucht der zu Analysierende, das heißt der Patient, der sich der Psychotherapie unterzieht – analog zu einem Schüler, der mit dem okkulten Werk beginnt –, sein Ego mit der Kollektivpsyche zu identifizieren. Er tut das (es ist dies einer der primären Effekte der Analyse), um dem aus dem Kollaps seiner bewußten Persona resultierenden Leiden und der Angst zu entfliehen. Um sich aus der verführerischen und verlockenden Umarmung der Kollektivpsyche zu befreien, anstatt sie, wie es manche andere getan haben, zu verleugnen, akzeptiert er sie so total, daß er von ihr verschlungen oder überwältigt wird, daß er sich in sie verliert; was wiederum dazu führt, daß er außerstande ist, sie auf Dauer als eine für sich seiende Entität zu erkennen. Oder, um mit den Worten eines anderen Schülers der Magie zu sprechen: Anstatt zu erkennen, daß sie von Gott erleuchtet sind, behaupten sie nachdrücklichst, daß sie selber Gott sind. Auf diese Weise beginnt die Überhöhung des Ego. Sobald dieser »Gott« begreift, daß er doch nicht allwissend oder allmächtig ist, endet diese Überhöhung in einer Katastrophe. Dann aber ist es in der Regel zu spät.

Es würde dem Studierenden nicht schaden, Hyatts und meine zu Beginn dieses Buches gebrachte Darlegung der Probleme, denen der ernsthafte Schüler des Okkultismus gegenübersteht, nochmals durchzulesen. Ebenfalls lesen sollte er Hyatts Buch *Undoing Yourself with Energized Meditation* (Falcon Press, 1982). An manchen Stellen schreibt er zwar unmäßig, in diesem Zusammenhang ist diese Lektüre jedoch durchaus zu empfehlen.

Das magische Alphabet

Die Lehrschriften des Golden Dawn waren kurz und knapp gehaltene Fragmente, allgemeine Informationen zu Fragen des Okkultismus, die dem Studierenden nach erfolgter Initiation mit der Anweisung ausgehändigt wurden, sie sich einzuprägen und seine mentale Grundausrüstung mit ihnen auszustatten.

Die Informationen bestanden primär aus einigen elementaren kabbalistischen Theorien; hinzu kamen selbstverständlich das hebräische

Alphabet, ein klein wenig astrologisches Wissen, die Aufzählung der Namen der Tarotkarten, verbunden mit den Hinweisen auf die einfachsten diesen Karten zugeordneten Eigenschaften, die Beschreibung einiger geomantischer Symbole und eine kleine Auswahl an allgemeinen okkulten Symbolen. Da diese Unterweisung nicht in die Tiefe ging, kam sich der Schüler in der Tat völlig verlassen vor, wenn er nicht schon vorher allein fleißig all das studiert und meditativ überdacht hatte, worin er nun unterwiesen wurde. Das Ergebnis solch kümmerlicher Information war, daß er häufig genug völlig verwirrt und ohne die geringste Ahnung, worauf alle diese Informationen hinauslaufen sollten, sowohl die Beschäftigung mit dem Okkultismus als auch die Ordensarbeit aufgab.

S.L. Mathers Buch *The Kaballah Unveiled* war gerade noch vor der Gründung des Ersten oder Äußeren Ordens des Golden Dawn veröffentlicht worden, und vieles von dem, was die Lehrschriften an Information über die Kabbala enthielten, war offensichtlich der Einführung zu Mathers' Buch entnommen. Für den Durchschnittsschüler ist diese Einführung eine wahre Goldgrube, wie denn diese Einführung überhaupt ein sehr wichtiger Teil des Gesamtwerkes ist – wenn ich auch vom übrigen Inhalt dieses Buches, eine Essenz überflüssigster Obskurität, dasgleiche nicht sagen kann. Um aber die Zusammenhänge zwischen Mathers' Buch und den Lehrschriften zu zeigen, ist im vorliegenden Werk ein großer Teil dieser Einführung wiedergegeben.

Von Mathers Buch abgesehen, gab es nicht sehr viele Autoritäten, an die ein Schüler sich wenden konnte, um sein Wissen über das, was die Lehrschriften nur andeuteten, zu erweitern und abzurunden. Natürlich gab es schon damals die Bibliothek des Britischen Museums, in der Mathers selber sehr viel Zeit mit dem Ausgraben archaischen Materials über die einschlägige Literatur zugebracht hatte. Da sich nur wenige andere gefunden hätten, sich mit dieser stattlichen Fundgrube an Wissen zu beschäftigen, verdient er allein schon deswegen gewaltiges Lob für seine Energie, Einsicht und seine Fähigkeit, die dunkle, altertümliche Literatur, die zu finden er bestimmt war, eingehend zu untersuchen und zu klären. Diese Anerkennung wird durch einige Kritiker, die seine Leistung kapriziös und feindselig mit der Behauptung schmälern wollen, jeder Hinz und Kunz mit nur ein wenig Scharfsinn und Intelligenz hätte sich ebenfalls das Quellenmaterial, um das Mathers sich bemüht hatte, beschaffen können, nicht gemindert. Mitte der Dreißiger Jahre habe ich mich selber Monate, ja Jahre, Stunde um Stunde vergeblich darum bemüht, das, was Mathers genial klarsichtig zu finden gelungen war, ebenfalls aufzuspüren und seinem Werk Entsprechendes zu leisten.

Neben den Möglichkeiten, die das Britische Museum dem Suchenden bot, waren einige astrologische Werke verfügbar und eine Flut von theosophischer und damit verwandter Literatur. Diese dürfte von beträchtlichem Wert gewesen sein. Zumindest wurde damit ein gewisser Überblick über das System geboten, wenn auch von östlicher Warte aus. Aber diese wurde als Wurzel der esoterischen Tradition des Westens aufgefaßt.

Das Angebot an Schriften über Alchemie ließ damals noch sehr zu wünschen übrig. A.E. Waite hatte mit den Veröffentlichungen der Übersetzungen aus dem Lateinischen und Griechischen, die einige ältere dem geistlichen Stand angehörige Mitglieder des Golden Dawn angefertigt hatten, noch nicht begonnen. Mit den ersten Publikationen so mancher ausgezeichneter Texte über dieses Gebiet erfuhr der Bereich der Alchemie geradezu eine Renaissance. Das unlängst von Frater Albertus verfaßte *The Alchemists Handbook* (Samuel Weiser Inc., New York) liefert eine Fülle sonst nicht ohne weiteres erhältlichen Materials. Es erhellt manche Stelle der dunklen Äußerungen in den Lehrschriften des Golden Dawn, die an sich keinen besonderen Sinn zu haben scheinen.

Im Umfeld des Tarot war die Lage weitgehend dieselbe. An englischsprachiger Literatur gab es nur wenig. Die von Mathers verfaßte Broschüre war wertlos. Ich kann mir gut vorstellen, daß er sie mehr deshalb geschrieben und veröffentlicht hatte, um die Leute vom Tarot abzuhalten, anstatt die Leser zu unterrichten – ein albernes, für jene Zeit jedoch typisches Unterfangen. Besser, dieses Machwerk wäre nie geschrieben und in Umlauf gekommen. Man kann es sich kaum vorstellen, was es bedeutet hätte, wäre Paul F. Cases[7] Buch über den Tarot damals schon erhältlich gewesen.

Franz Hartmann, der Gründer der Deutschen Theosophischen Gesellschaft, hatte ein auf älteren Schriften aufbauendes Werk über die Geomantie verfaßt. Obwohl der für die spätere Arbeit des Inneren Ordens des Golden Dawn so einzigartige esoterische Schlüssel dort noch nicht beschrieben ist, dürfte dieses Buch Hartmanns so manchem unternehmunglustigen und wagemutigen Studierenden ebenfalls zusätzliches nützliches Material geliefert haben. Franz Hartmann war auch Autor und Herausgeber des überaus informativen kleinen

---

[7] Paul Foster Case (1884–1954), General Prämonstrator des Golden Dawn in USA und Kanada.

Buches *Im Vorhof des Tempels der Weisheit*, das so manche in Vergessenheit geratene Rosenkreuzerlegende und alte Texte enthält. Aber auch an das jetzt auf dem Gebiet des Rosenkreuzertums und der Alchemie zum Klassiker gewordene Werk *Die geheimen Symbole der Rosenkreuzer* sei an dieser Stelle erinnert.

Über Symbole ganz allgemein konnte man sich damals anhand verschiedenartigster Quellen durchaus unterrichten. Überhaupt lagen bei der damals herrschenden geistigen Regsamkeit Fragen über den Okkultismus und Spiritualismus gewissermaßen in der Luft.

Das alles änderte jedoch nichts daran, daß demjenigen, der weder ein Gelehrter noch eine zu selbständigem Forschen neigende oder fähige Persönlichkeit war, all dieses nur aus unzusammenhängenden Daten und Fakten zusammengesetzte Grundwissen so ziemlich als ein Buch mit sieben Siegeln erschien. Es blieb ihm nur übrig, den Stoff mechanisch auswendigzulernen und die ranghöheren Mitglieder des Ordens, dem er angehörte, zu befragen. Die Antworten boten kaum große Hilfe; sie mündeten in der allgemeinen Phrase, die Erklärung dieser oder jener Begriffs- oder Symbolzusammenhänge seien einem höheren Grad vorbehalten. Ganz schön frustrierend!

Immerhin hatte der Schüler, hatte er im Laufe der Zeit die Grade des Äußeren Ordens durchlaufen, doch einen guten Teil an Grundkenntnissen erlangt. Das war mehr, als man auf den ersten Blick meinen möchte. Es war ein guter Gedanke, dem Studierenden das Gesamtwissen stets nur bruchstückweise mitzuteilen; wäre ihm nämlich sofort alles en masse dargeboten worden, wie es in einer meiner früheren Publikationen geschehen ist, hätte er leicht unter der Flut einer Menge völlig unverdaulichen Materials begraben werden können. Eine andere Frage ist, ob er auch imstande war, in der Zeit, da er dem Inneren Orden angehörte, all dieses Wissen systematisch und sinnvoll zu verknüpfen und zu integrieren. Heutzutage fällt so etwas einem Studierenden gewiß viel leichter als jemandem, der vor Jahrhunderten gelebt hat.

Wie dem auch sei, eines ist doch festzuhalten: Das in den Lehrschriften Gebotene war die Grundlage für das, was man »Magisches Alphabet« nennen könnte. Ohne dessen Kenntnis bleibt einem der Zugang zum größten Teil der okkulten oder magischen Literatur verschlossen. Auch wenn nur zum Teil verstanden, haben Sie damit ein »Sesam, öffne dich!«, das den Weg zu manchen der tiefschürfendsten Gedanken und praktischen Systeme der Persönlichkeitsentwicklung freigibt, die je ersonnen worden sind. Es ist dies das Grundgerüst eines tiefgründigen philosophischen Systems.

Heute hat es der Studierende, der wirklich etwas lernen und die Grundlagen des Okkultismus oder der Magie beherrschen will, um vieles leichter. Es steht ihm jetzt eine ganze Anzahl vorzüglicher, von vormaligen Schülern des Ordens verfaßter Werke zur Verfügung, die sich als ungemein wertvolle Hilfe für die Entwicklung einer magischen Philosophie erwiesen haben. Zunächst sei auf das wohl an erster Stelle zu nennende Buch *Die mystische Kabbala* von Dion Fortune hingewiesen, eine ausgezeichnete Ausarbeitung der Grundideen des Ordens (Verlag Hermann Bauer, Freiburg, 1987). Wenn auch von dem etwas eigenwilligen Ellic Howe bemängelt, ist es nichtsdestoweniger eine der besten Einführungen in das nicht einfache Gebiet. Das einzige, was man in diesem Werk vielleicht als unschön bezeichnen könnte, ist, daß der Erörterung der Frage nach den Unerkennbaren infolge der Nichtbeachtung der von Sir Edwin Arnold (in *The Light of Asia*) ausgesprochenen Warnung zu viel Raum gegeben wird, der gesagt hatte: »Senke die Kette deiner Gedanken nie in das Unerforschliche. Wer fragt, der irrt. Wer antwortet, der irrt. Schweig still.« Ein wenig beeinträchtigt ist das Buch außerdem dadurch, daß in ihm der neotheosophische Standpunkt des Besant-Leadbeater-Kreises vertreten wird, der auf den Meister Jesus Bezug nimmt und nicht auf die Kabbala; eine Ansicht, die auch von den modernen Nachfolgern, wie zum Beispiel von Gareth Knight, nicht geteilt wird. Von alledem abgesehen, sei dieses Buch jedoch nachdrücklich empfohlen.

In dieselbe Kategorie möchte ich *The Ladder of Lights* von William Gray einreihen; es ist eine vorzügliche Schrift über die Kabbala, und ich bin mir sicher, daß sie in der Nachwelt einen gebührenden Platz finden wird. Zu nennen wäre noch eine ganze Anzahl weiterer Schriften; die hier genannten mögen jedoch dem unternehmungslustigen Schüler, der ein gutes Hilfsmittel für die Beschäftigung mit einem immerhin schwer verständlichen Sachgebiet sucht, eine Grundlage bieten.

Um aus der großen Menge des in den Lehrschriften enthaltenen unzusammenhängenden Materials wenigstens ein wenig in die hier vorliegende Darstellung mit aufzunehmen, habe ich mich dazu entschlossen, längere Auszüge aus MacGregor Mathers' Einführung zu *The Kaballah Unveiled* miteinzubeziehen. Da ich mir über die geradezu schreckliche Obskurität dieses Werkes im klaren bin, mag ich mich darüber nicht näher auslassen. Mathers' Einführung ist immerhin erstklassig. *The Kaballah Unveiled* ist die Übersetzung einer in Latein geschriebenen Schrift des Knorr von Rosenroth, eines in der

Renaissancezeit lebenden Gelehrten, der Teile des Sohar aus dem Hebräischen ins Lateinische übersetzt hatte. Anhand der vor einigen Jahren von Simon und Sperling (Soncino Press) durchgeführten vollständigen Übersetzung des Sohar ins Englische kann sich der Schüler mit seinem Inhalt einigermaßen vertraut machen. Vom ersten Teil des Sohar liegt eine noch frühere Übersetzung von William Williams vor, der unter dem Pseudonym Nurho de Manhar (Wizard Bookshelf, San Diego, 1978) – offensichtlich Teil seines magischen Wahlspruchs während seiner Zeit im Second Order des R.R. und A.C. – schrieb. Diese zu Beginn des 20. Jahrhunderts in einem von der American Section of the Theosophical Society herausgegebenen Zeitschrift in Fortsetzungen erschienene Übersetzung liest sich ganz hervorragend. Auch von dieser Übersetzung sind hier Teile abgedruckt.

An dieser Stelle sehe ich mich veranlaßt, auf einige Kritiken einzugehen, die von Autoren geäußert werden, die dem Golden Dawn gegenüber feindselig eingestellt sind. Manche dieser Kritiker behaupten, Mathers Beiträge zu den Lehrschriften sowie der gesamte Kern der Lehren des Golden Dawn beruhten einzig auf seinen im Britischen Museum unternommenen Forschungen. Mit anderen Worten, der Golden Dawn biete überhaupt nichts Neues.

Rein äußerlich betrachtet mag das richtig sein. Tiefer betrachtet ist das jedoch völlig falsch. Nehmen wir zum Beispiel das Pentagramm-Ritual. Eliphas Levi bezieht es auf die Beschwörung der Vier. In einem alten hebräischen Gebetbuch der Sephardim wird in der Tat auf die vier Erzengel und auf die vier Bezirke, in deren Bereich sie residieren, Bezug genommen. Meines Wissens gibt es jedoch nirgends eine Beschreibung des Pentagramms selbst, nicht eine einzige Beschreibung der elementaren Attribute seiner verschiedenen Punkte, nirgends steht etwas über die sie begleitenden göttlichen Namen geschrieben, es gibt auch keine Darstellung der Techniken und Methoden, ein Pentagramm aufzubauen. Entsprechendes gilt übrigens auch für das Hexagramm-Ritual zur Anrufung oder Bannung der Planeten und der Sephiroth am Baum des Lebens.

Das sind elementare Dinge, aber sie sind von großer Bedeutung. Selbstverständlich gibt es auch außerhalb des Golden Dawn für dies alles Belegstellen, nirgends jedoch wird man auch die dazugehörigen näheren Beschreibungen finden.

Gehen wir weiter. Dem Laien oder einem Forscher, der an diesen Gegenstand nur von außen herantritt, mögen diese Einzelheiten völlig unwichtig erscheinen, und doch handelt es sich um einige der fruchtbarsten magischen Prozeduren, für die ich keine Beispiele finde.

So etwa für die vibrierte Formel der Mittleren Säule, für die Hervorrufung telesmatischer Bilder, für die spezifische Methode der Tattwa-Vision oder des Hellsehens und so weiter.

Allem Anschein nach wollten die Begründer des Ordens absichtlich kein abgeschlossenes philosophisches System liefern – wie etwa *The Secret Doctrine* von Helena Petrowna Blavatsky und so weiter. Die Lehre sollte vielmehr durch weitere Lektüre, durch Studium, Meditation und natürlich auch durch die Technik des Hellsehens ergänzt werden. Ließ sich doch auf diese Weise die Sprache der Magie und dann wieder die der Philosophie auf jeweils individueller Grundlage entwickeln. Diesem Zweck diente zum Beispiel auch das Buch *The Tree of Life*, das ich 1932 geschrieben hatte. Es bietet einen systematischen Überblick über die magische Philosophie einschließlich einiger ihrer Praktiken, und trotz des Wortschwalls und der hervortretenden Neigung zur Verwendung von Adjektiven wurde es damals als eines der besten Bücher dieser Art gelobt.

So rate auch ich dem Studierenden, der noch keinen geschlossenen Überblick über den Aufbau des in diesem Werk behandelten Sachgebietes hat, den hier gebotenen Stoff in derselben Weise anzugehen, wie ein Schüler vor einem Jahrhundert wahrscheinlich vorgegangen ist. Machen Sie kleine Schritte, damit Sie nicht von der gewaltigen Menge an Material, dem kein tragendes Prinzip zugrundezuliegen scheint, überwältigt werden. Obwohl ein solches Prinzip durchaus vorhanden ist, müssen doch die in den Golden Dawn einführenden einzelnen Sachgebiete erst einmal dem Gedächtnis eingeprägt und zur Vermeidung seelischer »Verdauungsstörungen« in kleinen Abschnitten studiert werden. Tut man dies, findet man zu manchen der oben genannten Bücher sinnvoll Zugang, und beides, nämlich das Wissen und die empfohlenen Bücher, werden zu größtem Nutzen gereichen.

Die Magie des hebräischen Alphabets

An mehreren Stellen des hier vorliegenden Gesamtwerks über die Lehren des Golden Dawn wird nachdrücklich auf die magische Symbolik der einzelnen Buchstaben des hebräischen Alphabets hingewiesen. Aus diesem Grunde sollte jeder, der sich mit Fragen der Magie beschäftigt, lernen, diese Buchstaben zu bilden und zu schreiben. Die Kunst des Schönschreibens, die Kalligraphie, wurde von den Mitgliedern des alten Ordens ganz offensichtlich nicht stets gepflegt, sah ich

Das magische Alphabet 107

doch in sehr alten Manuskripten geradezu abscheulich geformte hebräische Schriftzeichen. Steckt aber in solch einem Alphabet überhaupt so etwas wie Magie, wird diese durch deformierte und schlecht gebildete Buchstaben zunichte gemacht. Der Schüler sollte einen Teil seiner Studien dazu verwenden, diese Buchstaben völlig einwandfrei zu schreiben, einzuzeichnen oder mit der Hand zu drucken. Unbedingt erforderlich ist dazu eine gute Schönschreibfeder, mit der man sowohl dicke als auch dünne Linien ziehen kann. Vor Jahrhunderten benutzte man zum Schreiben Federkiele, die heute üblichen Schreibfedern sind jedoch viel besser.

Wenn Sie nicht wissen, wie Sie vorgehen sollen, ist es wohl am besten, Sie setzen sich über eine Hochschule oder Universität, an der semitische Sprachen gelehrt werden, mit einem Studenten im höheren Semester in Verbindung, der Ihnen zeigen kann, wie man die hebräischen Buchstaben schreibt. Sie können aber auch mit jeder beliebigen Synagoge Kontakt aufnehmen. Man wird Ihnen dort nichts Böses tun, man wird Sie weder beißen, noch wird man versuchen, Sie zum mosaischen Glauben zu bekehren. Alles, was Ihnen dort zustoßen kann, ist, daß man Sie erstaunt fragen wird, weshalb Sie ausgerechnet Hebräisch schreiben lernen wollen. Sie können sich dafür jetzt schon ein halbes Dutzend Erklärungen ausdenken, einschließlich der Wahrheit, nämlich daß Sie die Kabbala studieren möchten – der Verwunderung wird dennoch kein Ende sein. Wenn die Mitglieder der Synagoge darüber vielleicht auch weniger Bescheid wissen als Sie, dürften Sie doch zumindest imstande sein, Ihnen die richtige Schreibweise der hebräischen Buchstaben beizubringen – und damit ist die Schlacht schon halb gewonnen.

Der Sohar enthält eine zwar etwas langatmige, jedoch anschauliche Legende über jeden einzelnen Buchstaben des Alphabets und erzählt auch, wie es kam, daß der zweite Buchstabe des Alphabets, das B, zum ersten Buchstaben im ersten Wort der Bibel geworden ist, nämlich in Bereschit: Am Anfang.

Es gibt zwei bedeutende Übersetzungen des Sohar[8], die für Sie in Betracht kommen; für welche von beiden Sie sich entscheiden, hängt davon ab, zu welcher Sie Zugang haben. In der einen Bibliothek befindet sich vielleicht die Übersetzung von Simon und Sperling, eine andere Bibliothek kann Ihnen vielleicht die kürzere, jedoch ältere Übersetzung von Nurho de Manhar (Wizard Book Shelf, San Diego,

---

[8] Die deutsche Übersetzung des Sohar von Ernst Müller (Wien 1932) enthält nur ausgewählte Texte. (Nachdruck: Diederichs Verlag, Köln)

CA. 1978) anbieten. Welche dieser Übersetzungen Sie auch benutzen, lesen sie die Legende, wo jeder Buchstabe vor Gott erschien und Ihn anflehte, doch eben ihn für das erste Wort der Genesis zu gebrauchen. Diese an Symbolik reiche Legende über die Buchstaben ist sehr reizvoll; außerdem erhellt sich aus ihr Mathers' Feststellung, die hebräischen Buchstaben seien magische Symbole, die als solche mit allem Respekt und voller Ehrfurcht behandelt werden müßten.

Die Mystik des Alphabets

»Rabbi Chananya sprach also: Vor Anbeginn der Schöpfung waren die Buchstaben des Alphabets in umgekehrter Reihenfolge geordnet; und so beginnen die beiden ersten Worte im Buch Genesis Bereschit, bara, mit dem Buchstaben B, die beiden nächsten Worte Alhim, ath, mit dem Buchstaben A. Warum fing die Genesis nicht mit dem A als erstem Buchstaben an? Der Grund für diese Umkehrung ist der: Zweitausend Jahre vor der Erschaffung der Welt waren die Buchstaben noch nicht offenbar, sie waren verborgen und lediglich Gegebenheiten göttlichen Vergnügens und Entzückens.

Als die göttliche Wesenheit aber die Welt zu schaffen begehrte, erschienen vor Seiner Allgegenwart alle diese Buchstaben in ihrer umgekehrten Ordnung. Der erste der Buchstaben erhob sich und sprach: ›O Herr des Universums! Möge es Euch gefallen, die Welt durch mich zu erschaffen, bin ich doch der letzte Buchstabe des Wortes Emeth (Wahrheit), das da eingekerbt ist in Eurem Siegelring. Ihr selbst seid Emeth genannt, und deshalb wäre es, o großer König, nur recht und billig, die Welt durch mich zu beginnen und zu erschaffen.‹ Da erwiderte die Heilige Wesenheit (der Herr sei gesegnet): ›Du, o Thau, du bist des in der Tat wert, ich kann die Welt jedoch nicht durch dich erschaffen. Bist du doch dazu ausersehen, nicht nur das von ergebenen und gewissenhaften Schülern und Meistern des Gesetzes ersonnene trefflichste Sinnbild vom Anfang und Ende zu sein; du bist außerdem der Gefährte von Maveth (der Tod), stehst du doch am Schluß seines Namens. Deshalb kann und darf die Erschaffung der Welt keinesfalls durch dich erfolgen.‹

Als das Thau entschwunden war, erhob sich der Buchstabe Shin und sprach: ›O Herr des Universums, so ich Euren großen Namen Schaddai (Allmächtiger) trage, bitte ich Euch, die Welt durch mich, durch den heiligen Namen, der allein Euch zukommt, zu erschaffen.‹ Da sprach die Heilige Wesenheit also: ›Du bist, o Shin, wahrlich würdig, lauter und treu, jedoch Buchstaben, die Lüge und Falschheit zu bilden vermögen, nämlich das Koph (Q) und das Resh (R) werden sich zu dir drängen, um mit dir das Wort SheQeR (Lüge), die Falschheit zu bilden; denn hingenommen und glaubwürdig wird SheQeR erst durch den Schein der Wahrheit (Sh), die du doch verkörperst. Aus diesem Grunde mag ich die Welt nicht durch dich erschaffen.‹ So entschwand das Shin, und das Q und das R, die diese Worte vernommen hatten, wagten gar nicht erst, sich vor der göttlichen Anwesenheit zu zeigen.

Der Buchstabe Tz ging sodann vor Ihn und sprach: ›Da ich das Zaddikim (das Gerechte) darstelle, und da Ihr mich in Eurem Namen, Zaddik (der Gerechte) vernehmet, und da ferner geschrieben steht: Der gerechte Herr liebt die Gerechtigkeit – wird es Euch belieben, die Welt durch mich zu erschaffen.‹ Da sprach die Heilige Wesenheit also: ›Zaddi, Zaddi, wahrlich, du bist gerecht, aber du mußt dich verborgen halten. Deine geheime Bedeutung darf weder bekannt noch offenbar werden; deshalb darfst du bei der Erschaffung der Welt nicht gebraucht werden. Dein ursprüngliches Bild war eine Rute, ein Symbol des männlichen Prinzips, überragt vom Yod, einem Buchstaben des heiligen Namens wie auch des Heiligen Bundes und Sinnbild des männlichen Prinzips. (Im übrigen sei angemerkt, daß dabei ein Bezug zu dem ersten Menschen besteht; war doch der erste Mensch ein Zwitter mit zwei Gesichtern, von denen das eine nach rechts und das andere nach links gekehrt war. Symbolisiert ist es im hebräischen Alphabet in der Figur des Zaddi.) Die Zeit wird jedoch kommen, da du geteilt wirst, und deine Gesichter werden dann einander zugewandt sein.‹

Da begab Zaddi sich hinweg, und der Buchstabe P erhob sich und sprach: ›Ich bin der Beginn der Erlösung (Peragna) und der Errettung (Peduth), die Ihr, o Herr, der Welt zukommen lassen werdet. Darum mag es ratsam sein, die Welt durch mich zu erschaffen.‹ – ›Würdig bist du dessen und wert‹, entgegnete die Heilige Wesenheit, ›mit dir erhebt sich jedoch auch das Üble und Böse (Peshang), auch ähnelt deine Gestalt den Tieren, die da mit zu Boden geneigten Köpfen umhergehen, ebenso wie verruchte und gottlose Menschen, die gebeugten Hauptes und mit lang ausgestreckten Armen einhergehen. Aus diesem Grunde werde ich die Welt nicht durch dich erschaffen.‹

Obwohl der Buchstabe Ajin geltend machte, er sei das Initial des Wortes Anaja (Bescheidenheit, Mäßigkeit, Sittsamkeit), sprach die Heilige Wesenheit zu ihm: ›Ich werde die Welt nicht durch dich erschaffen‹; denn Ajin ist auch der erste Buchstabe des Wortes Avon

(Schlechtigkeit, Ungerechtigkeit, Frevel). Sogleich entfernte sich Ayin.

Sodann kam der Buchstabe S und brachte vor: ›Ich bin den Gefallenen nahe (Samech), wie denn geschrieben steht: Der Herr richtet auf alle jene, die da fallen.‹ – ›Kehre an deinen Platz zurück‹, entgegnete die Heilige Wesenheit, ›und verlasse ihn ja nicht. Denn so du das tust, was wird aus den Gefallenen werden, wer wird sich um ihre Nöte sorgen, wer wird ihnen Beistand und Hilfe sein?‹ – Sogleich kehrte Samech an seinen Ort zurück, und es folgte ihm der Buchstabe N, der folgendermaßen sprach: ›O Heilige Wesenheit, Nava (große Freude) wird es bereiten, Euch in Lobpreisung (Nura tehillim) zu verehren und Eure Gerechtigkeit laut zu verkünden. Darum möge Euch es gefallen, die Welt durch mich zu erschaffen.‹ – Aber die Antwort der Heiligen Wesenheit war: ›Kehre an deinen Platz zurück, Nun, dort wo auch die Gefallenen (Nephelim) weilen, um derentwillen auch Samech an seinen Platz zurückgekehrt ist, und wende dich ihnen hilfreich entgegen.‹

Es folgte der Buchstabe M und sprach: ›Malech (König) werdet Ihr durch mich genannt.‹ – ›So ist es‹, entgegnete Er, ›und dennoch will ich die Welt nicht durch dich erschaffen. Kehre sogleich mit deinen Gefährten, dem L und dem CH, an deinen Platz zurück; denn es muß einen König geben, und es wäre nicht recht für die Welt, ohne einen König zu sein.‹ In diesem Augenblick löste sich das Ch aus dem Thron von Licht und Glanz und rief: ›Ich bin Eure Glorie, erschaffet die Welt durch mich!‹ Als das Ch, zitternd vor Aufregung, vor der Heiligen Wesenheit stand, wurden zweihunderttausend Welten, zusammen mit dem Thron, jäh von Erregung erfaßt und drohten zu stürzen. ›Caph, Caph!‹, schrie die Heilige Wesenheit, ›was hast du getan? Durch dich werde ich die Welt nicht erschaffen, denn mit dir beginnt das Wort Chala (Ruin, Verlust). Kehre sofort an deinen Platz am Thron der Glorie zurück und bleibe dort!‹ Daraufhin zog das Caph sich an seinen Platz zurück.

Als nächster erschien der Buchstabe J. Er machte seinen Anspruch auf Erschaffung der Welt durch ihn mit dem Hinweis geltend, er sei immerhin der Anfangsbuchstabe des göttlichen Namens JHVH. Die Heilige Wesenheit wies ihn jedoch mit den Worten zurück: ›Bescheide dich damit, das zu sein, was du bist, nämlich der Hauptbuchstabe in meinem Namen und vorrangig bei allem, was ich wirke. Du mußt bleiben, was und wo du bist.‹

Nun erschien der Buchstabe T und hub vorm Ewigen an: ›Erschaffet die Welt durch mich, denn allein in mir sind die Euch zukommenden Attribute der Tugend (Tobh) und Rechtschaffenheit.‹ ›Ich werde dich bei der Erschaffung der Welt nicht gebrauchen, o Teth‹, erwiderte die Heilige Wesenheit, ›denn die Tugend, die du enthältst, ist verborgen und dem Auge nicht sichtbar; wie denn geschrieben steht: Wie groß ist deine Tugend, die du vor denen verbirgst, die dich fürchten. – Sehend wirst du der Welt, die ich zu erschaffen im Begriffe bin, unsichtbar bleiben, und ob der in dir verborgenen Tugend werden die Pforten des Tempels in der Erde versinken, wie denn geschrieben steht: Ihre Pforten sind in den Boden versunken. – Abgesehen davon bildest du zusammen mit deinem Gefährten, dem Buchstaben Cheth (CH), die Sünde. Darum werden diese Buchstaben nie in den Namen der zwölf heiligen Stämme eintreten.‹ Als das CH dies hörte, begab er sich gar nicht erst vor die Heilige Wesenheit, sondern kehrte sogleich an seinen Platz zurück.

Jetzt tauchte der Buchstabe Z auf und suchte seinen Anspruch mit den Worten geltend zu machen: ›Durch mich werden Eure Kinder den Sabbat halten, wie denn geschrieben steht: Gedenke (Zecor) des Sabbats, daß du ihn heiligest.‹ ›Du, o Zain‹, entgegnete die Heilige Wesenheit, ›bist von zu kriegerischer Art; deine Gestalt erinnert an einen Speer. Dich kann ich bei der Erschaffung der Welt nicht gebrauchen.‹

Als das Z diese Entscheidung vernommen hatte, entfernte es sich wie das N und machte dem Buchstaben V Platz, welcher sagte: ›Ich bin ein Buchstabe in Eurem heiligen Namen.‹ Der Ewige entgegnete also: ›Sei des zufrieden, o V, daß du zusammen mit dem Buchstaben H in dem großen Namen stehst. Ich werde dich nicht als den Buchstaben erwählen, durch den ich die Welt erschaffe.‹

Das D, begleitet vom G, begab sich sodann vor die Göttliche Allgegenwart, die ihnen sagte: ›Lasset es damit bewenden. Denn wo immer es auf Erden Arme gibt, die Beistand und Hilfe benötigen, seid ihr, Daleth (D, Armut) und Gimel (G, Hilfe, auch: Wohltäter), solange ihr verbunden und Gefährten seid, für sie da. Deshalb haltet zusammen und trennet euch nicht, damit einer dem anderen helfe.‹ (Im hebräischen Alphabet folgt der Buchstabe D dem Buchstaben G.)

Sodann kam das B und sprach: ›Erschaffet die Welt durch mich, bin ich doch der erste Buchstabe im Wort Beracha (Segen), und durch mich wird alles, in der oberen wie in der unteren Welt, Euch segnen.‹ ›Wahrlich, o B‹, sprach die Heilige Wesenheit, ›allein durch dich will ich die Welt erschaffen.‹

Nachdem der Buchstabe A diese Rede vernommen hatte, blieb er an seinem Platz und begab sich nicht in die Göttliche Allgegenwart, die deshalb laut rief: ›Aleph (A), Aleph! Warum trittst nicht auch du vor mich wie alle die anderen Buchstaben?‹ Da erwiderte das A: ›Herr und Beherrscher des Universums, es geschieht deshalb nicht, weil ich wahrgenommen habe, daß sie alle (außer dem B) so an ihren Platz zurückgekehrt sind, wie sie gegangen waren, ohne Erfolg. Warum also sollte ich vor Euch treten, da Ihr dem B bereits das große und kostbare Geschenk, das wir alle so erfleht und begehrt haben, gegeben habt. Im übrigen kommt es dem Monarchen des Universums nicht zu, Seine Gabe einem damit Bedachten wieder zu entziehen und einem anderen zu verleihen.‹ Diesen Worten entgegnete die Heilige Wesenheit: ›Aleph, Aleph! Du sollst der erste unter allen Buchstaben sein, und ganz allein durch dich soll meine Einheitlichkeit, Ganzheit und Fülle zum Ausdruck gelangen. Bei allem Vorhaben, bei allen Ideen, seien sie menschlich oder göttlich, bei jeder Tat und bei jedem Beginnen, sei es im Werden begriffen oder abgeschlossen, bei allem sollst du der erste sein, der Beginn.‹

Das ist der Grund, weshalb die Heilige Wesenheit die Großbuchstaben aus dem himmlischen Alphabet und die Kleinbuchstaben aus dem irdischen Alphabet, beide einander entsprechend, geschaffen hat. Um aufzuzeigen, daß die Buchstaben dieser Alphabete, durch die eine jede Kreatur und ein jedes Ding im Universum geformt und gebildet ist, himmlisch wie irdisch und ein und dasselbe sind, beginnt auch das Buch Genesis mit zwei Worten, deren Anfangsbuchstaben das B ist, nämlich mit Berashith Bara (Am Anfang schuf), gefolgt von zwei anderen Worten, deren Anfangsbuchstabe das A ist, nämlich Alhim ath (Gott, die Substanz von).«

Über die Aussprache des Hebräischen

Unlängst erhielt ich von einem bekannten Schriftsteller, der sich mit dem Okkultismus befaßt, einen Brief, in dem er mich fragte, wie es kommt, daß sich die von mir in einem jetzt schon veralteten Frühwerk über die Kabbala dargestellte Aussprache des Hebräischen von den Aussprachehinweisen so gut wie aller gegenwärtigen Autoren unterscheidet. In meiner Antwort wollte ich drauf hinweisen, daß ich die diesbezüglichen Erklärungen bereits geliefert hätte. Als ich mich jedoch daran gab, dieses veraltete Werk nochmals durchzusehen, stellte ich fest, daß ich damals in der Tat unachtsamerweise dort keine entsprechenden Hinweise gebracht habe.

Ich benötigte anderthalb Seiten zur Klärung dieser Angelegenheit. Um etwaigen nochmaligen Anfragen dazu und weiteren Aufwand an

Das magische Alphabet

Zeit und Mühe von vornherein aus dem Wege zu gehen, lassen Sie mich dazu das Folgende sagen:

Am besten beginne ich mit der Feststellung, daß Englisch eben keineswegs gleich Englisch ist, es hängt davon ab, wo oder von wem es gesprochen wird. Beispielsweise ist der in Nordengland übliche Akzent völlig anders als die in Kent oder in Sussex in Südengland herrschende Aussprache des Englischen. Das in Wales gesprochene Englisch klingt, im Vergleich zum Englisch in Surrey oder in Northampton, weitaus melodischer. Alles das jedoch ist Englisch.

Entsprechendes gilt für die Verhältnisse in den Vereinigten Staaten von Nordamerika. Der Akzent eines Bewohners von Minnesota ist grundverschieden vom Akzent eines Bewohners von Alabama oder Georgia. Sie alle sprechen jedoch die Vielfalt von Englisch, die man als Amerikanisch bezeichnet. Welches Englisch ist aber nun das richtige Englisch?

Damit will ich sagen, daß es nun einmal keine feste Sprachnorm und auch keinen starr festgelegten Akzent gibt, den man als allein maßgeblich anerkennen könnte. Ich kann mir durchaus vorstellen, daß dies für so gut wie alle anderen Sprachen ebenfalls gilt. Nord- und Süditalienisch variieren in vielfacher Weise. Gleiches gilt für Deutschland, Frankreich und andere Länder. Akzente und Dialekte sind integrale Bestandteile der Entwicklung einer Sprache.

Das soeben Ausgeführte gilt auch für die Sprache, aus der sich das entwickelt hat, was man die esoterische Tradition im Westen nennt, für die Sprache, die auch ein Teil der Sprache der Magie ist, nämlich für das Hebräische. Der Aussprache des Hebräischen liegen zwei Hauptströmungen zugrunde, und zwar das in Nordeuropa, England und in den USA verbreitete Aschkenasische sowie das im Mittelmeerraum und in der Levante gesprochene Sephardische. Im Zusammenhang mit diesen Ausführungen ist die Kenntnis der Geschichte dieser beiden Hauptströmungen unwichtig. Jedem, der sich dafür interessiert, geben gute Nachschlagewerke darüber Auskunft.

Aus der Geschichte wissen wir, daß der Mittelmeerraum weit früher als Nordeuropa einen hohen Stand kultureller Entwicklung erreicht hat. Der Ursprung eines großen Teils der kabbalistischen Literatur liegt in Spanien, wo, ebenso wie in der Levante insgesamt, in der vor-soharischen Zeit eine faszinierende Verschmelzung der christlichen, der arabischen und der hebräischen Mystik stattgefunden hat. Ganz offensichtlich hatte das gesprochene Hebräisch aufgrund dieser kulturellen Vorrangstellung des Mittelmeerraumes einen sephardischen Akzent. Als die hebräische Literatur später von Gelehrten und christlichen Kabbalisten übersetzt wurde, hatten die Übersetzungen oder besser die Transliterationen eine sephardische Färbung.

Viel später, im 18. Jahrhundert, als es in Mitteleuropa, in Polen und in Rußland zu einer Wiederbelebung der jüdischen Mystik, des sogenannten Chassidismus gekommen war, benutzte man den aschkenasischen Akzent oder Dialekt. Ungeachtet der aufgekommenen Popularität des Chassidismus blieben die englischen Übersetzer insgesamt beim Gebrauch des sephardischen Dialekts. Das ist um so bemerkenswerter, als Baal Shem, der Begründer der nachmaligen chassidischen Bewegung, sich unverkennbar des aschkenasischen Hebräisch bediente. Anscheinend waren jedoch der sephardische Dialekt und die gesamte Sammlung der kabbalistischen Literatur so eng miteinander verbunden, daß sich nur sehr wenige vorstellen konnten, es könne auch noch eine andere Möglichkeit der Transkription des Hebräischen geben. Das blieb bis zur Neuzeit so. S.L. Mathers in seiner *Kaballah Unveiled*, Arthur E. Waite in allen seinen kabbalistischen Schriften, Frater Albertus in einem seiner früheren Alchemistical Bulletins, aber auch viele andere bekannte Autoren benutzten den sephardischen Dialekt.

Als ich mich etwa in der Mitte meiner Teenagerjahre für die Kabbala zu interessieren begann, wollte ich mir so viele Kenntnisse aneignen, daß ich imstande wäre, einige bedeutende, noch nicht übersetzte Bücher ins Englische zu übertragen. Der Leiter der Semitischen Abteilung der Liberary of Congress, den ich damals kennenlernte (ich muß ihn ganz schön geplagt haben, als ich ihn um Informationen über englischsprachige kabbalistische Texte bat), riet mir, mich um einen Tutor zu bemühen, bei dem ich Hebräisch lernen könnte. Das Ergebnis dieses Rates war, daß mir ein junger Mann, der die George Washington Universität in Washington, D.C. besuchte, wo ich damals lebte, ein Jahr lang intensiv das Hebräische beibrachte.

Viele Jahre später, als ich gelernt hatte, mit einiger Fertigkeit Buchstaben und Zahlen zu manipulieren (Gematria), stellte ich fest, daß die aschkenasischen Transkriptionen gelegentlich weit nützlicher und aufschlußreicher sind als die sephardischen. In einem früheren, jetzt jedoch veralteten Werk über die Kabbala habe ich das dargelegt. Da verschiedene Leute, mit denen ich als sehr junger Mann darüber gesprochen hatte, dafür nicht das geringste Interesse zeigten, behielt ich meine Meinung für mich.

Im Laufe der Jahre sammelte sich eine große Anzahl persönlicher Anmerkungen und Belegstellen von verschiedenen Autoritäten an. Als ich mich im Jahre 1931 in einer literarischen Umgebung in

London befand (ich war damals als Sekretär zunächst bei einem, dann bei einem anderen Schriftsteller und Autor tätig), ermutigte man mich, meine Gedanken in einem Buch niederzulegen. Ich tat das, und es war meine erste Veröffentlichung, die jetzt schon lange zurückliegt. Ich hatte gehofft, der Gebrauch des Aschkenase-Dialekts, mit dessen Hilfe mir eine ganze Anzahl gematrischer Probleme zu lösen gelungen war, würde bei anderen Gelehrten und Autoritäten Aufmerksamkeit erregen und er werde bei anderen Texten dankbar gebraucht, aber nichts dergleichen geschah. Seit der Veröffentlichung meines Buches in den frühen Dreißiger Jahren fand ich meine Aschkenase-Transkription höchstens drei- oder viermal benutzt. Das hat mich derart enttäuscht, daß ich – ich muß es gestehen – meine Transkription bei meinen späteren Schriften nur noch sehr selten benutzte und zu der konventionelleren Schreibweise und Transkription des hebräischen Alphabets und der kabbalistischen Termini zurückgekehrt bin.

Mit der Unabhängigkeitserklärung des Staates Israel im Jahre 1947 wurde Hebräisch Amtssprache, und da das damalige Palästina zur Levante gehörte, benutzte man selbstverständlich den sephardischen Dialekt. Das bestärkte mich darin, bei der Transkription des Hebräischen das Aschkenasische allmählich endgültig aufzugeben.

Das bedeutet allerdings nicht, sämtliche jüdische Gemeinden in Europa oder in den USA hätten den Aschkenase-Dialekt nun vollständig aufgegeben, er ist immer noch in Gebrauch. Kommen Sie jedoch nach Israel, wird man Ihre aschkenasische Sprechweise ebensowenig verstehen, wie Sie, sollten Sie zufällig das aschkenasische Hebräisch sprechen, sich aus dem sephardischen Dialekt einen Reim machen könnten.

Es ist etwa so, wie jemand, der in Northumberland oder in Yorkshire geboren und aufgewachsen ist, mit dem in einigen Teilen Londons üblichen Cockney-Akzent kaum viel anfangen kann. Bei manchen Australiern findet man einen Einschlag des Cockney mit all seinen Eigentümlichkeiten, was dazu beiträgt, daß man diese Leute zunächst nur recht schwer versteht. Sie alle aber, und das sei nicht vergessen, sprechen ebenso Englisch wie jemand, der das Aschkenasische oder das Sephardische spricht, eben Hebräisch spricht oder liest.

Das ist, vereinfacht dargestellt, der Kern des Problems des Hebräischen in der Kabbala. Spreche ich beispielsweise von »Bes«, »Ches« oder »Tes«, so ist das eine andere Aussprache für die Buchstaben »Beth«, »Cheth« oder »Teth«. Keser, Tipharas und Malkus sind nichts anderes als Kether, Tiphareth und Malkuth und so weiter. Nach wie vor bin ich allerdings der Meinung, jemand, der die QBL – ein von

Frater Achad und von Frater Albertus geprägter Ausdruck für diesen Gegenstand – gründlich studieren will, beide Dialekte lernen sollte. In manchen besonderen Fällen wird sich die eine Ausdrucksweise nützlicher erweisen als die andere. Will jemand, aus welchen Gründen auch immer, die Numerologie oder die Gematria seines Namens erforschen, kann es durchaus sein, daß er beim Gebrauch des einen anstatt des anderen Dialekts viel weiter kommt und sein Ziel weitaus müheloser erreicht.

Der Lernende muß selber herausfinden, welcher dieser beiden Dialekte ihm persönlich mehr zusagt und ihm die Beantwortung der im Laufe seiner Studien und Erfahrungen sich stellenden Fragen leichter macht. Die Ordenslehre gebraucht das Sephardische, und ich habe es nicht gewagt, damit auf welche Weise auch immer in Widerstreit zu geraten. Ich erwähne das alles überhaupt nur, um weiteren wahrscheinlichen Verwirrungen den Boden zu entziehen.

McGregor Mathers

Einführung zu *The Kaballah Unveiled*

Die erste Frage des der Kabbala völlig Unkundigen wird wahrscheinlich sein: Was heißt Kabbala? Wer hat sie begründet? Wie wird sie eingeteilt? Was lehrt sie? Warum muß sie in unserer Zeit überhaupt übersetzt und erklärt werden?

Die Kabbala kann als die jüdische esoterische Lehre bezeichnet werden. Im Hebräischen heißt sie QBLH, Qabalah, was von der Wurzel QBL beziehungsweise Qibel kommt und »empfangen« bedeutet. Der Ausdruck Qabalah rührt daher, daß die esoterische Tradition mündlich überliefert wurde, und sie ist mit dem Begriff »Tradition« nahe verwandt.

Wie das Griechische kennt auch das Hebräische und das Chaldäische keine eigenen Schriftzeichen für Zahlen. Jeder Buchstabe hat vielmehr seinen jeweiligen Zahlenwert, und darauf gründet die wichtige Tatsache, daß *jedes Wort eine Zahl und jede Zahl ein Wort* ist. Zur Darstellung des hebräischen Qoph oder Koph wählte ich den römischen Buchstaben Q; ein Beispiel für den Gebrauch des Q ohne nachfolgendes U findet man in Max Müllers Buch *Sacred Books of the East*. Es sei hier daran erinnert, daß das hebräische Alphabet so gut wie ausschließlich aus Konsonanten besteht; die Vokale werden hauptsächlich durch kleine Punkte und, in der Regel, unter den Buchstaben gesetzte Zeichen kenntlich gemacht. Eine weitere Schwierigkeit des hebräischen Alphabets liegt in der großen Ähnlichkeit einzelner Buchstaben, so zum Beispiel V, Z und N am Wortende.

Mit Rücksicht auf den Autor und um dem Ursprung der Qabalah gerecht zu werden, kann ich nichts Besseres tun, als den folgenden Auszug von Dr. Christian Ginsburgs *Essay on the Kabbalah* hier wiederzugeben. Dabei muß ich vorausschicken, daß das Wort Kabbalah in verschiedenartigster Weise geschrieben wird; so findet man etwa die Schreibweise Cabala, Kabalah, Kabbala und manches andere. Da sie mit der hebräischen Schreibweise dieses Begriffes mehr übereinstimmt, habe ich die Form Qabalah gewählt.

(Anmerkung: Ich kann nicht umhin, diesen Worten Mathers' mein eigenes Lob anzuschließen. War doch dieses Buch seit der Zeit, als ich es um das Jahr 1925 erstmals entdeckt hatte, für mich ein steter Quell der Belehrung, und das historische Material, das ich in einem meiner

Frühwerke, *A Garden of Pomegranates*, verarbeitet habe, beruht zum größten Teil auf dem häufigen Lesen dieses Textes, dessen Darstellung der geschichtlichen Grundlagen der Kabbala mir zwar kurz und knapp, aber äußerst genau schien. Etwas mehr Einzelheiten bietet Gershom Scholems Buch *Die jüdische Mystik in ihren Hauptströmungen*. Es ist eine Fundgrube, die von einem guten Schüler unter keinen Umständen außer acht gelassen werden sollte.)

Ein religionsphilosophisches, genauer ein theosophisches System, das nicht nur über Jahrhunderte auf die geistige Entwicklung eines so klar denkenden Volkes wie das der Juden ganz außergewöhnlichen Einfluß ausübte, sondern auch den Geist so mancher der größten christlichen Denker im 16. und 17. Jahrhundert in seinen Bann zog, hat Anspruch auf größte Beachtung durch Philosophen wie Theologen. Der Anspruch der Kabbala auf Aufmerksamkeit durch Gelehrte der Literatur und Philosophie ist ohne weiteres begründet, wenn man bedenkt, daß Persönlichkeiten wie der berühmte Gelehrte, Metaphysiker und Chemiker Raymundus Lullus (gestorben 1315), der angesehene Gelehrte und Erneuerer der orientalischen Literatur in Europa, Johann Reuchlin (1455–1522), der berühmte Philosoph und Humanist Giovanni Pico Della Mirandola (1463–1494), der große Philosoph, Gottesgelehrte und Arzt Agrippa von Nettesheim (1486–1535), der bemerkenswerte Chemiker und Arzt Baptista von Helmont (1577–1644) und auch unsere eigenen Landsleute wie der berühmte Arzt und Philosoph Robert Fludd (1574–1637) oder Dr. Henry More (1614–1687), von der Kabbala gefesselt waren, und daß die geistigen Sehnsüchte aller dieser Männer nach einem wissenschaftlichen System, das ihnen die »tiefsten Tiefen« der Natur des Göttlichen enthüllen und das wahre Band aller Dinge aufzeigen sollte, durch eben diese Theosophie zufriedengestellt waren. Das geistige Angebot der Kabbala beschränkt sich aber nicht allein auf Gelehrte und Philosophen; auch der Dichter findet in der Kabbala für seinen Genius reiches Material. – Wie kann das aber auch anders sein bei einer Theosophie, die, wie uns versichert wird, von Gott im Paradies erschaffen, von den vorzüglichsten Heerscharen der Engel im Himmel gehegt und gepflegt wurde und nur mit den gottgefälligsten und reinsten der Menschenkinder auf Erden Zwiesprache hielt. Laßt uns die Geschichte ihrer Entstehung, ihres Wachstums und ihrer Reife hören, wie sie von ihren Jüngern erzählt wird.

Gott selber war der erste Verkünder der Kabbala. Er unterwies eine auserwählte Engelschar, die im Paradies eine theosophische Schule gebildet hatte, in dieser Lehre. Nach dem Sündenfall teilten die Engel die göttliche Lehre den ungehorsamen Erdenkindern gnädigst mit, damit die Zellkörper mit den Mitteln ausgestattet werden könnten, zu ihrem vormaligen unverdorbenen Adel und zur Glückseligkeit zurückzukehren. Von Adam ging die Kabbala auf Noah über und sodann auf den Freund Gottes Abraham, der mit diesem Wissen nach Ägypten ausgewandert war, wo es die Patriarchen erlaubten, daß ein Teil dieser geheimnisvollen Lehre unter die Leute kam. Auf diese Weise erhielten die Ägypter davon einige Kenntnis, und die anderen Völker im Orient konnten diese Lehre in ihre philosophischen Systeme einfügen. Moses, der in sämtlichen Wissenschaften Ägyptens erfahren war, wurde zum ersten Mal im Land seiner Geburt in die Kabbala eingeführt; ganz besonders kundig wurde er dieser Lehre jedoch während des Zuges durch die Wüste, wo er sich nicht nur vierzig Jahre lang in seinen Mußestunden damit befaßte, sondern wo er darüber hinaus sogar von einem Engel Unterricht erhielt. Mit Hilfe dieser geheimnisvollen Lehre war der Gesetzgeber imstande, die Schwierigkeiten, die den Israeliten im Laufe seiner Führung erwuchsen, trotz der langen Wanderung, der Kriege und trotz der häufigen Not, die sie erlitten, zu meistern. Die Prinzipien dieser geheimen Lehre legte Moses verdeckt in den ersten vier Büchern des Pentateuch nieder, nicht jedoch im Deuteronomium. Moses war es auch, der die siebzig Ältesten in das Geheimnis dieser Lehre einführte, und diese wiederum gaben sie von Hand zu Hand weiter. Von allen Trägern der ununterbrochenen Tradition der Kabbala waren David und Salomon diejenigen, die am tiefsten in diese Lehre eingeführt waren. Mit Ausnahme des Simeon Ben Jochai, der zur Zeit der Zerstörung des zweiten Tempels lebte, hat es nicht ein einziger von allen, welche die Kabbala überlieferten, gewagt, sie schriftlich niederzulegen. Nach Simeon Ben Jochais Tod verglichen seine Schüler Simeon Ben Jochais Abhandlungen und stellten daraus den berühmten ZHR, Sohar (Glanz), die große Schatzkammer und Fundgrube der Kabbalistik zusammen.

Gewöhnlich wird die Kabbala in vier Hauptgebiete gegliedert:

die praktische Kabbala;
die Buchstaben-Kabbala;
die ungeschriebene Kabbala;
die dogmatische Kabbala.

Die praktische Kabbala befaßt sich mit der Magie der Talismane und der Zeremonien; sie fällt nicht in den Rahmen des hier vorliegenden

Werkes. Das Gesamtwerk des Golden Dawn hingegen besteht in der Tat in der Erhellung dieses Gegenstandes.

Auf die Kabbala der Buchstaben wird mehrfach Bezug genommen, und deshalb ist die Kenntnis ihrer Hauptprinzpien notwendig. Sie umfaßt drei Teile: GMTRIA (Gematria), NVTRIQVN, (Notarikon) und ThMVRH (Temura).

Gematria ist eine Metathesis des griechischen Wortes *grammateia*. Sie basiert, wie schon oben erwähnt, auf den relativen numerischen Werten der Worte. Worte mit gleichen numerischen Werten betrachtet man als einander erläuternd; eine Theorie, die auch auf Sätze angewandt wird. So hat der Buchstabe *shin* (Sh) den Wert 300 und ist äquivalent der Zahl, die man beim Addieren der numerischen Werte der Buchstaben der Worte RVCH ALHIM (Ruach Elohim, der Geist des Elohim) erhält; er ist daher ein Symbol für den Geist des Elohim. Denn es bedeuten $R = 200, V = 6, Ch = 8, A = 1, L = 30. H = 5, I = 10$ und $M = 40$, insgesamt also 300. Gleichartig sind aufgrund ihres gleichen numerischen Wertes auch die Worte AChD, Achad (Einheit) und AHBH, Ahebah (Liebe); denn $A = 1, Ch = 8$ und $D = 4$, was die Summe von 13 ergibt, ebenso wie die numerischen Werte der Buchstaben $A = 1, H = 5, B = 2$ und $H = 5$. Nehmen wir weiter den Namen des Engels MTTRVN (Metatron oder Methraton) und den Namen der Gottheit ShDI (Shaddai), deren numerische Wortwerte jeweils die Summe von 314 betragen, weshalb der Name des einen Symbol des anderen ist. Man sagt, der Engel Metatron, von dem Gott spricht »Mein Name ist in ihm«, habe die Kinder Israels durch die Wüste geführt. In bezug auf die Gematria ganzer Sätze mögen als Beispiele zwei Textstellen aus der Bibel dienen. So hat der Satz IBA ShILH (Yeba Shiloh), »Shilo wird kommen« (Gen. XLIX 10) den numerischen Wert von 358, und dieser entspricht ebendemselben numerischen Wert, den das Wort MShICH (Messiah) hat. Entsprechendes gilt auch für die Textstelle VHNH ShLShH (Vehenna Shalisha), »Und siehe, drei Männer« (Gen. XVIII 2); diese Wortgruppe hat denselben numerischen Wert von 701 wie ALV MIKAL GBRIAL VRPAL (Elo Mikhael Gabriel Ve Raphael), »Es sind dies Michael, Gabriel und Raphael«. Diese Beispiele dürften meines Erachtens ausreichen, um das Wesen der Gematria deutlich zu machen; dies um so mehr, als der Leser in den folgenden Ausführungen noch zahlreiche weitere Beispiele finden wird.

Der Ausdruck Notarikon ist eine Ableitung aus dem lateinischen Wort *notarius* (Stenograph). Es gibt zwei Formen des Notarikon. Einmal wird jeder Buchstabe eines Wortes als Initial oder als Abkürzung

Das magische Alphabet

eines anderen Wortes gebraucht, so daß aus den Buchstaben eines Wortes ein neuer Ausdruck oder ein neuer Satz geprägt werden kann. So wird aus jeden einzelnen Buchstaben des ersten Wortes der Genesis, BRAShITh (Berashith) der Anfangsbuchstabe eines anderen Wortes gebildet, und man erhält daraus den Satz: BRAShITh RAH ALHIM AhIQBLV IShRAL ThVRH (Berashith Rah Elohim Sheyequebelo Israel Torah), »Von Anbeginn sah das Elohim, daß Israel das Gesetz annehmen werde«.

Zum andern ist das Notarikon genau die Umkehrung des soeben Ausgeführten, und zwar gebraucht man dabei die Anfangs- oder die Endbuchstaben oder beide oder auch die Inlaute eines Satzes zur Bildung eines oder mehrerer Worte. So wird die Qabalah auch ChKMh NSThRH (Chokhmah Nesthorah), »das geheime Wissen« genannt. Nimmt man nun die Anfangsbuchstaben dieser beiden Worte, also das Ch und das N, so entsteht bei dieser Art des Notarikon das Wort ChN (Chen), »Anmut«. Entsprechend sind aus den Anfangs- und Endbuchstaben der Worte MIIOLH LNV HShMIMH (Mi laulah Leno Ha-Shamayimah), »Wer will uns in den Himmel fahren?« (Deuteronomium ›5. Buch Mose‹ XXX 12) MILH (Milah), »Beschneidung« und IHVH das Tetragrammaton gebildet mit der Bedeutung: Gott hat bestimmt, daß die Beschneidung ein Weg zum Himmel ist.

Unter Temura versteht man eine Permutation oder Umstellung beziehungsweise Vertauschung. Dabei wird nach bestimmten Regeln ein Buchstabe an die Stelle eines anderen Buchstabens gesetzt, der ihm in der alphabetischen Reihenfolge vorausgeht oder ihm folgt, so daß aus einem Wort ein orthographisch völlig anderes Wort gebildet werden kann. Das Alphabet wird genau in der Mitte geteilt, und die eine Hälfte wird über die andere gestellt. Sodann werden durch abwechselndes Auswechseln des oder der ersten beiden Buchstaben am Anfang der zweiten Reihe zweiundzwanzig Kommutationen, das heißt Umstellungen erzeugt. Man bezeichnet diese als »Tafel oder Tabelle der Kombinationen von TzIRVP (tziruph)«. Als Beispiel bringe ich die sogenannte Methode ALBTh (Albath), wonach folgendes gilt:

11	10	9	8	7	6	5	4	3	2	1
K	I	T	Ch	Z	V	H	D	G	B	A
M	N	S	O	P	Tz	Q	R	Sh	Th	L

Ihren Namen haben alle diese Methoden aus den zwei sie bildenden Paaren, wobei das System der Buchstabenpaare insofern das System des Ganzen ist, als jeder Buchstabe des einen Paares an die Stelle des anderen Buchstaben tritt. So wird nach der Albath-Methode aus RVCh (Ruach) DTzO (Detzau) gebildet. Die Bezeichnungen für die anderen einundzwanzig Methoden sind:

ABGTh	AHDTh	ADBG	AHBD	AVBH
AZBV	AChBZ	ATBCh	AIBT	AKBI
ALBK	AMBL	ANBM	ASBN	AOBS
APBO	ATzBP	AQBTz	ARBQ	AShBR
AThBSH				

Diesen Methoden hinzuzurechnen sind die Verfahrensarten ABGD und ALBM. Sodann kommt eine weitere Zusammenstellung von zweiundzwanzig Kombinationen, nämlich die »Rationale Tabelle des Tziruph«. Ferner gibt es auch drei »Kommutationstafeln«; im einzelnen sind das die sogenannte »Rechte«, die »Averse« und die »Irreguläre«. Will man sich einer dieser Methoden bedienen, muß ein 484 einzelne Quadrate enthaltendes Quadrat angefertigt werden, in das man die Buchstaben einträgt. Bei der sogenannten »Rechten Tafel« schreibt man das Alphabet quer von rechts nach links; gleiches gilt auch für die zweite Reihe in dem Quadrat, allerdings beginnt man dort mit dem Buchstaben B und endet mit dem A; in der dritten Reihe beginnt man mit dem G und endet mit dem B und so weiter. Bei der »Aversen Tafel« schreibt man das Alphabet rückwärts von rechts nach links, wobei man mit dem Buchstaben Th beginnt und mit dem A endet; in der zweiten Reihe beginnt man mit dem Sh und schließt mit dem Th und so weiter. Die »Irreguläre Tafel« zu beschreiben, würde zu weit führen. Außer diesen Methoden gibt es weiter die sogenannte ThShRQ- beziehungsweise Thashraq-Methode; sie besteht darin, daß man ein Wort einfach rückwärts schreibt. Eine weitere sehr wichtige Methode ist die sogenannte »Kabbala der Neun Kammern«, das AIQBKR (Aiq Bekar). Sie sieht folgendermaßen aus:

300	30	3	200	20	2	100	10	1
Sh	L	G	R	K	B	Q	I	A
600	60	6	500	50	5	400	40	4
M (f)	S	V	K (f)	N	H	Th	M	D
900	90	9	800	80	8	700	70	7
Tz (f)	Tz	T	P (f)	P	Ch	N (f)	O	Z

Um die Verwandtschaft der Buchstaben in den einzelnen Kammern deutlich zu machen, habe ich jeweils über die Buchstaben die dazugehörigen Zahlenwerte angefügt. Manchmal wird dies auch als eine Chiffre benutzt, wobei man, um die Buchstaben, die Teile der Figur enthalten, kenntlich zu machen, jeweils einen Teil der Figur nimmt und einen Punkt für den ersten, zwei Punkte für den zweiten Buchstaben und so weiter setzt. So entspricht die rechte Ecke mit dem AIQ dem Buchstaben Q, wenn dieser drei Punkte oder Punktwerte beinhaltet. Nochmals: ein Quadrat entspricht also dem Buchstaben H, N oder K am Schluß eines Wortes, je nachdem, ob der Buchstabe jeweils einen, zwei oder drei Punkte in sich trägt. Entsprechendes gilt für die übrigen Buchstaben. Zur Anwendung der »Kabbala der Neun Kammern« führen noch zahlreiche andere Wege, es würde hier aber zu weit führen, sie im einzelnen darzustellen. Nur um ein Beispiel zu bringen, sei erwähnt, daß mittels der Temura-Methode AThBSh (Athbash) herausgefunden wurde, daß das im Buch Jeremia XXV 26 befindliche Wort ShShk (Sheskakh) das Wort BBL (Babel) symbolisiert.

Von diesen Regeln abgesehen sind auch in der Gestalt oder der Form der einzelnen Buchstaben des hebräischen Alphabets besondere Bedeutungen verborgen. So etwa, wenn ein bestimmter Buchstabe am Ende eines Wortes anders als sonst geschrieben ist, oder wenn ein Buchstabe in der Mitte eines Wortes so gebildet ist, wie er üblicherweise nur am Schluß eines Wortes aussieht. Oder wenn irgendein Buchstabe oder irgendeine Buchstabenreihe in kleinerer oder in größerer Schrift als in den anderen Teilen des Manuskripts geschrieben ist, oder wenn ein Buchstabe auf den Kopf gestellt ist. Besondere Bedeutungen zeigen sich auch in der Rechtschreibung bestimmter Worte, wenn diese zum Beispiel dadurch von der Regel abweichen, daß sie an manchen Stellen einen Buchstaben mehr haben als dies bei anderen Worten der Fall ist, oder durch Besonderheiten in der Setzung irgendwelcher Punkte und Akzente oder schließlich durch eine bestimmte Ausdrucksweise, die den Anschein erweckt, es sei etwas ausgelassen oder überflüssigerweise hinzugefügt worden.

So sagt man beispielsweise, die Form des hebräischen Buchstabens Aleph (A) symbolisiere zwischen einem Jod (J) und einem Daleth (D) ein Vau (V); und so stelle der Buchstabe selbst das Wort IVD (Jod) dar. In gleicher Weise repräsentiere die Form des Buchstabens He (H) das Wort Daleth (D) mit einem Jod (J) an der unteren linken Ecke geschrieben und so weiter.

Bei Jesaja IX, 6,7 ist in dem Wort LMRBH (Lemarbah), »sich

vergrößern, sich vermehren«, der Buchstabe M in der Mitte so geschrieben, wie er am Wortende geschrieben zu werden pflegt, anstatt in der eigentlich üblichen Form des Anfangsbuchstabens und dem in der Mitte stehenden M. Das hat zur Folge, daß die Summe des numerischen Wortwertes, anstatt 30 + 40 + 200 + 2 + 5 = 277 zu betragen, 30 + 600 + 200 + 2 + 5 = 837 ist, im Sinne der Gematria ThTh ZL, Tat, Zal, »der in Hülle und Fülle Gebende«. So kommt es im Sinne der Kabbala zu einer Änderung der Bedeutung des Wortes, wenn das M in der Schlußform anstatt in der gewöhnlichen Weise geschrieben wird.

Im Deuteronomium VI 4 und an anderen Stellen findet man das Gebet Schema Jisrael. Es beginnt »ShMo IShRal JHVH ALHINV JHVH AChD« (Shemaa Jisrael, Tetragrammaton Elohino Tetragrammaton Achad), »Höre, o Israel, Tetragrammaton, unser Gott, ist die Einheit Tetragrammaton«.

In diesem Vers sind der letzte Buchstabe O in ShMO und das D in AChD weitaus größer geschrieben als die übrigen Buchstaben in diesem Text. Die diesem Sachverhalt zugrunde liegende kabbalistische Symbolik wird folgendermaßen erklärt: Der Buchstabe O, er hat den numerischen Wert 70, gibt zu erkennen, daß das Gesetz auf siebzig verschiedene Weisen gedeutet werden kann, und das D, es hat den numerischen Wert 4, entspricht den vier Himmelsrichtungen sowie den Buchstaben des heiligen Namens. Das erste Wort, ShMO, hat den numerischen Wert 410, was wiederum der Anzahl der Jahre gleichkommt, die der erste Tempel Bestand hatte und so weiter. Noch viele andere Stellen in diesem Gebet sind der Aufmerksamkeit wert, jedoch mangelt es mir an Zeit, darauf näher einzugehen.

Der Terminus »ungeschriebene Kabbala« bezeichnet ein bestimmtes Wissen, das nie schriftlich niedergelegt, sondern ausschließlich mündlich mitgeteilt wird. Darüber möchte ich nichts sagen; ich will sogar darüber schweigen, ob ich selber in der ungeschriebenen Kabbala unterwiesen worden bin. Bis zur Zeit des Rabbi Schimeon Ben Jochai war von der Kabbala jedenfalls noch nie etwas aufgeschrieben worden.

Die dogmatische Kabbala enthält die eigentliche Lehre. Darüber gibt es eine große Zahl von Abhandlungen aus allen möglichen Zeiten und von unterschiedlichem Wert. Diese Ansätze zur geschriebenen Kabbala kann man in folgende vier Kategorien einordnen:

Das Sepher Jetzirah und seine Anhänge,
der Sohar mit seinen Entwicklungsstufen und Kommentaren,

das Sepher Sephiroth mit seinen Erweiterungen,
das Asch Metzareph und dessen Symbolik.

Das SPR ITzIRH (Sepher Jetzirah) beziehungsweise das *Buch der Schöpfung* wird dem Patriarchen Abraham zugeschrieben. Es behandelt die sogenannten zweiunddreißig Pfade, nämlich die durch die zehn Zahlen und durch die zweiundzwanzig Buchstaben des Alphabets symbolisierte Kosmogonie. Zu den zweiunddreißig Wegen hat Rabbi Abraham Ben Dior einen mystischen Kommentar geschrieben. Der Terminus Pfad wird in der Kabbala durchweg gebraucht, um eine hieroglyphische Idee, besser, einen Ideenkreis, zum Ausdruck zu bringen, der einer Glyphe oder einem Symbol anhaftet.

Der ZHR (Sohar), Glanz, enthält außer einigen Abhandlungen von geringerer Bedeutung die folgenden überaus bedeutsamen Bücher.

ASh MTzRP (Asch Metzareph), das läuternde oder reinigende Feuer, hat einen hermetischen oder alchemistischen Sinn; es ist wenigen bekannt und, sofern überhaupt bekannt, wird von noch wenigeren verstanden.

Die Grundlehren der Kabbala sind zur Lösung folgender Probleme bestimmt:

Das Höchste Seiende, Sein Wesen und Seine Attribute,
die Kosmogonie,
die Erschaffung der Engel und des Menschen,
das Los des Menschen und der Engel,
das Wesen der Seele,
das Wesen der Engel, Dämonen und Elementargeister,
die Bedeutung und der Sinn des geoffenbarten Gesetzes,
die transzendentale Symbolik der Zahlen,
die in den hebräischen Buchstaben enthaltenen besonderen Mysterien,
der Ausgleich der Gegensätze.

Was ist negative Existenz? Was ist positive Existenz? Der Unterschied zwischen diesen beiden Existenzarten ist ein weiterer fundamentaler Grundgedanke. Negative Existenz eindeutig zu definieren ist unmöglich, denn sobald sie klar definiert ist, hört sie auf, negative Existenz zu sein; es ist dann negative Existenz, die in statische Beschaffenheit übergeht. Deshalb haben die Kabbalisten weise das ursprüngliche AIN (Ain), das negativ existierende Prinzip, und das AIN SVP (Ain Soph), die grenzenlose Expansion, aus dem Begriffsvermögen der

Sterblichen ausgeschlossen, wohingegen von dem AIN SVP AVR (Ain Soph Aur), dem grenzenlosen Licht, eine nur schwache und unklare Vorstellung gebildet werden kann. Denken wir indessen tiefer, so sehen wir, daß solches die ursprünglichen und frühesten Formen des unerkennbaren und namenlosen Prinzips, das wir in der manifestesten Gestalt Gott nennen, sein muß. Er ist das Absolute. Wie definieren wir aber das Absolute? Sobald wir anheben, es zu definieren, entschwindet es unserem Begriffsvermögen; hört es doch, sobald es definiert ist, auf, das Absolute zu sein. Sollen wir daher sagen, das Negative, das Grenzenlose, das Absolute, das alles sei logisch betrachtet etwas Absurdes, denn es seien bloße Ideen, die unser Verstand nicht definieren kann? Nein, denn könnten wir es definieren, würden wir all das sozusagen zu etwas machen, das in unserem Verstand enthalten, diesem jedoch nicht übergeordnet ist, denn ein Gegenstand kann nur definiert werden, wenn er abgrenzbar ist. Wie können wir aber das Unbegrenzbare begrenzen?

Erstes Prinzip und Axiom der Kabbala ist der in unsere Lesart der Bibel übertragene Name Gottes, »Ich bin, der Ich bin«, AHIH AShR AHIH (Eheieh Ashe Eheieh). Eine bessere Übersetzung ist »Existenz ist Existenz« oder »Ich bin Er, der ist«.

Eliphas Lévi Zahed, dieser große Philosoph und Kabbalist unseres Jahrhunderts, sagt in seiner *Geschichte der Magie* (1. Buch, Kapitel 7): »Die Kabbalisten haben einen Horror vor allem, was der Abgötterei gleicht; sie selber jedoch schreiben Gott die menschliche Gestalt zu, allerdings in einem rein hieroglyphischen Bild. Sie betrachten Gott als das intelligente, lebende und liebende unendliche Prinzip. Er ist für sie weder die Ansammlung von anderen Wesenheiten, noch die Abstraktion der Existenz, noch ein philosophisch definierbares Seiendes. Er ist in allem, verschieden von allem und größer als alles. Sein vollständiger ganzer Name ist unaussprechlich und unbeschreiblich, und dennoch drückt dieser Name allein das Ideal des Menschen von Seiner Göttlichkeit aus. Dem Menschen ist es nicht gegeben, zu wissen, was Gott an sich ist. Gott ist das Absolute des Glaubens; Existenz ist das Absolute der Vernunft, Existenz existiert durch sich selbst und weil sie existiert. Ursache für die Existenz der Existenz ist die Existenz selber. Wir können fragen: »Warum existiert irgendein einzelnes Ding überhaupt?«, das heißt »Warum existiert solches oder solch ein besonderes, einzelnes Ding?« Wir können jedoch nicht, ohne ins Absurde zu verfallen, fragen: »Warum existiert Existenz?«, denn dies würde bedeuten, daß Existenz Voraussetzung für Existenz wäre.«

Derselbe Autor sagt an einer anderen Stelle (ibidem, 3. Buch, Kapitel 2) nochmals: »Zu sagen, ich werde glauben, wenn mir die Wahrheit des Glaubenssatzes wissenschaftlich nachgewiesen wird, ist dasselbe wie zu sagen, ich werde glauben, wenn ich nicht mehr glauben muß, und wenn der Glaubenssatz als solcher dadurch zunichte geworden ist, daß er eine wissenschaftliche Theorie wurde. Das bedeutet mit anderen Worten: »Ich werde das Grenzenlose, das Unendliche erst anerkennen, sobald es erklärt, determiniert, umschrieben und zu meinem Nutzen definiert ist; mit einem Wort, wenn es endlich geworden ist. Ich werde erst an das Unendliche glauben, sobald ich sicher bin, daß das Unendliche nicht existiert. Ich glaube erst dann, daß das Meer unendlich ist, wenn ich es in Flaschen abgefüllt sehe.« Wenn aber ein Ding zweifelsfrei nachgewiesen und dir verständlich und begreiflich gemacht ist, wirst du nicht mehr daran glauben, du wirst es wissen.

In der *Bhagavadgita* heißt es im 9. Gesang: »Ich bin die Unsterblichkeit und bin der Tod. Ich bin, o Arjuna, sowohl das Sein als auch das Nicht-Sein.« (Oder: Was negativ existiert). Und nochmals (9. Gesang): »Und, o du Abkömmling des Bharata, siehe Wunder in großer Zahl, wie nie zuvor gesehen. In meinem Leib, o Gudakesa, siehe heute das gesamte Universum mit allem, was da beweglich und unbeweglich ist, alles in dem einen.« Und nochmals (ibidem) spricht Arjuna: »O Du unendlicher Herr der Götter: O Du, der Du das All durchdringst! Du bist der Unzerstörbare, Du bist, was ist und was nicht ist und das, was jenseits davon liegt. Du bist der Urgott, der Uralte; Du bist die höchste, größte Stütze dieses Universums. Von Dir ist all das All durchdrungen, o Du, der Du da bist von unendlicher Gestalt und Form... Von unendlicher Kraft bist Du und Stärke, von unermeßlichem Ruhm und Glanz. Du durchdringst alles, und deshalb bist Du alles!«

Die Idee von einer negativen Existenz kann also als Gedankenvorstellung vorhanden sein, sie ist jedoch keiner Definition fähig, da allein schon die Idee einer Definition mit dem Wesen einer negativen Existenz völlig unvereinbar ist. Nun mögen mir allerdings manche Leser dieser Ausführungen entgegenhalten, der von mir gewählte Terminus negative Existenz sei gewiß eine unzutreffende Bezeichnung; die hier beschriebene Gegebenheit wäre besser ausgedrückt mit der Bezeichnung negative Subsistenz. Dem ist jedoch nicht so, erwidere ich, denn negative Subsistenz kann nie irgend etwas anderes sein als eben negative Subsistenz; sie kann sich nicht verändern, sie kann sich nicht entwickeln; denn negative Subsistenz kann überhaupt nicht sein; sie hat nie existiert, sie existiert nie, sie wird nie existieren. Negative Existenz hingegen trägt positives Leben verborgen in sich;

denn in den unendlichen abgründigen Tiefen ihrer Negativität ist die Kraft, aus sich selbst nach außen zu treten, verborgen, die Kraft, den Funken des Gedankens nach außen zu werfen, die Kraft, das Syntagma ins Innere zurück zu involvieren. Eben weil die absorbierte Intensität in dem zentrumslosen Wirbel der gewaltigen Weite der Expansion so verhüllt und verschleiert ist, wählte ich lieber den Terminus *Ex-to* als *Sub-sto*.

Derart unterschiedliche Ideen wie die der negativen und der positiven Existenz bedürfen eines bestimmten Nexus, einer Art Bindeglied, und von dieser Stelle kommen wir zu dem, was man potentielle Existenz nennt; einer Existenzweise, die eine klare Definition noch schwerer zulassen wird, da sie der positiven Existenz noch näher steht. Potentielle Existenz ist Existenz als Möglichkeit. In einem Samenkorn zum Beispiel ist der Baum, der ihm entsprießen wird, verborgen; er befindet sich in einem Zustand potentieller Existenz; er ist da, er ist jedoch einer Definition nicht zugänglich. Um wieviel weniger wird das bei den Samenkörnern der Fall sein, die der Baum seinerseits einst hervorbringen mag? Aber diese künftigen Samenkörner befinden sich, obwohl der positiven Existenz etwas analoger, schwerlich schon in einer so vorgerückten Phase, das heißt, sie sind negativ existent.

Positive Existenz dagegen ist stets definierbar; sie ist dynamisch; sie verfügt über bestimmte evidente Kräfte, sie ist daher die Antithesis zur negativen Existenz, noch mehr zur negativen Subsistenz. Sie ist nicht länger der im Samenkorn verborgene Baum, sondern vielmehr ins Äußere entworfen. Positive Existenz hat allerdings einen Anfang und ein Ende und benötigt daher eine andere Form, aus der heraus sie sich entwickeln kann; denn ohne dieses andere hinter ihr verborgene negative Ideal ist sie labil und unbefriedigend.

So habe ich denn schwach und ehrfurchtsvoll versucht, dem Verständnis meiner Leser die Vorstellung von dem grenzenlosen Urprinzip wenigstens anzudeuten. Angesichts dieser Idee und über diese Idee kann ich nur mit den Worten eines alten Orakels sagen: »In Ihm ist ein unendlicher Grund von Glorie, und von da geht ein kleiner Funke aus, der all den Glanz der Sonne wie auch des Mondes und der Sterne bewirkt. Sterblicher, siehe, wie wenig ich von Gott weiß; trachte nicht, mehr über Ihn zu wissen, liegt dies doch, wie weise du auch sein magst, weit über deinem Vorstellungsvermögen; was uns betrifft, die wir Seine Diener sind, welch kleiner Teil nur sind wir doch von Ihm!«

Die negative Existenz ist von drei kabbalistischen Schleiern verhüllt, die wiederum die verborgenen Ideen der noch nicht ins Sein gerufenen Sephiroth zum Ausdruck bringen; konzentriert sind die Sephiroth in Kether, die in diesem Sinne Malkuth der verborgenen Ideen der Sephiroth ist. Ich möchte das erklären. Der erste Schleier der negativen Existenz ist das AIN; Ain entspricht der Negativität. Das Wort AIN besteht aus drei Buchstaben, welche jeweils die drei ersten Sephiroth oder Zahlen andeuten. Der zweite Schleier ist, gleichbedeutend mit dem Grenzenlosen, das AIN SVP (Ain Soph). Der dritte Schleier schließlich ist das AIN SVP AVR (Ain Soph Aur). Es ist gleichbedeutend mit dem Unendlichen Licht. Das aus neun Buchstaben zusammengesetzte AIN SVP AUR wiederum symbolisiert die ersten neun Sephiroth, selbstverständlich allerdings nur als deren verborgene Idee. Kommen wir jedoch zur Zahl Neun, so können wir nicht weiter voranschreiten, ohne zur Einheit beziehungsweise zur Zahl Eins zurückzukehren; denn die Zahl Zehn ist lediglich eine Wiederholung der noch ursprünglich und frisch aus dem Negativen abgeleiteten Einheit; dies erhellt schon ein nur flüchtiger Blick auf deren übliche Stellung in den arabischen Zahlenzeichen, wo der Kreis 0 das Negative und die 1 die Einheit repräsentiert. So geht denn das unendliche Meer des negativen Lichts, da zentrumslos, nicht aus einem Zentrum hervor, aber es konzentriert ein Zentrum. Dieses Zentrum ist die Zahl Eins der manifest gewordenen Sephiroth, nämlich Kether, die Krone, die erste Sephirah. Deshalb kann man sagen, daß Kether Malkuth oder die Zahl Zehn der verborgenen Sephiroth ist. Daher »ist Kether in Malkuth und Malkuth in Kether«. Oder, wie ein berühmter alchemistischer Autor (Thomas Vaughan, besser bekannt unter dem Namen Eugenius Philalethes), offenbar Proclus zitierend in *Euphrates, or the Waters of the East* sagt, »daß der Himmel in der Erde ist, jedoch nach erdhafter Art; und daß die Erde im Himmel ist, jedoch nach himmlischer Art.«

Insofern als die negative Existenz etwas ist, das sich, wie ich oben bereits gezeigt habe, nicht definieren läßt, wird sie von den Kabbalisten mehr als etwas von der Zahl der Einheit Abhängiges angesehen, anstatt als eine davon völlig abgesonderte Überlegung. Das ist auch der Grund dafür, daß sie häufig wahllos und unkritisch für beides ein und dieselben Bezeichnungen gebrauchen und beidem dieselben Epitheta zulegen. Derartige ausschmückende und immer wiederkehrende Beiworte sind: Das Verborgene des Verborgenen, das Uralte der Uralten Gegebenheiten, das Allerheiligste Uralte und so weiter.

Ich möchte nun die wirkliche Bedeutung der Begriffe Sephirah und Sephiroth erklären. Sephirah ist die Einzahl, Sephiroth ist die

Mehrzahl. Am besten läßt sich Sephirah oder Sephiroth mit »numerische Emanation« wiedergeben. Insgesamt gibt es zehn Sephiroth, und zwar sind es die abstraktesten Ordnungsprinzipien der zehn Zahlen des Dezimalsystems, das heißt die Zahlen 1, 2, 3, 4, 5, 6, 7, 8, 9, 10 als Abstrakta. Ebenso wie wir in der höheren Mathematik von den Zahlen lediglich eine rein begriffliche Vorstellung ohne jede Bezugnahme auf irgendwelche konkrete Gegebenheiten haben, wird in der Kabbala auch die Gottheit nur rein abstrakt numerisch verstanden, und zwar in der Vorstellung von den SPIRVTh (Sephiroth). Von eben dieser alten orientalischen Theorie hat denn auch Pythagoras seine numerischen symbolischen Prinzipien abgeleitet.

Innerhalb dieser Sephiroth, zusammen oder auch einzeln, finden wir die Entwicklung der einzelnen Erscheinungsformen und Attribute Gottes. Einige davon sind männlich, einige weiblich. Nun haben die Bibelübersetzer aus irgendeinem Grund wider besseres Wissen die Tatsache, daß die Gottheit in den Bibeltexten sowohl männlich als auch weiblich ist, in den Übersetzungen geflissentlich ausgeklammert oder sie haben jede Bezugnahme darauf unterdrückt. Bei dem Wort Elohim haben sie einen femininen Plural mit einem maskulinen Singular übersetzt. Trotz besseren Wissens haben sie fahrlässig das Wort Elohim im 1. Buch Mose (Genesis) Vers 26, das dort im Plural steht, im Singular wiedergegeben; im Original heißt es dort nämlich: »Und Elohim sprachen: Lasset Uns Menschen machen.« Das geht auch aus dem folgenden (Vers 27) hervor; denn wie sonst hätte Adam nach dem Bild der Elohim männlich und weiblich geschaffen werden können, wenn nicht auch Elohim männlich und weiblich wäre? Das Wort Elohim ist eine Pluralform, gebildet durch Hinzufügung der Endung IM an den femininen Singular LH, Eloh. Da IM jedoch in der Regel die Endung eines maskulinen Plurals ist, hier jedoch einem femininen Substantiv angefügt ist, bekommt das Wort Elohim die Bedeutung einer mit einer maskulinen Idee vereinten weiblichen Potenz, die dadurch zur Erzeugung von Nachkommenschaft fähig ist. Nun hört man zwar in den regulären Religionen viel vom Vater und vom Sohn, jedoch nichts von einer Mutter. In der Kabbala hingegen finden wir, daß der Alte der Tage (Anm. d. Übers.: alttestamentarische Gottesbezeichnung) Vater und Mutter gleichzeitig ist und so den Sohn erzeugt. Jetzt ist die Mutter Elohim. Nochmals sei darauf hingewiesen, daß uns gewöhnlich erzählt wird, der Heilige Geist sei männlich. Das Wort RVCh (Ruach), Geist, ist jedoch feminin, wie aus folgender Textstelle des Sepher Jetzirah hervorgeht: »AChTh RVCh

ALHIM ChIIM (Achath ›feminin, nicht Achad, maskulin‹ Ruach Elohim Chiim), Eins ist *sie*, der Geist vom Elohim des Lebens.«

Jetzt wird es uns klar, daß, ehe Gott sich auf diese Weise, nämlich als männlich und weiblich, gebildet hatte, die Welten des Universums nicht bestehen konnten oder daß ein Zustand vorhanden war, den die Genesis mit den Worten umschreibt: »Die Erde war wüst und leer.« Symbolhaft werden diese Urwelten als die »Könige, die in Edom herrschten, noch ehe ein König in Israel herrschte« angesehen; die Kabbala spricht von den »Edomitischen Königen«. Dies wird weiter unten im einzelnen erläutert.

Wir kommen nun zur Bedeutung der ersten der Sephiroth beziehungsweise zur Zahl Eins, der Monade des Pythagoras. In dieser Zahl liegen die anderen neun Zahlen verborgen. Sie ist unteilbar, sie läßt sich auch nicht multiplizieren; dividiert man sie durch sich selbst, bleibt sie unverändert die Eins. Die Eins gibt daher trefflich den großen und unveränderlichen Vater von allem wieder. Nun ist diese Zahl der Einheit auch von zweifacher Art, sie ist daher gleichsam das Bindeglied zwischen dem Negativen und dem Positiven. Aufgrund ihrer unveränderlichen Eins-heit ist die Eins eigentlich überhaupt keine Zahl. Da sie jedoch die Eigenschaft hat, additionsfähig zu sein, kann man sie als die erste Zahlenreihe bezeichnen. Die Null dagegen kann man nicht einmal addieren, und das gilt entsprechend auch für die negative Existenz. Wenn die Eins aber weder multiplizierbar noch dividierbar ist, wie kann man dann erreichen, daß eine andere Eins zur Eins hinzugefügt wird? Mit anderen Worten: Auf welche Weise kommt man zur Zahl Zwei? Die Antwortet lautet: Durch Reflexion ihrer selbst; denn wenn sich die Null auch nicht definieren läßt, so ist die Zahl Eins doch definierbar. Und das Ergebnis einer Definition ist die Bildung eines Eidolon, eines Duplikats oder eines Abbildes des definierten Gegenstandes. So erhalten wir denn eine aus der Eins und deren Reflexion zusammengesetzte Duade, eine Zweiheit beziehungsweise Zweizahl. Damit haben wir nun auch das Anfangsstadium einer Schwingung begründet; schwingt doch die Zahl Eins abwechselnd von der Unveränderlichkeit zur Definition und von dieser wieder zurück zur Unveränderlichkeit. So ist denn die Zahl Eins der Vater aller Zahlen und ein vorzügliches Sinnbild des Vaters aller Dinge.

Die erste Sephirah heißt KThR (Kether), die Krone. Der ihr zugeordnete göttliche Name ist der in 2. Moses 3, 4 genannte Name AHIH (Eheieh), Ich bin. Er bezeichnet Existenz.

Unter den ihr zugeordneten Epitheta, soweit in ihnen die Vorstellung einer von ihr rückwirkenden negativen Existenz zum Ausdruck kommt, findet man folgende Bezeichnungen:

TMIRA DTMIRIN (Temira De-Temirin), das Verborgene des Verborgenen
OThIQA DOThIQIN (Authiqa De-Authiquin), das Uralte der Uralten
OThIQA QDIShA (Authiqa Qadisha), der Allerheiligste Alte
OThIQA (Authiqa), der Uralte
OThIQ IVMIN (Authiq Iomin), der Alte der Tage
Genannt wird sie auch: NQDH RAShVNH (Nequdah Rashhunah), der Urmoment
NQDH PShVTh (Nequdah Peshutah), die Stätte der Ruhe
RIShA HVVRH (Risha Havurah), das weiße Haupt
RVM MOLH (Rom Meolah), die unerforschliche Höhe

Außerdem gibt es für diese Sephirah noch einen weiteren, den großen Vater aller Dinge repräsentierenden, überaus wichtigen Namen. Er lautet ARIK ANPIN (Arikh Anpin), das große Gesicht beziehungsweise Makroprosopus. Von ihm wird gesagt, er sei (im Sinne seines Zusammenhangs mit der negativen Existenz) teilweise verborgen und (als positive Sephirah) teilweise manifest. Das ist der Grund, weshalb das große Gesicht symbolhaft als ein Profil gezeichnet wird, in dem lediglich eine einzige Seite des Antlitzes gesehen wird, oder, wie es die Kabbala ausdrückt: »In ihm ist alles die rechte Seite.« Darauf komme ich noch zurück.

In ihrer Gesamtheit stellen die zehn Sephiroth den Himmlischen Menschen beziehungsweise das Urwesen, den ADM OILAH (Adam Auilh) dar.

Eingeordnet in diese Sephiroth sind die Reihen der Engel, der ChIVTh HQDSh (Chioth Ha-Qadesh), heilige lebende Geschöpfe, nämlich die Cherubim oder Sphinxe im Sinne der Vision des Ezechiel und der Apokalypse des Johannes. Im Tierkreis sind sie durch die vier Sternzeichen Stier, Löwe, Skorpion und Wassermann – Stier, Löwe, Adler und Mensch – dargestellt. Der Skorpion ist, wenn durch den Adler symbolisiert, ein gutes Sinnbild, wenn durch den Skorpion symbolisiert, ein schlechtes Sinnbild, und wenn durch die Schlange symbolisiert, von gemischter Natur.

Die erste Sephirah enthielt die übrigen neun Sephiroth und brachte sie nacheinander hervor:

Die Zahl Zwei, die Duade. Diese zweite Sephirah heißt ChKMH

(Chokmah), Weisheit, und ist, wie ich bereits oben dargelegt habe, die von Kether reflektierte aktive Potenz. Diese Sephirah ist der aktive und offenbare Vater, mit dem die Mutter vereint ist; zugeordnet sind ihm die göttlichen Namen IH, Jah und JHVH, Tetragrammaton. Unter den englischen Heerscharen heißt diese Sephirah AVPNIM (Auphanim), die Räder (1. Buch Ezechiel ›Hesekiel‹). Außerdem nennt man diese zweite Sephirah auch AB (Ab), den Vater.

Die dritte Sephirah, die Triade, ist eine weibliche passive Potenz; ihr Name lautet BINH (Binah), Einsicht, Verstehen, auch Höchste Intelligenz. Sie ist gleichrangig mit Chokmah. Chokmah, die Zahl Zwei, ist wie zwei gerade Linien, die nie einen Raum umschließen können; weshalb sie kraft- und machtlos ist, bis die Zahl Drei das Dreieck bildet. Auf diese Weise vervollkommnet diese Sephirah die erhabene Trinität und macht sie evident. Sie hat auch den Namen AMA (Ama), Mutter und AIMA (Aima), die große fruchtbare Mutter, die auf ewig mit AB, dem Vater, vereinigt ist, um die Ordnung des Universums aufrechtzuerhalten. Deshalb erkennen wir in ihrer Gestalt am offenkundigsten den Vater, allein das schon ein Grund, weshalb sie aller Ehren wert ist. Gleich mit Chokmah ist sie die erhabene Mutter und die weibliche Form Gottes, der Elohim, nach deren Bild nach der Lehre der Kabbala Mann und Frau gleich vor Gott erschaffen worden sind. Die Frau ist dem Manne gleich und ihm gegenüber ganz gewiß nicht minderwertig; eine Lehre, die im Gegensatz zu den angestrengten Bemühungen der sogenannten Christen steht, welche die Frau im Vergleich zum Manne als weniger wert einzustufen versuchen. Aima ist das in der Apokalypse (Kapitel XII) gezeichnete Weib. Manchmal wird die dritte Sephirah auch das große Meer genannt. Zugeordnet ist ihr der göttliche Name ARALIM (Aralim), die Throne. Sie ist, im Gegensatz zu Malkuth, der untergeordneten Mutter, die erhabene Mutter, Braut und Königin.

Die Zahl Vier. Aus der Vereinigung der zweiten mit der dritten Sephirah ging ChSD (Chesed), Barmherzigkeit oder Liebe hervor. Man nennt sie auch GDVLH (Gedulah), Größe oder Magnifizenz. Es handelt sich bei ihr um eine maskuline Potenz, repräsentiert durch den göttlichen Namen AL (El), der Mächtige, und durch den engelhaften Namen ChShMLIM (Chashmalim), Sprühende Flammen (Buch I 4 Ezechiel [Hesekiel]).

Die Zahl Fünf. Dieser Sephirah entströmte die weibliche passive Potenz GBVRH (Geburah), Kraft, Standhaftigkeit. Sie hat auch den Namen DIN (Diin), Gerechtigkeit. Repräsentiert wird sie durch die göttlichen Namen ALHIM GBVR und ALH (Eloh) sowie durch den engelhaften Namen ShRPIM (Seraphim) (Jesaija VI 6). Sie wird auch PChD (Pachad), Angst, genannt.

Die Zahl Sechs. Von diesen zwei ging die vereinigende Sephirah ThPARTh (Tiphareth), Schönheit oder Milde aus. Repräsentiert wird sie von dem göttlichen Namen ALVH VDOTh (Eloah Va-Daath) und durch die engelhaften Namen ShNANIM (Shinanim) (Psalm 18) oder MLKIM (Melakim), Könige. So erhalten wir durch die Verbindung von Gerechtigkeit und Gnade die Schönheit oder Milde, und die zweite Trinität der Sephiroth ist vollständig. Von dieser Sephirah, auch »Pfad« oder Numeration – denn bei diesen letzteren Bezeichnungen sind die Emanationen manchmal genannt – spricht man, zusammen mit der vierten, fünften, siebenten, achten und neunten Sephirah, vom ZOIR ANPIN (Zaur Anpin), dem kleineren Gesicht, beziehungsweise vom Microprosopus. Diese sechste Sephirah, das heißt diese sechs Zahlen, aus denen Zauir Anpin zusammengesetzt ist, nennt man dann seine sechs Glieder. Er trägt auch den Namen MLK (Melekh), der König.

Die Zahl Sieben. Die siebente Sephirah ist NTzCh (Netzach), Festigkeit und Sieg, entsprechend dem göttlichen Namen IHVH TzBAVTh (Jehovah Tzabaoth), der Herr der Heerscharen, und dem engelhaften Namen ALHIM (Elohim), Götter, und ThRShIShIM (Tharshishim), die hell Leuchtenden (Daniel, X 6).

Die Zahl Acht. Aus ihr ging die weibliche passive Potenz HVD (Hod) hervor, die Pracht, entsprechend dem göttlichen Namen ALHIM TzBAVTh (Elohim Tzabaoth), die Götter der Heere, und unter den Engeln entsprechend BNI ALHIM (Beni Elohim), die Söhne der Götter (1. Moses VI 4).

Die Zahl Neun. Diese zwei erzeugten ISVD (Jesod), das Fundament, repräsentiert durch AL ChL (El Chai), das Mächtig-Lebende, sowie ShDE (Shaddai), und unter den Engeln durch AShIM (Aishim), die Flammen (Psalmen CIV 4); sie brachten die dritte Trinität der Sephiroth hervor.

Die Zahl Zehn. Aus dieser neunten Sephirah kam die zehnte und letzte und vervollständigte so die Dekade der Zahlen. Sie hat den Namen MLKVTh (Malkuth), das Königreich, und wird auch die Königin, Matrona, die rangniedrigere Mutter, die Braut des Microprosopus genannt. Sie ist auch ShKINH (Shekinah), repräsentiert durch den göttlichen Namen ADNI (Adonai), und unter den Heerscharen der Engel durch KRVBIM (Cherubim).

Jede dieser Sephiroth ist in einem gewissen Maße androgyn, denn sie ist weiblich oder empfangend in bezug auf die ihr in der Reihe der

Sephiroth jeweils unmittelbar vorangehende Sephirah und männlich oder entsprechend übertragungsbereit in bezug auf die Sephirah, die ihr unmittelbar folgt. Es gibt allerdings keine Sephirah, die Kether vorangeht, wie es auch keine Sephirah gibt, die nach Malkuth kommt. Daraus wird klar, weshalb Chokmah ein feminines Substantiv ist, obwohl Chokmah eine maskuline Sephirah bezeichnet. Das Bindeglied innerhalb der Sephiroth ist Ruach, der Geist von Mezla, der verborgenen Wirkung...«

Lassen Sie mich die Ausführungen Mathers' an dieser Stelle kurz unterbrechen, denn ich möchte auf einen der wichtigen, von ihm hier erwähnten Begriffe näher eingehen.

Über die Hierarchien

Ganz offensichtlich werden immer wieder eine ganze Reihe von Namen und Begriffen bezüglich der Hierarchien intelligenter Wesenheiten der Sephiroth, verschiedener Zeichen, der Planeten und der Elemente durcheinandergebracht und verwechselt. Schon sehr bald wird beim Studium der in diesem Buch dargelegten Lehren über die Kabbala und den Baum des Lebens deutlich werden, daß es eine magische Technik zur Anrufung jeder einzelnen Komponente, aus denen diese Hierarchien zusammengesetzt sind, gibt. Voraussetzung für eine solche Anrufung ist, sich über die Natur und die Zugehörigkeit der jeweiligen Komponenten zu der einzelnen Hierarchie, mit der man Verbindung aufnehmen will, völlig im klaren zu sein. Die erste Sephirah heißt zum Beispiel Kether, die Krone. Ihr göttlicher Name ist Eheieh, »Ich werde sein«. Grammatikalisch ist dies im Hebräischen das Zeitwort für die Zukunft; der Kether zugehörige Erzengel ist Metatron, Chayoth ha-Qadosh ist ihr Engelchor, und ihr Palast in Assiah ist Rashith ha-Gilgaleem. Jeder einzelne dieser hierarchischen Namen nimmt auch auf eine der vier Welten im Sinne der Kabbala Bezug, und zwar der erste auf ATZILUTH, die Welt der Archetypen, der zweite auf BRIAH, die Welt des Kreativen, der dritte auf JETZIRAH, die Welt der Formen oder der Gestaltung, und ASSIAH schließlich ist die Welt der Aktion oder der Manifestation.

Gewiß ist es sinnvoll, diese Namen auswendig zu lernen. Dazu ist es zweckmäßig, eine gute Abbildung eines Lebensbaumes durchzupausen und davon einige Dutzend Fotokopien anzufertigen. So kann man eine beliebige Reihe von Entsprechungen auf einen der vervielfältigten Bäume aufkopieren, und auf diese Weise überschaut man die Assoziationen, Schlußfolgerungen und so weiter mit einem Blick.

Nun ist eine der Kether beigelegten Eigenschaften die Luft, die Ur-Luft. Das Element Luft hat folgende eigene Hierarchie: Shaddai El Chai ist ihr göttlicher Name, Raphael ist der ihr zugehörige Erzengel, Chassan ist ihr Engel, Ariel ist ihr Herrscher und Paralda ist ihr König. Eigentlich sollte diese Reihe der Kether beigelegten Eigenschaften auf dem Baum des Lebens tiefer stehen und zweifellos der Sephirah Jesod zugeordnet sein. Aber darauf gehe ich erst weiter unten ein.

Vorläufig begnügen Sie sich einfach mit der Tatsache, daß diese hierarchische Beziehung zur Luft auch Kether, der Krone, zugeschrieben wird. Ein ganz grobes Mißverständnis der Prinzipien der Kabbala wäre es, in den gemeinhin üblichen Fehler zu verfallen, die einzelnen Glieder beziehungsweise Komponenten der jeweiligen Hierarchie ohne weiteres mit den Komponenten einer der anderen Hierarchien zu vertauschen. *Metatron, der Erzengel Kethers, hat nicht das geringste mit dem Element Luft zu tun. So hat auch der Erzengel Raphael, der Herrscher über das Element Luft, nicht das geringste mit Kether zu tun.* Weitgehend Entsprechendes gilt auch für die übrigen Komponenten der jeweiligen Hierarchie. Jedes einzelne Glied der einzelnen Hierarchien ist unbedingt klar abgegrenzt und völlig individuell zu betrachten. Unter keinen Umständen dürfen dabei irgendwelche Verwechslungen erfolgen.

Nehmen wir ein anderes Beispiel, und zwar Geburah. Auf dem Baum des Lebens nimmt diese Sephirah den fünften Platz ein. Zugeordnet werden ihr der Planet Mars und das Element Feuer (von Chokmah nach unten reflektiert. Siehe dazu die Abbildung des Lebensbaumes, auf der die Reflexion der drei Elemente abwärts und kreuzweise veranschaulicht wird). Unabhängig von anderen komplizierten Darstellungen (sofern man sie überhaupt als kompliziert empfindet) bedeutet das, daß es drei voneinander völlig gesonderte Hierarchien gibt. Nämlich eine für Geburah, eine andere für Mars und noch eine dritte für Feuer. *Jede einzelne dieser Hierarchien muß von den anderen Hierarchien auseinandergehalten werden.*

Der göttliche Name für Geburah ist Elohim Gibbor. Kamael ist der Erzengel, Seraphim ist der Chor der Engel, und der Assiatische Palast ist der Mars, Maadim.

Nun ist die Hierarchie, welcher der Mars angehört, zwar Elohim Gibbor, zugehörig sind ihm jedoch der Engel Zamael, die Intelligenz Graphiel und der Geist Bartzabel. Diese beiden Gruppen hierarchischer Namen haben überhaupt nichts miteinander zu tun. Sie müssen im Gehirn in voneinander säuberlich getrennten und gewissermaßen wasserdichten Abteilungen so abgelegt sein, daß nicht etwa irgendein Name irgendeiner Hierarchie durchsickert und in einer anderen Hierarchie Verwirrung stiftet. Ich kann das nicht oft genug wiederholen und nicht nachdrücklich genug betonen, denn es stürzen sogar manche erfahrene Autoritäten in diese läppische Fallgrube, die für Unvorsichtige gegraben ist. Unaufhörlich sollte man dieser Warnung eingedenk sein, und der Schüler tut gut daran, diese Warnung in sein persönliches Notizbuch einzutragen, damit er immer wieder daran denkt: *Halte die Hierarchien auseinander!* Man sage ja nicht, Mars ist Geburah. Mars hat seine eigene Hierarchie, die mit der Hierarchie von Geburah *nicht das mindeste* zu tun hat. Man kann lediglich sagen, daß von den *zahlreichen* Geburah zugeordneten Attributen, deren es eine ganze Menge gibt, eine einzige auch Mars ist. Da der Teil nicht größer ist als das Ganze, nimmt Mars mit seinen einzelnen ihm zugeordneten Attributen weniger Raum ein als die Kategorie von Geburah, in die er eingeschlossen ist.

Für den Novizen wie für den sogenannten Fortgeschrittenen liegt das Problem darin, daß es eine ganze Reihe Geburah zugeordneter Attribute gibt, deren Hierarchien jedoch völlig unterschiedlich sind. Umgangssprachlich mag der Schüler beispielsweise sagen, Geburah ist Feuer. *Aber das ist nicht richtig!* Feuer ist lediglich ein anderes der Geburah zugeordneten Attribute in derselben Kategorie wie Mars. Und ebenso wie Mars seine eigene Hierarchie hat, ist das auch beim Element Feuer der Fall. Die Hierarchie des Feuers wiederum darf nicht mit der Hierarchie von Mars oder mit der Hierarchie von Geburah verwechselt werden.

Das am Baum des Lebens von der Sephirah Chokmah diagonal abwärts reflektierte Element Feuer hat seine eigene, von den beiden ihm vorangehenden Hierarchien völlig verschiedene und völlig getrennte Hierarchie. Zum Beispiel ist der göttliche Name des Elements Feuer Jhvh Tzabaoth (wodurch es mehr oder weniger mit Netzach verbunden ist), während der Erzengel Michael und der König Aral ist. *(Aral darf keinesfalls mit dem Herrscher der Luft, Ariel, verwechselt werden, desgleichen nicht mit Auriel, der wiederum der Erzengel der Erde ist.)* Der König des Feuers ist Seraph (nicht zu verwechseln mit den Seraphim, die Geburahs Engelchor bilden), und sein Herrscher ist Djin.

Im Laufe der Jahre lernte ich recht viele Schüler kennen, die diese einzelnen Zuordnungen nie beherrschten und die jeweiligen Attribute hoffnungslos durcheinanderbrachten. Das Ergebnis davon ist ein heilloser und völlig sinnloser Mischmasch von Zuordnungen; und um ihre Verwirrung und ihr mangelndes Verständnis hinsichtlich semantischer Prinzipien zu entschuldigen, sagen sie, die Lehre selbst sei so verworren.

An dieser Stelle ist noch ein weiterer Punkt zu behandeln. So ist zum Beispiel Raphael der Erzengel der Luft, der Erzengel von Tiphareth aber ebenfalls Raphael, und auch der Erzengel von Merkur ist Raphael.

Ist das nun alles ein und dieselbe »Person« oder handelt es sich um verschiedene Wesenheiten?

In der Praxis der Magie wird, wenn man irgendeine dieser Wesenheiten anruft, der benutzte göttliche Name jeweils völlig verschieden sein, und Entsprechendes gilt selbstverständlich auch für das Pentagramm und das Hexagramm. Die Absicht ist völlig verschieden; das ist ein signifikanter Faktor, der auch zu unterschiedlichen Ergebnissen führt. Der Erzengel der Luft wird durch das Luft-Pentagramm angerufen. Der Erzengel von Tiphareth wird durch ein Hexagramm der Sonne angerufen, wie denn der Engel Merkurs durch das Hexagramm von Hod angerufen wird. Das alles gebietet die Praxis.

All das hat aber auch einen gewissen metaphysischen Inhalt, und der ist meines Erachtens recht interessant und spannend. V.H. Frater S.R.M.D. hat in einer seiner Abhandlungen über Henoch den Versuch unternommen, auch auf dieses Problem etwas einzugehen, ich finde jedoch nicht, daß er dabei zu einem befriedigenden Ergebnis gekommen ist; ich meine auch nicht, daß diese Frage geklärt ist.

Man könnte zur Veranschaulichung an dieses Problem dadurch herangehen, daß man sich ein Land vorstellt, in dem viele Menschen ähnliche Namen haben. Einer dieser Namen, die recht häufig vorkommen, ist Smith in England, Schmidt in Deutschland, Collins oder Williams in Wales und so weiter. Betrachten wir Wales. Dort lebt in einer mittelgroßen Stadt ein Milchmann namens Williams. Des weiteren mag es dort einen anderen Williams geben, der einen Kurzwarenladen hat. Als ich vor Jahren am Rande von Wales in St. Briavels lebte, kannte ich einen Gärtner, der Williams hieß. Zu nennen wäre dann vielleicht auch noch der Lebensmittelhändler Williams. Sie alle heißen Williams. Handelt es sich bei diesen allen aber um ein und dieselbe Person, da sie denselben Namen haben? Selbstverständlich nicht. Wenn sie auch denselben Familiennamen haben, sind ihre Vornamen oder Taufnamen doch verschieden, und so wird man sie auch rufen.

Auf ungefähr dieselbe Weise können wir die Erzengel und Engel unterscheiden, über die wir sprechen. Die einen von ihnen sind in der Hierarchie der Luft – und sie üben dort sozusagen einen jeweils besonderen Beruf aus. Andere Engel und Erzengel sind im Bereich von Tiphareth, und die dritten haben zum Planeten Merkur Bezug. Obwohl sie denselben Namen haben, besteht zwischen ihnen nicht der geringste Zusammenhang. Entsprechend sind auch die göttlichen Namen dieser drei Bereiche verschieden. Um sie zu rufen oder um über sie zu sprechen, müssen wir ihre Aufgabenbereiche kennen, innerhalb derer sie tätig sind und wirken. Faktisch sind es verschiedene »Leute« unterschiedlichen Namens, und sie gebrauchen gewissermaßen verschiedene »Werkzeuge«.

Desgleichen müssen wir auch zu unterscheiden lernen zwischen dem Element Luft, das einmal Kether, zum anderen Tiphareth und schließlich Jesod zugeordnet ist. Im ersten Fall können wir das Element Luft, nur um es mit einem verständlichen Etikett zu versehen, Himmelsluft nennen. Will man diese Luft anrufen, sollte man sich zunächst des göttlichen Namens von Kether bedienen, ehe man die hierarchischen Namen gebraucht, die zu dem Element Luft gehören. Im Fall von Tiphareth könnten wir den Terminus Gottesluft (oder auch harmonische Luft) wählen, wobei man den göttlichen Namen Tipharetsh dem Namen des Luftelements voranstellt. Die Jesod zugeordnete Luft könnte man, unter Gebrauch des gegebenen hierarchischen Namens, elementare Luft nennen.

Dasselbe Prinzip gilt für die Chokmah, Geburah und Netzach zugeordneten Elemente des Feuers – Himmelsfeuer, Gottesfeuer und elementares Feuer.

Für das Wasser gilt ebenfalls dasselbe. Zugeordnet ist es Binah, Chesed und Hod – Himmelswasser, Gotteswasser und elementares Wasser, wobei man gleichfalls, wie ausgeführt, jeweils die in Betracht kommenden göttlichen Namen wechselweise anzuwenden hat. Die Anwendung dieses Verfahrens verhindert beträchtliche Verwirrung und Unordnung.

Die Hierarchien der Sephiroth

Kether

Göttlicher Name (Atziluth)	Erzengel (Briah)	Chor der Engel (Jetzirah)
Eheieh	Metatron	Chayoth ha-Qadesh

Chokmah

Göttlicher Name (Atziluth)	Erzengel (Briah)	Chor der Engel (Jetzirah)
Jah	Raziel	Auphanim

Binah

Göttlicher Name (Atziluth)	Erzengel (Briah)	Chor der Engel (Jetzirah)
JHVH Elohim	Tzaphqiel	Aralim

Chesed

Göttlicher Name (Atziluth)	Erzengel (Briah)	Chor der Engel (Jetzirah)
El	Tzadquiel	Chashmallim

Geburah

Göttlicher Name (Atziluth)	Erzengel (Briah)	Chor der Engel (Jetzirah)
Elohim Gibor	Kamael	Seraphim

Tiphareth

Göttlicher Name (Atziluth)	Erzengel (Briah)	Chor der Engel (Jetzirah)
JHVH Eloah ve Daath	Raphael	Melekim

Netzach

Göttlicher Name (Atziluth)	Erzengel (Briah)	Chor der Engel (Jetzirah)
JHVH Tzabaoth	Haniel	Elohim

Hod

Göttlicher Name (Atziluth)	Erzengel (Briah)	Chor der Engel (Jetzirah)
Elohim Tzabaoth	Michael	Beni Elohim

Jesod

Göttlicher Name (Atziluth)	Erzengel (Briah)	Chor der Engel (Jetzirah)
Shaddai El Chai	Gabriel	Cherubim

Malkuth

Göttlicher Name (Atziluth)	Erzengel (Briah)	Chor der Engel (Jetzirah)
Adonai ha Aretz	Sandalphon	Ashim

Planetarische Hierarchien

Saturn

Planet	Engel	Intelligenz	Geist
Shabbathai	Cassiel	Agiel	Zazel

Jupiter

Planet	Engel	Intelligenz	Geist
Tzedek	Sachiel	Iophiel	Hismael

Mars

Planet	Engel	Intelligenz	Geist
Madim	Zamael	Graphiel	Bartzabel

Sonne

Planet	Engel	Intelligenz	Geist
Shemesh	Michael	Nakhiel	Sorath

Venus

Planet	Engel	Intelligenz	Geist
Nogah	Hanael	Hagiel	Kedemel

Merkur

Planet	Engel	Intelligenz	Geist
Kokab	Raphael	Tiriel	Taphthartharath

Mond

Planet	Engel	Intelligenz	Geist
Levanah	Gabriel	Malkah be Tarshishim ve-ad Ruachoth Schechalim	Schad Bar-schemoth ha-Shartathan

Hierarchien der Elemente

Erde – Norden

Hebräisch	Aretz oder Ophir	ארץ עפיר
Göttlicher Name	Adonal ha-Aretz	אדני הארץ
Himmelsrichtung	Tzaphon	צפון

Das magische Alphabet

Erzengel	Auriel	אוריאל
Engel	Phorlakh	פורלאך
Herrscher	Cherub	כרוב
König	Ghob	
Elementarwesen	Gnomen	

Luft – Osten

Hebräisch	Ruach	רוח
Göttlicher Name	Shadai El Chai	שדי אל חי
Himmelsrichtung	Mizrach	מזרח
Erzengel	Raphael	רפאל
Engel	Chassan	חשן
Herrscher	Ariel	אריאל
König	Paralda	
Elementarwesen	Sylphen	

Wasser – Westen

Hebräisch	Majim	מים
Göttlicher Name	Elohim Tzabaoth	אלהים צבאות
Himmelsrichtung	Maarab	מערב
Erzengel	Gabriel	גבריאל
Engel	Taliahad	טליהד

Herrscher	Tharsis	תרשים
König	Nichsa	
Elementarwesen	Undinen	

Feuer – Süden

Hebräisch	Asch	אש
Göttlicher Name	JHVH Tzabaoth	יהוה צבאות
Himmelsrichtung	Darom	דרום
Erzengel	Michael	מיכאל
Engel	Aral	אראל
Herrscher	Seraph	שרף
König	Djin	
Elementarwesen	Salamander	

Es folgen jetzt weitere Auszüge aus Mathers' Einführung zu *The Kaballah Unveiled*.

»Jetzt möchte ich auf die kabbalistische Bedeutung des Begriffs MThQLA (Metheqela), die Waage, das Gleichgewicht, näher eingehen. Eine jede der drei Dreiheiten beziehungsweise Triaden der Sephiroth enthält eine Duade entgegengesetzter Geschlechter, denen eine vereinigende Intelligenz entsprießt. Dabei sind die männliche und die weibliche Potenz sozusagen die Waagschalen, und die sie vereinigende Sephirah ist der Waagebalken, der diese Waagschalen miteinander verbindet. So kann man denn sagen, die Waage symbolisiere die Dreiheit, die Trinität als Einheit, wobei der Mittelpunkt des Waagebalkens diese Einheit darstellt. Nun enthalten aber, wie gesagt, die Sephiroth eine dreifache Trinität, nämlich eine obere, eine untere und eine mittlere. Diese Dreiheiten stellen sich folgendermaßen dar: die oberste oder die höchste durch die Krone, Kether, die mittlere

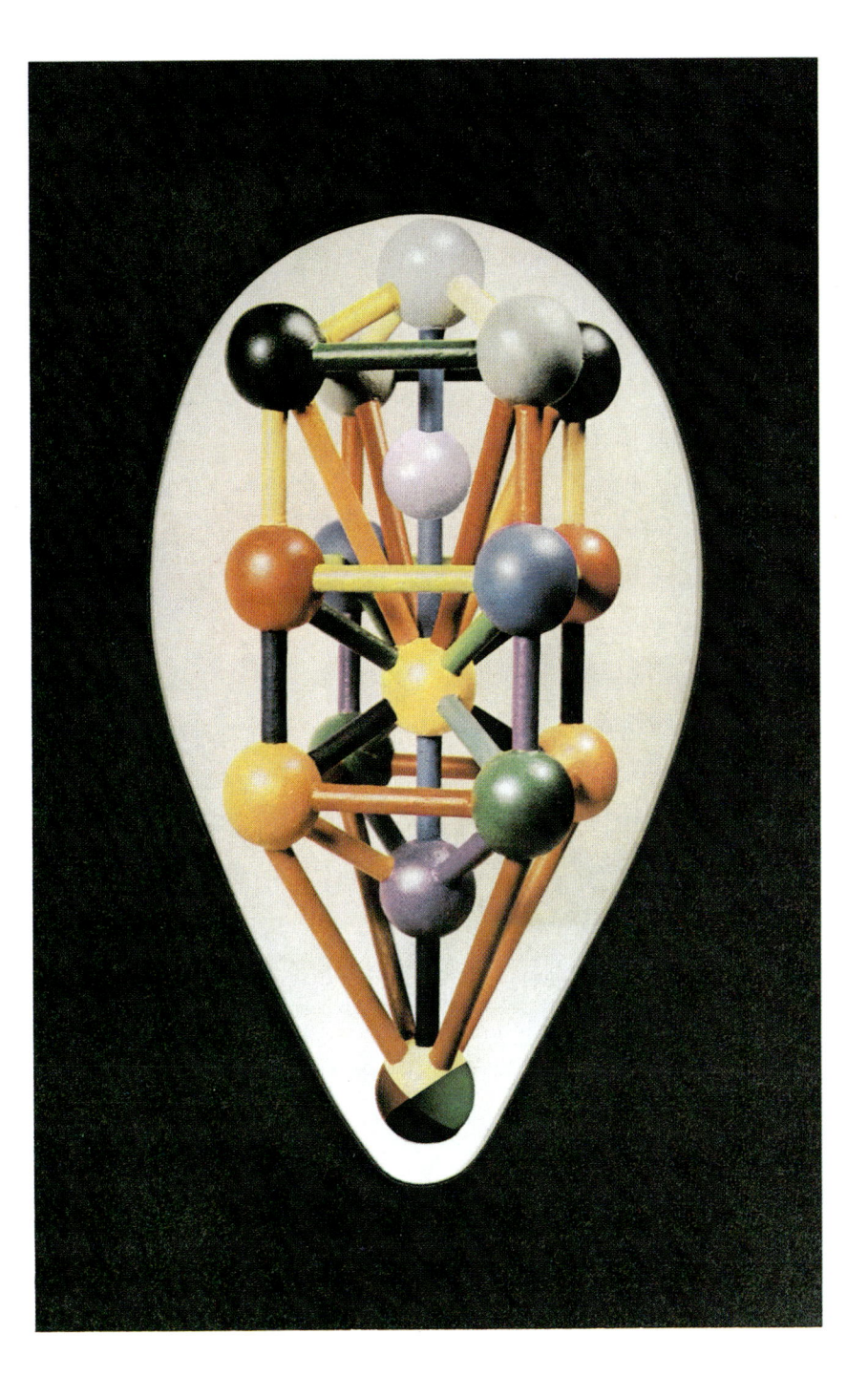

Der sphärische Baum des Lebens

Der kabbalistische Baum des Lebens

durch den König und die unterste durch die Königin. Dieses ist die größte Trinität. Die irdischen Gegenstücke dazu sind das Primum Mobile, die Sonne und der Mond. An dieser Stelle finden wir sogar eine Symbolik im Sinne der Alchemie.
Der Welt zeigen sich die Sephiroth als

1. *RAShITh HGLGLIM* (Rashith Ha-Galgalim), *der Ursprung der wirbelnden Bewegung, das Primum Mobile*
2. *MSLVTh* (Masloth), *die Sphäre des Zodiaks*
3. *ShBThAI* (Shabbathai), *die Ruhe, Saturn*
4. *TzDQ* (Tzadeq), *Rechtschaffenheit, Gerechtigkeit, Jupiter*
5. *Madim* (Madim), *gewaltige Kraft, Mars*
6. *ShMSh* (Shemesh), *das solare Licht, die Sonne*
7. *NVGH* (Nogah), *strahlende Pracht, Venus*
8. *KVKB* (Kokab), *das stellare Licht, Merkur*
9. *LBNH* (Levanah), *die lunare Flamme, der Mond*
10. *ChLM ISVDVTh* (Cholom Jesodoth), *der Zerbrecher der Fundamente, die Elemente*

Außerdem sind die Sephiroth in drei Säulen eingeteilt, und zwar in die aus der zweiten, vierten und siebenten Emanation bestehenden rechten Säule der Gnade, in die aus der dritten, fünften und achten Emanation bestehenden linke Säule der Strenge, des Gerichts, und in die aus der ersten, sechsten, neunten und zehnten Emanation bestehenden mittleren Säule der Milde.
  In ihrer Gesamtheit und Einheit stellen die zehn Sephiroth den Urmenschen ADM QDMVN (Adam Kadmon), den Protogonos dar. Betrachtet man die aus der ersten Triade bestehenden Sephiroth, wird einem sofort klar, daß sie den Intellekt darstellen. Deshalb nennt man diese Triade die Welt des Verstandes, OVLM MVShKL (Olahm Mevshekal). Die zweite Triade entspricht der moralischen Welt, OVLM MVRGSh (Olam Morgash). Die dritte Säule stellt die Stärke und Widerstandsfähigkeit dar, deshalb nennt man sie die materielle Welt, OVLM HMVTBO (Olahm Ha-Mevetbau). Diese drei Aspekte bezeichnet man als die Gesichter, ANPIN (Anpin). Auf diese Weise ist der Baum des Lebens, OTz ChIIM (Otz Chaiim) gebildet; dabei kommt die erste Triade oben und die zweite und die dritte Triade unten zu stehen, wobei sich die drei männlichen Sephiroth rechts und drei weibliche Sephiroth links befinden, während die vier vereinigenden Sephiroth im Mittelpunkt stehen. Das ist der kabbalistische Baum des Lebens, von dem alle Dinge abhängig sind. Eine Analogie

zwischen diesem Baum und dem Weltenbaum Yggdrasil der Skandinavier ist unverkennbar.

Ich habe bereits darauf hingewiesen, daß es eine aus der Krone, dem König und der Königin bestehende Trinität gibt, die sämtliche Sephiroth umfaßt. (In gewissem Sinne ähnelt dieser Aufbau der aus dem Vater, dem Sohn und dem Heiligen Geist zusammengesetzten Dreifaltigkeit im Sinne des Christentums, die in ihrer höchsten göttlichen Natur durch die ersten drei Sephiroth, Kether, Chokmah und Binah, symbolisiert wird.) Es ist die Trinität, welche die Welt erschaffen hat, oder, um es in kabbalistischer Sprache auszudrücken: das Universum wurde aus der Vereinigung des gekrönten Königs und der Königin geboren. Ehe die vollständige Gestalt des himmlischen Menschen (die zehn Sephiroth) gebildet war, wurden, nach den Lehren der Kabbala, bestimmte Urwelten geschaffen, die jedoch nicht Bestand haben konnten, da sich die Waage noch nicht völlig im Gleichgewicht befand, so daß diese Urwelten durch die unausgewogenen Kräfte erschüttert und vernichtet worden sind. Man nennt diese Urwelten die Könige der Urzeit oder auch die Könige von Edom, die noch vor den Herrschern Israels regierten (Genesis, XXXVI 31). In diesem Sinne ist Edom der Ausdruck für unausgewogene Kraft, während Israel die Sephiroth in Ausgewogenheit bedeutet. Diese wichtige Tatsache, daß nämlich bereits vor der gegenwärtigen Schöpfung Welten erschaffen und vernichtet worden sind, wird im Sohar immer wieder genannt.

Die Sephiroth werden darüber hinaus auch die Welt der Emanation, die Atziluth-Welt, OVLM AtzILVTh (Olahm Atziloth) wie auch die Urwelt genannt, und diese Welt gebar drei weitere Welten, von denen jede die Nachbildung der Sephiroth war, allerdings mit jeweils vermindertem Glanz.

Die zweite Welt ist die Briah-Welt, OVLM HBRIAH (Olahm Ha-Briah), die Welt der Schöpfung, oder, wie man auch sagt, KVRSIA (Khorsia), der Thron. Es ist die unmittelbare Emanation der Atziluth-Welt, deren zehn Sephiroth hineinreflektiert sind, was eine größere Leuchtkraft bewirkt, obwohl diese Sephiroth noch von lauterster Art sind und nicht die geringste Beimischung von Materie enthalten.

Die dritte Welt ist die Jetzirah-Welt, OVLM HITzIRH (Olahm Ha-Jetzirah), die Welt der Gestaltung und der Engel; sie geht von Briah aus und enthält, obwohl in ihrer Substanz wenig geläutert, noch keine Materie. In dieser engelhaften Welt leben die intelligenten und unkörperlichen, in eine leuchtende Hülle gekleideten Wesen, die nur dann Gestalt annehmen, wenn sie den Menschen erscheinen.

Die vierte Welt ist die Assiah-Welt, OVLM HOShIH (Olahm Ha-Assiah), die Welt der Aktion oder, wie man sie auch nennt, die Welt der Schemen, OVLM HOLIPVTh (Olahm Ha-Qlipphoth), mit der Bedeutung ›stoffliche Welt‹. Aufgebaut ist sie aus den grobstofflicheren Elementen der übrigen drei Welten. Diese Welt ist auch der Aufenthaltsort für die in der Kabbala »die Schemen«, Qlipphoth, stoffliche Hüllen genannten bösen Geister. Auch die Teufel sind in zehn Gruppen eingeteilt und haben entsprechende Wohnstätten.

Von gröbster und unförmigster Gestalt sind die Dämonen. Ihre zehn Abstufungen entsprechen der Dekade der Sephiroth, allerdings insofern in umgekehrter Reihenfolge, als Dunkelheit und Unreinheit von Stufe zu Stufe zunehmen. Die beiden ersten Stufen sind lediglich Nichtvorhandensein von sichtbaren Formen und Strukturen. Die dritte Stufe ist der Sitz der Finsternis. Sodann folgen sieben Höllen, die von Dämonen in den Gestalten der Verkörperung menschlicher Laster erfüllt sind; diese Dämonen quälen diejenigen, die auf Erden zu Lebzeiten derartigen Lastern frönten. Ihr Fürst ist SMAL (Samael), der Engel des Verderbens und des Todes. Die Hure, das Weib der Unzucht, AShTH ZNVNIM (Isheth Zenunim), ist seine Gattin, und vereint nennt man sie die Bestie, CHIVA (Chioa). Damit ist die Trinität des Infernos vollständig, wobei diese sozusagen die Kehrseite und das Zerrbild der hehren und erhabenen Trinität der Schöpfung ist. Samael betrachtet man als identisch mit Satan.

Der Name der Gottheit, die wir Jehovah nennen, ist im Hebräischen ein aus vier Buchstaben bestehendes Wort (JHVH), dessen richtige Aussprache nur sehr wenige kennen...«

Tetragrammaton

Dieser aus dem Griechischen stammende Ausdruck bedeutet »vierbuchstabiger Name«. Im Hebräischen versteht man darunter Jehovah, den im Alten Testament überlieferten Gott. In der Konsonantenschrift des Hebräischen wird Jehovah mit den Buchstaben JHVH – also dem Tetragrammaton – geschrieben.

Nach den Lehren der Kabbala war jeder Buchstabe des Tetragrammaton einem der vier Haupt-Grundelemente im Sinne der Anschauung des Altertums zugeordnet. Das J entspricht dem Feuer, das H dem Wasser, das V der Luft und das letzte H, also das Heh am Schluß, entspricht der Erde. Auf diese Weise stellt das Tetragrammaton beziehungsweise der Name Jehovahs die vier Grundelemente des Lebens dar. Der Jehovah der Bibel war der Gott, der auf heiligem Boden Moses im Feuer erschien, er war der Gott, dessen Donner man in den Stürmen vernahm, die die Berge Horeb und Sinai umtosten, er war der Gott, in dessen Fluten die Ägypter mit ihren Streitwagen versanken und unter dessen Beben sich die Erde öffnete, um die Feinde Israels zu vernichten. So wird Jehovah als ein zorniger und gewalttätiger Gott gezeichnet. Er gleicht damit den vier Elementen des Lebens. Auch sie können mild und leicht in Erscheinung treten, aber sie können auch gewaltsam und gefährlich sein und alles unter sich begraben. Das ist Tetragrammaton.

Die Buchstaben des Namens sind auf verschiedene Weise dem Baum des Lebens zugeordnet, wobei sie stets die Zuordnungen der Grundelemente mit sich tragen. Selbst wenn das J, das man oft auch als Vater bezeichnet, manchmal Kether zugeordnet ist, wird diesem Buchstaben das Schöpfungsfeuer zugeordnet. Wenn das H, die Mutter, Chokmah und Binah zugeordnet ist, sehen wir darin die feinen, ätherischen Wasser mit ihren schöpferischen Flächen, die Substanz, in der und aus der sämtliche Welten erschaffen wurden. Das V wird manchmal Tiphareth, dem Sohn von Jod und Heh des Tetragrammaton zugeordnet. Es ist die alles erfüllende Luft, nicht die Luft, die wir ganz gewöhnlich als Sauerstoff, Stickstoff, Kohlensäure und so weiter einatmen. Es sind vielmehr die Lüfte des Lebens, die Pranas, ohne die Leben nicht möglich ist.

Das Schluß-H oder Heh ist die unerlöste Tochter, die Erde, auf die die anderen drei Elemente der Buchstaben des Tetragrammaton einwirken, indem sie sie formen und beeinflussen. Sie ist die Tochter, die solange unerlöst ist, bis sie – bewußt und bereitwillig – höheren Einflüssen empfänglich wird; wenn sie soweit ist, findet ihre Umwandlung zur Braut des Mikroprosopus oder zum Vau von Tiphareth statt, was den schweren, immerwährenden und drückenden Qualitäten der Erde Harmonie und Schönheit bringt.

Dies alles wird zusammen mit einer Unzahl ähnlich mannigfacher Assoziationen und Symbole unter dem Namen Tetragrammaton zusammengefaßt.

Selbst Tetragrammaton, der launische alte Herr der Bibel, der stets ärgerliche, zornige und strafende Jehovah, bedarf der Umwandlung und Erlösung durch die Herabkunft des Heiligen Geistes, der durch den Buchstaben Shin wiedergegeben wird. (Shin hat den Zahlenwert 300. Ruach Elohim, der Geist der Götter, entspricht der Zahl 300.) Die Herabkunft des Shin bewirkt das Auseinanderbrechen des alten starrsinnigen und engherzigen Tetragrammaton, und dies führt zu dessen

Umwandlung in das Pentagrammaton JHShVH, in den befreiten, erlösten und erleuchteten Adepten, der Himmel und Erde, das Weltall wie auch den Mikrokosmos zusammen in sich vereinigt. Wir wenden uns nun abermals Mathers und seiner ausführlichen Einführung in *The Kaballah Unveiled* zu.

Mathers sagt: »Mir selbst sind mehrere verschiedene geheime Aussprachen davon bekannt. Die rechte Aussprache ist ein höchst geheimes Arkanum, es ist das Geheimnis der Geheimnisse. Derjenige, der die richtige Aussprache beherrscht, macht Himmel und Erde erbeben, ist das doch der Name, der das Universum durchbraust. Aus diesem Grunde wagt ein frommer Jude, wenn er die Schrift lesen muß, nicht, dieses Wort auszusprechen; er hält stattdessen beim Sprechen inne oder er gebraucht dafür die Umschreibung ADNI (Adonai), Herr. Die Grundbedeutung dieses Wortes ist »sein« und ist somit wie AHIH (Eheieh) eine Glyphe für Existenz. Möglich sind zwölf Umstellungen dieser Buchstaben, die sämtlich die Bedeutung »sein« haben; es ist das einzige Wort, das derart viele Umstellungen ohne Änderung des Sinngehalts zuläßt. Man nennt diese zwölf Transpositionsmöglichkeiten die zwölf Banner des mächtigen Namens, und manche behaupten, sie beherrschten die zwölf Tierkreiszeichen. Die zwölf Banner sind folgende: IHVH*, IHHV, IVHH, HVHI, HVIH, HHIV, VHHI, VIHH, VHIH, HIHV, HIVH, HHVI. Es gibt außerdem drei weitere tetragrammatonische Namen, nämlich AHIH (Eheieh), Existenz, ADNI (Adonai), Herr und AGLA (Agla). Letzteres ist genau genommen kein Wort, es ist vielmehr ein Notarikon aus dem Satz AThH GBVR LOVLM ADNIS (Ateh Gebor Le-Olahm Adonai), Du bist mächtig in Ewigkeit, o Herr! Eine eigenwillige Interpretation von Agla lautet: A, der Erste; A, der Letzte; G, die Trinität in Einheit; L, die Vollendung des Großen Werkes.

Was wir als erstes feststellen, ist, daß der Gedanke der Existenz sowohl AHIH als auch IHVH begleitet; das ist das erste, worin sie sich gleichen. Das zweite ist, daß der Buchstabe H jeweils an zweiter und an vierter Stelle steht. Das dritte schließlich ist, daß bei Anwendung der Gematria AHIH dem IHV ohne H gleicht (das, wie wir alsbald sehen werden, das Symbol für Malkuth, die zehnte Sephirah ist). Schreibt man die Buchstaben allerdings kreuzförmig untereinander, liest man senkrecht wie waagrecht AHIH, IHVH. Betrachten wir dies

---

* Anm. d. Übers.: Hier und auf den folgenden Seiten verwendet Mathers für das hebräische J den Buchstaben I, schreibt also: IHVH, statt: JHVH, usw.

auf kabbalistischer Grundlage, finden wir den Grund für diese Analogien. AHIH (Eheieh) ist nämlich das große Gesicht, der Uralte, Makroprosopus, Kether, die erste Sephirah, die Krone der erhabensten Trinität (die aus der Krone, dem König und der Königin beziehungsweise aus dem Makroprosopus, dem Mikroprosopus und der Braut besteht) in der Reihe der kabbalistischen Sephiroth und der Vater im Sinne der christlichen Dreifaltigkeit.

AH	IH
IH	VH

Wie wir sogleich sehen werden, enthält dagegen IHVH, das Tetragrammaton, sämtliche Sephiroth mit Ausnahme von Kether; insbesondere bezeichnet es das kleine Gesicht, Mikroposopus, den König der großen Trinität in der Reihe der kabbalistischen Sephiroth und den Sohn in der Inkarnation als Mensch im Sinne der christlichen Lehre von der Dreifaltigkeit.

Wie daher der Sohn den Vater offenbart, zeigt sich IHVH (Jehovah) im AHIH (Eheieh).

ADNI wiederum ist die Königin, »durch welche Tetragrammaton einzig und allein begriffen werden kann«, deren Erhöhung in Binah eine Entsprechung in der Himmelfahrt der Jungfrau im Christentum findet.

Das Tetragrammaton IHVH ist den Sephiroth folgendermaßen zugeordnet: der oberste Punkt des Buchstabens Jod gilt als Kether zugeordnet, der Buchstabe I selbst gilt als Chokmah, dem Vater des Mikroposopus zugeordnet, der Buchstabe H beziehungsweise »das übernatürliche He« gilt als Binah und der himmlischen Mutter zugeordnet, der Buchstabe V gilt als den nächsten sechs Sephiroth zugeordnet, die man auch die sechs Glieder des Mikroprosopus nennt (wobei sechs der numerische Wert von V, des hebräischen Vau ist), und der Buchstabe H schließlich, das »untergeordnete He«, gilt als Malkuth, der zehnten Sephirah, der Braut des Mikroprosopus zugeordnet.

Es sind nun den vier Welten, nämlich Atziluth, Briah, Jetzirah und Assiah, vier geheime Namen zugeordnet; wobei wiederum gelehrt wird, das Tetragrammaton erscheine in jeder dieser vier Welten in bestimmter Weise als Schrift. Diese geheimen Namen lauten folgendermaßen: OB (Aub) bedeutet Atziluth, SG (Seg) steht für Briah, MH (Mah) ist der Name von Jetzirah, und BN (Ben) (gleichbedeutend mit »Sohn«) ist der geheime Name von Assiah.

Diese Namen wirken mittels der »231 Tore«, wie man die Kombinationen des Alphabets nennt, mit den Sephiroth zusammen. Aus Raumgründen kann ich hier auf diesen Gegenstand nicht näher eingehen.

Die vier Cherubim, die ich im Zusammenhang mit der Beschreibung der ersten Sephirah bereits erwähnt habe, stehen mit den vier Buchstaben des Tetragrammaton in engem Zusammenhang. Dabei darf man nicht vergessen, daß diese Gebilde in der Vision des Hesekiel den Thron der Gottheit tragen, auf dem der himmlische Mensch, Adam Kadmon, das Abbild der Sephiroth, seinen Sitz hat, und daß sich außerdem das Firmament zwischen dem Thron und den lebenden Geschöpfen befindet. Hier haben wir denn die vier Welten, nämlich Atziluth, das göttliche Gebilde, Briah, den Thron, Jetzirah, das Firmament, und Assiah, die Cherubim. Daher stellen die Cherubim die in den Buchstaben des Tetragrammaton ruhenden Kräfte auf der materiellen Ebene dar; desgleichen bedeuten diese vier die Wirkungskraft der vier Buchstaben in einer jeden der vier Welten. So sind denn die Cherubim die lebendigen Gestalten der Buchstaben, und zwar sind sie, worauf ich bereits oben hingewiesen habe, auch in den Tierkreiszeichen durch Stier, Löwe, Wassermann und Skorpion symbolisiert.

Das Mysterium des irdischen und sterblichen Menschen entspricht dem Mysterium des Himmlischen und Unsterblichen; und so ward er geschaffen nach dem Bilde Gottes auf Erden. In der Gestalt des menschlichen Körpers findet man das Tetragrammaton. Das Haupt ist das I, die Arme und die Schultern gleichen dem H, der Leib ist das V, und die Beine entsprechen dem H am Schluß. Wie die äußere Gestalt des Menschen dem Tetragrammaton entspricht, gleicht die den Leib mit Leben erfüllende Seele den zehn Sephiroth; und wie diese ihren letzten und höchsten Ausdruck in der Dreiheit der Krone, dem König und der Königin finden, gibt es auch drei Hauptteile der Seele. Der erste dieser Hauptteile ist NShMH (Neschamah); er ist die höchste Stufe des Seins, entspricht der Krone (Kether) und stellt die höchste Triade der Sephiroth, die sogenannte Verstandeswelt dar. Der zweite dieser Hauptteile ist RVCH (Ruach), der Sitz von Gut und Böse; er entspricht Tiphareth, der sittlichen, moralischen Welt. Der dritte Hauptteil der Seele schließlich ist NPSh (Nephesch), das animalische Leben und Begehren; er entspricht Jesod und der materiellen und sinnlichen Welt. Im Bereich der Emanation sind alle Seelen präexistent und in ihrem ursprünglichen Zustand Zwitter; aber wenn sie zur Erde hinabsteigen, werden sie in männlich und weiblich geschieden und hausen in verschiedenartigen Körpern. Wenn daher in diesem sterblichen Leben die männliche Hälfte der weiblichen Hälfte begegnet, erwächst zwischen den beiden eine tiefe Zuneigung. Aus diesem Grunde sagt man, in der Ehe würden die geteilten Hälften wieder vereint. Die verborgenen Formen der Seele sind mit den Cherubim eng verwandt.

Diese oben genannte Vorstellung von drei Hauptteilen der Seele läßt sich allerdings nur auf die drei Bereiche Verstand, Sittlichkeit und Stofflichkeit anwenden. Wir dürfen dabei keinesfalls die großartige kabbalistische Vorstellung übersehen, daß die Dreiheit sich stets vervollständigt und ihre Verwirklichung in der Vierheit findet. So vervollständigt und verwirklicht sich IHV in IHVH, der Trinität von

Krone	König	Königin
Vater	Sohn	Geist
Absolutes	Formation	Realisation

Dies vervollständigt sich durch die Vierergruppen:

Absolutes Prinzip
Vater – Mutter
Sohn
Braut

Makroprosopus – großes Angesicht
Vater – Mutter
Mikroprosopus – kleines Angesicht
Malkuth Königin – Braut

Atziluth – archetypisch
Briah – kreativ
Jetzirah – formativ
Assiah – stofflich

Zwischen der Seele und diesen Vieren gibt es folgende Übereinstimmungen: Chiah steht in Beziehung zu Atziluth, Neschamah zu Briah, Ruach zu Jetzirah und Nephesch zu Assiah.

Chiah jedoch ist innerhalb der Seele die dem Makroprosopus entsprechende Urform. Das ist der Grund, weshalb sich Neschamah, Ruach und Nephesch so darstellen, als seien sie selber das Tetragrammaton ohne Chiah, das nichtsdestoweniger durch den obersten Punkt auf dem I (Jod), der Seele, symbolisiert ist. So heißt es auch, Makroprosopus sei durch den obersten Punkt auf dem I (Jod) im Wort IHVH symbolisiert. *Denn das Jod des Uralten ist verborgen und verhüllt.*

Ich wende mich jetzt wieder dem Fragenkreis zu, der Arikh Anpin und Zauir Anpin, Makroprosopus und Mikroprosopus oder das große und das kleine Angesicht zum Inhalt hat. Wir erinnern uns, daß Makroprosopus die erste Sephira beziehungsweise Kether, die Krone, ist. Der Mikroprosopus setzt sich aus sechs der Sephiroth zusammen. Im Makroprosopus ist alles Licht und Leuchten, der Mikroprosopus dagegen leuchtet allein durch die Widerspiegelung des Makroprosopus. Die sechs Schöpfungstage entsprechen den sechs Erscheinungsformen des Mikroprosopus. Deshalb nennt man das Symbol des ineinander verflochtenen, den sechszackigen Stern bildenden Dreiecks das Kennzeichen des Makrokosmos oder das Kennzeichen der Erschaffung der größeren Welt; es entspricht folglich den zwei Gesichtern des Sohar. In *The Book of Concealed Mystery* (Das Buch der verborgenen Geheimnisse) wird die Symbolik des Makroprosopus und des Mikroprosopus ausführlich dargestellt; es ist daher gut, vor der Lektüre dieses Werkes die Ähnlichkeiten und Unterschiede zwischen diesen beiden Angesichten zu kennen. Das eine ist das AHIH (Eheieh), beim anderen handelt es sich um das V (Vau) des Tetragrammaton. Die beiden ersten Buchstaben I und H (Jod und He) sind der Vater und die Mutter des Mikroprosopus, und das H am Schluß ist die Braut. In dieser Form allerdings kommt das Gleichgewicht zwischen Strenge und Gnade zum Ausdruck, wobei die Strenge durch die zwei He, die Mutter und die Braut, insbesondere durch letztere, symbolisiert wird. Da jedoch ein Übermaß an Barmherzigkeit keine böse Neigung ist, sondern eher eine gewisse Idee von Schwäche und Bedarf an Stärke vermittelt, erscheint bei einem Übermaß an Strenge zwangsläufig der Vollstrecker des Strafgerichts, die durch den Leviathan symbolisierte böse und drückende Macht. Deshalb heißt es auch, daß hinter dem Rücken der Braut die Schlange das Haupt hebt; wohlgemerkt, hinter dem Rücken der Braut, nicht hinter dem Rücken der Mutter, denn diese ist das übernatürliche H, das Leviathans Kopf zertritt. Sein Kopf aber wird durch die Wasser des großen Meeres zerschlagen. Das Meer ist Binah, das himmlische H, die Mutter. Die Schlange ist die Zentripetalkraft, welche dauernd bemüht ist, in das Paradies (die Sephiroth) einzudringen und die himmlische Eva (die Braut) derart zu versuchen, daß diese wiederum den himmlischen Adam (Mikroprosopus) in Versuchung führt.

Es würde den Rahmen dieser Einführung vollends sprengen,

würde ich auf all diese Symbolik im einzelnen, insbesondere soweit diese Fragen das Thema dieses Werkes berühren, ausführlich eingehen. Ich möchte daher den Leser zu dessen Information ganz einfach auf die eigentlichen Originaltexte selbst verweisen, wobei ich hoffe, daß eine sorgfältige Lektüre dieser einführenden Hinweise dem Leser entsprechende Anregungen bietet.«

Um einige der obigen Ausführungen Mathers' zu wiederholen, möchte ich Ihnen raten, sich Mathers' hier vorliegende Einführung nochmals vorzunehmen, sobald Sie die Lehrschriften durchstudiert haben und mit den hebräischen Bezeichnungen und den besonderen Begriffen vertraut geworden sind. Sie werden mühelos feststellen, daß die in den Lehrschriften gebrauchten Bezeichnungen dieser Einführung entnommen sind. Außerdem führt das Studium der Einführung zum noch besseren Verständnis des in den Lehrschriften vorhandenen Materials.

Weiteres Wissen vermitteln die bereits erwähnten Bücher zum Thema Kabbala, so daß der daran Interessierte verhältnismäßig rasch – gemessen an der erforderlichen Zeit, die der Studierende noch vor einem Jahrhundert dafür aufwenden mußte – gediegene Kenntnisse über den Baum des Lebens, die wichtigste Grundlage für alle kabbalistischen Studien, haben wird.

G.H. Frater S.R.M.D. (Mathers)

Über die Mindestanforderungen an das Studium zur Erlangung der ersten Ordensgrade

Will man dieses Ziel erreichen, ist es unbedingt erforderlich, sich wenigstens derart viele klare Kenntnisse anzueignen, um als Kandidat den von Grad zu Grad fortschreitenden Erklärungen und Instruktionen so folgen zu können, daß man ohne besondere Verwirrung imstande ist, den Sinn und die Bedeutung der einschlägigen technischen Ausdrücke zu verstehen und nicht in Verlegenheit gerät, weil man sie nicht kennt.

Zur Klarstellung sei darauf hingewiesen, daß die sogenannten »Lehrschriften« völlig getrennt von den sogenannten »Neben-Schriften« sind; obwohl man letztere nicht unbedingt auswendig zu kennen braucht, enthalten sie doch bedeutendes und interessantes Material für jeden Grad. Die Lehrschriften enthalten gerade die Menge an ausgesuchtem Wissensstoff, der nicht nur für die Prüfungen zur Erreichung dieses und jenes Grades erforderlich ist, sondern auch befähigt, der rituellen Zeremonie des Grades zu folgen und sie zu verstehen. Solches Wissen mag durchaus ein wenig umfangreicher sein oder erscheinen als das Wissen, das einem lediglich ein Examen abverlangt. Letztlich liegt es jedoch im eigenen Interesse des Schülers, daß er sich den Wissensstoff so gründlich wie möglich aneignet.

Der Gegenstand unserer Studien ist unerschöpflich, handelt es sich doch um das Universum selber, dessen Geheimnisse wir mit Hilfe des geheimen Systems von Entsprechungen und Formeln, den besonderen Kenntnissen unseres Ordens und den Schlüsseln zur Weisheit aller Zeiten auszuloten suchen. Unsere Grade bilden daher die Leiter, die es uns ermöglicht, bis zu dem Ziel emporzusteigen, eine Leiter, an der nicht eine einzige Sprosse fehlt, auch gibt es an ihr nicht die geringste Lücke. Die Seele sprechen wir an mittels der in unseren Zeremonien verborgenen geheimen Formeln, den Verstand mittels der speziellen Studien des Ordens, den Körper mittels der Stationen und der Bewegungen im Tempel und das Dasein insgesamt mittels der Verknüpfung aller dieser Mittel.

Wir müssen allerdings auch daran denken, daß zahlreichen, darunter auch ganz vorzüglichen Mitgliedern des Ordens, wegen der allgemeinen Anforderungen, die der Alltag an sie stellt, und aufgrund ihrer Berufstätigkeit nur beschränkte Zeit zur Verfügung steht, sich mit den Werken und Studien im Sinne des Ordens zu beschäftigen. Auf den ersten Blick scheint dies in der Tat von Nachteil zu sein, in Wirklichkeit stellt es jedoch keine so große Behinderung dar, wie man zunächst meinen möchte; denn einmal sind unsere Studien von den gewöhnlichen Geschäften und von der alltäglichen Berufstätigkeit derart verschieden, daß es dem Geist geradezu als Erfrischung und Erholung dient, wenn man sich damit befaßt. Außerdem vermeidet man durch ordensgerechte Studien eine übermäßige Nervenanspannung mit der Folge geistiger Unausgeglichenheit, vielfach ein Ergebnis übertriebenen psychischen und okkulten Experimentierens, sei es theoretisch oder praktisch. Es ist erstaunlich, was man alles erreichen kann, wenn man regelmäßig auch nur ganz geringe Zeit für das Studium, welchen Gegenstandes auch immer, verwendet. Auf diese Weise strengt man sich weniger an, und der Geist wird nicht so rasch müde, als wenn man ihn jeweils zu lange Zeit hindurch bemüht.

Packt man es richtig so an, kann man eine Vielzahl von Themen bewältigen, die im übrigen voneinander keineswegs so verschieden sind, wie es zunächst scheinen mag. Eigentlich sieht es mehr so aus, als sei es ganz besonders schwierig, sich die Lehrschriften vorzunehmen; in Wirklichkeit ist das gar nicht so schlimm, und wenn man mutig an sie herangeht, ist die Schlacht schon halb gewonnen. Der Inhalt der Lehrschriften ist weit weniger schwierig als es den Anschein hat. Den ersten Eindruck, den der Neophyt von der Sache erhält, kleidet er wohl in den Ausruf: Ach, jetzt muß ich gar noch Hebräisch lernen und die Grammatik des Hebräischen von Grund auf studieren! Dem ist jedoch nicht so. Alles, was man von einem Novizen erwartet, ist, daß er das hebräische Alphabet lernt, das heißt, daß er die Buchstaben und deren Zahlenwerte richtig kennt. Außerdem soll er die richtige und genaue Schreibweise der zehn Sephiroth (nämlich die den zehn Zahlen des Dezimalsystems entsprechenden zehn Emanationen Gottes) sowie der wichtigsten Gottes- und Engelsnamen beherrschen. Herauszubekommen, welches diese wichtigsten Namen sind, ist eine ganz andere Frage auf dem Wege zu einem kritischen Studierenden oder Kenner des Hebräischen. Sollte allerdings ein Frater (Ordensbruder) oder eine Soror (Ordensschwester) gleichwohl die Zeit und die Neigung haben, das Hebräische von Grund auf zu lernen, steht dem selbstverständlich nichts entgegen. Erforderlich ist das jedoch weder für den Durchgang durch die zur Erlangung der Ordensgrade gebräuchlichen Prüfungen, noch um sämtlichen technischen Einzelheiten der Rituale folgen zu können; denn es ist nicht unser

Ziel, aus dem Aspiranten einen gediegenen Gelehrten des Hebräischen zu machen, sondern ihn schrittweise zu einem tiefgründigen Mystiker und Magier heranzubilden. Dasselbe gilt für seine Kennerschaft auf den Gebieten der Alchemie, Astrologie, altägyptischen Mysterien und so weiter, Wissensgegenstände, die sämtlich zu den Themenkreisen der verschiedenartigen Lehrschriften gehören. Es ist ganz allein Sache des Aspiranten, zu entscheiden, ob und auf welche Weise er später die ihm erheblichen Gewinn bringenden Grundkenntnisse anwenden wird. Ist es doch die Wissenschaft von den Entsprechungen, die er die ganze Zeit studiert; seien es die Entsprechungen zwischen den göttlichen Kräften und dem Universum, zwischen diesen und dem Menschen oder zwischen diesen und den mannigfachen Ebenen und Entwicklungsstufen in der lebendigen Natur.

Die hebräischen Buchstaben sowie die in der Astrologie gebräuchlichen Symbole, erlernt man besten dadurch, daß man sich vier bis sieben Zeichen gleichzeitig vornimmt und diese immer wieder so genau wie möglich abschreibt, das wiederholt man solange, bis man sie vollends beherrscht. Beim Abschreiben der hebräischen Buchstaben setze man stets den jeweiligen Zahlenwert neben das Schriftzeichen, damit man diese dem Gedächtnis zusammen mit der dazugehörenden Zahl einprägt. Denken Sie stets daran, daß die hebräischen Buchstaben immer breit, raumgreifend, kräftig und so quadratisch wie möglich geschrieben werden, wobei, wie bei der Notenschrift in der Musik und genau umgekehrt wie in der lateinischen Schrift, die waagrechten Striche dick und die senkrechten dünn sein sollen.

Man mag sich darüber verwundern, weshalb ausgerechnet das hebräische und nicht irgendein anderes Alphabet für den hier dargestellten Zweck Verwendung findet. Der Grund ist folgender. Es liegt nicht unbedingt daran, weil es eben das Hebräische ist, wenn auch der Umstand, daß die in dieser Sprache aufgeschriebene Kabbala (die zum großen Teil das Wissen der alten Ägypter enthält) dem Hebräischen einen gewissen besonderen Wert verleiht. (Immerhin sind die Mysterien der Kabbala ein überaus wichtiger und bedeutender Gegenstand unserer Studien.) Es liegt vielmehr daran, daß gerade das Hebräische bestimmte bemerkenswerte Besonderheiten und Eigenschaften hat, die in seinem Alphabet zum Ausdruck kommen und weit ausgeprägter sind, als das bei den anderen und bekannteren Alphabeten im europäischen Raum gemeinhin der Fall ist. So kennt das Hebräische, um nur einen Unterschied zu den gebräuchlicheren Sprachen aufzuzeigen, a) keine Ziffern, die allein oder verbunden Zahlenwerte ausdrücken, vielmehr hat jeder hebräische Buchstabe selbst auch einen

Zahlenwert. Werden diese Buchstaben als Zahlen benutzt oder wird eine Initiale mit eben einem bestimmten Zahlenwert an die Stelle des ganzen Wortes selbst gesetzt, macht man dies durch zwei kleine Striche über dem Buchstaben deutlich. So kommt die Initiale des Namens der Sephirah Netzach der Zahl 50 gleich und so weiter. b) Das Alphabet besteht nur aus Konsonanten. Verbindet man das hier unter a) und b) Ausgeführte, so folgt daraus, daß jedes Wort eine Zahl darstellt und umgekehrt, daß die meisten Zahlen gleichzeitig jeweils auch Worte bedeuten. Das ermöglicht das in der Kabbala praktizierte Verfahren, Worte mit denselben Zahlenwerten gegenüberzustellen und zu vergleichen. (Das Q steht im Hebräischen ohne das folgende U und wird wie ein betontes oder (selbstverständlich nur sehr schwach) »gehustetes« K ausgesprochen. c) Jeder Buchstabe hat neben seiner Aussagekraft einen besonderen Namen mit einer bestimmten Bedeutung, ganz wie das bei einem durch eine Hieroglyphe ausgedrückten Begriff der Fall ist, wo zum Beispiel die Potenz M mit der Namensbezeichnung Mem Wasser bedeutet. d) Nach unserer Auffassung hat jeder hebräische Buchstabe außerdem jeweils auch seinen mystischen Bedeutungsumfang, so daß jedes wichtige hebräische Wort mehr einen ganzen Satz als lediglich nur ein einziges Wort beinhaltet. Daneben gibt es noch weitere Entwicklungen, die sich später selbst eröffnen.

Der Neophyt sollte auch daran denken, daß man im Hebräischen, anders als im Englischen, Französischen, Deutschen und so weiter, stets von rechts nach links schreibt.

Was dem Neophyten allgemein recht häufig Verlegenheit bereitet, ist die scheinbar maßlose Willkür, die in der Rechtschreibung des Hebräischen herrscht, so daß es ihm vorkommt, als sei manchmal ein Buchstabe überflüssigerweise eingesetzt und in anderen Fällen irrtümlicherweise ausgelassen (obwohl das in Wirklichkeit keineswegs so ist). Die folgende Erklärung, die diesen Punkt von Grund auf klären will, begründet diese scheinbare Regellosigkeit und Unklarheit. Keinen der in dieser Begründung oder schon oben gebrachten Hinweise braucht man auswendig zu wissen; diese Ausführungen haben nur den Sinn, schwierige Einzelfragen zu klären.

Hebräisch ist keine europäische, sondern eine semitische Sprache. Die semitische Sprachgruppe, zu der das Hebräische, Chaldäische, Arabische oder Äthiopische zählen, unterscheidet sich vor allem dadurch, daß das Alphabet ausschließlich aus Konsonanten besteht. Das gilt selbst für solche Buchstaben, die einen Selbstlautwert zu haben scheinen, wenn dies im Hebräischen auch nicht so deutlich erkennbar ist wie bei den uns geläufigen europäischen Sprachen. Im Hebräischen klingt es mehr wie das Einziehen des Atems, wie beispielsweise die Silbe Ah, denn der Selbstlaut A ist H, EH oder He, je nach Stellung. Das E ist als Selbstlaut wie etwa im Deutschen nicht vorhanden. V klingt mehr wie das U. Der Laut J klingt wie I, NG, auch AA oder HA; manchmal erinnert er an das Wiehern eines Pferdes oder an das Meckern einer Ziege und klingt mehr wie unser O.

In dem Buch *What You Should Know About the Golden Dawn* habe ich einige Kritiken gegenüber den in dem Orden herrschenden allgemeinen Einstellungen erörtert. Indem auch Sie sich recht kritisch damit auseinandersetzen, arbeiten Sie daran, sich den Ihnen zweckdienlichen und angemessenen Prüfungen zwecks Erhebung in einen höheren Grad zu unterziehen. Falsche Einstellungen waren in der Tat für den Orden in seinen Anfängen ein Unglück. Geht man von der einschlägigen Literatur aus, könnte es scheinen, als sei Mathers dafür ebenso verantwortlich gewesen wie andere. Insgesamt habe ich große Hochachtung vor Mathers, denn er war, wie dieses Buch deutlich macht, zusammen mit Westcott der Schöpfer der meisten Initiationsrituale und der Verfasser der meisten Anweisungen zum Einstieg in die Magie. Von diesem besonderen Gesichtspunkt aus betrachtet war er allerdings unbewußt der Förderer dieser tadelnswerten Einstellungen, die meines Erachtens dem Orden unermeßlichen Schaden zugefügt haben. Er war es auch, der es zuließ, daß im wesentlichen unwürdige Kandidaten zu Unrecht in höhere Grade aufstiegen, zu deren Erreichung sie von Grund auf noch nicht reif waren.

Teil II

Die Bedeutung der Divination

V. H. Frater A.M.A.G. (Israel Regardie)

Divination

Im Rahmen eines Ordens, der es sich zur Aufgabe gemacht hat, in den Methoden geistiger Entwicklung zu unterweisen, mag es schwierig scheinen, das Gebiet der verschiedenen Divinationsarten zu verstehen. Gewiß werden manche über diese Feststellung erstaunt sein; sagt man doch gewöhnlich, die Divination zähle ausschließlich zu den einfachen okkulten Künsten. Für den Orden liegt der Hauptzweck dieser praktischen Methoden jedoch darin, daß sie, mehr als es bei anderen Übungen der Fall ist, die Vorstellungskraft, die Intuition und die hellseherischen Fähigkeiten anregen.

Man findet zwar in diesem Buch hier und dort bestimmte Lesarten oder Interpretationen der Symbole aus den Bereichen Geomantie und Tarot; dabei handelt es sich jedoch nur um Grundbedeutungen, die keineswegs ein vollständiges Bild der geistigen Ursachen für Geschehnisse im materiellen Bereich zeichnen. Derartige Interpretationen dienen allenfalls dem Anfänger in dieser Kunst; braucht er doch für die am häufigsten vorkommenden Begriffe eine Grundlage, auf der er seine eigenen Meditationen aufbauen kann. In der eigentlichen Praxis dienen diese wortwörtlichen Darstellungen lediglich als Basis für das Arbeiten an den inneren Fähigkeiten. Sie sind für den Anfänger nur eine Art Prellbock, von dem er sich gleichsam »abstoßen« kann. Kurz, alle diese Anstrengungen, die darauf gerichtet sind, mit Hilfe dieser Methoden Zukünftiges vorauszusehen, bewirken eine erhebliche Entfaltung der Intuition und der Imaginationskraft. Ausnahmslos jeder hat die Gabe, in die Zukunft zu blicken; unterschiedlich ist nur die Fähigkeit, dies auch manifest werden zu lassen. Bei den meisten ruht diese Fähigkeit völlig.

Nochmals: Für das verfeinerte Empfindungsvermögen eines Adepten mit voll entwickelten Fähigkeiten, für einen Meister, der zur Feststellung, woher eine Erscheinung kommt und wohin sie geht, keiner solcher künstlicher Divinationsprozesse bedarf, sind solche Konventionen völlig überflüssig, ja eine Behinderung. Für einen Neophyten dagegen sind derartige Hilfen und Stimulanzien durchaus angebracht, sie sind für seine Schulung nicht nur legitim, sondern auch nützlich und notwendig.

Für den Leser mag der Versuch reizvoll sein, sich die intuitiven Kenntnisse irgendeines Gegenstandes zunächst ohne Zuhilfenahme der Divination anzueignen. Er wird feststellen, wie überaus schwierig allein der Versuch ist, irgendein Faktum oder irgendein Geschehnis zu wählen, das als Anreger oder als Starthilfe für den inneren Mechanismus wirken soll. Ist der Leser auf diesem Wege gescheitert, mag er sehen, wieviel weiter er durch klugen und sinnvollen Gebrauch einer der im Orden gepflegten Methoden kommt. Es ist überhaupt nicht daran zu zweifeln, daß die Öffnung des Geistes für eine intuitive Wahrnehmung durch diese Methoden erheblich unterstützt wird. Insbesondere gilt das auch für die recht umständliche Tarot-Methode, mit der sich der zu Initiierende im Verlauf des Lehrplanes für den Adeptus Minor zu beschäftigen hatte. Wie bei allen magischen Techniken kann auch mit der Divination Mißbrauch getrieben werden. Die Tatsache jedoch, daß eine solche falsche Anwendung möglich ist, darf nicht zur Verurteilung dieser Technik als solcher führen; das muß immer wieder betont werden. Wie überall, bedarf es auch im Bereich der magischen Künste des gesunden Menschenverstandes.

Ursprünglich wurde Astrologie im üblichen Programm gelehrt. Offenbar sind jetzt jedoch alle diesbezüglichen Unterweisungen aus den Schriften des Ordens restlos gestrichen. In diesem Falle ist das aber nur gut; denn in den letzten Jahren haben ernstzunehmende und zuverlässige Forscher diesem Gegenstand besondere Aufmerksamkeit geschenkt, und in zahlreichen erstklassigen Büchern wird dieses schwierige Thema behandelt. Alles, was der Orden vom Adeptus Minor verlangt, ist die Beherrschung der Grundlagen dieser Wissenschaft und die Fähigkeit, eine Skizze zu zeichnen, auf der die Positionen der Planeten und Tierkreiszeichen vor bestimmten Operationen, bei denen die Anrufung der Kräfte der Planeten und des Zodiakus erforderlich ist, dargestellt sind.

Zur Divination allgemein hatte der Äußere Orden nur sehr wenig zu sagen. Da, wie bereits bemerkt, der Markt mit zahlreichen guten Arbeiten zum Thema Astrologie jetzt geradezu vollgestopft ist, hat man den offiziellen Unterricht zu diesem Thema aufgegeben; gab es doch in der Tat keine Notwendigkeit, etwas zu lehren, über das sich ein jeder mühelos informieren konnte.

Die vom Golden Dawn befürwortete Tarot-Methode war die keltische. Es handelt sich dabei um einen Satz von zehn Karten, der durch A.E. Waites *Der Bilderschlüssel zum Tarot*, ein Werk, dem spätere Schriftsteller sehr viel entnommen haben, populär geworden ist. Die Methode ist ganz einfach und klar, und darin lag ihr Vorzug für den Schüler im Äußeren Orden. Ihr Hauptnachteil war allerdings der, daß sie keine Möglichkeit bot, zu bestimmen, ob eine bestimmte Karte in dem Satz einen guten Aspekt hatte oder nicht. Unter diesen Umständen mochte der Novize in der Kunst der Divination dazu neigen, die Interpretation herauszusuchen, die für ihn am günstigsten war und die seinen Vorstellungen am meisten entgegenkam. Die im Inneren Orden gelehrte Methode des Golden Dawn war etwas ganz anderes, verfügte sie doch über ein vorzügliches Verfahren, eine jede zu lesende Karte ihrem Aspekt nach zu betrachten.

Brauchbar und nützlich wurde das von Leigh Gardner in seinen Aufsätzen und Abhandlungen als keltische oder zigeunerische Methode bezeichnete Verfahren durch einen einfachen Kunstgriff. Mischt man die Karten, um den persönlichen Magnetismus oder die persönliche Aura in sie eindringen zu lassen, tut man gut daran, regelmäßig eine Karte fallenzulassen. Legt man diese Karte wieder zu den anderen Karten zurück, sorge man dafür, daß sie verkehrt zu liegen kommt. Oder man ziehe die Hälfte der zum Satz gehörenden Karten absichtlich aufs Geratewohl heraus, drehe sie um und lege sie zu den übrigen Karten zurück. Sodann mische man die Karten gründlichst, damit sie, wie der Zufall es will, völlig untereinander verteilt sind.

Diese Umkehrung der Karten ermöglicht bei deren Aufdeckung im Rahmen der Divination eine negative Auslegung. Das wiederum vergrößert die Wahrscheinlichkeit einer pragmatischeren Ausdeutung bei der Beantwortung bestimmter Einzelfragen.

Weitere Einzelheiten zu dieser im Orden gepflegten Methode werden weiter unten dargelegt. Die Beschreibung der Methode der Zigeuner erfolgt nur, um dem Schüler die Möglichkeit zu bieten, auf einer einfachen Grundlage zu experimentieren, ehe er sich daran macht, mit der komplexeren Ordensmethode des Tarot-Lesens umzugehen.

Eine andere Methode war die Geomantie, die Divination mittels der Erde. Eine vollständige Abhandlung darüber erhielt der Practicus im Äußeren Orden des Golden Dawn. Jahre nach der Revolte, die den Orden beinahe zerstört hatte, stellten MacGregor Mathers und Brodie

Innes einen der Tempel in Nordengland wieder her (von dem aus sich der Orden sogar bis in die USA ausbreitete) und nannten ihn das A und O, eine Abkürzung für Alpha und Omega. Unter diesem neuen Namen wurde der Orden des Golden Dawn unmittelbar weitergeführt, und man fuhr fort, die ursprünglich für den Golden Dawn verfaßten Lehrschriften zu benutzen, wobei jedoch einige neue hinzukamen. Eine davon behandelte die Geomantie. Dieser Lehrschrift habe ich einige wichtige Aufzeichnungen entnommen und in die Grunddarlegung eingefügt. Zusammen bieten sie ein ausgezeichnetes Informationsmaterial zu diesem Thema.

Grundlagen des Tarot, der Geomantie und der Astrologie

Ausführlichere Erörterungen des Tarotsystems, bis zu einem gewissen Grad auch der Geomantie und der Astrologie, findet man in anderen Kapiteln dieses Werkes. Zunächst scheint es jedoch angebracht und dem Anfänger nur dienlich, dieses Thema kurz zu umreißen, so daß der Studierende bereits einigermaßen vorbereitet ist, wenn er sich an die Lektüre des umfassenderen Materials macht.

Stuart R. Kaplan

Der Tarot

»Heute gibt es mehrere aus dem 15. Jahrhundert stammende Visconti-Sforza *tarocchi*-Kartensätze; es handelt sich dabei um die ältesten bekannten Tarotkarten überhaupt. Die 1975 erfolgte Reproduktion des vollständigsten dieser Kartensätze war für die Sammler von Tarotkarten und für Kunsthistoriker ein bedeutsames Ereignis. Es handelt sich dabei um den Piermont Morgan-Bergamo *tarocchi* Kartensatz, dessen Originalkarten sich in der Piermont Morgan Library, New York, in der Accademia Carraran und im Besitz der Familie Colleoni, Bergamo, befinden.

Italien hat die Ehre, einige der ältesten bekannten *tarocchi*-Kartensätze hervorgebracht zu haben, die auch die mystischen und allegorischen Trumpfkarten enthalten. Über einen Zeitraum von fünf Jahrhunderten hat die herausfordernde Symbolik der zweiundzwanzig Großen Arkana Kunsthistoriker, Künstler und Okkultisten unaufhörlich in Bann gezogen. Fünfhundert Jahre lang haben Kartenzeichner und Künstler stets dieselbe dominierende Symbolik der Großen Arkana-Karten gewissenhaft und getreu bewahrt, auch wenn sie aufgrund bestimmter Modeerscheinungen, Begebenheiten und Tagesereignisse nicht selten ihre persönlichen Vorstellungen, Erklärungen und Deutungen in Form geringfügiger Modifikationen in die Zeichnung eingebracht haben. In führenden Museen, Bibliotheken und in Privatsammlungen gibt es Hunderte solch modifizierter Tarotkarten; darunter sind Arbeiten bedeutender Künstler, wie etwa des genialen Bonifacio Bembo aus dem 15. Jahrhundert, aber auch moderner Meister, wie Salvador Dali und Larry Rivers, nicht zuletzt aber auch weniger bekannter, doch begabter Künstler, wie Palema Coleman Smith (Rider-Waite-Karten), Lady Frieda Harris (Crowley-Thoth-Karten), Fergus Hall (James Bond 007-Tarotkarten). David Palladini (Aquarian Tarot) und Domenico Balbi (Balbikarten).

Die Entwicklung der Symbolik des Tarot während der letzten fünfhundert Jahre seit den ältesten bekannten italienischen *tarocchi*-Karten ist eine wahrhaft fesselnde Geschichte.

Terminologie

Den Ausdruck *trionfi* gebrauchte man im 15. Jahrhundert in Italien als Bezeichnung für die zweiundzwanzig Karten der Großen Arkana. Der Ausdruck *tarocchi* kam in Italien Anfang des 16. Jahrhundert in Gebrauch; zunächst bezog man diesen Ausdruck auf die zweiundzwanzig Karten der Großen Arkana, dann bezeichnete man damit den vollständigen Satz von achtundsiebzig Karten, die aus den zweiundzwanzig Großen und den sechsundfünfzig Kleinen Arkana oder Zahlenkarten bestanden. Die Begriffe *tarocchi* und *tarocco* werden häufig verwechselt, und doch ist *tarocchi* nichts anderes als der Plural von *tarocco*. Der Ausdruck Tarot, die französische Ableitung von *tarocchi*, ging in den englischen Sprachgebrauch über. Der Buchstabe t am Ende des Wortes Tarot wird nicht gesprochen. McGregor Mathers beschrieb 1888 mehrere aus dem Wort Taro abgeleitete Anagramme:

Tora – Gesetz (Hebräisch)
Troa – Tor (Hebräisch)
Rota – Rad (Lateinisch)
Orat – es spricht, argumentiert oder erfleht (Lateinisch)
Taor oder Taur – Ägyptische Göttin der Finsternis
Ator oder Athor – Ägyptische Hathor-Göttin der Freude

Der Ausdruck Trümpfe ist eine Ableitung des lateinischen Wortes *triumphi*. Die zweiundzwanzig Trumpfkarten – man nennt sie auch Haupt-Arkana-Karten oder Große Arkana-Karten – enthalten jeweils ein symbolisches oder allegorisches Bild. Der Ausdruck Arkana stammt aus dem Lateinischen; er hat die Bedeutung von mysteriös oder geheim. Die gleiche Bedeutung hat auch das italienische, aus dem Lateinischen stammende Wort *arcana*. Im Französischen nennt man die Trümpfe auch *atouts*, im Italienischen *atutti*. Atouts sind die Karten von höherem Wert im Vergleich zu den übrigen Karten; das heißt ein tous oder ein tutti steht über allen anderen Karten.

Manche Forscher meinen, das Wort Tarot sei eine Ableitung von *tarotee*, ein Ausdruck, der für die Gestaltung der Rückseiten der Karten verwandt wurde, nämlich kreuz und quer gezeichnete durchgezogene oder punktierte Linien verschiedener Länge und Breite. Wahrscheinlich war aber der Ausdruck *tarotee* selber eine Ableitung von *tarocchi*, da dieser Terminus älter ist als das Wort *tarotee*. In den Statuten der Gilde der Kartenmacher zu Paris im Jahre 1594 nannten sich die cartiers selbst *tarotiers*, was wiederum eine andere Ausdrucksweise für Tarot ist.

Der Ursprung dieser Art von Spielkarten – sowohl der zweiundzwanzig Großen Arkana als auch der sechsundfünfzig Zahlenkarten – bleibt im Dunkeln. Eines dieser alten Kartenspiele – vielleicht der überhaupt älteste noch vorhandene Kartensatz – ist das aus der Zeit zwischen 1420 bis 1430 stammende handgemalte deutsche »Jagd«-Kartenspiel aus Stuttgart. Es enthält keine Trümpfe, sondern besteht ausschließlich aus Zahlenkarten. Auf den einzelnen Karten sind Jagdszenen mit Hunden, Hirschen, Enten und Falken abgebildet. Aus derselben Zeit stammen auch die ältesten Visconti-Sforza-*tarocchi*-Karten. Bei den in den späteren Jahrhunderten angefertigten Karten handelt es sich um solche, die auf der Grundlage populärer Theorien den möglichen Ursprung der *tarocchi*-Karten berücksichtigen.

Der vorgeschichtliche Mensch und schriftlose Kulturen

Bereits vor Beginn der aufgezeichneten Geschichte hatte der prähistorische Mensch verschiedene Systeme einer mündlich überlieferten Kultur und Tradition entwickelt, die auf einer subtilen Kenntnis der Astronomie und auf kalendarischen Zählungen basierten.

Heute nimmt man allgemein an, daß der vorgeschichtliche Mensch die siderischen Phasen im Laufe der einzelnen Tage, Monate und Jahre sowie die wechselnden Positionen der Planeten sorgfältig beobachtet hat. Derartige astronomische Tatsachen konnte der vorgeschichtliche Mensch ohne weiteres studieren, und er hielt diese Beobachtungen kalendarisch dadurch fest, daß er sie zum Beispiel auf ausgespannten Tierhäuten einzeichnete, in Knochen einkerbte und einritzte oder in Äste und Baumzweige einschnitt. Ganz besonders kulturelle Ereignisse wurden schließlich metaphorisch und allegorisch, sei es in Gestalt von Mythen, Legenden oder Sagen ausgedrückt, wobei all diese über Generationen hinweg und über Zeitläufe von vielen Tausenden, ja Zehntausenden von Jahren überliefert wurden.

Einige Bruchstücke dieser frühen mündlichen Überlieferungen hielten sich in Form volkstümlicher Mythen und religiöser Glaubensvorstellungen bis zu der Zeit am Leben, wo man sie auch schriftlich festzuhalten begann. So verbindet man zum Beispiel mit dem gehörnten Teufel die Vorstellung von Zauberei und Bösem, während der Eremit gemeinhin als eine Figur erscheint, die eine Kapuze und eine Kerze trägt und die Wintersonnenwende darstellt. Beide Figuren findet man unter den Großen Arkana in den Tarotkarten. Zahlreiche dieser Bilder auf den Großen Arkanakarten wurden im Laufe der Zeit und infolge der Unwissenheit derer, die sie wiedergaben, entstellt. So kommt es, daß auf den meisten während der letzten fünfhundert Jahre unter das Volk gebrachten Tarotbildern von den uralten Mythen und von der alten schriftlosen Kultur kaum etwas wiederzuerkennen ist. Wörtliche Interpretationen zahlreicher alter Mythen sind der Grund für viele abergläubische Vorstellungen und Zeremonien, die heute von religiösen Gruppen, Bruderschaften, Geheimgesellschaften und Anhängern des Okkulten praktiziert werden.

Manche Gelehrte, darunter auch Arthur Corwin, der dieses Gebiet seit den sechziger Jahren dieses Jahrhunderts erforscht, betrachten die allegorische Symbolik der Tarotkarten als bildhafte Metaphern, in denen das Interesse und die Bemühung des Urmenschen, die Zeit zu messen und zu bestimmen, zum Ausdruck kommt. Der Kalender war für den Urmenschen ein wichtiger Bezugspunkt. Er registrierte die jeden Tag, jeden Monat und jedes Jahr sich am Himmel zeigenden Veränderungen sehr sorgfältig. Er beobachtete die Präzession des Äquinoktiums, die astronomischen Bewegungen der Sterne und der Planeten sowie andere Erscheinungen, die sich regelmäßig wiederholten. Der Kalender war für ihn ein Gegenstand von lebenswichtiger Bedeutung. Mit Hilfe des Kalenders war er in der Lage, die Anlage von Vorräten für den Winter zu planen, notwendige Unterkunft zu bereiten, zu festgesetzten Tageszeiten mit anderen Menschen zusammenzukommen, die Zeit zu bestimmen, innerhalb der eine Geburt zu erwarten war...«

Eine Zigeunermethode zur Tarot-Divination

Will man auf eine ganz bestimmte Frage eine schnelle Antwort, ist folgende Methode die beste.

Der Wahrsager wählt eine Karte, den sogenannten »Signifikator«, die den Gegenstand oder die Person darstellt, nach dem oder nach der gefragt wird. Möchte er etwas in Erfahrung bringen, was ihn selbst betrifft, wählt er eine Karte, die seiner eigenen Persönlichkeit entspricht.

Ein König symbolisiert einen Mann von vierzig Jahren und älter.

Ein Ritter symbolisiert jeden Mann unter vierzig Jahren.

Eine Königin symbolisiert eine Frau von vierzig Jahren und älter.

Ein Bube symbolisiert einen jungen Mann oder eine Frau.

Die vier Hofkarten:

Stäbe symbolisieren sehr blonde Menschen mit gelbem oder goldbraunem Haar, heller Haut und blauen Augen.

Kelche bezeichnen Menschen mit hellbraunem oder mattem Haar und grauen oder blauen Augen.

Schwerter kennzeichnen Menschen mit nußbraunen oder grauen Augen, dunkelbraunem Haar und glanzloser Haut.

Pentagramme beziehen sich auf Menschen mit tiefdunkelbraunem oder schwarzem Haar, dunklen Augen sowie blasser oder dunkler Haut.

Auch das Temperament der Person, deren Zukunft man auf der Grundlage des Tarot erforschen will, bietet gewisse Anhaltspunkte. Ein ganz besonders dunkler Typus ist möglicherweise energisch und tatkräftig; eine solche Person wird wohl besser durch eine Schwerterkarte als durch eine Pentagrammkarte symbolisiert. Dagegen wird eine sehr blonde, träge und energielose Persönlichkeit besser durch Kelche als durch Stäbe dargestellt. Kommt es auf die Frage selbst entscheidend an, dient als Signifikator besser eine Trumpfkarte oder eine kleine Karte, die eine der Angelegenheit entsprechende Bedeutung hat.

Angenommen, die Frage lautet: »Ist ein Gerichtsverfahren notwendig?«. In diesem Falle wählen Sie als Signifikator am besten den Trumpf »Gerechtigkeit«, denn diese Karte bezieht sich auf juristische Angelegenheiten. Lautet die Frage jedoch: »Werde ich den Prozeß gewinnen?«, wählen Sie am besten eine Hofkarte, die den Frager selbst symbolisiert. Auf gleiche Weise kann man auch Einzelheiten des Gerichtsverfahrens selbst und dessen Ergebnis für die einzelnen Prozeßbeteiligten erfragen.

Haben Sie den Signifikator gewählt, legen Sie ihn mit der Vorderseite nach oben auf den Tisch. Sodann mischen Sie die übrigen Karten gut und gründlich und heben nach jedem Mischen dreimal ab. Schließlich decken Sie die oberste oder erste der mit der Vorderseite nach unten liegenden Karten auf, legen diese auf den Signifikator und sprechen:

1. Diese Karte bedeckt ihn.
Diese Karte überträgt allgemein den Einfluß auf die Person oder die Sache, nach der gefragt wird. Sie liefert die Atmosphäre, in der sich die ätherische Strömung bewegt. Nun decken Sie die zweite Karte auf und sprechen:

2. Dies kreuzt ihn.
Diese Karte zeigt das an, was sich der Angelegenheit in den Weg stellt. Ist es eine günstige Karte, sind die entgegenwirkenden Kräfte nicht sonderlich stark, oder es bedeutet, etwas an sich Gutes werde in diesem besonderen Zusammenhang etwas Gutes zur Folge haben. Nun decken Sie die dritte Karte auf und sprechen:

3. Dies krönt ihn.
Diese Karte versinnbildlicht einmal die Ziele oder die Ideale des Fragestellers in dieser Angelegenheit, zum anderen zeigt sie das Beste, was sich unter diesen Umständen erreichen läßt, jedoch noch nicht verwirklicht worden ist. Jetzt decken Sie die vierte Karte auf und sprechen:

4. Dies liegt unter ihm.
Diese Karte zeigt die Grundlage oder die Basis der Angelegenheit; sie zeigt das, was bereits zustandegekommen ist und was sich der Signifikator zu eigen gemacht hat. Sie decken die fünfte Karte auf und sprechen:

5. Dies liegt hinter ihm.
Diese Karte zeigt den gerade vergangenen Einfluß oder den Einfluß, der im Begriff ist, sich zu entfernen. Ist der Signifikator eine Trumpfkarte oder eine Karte ohne eine besondere Bildseite, muß der Wahrsager im voraus festlegen, welche Seite des Signifikators er als Bildseite ansehen will. In der Regel wird diese fünfte Karte rechts von dem Signifikator gelegt; wie man überhaupt feststellen wird, daß die meisten der Hofkarten in Blickrichtung auf die linke Hand zu liegen kommen. Wie dem auch sei, wenn Sie sich dazu entschließen, diese Methode immer anzuwenden, werden Sie feststellen, daß diese Methode Ihren Erwartungen entspricht. – Machen Sie es sich allerdings zur Regel, stets so zu verfahren. Decken Sie jetzt die sechste Karte auf und sprechen Sie:

6. Dies liegt vor ihm.
Diese Karte zeigt den Einfluß, der zu wirken beginnt und in naher Zukunft voll da sein wird.
Die nächsten vier Karten werden der Reihe nach aufgedeckt und in eine Reihe neben die anderen Karten gelegt, die kreuzförmig ausgelegt sind.

7. Dies ist er selbst.
Diese Karte bezeichnet die Person oder die Sache, nach der gefragt wird, und zeigt den Standpunkt oder die Einstellung der Person oder der Sache zu der Angelegenheit, nach der gefragt wird.

8. Die achte Karte symbolisiert sein Haus.
Es handelt sich dabei um seine Umgebung, seine Umwelt, sein Milieu und die in diesem Bereich wirkenden Tendenzen, die diese Angelegenheit beeinflussen, wie zum Beispiel seine Stellung im Leben, den Einfluß, den ihm nahestehende Freunde ausüben und so weiter.

9. Die neunte Karte zeigt die Hoffnungen und die Befürchtungen, die er in dieser Angelegenheit hegt.

10. Die zehnte Karte zeigt das Endergebnis.
Es ist der Höhepunkt, der durch den in Erscheinung getretenen Einfluß der übrigen, im Verlauf der Divination jeweils aufgedeckten Karten herbeigeführt wird.
Damit ist die Handlung beendet. Sollte im Verlauf irgendeiner Divination die zehnte Karte eine Hofkarte sein, ergibt sich daraus, daß die Person oder die Sache, deren Zukunft mittels der hier gezeigten Methode erkundet wird, schließlich in die Hände einer durch die Hofkarte repräsentierten Person fällt, und daß der Ausgang der Angelegenheit hauptsächlich von dieser Person abhängt. In diesem Falle kann man eine neue Divination durchführen. Um herauszufinden, welcher Art der Einfluß jener Person in dieser Angelegenheit ist und welches Ergebnis diese Person herbeiführen wird, nimmt man die Hofkarte als Signifikator und führt eine neue Divination durch.
In dieser Methode, die sogar noch den Vorteil hat, daß sie den persönlichen Fähigkeiten des Handelnden, nämlich seinen latent bereits vorhandenen oder entwickelten Erfahrungen und Einsichten Spielraum läßt, erlangt man bald große Fertigkeit. Hinzu kommt, daß dieses Verfahren völlig unkompliziert ist.
Wenn ich mir Waites Schrift *Der Bilderschlüssel zum Tarot* ansehe,

stelle ich fest, daß ein großer Teil des soeben Ausgeführten fast wörtlich diesem Buch entnommen ist. Eine ganze Menge wichtiger Informationen zu dieser Methode enthält jedoch Grays Buch *A Complete Guide to the Tarot*.

G.H. Frater S.R.M.D. (Mathers)

Bemerkungen zum Tarot

(Hinweis: Diesen Aufsatz hat mir vor einigen Jahren Mr. Stuart Kaplan von der U.S. Games Systems Inc. geliehen. Dafür danke ich. I.R.)

Im Lebensbaum des Tarot bildet jeder Pfad das Bindeglied zwischen jeweils zwei der Sephiroth. Der König und die Königin sind in diesem Kartensatz die Wechselbeziehungen von ABBA und AIMA; der Ritter oder Prinz antwortet auf den Mikroprosopus, und der Page (er war früher einmal eine weibliche Figur) oder die Prinzessin beziehen sich auf die Braut, Kallah oder Malkah.

Verbindet man nun die wesentlichen Zuordnungen der Sephiroth und des Pfades, erhält man folgende Ergebnisse:

0. Der Narr – Die Krone der Weisheit, das Primum Mobile, das durch die Luft auf den Zodiak wirkt.
1. Der Magier – Die Krone des Verstandes, der Ursprung der stofflichen Schöpfung, das Primum Mobile, das durch den philosophischen Merkur auf den Saturn wirkt.
2. Die Hohepriesterin – Die Krone der Schönheit, der Ursprung der Herrschaft und Schönheit, das Primum Mobile, das durch den Mond auf die Sonne wirkt.
3. Die Herrscherin – Die Weisheit der Einsicht, die Einheit der Kräfte, die Neues erschaffen und herstellen; die Sphäre des Zodiaks, die durch Venus auf Saturn wirkt.
4. Der Herrscher – Die Weisheit von Herrschermacht und Schönheit und der Begründer von beidem; die Sphäre des Zodiaks, die durch den Widder auf die Sonne einwirkt und den Frühling herbeiführt.
5. Der Hierophant – Weisheit und Quell des Mitleids, der Barmherzigkeit, die Sphäre des Zodiaks, die durch den Stier auf Jupiter einwirkt.

6. Die Liebenden – Das Verstehen von Schönheit und der Erzeugung von Schönheit und Souveränität. Saturn wirkt durch die Zwillinge auf die Sonne ein.
7. Der Triumphwagen – Verständnisvolles Einwirken auf Strenge und Härte. Saturn wirkt durch den Krebs auf Mars ein.
8. Die Stärke – Unerschütterlichkeit. Mitleid mindert die Strenge und Härte. Die Herrlichkeit der Kraft und Stärke. Jupiter wirkt durch den Löwen auf Mars ein.
9. Der Eremit – Die Gnade der Schönheit, die Pracht und der Glanz der Souveränität. Jupiter wirkt durch die Jungfrau auf die Sonne ein.
10. Das Rad des Schicksals – Erbarmen und Glanz des Sieges. Jupiter wirkt durch Jupiter unmittelbar auf Venus ein.
11. Die Gerechtigkeit – Die strenge Unerbittlichkeit der Schönheit und der Souveränität. Mars wirkt durch die Waage auf die Sonne ein.
12. Der Gehängte – Die Unerbittlichkeit des Glanzes und der Pracht. Die Durchführung der Gerechtigkeit. Mars wirkt durch Wasser auf Merkur ein.
13. Der Tod – Die Souveränität und das Ergebnis des Sieges. Die Sonne wirkt durch den Skorpion auf Venus ein, oder Osiris betrübt und kränkt Isis unter der zerstörerischen Kraft des Typhon.
14. Das Maß* – Die Schönheit einer festen Grundlage. Die Souveränität der Fundamentalkraft. Die Sonne wirkt durch den Schützen auf den Mond ein.
15. Der Teufel – Die Souveränität und die Schönheit des Materiellen (und deswegen falschen) Glanzes. Die Sonne wirkt durch den Steinbock auf Merkur ein.
16. Der Turm – Der Sieg über Glanz, Pracht, Größe und Ruhm. Venus wirkt durch Mars auf den Merkur ein. Die Kraft der Rache und Vergeltung.
17. Der Stern – Der Sieg der fundamentalen Kraft. Venus wirkt durch den Wassermann auf den Mond. Hoffnung.
18. Der Mond – Der Sieg des Stofflichen. Venus wirkt durch die Fische auf die kosmischen Elemente ein. Trügerische Wirkung auf die sichtbaren stofflichen Kräfte.

---

* Anm. d. Übers.: Auf Englisch heißt diese Karte *temperance*, was meist sehr ungünstig mit »Mäßigkeit« wiedergegeben ist. »Mäßigung« wäre noch vertretbar. Inhaltlich angemessen wäre meiner Auffassung nach »Der Ausgleich«. Um aber nicht durch einen völlig neuen Begriff Verwirrung zu stiften, haben wir hier und im folgenden »Das Maß« gewählt.

19. Die Sonne – Glanz und Herrlichkeit der stofflichen Welt. Merkur wirkt durch die Sonne auf den Mond ein.
20. Das Gericht – Glanz und Pracht der geistigen Welt. Merkur wirkt durch das Feuer auf die kosmischen Elemente ein.
21. Die Welt – Grundlage und Stütze der kosmischen Elemente und der stofflichen Welt. Der Mond wirkt durch Saturn auf die Elemente ein.

Die Großen Arkana im Tarot

Die hier folgende Darstellung der Großen Arkana ist hauptsächlich den Ordensritualen entnommen, in deren Rahmen der Einstieg in einen höheren Grad erfolgt, und so sind sie auch von MacGregor Mathers dargelegt. Die Beschreibung der Schlüssel zu Lamed und Mem sind dem Adeptus Major-Ritual entnommen. Näheres dazu finden Sie in dem Abschnitt des hier vorliegenden Gesamtwerkes, der von den Initiationsritualen handelt. Alle Anzeichen sprechen dafür, daß diese Darstellung zu einem späteren Zeitpunkt von Waite verfaßt worden ist.

Bei den wenigen noch erhalten gebliebenen Aufzeichnungen zu diesem Thema handelt es sich um kurzgefaßte, anhand zahlreicher Quellen bearbeitete Improvisationen, die vorwiegend den Zweck hatten, in den Lehrschriften und Ritualen Lücken zu füllen. Im Äußeren Orden wurde über den Tarot nur sehr wenig mitgeteilt. Das tatsächlich wichtige Material wurde vermittelt, nachdem der Adeptus Minor-Grad erreicht war. Trotz alledem sind in der Tat zahlreiche Lücken vorhanden, die durch weiterführende Literatur und durch Meditation ausgefüllt und ergänzt werden sollten. Meines Erachtens gibt es derzeit nur drei oder vier größere Arbeiten, die der Schüler in diesem Zusammenhang zu Rate ziehen sollte; von Waites Grundwerk *Der Bilderschlüssel zum Tarot* abgesehen, das eine recht weitschweifige Darstellung der Karten bietet und Schwarz-weiß-Reproduktionen von Waites eigenen Tarotkarten enthält. Zu nennen ist Aleister Crowleys *Das Buch Toth* (Urania), die wohl tiefschürfendste aller dieser Arbeiten. Es sollte auf der Liste der zu lesenden Bücher an erster Stelle stehen. Hervorzuheben ist des weiteren Paul Cases Buch *The Tarot, the Key to the Mysteries of the Ages*. Es bietet eine gute Darstellung der Karten und kommt der Auffassung des Ordens wahrscheinlich am nächsten. Das sollte auch so sein, war er doch einst Mitglied des amerikanischen Zweigs des Ordens. Schließlich ist auf die *Ency-*

| 0 THE FOOL | 1 THE MAGICIAN |

| 2 THE HIGH PRIESTESS | 3 THE EMPRESS | 4 THE EMPEROR |

| 5 THE HIEROPHANT | 6 THE LOVERS | 7 THE CHARIOT |

8 STRENGTH	9 THE HERMIT
10 WHEEL OF FORTUNE	11 JUSTICE	12 THE HANGED MAN
13 DEATH	14 TEMPERANCE	15 THE DEVIL

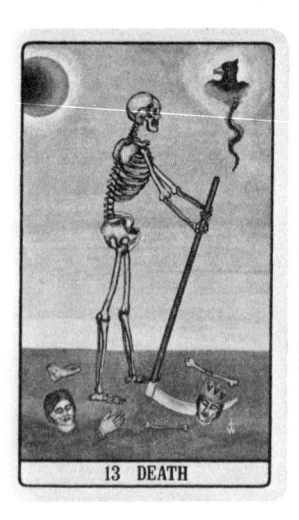

| 16 THE TOWER | 17 THE STAR | 18 THE MOON |

| 19 THE SUN | 20 JUDGMENT | 21 THE UNIVERSE |

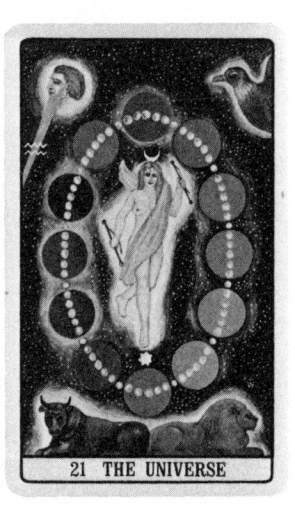

clopedia of the Tarot von Stuart R. Kaplan (Copyright by U.S. Games Systems, 1987) hinzuweisen. Dieses Buch enthält die zweifellos vollständigste Beschreibung der noch vorhandenen Tarotkartensätze; außerdem zeigt es die Reproduktionen einzelner Karten aus verschiedenen Tarotkartensätzen. Diese vier Bücher, zusammen mit dem vom Orden gebotenen Material, sind eigentlich alles, was ein guter Durchschnittsschüler an Lektüre braucht. Für die deutschsprachigen Leser ist hier auch die *Schule des Tarot* (drei Bände) von Hans-Dieter Leuenberger (Verlag Hermann Bauer) zu erwähnen.

Einundzwanzigster Schlüssel – Die Welt

Innerhalb des aus den 72 Kreisen gebildeten Ovals befindet sich das Bild einer nackten, von einem sie umwallenden Schal nur zum Teil verhüllten, weiblich anmutenden Gestalt. Gekrönt ist sie mit dem Halbmond der Isis, und in den Händen trägt sie zwei Stäbe. Ihre Beine bilden ein Kreuz. Sie ist die Braut der Apokalypse; im Sinne der Kabbala ist sie die Königin der Lobgesänge, sie ist die Isis der Ägypter, sie ist aber auch der große weibliche cherubinische Engel Sandalphon zur Linken des Gnadensitzes der Arche.

Die Stäbe sind die lenkenden, leitenden Kräfte der positiven und negativen Ströme. Das siebenzackige Heptagramm beziehungsweise der siebenzackige Stern bezieht sich auf Assias sieben Paläste, und die gekreuzten Beine beziehen sich auf das Symbol der vier Buchstaben des Namens (Gottes, Tetragrammaton. – Anm. des Übersetzers).

Der aufgesetzte Halbmond empfängt in gleicher Weise die Einflüsse von Geburah und Gedulah. Er ist die Synthese des zweiunddreißigsten Pfades, und sie verbindet Malkuth mit Jesod.

Das Oval der zweiundsiebzig kleineren Kreise bezieht sich auf Schem ha-mephorasch beziehungsweise auf den zweiundsiebzigfachen Namen der Gottheit. Die zwölf großen Kreise bilden den Zodiak. Bei den Engeln sind die vier Cherubim, nämlich die belebenden Kräfte des Namens Jod He Vau He, die in den Elementen wirken und mittels derer Sie soeben symbolisch zur vorausgehenden Zeremonie Zugang gefunden haben.

Fächer, Lampe, Kelch und Salz versinnbildlichen die von den Sylphen, Salamandern, Undinen und Gnomen bewohnten vier Elemente selbst.

Die magische Bezeichnung dieser Trumpfkarte ist *Der Große aus der Nacht der Zeit.*

Zwanzigster Schlüssel – Das Gericht

Vor Ihnen auf dem Altar befindet sich der zwanzigste Schlüssel des Tarot, der diese Vorstellungen symbolisch zum Ausdruck bringt. Der noch nicht initiierte Betrachter verbindet mit dem Bild des eine Posaune blasenden Engels und der aus den Gräbern steigenden Toten höchstwahrscheinlich die Vorstellung vom Jüngsten Gericht. Tatsächlich hat dieses Bild jedoch eine weit geheimnisvollere und tiefere Bedeutung, ist es doch eine Glyphe für die Kräfte des Feuers.

Der von dem feuersprühenden Regenbogen umringte und mit der Sonne gekrönte Engel stellt den Großen Erzengel, den Herrscher über das solare Feuer, Michael dar.

Die in dem Regenbogen züngelnden Schlangen sind Symbole für die feurigen Seraphim. Die Posaune versinnbildlicht den von Binah herniedergehenden Geist, während sich das Banner mit dem Kreuz auf die vier Paradiesströme und auf die vier Buchstaben des Heiligen Namens bezieht. Er ist außerdem Axieros, der erste der samothrakischen Kabiren, aber auch Zeus und Osiris.

Die links unten aus der Erde emporsteigende Gestalt ist Samael, der Herrscher über das vulkanische Feuer. Auch Axiokersos, der zweite der Kabiren, ist er, aber auch Pluto und Typhon.

Die rechts unten aus den Wassern emporsteigende Gestalt ist Amael, die Herrscherin des Astrallichts. Sie ist auch Axiokersa, die dritte der Kabiren, ferner Ceres, Persephone, Isis und Nephthys. Deshalb ist sie als Doppelfigur dargestellt.

Alle diese drei Hauptfiguren bilden das Feuerdreieck; außerdem versinnbildlichen sie das in den drei anderen Elementen, also in Erde, Luft und Wasser wirkende Feuer.

Die dem Betrachter den Rücken zuwendende Gestalt unten in der Mitte, deren Arme eine Zwei beschreiben, die einer Neun entspricht, ist Arel, der Herrscher über die gebundene Wärme. Er steigt aus der Erde empor, als ob er den Besitz der drei übrigen Elemente in Empfang nähme. Er ist auch Kasimillos, der Kandidat in den samothrakischen Mysterien, und der Horus Ägyptens. Er steigt aus dem aus Stein gehauenen kubischen Grab, ferner bezieht er sich auf den Kandidaten, der den Feuerpfad überquert. Die drei Figuren unten stellen den Buchstaben Shin dar, der besonders mit dem Feuer zusammenhängt. Die sieben hebräischen Jod beziehen sich auf die in jedem einzelnen Planeten wirkenden Sephiroth sowie auf Schem-hamphoresch.

Die magische Bezeichnung dieser Trumpfkarte ist *Der Geist des Urfeuers*.

Neunzehnter Schlüssel – Die Sonne

Vor Ihnen auf dem Altar befindet sich der neunzehnte Schlüssel des Tarot mit folgenden symbolischen Bildern. Die Sonne hat zwölf Hauptstrahlen; diese versinnbildlichen die zwölf Tierkreiszeichen.

Die jeweils verschiedenen Wellen und Zacken der Strahlen zeigen den Wechsel der männlichen und weiblichen Natur. Diese wiederum ist in sechsunddreißig Dekanate oder Sätze von zehn Grad im Zodiak unterteilt und diese nochmals in zweiundsiebzig, wodurch die zweiundsiebzig Quinate oder Sätze von fünf und der zweiundsiebzigfache Name von Schem ha-mephorasch dargestellt werden. So umarmt denn die Sonne mit ihren Strahlen die gesamte Schöpfung.

Die sieben hebräischen Buchstaben Jod, die auf zwei Seiten durch die Luft fallen, beziehen sich auf den herniedergehenden Einfluß der Sonne. Die Mauer bedeutet den Tierkreis, und die einzelnen Mauersteine zeigen dessen verschiedenen Grade und Unterteilungen an.

Die zwei jeweils im Wasser und auf der Erde stehenden Kinder symbolisieren die fruchtbare Wirkung dieser beiden Elemente, die durch die Sonnenstrahlen in Gang gesetzt wird. Beides sind die untergeordneten und passiven Elemente, wohingegen die Sonne und die Luft über ihnen die hochrangigeren und aktiven Elemente sind. Des weiteren versinnbildlichen diese beiden Kinder das Tierkreiszeichen der Zwillinge, das wiederum das erdhafte Tierkreiszeichen des Stieres mit dem dem Wasser verhafteten Tierkreiszeichen des Krebses verbindet. Die Griechen und Römer bezogen die Zwillinge auf Apollo und auf die Sonne.

Die magische Bezeichnung dieser Trumpfkarte ist *Herr des Weltenfeuers*.

Achtzehnter Schlüssel – Der Mond

Vor Ihnen auf dem Altar befindet sich der achtzehnte Schlüssel des Tarot mit folgenden symbolischen Bildern. Dargestellt ist der Mond mit den vier hebräischen Buchstaben Jod, die wie Tautropfen herabträufeln, zwei Hunde, zwei Türme, ein sich zum Horizont hinwindender Pfad, und im Vordergrund ein Gewässer, von dem ein Krebs an Land steigt. Der zunehmende Mond ist auf der Seite der Gnade von Gedulah, und es gehen sechzehn Haupt- und sechzehn Nebenstrahlen von ihm aus. Diese insgesamt zweiunddreißig Strahlen sind die Zahl der Pfade Jetzirahs. Diese ist der Mond zu Füßen der Offenbarungen und herrscht gleicherweise über die kalten und feuchten Naturen sowie über die passiven Elemente Erde und Wasser. Hervorzuheben ist, daß das Symbol dieses Zeichens aus zwei aneinandergebundenen Halbmonden gebildet ist. Daraus ergibt sich die lunare Natur des Zeichens. Die Hunde sind die Schakale des ägyptischen Gottes Anubis, welche die Tore des Ostens und des Westens bewachen. Angedeutet wird dies durch die zwei Türme, zwischen denen der Pfad all jener Himmelskörper liegt, die unaufhörlich im Osten aufsteigen und im Westen herniedergehen. Der Krebs bedeutet das Tierkreiszeichen Krebs; einst war er der Skarabäus oder Khephera, das Sinnbild der Sonne unter dem Horizont, was stets der Fall ist, wenn der Mond stärker zunimmt. Das Sinnbild des Krebses deutet auch an, daß, wenn die Sonne im Zeichen der Fische steht, der zunehmende Mond sich genau im Zeichen des Krebses befindet.

Die magische Bezeichnung des Mondes ist *Herrscher über Ebbe und Flut, Kind der Söhne des Mächtigen.*

Siebzehnter Schlüssel – Der Stern

Vor Ihnen auf dem Altar befindet sich der siebzehnte Schlüssel des Tarot mit folgender Symbolik.

Der große Stern inmitten des Himmels hat sieben Haupt- und vierzehn Nebenstrahlen, womit die mit der Triade multiplizierte Heptade versinnbildlicht wird. Insgesamt bilden sie die Zahl einundzwanzig – die Zahl des Gottesnamens Eheieh, der, wie Sie bereits wissen, Kether zugeordnet ist.

Es ist Sirius, der Hundsstern, der Stern der Isis-Sothis der alten Ägypter. Um den großen Stern scharen sich die Sterne der sieben Planeten, ein jeder davon mit seiner siebenfachen, wechselwirkenden Kraft.

Die nackte Frauengestalt mit dem Heptagrammstern auf der Stirn versinnbildlicht die Synthese der Isis, der Nephthys und der Hathor. Sie symbolisiert auch den Planeten Venus, durch dessen Sphäre Cheseds Einfluß herniedergeht. Sie ist Aima, Binah, Tebunah, die Große Himmlische Mutter Aima Elohim, die auf Erden die Wasser der Schöpfung dahinströmen läßt, die Wasser, die zusammenströmen und zu ihren Füßen einen Fluß bilden, der vom erhabenen Eden ausgeht, der immerdar dahinströmt und nimmer versiegt.

Man beachte, daß die Frauengestalt in diesem Schlüssel völlig entkleidet ist, wohingegen die Frau im einundzwanzigsten Schlüssel nur zum Teil entblößt ist.

Die beiden Urnen enthalten den Einfluß von Chokmah und Binah. Auf der rechten Seite entspringt der Baum des Lebens, auf der linken Seite der Baum der Erkenntnis von Gut und Böse, auf dem der Vogel des Hermes landet. Deshalb symbolisiert dieser Schlüssel die nach der Gestaltlosigkeit, Leere und Finsternis wiedererneuerte Welt, den Neuen Adam, das Angesicht des Menschen, das zum Tierkreiszeichen des Wassermanns gehört. Deswegen symbolisiert das Sternengekräusel auf diesem Zeichen gleichsam Wasserwellen – die kleinen Wellen dieses Flusses, die sich von Eden aus weiter ausbreiten –, wobei es jedoch zutreffend der Luft zugeordnet ist und nicht dem Wasser, da es das Firmament ist, das die Wasser teilt und einfaßt.

Das magische Motto dieses Schlüssels ist *Tochter des Firmaments, Zwischen den Wassern Wohnende*.

Sechzehnter Schlüssel – Der geborstene Turm

Vor Ihnen auf dem Altar befindet sich der sechzehnte Schlüssel des Tarot mit folgenden symbolischen Bildern.

Dargestellt ist ein von einem zuckenden Blitz getroffener Turm, wobei der Blitz von einem Strahlenkranz ausgeht und in einem Dreieck endet. Es ist der vom himmlischen Feuer zerstörte Turm von Babel. Es sei darauf hingewiesen, daß das Dreieck am Ende des von dem Strahlenkranz ausgehenden Blitzes genau dem astronomischen Symbol des Mars entspricht.

Es ist die Kraft der herabstürzenden Triade, welche die Säulen der Finsternis niederreißt. Drei Löcher sind in die Mauern gerissen. Sie versinnbildlichen die Festsetzung der Triade darinnen, und die Krone auf der Spitze des Turmes fällt wie die Kronen der Könige Edoms fallen, die durch den kopfunter stürzenden Mann symbolisiert sind. Rechts vom Turm ist Licht und die Darstellung des Lebensbaumes mit zehn Kreisen.

Links sind die Finsternis und elf Kreise, welche die Qlippoth symbolisieren. *Herr der Heerscharen des Mächtigen* ist der magische Name dieses Schlüssels.

Fünfzehnter Schlüssel – Der Teufel

Der fünfzehnte Schlüssel des Tarot zeigt einen satyrartigen Dämon mit dem Kopf eines Ziegenbocks. Seine Beine sind behaart, seine Füße und Klauen stehen auf einem würfelförmigen Altar. Er hat mächtige Fledermausflügel. In seiner linken, nach unten zeigenden Hand hält er eine brennende Fackel, in seiner nach oben gerichteten Rechten hält er ein Füllhorn mit Wasser. Die linke Hand zeigt nach unten, um anzudeuten, daß es sich um das höllische, brennende Feuer handelt, nicht jedoch um die himmlische, lebenspendende Flamme, die in seiner Fackel aufleuchtet – gleichsam als stünde die Sonne im Tierkreiszeichen des Steinbocks, auf den das kalte und erdhafte Zeichen dieses Schlüssels Bezug nimmt; das solare Licht ist am schwächsten, und das Kalte und Feuchte triumphiert über Hitze und Trockenheit. Der würfelförmige Altar vergegenwärtigt das Universum. Rechts und links von dem Altar befinden sich zwei kleinere Dämonen, wobei der eine Dämon männlich, der andere weiblich ist. Sie sind mit einem ringförmigen Strick an dem Altar festgebunden, der den Mittelpunkt der Erde symbolisiert. In den Händen halten sie ein Seil. Insgesamt zeigt das Bild die üppigen, fruchtbaren Naturkräfte auf stofflicher Ebene, entsprechend der Vorstellung vom griechischen Gott Pan und dem ägyptischen Gott Mendes (das Symbol von Khem). In bestimmten Aspekten versinnbildlicht dieser Schlüssel die rohen Kräfte der Natur, deren Sinn dem Ungläubigen verborgen ist, der nicht weiß, daß sich auch darin die leuchtende Erscheinungsweise Gottes widerspiegelt. Dieser Schlüssel nimmt auch Bezug auf die Sexualkräfte der wilden naturhaften Zeugung. So hält dieser Schlüssel denn auch trefflich das Gleichgewicht mit dem Todessymbol auf der anderen Seite des Lebensbaumes.

Die beiden kleinen Dämonen deuten mit einer Hand nach unten und mit der anderen nach oben; das entspricht den Stellungen der Hände der Hauptfigur.

Zu Füßen des großen Dämons befinden sich Pentagramme, auf denen er herumtrampelt (daraus leitet sich der Name Drudenfuß ab). Sein Haupt ist mit dem bösen und verkehrten Pentagramm bedeckt, und seine Hände tragen die Fackel und das Horn – Symbole für Feuer und Wasser. Seine haarige und bestialische Gestalt symbolisiert das Bild der Erde, während seine fledermausartigen Flügel die Luft versinnbildlichen. Auf diese Weise stellt er die rohen, ungestalten, plumpen und üppigen stofflichen Elemente der Natur dar. Insgesamt wäre seine Erscheinung ausschließlich ein Symbol des Bösen, wäre nicht das Lichtpentagramm oberhalb seines Kopfes, das seine Bestrebungen regelt und leitet. Er ist der ewige Erneuerer all der wechselnden Bildungen der Schöpfung in Übereinstimmung mit dem Gesetz des Allmächtigen (gesegnet sei Er). Dieses das Ungebärdige in Schranken haltende Gesetz wird durch das überwachende und lenkende Lichtpentagramm versinnbildlicht, das alles überragt. Der hier beschriebene Schlüssel ist ein Sinnbild für urgewaltige Kraft. Der Mysterien dieses Schlüssels gibt es viele, und sie umfassen alle Bereiche.

Die magische Bezeichnung für diesen Schlüssel lautet *Herr über die Tore der Materie, Kind der Kräfte der Zeit.*

Vierzehnter Schlüssel – Das Maß

Dieses Bild zeigt die ältere Darstellungsweise des vierzehnten Tarotschlüssels. An dessen Stelle trat die spätere und üblichere Darstellung des Maßes, die alsbald in Gebrauch kam, da sich die Auffassung durchsetzte, sie stelle die natürliche Symbolik der Bahn des Schützen besser dar. Den Schöpfern der älteren Zeichnung ging es nicht so sehr darum, diese Bahn als solche darzustellen, sondern um die Veranschaulichung deren Synthese in Verbindung mit allem übrigen. Das spätere Bild entspricht daher mehr der eingeschränkten Auffassung. Die ältere Darstellung zeigt eine mit einer fünfstrahligen Krone gekrönte Frau. Die fünf Strahlen symbolisieren die fünf Prinzipien der Natur, nämlich den nicht sichtbaren Geist und die vier Elemente Erde, Luft, Wasser und Feuer. Um ihren Kopf liegt ein Glorienschein, auf der Brust ist die Sonne Tiphareths. Die fünfstrahlige Krone nimmt ferner Bezug auf die fünf Sephiroth, nämlich Kether, Chokmah, Binah, Chesed und Geburah. An ihre Hüfte sind ein Löwe und ein Adler gekettet, zwischen denen ein großer Kessel zu sehen ist, aus dem Dampf und Rauch aufsteigt. Der Löwe bedeutet das Feuer in Netzach – das Blut des Löwen, und der Adler symbolisiert das Wasser in Hod, das Gluten des Adlers. Der Einklang zwischen Feuer und Wasser wird durch Luft in Jesod hergestellt, wobei sich Feuer und Wasser dadurch verbinden, daß das Feuer unter dem Kessel das aus dem Kessel hochsteigende Wasser verflüchtigt. Die Ketten, die den Löwen und den Adler am Gürtel der Frau verbinden, bedeuten, wie durch den Skorpion und den Bock im Hintergrund veranschaulicht, die Bahnen von Skorpion und Steinbock. In ihrer Rechten hält sie die Fackel des solaren Feuers, das durch Geburahs feuriges Einwirken hochsteigt und sich verflüchtigt, während sie in ihrer Linken aus einer Vase die Wasser Cheseds ausgießt, womit sie die Feuer Netzachs eindämmt und beruhigt. Folgende Form ist das übliche Bild des Maßes die in geringerem Maße als in der oben erläuterten Darstellung die besonderen Eigenschaften dieser Bahn symbolisiert. Sie stellt einen Engel mit dem solaren Emblem von Tiphareth auf der Stirn und mit Flügeln dar, durch die die luftige und flüchtige Natur dieses Symbols zum Ausdruck kommt.

Der Engel schüttet das verflüssigte Feuer und das feurige Wasser zusammen; die Mischung dieser einander entgegengesetzten Elemente führt zu deren Harmonisierung und Milderung.

Ein Fuß steht auf trockenem, vulkanischem Land; im Hintergrund erhebt sich ein ausgebrochener Vulkan. Der andere Fuß steht im Wasser, an dessen Ufer junge Vegetation sprießt. Dies steht in betontem Gegensatz zum unfruchtbaren und trockenen, davon entfernten Land. Auf seiner Brust sieht man ein Quadrat, das Zeichen für Geradheit und Rechtschaffenheit. Als Ganzes ist das Bild Sinnbild für jenen geraden und schmalen Weg, der allein zu höherem und strahlend verklärtem Leben führt und von dem es heißt: »Nur wenige werden ihn finden.« Es ist doch sehr schwierig, diese unveränderliche, ruhige Mitte zwischen zwei einander entgegengesetzten Kräften zu gehen; und der Versuchungen, entweder nach rechts oder nach links abzuweichen, sind viele – und nur dort sind, Sie erinnern sich, die drohenden Symbole von Tod und Teufel anzutreffen.

Die magische Bezeichnung ist *Tochter des Erlösers, Hervorbringerin des Lebens*.

Dreizehnter Schlüssel – Der Tod

Der dreizehnte Schlüssel des Tarot zeigt ein Skelett mit Fleischresten. Mit der Sense des Todes mäht er die frische Vegetation ab, die den verrotteten, in der Erde begrabenen Leibern entsprießt – Reste der Leiber, Hände, Köpfe und Füße ragen aus dem Erdboden hervor. Einer dieser Köpfe trägt eine Königskrone, ein anderer Kopf gehörte allem Anschein nach einer recht unbedeutenden Person. Damit wird gezeigt, daß der Tod ohne Rücksicht auf Rang und Namen alle gleich macht. Die fünf Extremitäten, nämlich Haupt, Hände und Füße spielen auf die Kraft der Zahl Fünf an, auf den Buchstaben He, auf das Pentagramm – der verborgene Geist des Lebens und die vier Elemente –, den Erzeuger aller Lebensformen. Das Tierkreiszeichen Skorpion bezieht sich insbesondere auf stehendes, übelriechendes

Wasser – bezeichnend für das Nasse und Feuchte, womit Verwesung und Verwitterung einsetzt. Durch das aufsprießende Gras, das seine Nahrung von den fauligen und verrotteten Kadavern erhält, wird die ewige Umwandlung des Lebens in Tod und des Todes in Leben symbolisiert. Die Kräuter spenden wiederum den Tieren und den Menschen Nahrung, die sodann wieder, wenn sie tot sind, der Vegetation Nahrung bieten und den lebenden Pflanzen Wachstum und Reife ermöglichen. Das wird auch durch die Figur des Todes selbst zum Ausdruck gebracht, der verwest und vermodert, während er das Gras mäht. »Da er blüht und gedeiht, gleichen die Tage des Menschen dem Gras und der Blume auf dem Felde.« Der Sensenstiel zeigt zuoberst das Tau-Kreuz des Lebens, womit verdeutlicht wird, daß alles Zerstörte sich auch wieder erneuert.

Das Ganze ist ein Sinnbild der ewigen Transmutation des Lebens der Natur, die alles Seiende in immer neue Bilder und Gestaltungen umformt. Das Symbol stellt die zersetzende, alles zerfressende und zerstörende Wirkung des Höllenfeuers dar, im Gegensatz zum himmlischen Feuer – der Drache der Wasser, der Typhon der Ägypter, Mörder des Osiris –, das später wiederum in Horus emporsteigt. Der Skorpion, die Schlange des Bösen, die in der älteren Form des Schlüssels vor dem Bild des Todes gezeichnet ist, deutet die gemischte, umgewandelte und daher trügerische Natur dieses Zeichens an. Hinter ihm befindet sich das Symbol des Namenlosen, das den noch nicht als Lebewesen gebildeten und deshalb noch nicht benennbaren Samen und dessen Keim darstellt. Der Skorpion ist das Sinnbild der unbarmherzigen Zerstörung; die Schlange ist die gemischte und täuschende Natur, sie hat die gleiche Bedeutung wie Gut und Böse; der Adler bedeutet die höhere und göttliche Natur, die immer noch hierin zu finden ist, es ist der alchimistische Adler beim Vorgang der Destillation, der Erneuerer des Lebens. So heißt es: »Deine Jugend möge sich erneuern wie die der Adler.« Großartig, wahrlich, sind die Mysterien dieses schrecklichen Schlüssels, und es gibt deren viele.

Die magische Bezeichnung ist *Das Kind der Großen Umgestalter, Herr über die Todespforten.*

Zwölfter Schlüssel – Der Gehängte
Der Geist der Mächtigen Wasser

Der Galgen, von dem diese Person herabhängt, hat die Form eines Tau-Kreuzes. Der Hängende selbst bildet mit seinen Beinen eine Swastika. Dadurch wird auch das alchemistische Symbol des Sulfur umgekehrt dargestellt.

Um das Haupt des Märtyrers, denn um einen solchen handelt es sich anscheinend, ist ein Heiligenschein. Es sei darauf aufmerksam gemacht, daß 1. der Opferbaum, wie durch das dem Baum entsprießende Blattwerk ersichtlich, aus lebendem Holz besteht, daß 2. sich auf dem Gesicht des Hängenden höchste Verzückung, keineswegs aber Leiden ausdrückt, daß 3. diese Gestalt als Ganzes den Eindruck von aufgehängtem Leben erweckt, wohlgemerkt, von Leben, nicht von Tod. Es ist eine Karte von tiefster Bedeutung, alle Bedeutungsinhalte sind jedoch verborgen. Die zusammengeschnürten Arme hinter ihm bilden ein aufrecht stehendes, Licht ausstrahlendes Dreieck. Sein Mund ist fest geschlossen. Waite schiebt die meisten Interpretationen beiseite, indem er ganz einfach sagt, dieses Bild drücke seiner Meinung nach die Beziehung zwischen dem Göttlichen und dem Universum in einem seiner Aspekte aus. Derjenige, der versteht, daß dieses Symbol die Geschichte ihrer höheren Natur nach beinhaltet, erkennt auch, daß ein großes Erwachen möglich ist, und ihm wird bewußt, wie sich hinter dem heiligen Mysterium des Todes ein glorreiches Mysterium der Auferstehung abzeichnet.

Zugeschrieben wird es dem Buchstaben Mem, dem Element Wasser, Geburah, die sich mit Hod vereinigt; Mars, der sich Merkur zugesellt.

Sie erinnern sich, daß der Buchstabe Mem in der Reihe der Drei Mütter in der Mitte steht. Im Sohar heißt es, seine offene Wirkung ergebe sich aus dem Herabsinken seines Einflusses in die Unterwelt, und so hält er das Aufbrechen jener großen Wasser zurück, von denen die Erde ansonsten abermals überflutet würde. Hinsichtlich der engeren Wirkung hält er daher die Kräfte des Gerichtes von dem Weg nach unten zurück. Es heißt auch, er sei wie ein einmal versiegeltes und dann wieder entsiegeltes Gefäß, je nachdem ob der Zufluß zu den sich darunter befindlichen Emanationen gehemmt oder geduldet ist.

Mit der mehr allgemeinen Bedeutung des Gehängten dürften Sie nunmehr vertraut sein. Bei dem Grad, den Sie nun erreicht haben, sind Sie eingeladen, ihn von einem Gesichtspunkt aus zu betrachten, der zwar neu, aber dennoch mit den vorherigen Interpretationen in

Einklang zu bringen ist, da er diese lediglich erweitert. Das gewaltsame Opfer, die gewaltsame Bestrafung, die unfreiwillige und tödliche Einbuße, die ihm nach unserer Lehre des Tarot zugefügt wird, bezieht sich hier auf den Tod Gottes, auf das Opfer, das Gott selbst auf sich genommen hat. Dieser Tod steht eng in Zusammenhang mit dem eigentlichen Sinn der Großen Zeremonie des Corpus Christi, in welchem der oberste Adept gleichzeitig den Begründer des Rosenkreuzordens wie auch den Begründer des Universums verkörpert. Jahr für Jahr zieht sich der Orden eine Zeitlang zurück, damit er aus dem Chaos heraus aufs neue errichtet werden kann. Ebenso zieht sich auch der große Baumeister in die Verborgenheit seiner Grabstätte zurück, was mit dem Symbol des 5 = 6-Grades ausgedrückt wird. Der Gründer unserer Rosenkreuz-Bruderschaft gewann hieraus die Überzeugung, daß zu seinen Schülern das Licht komme und daß der Schöpfer der großen Welt in eine andere Verborgenheit eintrat, denn Gott stirbt, damit der Mensch lebe, und man soll Ihn nicht nur suchen, sondern auch finden.

Die Symbolik, mit der wir es hier zu tun haben, erinnert auch an das in der Apokalypse gezeichnete Bild des von Anbeginn der Welt geopferten Lammes, und in Zusammenhang mit früheren Erklärungen weist es darauf hin, daß das allgemein »Fall des Menschen« genannte, herausragende Unglück der Welt eine Art unbegreiflichen Zwang auf die Gottesnatur ausübte, so daß wir so gut wie überzeugt davon sind, daß die jedermann geläufige Vorstellung von der Sündenbuße eine ewige Notwendigkeit und mehr eine Folge des freien Willens des Menschen als des göttlichen Willens ist.

Die Bedeutung, welche die Grade unserer zwei Orden altägyptischen Symbolen stets beigemessen haben, sollte uns ebenfalls daran erinnern, daß Mem durch das Opfer Christi dem Tod des Osiris entspricht, den man ja auch den schiffbrüchigen oder ertrunkenen Seemann genannt hat; genauso wie dieser schreckliche Schlüssel, dessen wahres Bild Sie jetzt vollends erkennen, einen ertrunkenen Riesen darstellt.

Der dreiundzwanzigste Pfad im Lebensbaum des Tarot bezieht sich auf das Elementenzeichen Wasser. In diesem Diagramm ist der ertrunkene Riese, auf felsigem Meeresboden ruhend, mit dem Regenbogen zu seinen Füßen abgebildet. Dies entspricht eben jenem Regenbogen um den Thron des geopferten Lammes in der Vision der Apokalypse. Ein den Brüdern des Zweiten Ordens wohlbekanntes Symbol ist hier in seinem erhabensten und höchsten Sinn dargestellt.

Der ertrunkene Riese ist derjenige, der aufgrund eines ewig vorbestimmten Opfers unter die Welt der Erscheinungen gesunken ist. Dieses Opfer ist, zumindest von einem Gesichtspunkt aus, die notwendige Beschränkung, die die göttliche Natur erleidet, indem sie manifest wird. Mit einem Wort, das Göttliche ist in den Wassern des natürlichen Lebens ertrunken, und das, was dabei in der äußerlichen Welt weiterbesteht, ist auch der Menschheit erhalten, worin der göttliche Funken, über alle die Bleigewichte der Sinne und über alle nur rein logische Begrifflichkeit hinaus, in die Wasser der materiellen Existenz eingetaucht ist. In beiden Fällen entspricht das Symbol, von dem hier die Rede ist, dem Inhalt der Legende, die sich um unseren Gründer rankt, wonach dieser in einer von einem Regenbogen eingefaßten Grabstätte schläft. Eine Entsprechung dazu bietet die immerwährende Gegenwart der Shekinah im Heiligtum Israels.

Elfter Schlüssel – Die Gerechtigkeit

Es ist der Schlüssel der Gerechtigkeit, dem Sie Ihre ganz besondere Beachtung schenken; dieser Schlüssel bezieht sich auf den an Zuschreibungen reichen Buchstaben Lamed. Diejenigen, die den Sohar aufgeschrieben haben, und die alten Scholasten, die ihn studierten, beschäftigten sich eingehend mit der Frage nach Schreibweise, Form und Gestaltung des Buchstabens Lamed, ist dieser doch der hervorragendste, bedeutendste und erhabenste sämtlicher Buchstaben. Sie vertreten auch die Meinung, Lamed sei eine Zusammensetzung der Buchstaben Vau und Kaph. Mögen derartige Spitzfindigkeiten auch nicht sonderlich wichtig sein, sollten Sie dennoch wissen, daß Lamed in der Stunde des Planeten Shabbathai beziehungsweise des Saturn herrscht. Der Grund liegt darin, daß von Binah, dem großen Sabbat, der Ruhe, die wir alle begehren, über den Geburah-Pfad ein Zustrom zum Pfad Lamed stattfindet, der von der Sephirah Binah ausgeht.

Weiter kennzeichnet dieser Schlüssel das Mysterium des Gleichgewichts. Der Stätte von Geburah können nur diejenigen standhalten, die ihre sinnlichen Begierden bezähmen, denn sie ist das überirdische Gericht, und Geburah in diesem Sinne bedeutete die Willenskraft, wie denn Lamed Voraussetzung für das die Mysterienpforte darstellende Gleichgewicht ist.

Die so ausgedrückten Vorstellungen werden in einer anderen Symbolreihe besonders deutlich sichtbar, und zwar in Gestalt der zwei Säulen, die (im 6 = 5-Ritual) bei den westlichen Altarengeln stehen und jeweils eine brennende Kerze und einen Menschenschädel tragen.

Mit dem üblichen Symbolwert des Lichtes in der numerischen Ordnung und mit den augenfälligen, von den disjecta membra des Menschengeschlechtes abzuleitenden Übungen hat das hier Ausgeführte nichts zu tun, es spricht ganz allein für sich selbst. Dieser Totenuhr, deren Stunde uns mitten im alltäglichen Leben schlägt, ist man sich jedoch kaum bewußt. Alles, was das mystische Ziel nicht erreicht, erreicht das Leben des Lebens nicht, außerhalb dessen wir uns stets in der Sphäre von Trugbildern und leerem Schein befinden.

Es ist allerdings möglich, daß dem naturgegebenen, angeborenen Zustand, in dem der Mensch sich befindet, ein anderes Licht hinzugefügt wird, ein Licht, welches das Verlangen nach dem wahren Ziel und nach dem jenseits allen Lebens liegenden Leben in der vermeintlichen Ordnung vor alles Seiende setzt. Wenn das nun in sein Inneres eingedrungene höhere Licht ihm auch voranleuchtet, ist er bereit, zur großen Suche aufzubrechen, und der Wunsch nach dem Heiligen Haus ist in seinem Herzen entfacht. Auf diese Weise unterzieht er sich dem Urteil und der Unerbittlichkeit ob seiner Erwählung, hinter der die verborgene Liebe steht, die ihn zu seiner Bestimmung geleitet. Denn wie ein jeder Mensch durch eine bestimmte elementare Gerechtigkeit, die seinen Verhältnissen angemessen ist, angetrieben wird, so gibt es auch eine übergeordnete Gerechtigkeit, die in den Herzen der Erwählten wirkt, so daß sie, wenn sie dereinst den Tod erfahren, unter dem Schirm gläubigen Verstehens in der Tat in das ewige Leben eingehen werden.

Gerechtigkeit ist die Tochter des Herrn der Wahrheit, Hüterin der Waagschalen.

Zehnter Schlüssel – Das Rad des Schicksals
Der Herr der Lebenskräfte

Die Darstellung, die der Orden für das Rad des Lebens benutzte, ist weitaus einfacher als die meisten anderen Darstellungen. Man sieht nur drei Bilder – die geflügelte Sphinx oben, das sich drehende Rad in der Mitte und unten einen sitzenden, in Gedanken versunkenen Affen, einen Cynocephalus.

Die Sphinx ist halb Tier und halb Mensch und, da sie Brüste hat, weiblich. Ihr Haupt ist mit einer von einem Heiligenschein umgebenen Nemyss bedeckt. So versinnbildlicht sie insgesamt Menschlichkeit, die sich aus dem Urzustand als Tier bis zum Selbstbewußtsein des Menschen entwickelt. Das ist aber noch nicht alles. Die betont großen Flügel weisen auf ihre Göttlichkeit hin, so daß das Symbol als Ganzes das hinter dem Schleier der niederen Sephiroth verhüllte wahre Selbst des Menschen zeigt, nämlich das niedere Selbst oder die Persönlichkeit. Die höhere Triade ist treffend dadurch dargestellt, daß sie oberhalb der beiden anderen Symbole gezeichnet ist.

Das Rad ist das Symbol der Zeit, der zyklischen Progression und so des Karma. Das Rad des Zodiaks und der Astrologie bezeichnet per se die kosmische Uhr, die unaufhörlich tickt, um die im Verborgenen ruhenden, aufgespeicherten Keime einstmals begangener Handlungen neu zu aktivieren. Dadurch steigen oder fallen wir gleich unseren Geschicken und schwanken, in des Wortes wahrster Bedeutung, im Flusse der Zeit auf und ab und hin und her.

Unten im Bild ist der Cynocephalus. Man bezeichnet ihn oft auch als Hermanubis, wobei Hermanubis eine Zusammensetzung ist aus Hermes, dem Götterboten und niederen Geist, und aus Anubis, dem Gott mit einem Hunde- oder Schakalgesicht, der die Aufsicht über Tod und Mumifizierung führt und auch die Grabstätten der Verstorbenen bewacht. Die Bewachung der Grabstätten ist erforderlich, um die Wiederauferstehung zu ermöglichen – aus diesem Grunde verbindet man mit ihm die Vorstellung von der Unsterblichkeit. So steigen wir denn mittels des Lebensrades aus Flüchtigkeit und Vergänglichkeit empor zur schirmenden Sphinx, zur Ewigkeit.

Symbolisiert wird dieser Schlüssel durch den Buchstaben Caph, der auf Jupiter auf dem Baum Bezug nimmt. Caph ist keine geschlossene und auch keine offene, sondern eine gekrümmte Hand, die aussieht, als halte oder umfasse sie irgend etwas.

Neunter Schlüssel – Der Eremit

Der Eremit wird auf den meisten Tarotkarten in derselben Weise dargestellt. Es ist ein in Umhang und Kapuze gehüllter alter Mann mit einem Stab in einer Hand und einer Lampe oder Laterne in der anderen. Wie der altgriechische Philosoph Diogenes von Sinope scheint er nach der Wahrheit auszuschauen. Er sucht den wahren Menschen und dessen Beziehung mit dem Universum. Er ist ein Einzelgänger, er ist völlig allein. Bei der Erforschung möglicher Verbindungen zum Göttlichen befindet man sich allein auf der Suche nach dem Alleinigen. Gleichzeitig symbolisiert der Eremit bei den Initiationsritualen den Kerux, denjenigen, der den Weg zum verborgenen Wissen zeigt.

Der Eremit ist dem Buchstaben Jod am Baum des Lebens und dem Tierkreiszeichen Jungfrau zugeordnet, geleitet wird er von Merkur. Merkur ist noch nicht das Wissen selbst, er ist jedoch der Mittler zur Übertragung von Wissen, er ist Symbol für das Nervensystem mit all dessen Schaltungen – von den primitivsten bis zu denen, die sich bereits im Entwicklungszustand befinden.

Insofern als der Eremit dem Tierkreiszeichen Jungfrau zugeordnet ist, besteht eine Beziehung zur menschlichen Sexualität in ihrem noch jungfräulichen oder vorpubertären Stadium. Der Eremit symbolisiert den Menschen am Grat oder Abgrund zum Werden, er stellt den Heranwachsenden dar, der aus noch unentwickelten Möglichkeiten in Erscheinung tritt, er verkörpert den Adepten, der den Abschnitt noch nicht erreicht hat, in dem er seine sämtlichen Möglichkeiten ins Spiel bringen kann, der sich aber nichtsdestoweniger auf dem Weg befindet.

Seine magische Bezeichnung ist *Magus der Stimme des Lichtes, Prophet der Götter*.

Achter Schlüssel – Stärke

Es gibt zahlreiche Darstellungen dieses Schlüssels, allesamt Variationen der Frau mit dem Löwen. Die entsprechende Tarotkarte des Ordens zeigt sie Seite an Seite mit dem Löwen, beide stehen miteinander in freundschaftlicher und friedlicher Beziehung. Die Frau symbolisiert die Natur in all ihrer Größe, Weite und Fülle, die Genetrix, aus der die unendlichen Universen geschaffen und auf der sie aufgebaut sind. Der Löwe ist im Orden das Tierkreiszeichen Löwe, nicht bloß das dem fünften Haus – Sexualität und Liebe, jedoch noch nicht Ehe – zugeordnete fünfte Zeichen im natürlichen Zodiak, er ist vielmehr das erste Zeichen des wiederhergestellten oder initiierten Zodiaks, der Ausgangspunkt aller Dekanate und Quinate. Dieser Schlüssel symbolisiert daher in esoterischem Sinne den Beginn oder die Erschaffung der Dinge und hat in diesem Zusammenhang viele subtile Bedeutungen.

Zugeordnet ist dieser Schlüssel dem Buchstaben Teth am Baum. Er bedeutet die Schlange mit deren sexuellem Sinngehalt in der Genesis. Die Schlange ist auch das Spermatozoon, das Stimulans neuen Lebens im Weiblichen. Als solcher ist dieser Schlüssel auch Kundalini, das spinale Geist-Feuer, ohne das es weder Transmutation, weder geistiges Wachstum oder Entwicklung noch Neugeburt gibt. Kundalini ist der menschliche Aspekt der großen Göttin Shakti, der kosmischen Energie oder Fohat, je nachdem, von welchem System man ausgeht, deren sieben Söhne sieben Löcher in den Weltraum schneiden, worin sich die sieben Planeten oder, im bloß menschlichen Sinne, die Chakras entwickeln und entfalten.

Die Tarotkarte selbst hat daher eine Unmenge von Bedeutungen, und es bedarf tiefschürfenden Nachsinnens, um deren verborgene Geheimnisse zu erkennen.

Ihre magische Bezeichnung ist *Tochter des flammenden Schwertes, Löwenführerin.*

Siebenter Schlüssel – Der Triumphwagen

Im Gegensatz zu den meisten anderen Darstellungen dieses Tarotsymbols hat der Triumphwagen auf der im Orden gebräuchlichen Tarotkarte weder festen Boden unter sich, noch ist er irgendwo befestigt, er gleitet vielmehr, von zwei Pferden gezogen, durch den Raum. Die Pferde verkörpern die positiven und die negativen Naturkräfte, die Richtung wird durch den Kopf einer Sphinx angezeigt, was nochmals das Höhere symbolisiert. Der Lenker des Triumphwagens ist der König, der Buchstabe Jod im Tetragrammaton, der Vater von allem.

Sämtliche Darstellungen dieses Symbols haben allerdings eines gemeinsam, und zwar wird stets die Verbindung zweier Gegensätze zum Ausdruck gebracht, die zusammen das Gefährt des höheren Menschen den höheren Zielen, die er zu erreichen sucht, entgegenziehen. Es erinnert an den Schwur des Adeptus Minor, in dem er verspricht, mit göttlicher Hilfe und durch Vereinigung seiner selbst mit dem höheren und göttlichen Genius, Übermenschlichkeit zu erlangen.

Der Triumphwagen ist auch Symbol für das durch den Buchstaben Cheth symbolisierte Große Werk. Es hat die Bedeutung einer Einfriedung. Die Gematria dieses Symbols hat den Wert 418. Die Summe der Zahlen 4, 1 und 8 ist 13. 1 und 3 sind die Zahlenwerte für Ahavoh (Liebe) und Echod (Einziger oder Einheit). Die Zahlen 13 und 13 ergeben zusammen die Zahl 26, und das wiederum ist die Gematria des Tetragrammaton.

Die magische Bezeichnung für diesen Schlüssel ist *Kind der Kraft der Wasser, Herr des Triumphs des Lichtes.*

Sechster Schlüssel – Die Liebenden

Aus allen historischen Tarotkartenbildern hebt sich diese Tarotkarte des Golden Dawn gewiß am meisten ab. Die meisten anderen Tarotkarten zeigen einen Mann und eine Frau, die vor einer gewaltigen Engelsfigur stehen. Dieser besondere Schlüssel zeigt eine an einen Felsen gekettete Frau, vor dem Felsen befindet sich ein Ungeheuer oder ein bedrohlicher Drache. Oben sehen wir den herabkommenden Perseus mit strahlendem Schild, Flügelhelm und Schwert in der Rechten, er ist im Begriff, die hilflose Jungfrau zu retten.

Eine der zahlreichen Interpretationsmöglichkeiten zielt auf die befreiende Wirkung des herabsteigenden höheren Genius, auf die dem Licht anhaftende Symbolik von Befreiung. Robert Wang sagt in seinem Werk *Der Golden Dawn Tarot* (Der Golden Dawn-Tarot ist als Kartensatz erhältlich): »Gezeigt wird hier die Befreiung Andromedas durch Perseus von dem Fels des Materialismus und von dem Drachen der Angst. Die ›Liebe‹ ist hier eine der göttlichen Verbindungen, ein Mysterium, das durch das gewöhnliche Bild von Mann und Frau, deren Vereinigung auf Erden durch die im Mittelpunkt stehende Figur eines Engels gesegnet wird, noch nicht einmal angedeutet ist.«

Der hebräische Buchstabe, dem dieser Schlüssel zugeordnet ist, ist Zajin. Er bedeutet ein Schwert – in diesem besonderen Fall nicht nur das Schwert der Trennung und begrifflichen Unterscheidung, sondern vielmehr auch das Schwert der siegreichen Errungenschaft. Die diesem Schlüssel zugehörige Zahl ist die Sieben, die mittelbar auch auf Netzach (Sieg) Bezug nimmt und auf den Planeten Venus, der wiederum Liebe, Vereinigung und Fruchtbarkeit bedeutet.

Die magische Bezeichnung für diesen Schlüssel ist *Kinder der göttlichen Stimme, Orakel der mächtigen Götter*.

Fünfter Schlüssel – Der Hierophant

Auch bei diesem Symbol ist die Tarotkarte des Golden Dawn völlig anders gestaltet als die entsprechende Symbolkarte anderer Tarotkartensätze. Die Karte zeigt einen bärtigen, mit dreifachem Stirnreif gekrönten Mann, der auf einem Thron sitzt, dessen beide Armlehnen in jeweils einen Stierkopf auslaufen. Die Erklärung dafür ist ganz einfach die, daß die Karte dem Buchstaben Vau und auch dem Tierkreiszeichen Stier zugeordnet ist.

Nach der Lehre des Ordens ist der Hierophant derjenige, der die Mysterien erklärt und deutet. Sein Thron steht im Osten des Tempels. Er symbolisiert Osiris, den ägyptischen Gott der Wiederauferstehung, und als solcher verläßt er den erhöhten Sitz nie. Tut er das, symbolisiert er Aroueris, eine Gestalt aus den älteren Horus-Vorstellungen, und wenn er sich fortbewegt, übt er sein Amt gegenüber dem Kandidaten aus, woraufhin die offizielle Initiation eine gewissermaßen sakrale Weihe erfährt sowie bestätigt und bekräftigt wird.

Die im Orden praktizierte Initiation findet in der Tat zwischen den zwei Säulen statt, wenn der Höhere Genius sozusagen jenen ausgeglichenen Zustand erreicht hat, um mit dem hochstrebenden Ego des Kandidaten Verbindung aufzunehmen.

Der Hierophant ist auch Träger des Banners des Ostens, das den Aufgang des Lichtes, den Hauptinhalt der Initiation, anzeigt. Auf manchen älteren Tarotkarten ist der Hierophant als Papst, als höchster Würdenträger der katholischen Kirche dargestellt. Tatsächlich bedeutet das Wort Papst, wie auch das Wort Initiator, Vater, und der Hierophant verkörpert gewiß eine maßgebliche Vaterfigur, eine Figur, deren Macht und Funktion es ist, aufzurütteln und den kreativen Prozeß in der Genetrix beziehungsweise in der Mutter einzuleiten.

Seine magische Bezeichnung ist *Magus der ewigen Götter*.

Vierter Schlüssel – Der Herrscher

Symbolik dieser Tarotkarte ist Offenheit, Ehrlichkeit, Aufrichtigkeit, wodurch sich der auf einem Thron sitzende Herrscher mit einem echten Widder (Hinweis auf das Tierkreiszeichen) unter seinen Füßen und einem Stab mit dem Kopf eines Widders in der Hand auszeichnet. Da Widder vom Mars regiert wird, stellt diese Karte außerordentlich schöpferische Energie und selbstverständlich Herrschertum dar. In einem Satz der Ordenssymbole oder Zuschreibungen ist der Mars als Dekanat des Tierkreiszeichens Fische in der Bedeutung des Endes eines Jahreszyklus gezeichnet, und ein anderes Dekanat des Mars im Widder repräsentiert die in der Wiederkehr des Frühlings enthaltene gewaltige Kraft, wenn die Natur das Wachstum offenkundig zu machen beginnt und das im Frühling nochmalige Sichtbarwerden des Lebens sich abzeichnet.

Einer der ganz offensichtlichen Paradoxa innerhalb der Ordenssymbole liegt darin, daß diese Karte nicht nur Mars, einem überaus männlichen Symbol, zugeordnet ist, sondern gleichzeitig dem ganz eindeutig weiblichen Buchstaben Heh. Handelt es sich doch um das erste Heh im Tetragrammaton, das die Mutter bedeutet. Alle Symbole enthalten ihre eigenen Gegensätze. Dadurch schaffen sie ein Gleichgewicht der entgegengesetzten Kräfte, ohne dessen Vorhandensein das Universum sich dem Ende nähern würde.

Der Herrscher ist offensichtlich der Gemahl der Herrscherin, die der Venus und dem hebräischen Buchstaben Daleth zugeordnete vorangehende Karte, weshalb die beiden Karten besser zusammen zu betrachten sind. Die eine dieser beiden Symbolfiguren ist männlich, die andere weiblich, die eine ist Kraft und Feuer, die andere ist Schönheit, Luxus und Fruchtbarkeit. Man tut gut daran, sich an die Worte eines Dichters zu erinnern, der einst schrieb, der Mann sei Friede, die Frau sei Kraft.

Die magische Bezeichnung für den Herrscher ist *Sohn des Morgens, Erster unter den Mächtigen.*

Dritter Schlüssel – Die Herrscherin

In dem Tarotkartensatz, von dem hier die Rede ist, ist die Herrscherin nicht anders dargestellt als in anderen und älteren Tarotkartensätzen. Zugeordnet ist sie dem hebräischen Buchstaben Daleth in der Bedeutung eines Tores. Es ist der höchste der sogenannten umgekehrten Verbindungspfade im Baum des Lebens, auf dem sich Chokmah mit Binah, der himmlische Vater mit der Mutter vereinigt. Venus ist jener Wand der Gruft der Adepten zugeordnet, die den Eingang zur Gruft und Pastos, das Symbol für die Wiedergeburt bildet.

Die Herrscherin macht einen erhabenen, majestätischen Eindruck. Prachtvoll gekleidet, in jeder Hinsicht eine Königin, sitzt sie auf dem Thron wie – um Waite zu zitieren – eine Tochter von Himmel und Erde. Rechts von ihr ist eine Taube abgebildet, die wie vom Himmel herabkommt. Das königliche Zepter, das sie in einer Hand hält, hat oben einen Globus. In der anderen Hand hat sie das Ankh, das Symbol der Venus wie auch des ewigen Lebens. Mit Waites Worten, ausgedrückt in seiner lieblichen Sprache, in der er sich fürchtet, eine englische Redewendung zu gebrauchen, wenn ein lateinischer Ausdruck besser klingt, ist sie nicht die Himmelskönigin, nichtsdestoweniger ist sie jedoch noch die Zuflucht aller Sünder, die fruchtbare Mutter Tausender. Es gibt auch bestimmte Betrachtungsweisen dieser Tarotkarte, wonach sie treffend als Begierde und ihre Schwingen beschrieben wird, als die mit der Sonne bekleidete Frau, als Gloria Mundi und als der Vorhang zum Allerheiligsten. Sie ist die universale Fruchtbarkeit und Begierde schlechthin, doch ist keine direkte Botschaft an den Menschen gerichtet als jene, die aus der Frau geboren ist.

Nach einer anderen Vorstellung symbolisiert die Tarotkarte Herrscherin die Tür oder das Tor, durch das der Eintritt in dieses Leben, in den Garten der Venus und in das Gewölbe der Adepten erfolgt. Nach dieser Betrachtungsweise wird der Weg, der daraus hinaus zum geheimen Wissen der Hohenpriesterin führt, ausschließlich den Auserwählten mitgeteilt.

Ihre magische Bezeichnung ist *Tochter der Mächtigen*.

Zweiter Schlüssel – Die Hohepriesterin

Diese Tarotkarte des Golden Dawn ist fast die einfachste und schlichteste unter den Tarotkartensätzen, denn im Gegensatz zu anderen Tarotkarten mit der Darstellung der Hohenpriesterin enthält sie nicht ein einziges kompliziertes Symbol oder sonstige nur schwer verständliche symbolische Erläuterungen. Im Golden Dawn ist die Figur der Hohenpriesterin ein ganz klares lunares Symbol für den von Kether zu Tiphareth führenden Pfad Gimel, der, ohne den Fluß auch nur im geringsten zu durchbrechen, durch den Abyssus hindurchgeht.

Anders als bei den meisten anderen gebräuchlichen Tarotkartensätzen üblich, befindet sich der Halbmond nicht zu Füßen der Hohepriesterin, sie trägt ihn vielmehr oberhalb der Augen an der Stirn, auch hält sie einen Kelch (er ähnelt dem im Orden gebräuchlichen Wasserkelch) vor der Brust. In diesem Aspekt sieht sie mehr wie der Stolistes aus, der Kelchträger bei den Golden Dawn-Zeremonien. Auch befindet sie sich im Gegensatz zu den meisten anderen gebräuchlichen Tarotkartensätzen nicht zwischen den zwei Säulen Jachin und Boaz, Strenge und Milde. Ihre Symbolik als Hegemon, Ratgeber und Führer des Aspiranten, kommt nicht so sehr zum Ausdruck.

Sie trägt fließende, hauchdünne blaue Kleider oder Gewänder und ist in eine Lichtaura, in einen schimmernden hellen Schein eingetaucht. Um nochmals mit Waite zu sprechen: Sie ist die spirituelle Braut und Mutter, die Sternentochter und der höhere Garten Eden. Sie ist das Symbol für Shekina, die bleibende Gegenwart des Allerhöchsten, die beiwohnende Glorie. Sie ist die Königin des entliehenen Lichtes, da ja der Mond das Licht der Sonne reflektiert, was doch das Licht von allem ist.

Ihr Ehrenname ist *Priesterin des silbernen Sternes*, ein trefflicher Ausdruck für das, was den Eingang in das unsichtbare Dritte oder in den höchsten Orden innerhalb des Ordens ermöglicht.

Erster Schlüssel – Der Magier

Das Bild stellt einen jungen Mann mit einem Caduceus an der Brust, am Oberteil seines Gewandes dar, der sein Gesicht dem Altar zuwendet, auf dem die vier im Golden Dawn so häufig zur Sprache gebrachten Elementar-Waffen liegen. Sie sind genauso wiedergegeben wie in der Aufzeichnung, in der die Anfertigung dieser vier Elementarwaffen, die bereits allgemein in Gebrauch sind, beschrieben ist. Sie symbolisieren nicht nur die vier Farben im Tarot, die vier Welten der Kabbala, die vier Tiere der Apokalypse, die vier Zeichen der Cherubim, sie symbolisieren insbesondere auch die vier Buchstaben im Tetragrammaton, und so sind sie denn auch die vier Vizeregenten des Heiligen Namens.

Bei der Darstellung auch dieses Symbols hat der Orden einen völlig neuen Weg eingeschlagen. Im Gegensatz zu den meisten anderen gebräuchlichen Tarot-Kartensätzen deutet der Magier keineswegs mit der einen Hand zum Himmel und mit der anderen Hand zur Erde. Er hält vielmehr seine Hände so, als greife er nach einer der magischen Waffen, mit der er das magische Ritual durchführt.

Die weite Krempe des Hutes gleicht einer horizontal liegenden Acht, Symbol für die Unendlichkeit und für den Heiligen Geist. Sie ist wie ein endloses Band, sie gleicht einer Schlange, die das Ende ihres eigenen Körpers verschlingt, sie erinnert an die letzte Zeile in der Anrufung des Ungeborenen: »Ich bin Er, die Gnade der Welt; das mit einer Schlange umgürtete Herz ist mein Name.«

Insofern ist er dem Buchstaben Beth und dem Merkur zugeordnet, und da er den Stab des Merkur auf seiner Brust trägt, ist er der höhere Merkur, ist er Thoth, der Gott der Weisheit und der Wortkunst, der Gott, der aus dem Schleier hervorkommt.

Seine magische Bezeichnung ist *Der Magus der Macht*.

Null – Der Narr

Die Darstellung des Narren auf dieser Tarotkarte weicht von den entsprechenden Darstellungen in anderen Tarotkartensätzen vollständig ab. Anstatt eines in buntscheckigem Narrenkleid einherstolzierenden Mannes, der nicht auf den Hund achtet, der zu seinen Füßen an ihm emporspringt, sehen wir ein nacktes Kind vor uns, das unter einem Rosenstrauch mit gelben Rosen steht. Kind und Rosenstrauch symbolisieren sowohl die goldene Rose der Freude als auch die Rose der Stille. Während das Kind nach den Rosen greift, hält es einen grauen Wolf an der Leine. Die völlige Unschuld und die göttliche Natur halten reines Wortwissen, reine Wortklauberei in Schach.

Waite beschreibt den Narren als einen Prinzen aus der anderen Welt auf seiner Reise durch unsere Welt – alles inmitten der Herrlichkeit des Morgens, in der frischen Luft. Er ist der nach praktischer Erfahrung suchende Geist.

Die wahrscheinlich beste Beschreibung des Narren findet man in dem tiefschürfenden Werk *Das Buch Thoth* von Aleister Crowley. Wenn auch seine auf der Grundlage des von Frieda Harris gemalten Bildes erfolgte Skizzierung des Narren von der Auffassung des Ordens gewaltig abweicht, tut man doch gut daran zu lesen, was Crowley in diesem Zusammenhang zu sagen hat. Allein schon durch diese Lektüre dürften die festgefügten Meinungen all jener, die davon überzeugt sind, daß Crowley nur konfuses Zeug schreibt, ins Wanken gebracht werden. In dieser Darstellung und Interpretation allein steckt weitaus mehr als in einer Unzahl dicker Wälzer, die irgendwelche andere Leute zum Thema Trümpfe im Tarot je geschrieben haben. Ich gehe sogar noch weiter, wenn ich rate, der Schüler möge die im Golden Dawn üblichen Tarotkarten zusammen mit Crowleys Buch und sogar unter Berücksichtigung dessen persönlicher Version der Tarotkarten studieren.

Die magische Bezeichnung ist *Geist des Äthers*.

Bemerkungen zur Geomantie

Der Autor dieses Dokumentes konnte nicht festgestellt werden. Es handelt sich offenbar weder um S.R.M.D. (Mathers) noch um N.O.M (Westcott). Die Schrift wird auch nicht unter den ›Flying Rolls‹ aufgeführt. Deshalb nehme ich an, daß sie von jemandem aus dem Fußvolk des Ordens stammt, der sich für Geomantie interessierte.

Viele Studierende neigen dazu, die Geomantie als eine Technik von geringem Nutzen und Wert abzutun, als eine phantasievolle und unwissenschaftliche Divinationsmethode, eine aufgeblasene Art des Knobelns, reinen Zufall, der dann umständlich interpretiert werden muß. Der Grund für diese Haltung liegt wohl darin, daß in allen Büchern und Manuskripten die Grundlagen der Geomantie nur selten erklärt werden. Sie werden beim Studierenden vorausgesetzt, und ihm werden dann geradewegs die Regeln für das Aufstellen von Figuren und ausführliche Listen der Namen und Sigille der Genien und Herrscher vorgelegt, die ihn natürlich langweilen und ermüden.

Dieser Aufsatz wurde geschrieben, um die Lücke zu füllen – in der Hoffnung, daß einige Studierende darin das finden, was sie vermißt haben. Zunächst also zum Begriff selbst: Alle Wörter, die auf »-mantie« enden, haben mit Wahrsagen zu tun, »mantis« (griechisch) heißt der Prophet. Damit ist nicht unbedingt die Zukunftsvorhersage gemeint, obwohl auch diese darunterfällt, sondern das Enthüllen von Dingen, die jenseits des Schleiers der Materie liegen. Alle inspirierten Aussprüche können als Prophezeiungen bezeichnet werden, in gewissem Sinne also jede Dichtung. Ein Priester ist ein zur Ausführung Beauftragter und als solcher dem Propheten untergeordnet. Der Prophet nimmt nun eine materielle Form an, hebt an dieser Stelle den Schleier und enthüllt in Form eines materiellen Hilfsmittels die dahinterliegende göttliche Weisheit. Chiromantie bedeutet die Wahrsagung aus der Hand. In der Nekromantie, einer Form der schwarzen Magie, wird aus einem Leichnam wahrgesagt. Die römischen Auguren bevorzugten diese Methode und benutzten dazu die Körper von sakralen Opfern. Bei der Geomantie, von Gaia – die Erde, wird aus der Erde selbst gewahrsagt. Wir müssen uns dann überlegen, wie der Schleier, der das Schöpfungswunder bei seiner Manifestation verhüllt, für den Blick des inspirierten Sehers gelüftet wird. Das ist der Schleier der Isis, den zu durchdringen sich die ägyptischen Seher zum Ziel gesetzt hatten.

Das Geheimnis der Smaragdtafel des Hermes lautete: »Wie oben,

Die Bedeutung der Divination

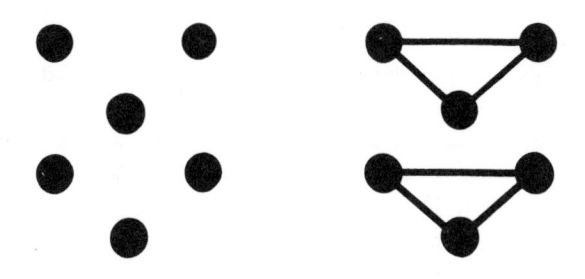

so unten.« Wir werden darüber belehrt, daß die ewigen Ideen Gottes sich den Augen jener, die sehen können, in der Sternensphäre wie in einem Bilderbuch enthüllen. Die Sternensphäre wird auf die Erde reflektiert, so daß jeder Punkt die Spiegelung einer Konstellation oder Sternengruppe darstellt. Darüber wandern die Planeten nach ihren eigenen Gesetzen. Die vier großen Erzengel wachen über die vier Viertel der Himmelsrichtungen. Aus diesen Kenntnissen können wir entnehmen, warum die Länder, Städte und Orte bestimmte Eigenschaften besitzen, unabhängig von der Bevölkerung, die dort lebt. Daran erkennen wir, warum in Rom stets der Herrschaftsgeist der Überlegenheit und materiellen Macht wohnte, ob es nun am Anfang von Ausgestoßenen und Schiffbrüchigen vieler Rassen bewohnt wurde – als großes »Asylum«, wie man es nannte –, oder später als zusammenhängende Republik, dann als Weltreich, dann als Sitz einer Hierarchie mit nahezu universellem geistigem Einfluß: immer im selben Geiste. Aus dem gleichen Grunde wurden alle verschiedenen Rassen, die nach China kamen, durch und durch chinesisch. In den meisten Fällen ist der Ortsgeist mächtig genug, alle unter seinen Einfluß zu zwingen, die an den Ort kommen. In anderen Fällen bringt er von selbst Wirkungen hervor. Wir können wohl sagen, daß alle Kräfte, die sich hinter dem Schleier befinden, durch ihn hindurchscheinen und wahrnehmbar werden. Ist der Prophet in der Lage, diese zu empfangen und zu übersetzen, dann kann er seinen Brüdern wertvolle Mitteilungen machen. Damit ihm das gelingt, muß er offenbar vollends versinken und seine Persönlichkeit auslöschen, denn sein Verstand kann nur das wahrnehmen und bedenken, was auf dieser Seite des Schleiers ist. Solange seine Aufmerksamkeit darauf gerichtet bleibt, ist er für das Dahinterliegende blind.

Sehen wir uns einen Moment lang andere Endungen an. »-nomie« deutet auf Gesetze hin, die Astronomie ist also das Gesetz der Sternenwelt beziehungsweise die methodische Zusammenfassung der Beobachtungen an diesem, denn wir können nicht wirklich etwas über die Gesetze wissen, die das Weltall regieren. »-logie« deutet auf das Wort hin (griechisch: »logos«), den göttlichen Boten, der von der Manifestation ausgeht. Astrologie ist also die Lehre von den Sternen, die Darlegung dessen, was mit ihnen zu tun hat, wie es die Wissenschaft der Astronomie zeigt. In bezug auf die Erde gibt es die Geologie, die Darstellung dessen, was die Erde betrifft. Zur Zeit beschäftigt sie sich nur mit dem Alter der Erde und mit den Tieren, die sie vor Tausenden von Jahrhunderten bewohnten, sowie mit den Veränderungen ihrer Oberfläche. Es gibt noch die Geometrie als Erdvermessung, die als Wissenschaft subtiler ist, weil sie sich mit abstrakten Zahlen und Figuren beschäftigt.

Wie die Geomantie in den Büchern und Manuskripten gewöhnlich dargestellt wird, stehen wir vor Namenslisten der Herrscher, Genien, Engel und Intelligenzen, deren Sinn nicht offensichtlich wird, und vor anscheinend willkürlichen Figuren, den Sigillen. Es scheint mühselig und nutzlos, diese auswendig zu lernen. Der Studierende sollte sie jedoch als Namen von Persönlichkeiten ansehen, die er noch kennenlernen wird. So nennst du deine Freunde zum Beispiel Hans oder David, und deine Feinde heißen vielleicht Fritz oder Karl. Die Erwähnung der Namen bringt dir ihre Persönlichkeiten sofort ins Gedächtnis. Wir könnten ohne die Namen nicht über freundliche oder feindliche Ideen sprechen. Wir wissen nicht, warum unser Freund ›Hans‹ getauft wurde, wir nehmen es einfach hin. Ebenso sehen wir die Sigille wie Buchstaben des Alphabetes an. Wir wissen nicht, warum der Buchstabe J diesen bestimmten Inhalt besitzt, aber wir benutzen ihn, wenn wir eine Mitteilung machen, in der die Idee mit der Schreibweise ›Johannes‹ vorkommt. Kinder müssen das Alphabet erlernen, bevor sie anfangen zu lesen.

Nun kommen wir zur mechanischen Methode, die vom geomantischen Wahrsager eingesetzt wird. Wie wir gesehen haben, muß er seine eigene Persönlichkeit, seinen Verstand, seine Motive, seinen menschlichen Willen völlig unterordnen. Dadurch wird er passiv. Wir haben von dem Vorgang des automatischen Schreibens gehört, bei dem der Seher oder das Medium zuläßt, daß seine Hand von einer über- oder untermenschlichen Intelligenz benutzt wird. Das Medium schreibt die Botschaft ohne seinen eigenen Willen, zum Teil sogar ohne sein Bewußtsein. Es ist hierbei aber sehr schwer für das Medium, seinen Willen völlig zurückzuziehen, so daß die Botschaft durch sein Gehirn nicht gefärbt, gewandelt oder zumindest verändert wird. Bei der geomantischen Methode werden auf ein Stück Papier eine Reihe Punkte oder Striche gemacht, ohne zu zählen. Damit stellt man

Die Bedeutung der Divination

sicher, daß der Verstand sich nicht beteiligen kann. Was also bestimmt dann, ob die Anzahl der Punkte gerade oder ungerade ist? Die Antwort liegt auf der Hand: der Rhythmus. Denke nur an ein vierzeiliges Gedicht mit abwechselnd starken und schwachen Reimen. Dieser Rhythmus ergibt eine geomantische Figur mit: zwei Punkten, einem Punkt, zwei Punkten, einem Punkt.

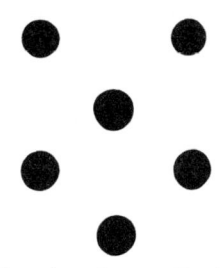

● ●
●
● ●
●

Wenn das Gehirn schweigt, kann die Botschaft, die durch den Schleier der Materie dringt, in Form eines Rhythmus empfangen werden. Dieser wird zwar nicht bewußt, beeinflußt aber die Nerven und Impulse, beeinflußt die Hand. Wir können sagen, eine Melodie durchtanzt den Körper, deren Rhythmus sich in den unbewußt aufgezeichneten Punkten niederschlägt. Woher kommt diese Melodie? Der Sternenhimmel ist eine Spiegelung des Gedankens Gottes über sich selbst, die Erde spiegelt das Firmament, die menschliche Aura reflektiert die Erde. Der Rhythmus der Melodie drückt eine Idee aus, die hinter dem Schleier entspringt. Die geomantische Figur hält die geometrische Form des Rhythmus dieser Melodie fest und deshalb die Idee.

Überlegen wir uns nun, was wir unter einer Idee verstehen. Der alte John Heydon[1], der bedeutendste Autor zur Geomantie, definiert eine Idee als einen unsichtbaren, geschaffenen Geist. Das wird verständlicher, wenn wir uns einen manifestierten Gegenstand vorstellen: einen Menschen, eine Blume, einen Baum oder sonst etwas. Nimm die Summe aller Eigenschaften, die du von diesem Gegenstand kennst, und bilde daraus die vollendete Idee desselben. Sie ist unsichtbar, aber vorhanden. Wir können also sagen, daß ein Bildhauer die Idee einer Statue besitzt, bevor er auch nur die gröbste Skizze anfertigt.

---

[1] John Heydon (1629 bis? Datum unbekannt), englischer Jurist, Astrologe und esoterischer Schriftsteller. Seine Bücher behandeln vorwiegend rosenkreuzerische Thematik. Bei dem Werk, worauf hier Bezug genommen wird, dürfte es sich wahrscheinlich um *Theomagia* oder den *Tempel der Weisheit* handeln.

Als einen Genius bezeichnet Heydon einen göttlichen Geist, der in der Natur auf wundersame Weise geheime Dinge vollbringt. Zwischen einer Idee und einem Genius besteht also, wie er sagt, kein großer Unterschied.

Wenn du also an einem bestimmten Ort der Erde stehst und eine Frage stellst, dann ist die Antwort schon da, in deiner Frage enthalten, sofern du sie erreichen kannst. Frage und Antwort liegen in der göttlichen Idee, und die Antwort drückt sich in der rhythmischen Bewegung aus, der Melodie, die dein Geist hinter dem Schleier auffängt.

Nimm zum Beispiel einen Vers mit abwechselnd starken und schwachen Endungen. Grob gesagt ist die Wirkung aufmunternd. Sie verläuft wie ein Tanzrhythmus, voller Hoffnung und Freude, sie erzählt davon, etwas Ersehntes zu bekommen. Die geomantische Form, die wir gebildet haben, sieht so aus:

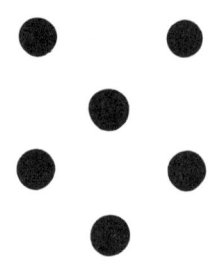

Wir können sie als »Aquisitio« bezeichnen. Ferner lernen wir einen Talisman zu formen, indem wir die Punkte folgendermaßen verbinden:

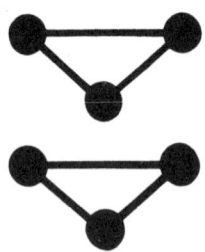

Das sieht auf den ersten Blick unwissenschaftlich und nutzlos aus. Sehen wir es aber anders: Wir möchten eine erwünschte Information bekommen, und die natürlichste Methode dafür ist, einen Empfänger bereitzuhalten. Das passende Symbol ist der Kelch, der den Wein der göttlichen Gnade empfangen soll. Der Kelch ist das natürliche Symbol der »Acquisitio«. Die geistige Gabe befindet sich hinter dem Schleier, ihre materielle Spiegelung liegt in der Gabe, die wir uns auf der Erde

Die Bedeutung der Divination

wünschen. Zwei Kelche symbolisieren also die angemessene Antwort auf unsere Frage.

Wie auch in Ägypten allmählich das Schreiben in Hieroglyphen statt in Bildern gebräuchlich wurde, so wird die Darstellung zweier Kelche zu einem hieroglyphischen Symbol, den Punkten und Winkeln der Acquisitio.

Diese zeigen den Rhythmus an, der hinter dem Schleier entsteht und der die Antwort auf unsere Frage trägt. Wir haben uns überlegt, daß jeder Punkt der Erdoberfläche seine eigenen okkulten Kräfte besitzt. In gewissem Maße wird das allgemein anerkannt: Wir wissen von heiligen Plätzen, die in alten Zeiten oft mit Steinkreisen markiert wurden. Ihr Einfluß ist so stark, daß einander folgende Rassen und Völker unwillkürlich ihre heiligen Stätten dort errichtet haben.

Viele Menschen glauben, daß eine Entweihung solcher Stätten Unglück zur Folge hat. Bestimmten Orten wird ein besonders guter oder böser Einfluß zugeschrieben, den jeder sensitive Mensch spüren kann. Wenn das für bestimmte Plätze gilt, folgt daraus, daß jeder Ort einen Einfluß und verborgene Kräfte besitzt, die sich dort manifestieren können. Kräfte, die sich irgendwo niederschlagen, sind aber nicht bestimmt und unveränderlich.

Stelle dir vor, du stehst an einem bestimmten Punkt auf der Erde und einige Fragen quälen dich. Du erhältst die Intuition, die Lösung hinter dem Schleier zu suchen. In deinem Geist spürst du den göttlichen Einfluß, der diesen Punkt regiert; unbewußt ist das auch so. Du weißt, daß er die Antwort für dich bereithält, wenn du sie nur erreichen könntest. Vielleicht denkst du an keine übliche Wahrsagermethode, aber du hast ein Gefühl der Hoffnung, Freude und Erheiterung, ein sicheres Gefühl, daß alles gut werden wird. Dein inneres Wesen hat den Rhythmus aufgefangen, der Erfolg verspricht. Hier bietet die Geomantie eine Möglichkeit, den Rhythmus schwarz auf weiß festzuhalten und im einzelnen zu interpretieren.

Sie leistet aber noch mehr als das. Das unbestimmte Gefühl deines inneren Wesens ist leicht einer Täuschung unterworfen. Es ist unmöglich, die irdische Persönlichkeit, die äußere Seite des Schleiers, auszuschließen. Aus körperlichen Gründen fühlst du dich vielleicht begeistert oder niedergeschlagen.

Die Geomantie schließt, wie wir gesehen haben, die Persönlichkeit, den Einfluß des Gehirns, soweit wie möglich aus und ermöglicht uns, den Rhythmus aufzufangen, in welchem Frage und Antwort liegen. Du fragst also, ob du etwas Ersehntes erhalten wirst, und der Rhythmus singt dir die Idee der Acquisitio vor. Du schreibst die geomantische Figur auf, und dir erscheint die Hieroglyphe der Kelche. Du weißt, daß du den materiellen Kelch aufhältst und daß hinter dem Schleier der geistige Kelch bereitgehalten wird, um den Wein der Gnade zu empfangen. Und weil es einen Namen geben muß, mit dem du diesen göttlichen Geist benennen kannst, den du empfangen hast, lerne, ihm den Namen ›Hismael‹ zu geben.

Wenn du willst, sieh den Namen als reines Phantasieprodukt an. Da du ihn dir aber merken sollst und weißt, daß er einen großzügigen Geist bezeichnet, der dir gibt, was du wünschst, erkenne diesen Geist als den Gebieter der Idee der »Acquisitio«. Außerdem lernst du das Sigill des Hismael kennen. Du kennst seine Bedeutung nicht, weißt nicht, warum es verwendet wird, und wirst es vielleicht auch nie erfahren, aber das ist auch nicht wichtig. Wahrscheinlich wirst du auch nie den Ursprung des Buchstabens J erfahren, aber das hindert dich nicht daran, ihn als Anfangsbuchstaben von ›Johannes‹ zu erkennen, des Namens deines Freundes. Um bei der Kenntnis und beim Wiedererkennen der geomantischen Figuren zu helfen, beschreiben die alten Bücher Hismael anhand einiger Eigenschaften. Er ist zum Beispiel edelmütig, großzügig, umgänglich, ein genialer und gutaussehender Mann, der das Lachen mag, der liebt und vergibt. Es werden auch die Plätze beschrieben, an denen er sich meistens aufhält.

Früchte, Pflanzen und Bäume mag er besonders, Edelsteine, Säugetiere, Vögel und Fische entsprechen seinem Wesen und so weiter. Aber damit muß sich der Studierende noch nicht auseinandersetzen. Das gehört zu den fortgeschrittenen Stufen des Themas. Wichtig ist zunächst, daß er weiß: Die Linien und Striche, die er macht, sind nicht zufällig und bedeutungslos, sondern sie enthüllen einen bestimmten Rhythmus, der Ausdruck einer Idee ist. Diese Idee stellt die Antwort auf eine Frage dar, die ihm vom Herrscher gegeben wird, dessen Namen, Sigill und Charakter er ebenfalls kennt.

Wenn soviel verstanden ist, wird es leichter fallen, die Bedeutung der Genien, Engel und Erzengel zu verstehen.

Wir haben gesehen, wie wir mit einer Figur, die aus vier Reihen von Strichen besteht, ein bestimmtes Ergebnis erzielen. Aber es gibt vier Himmelsrichtungen und vier Elemente. Wir müssen also viermal fragen, bis wir eine verläßliche Antwort erhalten. Es ist also nötig, 16 Strichreihen zu machen, aus denen 4 Figuren gebildet werden. Das Prinzip ist aber bei allen dasselbe. Hier haben wir nur die »Acquisitio« besprochen. Weitere Kommentare bleiben einem späteren Aufsatz vorbehalten.

Astrologie

Die Lehrschriften enthalten Fragmente der verschiedensten Themen, aber sie alle reißen nur die Oberfläche des Themas an. Das gibt Mathers in einer Schrift zu, die von den »Mindestanforderungen an den Studierenden zum Bestehen der Prüfungen« handelt. Das astrologische Material wurde nach einiger Zeit ganz fortgelassen, abgesehen von der Benennung der Planeten und Tierkreiszeichen und ihrer Zuordnung zum Lebensbaum – wenn nicht im Golden Dawn, dann zumindest eine Generation später in der Stella Matutina. Der Grund für diese Auslassung lag einfach darin, daß etliche gute Bücher über Astrologie erschienen waren. Als der Orden gegründet wurde, gab es überhaupt keine brauchbaren, so daß die Lehrschriften wettmachen mußten, was Verleger und Autoren versäumt hatten. Jeder gute Katalog einer Okkult-Buchhandlung enthält heute Hunderte von Büchern über Astrologie. Diese sind keineswegs alle gut, doch gibt es eine ganze Anzahl hervorragende.

Obwohl ich einiges astrologische Material in den Lehrschriften gelassen habe, möchte ich hier auf ein paar gute Lehrbücher hinweisen, die der Leser mit großem Gewinn zu Rate ziehen kann. Zum Beispiel die beiden Bücher von Grant Lewi: *Astrology for the Millions* und *Heaven Knows What* (Llewellyn Publications). Vollständiger und ausführlicher, wenn auch nicht so gut und interessant geschrieben, ist *A–Z Horoscope Maker and Delineator* von Llewellyn George.[1] Wahrscheinlich ist das Beste von allen eine Reihe dünner Bände von Noel Tyl (Llewellyn Publ.), die alle Aspekte der Astrologie abhandeln.[1] Außerdem gibt es ein Buch zu einem Spezialthema, das man nicht übersehen sollte: *Saturn* von Liz Greene[2] (Samuel Weiser Inc.). Diese Bücher ergänzen sicherlich die lückenhaften und oberflächlichen Daten der Lehrschriften.

Es gibt jedoch eine Reihe Einzelheiten an verschiedenen Stellen in den Ordenslehren, die es verdienen, in den allgemeinen astrologischen Wissensschatz und die Praxis aufgenommen zu werden. Die Daten aus dem Material zum Tarot, die den Tierkreis mit dem Stern Regulus im Löwen beginnen lassen, sollen die Tierkreiszeichen und Gestirnskonstellationen wieder in Übereinstimmung bringen. Dieses

---

[1] Den hier erwähnten Büchern kommt wohl *Das Universum der Astrologie* von Derek und Julia Parker (Pawlak-Verlag) am nächsten.
[2] Deutsch mit gleichem Titel bei Kailash/Hugendubel Verlag.

wichtige theoretische Konzept sollte zur Kenntnis genommen werden. Das System kommt der siderischen Astrologie näher als der figürlichen und bedarf deshalb eines völlig neuen Interpretationssystems.

(Anmerkung des Übersetzers: »tropical astrology« ist hier mit »figürliche Astrologie« übersetzt, da sie sich nicht an den Sternen [stellare Astrologie], sondern an willkürlich bemessenen Figuren orientiert. »Tropical« mit »tropisch« zu übernehmen, wie es manchmal getan wird, ergibt wenig Sinn, da dieses Wort im Deutschen nur auf die Tropen verweist. Die figürliche Astrologie ist die gängige moderne Astrologie, die stellare wird sehr selten benutzt (beispielsweise in der anthroposophisch orientierten Astrologie.) Darüber hinaus gibt es noch ein Einzeldokument über die Windungen der Schlangen-Formel um den Nordpol.[1] Es enthält alle möglichen Hinweise und Möglichkeiten, die meines Wissens nur ab und zu einem Studierenden aufgefallen sind.

---

[1] Das betreffende Dokument heißt *Das Gesetz der schlangenförmig um den Nordpol herum gewundenen Anordnung der Kräfte, die durch die vier Asse vertreten werden* und ist in Band 3, Teil 9, enthalten.

Francis King

Esoterische Astrologie

Mathers gab zwischen 1908 und 1912 eine Reihe von Nebenlektionen und sonstigen Manuskripten an die ihm treu gebliebenen Tempel. Von diesem zusätzlichen Material erreichte vieles über Brodie Innes die Stella Matutina, manches jedoch nicht. Manche dieser späten Manuskripte sind von großem Interesse; besonders aber eines ist wichtig, das für die Theorici Adepti Minores gedacht zu sein scheint. Er stellt ein astrologisches System dar, das sich sowohl von der üblichen westlichen Astrologie unterscheidet, wie sie im Grade der Pforte im Golden Dawn und seinen Ablegern gelehrt wurde, als auch von der siderischen (Sternen-)Astrologie, die die Hindus und eine Minderheit moderner westlicher Astrologen benutzen.

Ich schlage dem Leser vor, sich zunächst mit einem modernen Lehrbuch der siderischen Astrologie zu beschäftigen, um einen Einblick in ihre besondere Interpretationsweise zu bekommen. (Nach der figürlichen Astrologie liegt mein Aszendent zum Beispiel auf 0° Skorpion. Nach den Berechnungen von Mathers würde er mitten in die Waage verschoben. Ich kann den Lesern versichern, daß meine Grundeigenschaften ebensowenig zur Waage passen wie zum Mann im Mond. I.R.)

In bezug auf diese ›eingeweihte Astrologie‹ muß man sich vor Augen halten, daß die Tierkreiszeichen der gewöhnlichen Astrologie sich keineswegs mit den gleichnamigen Gestirnskonstellationen decken. Diese Situation ist durch die Präzession des Frühlingspunktes entstanden, des Punktes im Tierkreis, an dem die Sonne jährlich am 21. März den Äquator schneidet.

(Anmerkung des Übersetzers: Gemeint ist hier die Präzession der Erdachse, die mit einer Umlaufzeit von etwa 25000 Jahren die Verschiebung des Frühlingspunktes zur Folge hat. Darauf ist auch die Einteilung in Zeitalter von je etwa 2100 Jahren zurückzuführen, nach der wir uns im Übergang zum Zeitalter des Wassermannes befinden.

Die Diskussion um die Verschiebung des Frühlingspunktes ist inzwischen zwar noch nicht abgeschlossen, aber die meisten der modernen Astrologen gehen nicht mehr von der alten Einflußtheorie aus, nach welcher die Sternbilder konkrete Wirkungen haben, sondern sehen die Astrologie als ein Analogiensystem an, das unabhängig von den astronomischen Daten gedeutet wird.)

Dieser Punkt bewegt sich stetig in umgekehrter Richtung wie die Planeten durch den Zodiak. Entgegen dieser Tatsache beharren die herkömmlichen Astrologen darauf, diesen unsichtbaren, beweglichen Punkt als 0° Widder zu bezeichnen, obwohl er in Wirklichkeit weit von der Konstellation mit diesem Namen entfernt liegt.

Nach dem System von Mathers wird der bewegliche, figürliche Tierkreis durch einen festen, siderischen ersetzt, in welchem die Zeichen und Konstellationen übereinstimmen. Er wird vom Stern Regulus aus gemessen, auf den 0° Löwe festgelegt wird. Dieser siderische Zodiak erfordert eine Korrektur aller in den Ephemeriden angegebenen Daten, die die Astrologen benutzen – und diese Korrekturen ändern sich jährlich. Mathers stellte eine Tafel mit den Werten für die Jahre 1800–1911 zur Verfügung. Da es wahrscheinlich ist, daß einige der Leser dieses Buches astrologisch interessiert sind – (eine Umfrage ergab vor kurzem, daß nicht weniger als zwanzig Prozent der Erwachsenen in England und Wales die Astrologie ernst nehmen), lohnt es sich wohl, sie abzudrucken. Die erste Spalte zeigt immer die Jahreszahl, die zweite die Grade und Gradminuten, die von den Planeten- und Häuserdaten abzuziehen sind, die man nach einer Ephemeride berechnet hat.

Col I	Col II	Col I	Col II	Col I	Col II	Col I	Col II
1800	27 04	1828	27 27	1856	27 51	1884	28 13
1801	27 05	1829	27 28	1857	27 52	1885	28 14
1802	27 06	1830	27 29	1858	27 53	1886	28 15
1803	27 07	1831	27 30	1859	27 53	1887	28 15
1804	27 08	1832	27 31	1860	27 54	1888	28 16
1805	27 08	1833	27 31	1861	27 55	1889	28 17
1806	27 09	1834	27 32	1862	27 56	1890	28 18
1807	27 10	1835	27 33	1863	27 56	1891	28 19
1808	27 11	1836	27 34	1864	27 57	1892	28 20
1809	27 12	1837	27 35	1865	27 58	1893	28 21
1810	27 12	1838	27 36	1866	27 59	1894	28 22
1811	27 13	1839	27 37	1867	27 59	1895	28 23
1812	27 14	1840	27 37	1868	28 00	1896	28 24
1813	27 15	1841	27 38	1869	28 01	1897	28 25
1814	27 16	1842	27 39	1870	28 01	1898	28 26
1815	27 17	1843	27 40	1871	28 02	1899	28 27

Die Bedeutung der Divination

1816	27 18	1844	27 41	1872	28 03	1900	28 28
1817	27 19	1845	27 42	1873	28 04	1901	28 29
1818	27 19	1846	27 43	1874	28 05	1902	28 30
1819	27 20	1847	27 44	1875	28 06	1903	28 31
1820	27 21	1848	27 44	1876	28 06	1904	28 32
1821	27 22	1849	27 45	1877	28 07	1905	28 32
1822	27 23	1850	27 46	1878	28 08	1906	28 33
1823	27 23	1851	27 47	1879	28 09	1907	28 34
1824	27 24	1852	27 48	1880	28 10	1908	28 35
1825	27 25	1853	27 49	1881	28 11	1909	28 36
1826	27 26	1854	27 50	1882	28 11	1910	28 37
1827	27 27	1855	27 50	1883	28 12	1911	28 37

Hier endet das Zitat aus Kings Darstellung der Abhandlung von Mathers über esoterische Astrologie. Die Daten enden im Jahre 1911, aber ich nehme an, daß man nach gleichem Muster bis zum heutigen Datum weiterrechnen kann. Wer sich mit siderischer Astrologie auskennt, sollte jedenfalls mit der Tabelle keine Schwierigkeiten haben, und auch Astrologen des üblichen Systems sollten in der Lage sein, diese Daten zu ihrem Vorteil zu nutzen und auf den neuesten Stand zu bringen.

G. H. Frater SUB SPE (J. W. Brodie-Innes)[1]

Einführende Schrift zu den Tattwas

Die Tattwas

Was Tattwas sind

Alles Leben auf der Erde, das menschliche, tierische und pflanzliche, wird erst durch die Sonne möglich, durch Licht, Wärme, Elektrizität, Magnetismus und so weiter. Dies bezeichnen wir als »die Lebenskraft der Sonne« oder »Sonnenprana«. Das Sonnenprana wird durch Schwingungswellen über den Äther zur Erde übermittelt. Diese Wellen haben sehr unterschiedliche Längen und Frequenzen, aber sie durchdringen alle gleichzeitig den Äther und bilden dabei ein sehr kompliziertes System.

Der Studierende sollte sich mit dieser Vorstellung vertraut machen. Ein gutes Bild dafür findet er in den Klängen eines Orchesters: Alle Schwingungen, von den langen, langsamen, schweren des Basses bis zu den kurzen, hohen, schnellen Tönen der Pfeife oder Piccoloflöte dringen an sein Ohr. Dennoch kann ein empfindsames Gehör die Wellen jedes einzelnen Instrumentes herausfinden und verfolgen. Ein anderes Bild sind die von einer Landschaft ausgehenden Farben: Die trägen roten Wellen und die ganze Palette der Farben bis zu den kürzesten, schnellsten Schwingungen der Blautöne durchdringen den durchsichtigen Äther gleichzeitig. Dennoch kann das Auge sie mühelos unterscheiden.

Wir können uns die gleiche Idee an den Meereswellen verdeutlichen: Die langen, schweren Brecher rollen vorbei, und auf ihrer Oberfläche sehen wir zahllose kleine, kurze und schnelle Wellen, die

---

[1] Brodie-Innes hat zur Thematik der Tattwas im Jahre 1895 eine Vortragsreihe, möglicherweise im Rahmen des Edinburgh Tempels, gehalten, die viel ausführlicher ist als das vorliegende Dokument. Die Vorträge wurden in *Transactions of the Scottish Lodge of the Theosophical Society Vol. III, No. 1* (1895) veröffentlicht. Der Text ist heute neu zugänglich in *The Sorcerer and His Apprentice. Unknown Hermetic Writings of S.L. MacGregor Mathers and J.W. Brodie-Innes.* Edited and introduced by R.A. Gilbert (Aquarian Press, 1983).

Die Bedeutung der Divination 215

sich gleichzeitig in dieselbe Richtung bewegen. So wie die Tonleiter in sieben verschiedene Töne unterteilt ist, von denen jeder auf eine bestimmte Anzahl von Luftschwingungen pro Sekunde festgelegt ist, so wie die Schwingungen des lichttragenden Äthers in die sieben Spektralfarben unterteilt werden, so unterteilt man auch die Schwingungen des Sonnenprana in sieben Gruppen, die durch ihre Längen und Frequenzen bestimmt werden. Zwei dieser Gruppen gehen über den Bereich dessen hinaus, was in diesem Text behandelt wird, aber die übrigen fünf werden hier kurz erläutert.

Am besten sind die solaren Pranas zu verstehen, wenn man ihre Wirkung auf sichtbare und faßbare Stoffe betrachtet. Sie sollten immer mit ihren Sanskritnamen genannt werden, weil mit diesen nichts anderes verbunden wird und sie keine Verwirrung stiften.

Betrachten wir also zunächst den ersten Vorgang, in welchem Mulaprakriti, der »Weltenstoff«, zu einem Planeten geformt wird. Er ist zunächst unbeweglich, befindet sich in Ruhe, eine formlose Wolke fein verteilten Stoffes, die in sich nur die Möglichkeit einer Form und Substanz trägt. Das ist der Zustand, der als *Akasha* bekannt ist. Dann beginnt die Bewegung, die Masse wird zur Kugel aufgewirbelt und wird zu einem Nebel. Diesen Zustand bezeichnen wir als *Vayu*.

Man stelle sich die unendlich kleinen Teilchen vor, die umherwirbeln und ständig kollidieren; sie beginnen allmählich heiß zu werden und zu glühen, bis sich der Nebel in eine feurige Masse verwandelt. Dieser Zustand wird *Tejas* genannt. Allmählich kühlt er ab, bleibt aber flüssig, ein Zustand, den man *Apas* nennt. Mit fortschreitender Zeit verfestigt sich die flüssige Masse und wird zu einer Kugel oder einem Planeten. Diesen Zustand bezeichnen wir als *Prithivi*.

Diese Namen sollten genau auswendig gelernt und mit den dazugehörigen Zuständen in Verbindung gebracht werden. Man wird bemerken, daß sie ziemlich genau zu den Energie- und Materiezuständen passen, die wir als die vier Elemente bezeichnen. Vayu hat die Eigenschaften der Luft, Tejas die des Feuers, Apas die des Wassers und Prithivi die der Erde. Da diese Begriffe in der Umgangssprache aber begrenzte Bedeutungen haben, ist es nicht ratsam, sie zu verwenden, wenn man von den Tattwas spricht oder an sie denkt. Akasha würde in dieser Beziehung den negativen, passiven Ruhezustand bezeichnen. Wir können uns die Funktion der Tattwas in umgekehrter Reihenfolge gut folgendermaßen verdeutlichen: Die chemische Verbindung H_2O wird in ihrer flüssigen Form als Wasser bezeichnet. Wird sie gefroren, so verfestigt sie sich, was in der Benennung der Elemente als Prithivi, ›Erde‹, bezeichnet wird. Dieser Zustand kommt durch die Einwirkung von Prithivi auf H_2O zustande. Wenn wir ihn nun der Hitze aussetzen, wird der Eisblock geschmolzen, und die Substanz kehrt in ihren elementaren Zustand zurück – Wasser. Sie steht nun unter dem Tattwa Apas. Verstärken wir die Wärme, so wird das Wasser zu Dampf und steht damit unter dem Tattwa Vayu. Der Dampf verteilt sich und geht so in den Bereich des Tattwas Akasha über, wo die Möglichkeit in ihm liegt, zu kondensieren und als Regen zur Erde niederzufallen.

Der Studierende sollte anhand dieser Beispiele in der Lage sein, ein klares Konzept vom Wesen der Tattwas zu entwickeln, wobei er sie als mehr oder weniger künstliche Einteilungen des Sonnenprana ansieht.

Die Symbole der Tattwas

Es hat sich als praktisch erwiesen, die Tattwas durch die üblichen Symbole zu kennzeichnen, die durch Gestalt, Form und Farbe näher bezeichnet sind. Diese Symbole sind nicht willkürlich ausgewählt, sondern der Gestalt der Welle, ihrer Frequenz und ihrem gestaltenden Einfluß auf ätherische Substanz entnommen. Dabei handelt es sich jedoch um eine derart komplexe und schwierige Untersuchung, daß dem Studierenden geraten wird, diese Überlegungen zunächst beiseite zu lassen und die Symbole als übliche Formen anzusehen, die treffend genug sind, um sie sich leicht merken zu können. Akasha wird durch eine tiefviolette oder indigofarbene Eiform symbolisiert. Das Ei als Wurzel und Ursprung des Lebens ist ein passendes Symbol für dasselbe, für die latente Lebenskraft, die Kraft im Ei, bevor sie zu sichtbarer Tätigkeit erweckt wird. Violett ist hauptsächlich eine Farbe der Ruhe.

Vayu wird durch einen klaren blauen Kreis symbolisiert, da die Luft offenbar eine Sphäre aus blauem Licht ist. Es bestehen Meinungsverschiedenheiten über die richtige Blauschattierung. Die beste Regel für den Studierenden ist, Farben auszuprobieren und das tiefste und schönste Himmelblau zu wählen, das er je gesehen hat. Ist er einmal in Asien oder am Mittelmeer gewesen, dann wird er Vayu dunkler und tiefer schattieren als einer, der die nördlichen Breiten nie verlassen hat.

Tejas wird als flammend rotes Dreieck dargestellt, wobei Form und Farbe offensichtlich passend sind. Apas symbolisieren wir als silberne Mondsichel, eine Anspielung auf den Mond als Gebieter über die

Wasser und ihr silbernes Licht, wenn sie weder den Himmel noch irdische Gegenstände spiegeln. Prithivi wird als gelbes Quadrat dargestellt. Die Stabilität der Erde drückt sich in der quadratischen Form aus, und da die Vollendung der Erde bei den Alchimisten das Gold ist, paßt auch die gelbe Farbe.

Der Studierende sollte sich jetzt mit diesen Gestalten vertraut machen und sich darum bemühen, sie in Zusammenhang mit der entsprechenden elementaren Erscheinungsform zu visualisieren. Wenn die Schatten der Nacht herabsinken und er sich schlafen legt, stelle er sich eine eiförmige Wolke aus tiefviolettem Licht vor, die sich um ihn schließt und ihn in warme, geheimnisvolle Dunkelheit hüllt, die Heimat der Träume. Wenn er zum Himmel schaut oder auf ferne Berge, die in die sanften Schatten blauer Luft getaucht sind, soll er sich den blauen Kreis des Vayu vorstellen, wie er in riesiger Größe vor seinen Augen schwebt und durch den er die Landschaft betrachtet.

Wenn er dann ein Feuer sieht, sei es im heimischen Herd, im Ofen, ein Freudenfeuer oder ein tätiger Vulkan, visualisiere er Tejas als großes rotes Dreieck vor seinen Augen. Schaut er auf Wasser, das Meer, einen Fluß oder See, oder das Wasser in seinem eigenen Waschbecken, so übe er, eine silberne Mondsichel mit nach oben gewendeten Spitzen zu sehen. Allem Harten und Festen gegenüber imaginiere er den gelben Würfel der Prithivi, wobei er sich vorstelle, daß das Symbol in fester Form wie reines Gold wäre.

Wenn diese Übung bis zum Erreichen gewisser Fertigkeit geübt worden ist, kann es nützlich sein, den Prozeß umzukehren: Man nehme einen Eisklumpen und lege ihn in einen schweren Kochtopf. Nun sollte man darüber mühelos einen gelben Würfel oder ein Quadrat sehen können. Bringe den Topf nun zu einem Feuer. Wenn die Oberfläche des Eises zu schmelzen beginnt und an den Seiten Wasser herabläuft, imaginiere, daß auf dem gelben Quadrat langsam die silberne Sichel erscheint und etwa ein Viertel seiner Oberfläche einnimmt. Sie wird heller und klarer, je mehr das Eis schmilzt, und wenn der Block fast weggeschmolzen ist, stelle dir vor, daß die silberne Sichel wächst und allmählich das Quadrat ganz ersetzt, so daß die Mondsichel allein übrigbleibt, wenn das Eis geschmolzen ist.

Stelle den Topf dann aufs Feuer und beobachte, wie das Wasser heiß wird. Imaginiere währenddessen, daß sich das rote Dreieck des Tejas auf der Sichel bildet, wie zuvor die Sichel auf dem Quadrat. Wenn das Wasser kocht, hat das rote Dreieck die Sichel ersetzt. Wenn der Dampf aufsteigt und sich in der Luft verteilt, sollte der Studierende sich vorstellen, wie das rote Dreieck von einem blauen Kreis überlagert wird, der wächst und das Dreieck ganz ersetzt, wenn das Wasser völlig verdampft ist. Dann verschwindet die Dampfwolke, und der blaue Kreis geht in das violette Ei von Akasha über. Diese Übung wird den Studierenden an die Vorstellung der Tattwa-Symbole gewöhnen, auch in Zusammenhang mit ihren Untertattwas.

In diesem Stadium ist es nützlich, daß er sich eine Kartenserie mit den Tattwa-Symbolen anfertigt. Sie sollten etwa die Größe und Proportion von Spielkarten haben. Das Symbol sollte nicht größer sein als die halbe Kartenlänge, das heißt: Wenn die Karte 8 cm lang ist, sollte das Symbol nicht größer als 4 cm sein, so daß oben und unten je 2 cm frei bleiben. Die Symbole sollen genau und sorgfältig aus farbigem Papier ausgeschnitten oder aufgemalt werden, in den richtigen Proportionen und mit glatten Kanten. Halte die Karten peinlich sauber. Übe nun, beim Anschauen der Karten eine Form des Elementes in dein Bewußtsein zu rufen, dem sie zugeordnet wird: etwa ein ruhiges Meer für Apas, ein rauhes, stürmisches Meer für Vayu von Apas, eine brodelnde Quelle für Tejas von Apas und so weiter.

Allmählich findet man heraus, daß Symbol und Element im Geiste so eng zusammenhängen, daß das eine unwillkürlich das andere hervorruft. Das bloße Denken an Tejas läßt einem an einem kalten Tag warm werden.

Swara und der Atem

Swara ist der Geist, die Seele des Universums. In einer Sanskritschrift über die Wissenschaft vom Atem heißt es: »Er ist die Manifestation des Einflusses, den die Kraft, die sich selber kennt, auf die Materie nimmt.« Deshalb wird er als der große Atem bezeichnet. Der Atem jedoch besteht aus zwei Teilen: Ausatmen und Einatmen. Das technische Symbol für das Ausatmen ist im Osten *Sa*, und die Ruhepause zwischen den Atemzügen ist *Ham*. Daher kommt das Wort *Hamsa*, welches Gott bedeutet und die beiden ewigen Vorgänge repräsentiert.

Da Swara die Seele des Universums ist, muß alles Leben am Wesen Swaras teilhaben. Wir können also im Sonnenprana, dessen Ausdrucksformen die Tattwas sind, positive und negative Tätigkeit erwarten. Darüber hinaus werden wir in der physischen Form, die das Leben empfängt, dem Ei, einen Mittelpunkt finden, der beide Ströme der Lebenskraft vereint. Im Ei finden wir also während der Brutzeit die Herausbildung zweier Zentren, aus denen sich schließlich das Nervensystem und das Herz-Kreislauf-System bilden. In der weiteren

Die Bedeutung der Divination

Entwicklung haben diese beiden wiederum eine doppelte Funktion. Das gilt auch für den Menschen und jedes lebendige Geschöpf, und auch für die Welt selbst.

Das Sonnenprana gelangt entweder direkt von der Sonne zur Erde oder es wird vom Mond reflektiert. Das erste wird als positives, das zweite als negatives Prana bezeichnet. Unter dem Einfluß von Swara wird deshalb positives Sonnenprana technisch Sonnenatem genannt, negatives hingegen Mondatem. Dem Studierenden wird geraten, dies zunächst als bloße technische Bezeichnungen zu betrachten und auch nicht zu versuchen, die Analogien weiterzuverfolgen, denn das Thema ist sehr kompliziert.

Der durch das Sonnenprana manifestierte Mondatem wird *Ida* genannt, der Sonnenatem *Pingala*. Der neutrale Ruhepunkt zwischen ihnen heißt *Sushumna*. *Ida* drückt sich vornehmlich in den Nerven der linken Körperseite aus, Pingala in jenen der rechten und Sushumna in der mittleren Säule. Darum wird gesagt: Wenn das Sonnenprana in Ida ist und der Atem schnell eingesogen wird, spürt man ihn hauptsächlich im linken Nasenloch. Ist er in Pingala, spürt man ihn im rechten.

Der Studierende sollte sich anfangs nicht zuviel mit solchen Versuchen beschäftigen. Denn erstens verhindert oder verfälscht schon die geringste Erkältung die Wahrnehmungen, zweitens sollen viele Krankheiten den Atem auf die falsche Seite bringen, drittens kann der Atem willkürlich geändert werden, so daß er auf der einen oder der anderen Seite zu spüren ist, wie das bei bestimmten magischen Prozessen geschieht. Es sollte auch verstanden werden, daß der sogenannte Atemwechsel von der einen zur anderen Seite mehr eine Frage der Empfindung ist, die von der Tätigkeit bestimmter Nerven herrührt, weniger des Fließens materieller Luft. Darüber wird später mehr gesagt.

Der Atemfluß im Solarprana kann ausgerechnet werden, so daß man zu jeder Zeit des Tages und der Nacht genau weiß, wo der Atem tätig ist. Diesen Ablauf bestimmt der Mond. Wie bekannt, wächst er vierzehn Tage lang, die als die helle Monatshälfte bekannt sind. Sie beginnt bei Sonnenaufgang nach dem Neumond. Beachte, daß das genau ausgerechnet werden muß. Wenn die Sonne um 6 Uhr aufgeht und der Neumond um 6 Uhr 30, dann beginnt die helle Monatshälfte erst mit dem Sonnenaufgang des nächsten Tages. Dann ist das Sonnenprana in Ida, und der Atem bleibt zwei Stunden lang (die auf Sanskrit ein ›Ghari‹ heißen) im linken Nasenloch. (Anmerkung des Übersetzers: Später im Kapitel wird ein Ghari als eine Periode von

24 Minuten definiert.) Dann wechselt der Atem nach Pingala, um zwei Stunden lang im rechten Nasenloch zu sein. Das wechselt Tag und Nacht, die ganzen 24 Stunden hindurch, alle zwölf Gharis lang.

Zwischen zwei Gharis tritt etwa zwanzig Minuten lang Sushumna ein, die Übergangsphase. Zehn Minuten lang wechselt der Atem von der Seite, in der er aktiv war, zum mittleren Zustand, wo er in beiden Nasenlöchern gleichermaßen tätig ist, und entwickelt sich dann zehn Minuten lang, bis er im anderen voll aktiv ist. Während eines kurzen Zeitraumes in der Mitte ist er in beiden gleich stark tätig.

Das geht drei Tage lang weiter und wechselt am vierten. Während des ersten Ghari bei Sonnenaufgang am vierten Tag ist das Sonnenprana in Pingala und der Atem im rechten Nasenloch. Er wechselt im zweiten Ghari zu Ida und so weiter, drei Tage lang. Es ist also klar, daß die dritten 24 Stunden in Pingala enden und die vierten wieder mit Pingala beginnen. Die sechsten enden mit Ida und die siebenten beginnen wieder damit. Wegen der Zu- und Abnahme der Tageslänge sind auch die 24stündigen Rhythmen nicht genau. Diese Folge wird bis zum Vollmond fortgesetzt.

Beim Sonnenaufgang nach dem Vollmond, zu Beginn der dunklen Monatshälfte also, ist das Sonnenprana in Pingala, ob der vorhergehende Dreitagezyklus vollendet ist oder nicht. Der gleiche Ablauf findet dann bis zum nächsten Neumond statt. Während eines jeden Ghari werden die Tattwas der Reihe nach tätig, mit Akasha beginnend. Die Dauer eines einzelnen beträgt also etwa zwanzig Minuten. Nehmen wir an, die Sonne geht um 8 Uhr auf, dann fließt Akasha bis 8 Uhr 20, Vayu von 8.20 bis 8.40, Tejas von 8.40 bis 9 Uhr und so weiter. Während der Ida-Phase sind die Tattwas negativ, während der Pingala-Phase positiv.

Jedes Tattwa ist darüber hinaus in fünf Untertattwas eingeteilt, deren Folge von dem Untertattwa angeführt wird, das dem Haupttattwa entspricht. Vayu beginnt also mit Vayu von Vayu, welches das einfache Tattwa ist und vier Minuten andauert. Darauf folgt Tejas von Vayu, dann Apas von Vayu und so weiter. Das letzte ist Akasha von Vayu, worauf Tejas von Tejas folgt. Diese werden natürlich durch die Karten symbolisiert, die schon hergestellt worden sind. Man wird bemerken, daß für jeden Moment des Tages oder der Nacht und jeden Tag des Jahres die Tätigkeit der Tattwas und des Atems leicht berechnet werden kann.

Ein ganz gesunder Adept, der seine Fähigkeiten ausreichend geübt hat, kann diesen Ablauf auch ohne Berechnung mittels verschiedener einfacher Methoden herausfinden. Eine besteht darin, fünf Kugeln,

Die Bedeutung der Divination

die mit den Tattwafarben bemalt sind, in die Tasche zu stecken und eine zufällig herauszuziehen. Diese Kugel sollte die Farbe des gerade tätigen Tattwas haben. Eine andere Methode besteht darin, die Augen zu schließen und eine Farbe auftauchen zu lassen. Die erste, die erscheint, sollte die des herrschenden Tattwas sein.

Wie gesagt, hängt das von völliger Gesundheit ab, wie auch von Übung. Der Studierende darf ohne erhebliche Praxis keine Erfolge erwarten. Hat er einige Zeit lang geübt, so wird er die körperlichen Wirkungen der Tattwas zur Zeit ihrer Tätigkeit wahrnehmen können. Wenn also Vayu tätig ist, empfindet er Unruhe, in Tejas Wärme und Kraft, in Apas kühle Trägheit und in Prithivi Stetigkeit und feste Stärke. Diese Gefühle sind anfangs schwach und kaum wahrnehmbar, doch werden sie mit der Zeit deutlicher und sind bei Entscheidungen über den Zeitpunkt bestimmter Unternehmungen nützlich. Wenn jemand einen Besuch machen will und keinen bestimmten Zeitpunkt zur Abfahrt einhalten muß, dann wird er gewiß aufbrechen, wenn Vayu voll tätig ist.

Will er etwas unternehmen, wofür er viel Kraft braucht, dann wartet er besser auf das Tattwa Tejas, oder bis der Sonnenatem tätig wird. Materielle Geschäfte werden am besten unter Prithivi erledigt. Wer mit der Imagination arbeiten möchte oder passiv und empfänglich sein muß, unternimmt das am günstigsten unter Ida, dem Mondatem. Wenn der Studierende eine Zeitlang täglich eine Liste der Atemrhythmen, Tattwas und Untertattwas anfertigt und ihre Wirkung genau beobachtet, kann er bald gründliche Kenntnisse zu diesem Thema erwerben. Die Wahrnehmung des Flusses von Sonnenprana wird ihm bei seiner weiteren Arbeit sehr zugute kommen. Er soll sich nur davor hüten, vorzeitig die Existenz der Tattwas beweisen zu wollen, indem er ausprobiert, ob er sie spüren kann. Damit redet er sich selbst ein, daß sie nicht existieren und stumpft unweigerlich sein feines Wahrnehmungsinstrument ab. Seine Bemühungen werden fehlgehen, und er verliert und stört seine Kräfte.

Die Tattwas der östlichen Schule[1]

Index

Allgemeine Beobachtungen
Swara im Körper
Der Atmungsverlauf
Der Lauf der Tattwas
Ida
Pingala
Sushumna
Anmerkung
Die Tattwas
Tattwaproben
Zu den Tattwas passende Tätigkeiten
Meditation und Beherrschung der Tattwas
Die Heilung von Krankheiten
Vorhersage
Falscher Swara

(Anmerkung: Dieses Dokument trägt die Datierung August 1894 und wurde ursprünglich an F.L. Gardner, Frater De Profundis ad Lucem, ausgegeben. Es sollte im Äußeren Orden des Golden Dawn bei den Eingeweihten des Grades Philosophus umlaufen. Nach der Revolte ging es vom Golden Dawn zu jedem anderen Orden über, der auf die Ruinen aufgebaut wurde. Manche meinten, es widerspräche prinzipiell der westlichen Tradition, für die der Orden eintrat, obwohl die Grundlage der sogenannten Reise in der geistigen Vision fest auf diesem östlichen System aufbaut.

Jene, die die frühe theosophische Literatur kennen, werden feststellen, daß es sich dabei entweder um eine Zusammenfassung oder eine Extrapolation von Rama Prasads interessantem und informativem Buch *Nature's Inner Forces* handelt. Dieses Buch *muß* gelesen werden. Ich fürchte jedoch, daß es schon vergriffen ist. Von Health

---

[1] Dieses Dokument scheint entweder nicht mit der gebührenden Sorgfalt zusammengestellt, oder in verkürzter, mehr kompilierter, teilweise korrumpierter Form überliefert zu sein. Der Leser tut gut daran, es mehr auf seinen informatorischen Gehalt hin zu betrachten und es nicht unbedingt zur Grundlage eines praktischen Trainings zu machen.

Research, Mokelumne Hill in Kalifornien, ist jedoch eine Reproduktion herausgegeben worden, die verfügbar ist.

Viele neigen dazu zu glauben, dieses ursprüngliche Buch sei sehr kompliziert, es ist jedoch nicht komplizierter als zum Beispiel die Kabbala. Es gibt aber eine interessante und zweckmäßig vereinfachte Fassung zum Thema Tattwas in *The Law of the Rhythmic Breath* von Ella Adelia Fletcher [R.F. Fenno & Co., New York 1908], einem Buch, das Rama Prasad gewidmet ist.)

Allgemeine Beobachtungen

Es gibt fünf Tattwas oder Prinzipien:

1. Akasha – Äther
2. Vayu – das luftige Prinzip
3. Tejas – das Prinzip der Wärme und des Lichts
4. Apas – das wäßrige Prinzip
5. Prithivi – das erdige Prinzip

Die erste Ursache derselben ist jedoch der Große Steuerer aller Dinge, das Eine Licht, das Formlose. Aus Ihm tritt der Äther in Erscheinung, dann die Luft. Die Bewegung, die Ätherwellen erzeugt, verursacht Licht und Wärme und so weiter in der oben gezeigten Reihenfolge.

Der Yogi lernt die Prinzipien dieser fünf Tattwas kennen, ihr Sukshma Sharira. Wie geschieht das? Später wird es deutlich werden. Ein Astrologe, der den Swara nicht kennt, ist wertlos wie ein Mann ohne Frau. Swara ist die Seele selbst, der Große Steuerer von allem, der erschafft, erhält und zerstört und alles macht, was in dieser Welt ist. Erfahrung und Tradition lehren, daß kein Wissen wertvoller ist als das Wissen vom Swara. Keines sonst deckt die Tätigkeit im Mechanismus der Welt auf, ihr geheimes Wirken.

Mit der Kraft des Swara kann man einen Feind zerstören. Macht, Reichtum und Vergnügen können vom Swara befohlen werden. Der Anfänger in unserer Wissenschaft muß rein und ruhig im Geiste und in Gedanken sein, tugendhaft im Handeln und unfehlbaren Glauben an seinen geistigen Lehrer haben. Er muß sehr entschlossen seinen Weg gehen und dankbar sein.

Swara im Körper. Im Körper gibt es zehn Manifestationen des Swara. Bevor dies dem Neophyten mitgeteilt wird, muß er sich Kenntnisse über das Nervensystem erwerben. Das ist sehr wichtig, denn davon hängt der Erfolg ab. Hier ein grober Umriß der Bereiche, mit denen wir hauptsächlich zu tun haben, wenn wir uns bemühen, die Grundbegriffe zu erklären. Es gibt zehn Hauptnerven, wobei die Kanäle mitgezählt sind. In den zehn Manifestationen des Swara bewegen sich die zehn sogenannten Vayus. Die drei wichtigsten Nerven, mit denen der Anfänger ausschließlich zu tun hat, sind:

1. Ida, der linke Bronchus (Luftröhrenast)
2. Pingala, der rechte Bronchus
3. Sushumna in der Mitte

Die zehn Vayus sind:

1. Prana in der Brust
2. Apana um die Ausscheidungsorgane
3. Samana im Nabel
4. Udana in der Mitte des Halses
5. Vyana, den ganzen Körper durchdringend
6. Kurmana in den Augen; hilft, sie zu öffnen
7. Kirkala im Magen; ruft den Hunger hervor
8. Nag ruft das Erbrechen hervor
9. Devadatta verursacht das Gähnen
10. Dhananjaya bleibt nach dem Tode im Körper

Diese zehn Vayus oder Kräfte laufen durch die zehn Hauptnerven, nicht aber jede durch einen. Sie steuern den menschlichen Körper. Arbeiten sie korrekt, so bleibt der Mensch völlig gesund, andernfalls entstehen verschiedene Krankheiten.

Ein Yogi hält sie ständig in Tätigkeit und wird infolgedessen niemals krank. Der Schlüssel zu diesen Nerven liegt in Prana Vayu, dem Lebensprinzip, das die Luft durch Ida, Pingala und Sushumna zieht. Wird die Luft durch Ida geleitet, fühlt man sie durch das linke Nasenloch aus- und einströmen, bei Pingala durch das rechte. Geht die Luft durch Sushumna, strömt sie gleichzeitig durch beide Nasenlöcher. Die Luft strömt zu bestimmten, festgelegten Zeiten durch eines der Nasenlöcher oder durch beide. Strömt der Atem zu irgendeiner Zeit durch das falsche Nasenloch ein und aus, dann ist das ein sicheres Zeichen dafür, daß eine Krankheit im Anzug ist.

Ida wird manchmal auch als Chandra Nadi bezeichnet, der Mondnerv, Pingala als Surya Nadi, der Sonnennerv. Man nennt sie auch Chandra Swara und Surya Swara.

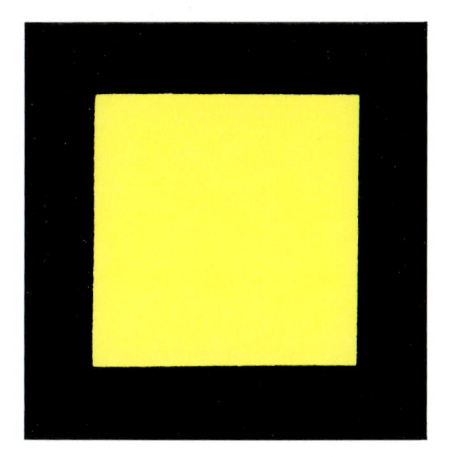

Prithive – Erde

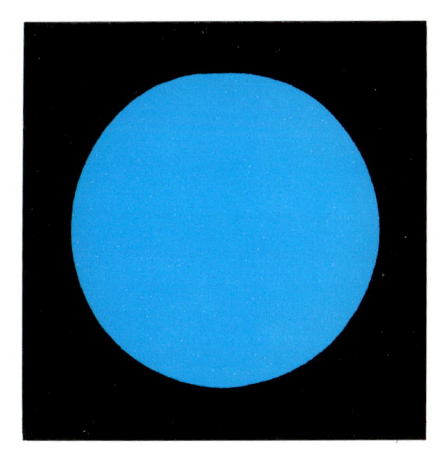

Vayu – Luft

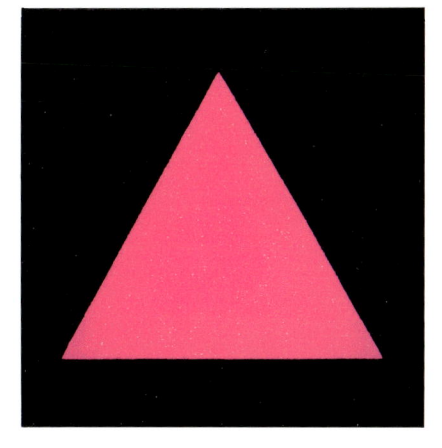

Tejas – Feuer

Akhasa – Geist

Apas – Wasser

Der Grund dafür ist, daß der Atem in Ida den Körper kühlt. In Pingala gibt er ihm Wärme. Die alten Magi sagten, der Ort des Mondes im menschlichen Körper sei in Ida, jener der Sonne in Pingala.

Der Atmungsverlauf. Ein Mond-Monat ist, wie man weiß, in zwei Hälften eingeteilt, die zunehmende und die abnehmende. In der ersten oder hellen Monatshälfte muß der Atem bei Sonnenaufgang des ersten Tages durch das linke Nasenloch strömen, und das bleibt die nächsten drei Tage hindurch so. Der siebente Tag beginnt dann wieder mit dem Mondatem und so weiter in der gleichen Reihenfolge. Deshalb haben wir gesagt, daß der und der Tag mit dem und dem Atem beginnt.

Wie lange aber bleibt der Atem in einem Nasenloch? Fünf Gharis oder zwei Stunden lang. (Anmerkung des Übersetzers: Hier wird das Wort »Ghari« offenbar für einen kürzeren Zeitraum verwendet [24 Minuten] als im vorigen Kapitel [2 Stunden].) Wenn also der erste Tag der hellen Monatshälfte mit dem Mondatem anfängt, dann muß nach fünf Gharis der Sonnenatem einsetzen, der wiederum nach Ablauf der gleichen Zeitspanne in den Mondatem überwechseln muß. Das gilt für jeden Tag.

Der erste Tag der dunklen Monatshälfte wiederum beginnt mit dem Sonnenatem und verläuft auf gleiche Weise. Dies wechselt jeweils nach fünf Gharis und nach drei Tagen. Alle Tage des Monats sind also in Ida und Pingala unterteilt. Der Swara fließt nur während der Wechsel in Sushumna, entweder beim natürlichen Ablauf oder unter bestimmten anderen Bedingungen, die später erwähnt werden. Das ist der Lauf der Natur; der Yogi aber beherrscht die Natur. Er wendet alles nach seinem Willen. Die Regeln dafür werden an angemessener Stelle genannt.

Der Lauf der Tattwas

Der Atem fließt fünf Gharis lang durch unsere Nasenlöcher, wie wir schon gesagt haben. Während dieser fünf Gharis oder zweistündigen Perioden haben auch die Tattwas einen Durchlauf. Im ersten Ghari haben wir Akasha, im zweiten Vayu, im dritten Tejas, im vierten Apas und im fünften Prithivi. Einen Tag und eine Nacht unterteilt man also in 60 Gharis, während derer zwölf Durchläufe der fünf Tattwas stattfinden. Jedes Tattwa dauert ein Ghari lang an und kehrt nach zwei Stunden wieder. Jedes Tattwa ist innerhalb des Gharis nochmals in fünf Unterabschnitte eingeteilt. Akasha wird also eingeteilt in: Akas-Akasha, Akas-Vayu, Akas-Tejas, Akas-Apas, Akas-Prithivi und so auch die anderen vier.

Für die praktische Anwendung dieser Wissenschaft ist es äußerst wichtig, nicht nur durch mathematische Berechnungen zu wissen, welches Tattwa gerade tätig ist, sondern mit der Sicherheit eines Augenzeugen. Später kommen wird darauf zurück.

Ida. Ist der Atem in Ida, das heißt, fließt er durch das linke Nasenloch, dann ist es günstig, folgendes durchzuführen: Bauarbeiten, wie das Errichten eines Hauses oder die Konstruktion eines Brunnens oder Bassins, große Reisen, Einzug in ein neues Haus, Gegenstände sammeln, Geschenke machen, Schmuck und Kleidung herstellen, Medizin und Stärkungsmittel einnehmen, einen Vorgesetzten oder Meister aus geschäftlichen Gründen sprechen, Reichtum ansammeln, auf dem Feld säen, Verhandlungen, Beginn eines Handels, Besuch bei Freunden, Tätigkeiten für die Wohlfahrt und den Glauben, heimfahren, Tiere kaufen, für das Wohl anderer arbeiten, Geld in Aktien anlegen, singen, tanzen, den Wohnsitz in einem Dorf oder einer Stadt einnehmen, in Zeiten der Sorge, des Schmerzes oder des Fiebers Wasser trinken oder lassen. All das soll getan werden, während der Swara in Ida ist. Man muß aber im Gedächtnis behalten, daß dies nicht für die Tattwas Vayu und Tejas gilt und auch nicht für Akasha.

Diese Tätigkeiten sind also nur während der Tattwas Prithivi und Apas durchzuführen. Wenn ein Yogi Fieber bekommt, hält er seinen Chandra Swara tätig und bringt das Tattwa des Wassers, Apas, in Umlauf, so daß das Fieber bald vorüber ist. Wie die Tattwas zu meistern sind, wird später erklärt.

Pingala. Folgende Handlungen sind nur während des Surya Swara durchzuführen: schwierige Wissensgebiete lesen und lehren, Geschlechtsverkehr, auf einem Schiff fahren, jagen, bergsteigen, einen Esel, ein Kamel oder ein Pferd reiten, einen mächtigen Strom oder Fluß durchschwimmen, schreiben, malen, kaufen und verkaufen, mit Schwert und Hand kämpfen, einen König besuchen, baden, essen, rasieren, bluten, schlafen und so weiter. Dies alles sichert Erfolg und Gesundheit, wenn man es während des Surya Swara durchführt.

Sushumna. Wenn der Atem aus beiden Nasenlöchern gleichzeitig strömt[1], fließt er in Sushumna. In diesem Zustand sollte nichts getan

---

[1] Im Original steht: »Wenn er *nicht* aus beiden gleichzeitig fließt...« Diese offensichtlich falsche Formulierung ist auch in der Ausgabe von 1937 erhalten. Es dürfte sich dabei um den Fehler eines Kopisten handeln, der nicht korrigiert wurde.

werden, denn alles geht schlecht aus. Das gleiche gilt, wenn der Atem mal in einem, mal im anderen Nasenloch fließt. Ist das der Fall, setze dich hin und meditiere über das heilige Hamsa. Dieses Zusammenfließen des Atems ist die einzige Zeit für Sandha, Meditation.

Anmerkung: Zanoni (nach dem Roman *Zanoni* von E.G. Bulwer-Lytton [1803–1873]) sicherte sich den Erfolg beim Spielen für Cetosa und überwand die Wirkung des vergifteten Weines des Prinzen di D. folgendermaßen: Zuerst verlegte er seinen Atem ins rechte Nasenloch und warf eine Hülle mit dem Akasha-Tattwa über seinen Widersacher, der daraufhin völlig leer wurde. Im Spiel floß das Geld zum Surya Swara. Im zweiten Fall brachte er das Wasser-Tattwa, Apas, in Tätigkeit und lenkte es mit der ganzen Kraft seines geschulten Willens in den vergifteten Wein. Die brennende Hitze des Giftes wurde sehr lange Zeit hindurch aufgehoben, und als es wieder Kraft genug gewonnen hat, den Organismus zu schädigen, war es nicht mehr darin. S.R.M.D. (Mathers).

Die Tattwas

Jedem der fünf Tattwas wird eine bestimmte Farbe zugesprochen: Akasha – Schwarz oder Indigo, Vayu – Blau, Tejas – Rot, Apas – Silber, Prithivi – Gelb. Aufgrund dieser Farben findet ein praktischer Mensch direkt im Moment heraus, welches Tattwa gerade tätig ist. Außerdem hat jedes Tattwa eine andere Form und einen anderen Geschmack. Man sieht die Formen, wenn man einen klaren Spiegel nimmt und den Atem darauf haucht, der aus der Nase kommt. Entsprechend dem tätigen Tattwa nimmt die unterteilte Fläche eine der folgenden Formen an: Prithivi – ein Quadrat, Apas – eine Sichel, Tejas – ein Dreieck, Vayu – eine Scheibe, Akasha – eine Eiform. Um ihre Eigenschaften zusammenzufassen:

Prithivi bewegt sich immer in der Mitte des Pfades von Luft und Wasser; Apas abwärts, direkt durch die Nase; Tejas aufwärts; Vayu schräg zum rechten oder linken Arm, je nachdem; Akasha immer diagonal.

Tattwa	Farbe	Form	Geschmack	Abstand des Atems unter der Nase	Prinzip
Prithivi	gelb	Quadrat	süß	12 Finger	dick
Apas	silber	Sichel	adstringierend	16 Finger	kalt
Vayu	blau	Kreis	sauer	8 Finger	bewegt
Tejas	rot	Dreieck	scharf	4 Finger	heiß
Akasha	indigo	Oval	bitter	aufwärts	alles durchdringend

Tattwa-Proben

Nimm zum Üben fünf kleine Kugeln oder Spielmarken in den Farben Rot, Gelb, Blau, Silber und Schwarz. Trage sie in der Tasche. Schließe die Augen und nimm eine zufällig heraus. Die Farbe der Kugel ist die des gerade fließenden Tattwas. Schau mit immer noch geschlossenen Augen, ob du die Farbe der Kugel vor deinen Augen schweben sehen kannst.

Der Studierende soll nicht annehmen, er könne es sofort richtig machen. Schließlich wird aber die Verwirrung verschwinden, und mehr oder weniger stabile, klare Farben werden vor ihm auftauchen, so daß die Farbe der Kugel die Farbe ist, die er sieht. Dann hat er die Kraft zu wissen, welches Tattwa an der Reihe ist und kann die richtige Kugel willentlich finden.

Es gibt eine besondere Methode, den Geist zu konzentrieren und zu diesem Zweck die Augen zu schulen, die aus der Praxis entsteht.

Der Studierende soll jemanden von seinen Freunden bitten, sich eine Blume vorzustellen. Er braucht bloß die Augen zu schließen, um das tätige Tattwa herauszufinden und kann seinen Freund damit überraschen, daß er ihm die richtige Farbe der Blume nennt. Wenn er unter Freunden irgendwo sitzt und Vayu tätig findet, kann er davon ausgehen, daß die geistig und körperlich Gesunden unter ihnen gehen möchten. Er braucht sie nur zu fragen, und sie werden mit Ja antworten.

Wie die Tattwas sonst Körper und Geist des Menschen beeinflussen, wird später gesagt werden. Einige höhere Geheimnisse sind absichtlich jenen vorbehalten, die sicher und ehrenhaft die Grundstufen durchschritten haben. Wenn jemand die Ebene erreicht hat, wo er die Tattwas willentlich bestimmen kann, soll er noch nicht glauben, vollendet zu sein.

Wenn man fortfährt zu üben, wird die innere Schau klarer, so daß man auch die fünf Untertattwas erkennen kann. Fahre mit den Meditationen fort, und du wirst zahllose Farbschattierungen erkennen, die den verschiedenen Tattwa-Anteilen entsprechen. Das ist zunächst langweilig, denn wenn die vielen Farbschattierungen durch beharrliche Übung fest und deutlich werden, wird der Studierende einen ständig wechselnden Regenbogen mit den schönsten Farben sehen, der seinem Geist eine Zeitlang genügend Stoff bietet.

Um Langeweile zu vermeiden, kann er über den Atem meditieren, wie es im Kapitel zur Tattwa-Meditation erklärt ist.

Zu den Tattwas passende Tätigkeiten

Die sitzenden und stetigen Tätigkeiten, die unter Chandra Swara (Ida) aufgeführt wurden, werden am besten während der Zeit Prithivis, des Erdprinzips, durchgeführt. Jene mit fließenden Eigenschaften, die erledigt und schnell durchlaufen werden müssen, sollte man unter Apas tun. Taten, die ein Mann in einem wilden Kampf zu tun hat, um seinen Stand zu halten, tut er am besten unter Tejas. Wenn ein Yogi jemanden töten will, sollte er es unter dem Tattwa Vayu tun. In Akasha sollte außer Meditation nichts unternommen werden, denn Arbeiten, die unter diesem Tattwa begonnen wurden, enden immer schlecht. Arbeiten der obengenannten Natur florieren nur unter den besagten Tattwas. Diejenigen, deren Taten glücken, werden das im Experiment herausfinden.

Meditation und Beherrschung des Tattwas

Wir haben vorher zusammenfassende Regeln zur Unterscheidung der verschiedenen Farben der Tattwas gegeben. Nun erklären wir aber die höchste Methode zur Bemeisterung der Tattwas und der Übung. Es handelt sich dabei um ein Geheimnis, das nur an die höchsten Adepten des Yoga weitergegeben wurde. Kurze Praxis wird aber die wichtigen Erfolge erweisen, die dadurch zu erzielen sind.

Stufenweise wird der Studierende in die Lage versetzt, in die Zukunft zu schauen und die ganze sichtbare Welt vor Augen zu haben. Er wird fähig werden, über die Natur zu gebieten.

Er möge während des Tages, wenn der Himmel blau ist, ein- oder zweimal eine oder zwei Stunden lang seinen Geist völlig von allen äußeren Dingen zurückziehen. Er setze sich auf einen Sessel und fixiere die Augen auf einen bestimmten Teil des blauen Himmels. Darauf starre er, ohne mit den Augen zu zwinkern. Zunächst wird er dabei die Wellen des Wassers sehen, den wäßrigen Dampf in der Luft. Einige Tage später, wenn sich die Augen an die Übung gewöhnt haben, wird er verschiedene Arten von Gebäuden und so weiter in der Luft sehen. Hat der Neophyt diesen Stand der Fertigkeit erreicht, dann kann er des Erfolges sicher sein.

Danach wird er verschiedene Arten vermischter Tattwas am Himmel sehen, die sich in den passenden Tattwa-Farben zeigen.

Um die Wahrheit dessen zu überprüfen, soll der Neophyt ab und zu während der Übung die Augen schließen und das, was er am Himmel schweben sieht, mit seiner inneren Schau vergleichen. Stimmen beide überein, so ist die Operation korrekt. Andere Prüfungen sind zuvor schon genannt worden, und noch weitere Wunder werden sich dem Yogi auftun. Diese Übung soll während des Tages durchgeführt werden.

Der Studierende möge nachts um zwei Uhr aufstehen, wenn alles still ist, wenn keine Geräusche zu hören sind, wenn das kalte Licht der Sterne Heiligkeit atmet und ein stilles Entzücken die Seele des Menschen ergreift. Er soll die Hände, die Füße, den Scheitel und den Nacken mit kaltem Wasser waschen. Er hocke sich dann mit den Schienbeinen flach auf den Boden, setze sich mit den Oberschenkeln auf die Waden und lege die Hände so auf die Knie, daß die Finger auf den Körper zeigen. Er fixiere dann mit dem Blick die Nasenspitze. Um Langeweile zu vermeiden, muß er stets über das Ein- und Ausatmen meditieren.

Vom obigen abgesehen, erwachsen daraus noch viele weitere Vorteile, die anderswo beschrieben sind. Es kann hier gesagt werden, daß die ständige Praxis zwei unterschiedliche Silben in den Gedanken entwickelt. Offensichtlich macht ein Mensch beim Einatmen den Ton *Ham*, beim Ausatmen *Sa*. Durch ständiges Üben wird der Atem mit diesen Tönen eng verbunden, so daß der Geist mühelos das Verhältnis des *Hamsa* zu den Tattwas versteht. Wir sehen also, daß ein ganzer Atemzug *Hamsa* macht, den Namen des Herrschers des Universums mit seinen Kräften. Diese drücken sich in natürlichen Phänomenen aus. Bei diesem Stand der Vollendung sollte der Yogi mit folgendem beginnen.

Er stehe um zwei oder drei Uhr in der Nacht auf und wasche sich in vorgenannter Weise. Dann bestimme er das laufende Tattwa und konzentriere seinen Geist darauf. Wenn das Tattwa in dem Moment Prithivi ist, dann denke er daran als etwas, das wie ein gelbes Quadrat ist, süß schmeckt, klein ist und fähig, alle Krankheiten zu beseitigen. Gleichzeitig sage er *Lam*. Das kann man sich leicht vorstellen.

Das gleiche gilt für die anderen Tattwas, die in der Tabelle oben beschrieben sind und die der Studierende dort noch einmal nachschauen sollte. Er möge zur Kenntnis nehmen, daß das Wort *Vam* zu Apas gehört, *Ram* zu Tejas, *Pam* zu Vayu und *Ham* zu Akasha.

Durch eifriges Üben werden diese Silben mit den Tattwas fest verbunden. Wenn er sie dann wiederholt, erscheint das betreffende Tattwa mit soviel Kraft, wie er möchte. Deshalb kann ein Yogi erzeugen, was er will: Blitz, Regen, Wind und so weiter.

Die Heilung von Krankheiten

Jede Krankheit läßt den Atem durch das falsche Nasenloch fließen und bringt ein falsches Tattwa in Umlauf. Aber glaube nicht, alles sei schon damit getan, den Atem wieder richtig zu lenken und das richtige Tattwa in Tätigkeit zu bringen. Wenn eine Krankheit hartnäckig ist und der Anfall heftig, dann wird man lange Zeit durchhalten müssen, bis der Erfolg eintritt.

Kommt der Erfolg nicht schnell, dann kehre wieder zu den angemessenen Medikamenten zurück, und der Swara stellt sich bald wieder her.

Du wirst bald feststellen, daß Chandra Swara zur Heilung einer Krankheit besser ist. Sein Fluß ist ein Zeichen der Gesundheit. Dieser Swara sollte bei Erkältungen, Husten und anderen Krankheiten fließen.

Kein Swara oder Tattwa erzeugt Schmerz, wenn es richtig fließt. In diesem Zustand sollte man nicht übermäßig daran herumfummeln. Sollte aber ein Tattwa oder Swara überwiegen und eine Krankheit verursachen, verändere man es sofort. Die Erfahrung zeigt, daß Apas und Prithivi die einzigen Tattwas sind, die allgemein die Gesundheit fördern. Die Tatsache, daß der Atem während des Tattwas Apas

16 Fingerbreit und während Prithivi zwölf Fingerbreit unterhalb der Nase zu spüren ist, zeigt, daß der Körper zu diesen Zeiten kräftiger und stärker arbeitet, als wenn er nur acht oder vier Fingerbreit unter der Nase fühlbar ist.

Akasha ist deshalb für die Gesundheit am schlechtesten, und wenn man krank ist, wird man feststellen, das Akasha, Vayu oder Tejas tätig sind.

Verfahre deshalb folgendermaßen, wenn es nötig ist: Nachdem der Atem ins richtige Nasenloch, allgemein das linke, geleitet worden ist, drücke das andere mit einem Kissen zu, so daß er nicht gleich wieder zurückwechselt. Setze dich auf einen Sessel, und binde ein Taschentuch um den linken Oberschenkel kurz über dem Knie. Bald spürst du, wie das Tattwa zum nächstniederen wechselt, dann zum nächsten und so weiter. Bist du ein sehr genauer Beobachter der körperlichen Zustände, so wirst du wahrnehmen, daß dein Geist ebenfalls viel leichter wird. Dann binde das Tuch noch fester. Erreichst du schließlich Prithivi, dann wird es dir gesundheitlich viel besser gehen. Bleibe noch einige Zeit in diesem Zustand oder besser noch in Apas. Einige Tage lang sollst du immer wieder dahin zurückkehren, auch wenn die Krankheit verschwunden ist. Zweifellos wirst du so geheilt.

Zukunftsvorhersage

Obwohl ein Yogi die Kraft erlangt, über das Vermögen der Sinne hinaus alles zu wissen, was ist, was war und was sein wird, verliert er doch das Interesse an solchem Wissen. In der ewigen Gegenwart des Lichts, welches Schönheit in die ganze sichtbare Welt bringt, vergißt er sich selbst. Wir stellen ihn deshalb so dar, daß er zwar nicht sein ganzes Wissen über die Zukunft enthüllt, aber doch bestimmte Fragen, die andere an ihn stellen. Unsere Neophyten jedoch mögen die Fragen selbst stellen und sie nach folgenden Regeln beantworten.

Wenn einem Yogi eine Frage gestellt wird, soll er

a) entscheiden, welches Tattwa tätig ist. Handelt es sich um Prithivi, so geht die Frage um etwas aus dem Pflanzenreich oder etwas, worin das Erdelement überwiegt.
b) Ist Apas tätig, so bezieht sich die Frage auf Leben, Geburt, Tod und so weiter.

Die Bedeutung der Divination

c) Handelt es sich um Tejas, hat die Frage mit Metallen, Gewinn oder Verlust und so weiter zu tun.
d) Bei Akasha hat der Fragende nichts zu fragen.
e) In Vayu bezieht sich die Frage auf eine Reise.

Dies sind nur grundsätzliche Dinge. Der praktizierende Yogi, der zwischen den Gemischen der Tattwas unterscheiden kann, kann die einzelnen Dinge benennen.

Dann möge er feststellen, durch welches Nasenloch der Atem fließt, welche Monatshälfte gerade ist, welcher Tag und welche Ausrichtung der Fragende selbst hat.

Kommt der Atem durch das linke Nasenloch, muß folgendes übereinstimmen, damit die Arbeit, nach der gefragt wird und die unter *Ida* fällt, erfolgreich ist: Es muß die helle Monatshälfte sein, ein gerades Datum, und die Richtung muß Osten oder Norden sein. Stimmen diese Dinge überein, bekommt der Fragende, was er will.

Fallen Surya und Swara mit der dunklen Monatshälfte zusammen, ist der Tag ungerade, die Richtung Süden oder Westen, wird ein ähnlicher, aber nur teilweiser Erfolg vorhergesagt. Die Handlung wird von der Art sein, wie sie unter Pingala beschrieben wurde.

Wenn irgendwelche von diesen Faktoren zusammentreffen, dann wechselt der Erfolg. Man sollte aber daran denken, daß zu dieser Zeit der Atem nicht durch das falsche Nasenloch strömen darf.

Wenn zu Beginn des Tages der falsche Swara da ist, dann entsteht falscher Swara, Mondatem für Sonnenatem und umgekehrt. Man kann dann davon ausgehen, daß etwas nicht stimmt. Geschieht das am ersten Tag, so liegt es sicherlich an einer Art Besorgnis, am zweiten Tag an Geldmangel, am dritten Tag wird eine Reise kommen. Ist es am vierten Tag, so wird etwas Wertvolles zerstört werden, ist es am fünften, so wird ein Königreich verloren. Ist es am sechsten, so geht alles verloren. Wenn es am siebenten Tag ist, kommen gewiß Krankheit und Schmerz, ist es am achten, so kommt der Tod.

Fließt der Sonnenatem am Morgen und Mittag, und der Mondatem am Abend, so kommt etwas Trauriges, das Umgekehrte wäre ein Zeichen des Sieges.

Wenn ein Mann reisen will und die Richtung mit jener des leeren Nasenlochs übereinstimmt, so wird er nicht bekommen, was er will.

V.H. Frater A.M.A.G. (Israel Regardie)

Alchemie

In den Lehrschriften wird unzählige Male auf die Alchemie Bezug genommen, und es gibt einige kurze Erläuterungen alchimistischer Begriffe mit dem einen oder anderen Diagramm. Einige der sogenannten Flying Rolls handeln von diesem Thema — das sind inoffizielle Schriften, entweder von den Oberen verfaßt oder von gut informierten Mitgliedern. Sie sind aber alle nicht sehr erhellend und werfen wenig Licht auf das Thema. Schließlich gibt es noch einen Abschnitt über Alchemie in dem äußerst bemerkenswerten Dokument Z-2, das im wesentlichen das Neophytenritual in viele unterschiedliche Motive aufspaltet, die dann verschiedenen Themen zugeordnet werden können. Eines davon ist die Alchemie. Wenn man aber nicht gerade eine alchimistische Grundlage aus anderer Quelle besitzt (etwa von Frater Albertus vom Paracelsus College in Salt Lake City, Utah)[1], dann ist diese Übersicht auch nicht sehr einleuchtend.

Historische Daten belegen, daß einige der Rosenkreuzer-Gesellschaften, die erhebliche Zeit nach der Veröffentlichung der drei Rosenkreuzerschriften in Deutschland entstanden, tatsächlich Alchemie gelehrt haben[2]. Auf den Golden Dawn trifft das jedoch, soweit ich weiß, nicht zu, von den obengenannten Bezügen abgesehen.

In den letzten Monaten habe ich jedoch von einem Tempel, der von der ursprünglichen Gruppe von Felkins abstammt, die Behauptung gehört, daß in seinem rosenkreuzerischen Grundlehrplan die Alchemie gelehrt wurde und noch wird. Über diese Aussage hinaus weiß ich jedoch nicht, was darin enthalten ist. Es ist ermutigend zu hören, daß dieser besondere Zweig okkulten Wissens vom Orden nicht vernachlässigt wird.

Rev. W. Ayton, eines der älteren geistlichen Ordensmitglieder, der gewöhnlich, aber wahrscheinlich unfairerweise als tatteriger alter Träumer beschrieben wird, praktizierte Alchemie oder experimentierte damit. Was er damit tat und erreichte, ist nicht allgemein bekannt. Gerüchte besagen jedoch, daß sowohl er als auch andere

---

[1] Zum Beispiel Frater Albertus: Alchemists Handbook (Weiser, 1960)
[2] Vergleiche Dr. Bernhard Beyer: *Das Lehrsystem des Ordens der Gold- und Rosenkreuzer* (Hiram Edition 8, 1978).

Geistliche aus dem Golden Dawn Lateinkundige waren, die einige der berühmtesten hermetischen Texte ins Englische übersetzten. Sie hatten offenbar kein Interesse daran, mit diesem Thema in Zusammenhang gebracht zu werden – wohl aus Angst vor einer Zensur seitens der geistlichen Vorgesetzten. Deshalb, so sagt das Gerücht, übergaben sie die Übersetzungen Arthur E. Waite, der sich als Herausgeber und Übersetzer ausgab und sie unter seinem Namen veröffentlichte. Die Aquarian Press in England hat die Absicht angekündigt, *The Ayton Papers* zu veröffentlichen, die Briefe des Rev. W.A. Ayton an Frederick Leigh Gardner, der Frater De Profundis ad Lucem war und an den viele der Schriften gerichtet waren, die in dieser Gesamtausgabe der Golden-Dawn-Schriften verwendet werden. Diese Briefe datieren von 1889 bis 1904. Es ist noch zu früh, die Bedeutung dieser Briefe einzuschätzen, aber das Buch wird bis zum Sommer 1984 herausgegeben sein, so daß es später in dieser Reihe erwähnt werden kann.[1] Ich fürchte nur, daß Ellic Howe der Herausgeber ist – ich habe ja schon früher unmißverständlich zum Ausdruck gebracht, was ich von Herrn Howes Herausgeberschaft halte. Sie ist voller Voreingenommenheit und Vorurteile. (Siehe Susters hervorragende Kritik über Howe in *What You Should Know About the Golden Dawn*, Falcon Press, 1983.)

Wie dem auch sei, die Alchemie wurde im Golden Dawn anerkannt, wenn auch nicht aktiv gelehrt. Einige seiner Mitglieder haben an älteren Manuskripten und Büchern literarisch gearbeitet, von denen viele in den Bänden der *Collectanea Chemica* veröffentlicht wurden. Manche werden bis heute nachgedruckt.

Einer meiner Freunde, Hans Nintzel aus Dallas, Texas, hat mehrere erhellende und einfache Schriften zur Alchemie verfaßt und mir gestattet, Teile daraus hier und da zu zitieren. Sie könnten uns schließlich einige klare und grundsätzliche Definitionen der Alchemie vermitteln.

Herr Nintzel meint: »Alchemie gehört wie die Kabbala zur westlichen Tradition, wenn sie auch starke Verbindungen zur östlichen besitzt. Die Beziehung verschiedener Metalle zu den Planeten ist rein kabbalistisch... Um diese Studie abzuschließen, können wir feststellen, daß die Astrologie enthüllt, *Wer* du bist, die Kabbala zeigt *Wohin* du gehst, und die Alchemie sorgt für die *Mittel*, um dorthin zu kommen. ...Eine Definition der Alchemie in einem Wort wäre *Evolu-*

---

[1] Ellic Howe: *The Alchemist of the Golden Dawn. The Letters of the Revd. W.A. Ayton to F.L. Gardener and Others 1886–1905* (Aquarian Press, 1985)

tion. Das heißt, die spirituelle Entwicklung von niederen, dichten Zuständen zu jenem hohen Schwingungszustand, in dem die selige Einheit mit dem Schöpfer besteht. Das gilt für die gesamte Schöpfung, für Mineralien und Metalle wie auch für den Menschen. Das Ziel des Alchimisten ist es, diese Evolution zu beschleunigen, das geistige Wachstum aller Geschöpfe Gottes zu fördern.«

Vor einigen Jahren verfaßte ich einen Artikel[1] über die Alchemie, in dem folgendes Argument auftaucht: »Die Alchimisten der alten Zeiten waren geistig erleuchtete – nicht blinde und dumme – Arbeiter oder Suchende in einem Chemielabor. Diese Tatsache darf nie vergessen werden. Sie versuchten, alle Stufen des Menschen zu vollenden – seinen Körper, seine Seele, seinen Geist. Kein Aspekt des gesamten Organismus darf vernachlässigt werden. Sie glaubten daran, daß der Mensch unbegrenzt zu vollenden sei. Sie waren sehr religiös und nicht geneigt, zu täuschen oder die Staatskasse des Landes zu betrügen, in dem sie lebten.

Die Kunst vollendet, was die Natur begonnen hat. Ohne Unterstützung können der Mensch und all die groben und feinen Bestandteile der Natur diese Vollendung nicht erreichen. Die Evolution mag ihr Ziel erreichen, aber die Zeit erscheint absurd lang, wenn man die geschriebene Geschichte hindurch den umständlichen, entsetzlich langsamen Fortschritt der Menschheit beobachtet. Die Alchimisten versuchten dies durch ihre Kunst zu beeinflussen – den Prozeß des Wachstums und der Evolution zu beschleunigen und Gottes Werk zu unterstützen.«

Es folgt ein Aufsatz von Hans Nintzel zur Alchemie, der mit seiner freundlichen Einwilligung in voller Länge zitiert wird.

---

[1] Dieser Artikel ist enthalten in Christopher S. Hyatt: *An Interview With Israel Regardie. His Final Thoughts and Views* (Falcon Press Arizona, 1985)

Hans W. Nintzel

Alchemie

»Es gibt in letzter Zeit ein wiedererwachendes Interesse an der Alchemie. Während vor einigen Jahren in einer gepflegten Unterhaltung nicht einmal das Wort erwähnt wurde, sehen wir jetzt ab und zu einen Artikel oder ein Buch zu dem Thema. Alchemie wird sogar an manchen Universitäten gelehrt. Deshalb ist es wichtig, einige Grundvorstellungen darüber festzuhalten, was Alchemie ist, wo ihre Wurzeln liegen und was sie nicht ist. Diese heilige Wissenschaft ist von solcher Wichtigkeit, heute mehr noch als gestern, daß viele Leser von zusätzlichen Erklärungen zu diesem anscheinend abstrusen Thema Gewinn haben werden. Wir können mit der verbreiteten Vorstellung beginnen, daß Alchimisten diejenigen sind, die Blei in Gold verwandeln. Obwohl darin ein Körnchen Wahrheit liegt, geht es um viel mehr. Was aber kann wertvoller sein als Gold? Wenn Sie diese Frage stellen, dann bedürfen Sie tatsächlich der Alchemie.

Zunächst folgten die modernen und mittelalterlichen Alchimisten einem bestimmten Credo. Ihr Ziel bestand darin, die Leiden ihrer Mitmenschen zu lindern, körperlich und geistig. Eines der Mittel dafür war die Herstellung von Medizin, die das Fortkommen des Menschen in beiden Bereichen fördern könnte. Das heißt, man konnte eine Medizin oder ein ›Elixier‹ herstellen, das einen doppelten Effekt hatte, so daß körperliche Probleme durch die Benutzung einer alchimistisch hergestellten Medizin gelindert wurden. Darüber hinaus konnte dieses Elixier eingesetzt werden, um den Körper von den groben Stoffen zu reinigen, die verhindern, daß feinere Schwingungen empfangen werden. Während die Alchemie auf jeden Fall einen Versuch darstellte, vom physikalischen Standpunkt her, experimentell und auf der materiellen Ebene den Wert bestimmter philosophischer Weltanschauungen zu demonstrieren, war ihr Endziel die Verklärung ihrer Gegenstände. Einen von diesen bildete der Mensch selbst.

Eine Definition der Alchemie in einem Wort wäre ›Evolution‹. Diese wiederum kann als Synonym zu ›Transmutation‹ gesehen werden, obwohl der letztere Begriff einen Beiklang des Plötzlichen hat. Mit Evolution meinen wir (gewöhnlich) eine allmähliche Änderung aus einem niederen oder groben Zustand zu etwas Feinerem, Edlerem. Auf das Mineralreich bezogen fällt einem dazu sofort die uralte

Analogie ein: Blei wird zu Gold. Diese Vorstellung wird aber auch auf das Tierreich und den Menschen bezogen. Das heißt, der Mensch wird aus seinem rohen, selbstsüchtigen, unedlen Zustand in eine feine, liebende, auf Gott gerichtete Person gewandelt, in einen spirituelleren Menschen. Ich bin sicher, daß jeder mit dieser Idee etwas anfangen kann, und daß sich viele von uns tatsächlich tief innen nach einer solchen Evolution oder Transmutation sehnen. Vielleicht denken wir nicht in alchimistischen Begriffen, aber wer hat noch nie den Ruf in sich gefühlt, das grobe äußere Kleid abzustreifen und spiritueller zu werden, dem Schöpfer näherzukommen? Diese Transmutation oder Evolution ist das Ziel der Alchemie. Der Alchimist spinnt diese Idee jedoch ein paar Schritte weiter und behauptet, daß *alle* Dinge sich entwickeln, nicht nur der Mensch, sondern alle Wesen in allen Reichen. Pflanzen und Kräuter entwickeln sich, Katzen und Hunde entwickeln sich, Steine und Metalle entwickeln sich, ja, der gesamte Planet befindet sich in einer Aufwärtsentwicklung. Die Erde strebt danach, erleuchtet zu werden wie die Sonne.

Dieses vielleicht verblüffende Konzept liegt der Alchemie zugrunde. Unter anderem besagt es, daß alle niederen Geschöpfe allmählich geläutert werden. Der Mensch entwickelt sich von seinen niederen, tierähnlichen Anfängen zu einem schönen, heiligen Wesen. Die Metalle entwickeln sich von ihren niederen Anfängen als Blei zu der edleren Daseinsform als Gold. Nichts muß getan werden, um die Transmutation oder Evolution sicherzustellen. *Alle* Dinge werden langsam, aber sicher ihren Höhepunkt auf der Skala der Evolution erreichen. Es ist, als befänden wir uns auf einer riesigen, sich aufwärts windenden Spirale. Diese Spirale findet langsam ihren Weg ›himmelwärts‹. Würde nichts getan, um diesen Entwicklungsvorgang zu beschleunigen oder zu hemmen, würde alles eines Tages ans Ziel gelangen: die vollendete geistige Entwicklung. Durch alchymische Vorgänge jedoch kann die Evolution aller Wesen beschleunigt werden. Das heißt, der Mensch kann für sich oder andere Geschöpfe, die selbst nicht dazu fähig sind, ihr geistiges Wachstum zu beeinflussen, den Lauf der Evolution willentlich beschleunigen.

Gott hat dem Menschen den freien Willen verliehen, und mit diesem Instrument kann er seinen Fortschritt auch hemmen. Wenn wir um uns schauen, haben wir manchmal den Eindruck, der Evolutionsprozeß habe sich in einen Devolutionsprozeß verwandelt. Das ist *nicht* der Fall, obschon Individuen sich dafür entscheiden können, in den materiellen Schlamm zurückzufallen, während andere darum kämpfen, ihm zu entfliehen. Anders betrachtet kann man auch sagen, daß der Zweck der Alchemie darin liege, die Schwingungsrate sowohl des Praktizierenden (des Menschen) als auch seiner Objekte zu erhöhen. Dabei kann es sich um Medikamente oder Mineralverbindungen handeln. Wir werden auch damit zu tun haben, wie man sich durch die Alchemie schneller der Gottheit annähern kann, aber schauen wir uns zunächst die Geschichte der Alchemie an.

Einige Vorstellungen über die Wurzeln der Alchemie sorgen für eine festere Grundlage, auf die andere Vorstellungen und Einsichten aufbauen können. Wenn wir auf die Vergangenheit zurückblicken, finden wir schon 3000 vor Christus ägyptische Goldschmiede und etwa 3500 vor Christus sumerische Metallarbeiter, die in Mesopotamien ihrem Handwerk nachgingen. In Indien und China sah man in alten Zeiten, wie auch heute noch, das Gold als eine magische Medizin an. Alchimistische Ideen kamen in China schon im 5. Jahrhundert vor Christus auf. Die chinesische Alchemie ist eng mit dem Taoismus verbunden, einem System, das Philosophie und Religion umfaßt. Sie glaubten an die heilende, sogar lebensverlängernde Eigenschaft von Jade, Perlen und Zinnober. Diese Vorstellungen wurden von den späteren Praktikern dieser Kunst aufgegriffen und kamen über Griechenland nach Europa und schließlich auch in andere Teile der westlichen Welt. Diese Vorstellungen sind heute so mächtig wie ehedem. Es ist bekannt, daß die Alchemie während der Alexandrinischen Epoche, vom 4. bis zum 7. Jahrhundert nach Christus, florierte. Wie auch andere Kulturen fügten die Griechen dem Corpus der Alchemie Ideen und Praktiken hinzu, die für ihre Kultur typisch waren.

Der genaue Ursprung der Alchemie ist nicht bekannt. Der wahrscheinlichsten Theorie zufolge waren die Ägypter die Gründer dieser Kunst, wie wir sie heute kennen. Sie waren auch erfahren in der Chemie, in Metallurgie, im Tönen von Glas und im Färben. Ägypten war als *Khem* bekannt, das »dunkle Land«. Al-Khem war daher der islamische Begriff für den Vater der dunklen Erde, und dieser wurde in ›Al-Chemie‹ verwestlicht. Darüber hinaus gibt es noch eine Menge Literatur, die sich auf Hermes Trismegistos als den Vater der Alchemie bezieht. Hermes, ursprünglich ein griechischer Gott, entspricht Thoth, dem ibisköpfigen ägyptischen Gott. In seinem Buch *The Goldmakers* weist Doberman darauf hin, daß die Alchemie bei den Einwohnern von Atlantis begonnen habe. Als dieser Kontinent in Erdstößen unterging, konnten einige entfliehen und bewohnten die Deltas des Euphrat und des Indus sowie die Nordküste des Arabischen Meeres und das Land an der Spitze des persischen Golfs. Die großen schwarzhaarigen Menschen vermischten sich schließlich mit den

Stämmen des Nahen Ostens. Die Hebräer bezeichneten sie als Sumerer. Sie verstanden es, mit Zinn, Gold, Silber, Kupfer, Blei, Antimon und Eisen zu arbeiten. Aus Kupfer und Zinn fertigten sie die Bronze, die in der sumerischen und in der Indus-Kultur so verbreitet ist. Hier wurden auch Gegenstände wie Bleipokale, Eisendolche und eine Vase aus reinem Antimon gefunden. Dann fuhren die Sumerer in das Land, das wir als Ägypten kennen, und brachten ihr Handwerk und ihre Künste mit. Von ihnen lernten die Ägypter die geheimen Künste der Alchemie.

Wo die Ursprünge der Alchemie auch liegen mögen, einige ihrer Ideen sind allen Kulturen gemein, in denen sie blühte. Eine davon ist die Vorstellung von vier Elementen als Grundlage aller Alchemie. In China haben wir fünf Elemente, aber die Idee ist die gleiche. Die Philosophie der vier Elemente wird Aristoteles zugesprochen, der die Existenz von vier grundlegenden ›Qualitäten‹ behauptete, die alle Körper durchdringen, nämlich das Heiße und Feuchte und ihre Gegenteile, das Kalte und Trockene. Auf diesen ›Qualitäten‹ wird die Symbolik der vier materiellen Elemente aufgebaut: Feuer, Luft, Wasser und Erde. Man vermutete ihren Ursprung in den Verbindungen der vier Grundqualitäten. Man wird feststellen, daß das Symbol des Feuers dem des Wassers entgegengesetzt ist, und Wasser ist die Umkehrung oder das Gegenteil des Feuers. Das Symbol der Luft besteht aus dem Feuerzeichen mit einem waagerechten Strich. Wenn wir die polaren Gegensätze miteinander verbinden, erhalten wir das vertraute Siegel Salomos, das Hexagramm. Es ist das Symbol der Einheit der Gegensätze.

Die Qualitäten, die durch die vier Elemente symbolisiert werden, hängen auch mit bestimmten physikalischen Aspekten zusammen. Das Feuer spiegelt die Hitze oder Wärmestrahlung. Die Luft wird mit den Gasen in Verbindung gebracht, Wasser mit den Flüssigkeiten und Erde mit allen festen Stoffen. Man dachte sich alle Gegenstände als aus den vier Elementen in verschiedenen Verhältnissen zusammengesetzt. Daraus entstand dann die Vorstellung, ein Gegenstand könne durch bloße Änderung der Menge eines oder mehrerer Elemente in einen anderen verwandelt werden. Damit hing auch die Idee einer »Prima Materia« zusammen, einem Urstoff oder einer grundlegenden Materie. Aus dieser ursprünglichen Essenz ist alles andere gemacht. Ebenso konnten alle Substanzen oder Stoffe auf ihren kleinsten gemeinsamen Nenner reduziert werden, die Prima Materia. Es bedurfte dann nur noch einer einfachen Extrapolation, um sich zu überlegen, daß man ein niederes Metall, etwa Blei, auf seine Prima

Materia reduzieren und dann die passende Menge an Elementen hinzufügen könne, um eine andere Substanz daraus zu machen, nämlich Gold. Die Vorstellung von der Prima Materia ist in der indischen Literatur unter dem Namen ›Mulaprakriti‹ verbreitet, und in der chinesischen Alchemie wird sie als ›T'ai Chi‹ bezeichnet. Diese grundlegenden alchimistischen Theorien wurden im Lauf der Zeit verfeinert und ausgebaut. Daraus entstanden Ideen, die bis heute überlebt haben; zum Beispiel das Prinzip, daß alle Dinge aus drei Grundstoffen oder Basen bestehen. Diese drei, die in der indischen Literatur als die drei Gunas bekannt sind, werden von den Alchimisten als ›Sulfur‹ (Schwefel), ›Salz‹ und ›Merkur‹ (Quecksilber) bezeichnet. Die alten Alchimisten neigten dazu, ihre Schriften mit obskurer Symbolik, Mythologie und verschiedenen Tarnungen zu verhüllen. In diesem Falle ist Sulfur nicht der gewöhnliche Schwefel, Salz meint nicht das gewöhnliche Tafelsalz (Natriumchlorid), und Merkur bezieht sich nicht auf den Stoff, der für Thermometer benutzt wird (Quecksilber). Es gab zwischen diesen zwar Analogien, aber keine direkte Beziehung. Diese Tarnung hinderte manchen angehenden Alchimisten.

Es ist interessant zu wissen, daß eine dieser Substanzen, das Merkur, auf die vier Elemente rückbezogen wurde und als Quintessenz, das fünfte Prinzip, bekannt war, wie sich auch in der chinesischen Alchemie fünf Elemente finden: Wasser, Feuer, Holz, Metall und Erde. Die Quintessenz ist auch die Prima Materia, das T'ai Chi. Von dieser *Einheit*, diesem *Einen*, geht das Gesetz der Polarität aus. Das *Eine* ist Gott, die Gottheit, das All.

Die Dualität im Polaritätsgesetz wird in der chinesischen Alchemie durch Yin und Yang vertreten, das Weibliche und das Männliche, negativ und positiv, Passivität und Empfänglichkeit oder Aktivität und Dynamik. Yin und Yang werden auch mit Mond und Sonne verbunden, während die fünf Elemente zu bestimmten Planeten gehören: Wasser zu Merkur, Feuer zu Mars, Holz zu Jupiter, Metall zu Venus und Erde zu Saturn. Ying und Yang, das Gegensatzpaar, sind in vielen religiösen und alchimistischen Philosophien verkörpert. Sie sind Isis und Osiris der ägyptischen Mythologie, das Merkur und Sulfur der Alchemie, die Ideen von Heiß und Kalt, Gut und Böse, Liebe und Haß und so weiter. In heutigen Alchimisten-Kreisen gibt es eine Maxime, die sie alle zusammenfaßt. Sie wird folgendermaßen ausgedrückt: »Aus dem Einen wurde das Gesetz der Polarität, welches sich in den drei Essenzen offenbart, die man in den vier Elementen findet, in welchen die Quintessenz zu suchen ist, die nicht eine der vier, sondern eine der drei ist.«

Sulfur ist das Prinzip der Verbrennung, in Gegenständen ist es die Farbe und bei Pflanzen der Duft. Der arabische Alchimist Geber sagte, Sulfur sei die ›Üppigkeit‹. Die Alchimisten sprachen dem Sulfur das Prinzip der Seele zu, das Bewußtsein. Es ist in einer ›Tinktur‹ das, was färbt. (Anmerkung des Übersetzers: Hier handelt es sich im Original um ein Wortspiel: »In a ›tincture‹ it is what tincts.« Da bei einer Tinktur [lateinisch: »tinctura« – Färbung, Tönung; später: ein – oft farbiger – Pflanzenauszug] die Farbe nicht das allein Wesentliche ist, so ist hier gemeint, daß das Sulfur überhaupt das Wesen einer Tinktur ausmacht.) Es ist in Tieren die Vitalität und hat die Aufgabe der Bindung, die Lebenskraft zu konzentrieren. Sulfur ist rot, heiß, männlich, aktiv und wird durch die Sonne symbolisiert. Man assoziiert es mit Gold. Die vitale Lebenskraft oder ›Prana‹ ist das Merkur. Als Yin, der weibliche Aspekt, verleiht das Merkur dem Gold seinen Glanz, wie Sulfur ihm die Farbe verleiht. Das Merkur ist die Grundlage für die Geschmeidigkeit und Schmelzbarkeit des Goldes. Merkur ist der Geist, das »Wasser der Weisen«, die Prima Materia, Luna, die Saat und der Samen aller Dinge. Wo sich Sulfur als ölige Substanz zeigt, ist Merkur in seinen körperlichen Formen eine flüchtige Flüssigkeit. In der Pflanzenwelt ist der Alkohol der Träger der Lebenskraft, des Merkurs. Sulfur ist das in den Pflanzen enthaltene ätherische Öl. Das Salz schließlich bildet den Körper aller Dinge. Es ist das grundlegende Prinzip der Festigkeit und Beständigkeit. Es verleiht auch Widerstandsfähigkeit gegen Feuer. In der Pflanzenwelt stellt das Salz die Asche der verbrannten oder kalzinierten Pflanze dar, gewöhnlich eine grau-weiße, ›salzige‹ Substanz. Es ist das Medium, worin Sulfur und Merkur sich verbinden können.

Diese ›chymische Hochzeit‹ wird durch die katalytischen Fähigkeiten des Salzes hervorgebracht, das Sulfur und Merkur in den irdischen Zustand versetzt. Diese Vereinigung der Gegensätze, die Hochzeit von Sonne und Mond, ist der Zustand, nach dem die Alchimisten suchen. Er kann in allen Reichen erlangt werden. Da nun alle Dinge aus diesen drei Prinzipien zusammengesetzt sind, ist es logisch zu sagen, daß man durch Variieren ihrer Verhältnisse ein Ding in ein anderes umwandeln kann. Das heißt, wie Basilius Valentinus schrieb: »Eisen hat den geringsten Anteil an Merkur, mehr aber an Sulfur und Salz…. Kupfer besteht aus viel Sulfur, aber sein Merkur und Salz haben gleichen Anteil…. Saturn (Blei) ist aus wenig Sulfur entstanden, wenig Salz und viel grobem, unreifem Merkur, wogegen im Gold das Merkur verarbeitet und zu höchster Reife geläutert ist.« Valentinus sagt damit, daß die Metalle sich aufgrund der verschiedenen

Verhältnisse der drei Essenzen in ihnen unterscheiden. Gehen wir im modernen Sprachgebrauch einmal davon aus, daß man ein Elektron, ein Proton und ein Neutron zusammenbringt, so entsteht ein Atom ›schweren Wasserstoffs‹. Wenn wir dieses Verhältnis der drei ›Essenzen‹ nun ändern, sagen wir, durch Hinzufügen eines weiteren Protons und Elektrons, dann bekämen wir ein anderes Atom als Wasserstoff. Diese Stoffe wären beide Gase, jedoch mit sehr unterschiedlichen Eigenschaften. Wird also die Menge der Essenzen geändert, so haben wir es mit ganz anderen Stoffen zu tun. Eine Transformation hat stattgefunden. Es sei zugegeben, daß es keine leichte Aufgabe ist, Wasserstoff in Helium zu verwandeln. Im Jahre 1941 gelang es aber den Physikern Sherr, Bainbridge und Anderson, ein radioaktives Isotop des Quecksilbers in reines Gold zu verwandeln. Um es gleich zu sagen, die Kosten waren untragbar, und ein Linearbeschleuniger mußte eingesetzt werden. Wichtig ist aber, daß es getan worden ist. Eine Transmutation hat stattgefunden. Um diese Ideen zum Abschluß zu bringen, hier eine Aussage eines alten Alchimisten, Irenäus Philalethes, der in seinem Buch *Die Metamorphose der Metalle* mit folgenden Worten eine sehr fundamentale Idee der Alchemie zum Ausdruck bringt: »Der Samen aller Metalle ist der Samen des Goldes, denn die Natur hatte mit allen Metallen Gold im Sinne... alle Metalle sind potentiell Gold.«

Wir haben bislang also festgesstellt, daß alle Dinge aus drei Essenzen bestehen, Sulfur, Salz und Merkur. Diese Dreiheit findet sich auch in Religion, Mythologie und Symbolik. Wir haben die drei physikalischen Zustände Fest, Flüssig und Gasförmig; den Vater, den Sohn und den Heiligen Geist; die drei Grazien, die drei Furien, die drei Parzen; Feuer, Wasser und Erde; Osiris, Horus und Isis; Brahma, Shiva und Vishnu; den Satz vom Dreieck; Protonen, Neutronen und Elektronen und so weiter. Einige dieser Analogien sind etwas weiter hergeholt, aber die zugrundeliegende Idee bestätigt sich. Wie können wir das in unserem täglichen Leben nutzen? Welcher Vorteil kann daraus gezogen werden? Was sind die praktischen Anwendungen? Diese Fragen ausführlich zu beantworten, würde ein ganzes Buch füllen, aber wir können zumindest einige Vorstellungen davon vermitteln, wie die Alchemie unser Leben bereichern kann. Darüber hinaus bekommen wir einen Eindruck davon, wie sie nicht nur unser körperliches Wohlbefinden beeinflußt, sondern parallel dazu eine Heilwirkung auf unser ›spirituelles Leben‹ hat.

Zunächst müssen wir feststellen, daß die Alchemie als Disziplin andere Disziplinen zur Grundlage hat. Das sind die Astrologie, die

Magie und die Kabbala. Man kann kein guter Alchimist sein, ohne ein guter Kabbalist zu sein. Man ist kein guter Kabbalist, ohne ein Adept der Magie zu sein, und man kann kein Adept der Magie sein, ohne astrologisches Wissen als Hintergrund zu haben. Wir werden andeuten, welche wichtige Rolle die Grundlagen der Magie, Kabbala und Astrologie in der alchimistischen Arbeit spielen. Zuvor wollen wir uns aber kurz mit einem der älteren Autoren zur Alchemie beschäftigen, mit Gerhard Dorn. Dorn war ein Schüler des großen Paracelsus und schrieb einige sehr überzeugende Beobachtungen zur Alchemie auf. Dabei muß man bedenken, daß Dorn nicht unsere heutigen psychologischen Einsichten besaß, nicht einmal das ausreichende Vokabular, um seine Ideen treffend auszudrücken. Seine Grundüberzeugungen können jedoch leicht anhand seiner Schriften verstanden werden, die Marie-Louise von Franz in ihrem Buch *Alchemist Active Imagination* übersetzt hat. Sie zitiert Dorn: »Durch Studium (der alchimistischen Literatur) erlangt man Wissen, durch Wissen Liebe, welche Erfahrung, Tugend und Kraft erzeugt, durch welche das wunderbare Werk zuwege gebracht wird, und von dieser Art ist das Werk in der Natur.« Von Franz erklärt dann, was Dorn damit meint, daß man durch einfache alchimistische Lektüre ›Liebe‹ erlangen kann. Diese ›Liebe‹ ist eine unbewußte Faszination, in der man zu verstehen und leidenschaftlich die ›Wahrheit‹ zu suchen beginnt.

Die Bedeutung dessen ist sehr dramatisch, obwohl Dorns Aussage nicht so explosiv klang. Das Wesentliche daran ist, daß durch den Vorgang des *Tuns*, durch unmittelbare Laborarbeit, durch Meditationen über Alchemie, sogar durch ganz harmlose Laborarbeit etwas im Praktiker geschieht. Nehmen wir an, jemand arbeitet mit materieller Alchemie, indem er im Labor etwas ›zusammenkocht‹ oder gar in seiner Küche. Er läßt in seinen Retorten oder Töpfen einige Wandlungen geschehen. Was Dorn sagt, ist, daß *zwei* Transmutationen stattfinden: Eine sichtbar in der Retorte, die andere unsichtbar im Praktizierenden. Darüber hinaus beschleunigt sich die Wandlung, während die Arbeit fortschreitet, so daß eine Rückkopplungsschleife entsteht. Das bedeutet, je mehr Arbeit irgendeiner Art man macht, um so größer wird der Erfolg. Das klingt nach einem simplen Fall von: Durch Übung wird man Meister. Das meint Dorn aber nicht. Was er sagen will, zeigen wir am besten an einem Beispiel.

Betrachten wir zwei Leute. Einer hat sich mit einigen alchimistischen Arbeiten beschäftigt, gelesen oder einfache Experimente durchgeführt. Der andere hat nie etwas mit Alchemie zu tun gehabt. Der erste Mann entscheidet sich, ein anderes Experiment zu versuchen. Er möchte Substanz A und Substanz B zusammenfügen, um Substanz C zu erhalten Er gießt also A zu B und siehe da, er erhält C. Das ist an sich nicht sehr beeindruckend, wenn nicht der zweite Mann daherkäme, die gleichen Substanzen und die gleiche Apparatur benutzte und nicht C erhielte. Warum? Weil in ihm noch keine innere Umwandlung stattgefunden hat. In der ersten Person ist ein feiner Wandel vonstatten gegangen, der seinen Versuch gelingen ließ. Dieser Wandel ist *sehr* fein, für denjenigen selbst wahrscheinlich nicht spürbar. Er findet aber dennoch statt, und zwar in dem Maße, in dem der Übende sich vorbereitet und in die rechte Verfassung gebracht hat. Wenn er Elixiere gefertigt hat, um seinen Körper von Schlacken zu reinigen, damit er für höhere Schwingungen empfänglicher wird, dann werden die Veränderungen entsprechend betonter sein.

Weiter zitiert von Franz den arabischen Alchimisten Ibn Sina, welcher schrieb, der Mensch könne durch *Ekstase* am Vermögen Gottes teilhaben. Durch Praktiken wie Meditation, Alchemie, Ritual und so weiter kann man einen Geisteszustand erreichen, den Ibn Sina »Ekstase« nennt. In diesem Zustand verfügt man, wenn auch für einen kurzen Moment, über gottähnliche Kräfte. Die Sufis erreichten diesen Zustand durch körperliche Übungen wie Tanzen oder Herumwirbeln (daher: »Tanzende Derwische«). Wir wissen heute, daß dieser herausgehobene Zustand, in dem die Dinge ›geschehen‹, durch Techniken wie Magie, beispielsweise die kabbalistische, erreicht werden kann. Das Buch *The Great Art* von Dom Pernety enthält einen Hinweis darauf, daß die alten Rosenkreuzer Alchemie und Kabbala zu einem geschlossenen System verbanden. Ihr Mystizismus beruhte ferner auf Tatsachen, die sie im Labor nachweisen konnten. Wir haben damit also starke Beweise dafür, daß es zwischen Magie, Kabbala und Astrologie enge Verbindungen *gibt*.

Es wurde schon darauf hingewiesen, daß verschiedene Medikamente alchimistisch hergestellt werden können und daß diese Elixiere einen heilsamen Effekt auf Körper wie Geist haben. Die Grundlage solcher Medizinen sind Pflanzen, Kräuter oder verschiedene Metalle. Wo fängt man aber an? Welches Kraut zum Beispiel kann man gegen ein bestimmtes Leiden verwenden? Oder welches Metall? Die Antwort kommt aus der Kenntnis der kabbalistischen Magie, insbesondere aus der Kenntnis jenes mächtigen Symbols, das als der Lebensbaum bekannt ist, und aus den astrologischen Gesetzmäßigkeiten. Die Astrologie lehrt beispielsweise, daß unter dem gleichen Zeichen geborene Menschen gleiche Eigenschaften zeigen werden. Jemand, der früh im April geboren ist, steht unter dem Zeichen des

Widders. Andere, die unter diesem Zeichen geboren sind, werden ähnliche Wesenszüge besitzen: dynamisch, kopfbetont, von einem Interesse zum nächsten springend, ohne das erste zu beenden und so weiter. Widder ist ein Tierkreisbild, das zum Planeten Mars gehört. Dieses aus Sternen bestehende Bild sendet einflußnehmende Strahlen auf die Erde. Die Sonne arbeitet als Herab-Transformator und absorbiert einige der Strahlen. Den Rest verteilt sie über die Erde. Diese stellaren Einflüsse und die Stellung der anderen Planeten ›prägen‹ einen Menschen im Augenblick der Geburt, machen ihn zu dem, was er (oder sie) ist. Durch sorgfältiges Studium der planetarischen Konfigurationen kann man herausfinden, warum die Menschen so sind, wie sie sind.

Für den Leser ist die Idee wahrscheinlich neu, daß es nicht nur Menschen unter den Zeichen Widder und Waage gibt, sondern daß auch Pflanzen und Minerale zum Widder oder zur Waage gehören können. Auch die anderen Reiche fallen unter die Herrschaft der astralen Einflüsse. Und hier finden wir den Schlüssel zur alchimistischen Herstellung von Medizinen. Zum Beispiel wissen wir, daß der Planet Merkur das Nervensystem ›regiert‹. Wir können herausfinden, daß Merkur auch die Pflanzen Baldrian und Majoran beherrscht. Außerdem gebietet Merkur über den als Schlaflosigkeit bekannten Zustand. Sind wir also nervös oder schlaflos, welches Kraut könnte da Hilfe verschaffen? Offenbar Baldrian oder Majoran, weil sie ›Korrespondenzen‹ darstellen, weil sie unter dem gleichen Planeten stehen. Das können wir noch einen Schritt weiter führen: Der Planet Merkur gebietet über den Mittwoch. Es ist also ein einfacher Schluß, daß der beste Tag, um Baldrian zu pflücken, der Mittwoch ist. Gleichermaßen ist die beste Zeit, die Medizin herzustellen oder einzunehmen, der Mittwoch. Das läßt sich noch verfeinern, indem der Tag in verschiedene Phasen unterteilt wird. Sowohl tags als auch nachts ist in jeder Phase der Einfluß eines Planeten stärker als der aller anderen. Das heißt, am Donnerstag ist der Einfluß des Mars zu zwei Zeitabschnitten stärker als sonst. Man kann also herausfinden, wann diese Zeiten sind und die Medizin nicht nur am ›richtigen‹ Tag, sondern auch zur richtigen Tageszeit einnehmen.

Im Mineralreich herrscht die gleiche Logik. Hätten wir mit dem Kopf oder mit Blutungen Schwierigkeiten, so würden wir Knoblauch, Anis oder Cayennepfeffer verwenden. Man kann aus diesen eine Tinktur anfertigen oder, sofern der Praktiker die nötigen Kenntnisse besitzt, könnte er die Kräuter auf ihre höchste Ebene heben und zubereiten, was in der Alchemie als ›Pflanzenstein‹ bekannt ist. Dieser stellt die höchste Stufe der Wirksamkeit dar, die ein medizinisches Kraut erreichen kann. Dazu muß der Mensch die Pflanze auf diesen fortgeschrittenen Stand der Evolution bringen. Auf der anderen Seite könnte man auch im Mineralreich eine Medizin finden, das Eisen. Der Mars regiert das Eisen, wie auch den Kopf und den Knoblauch. Wie aber kann man aus Eisen eine Medizin herstellen? Hier kommt die praktische Laboralchemie ins Spiel. Man müßte die alchimistische Literatur schon sehr aufmerksam lesen, um die entsprechende Prozedur herauszufinden, besser lernt man sie von einem Lehrer der Alchemie. Der Vorgang besteht darin, das Eisen(erz) in seine drei Essenzen zu zerlegen, wie es auch mit der Pflanze gemacht wurde. Um eine Kräutermedizin herzustellen, muß man eine Tinktur der Pflanze herstellen, die das Sulfurprinzip extrahiert. Das Sulfur färbt das Extraktionsmittel, das auch ›Menstruum‹ heißt. Die Tönung kommt also durch das Sulfur zustande, welches durch das Menstruum der Pflanze entzogen wurde. Das Sulfur könnte auch sehr leicht durch eine Dampfdestillation gewonnen werden. Das Merkur der Pflanze befindet sich im Alkohol. Man kann die Pflanze putrifizieren und Alkohol gewinnen, oder man destilliert Alkohol aus Wein (falls das am Wohnort des Lesers legal ist), oder man kauft sich Korn. Das Merkur ist sich in allen Arten des Alkohols gleich, der aus pflanzlichem Material gewonnen wurde. Schließlich wird der Körper der Pflanze verbrannt oder kalziniert, um das Salz zu gewinnen. Nach dem gleichen Prinzip und durch Befolgen der gleichen Prozedur kann jeder Körper, einschließlich der Minerale, in seine drei Essenzen zerlegt werden.

Man kann also Eisenerz oder eine andere Form des Eisens nehmen und unter Verwendung eines passenden Menstruums eine Tinktur anfertigen. Die Tinktur wird ausgetrieben (verdampft) und das Sulfur bleibt zurück. Das Eisenöl wäre in sich schon eine wirksame Medizin, stärker als eine aus Pflanzen gewonnene. Der Grund dafür ist, daß die Minerale schon viel länger ›hier sind‹ als irgendeine Pflanze und daher viel mehr astrale Einflüsse absorbiert haben, weshalb sie wirksamer sind. Sie besitzen eine höhere Schwingungsstufe. Auf jeden Fall aber muß die Seele des Eisens, wenn sie dargestellt wurde, auch geläutert werden. Diese Vorgänge beruhen immer auf Hitze. Die Meisterung der Wärme ist eine Technik, die von einem Lehrer gelernt wird, oder durch (oft schmerzhaften) Versuch und Irrtum. Einmal geläutert, kann sie direkt eingenommen oder mit dem Merkur aus dem Mineralreich kombiniert werden. Das Merkur aus dem Pflanzenreich, ›Alkahest‹ genannt, ist nicht so leicht zu gewinnen. Man kann mit ihm aber den legendären ›Stein der Weisen‹ herstellen. Dieser Stein heilt alle Krankheiten und verursacht unmittelbare Evolutionsschritte oder Transmutationen. Klingt das so, als könnte er einen niederen Stoff in einen edleren verwandeln? Ja, er kann es.

Um noch einmal zum Sulfur oder Öl des Eisens zurückzukommen: Überlegen Sie, was Sie da haben. Es handelt sich nicht nur um eine Medizin für den Kopf, sondern auch gegen andere Leiden, die Mars unterstehen. Um herauszufinden, was Mars und all den anderen Planeten untersteht, kann man in einem Nachschlagewerk wie *The Alchemist's Handbook* oder Bills *Rulership Book*[1] nachschauen. Greifen wir noch die Anämie heraus. Menschen mit wenig oder ›müdem‹ Blut nehmen Mittel wie etwa Geritol. Dieses gute Produkt wird auf jeden Fall auch aus Eisen hergestellt. Es wird jedoch aus etwas wie Eisenoxid, einem anorganischen Stoff, gemacht. Oder wir können anorganisches Material aufnehmen, denn der eingebaute, innere Alchimist, den wir alle haben, kann solche Transmutationen vollbringen. In diesem Fall handelt es sich um eine ›biologische Transmutation‹. Die Toleranz beträgt hier etwa drei Prozent dessen, was der Körper an anorganischem Material aufgenommen hat. (Anmerkung des Übersetzers: Gemeint ist hier offenbar der Umsetzungskoeffizient von anorganischen zu körpereigenen Substanzen, die Resorptionsrate). Wäre es nicht wundervoll, wenn wir eine Substanz finden könnten, die nicht giftig ist, die vom Körper zu 100 Prozent aufgenommen wird *und* die keine Nebenwirkungen hat wie andere Produkte? Dachten Sie an das Eisenöl? Richtig. Dieser Stoff *kann* vom Körper vollständig umgesetzt werden, und er hat *keine* unerwünschten Nebenwirkungen. Noch wichtiger ist, daß er einen anämischen Zustand beseitigt. Der Gebrauch der Minerale in der Alchemie ist schon im medizinischen Bereich endlos. Basilius Valentinus schrieb ein ganzes Buch allein über die Minerale und ihre unterschiedliche Verwendung in der Medizin. Das Buch heißt *Der Triumphwagen des Antimons*. Es handelt sich um ein Rezeptbuch, das die verschiedenen Zubereitungen des als Antimon bekannten Metalls beschreibt. Ist Antimon nicht giftig? Ja, aber wenn es in einem alchymischen Vorgang bereitet wird, ›spagyrisch‹, dann wird es nicht nur ungiftig, sondern könnte sogar ein Allheilmittel sein.

---

[1] Ein entsprechendes Buch in deutscher Sprache ist: Nicolaus Klein/Rüdiger Dahlke: *Das senkrechte Weltbild. Symbolisches Denken in astrologischen Urprinzipien* (Hugendubel-Verlag)

Die Bedeutung der Divination

Um dem Leser einen Geschmack dieses unglaublichen Buches von Valentinus[1] zu geben und ihn vielleicht mit der Alchemie ›anzumachen‹, zitiere ich im folgenden einen Vorgang, bei dem Valentinus das Antimon benutzt. Der Abschnitt ist dem *Triumphal Chariot of Antimon* entnommen, das Dorman Newman 1678 in England herausgab und das später von Dr. Theo Kirkringius übersetzt wurde:

»Die Dosis von diesem beträgt vor der Gerinnung 8 Gran (1 Gran = 0,0648 Gramm), in Wein genommen. Es macht einen Menschen wieder jung, befreit ihn von jeder Melancholie und allem, was in seinem Körper wächst und sich bildet, wenn seine Haare und Nägel ausfallen, und der ganze Mensch wird erneuert wie der Phönix durch das Feuer erneuert wird (wenn dieser angebliche Vogel, den ich nur als Beispiel nenne, irgendwo auf der Erde zu finden ist). Diese Medizin kann durch Feuer ebensowenig verbrannt werden, wie die Federn jenes unbekannten Salamanders; denn sie verzehrt alle Symptome im Körper, wie ein verzehrendes Feuer, dem sie zu recht ähnelt; sie treibt alles Böse fort und treibt alles aus, was Aurum-Potabile auszutreiben vermag.«

Klingt diese Beschreibung nicht nach etwas, das Sie gern sehen würden? Valentinus enthüllt in seinem Buch verschiedene Techniken, mit denen man in der alchimistischen Arbeit erfolgreich werden kann. Er sprach aus der Sicht dessen, der *weiß*, nicht dessen, der vermutet oder glaubt, es sei richtig. Und Valentinus war nicht der einzige gute Autor alchimistischer Traktate. Die Schriften von Paracelsus, Geber, Glauber, Vaughn, Sendivogius und Flamel gehören zu denen, die besonders zu erwähnen sind. Es gibt jedoch auch moderne Autoren wie Frater Albertus, Phillip Hurley und Archibald Cockren. Cockren beschreibt in seinem Buch *Alchemy Rediscovered and Restored* verschiedene Alchimisten und deren Schriften. Besonders beeindruckt war er von Johannes Hollander, der, wie Cockren sagt, so klar und einfach schrieb und dessen Schriften völlig vernachlässigt wurden. Oh, niemand ist so blind wie jene, die nicht sehen wollen. Cockren veröffentlicht auch ein Tagebuch seiner eigenen alchimistischen Experimente.

In dem Buch *Herbal Alchemy* verbindet Hurley magische Praktiken mit der Laborarbeit, so stellt er zum Beispiel für bestimmte Experimente Talismane her. Bei der Diskussion der Literatur dürfen wir es nicht unterlassen, die Schriften C.G. Jungs zu erwähnen. Ob-

---

[1] Basilius Valentinus (1386–1458), Benediktiner, Arzt und Alchemist. Valentinus übte großen Einfluß auf Paracelsus aus.

wohl Dr. Jung anscheinend nicht viel von der physikalischen Alchemie hielt und auch nichts darüber schrieb, hatte er enormes Verständnis und Einsicht in die psychologischen Aspekte der Alchemie. In dieser Hinsicht hat er der Menschheit mit seinen hervorragenden Büchern zu dem Thema einen großen Dienst erwiesen. Jung und einige seiner Mitarbeiter vertieften sich in die alten Texte, übersetzten einige davon und haben uns Einsichten in das Denken der alten Alchimisten vermittelt. Diese Fakten zusammen mit persönlichen Forschungen sorgen für ein sicheres Verständnis der Alchemie.

Obwohl natürlich die Alchemie nie so populär werden wird wie Heimcomputer, ist es doch recht wahrscheinlich, daß viele Menschen, besonders wissenschaftlich gebildete, sie wieder ›entdecken‹ und zur Erweiterung ihres riesigen Wissensschatzes beitragen werden. So könnten wir eines Tages den ›Durchbruch‹ schaffen. Denkende Menschen, die Antworten auf universelle Fragen, größere Selbsterkenntnis und Heilmittel für unheilbare Krankheiten suchen, müssen früher oder später auf alchimistisches Wissen stoßen. Wenn sie die Literatur lesen und im Labor experimentieren, um die Geheimnisse zu lüften, wird das *LVX*, das sie verbreiten, nicht nur den Pfad erhellen, sondern hoffentlich auch unzählige andere zu dieser heiligen Wissenschaft ziehen.«

Die Vision des kosmischen Merkur

»Wir standen auf einer dunklen Felsklippe, die über das rastlose Meer ragte. Am Himmel über uns stand klar und strahlend die Sonne, umgeben von jenem leuchtenden Regenbogen, den jene vom Pfad des Chamäleons kennen.

Ich schaute auf, bis der Himmel sich öffnete, und eine Gestalt, die dem griechischen Merkur (1) glich, stieg herab und leuchtete wie ein Blitz. Er schwebte zwischen dem Himmel und dem Meer. In seiner Hand hielt er einen Stab (2), womit die Augen der Sterblichen zum Schlafe geschlossen werden, und womit er den Schlafenden nach Belieben weckt; und furchtbar waren die Strahlen, die von der Kugel an seiner Spitze ausgingen. Und er trug eine Schriftrolle, auf der geschrieben war:

Lumen est in Deo,
Lux in homine factum,
Sive Sol,
Sive Luna
Sive Stelloc errantes,
Omnia in Lux,
Lux in Lumine
Lumen in Centrum

Centrum in Circulo,
Circulum ex Nihilo,
Quid scis, id eris.(3)
F.I.A.T.(4)
E.S.T.(5)
E.S.T.O.(6)
E.R.I.T.(7)
In fidelitate et veritate universas ab aeternitate.(8)
Nunc Hora.
Nunc Dies.
Nunc Annus,
Nunc Saeculum,
Omnia sunt Unum,
Et Omnia In Omnibus.
A.E.T.E.R.N.I.T.A.S.(9)

Dann schrie Hermes laut und sprach: »Ich bin Hermes Mercurius, der Sohn Gottes, der Bote, der die Oberen und die Unteren vereint. Ich bin nicht ohne sie, und ihre Einheit ist in mir. Ich bade im Ozean. Ich erfülle die Weiten der Luft. Ich durchdringe die Tiefen.«

Und der Bruder, der mich begleitete, sagte: »So bleibt das natürliche Gleichgewicht erhalten, denn dieser Merkur ist der Anfang aller Bewegung. Dieser Er (10), diese Sie, dieses Es ist in allen Dingen, hat aber Flügel, die du nicht bezwingen kannst. Denn sagst du »Er ist hier«, so ist er nicht hier, denn dann ist er schon wieder fort, denn er ist die ewige Bewegung und Schwingung.«

Dennoch mußt du in Merkur alle Dinge suchen. Deshalb sagten unsere älteren Brüder nicht ohne Grund, das Große Werk bestünde darin, »das Flüchtige zu binden«. Es gibt nur einen Ort, wo er gebunden werden kann, und dieser ist in der Mitte, genau die Mitte. »Centrum in trigono centri.« (11) Die Mitte ist das Dreieck der Mitte.[1]

---

[1] Der englische Originaltext lautet: The Centre is the triangle of the Centre. Hier liegt offensichtlich ein Abschreibe- oder Übersetzungsfehler vor. Die richtige Übersetzung des lateinischen Satzes lautet: Die Mitte der Mitte im Dreieck oder die wahre Mitte des Dreiecks. Hierunter verbirgt sich das größte Geheimnis der Rosenkreuzer. Der Mensch besteht, philosophisch gesehen, aus drei Dreiecken. Im dritten und höchsten muß die wahre Mitte gefunden werden. Die Aufgabe des Großen Werkes besteht darin, diese Mitte durch Transmutation zu entwickeln, bis sich die (Pan-ischen) Leidenschaften des Menschen in das Philosophische Licht verwandelt haben. Wenn dieser Prozeß vollendet ist, wird das Licht der Seele in dieser wahren Mitte dem Licht des Heiligen Geistes begegnen und sich mit ihm vereinen.

Ist deine eigene Seele ohne Grund, wie willst du einen festen Standpunkt finden, wo du die Seele des Alls binden kannst?

»Christus de Christi,
Mercury de Mercurio,
Per viam crucis,
Per vitam Lucis
Deus te Adjutabitur!«(12)

G.H. FRATER S.R.M.D. (Mathers)

Übersetzung und Bemerkungen zur Schrift über Merkur

1. Hermes ist griechisch, Merkur ist römisch.
2. Vergleiche dieses mit Vers V. 43–48 der Odyssee: »Der Argosbesieger eilte und band sich die goldenen ambrosischen Sohlen unter die Füße. (...) Dann nahm er seinen Stab, mit welchem er die Augen der Sterblichen schließt, wenn er will, und damit auch die Schläfer weckt.«
3. Übersetzung: Das Licht ist in Gott, das *LVX* ist zum Menschen gemacht worden[1], ob Sonne, ob Mond, ob wandernde Sterne, alle sind im Lux, das Lux im Licht, das Licht in der Mitte, die Mitte im Kreise, der Kreis aus dem Nichts (dem Negativen oder Ain). Was du sein kannst (das heißt, was du in dir trägst, die Seinsmöglichkeit), das sollst du sein (oder werden).
   (Anmerkung des Übersetzers: Der lateinische Satz »Quid scis, id eris« lautet richtig übersetzt: Was du weißt/denkst, das wirst du sein.)
4. Flatus. Ignis. Aqua. Terra. Luft. Feuer. Wasser. Erde.
5. Ether. Sal. Terrae. Äther, das Salz der Erde.
6. Ether. Subtilis. Totius. Orbis. Der feine Äther des ganzen Universums.
7. Ether. Ruens. In. Terra. Der Äther, der hinab in die Erde stürzt.

---

[1] So lautet die Übersetzung von Mathers Übertragung nach dem englischen Original (»The Light is in God, the LVX hath been made into Man.«) Diese Übertragung gibt den Sinn des lateinischen Textes nicht korrekt wieder. Es müßte heißen: Das Licht ist in Gott (und) zum Licht im Menschen gemacht worden. Als Hilfe zum Verständnis diene die Vorstellung, daß bis vor noch gar nicht allzulanger Zeit Licht und Feuer für den Menschen identisch waren. Lumen bedeutet Licht in Form einer Fackel oder Kerze, während Lux das Licht als Phänomen bedeutet. Wichtig ist ferner auch der Umstand, daß Mathers in seiner englischen Übersetzung den lateinischen Ausdruck LVX beläßt. Das rührt wohl daher, daß die Buchstaben des Wortes LVX, durch Gesten ausgedrückt, Bestandteil des Rituals waren. Vergleiche auch den Kommentar zum 20. Tarot-Schlüssel (Seite 181) und die darin enthaltenen Hinweise auf Osiris, Isis und Horus sowie die tiefere Symbolik des hebräischen Buchstabens Schin. (A.E. Waite hat dieses Motiv ebenfalls in seinem bekannten Tarot übernommen.)

8. Laß es sein (oder werden). Es ist. Möge es so sein. Es soll sein (oder dauern). In universellem Vertrauen und Wahrheit aus der Ewigkeit. In dieser Stunde. An diesem Tag. In diesem Jahr, in diesem Zeitalter, alle Dinge sind eins, und alles ist in allem. Ewigkeit.
9. Diese zehn Buchstaben sind Abkürzungen für: Ab Kether. Ex Chokmah. Tu Binah. Ex Chesed. Regina Geburah. Nunc Tiphareth. In Netzach. Totius Hod. Ad Jesod. Saeculorum Malkuth. Von der Krone, aus der Weisheit – Du, oh Einsicht, bist die Gnade, Königin der Strenge. Nun die vollendete Schönheit, im Siege, von allem Glanze, für das Fundament der Zeitalter des Universums.
10. Bezieht sich vermutlich auf die drei Prinzipien.
11. Ich glaube, bin aber nicht sicher, daß dieses das Motto unseres Bruders Count Adrian à Meynsicht[1] war, der auch als Henricus Madathanus bekannt ist.
12. Christus von Christus, Merkur von Merkur, durch den Weg des Kreuzes, durch das Leben des Lichts, sei Gott deine Hilfe.[2]

---

[1] Henricus Madathanas, auch Hadrianus à Mynsicht (1575–1639) gilt als einer der Begründer des ursprünglichen Rosenkreuzer-Ordens.
[2] In der Ausgabe von 1937 befindet sich am Schluß dieses Dokumentes eine Anmerkung von Israel Regardie, aus der hervorgeht, daß die ursprünglich dieses Dokument begleitende Zeichnung des Merkur sich von der hier wiedergegebenen unterschied: »Eine dieses Dokument begleitende Illustration zeigte eine in konventioneller Weise gezeichnete nackte Figur des Merkur mit geflügeltem Helm und geflügelten Sandalen, die eben im Begriff ist, ins Meer zu tauchen. In der rechten Hand befand sich ein Caduceus; die linke trug eine Schriftrolle mit den Worten, die in diesem Text enthalten sind.«

Teil III

Der Kern der Überlieferung

G.H. Frater N.O.M. (Westcott)

Die Säulen

Da über das Verhältnis zwischen der rechten und linken Säule des Lebensbaumes und der rechten und linken Seite des Menschen sowie über die Mondphasen häufig Verwirrung herrscht, sollst du folgendes beachten: Gegenüber jedem Diagramm oder jeder Abbildung befindet sich die rechte Seite des Betrachters nächst der Säule der Gnade – Chokmah, Chesed und Netzach. Die Säule der Strenge liegt zur Linken des Betrachters. Wenn du den Lebensbaum jedoch auf dich selbst überträgst, dann stellt deine rechte Seite, Arm und Bein, die Seite der Stärke und Strenge dar – Binah, Geburah und Hod. Deine linke Seite entspricht der Säule der Gnade. Du siehst also ein Diagramm, wenn du daraufschaust, wie einen Menschen, der dir gegenübersteht, so daß deine linke Seite seiner rechten gegenüberliegt. Seine Seite der Gnade bildet den rechten Pfeiler vor dir, so als schautest du dich selbst in einem Spiegel an. So wie ein Mensch blickt uns auch der Mond an, und wir können deshalb sagen, daß der zunehmende Mond nach der Seite der Gnade gewölbt ist, der rechten Säule der Sephiroth. Die abnehmende Sichel dagegen liegt auf der linken Säule der Strenge. Eine Abbildung verhält sich also wie ein Mensch oder der Mond, wenn sie uns anblicken. Entsprechend sind die Säulen des Tempels:

Schwarze Säule	Strenge	Links-Norden
Weiße Säule	Gnade	Rechts-Süden
Schwarze Säule	Boaz	Stolistes
Weiße Säule	Jachin	Dadouchos

Das bedeutet, daß Jachin, die weiße Säule der Gnade, zu deiner Rechten steht, wenn du vom Westen und vom Hiereus auf den Altar zuschreitest. (Siehe die 2. Chronik 3,17) »Und nenne das rechts (vom Eintretenden) Liegende mit dem Namen Jachin, und das zur Linken mit dem Namen Boaz.«

Boaz ist Stärke, Strenge, Binah, die schwarze Säule.

Jachin ist die weiße Säule der Gnade.

Du schlägst das kabbalistische Kreuz auf deiner Brust also dann richtig, wenn du deine Stirn berührst und sprichst: Ateh – Du bist; das Herz: Malkuth; rechte Schulter: ve-Geburah; linke Schulter: ve-Gedulah; und mit über der Brust gefalteten Händen sage: Le olahm, Amen!

Die Säulen II

Bei der Erläuterung der Symbolik des Neophytengrades schenktest du der allgemeinen mystischen Bedeutung der beiden Säulen besondere Beachtung, die im Ritual als die »Säulen des Hermes«, des »Seth« und des »Salomo« bezeichnet wurden. Im neunten Kapitel des Rituals der Toten wurden sie die »Säulen des Schu«, »Säulen des Gottes des Morgenlichts« und auch »die nördlichen und südlichen Pfeiler am Tor der Halle der Wahrheit« genannt. Im 125. Kapitel werden sie als das heilige Tor dargestellt, durch welches der Anwärter gebracht wird, wenn er sein negatives Bekenntnis abgelegt hat. Die archaischen Bilder auf der einen Säule sind schwarz auf weißem Grund gemalt, diejenigen auf der anderen in Weiß auf schwarzem Grund, um das Wechselspiel und die Aussöhnung der widerstrebenden Kräfte und das ewige Gleichgewicht zwischen Licht und Finsternis auszudrücken, das der sichtbaren Natur ihre Kraft gibt. Die schwarzen Würfel, die die Sockel bilden, bedeuten die Dunkelheit und die Materie, in welcher der Geist, der Ruach Elohim, den unaussprechlichen *Namen* bildete, den Namen, von dem die alten Rabbis sagen, daß er »durch das Universum braust«, der Name, vor dem die Finsternis bis zur Quelle der Zeit zurückweicht. Die flammend roten, dreieckigen Kapitelle, die die Spitzen der Säulen krönen, repräsentieren die dreieinige Ausdrucksform des Lebensgeistes, die drei Mütter des Sepher Jetzirah, die drei alchimistischen Prinzipien der Natur, das Sulfur, das Merkur, das Salz. Jeder Pfeiler ist mit seinem eigenen Lichtträger gekrönt, der der materiellen Welt verborgen ist. Am Fuße beider Säulen erheben sich die Lotusblüten, die Symbole der Wiedererneuerung und Seelenwanderung.

Der Kern der Überlieferung   261

Bei den archaischen Bebilderungen handelt es sich um Vignetten, die dem 17. und 125. Kapitel aus dem Ritual der Toten entnommen sind, dem ägyptischen Buch des *Per-em-Hru* oder dem *Buch vom Heraustreten am Tage*, dem ältesten bislang entdeckten Buch der Welt. Die Textfassung der Priester von ON wurde auf den Wänden der Königspyramiden der 5. und 6. Dynastie in Sakarah gefunden, die Fassung der 11. und 12. Dynastie auf den Sarkophagen jener Epoche. Die Fassung aus dem Theben der 18. Dynastie und spätere sind auf Papyri geschrieben, sowohl als reiner Text als auch in illustrierter Form. Es gibt von diesen Büchern keine befriedigende Übersetzung, weil kein Gelehrter, der sowohl als Mystiker wie auch als Ägyptologe qualifiziert war, sich daran versucht hat. Das Totenritual ist, allgemein gesagt, eine Sammlung von Hymnen und Gebeten in Form einer Zeremonienfolge, die es dem Menschen ermöglichen sollen, sich mit Osiris, dem Erlöser, zu vereinen. Nach der Vereinigung trägt er nicht mehr seinen menschlichen Namen, sondern heißt Osiris, mit dem er nun symbolisch eins ist. »Daß sie mit mir eins sein können«, wie Christus im Neuen Testament sagt. »Ich bin Osiris«, sagt der Geläuterte und Gerechtfertigte, dessen Seele leuchtet und von der Sonne reingewaschen ist im unsterblichen und unerschaffenen Licht, vereint mit Osiris, und darum ist er gerechtfertigt und ein Sohn Gottes. Er ist geläutert durch Leiden, gestärkt durch Widerstand, erneuert durch die Selbstopferung. Solcherart ist das Subjekt des großen ägyptischen Rituals. Das 17. Kapitel der thebanischen Fassung besteht aus einem sehr alten Text mit mehreren Kommentaren, die ebenfalls uralt sind, und einigen Gebeten, die nirgendwo in den ursprünglichen Text zu passen scheinen. Zusammen mit dem 12. Kapitel ist es für diese Lektion vom S.G. Frater M.W.T.[1] übersetzt worden, und die S.G. Soror S.S.D.D.[2] hat eine Reihe wertvoller Hinweise zur Interpretation gegeben. Der Titel und das Vorwort des 17. Kapitels lauten:

»Über die Erhöhung der Verherrlichten, das Kommen und Gehen im göttlichen Bereich und die Genien im schönen Lande des Amentet. Über das Heraustreten am Tage in einer jeden gewünschten Form und das Hören der Naturkräfte durch das Bewahrtwerden als ein lebender Ba.« Und die Anweisung ist: »Dies soll der mit Osiris Vereinte rezitieren, wenn er in den Hafen eingegangen ist. Mögen deshalb ruhmreiche Dinge auf Erden getan werden. Mögen sich alle

---
[1] M(a) W(ahanu) T(hesis), Marcus Worsley Blackden.
[2] Florence Farr. Sie veröffentlichte 1894 ein Buch mit dem Titel *Egyptian Magic*.

Worte der Adepten erfüllen.« Der komplexen Benutzung der Symbolik zufolge kann die rituelle Übersetzung des Kapitels nur durch ständige Bezugnahme auf die alten ägyptischen Kommentare verstanden werden. Die folgende Paraphrase ist in der Absicht zusammengestellt worden, dem modernen Verständnis ein möglichst weit an die alten ägyptischen Vorstellungen angenähertes Bild von diesem strahlenden Triumphgesang der mit Osiris, dem Erlöser, vereinten menschlichen Seele zu geben. »Ich bin *Tum*, der mit allen Dingen Vereinte. Ich bin zu *Nu* geworden, ich bin *RA* in seiner aufsteigenden Herrschaft und berechtigt durch seine Macht. Ich bin der große selbstgezeugte Gott, wie *Nu*, der Seine Namen aussprach und dadurch den Kreis der Götter schuf. Ich bin das Gestern und kenne das Morgen. Ich kann niemals überwunden werden. Ich kenne das Geheimnis des Osiris, dessen Wesen von *Ra* ohne Unterlaß verehrt wird. Ich habe die Arbeit beendet, die im Anfang geplant war. Ich bin der manifeste Geist und mit zwei riesigen Adlerfedern bewehrt. Ihre Namen sind Isis und Nephtys, geeint in Osiris.

Ich fordere meine Erbschaft. Meine Sünden sind ausgelöscht und meine Leidenschaften überwunden. Ich bin das reine Weiß. Ich wohne in der Zeit. Ich lebe in alle Ewigkeit, wenn die Eingeweihten den immerwährenden Göttern Opfer darbringen. Ich habe den Pfad durchschritten. Ich kenne die Pfeiler des Nordens und des Südens, die zwei Säulen am Tor zur Halle der Wahrheit. Streckt eure Hände nach mir aus, oh ihr Bewohner der Mitte, denn ich bin in eurer Mitte zu einem Gott geworden. Vereint mit Osiris habe ich an dem Tage, an dessen Morgen Gut und Böse miteinander kämpften, die Augenhöhle ausgefüllt. Ich habe den Wolkenschleier am stürmischen Himmel erhoben, bis ich *RA* aus den großen Wassern wiedergeboren werden sah. Seine Kraft ist die meine, und meine Kraft ist die Seine. Ich huldige euch, Herren der Wahrheit, ihr Herrscher, über die Osiris gebietet, die ihr Befreiung von den Sünden gewährt und Ma folgt, wo die Ruhe herrlich ist, deren Thron Anubis errichtete in den Tagen, da Osiris sprach: Siehe! Ein Mensch erringt seinen Weg zu Amentet. Ich gehe vor dir her, meine Fehler zu beseitigen, wie du es für die sieben Herrlichen tatest, die ihrem Herrn Osiris folgen. Ich bin der Geist der Erde und der Sonne. Zwischen den Säulen der Flamme bin ich *RA*, der unter dem Baume Ashad stritt und die Feinde des Alten der Tage* vernichtete. Ich bin, der in dem Ei wohnt. Ich bin, der die Scheibe

---

* Anm. d. Übers.: Der »Alte der Tage« ist eine alttestamentliche Gottesbezeichnung (zum Beispiel: Daniel 7,9).

dreht. Ich leuchte am Horizont wie das Gold in der Mine. Ich schwebe im Äther zwischen den Säulen des *Schu*. Bin ohnegleichen unter den Göttern. Eine Flamme ist der Atem aus meinem Munde. Mein Ruhm wirft Licht auf die Erde. Das Auge kann nicht in meine leuchtenden Strahlen schauen, die durch die Himmel reichen und den Nil mit Flammenzungen auflecken. Stark bin ich auf der Erde in der Stärke des *Ra*. Ich komme als der vollendete Osiris in den Hafen. Lasset die Priester mir Opfer bringen als einem aus dem Gefolge des Alten der Tage. Ich brüte als der göttliche Geist. Ich bewege mich in der Sicherheit meiner Kraft. Ich woge mit den Wellen, die durch die Ewigkeit schwingen. Osiris ist durch den Beifall gerufen und ernannt worden, unter den Göttern zu herrschen. Sitzend auf dem Thron im Reiche des Horus, wo Geist und Körper in der Gegenwart des Alten der Tage vereint sind. Ausgelöscht sind die Sünden seines Körpers in der Leidenschaft. Er hat das Tor der Ewigkeit durchschritten und das Neujahrsfest mit Weihrauch begangen, wenn die Erde und der Himmel sich vermählen. *Tum* erbaute das Brautgemach. *Rururet* hat den Schrein errichtet und die Prozession vollendet. *Horus* hat geläutert, *Set* hat geweiht, *Schu* hat vereint mit *Osiris* sein Erbe angetreten.

Als *Tum* hat er das Königreich betreten, um die Einheit mit dem Unsichtbaren zu vollenden. Deine, des Osiris, Braut ist Isis, die um dich trauerte, als sie dich erschlagen fand. In Isis wirst du wiedergeboren. Von Nephtys stammt deine Nahrung. Sie haben dich bei deiner himmlischen Geburt gereinigt. Die Jugend wartet auf dich, die Leidenschaft ist für dich bereit. Und ihre Arme werden dich Millionen Jahre lang halten. Eingeweihte umgeben dich, und deine Feinde werden niedergeworfen. Die Mächte der Finsternis sind vernichtet. Die Gefährten deiner frohen Zeiten sind bei dir. Deine Siege in der Schlacht werden bei der Säule belohnt. Die Kräfte der Natur gehorchen dir. Deine Macht ist unermeßlich. Die Götter werden den verfluchen, der dich verflucht. Deine Bemühungen werden erfolgreich sein. Du bist die Herrin der Pracht. Die deinen Weg versperren, werden zerstört werden.«

Das 125. Kapitel handelt vom Eintritt eines Eingeweihten in die Halle der zwei Säulen der Gerechtigkeit. Es beginnt mit einer wunderschönen symbolischen Beschreibung des Todes als einer Reise von der öden irdischen Wildnis zum herrlichen Land des Jenseits. Die wörtliche Übersetzung der ersten Zeilen ist folgende:

»Ich bin von weither gekommen, deine Schönheit zu schauen. Meine Hände huldigen deinem Namen der Gerechtigkeit. Ich bin aus der Ferne gekommen, wo die Akazie nicht wuchs. Wo der dick beblätterte Baum nicht geboren wurde. Wo es keine Büschel Kräuter oder Gras gibt. Ich habe den Ort des Geheimnisses betreten. Ich war vereint mit Set. Schlaf hat mich überfallen, hüllte mich ein, und ich verbeugte mich vor den verborgenen Dingen. Ich wurde hineingeführt in das Haus des Osiris. Ich sah die Wunder, die dort waren, die Prinzen der Tore in ihrem Glanz.«

Die Abbildungen in diesem Abschnitt zeigen die Halle der Wahrheit, wie sie durch die offenen Türflügel aussieht. Den Vorsitz über die Halle hat ein Gott, der seine rechte Hand über einen Falkenkäfig hält und die linke über die Nahrung der Ewigkeit. Auf jeder Seite des Gottes ist ein Sims, das mit einer Reihe abwechselnd aufgestellter Federn und Uräusschlangen gekrönt ist, die Gerechtigkeit und ungebändigte Kraft ausdrücken. Der Türflügel an der Seite eines Stalles wird genannt: »Besitzer von Kraft, der die männlichen und weiblichen Tiere festhält.«

Die 42 Totenrichter werden in einer langen Reihe sitzend dargestellt, und jeder von ihnen muß benannt werden, wobei die Sünde, über die er wacht, geleugnet wird. Dieses Kapitel beschreibt die Einführung des Eingeweihten in die Halle der Wahrheit durch *ANUBIS*, der auf Befragen vom Anwärter eine Beschreibung von dessen Einweihung erhält und durch sein Eintrittsrecht zufriedengestellt wird. Dieser erzählt, daß er in die Vorkammer des Tempels geführt und dort ausgezogen wurde und daß ihm die Augen verbunden worden sind. Er mußte nach dem Halleneingang tasten und wurde wieder angezogen und in Anwesenheit der Eingeweihten geölt, als er ihn gefunden hatte. Dann wird er nach den Kennwörtern gefragt, und er verlangt, daß seine Seele auf der großen Waagschale in der Halle der Gerechtigkeit gewogen werden soll. Daraufhin fragt *ANUBIS* ihn wiederum nach der Symbolik der Hallentür und befindet seine Antworten für richtig. *ANUBIS* sagt: »Gehe hindurch, da du es weißt.« Unter anderem sagt der Eingeweihte aus, daß er viermal geläutert worden sei, ebenso häufig wie der Neophyt in der Neophytenzeremonie gereinigt und gesegnet wird. Dann legt er ein langes negatives Bekenntnis ab, worin er jedem Richter nacheinander darstellt, daß er in bezug auf die Form der Sünde, über die dieser jeweils urteilt, unschuldig sei. Darauf beschwört er die Richter, ihn gerecht zu behandeln, und erzählt anschließend, wie er am Waschplatz des Südens gewaschen wurde und im Norden geruht hat, an dem Ort, der »Sohn der Erlöser« heißt. Er wurde zum Sitzenden unter dem Olivenbaum des Friedens, und ihm wurde eine hohe Feuerflamme übergeben und ein Wolkenszepter, welches er in dem Salzbehälter aufbewahrte, in dem die Mumien gewickelt wurden. Dort fand er ein weiteres Szepter, das »Atemspender« heißt. Damit löschte er die Flamme aus und zerschmetterte das Wolkenszepter und machte daraus einen See. Der Eingeweihte wird dann zu den eigentlichen Säulen gebracht und muß sie und ihre Einzelteile unter dem Symbol der Waagschalen benennen. Er muß auch den Namen des Torhüters wissen, der ihm den Durchgang verweigert. Wenn er diese alle besänftigt hat, wendet sich der Einspruch der Halle selbst gegen seine Schritte und sagt: »Weil ich still bin, weil ich rein bin.« Sie muß wissen, daß seine Absichten rein und hoch genug sind, um ihm das Betreten zu erlauben. Dann ist es ihm gestattet, Thoth gegenüber auszusagen, daß er von allem Übel rein ist und den Einfluß der Planeten überwunden hat. Und *THOTH* sagt zu ihm:

»Wer ist er, dessen Pfeiler aus Flammen sind, dessen Wände aus lebenden Uräi sind und in dessen Haus die Flammen aus Wasser sind?« Der Eingeweihte antwortet: »Osiris!« Sofort wird verkündet: »Dein Fleisch soll vom Unendlichen sein und dein Trunk vom Unendlichen. Du bist fähig, zum Grabesfest auf der Erde zu gehen, denn du hast gesiegt.« Auf diese Weise stellen die beiden Kapitel, die durch ihre Illustrationen auf den Säulen dargestellt sind (beachte, daß die genannten Abbildungen in den nächsten beiden Blättern über die Säulen folgen werden.) den Fortschritt und die Läuterung der Seele und ihre Einheit mit Osiris, dem Erlöser, dar, in der Goldenen Dämmerung (Golden Dawn) des Ewigen Lichts, in welchem die Seele gewandelt wird, worin sie alles weiß und alles tun kann, denn sie wird mit dem Ewigen Gott vereint.

Khabs am Pekht – Konx om Pax – Licht in Fülle!

G.H. Frater S.R.M.D. (Mathers)

Die Säulen III

Die Säulen und die Bedeutung der auf ihnen eingeschriebenen Hieroglyphen sind Vignetten, dem 17. und 25. Kapitel des *Per-em-Hru* oder dem ägyptischen Totenritual entnommen.

Bei der Erläuterung der Symbolik des Neophytengrades wurde deine Aufmerksamkeit besonders auf die allgemeine mystische Bedeutung der beiden Säulen gelenkt. Deshalb möchte ich nur darauf hinweisen, daß die Hieroglyphen auf der einen Säule schwarz auf weißem Grund gemalt sind, diejenigen auf der anderen in gleichen Farben, nur umgekehrt, um das Wechselspiel und die Aussöhnung der widerstrebenden Kräfte und das ewige Gleichgewicht zwischen Licht und Finsternis auszudrücken, das der sichtbaren Welt ihre Kraft gibt. Die schwarzen Würfel, die die Sockel bilden, bedeuten die Dunkelheit und die Materie, in welcher der Geist, der Ruach Elohim, die ewige Aussprache des unaussprechlichen Namens bildete, des Namens, von dem die alten Rabbis sagen:

»... daß er durch das Universum braust, der Name, vor dem die Finsternis zurückwich bei der Geburt des Morgens der Zeit«. Die flammend roten, dreieckigen Kapitelle, die die Spitzen der Säulen krönen, repräsentieren die dreieinige Ausdrucksform des Lebensgeistes, die »drei Mütter« des »Sepher Jetzirah«, die drei alchimistischen Prinzipien der Natur, das Sulfur, das Merkur und das Salz. Jeder Pfeiler ist mit seinem eigenen Lichtträger gekrönt, doch ist dieser der materiellen Welt verborgen.

Die hieroglyphischen Gestalten auf den Pfeilern sind aus Vignetten des 17. und 125. Kapitel aus dem *Ritual der Toten* entlehnt, dem ägyptischen *Per-em-Hru*. Dieses gefeierte und älteste Werk stellt eine Sammlung von mystischen Hymnen und Anrufungen in der Art ritueller Zeremonien dar, die es der Seele nach dem Tode ermöglichen sollen, sich mit Osiris, dem Erlöser, zu vereinen. Nach der Vereinigung trägt er im Ritual nicht mehr den Namen der Seele, sondern heißt Osiris, dessen Teil er nun ist.

»Ich bin der Weinstock, und ihr seid die Reben«, sagt der Christus des Neuen Testamentes. »Ich bin ein Teil des Körpers von Osiris«, sagt die geläuterte und gerechtfertigte Seele. Die Seele leuchtet und ist von der Sünde reingewaschen im unsterblichen und unerschaffenen Licht, vereint mit Osiris, und darum gerechtfertigt und ein Sohn Gottes. Sie ist geläutert durch Leiden, gestärkt durch Widerstand, erneuert durch die Selbstopferung. Das *Ritual der Toten* ist keineswegs ein Werk aus verhältnismäßig junger Zeit. Die großen Ägyptologen Birch und Bunsen versichern, daß sein Ursprung vor Menes liegt und es somit wahrscheinlich zur prä-menitischen Dynastie von Abydos, zwischen 3100 und 4500 v.Chr., gehört. Das bedeutet, daß zu jener Zeit das System der Osirisverehrung tatsächlich schon existierte. Das 17. ist von allen Kapiteln des *Per-em-Hru* eines der ältesten, wie Gloss und Scholia zeigten. Die Symbole daraus und aus dem 125. Kapitel bilden die Ausgestaltung der Säulen vor dir. An ihrem Fuße erhebt sich der Lotus, der für das neue Leben, die Erneuerung und Seelenwanderung steht. In den Papyri, die diese Symbole enthalten, scheint es, als sei die Dynastie von Abydos vor Menes gewesen, der der erste menschliche König genannt wird. Die Dynastien bis Menes sollen jene der Götter gewesen sein, jene der Halbgötter und des Menes. (Anm. d. Übers.: Die vorigen sechs Sätze sind im Original ziemlich verstümmelt und schwer durchschaubar).

Der hieroglyphische Text dieses Kapitels enthält eine Gruppe von Hieroglyphen, die in gewissen Abständen wiederkehren und deren wörtliche Übersetzung etwa »die Erläuterung« lautet. Nach dieser Gruppe folgt jeweils ein kurzer Kommentar oder eine Glosse, die sich auf den vorhergehenden, älteren Text beziehen. Den oben erwähnten Autoritäten zufolge sind diese Glossen vor 2250 v.Chr. mit dem übrigen Text vermischt worden, zu einer Zeit, die lange vor Joseph und vor dem Trojanischen Krieg lag. Der Umstand, daß der Text bereits zu derart früher Zeit einen schriftlichen Kommentar erhielt, spricht für ein viel höheres Alter des eigentlichen Textes. Der Einzeltitel des 17. Kapitels ist »Das Buch des ägyptischen Glaubens«. Sein Gegenstand ist eine Art Hymne auf die osirifizierte Seele, die gekürzt und knapp wie folgt wiedergegeben werden kann:

Die Worte des verstorbenen Geistes, des Gottessohnes Osiris

»Ich bin Tum, die sinkende Sonne, ich bin das einzige Wesen am himmlischen Firmament.
Ich bin Ra, die aufgehende Sonne, ich habe das Tor vom Tode zum Leben durchschritten.

Die Kraft der Sonne beginnt von neuem, nachdem sie gesunken ist. Sie geht wiederum auf (und ebenso geschieht es dem gerechtfertigten Geist des Menschen.)

Ich bin der große selbstgezeugte Gott. Mir können die Kräfte der Elemente nicht widerstehen. Ich bin der Morgen, und ich weiß das Tor. (Ich erhebe mich von neuem ins Dasein. Ich weiß den Weg durch den Tod und durch das Leben.)

(Die Zeit des Menes ist auf 5500 v.Chr. berechnet worden. Andere glauben an einen noch früheren Termin.)

Der Vater des Geistes, die ewige Seele der Sonne. Er untersuchte und er prüfte mich. Er fand, daß ich auf Erden den Kampf der guten Götter gekämpft habe, wie Er, mein Vater, der Herr der unsichtbaren Welt, es mir befahl.

Ich kenne den großen Gott, der im Unsichtbaren wohnt.

Ich bin der große Phönix, der im Annu ist; Gestalter meines Lebens und meines Wesens bin ich.«

Die Symbole auf den Säulen beginnen an der Spitze derjenigen mit den schwarzen Figuren auf weißem Untergrund. Es handelt sich um mystische Darstellungen der verschiedenen Abschnitte des 17. Kapitels. Sie zeigen das Symbol Tums, der sinkenden Sonne, der Vergangenheit und der Zukunft. Die Anbetung Tums aus dem Westen. Die Behausung des Westens, die als Anubisschakal in einem Schrein mit Isis und Nephtys gezeigt wird, die die Anbetung des Osiris vollziehen, des Phönix oder Bennu.

Die Neubildung des verstorbenen Geistes, die durch die Seele dargestellt wird, die in den Körper auf der Bahre in Gestalt eines Vogels mit Menschenkopf herabkommt. In doppelter Gestalt wird sie als zwei Vögel beiderseits der ausgestreckten Mumie gezeigt. Derart schreitet die geläuterte Seele immer weiter fort und aufwärts, und immer noch steigt die mystische Hymne empor. Geläutert erreicht die Seele den Teich der zwei Wahrheiten, die durch zwei viereckige Figuren dargestellt werden. Durch Amenti passiert sie das Tor des Nordens und durch das Tor Taser. Zu den geheimen Wächtern spricht sie: »Gebt mir eure Kraft, denn ich bin von gleicher Art wie ihr.« Dann kommt das mystische Auge des Osiris, das die Sonnenscheibe darstellt, und die Kuh als Symbol des großen Wassers, des blauen Firmamentes. Darauf folgt die Anbetung der Herren der Wahrheit hinter dem nördlichen Himmel: »Seid gegrüßt, ihr Herren der Wahrheit, ihr Herrscher hinter Osiris!, ihr Nachfolger von Ihr, deren Friede sicher ist.« Dann kommt die Seele am geheimen Teich an den Abacatenbäumen an, wo Horus als die große Katze erscheint, die der bösen Schlange Apophis den Kopf abschneidet. Das letzte Symbol des 17. Kapitels ist die Anbetung des lebendigen Schöpfers in Seiner Barke und die Vereinigung der geläuterten Seele mit ihrem Schöpfer. Das 125. Kapitel heißt »Die Halle der zwei Wahrheiten«; sein voller Titel ist: »Das Buch vom Gehen in die Halle der zwei Wahrheiten und vom Trennen einer Person von ihren Sünden, wenn sie die Gesichter der Götter geschaut hat.« Sie hebt an mit einer ernsten Anbetung des Herrn der Wahrheit und der Zeremonie des Vorübergehens an den 42 Prüfern des Toten, die als sitzende Figuren dargestellt sind. Dann folgt das Wägen der Seele und die mystische Bedeutung der verschiedenen Hallenteile, auf deren Nennung die verschiedenen Wächter bestehen. Das ähnelt dem mystischen Wandeln des Neophyten auf dem Pfade der Finsternis, wenn er die Namen der Torhüter des Ostens und Westens kennen muß.

Die Figuren auf dem Pfeiler stellen die Seele dar, die entweder durch ihren eigenen Führer oder durch den schakalköpfigen Anubis, den allgemeinen Totenführer, in die Halle der Wahrheit geführt wird.

Die Seele beobachtet dann, wie ihre Handlungen aus dem irdischen Leben in den mystischen Waagschalen von Maat und Anubis gegen eine Figur der Wahrheit aufgewogen werden.

Der ibisköpfige Thoth zeichnet das Urteil auf, und der Verschlinger steht bereit, die Seele zu ergreifen, wenn sie ein schlechtes Leben geführt hat.

Hat die Seele diese Prüfung bestanden, wird sie durch Horus bei Osiris vorgeführt. Osiris sitzt in seinem Schrein auf einem Thron und hält den Krummstab und die Geißel, Symbole der Gnade und der Strenge, in den Händen. Hinter ihm befinden sich Isis und Nephtys, die Göttinnen der Natur und der Vollendung. Vor ihm sitzen die vier Genien der Toten auf der Lotusblume, dem Symbol der Wiedergeburt. Insgesamt zeigen die Symbole auf den Säulen also den Fortschritt und die Läuterung der Seele sowie ihre Vereinigung mit dem Erlöser Osiris in der Goldenen Dämmerung des ewigen Lichts, in welchem die Seele gewandelt wird, alles weiß und alles kann, denn sie ist unter die ewigen Götter aufgenommen worden.

Khabs am Pekht – Konx om Pax – Licht in Fülle!

G.H. Frater Sub Spe (J.W. Brodie-Innes)

Die Säulen IV

Die weiße Säule

Die Zeichnungen auf dieser Säule stammen von Vignetten des 17. Kapitels aus dem Totenbuch. Dieses war von Lepsius versehentlich als das XVI. Kapitel bezeichnet worden. Es handelt sich dabei jedoch eigentlich gar nicht um ein Kapitel, sondern um Ornamente oder Abbildungen, (die Vignetten genannt werden,) die die Hymne an die aufgehende Sonne begleiten sollen. In verschiedenen Papyri unterscheiden sich die Vignetten geringfügig, wobei alles in allem diejenigen aus dem Papyrus Ani die besten sind. Die auf den Säulen befindlichen sind aus verschiedenen Fassungen zusammengesetzt. Man könnte die Entwürfe folgendermaßen erklären: Die erste Figur taucht im Papyrus Ani nicht auf und wird in anderen unterschiedlich dargestellt und erklärt. Vermutlich soll sie eine bildliche Darstellung der Hymne sein. Die als ein Vogel abgebildete Seele blickt die Wahrheit (eine Feder) an. Bei den beiden folgenden Figuren meinen einige Ägyptologen, es sei der Verstorbene, der unter einem Baldachin mit seiner Gattin Dame spielt. Es ist jedoch wahrscheinlicher, daß seine Initiatorin oder Führerin ihm anhand eines Brettspiels Belehrungen über das Reich der Seelen erteilt. Er bewegt einen Stein und trägt einen Lotus-Haarschmuck, sie trägt die Krone der Nephtys. Darauf folgen die Seele des Verstorbenen und sein Führer in Form zweier menschenköpfiger Falken auf einem pylonartigen* Bauwerk. Beachte, daß der Tote, der mit Osiris vereint ist, im Ritual als »Osiris« oder »der Osirische« bezeichnet wird. (Vergleiche das christliche Versprechen »Auf daß du mit mir eins sein wirst.«)

Nachdem er in diesen Himmel der Ruhe gelangt ist, sagt Osiris, daß es für einen Menschen gut sei, diese Worte zu wiederholen, während er noch auf der Erde weilt. Als nächstes wird der Verstorbene in anbetender Haltung vor zwei Löwen abgebildet, die Rücken gegen Rücken sitzen und den Horizont mit der Sonnenscheibe stützen. Der rechte Löwe wird Sef genannt (Gestern) und der linke Tau (Morgen). Wer ist dies also? Es ist Tem, der in der Scheibe wohnt, oder (wie

---

* Anm. d. Übers.: Pylon ist das ägyptische Tempeltor.

andere sagen) Ra in seinem Aufgang am östlichen Horizont des Himmels. Er spricht: Ich bin das Gestern, ich kenne das Morgen. Osiris, der Verstorbene, war gestern, und Ra wird morgen sein, an dem Tage, wenn er die Feinde von Neb-er-tcher vernichtet und seinen Sohn Horus als Prinzen und Herrscher einsetzt.

Die nächste Zeichnung, die nicht in allen Papyri enthalten ist, zeigt eine Grabtruhe mit der Gestalt von Anubis, dem Schakal, daneben die anbetende Isis und Nephtys, und das Haupt des Verstorbenen schaut oben heraus. Dabei könnte es sich um ein Bild der Auferstehung handeln. Die Truhe ist die Heimstatt des Westens, der untergehenden Sonne. Diese Hymne erinnert an Ras Sieg über den Tod. Es folgt der Tote in Anbetung vor dem Gott Osiris selbst, der den Krummstab und die Geißel trägt. Wahrscheinlich huldigt er ihm als dem Gott der Auferstehung und folgt damit dem vorigen Symbol.

Die nächste Abbildung stellt ebenfalls ein Symbol der Auferstehung dar, den Phönix oder Vogel Bennu, der sich alle hundert Jahre opfern soll. Aus seiner Asche steigt der neue Phönix auf (vergleiche dies mit dem Blühen einer Aloe). Der Bennu-Vogel wird vor einem Tisch mit Opfergaben gezeigt. Als nächstes folgt dann die Mumie des Toten, über der die Seele in Gestalt eines menschenköpfigen Vogels schwebt und die von Isis und Nephtys bewacht wird. Der Vogel repräsentiert hier den Ba, den Geist oder den Charakter des Verstorbenen in konzentrierter oder projizierter Form. Der Ka, die Astralform, wird gewöhnlich als die Gestalt des Verstorbenen abgebildet und ist sein Schatten oder Gespenst.

Darauf folgt die doppelte Darstellung der Axt, die das ursprüngliche Zeichen des einen Gottes Ner war, als dessen Formen alle ägyptischen Götter gebildet wurden. Sie ist vermutlich zweifach, weil sie die Einheit von Osiris mit dem Allvater bedeuten soll, oder des Verstorbenen mit Osiris. Sie ist von der königlichen und heiligen Uräusschlange gekrönt. Isis und Nephtys kommen in Falkengestalt, wie alle auf dieser astralen Ebene. »Wer ist also dies? Ich bin der Vogel Bennu, der in Annu weilt. Ich bin der Verwalter des Buches der Dinge, die sind und derer, die sein werden. Wer ist dann dieser Körper? Es ist Osiris, oder (wie manche sagen), sein toter Körper, sein beflecktes Kleid. Die Dinge, die sind, und die Dinge, die sein werden, bilden seinen toten Körper. Sie sind Ewigkeit und Unvergänglichkeit. Ewigkeit ist der Tag und Unvergänglichkeit die Nacht. Das ist das Abschneiden der Korrupten aus dem Körper des Osiris.« Der Abgeschiedene wird dann wieder in Anbetung des Gottes der Millionen Jahre gezeigt. In der Rechten hält er das heilige Ankh. Hinter ihm befindet

Schwarze Säule 1

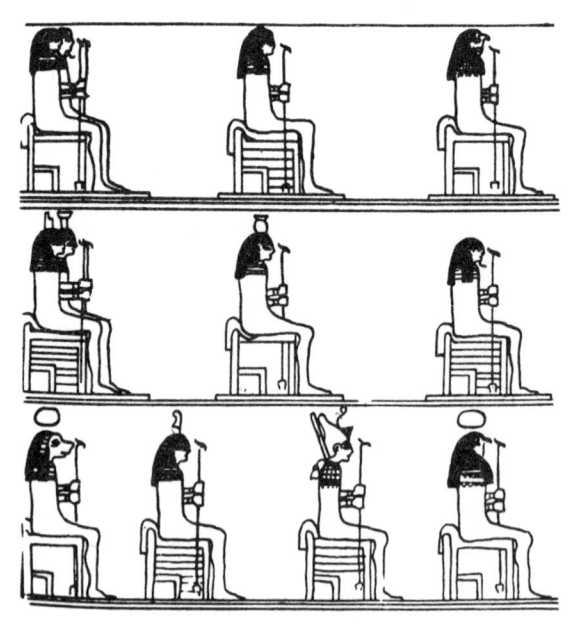

Schwarze Säule 2

Der Kern der Überlieferung

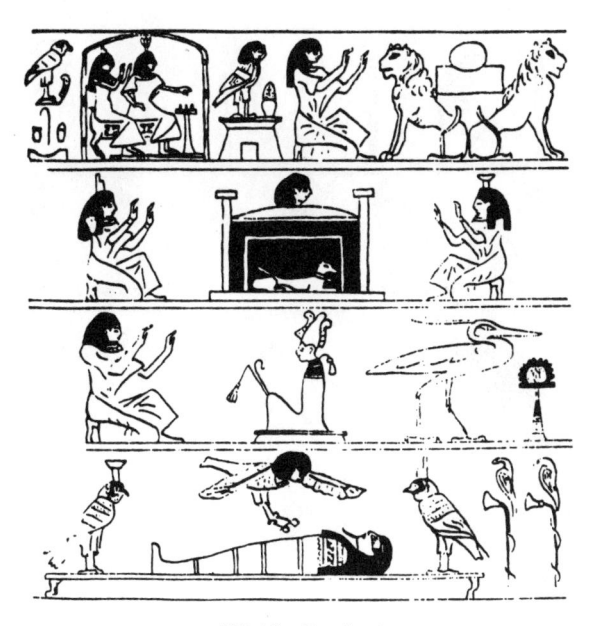

Weiße Säule 1

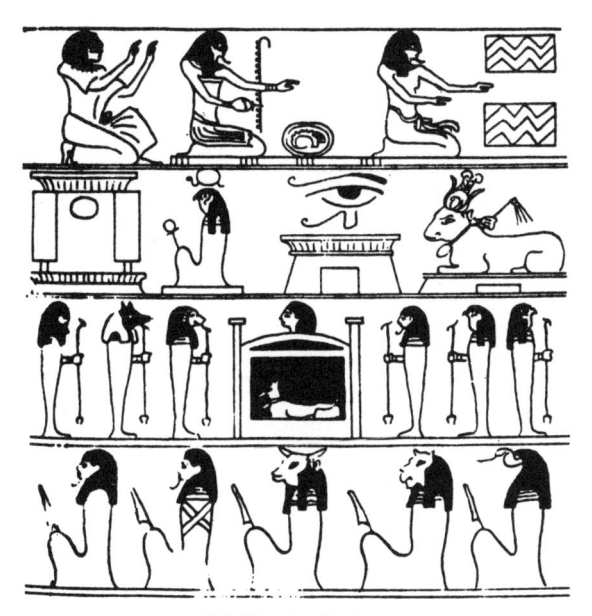

Weiße Säule 2

Weiße Säule 3

sich das Symbol der Jahre. Er streckt seine linke Hand über einen Teich aus, der das Auge des Horus enthält. Die Totenseele kommt nun zum Teich der zwei Wahrheiten oder eher zu den Teichen der zweifachen Manifestation der Wahrheit, die als viereckige Figuren gezeigt werden, über die der Gott Uacherura oder das große grüne Wasser gebietet. Seine Hände hält er über die beiden Teiche, von welchen der rechte aus Natron, der linke aus Salpeter ist.

Die obige Übersetzung stammt von Budge, ist aber sehr schwer zu deuten.

Bei Natron und Salpeter* handelt es sich um die gleiche Substanz, und beide Wörter stammen aus dem Griechischen. Das Wort Natron wurde im 15. Jahrhundert für die ältere Form Nitrum eingesetzt. In Ägypten gibt es sieben große Natronseen. Eine Natronlösung wurde beim Einbalsamieren benutzt, und die Bemerkung bezieht sich wahr-

---

* Anm. d. Übers.: Das englische Wort heißt hier »nitre«. Dabei handelt es sich um ein Salz der Salpetersäure. Natron und Salpeter meinen das gleiche, sofern es um Natronsalpeter ($NaNO_3$) geht.

scheinlich auf die Millionen Jahre (oder Zeitalter) während Dauer des Körpers, der im großen grünen See oder Natronsee vorbereitet wurde.

»Der Name des einen ist Zeuger der Millionen Jahre. Großer grüner See ist der Name des anderen. Was den darin wohnenden Gott betrifft, so ist es Ra selbst.«

Das nächste Bild ist ein Restau genannter Pylon mit Türen, der das »Tor zum Durchgang ins Grab« bildet.

»Was also ist dies? Es ist Restau, das heißt die Unterwelt, im Süden von Na-Arut-f. (Diese Welt ist wahrscheinlich die gleiche wie An-rut-f, der Ort, wo nichts wächst.) Das Tor von Tchesert ist jetzt das Tor der Säulen des Schu, das nördliche Tor der Tuat (Unterwelt) oder (wie andere sagen) sind es die zwei Flügel der Laube, durch die der Gott Tem hindurchgeht, wenn er zum östlichen Horizont schreitet.« Dann folgt das nach links schauende Auge des Thoth über einem Pylon.

»Was also ist das? Es ist das rechte Auge des Ra, das gegen Seth wütete, als er es ausgesandt hatte. Thoth erhob das Haar (eine Wolke) und brachte das Auge lebendig, ganz, gesund und unversehrt zu seinem Herrn zurück.«

Das nächste Bild zeigt die Kuh Meh-urt, das Auge des Ra, mit Scheibe, Hörnern, Kragen, Menat und Peitsche.

»Was also ist dies? Ich schaue auf Ra, der gestern aus dem Gesäß der Göttin Meh-urt geboren wurde. Seine Kraft ist meine Kraft, und meine Kraft ist die seine. Es ist der wäßrige Abgrund des Himmels. Es ist das Bild vom Auge Ras am Morgen seiner täglichen Geburt. Meh-urt ist das Auge Ras. Darum ist der triumphierende Osiris (der Verstorbene) groß unter den Göttern, die in der Schar des Horus sind. Diese Worte sind für jenen gesprochen, der seinen Herrn liebt.«

Das nächste Bild ist in allen Vignetten unklar. Die Unterschiede können auf der Einfügung lokaler Symbole beruhen, oder einfach auf der Phantasie des Künstlers. Deutlich zu erkennen ist eine Begräbnistruhe, die das Abbild des Anubis trägt und als Bereich von Abtu (Abydos) bezeichnet wird, dem Begräbnisplatz des Ostens. Der Kopf, der daraus hervorkommt, ist manchmal, wie auf unseren Säulen, der des Verstorbenen, manchmal auch (wie im Papyrus Ani) der Kopf des Ra mit zwei Armen und Händen, die das Ankh halten, ein Lebenssymbol. In jedem Falle ist die Symbolik die gleiche. Es geht um Begräbnis und Auferstehung des Toten oder des Osiris, an dessen Wesen dieser nun teilhat, oder auch von Ra selbst, der von der Sonne in ihrem Untergang und Aufgang, sterbend und wiedererstehend, vertreten wird.

Diese Bilder und das damit in Verbindung Stehende fassen die Lehre zusammen. Dementsprechend finden wir rechts und links der Mumie die vier kanopischen Götter, deren Aufgabe ihr gegenüber im Bewachen der Krüge besteht, die ihre Eingeweide enthalten. Hinter denselben befinden sich links und rechts die Wächter oder Führer, die die Stäbe mit Phönixköpfen tragen. Der Text des Rituals bezieht sich hier auf die sieben Khus, welche Anubis zu Beschützern des toten Körpers von Osiris ernannte, und auf sieben Götter, deren Funktion nicht genau festgestellt wird. Wir haben dort sieben Gottesformen in sitzender Haltung, Löwengestalten mit dem anbetenden Toten. Es ist unmöglich, hier in die Symbolik des Ganzen einzusteigen. Die Bedeutung der zweifach dargestellten Siebenerreihe gehört zu den höheren Graden, wo sie ausführlich erklärt wird. Das gilt auch für die anbetend kniende Figur des Toten vor den Löwengestalten mit dem heiligen Ankh oder Lebenszeichen.

In der nächsten Abbildung sehen wir die Katze, das Zeichen der Sonne oder Ra selbst, der den Kopf der Schlange Apep, Apepi oder Apophis abschneidet, die typisch für die Finsternis ist. Das geschieht unter dem Abacatenbaum, dem heiligen Baum, den manche auch für eine Akazie halten, ein Symbol der aufgehenden Sonne. Schließlich folgt der Tote in einem heiligen Boot, das von Thoth geführt wird, den Ra mit dem Sonnensymbol begleitet. Horus trägt die Krone von Ober- und Unterägypten und beide tragen phönixköpfige Stäbe in der Rechten und das heilige Ankh, Crux Ansata oder Lebensbild, in der Linken. Über seinem Kopf befindet sich der Skarabäus, das Zeichen des Schöpfers. Vor dem Boot sieht man die aufgehende Sonne. Auf diese Weise ist die Gesamtgestaltung des weißen Pfeilers eine bildhafte Zusammenschau der allmählichen Befreiung der Seele vom Körper, der zur Mumifizierung übrigbleibt, und ihre Vereinigung mit Osiris, dem Herrn und Richter der Toten und der Auferstehung, der aufgehenden Sonne. Die Hymne an die aufgehende Sonne führt diese Vorstellungen fort.

Die schwarze Säule

Sie bedarf über das im grundsätzlichen Text Enthaltene verhältnismäßig weniger Erläuterungen. Die Abbildung auf der Säule ist der Vignette des 125. Kapitels aus dem Totenbuch entnommen und stellt den Verstorbenen dar, der an den 42 Prüfern vorbei zur Halle des Gerichts geht, wo die Seele gewogen wird, bevor man sie Osiris vorführt. In der ursprünglichen Vignette des Papyrus Ani, die auf dem farbigen Umschlagbild von Budges* Buch wiedergegeben ist, sind die Prüfer oberhalb des Textes dargestellt. Auf der schwarzen Säule nehmen sie den oberen Kreis der Darstellung ein, worauf die Einführung des Toten in die Gerichtshalle folgt. Beachte, daß sowohl auf Budges Umschlagbild als auch auf der Säule nur zwölf Prüfer abgebildet sind. Die Gründe für die Auswahl der Darstellung auf der schwarzen Säule werden bei den höheren Graden genannt und können nicht an die Äußeren (das heißt: Angehörige des Ersten oder Äußeren Ordens) gegeben werden. Die Namen der Abgebildeten sind Sa und Hu, die zusammensitzen, dann Hathor, Horus, Isis, Nephtys (oder eher die Maat-Zwillinge mit dem Kopfschmuck der Isis und Nephtys, weil sie zu dieser Symbolik neigen), dann kommen Nut, Seb, Tefnut, Schu, Temu und Ra-Harmachis. Jeder Schüler, der mit der Ägyptologie vertraut ist, kann die Götter unter Berücksichtigung ihrer Attribute mit den Stationen, an denen der Neophyt während seines Rituals angehalten wird, und den dabei besprochenen Worten vergleichen. Dabei kann er bezüglich ihrer Funktionen und der Gründe für ihre Auswahl Schlußfolgerungen ziehen, die aber alle bei den höheren Graden voll ausgeführt werden.

Dann folgt der Tote, der von seiner Führerin (oder wie die Ägyptologen sagen, von seiner Frau) in die Gerichtshalle gebracht wird. Hier wird seine Persönlichkeit in drei Teile gespalten: sein Herz, dargestellt als ein vasenförmiges Gefäß, das auf ägyptisch Ab heißt, den Ka oder Schatten, wie der Widerschein der menschlichen Form des Abgeschiedenen genannt wird, welcher auf die Entscheidung wartend beim Ba steht, dem Geist oder Charakter, der als sphinxhafte Gestalt

---

* E.A. Wallis Budge, englischer Ägyptologe und Konservator der ägyptischen Abteilung des Britischen Museums. Das Buch, worauf Bezug genommen wird, ist *The Book of the Dead*. The Hieroglyphic Transcript of the Papyrus ANI, the Translation in English and an Introduction by E.A. Wallis Budge (1913). Budge soll ebenfalls Mitglied des Golden Dawn gewesen sein.

darüber gezeigt wird. Der Papyrus Ani fügt noch eine menschenköpfige Vogelgestalt auf einem Pylon hinzu, wie auch weitere Symbolik, die einem Studenten der Ägyptologie auffallen wird. Auf der schwarzen Säule symbolisiert eine verdoppelte Maat die höheren Regungen der verstorbenen Seele. Beachte, daß der Führer oder Leiter des Toten ein Sistrum trägt, dessen Symbolik später erklärt werden wird. Die Seele oder das Herz wird gegen eine Feder aufgewogen, die für die Wahrheit steht, weil sie vom kleinsten Hauch bewegt wird und getreu alles aufzeichnet, was geschieht. (In manchen Papyri sieht man auch ein Bild der Göttin der Wahrheit selbst mit einer Feder im Haar.) Anubis, mit der Maske des Hundes oder Schakals, bringt die Seele zum Gericht und achtet auf das Zünglein an der Waage. Der ibisköpfige Thoth zeichnet das Ergebnis auf. Der Verschlinger wartet darauf, den Bösewicht zu schnappen, der verdammt wird oder an dessen Gewicht etwas fehlt. Ansonsten geleitet Horus die nunmehr ungeteilte oder wiedervereinte Seele in die Gegenwart des Osiris, der auf einem Thron unter einem Baldachin sitzt und Stab und Geißel der Gnade und Strenge trägt. Er hält auch einen phönixköpfigen Stock, trägt die Krone von Ober- und Unterägypten und ist mumifiziert, weil er der Gott der Toten ist. Vor ihm auf einem Lotus sitzen die vier Horussöhne, die Kanopengötter. Hinter ihm stehen Isis und Nephtys, die Naturgöttinnen.

Der schwarze Pfeiler symbolisiert den Pfad der Dunkelheit, das negative Bekenntnis, während die Bedeutung des weißen Pfeilers in der Hymne an die aufgehende Sonne liegt, dem Pfade des Lichtes und dem positiven Bekenntnis. Zwischen den beiden verläuft der enge und gerade Weg, den der Eingeweihte gehen muß. Deshalb liegt bei jedem Grad und jedem Fortschritt der Pfad zwischen den Säulen, und wenn höhere Grade erreicht werden, entfaltet sich vollständigeres Wissen um die symbolischen Darstellungen darauf. Dieses soll für jetzt genügen.

Der Garten Eden vor dem Fall

(Beachte bitte, daß die beiden farbigen Abbildungen des Gartens vor und nach dem Sündenfall sich bei den Farbtafeln in diesem Text befinden.)

Das Diagramm ist im Ritual des Practicus beschrieben. Es zeigt in einer Figur die dem Practicus angemessene Lehre, wenn er die Sephirah *Hod* über die Pfade *Shin* und *Resh* von *Malkuth* oder *Jesod* aus erreicht hat.

An der Spitze befinden sich die *drei übernatürlichen Sephiroth*, die als die eine *Aima Elohim*, die höchste Mutter, zusammengefaßt werden — die Frau der Apokalypse, die mit der *Sonne* bekleidet ist, zu deren Füßen der *Mond* liegt und deren Haupt eine Krone aus zwölf Sternen trägt.

Es steht geschrieben: »So wurde der Name *Jehovah* zu *Elohim* hinzugefügt, denn *Jehovah* pflanzte im Osten von Eden einen Garten.« Nach den drei übernatürlichen folgen die anderen Sephiroth des *Lebensbaumes*. Unterhalb des *Baumes*, von *Malkuth* ausgehend, liegt der *Baum der Erkenntnis* von *Gut und Böse*, der zwischen dem Lebensbaum und der Welt der Schemen*, Assiah, liegt und durch den aufgerollten *Drachen* mit sieben Häuptern und zehn Hörnern dargestellt wird. Dies sind die sieben Paläste der Höllen und die zehn umgekehrten Sephiroth. (Sie werden im Ritualtext beschrieben, aber dem Kandidaten bei seiner Gradverleihung nicht vorgelesen. Wenn man das Schaubild studiert, sollte man sich auch diese Beschreibungen ansehen; sie werden für die Prüfung allerdings nicht verlangt.)

Der Fluß *Naher* fließt vom überweltlichen Eden aus und ist in *Daath* in vier Quellen unterteilt.

Pison: Feuer — fließend nach *Geburah*, wo das Gold ist.
Gihon: Wasser — das Wasser der Gnade, fließend nach *Chesed*.
Hiddikel: Luft — fließend nach *Tiphareth*.
Phrath (Euphrates): Erde — fließend nach *Malkuth*.

---

* Anm. d. Übers.: Mit den »Schemen« sind die entseelten astralen Hüllen der Toten gemeint, die nach dem Übergang der höheren Seelenteile in höhere Sphären in den niederen verbleiben beziehungsweise in die Qlippoth übergehen. Scholem spricht auch von »Schalen«. Obwohl das im strengen Sinne nicht ganz richtig ist, wird hier der Bereich der Schemen noch Assiah zugezählt.

Es steht geschrieben: »In *Daath* sind die Tiefen aufgebrochen und die Wolken lassen Tau herniederfallen.«

Das Wort Naher hat die Bedeutung »immerwährender Strom«, »nie versiegendes Wasser«, im Gegensatz zu anderen Wörtern, die einen Sturzbach oder ein Flüßchen meinen.

Der von Eden ausgehende Fluß ist der Fluß der Apokalypse, das Wasser des Lebens, das kristallklar vom Thron ausfließt und an beiden Seiten des Lebensbaumes entlang, der alle Arten von Früchten trägt.

Auf diese Weise bilden die Flüsse ein Kreuz, worauf der *Große Adam*, von *Tiphareth* ausgehend, ausgestreckt war, der *Sohn*, der über die Völker herrscht. Seine Arme reichen hinaus nach *Geburah* und *Gedulah*. In *Malkuth* ist *Eva*, die mit ihren Händen die *zwei Säulen* stützt.

Der Garten Eden nach dem Fall

Dieses Schaubild ist im Ritual des Philosophus beschrieben. Es zeigt in einer Figur die dem Philosophus angemessene Lehre, wenn er die Sephirah *Netzach* betritt, die er über die drei Pfade *Quoph*, *Tzaddi* und *Peh* von den *Sephiroth Malkuth*, *Jesod* oder *Hod* aus erreicht.

Die große Göttin *Eva* wurde durch die Früchte des *Baumes der Erkenntnis* versucht, dessen Äste zu den sieben niederen Sephiroth hinaufreichen, aber auch hinab zum Reiche der Schemen. Sie langte nach ihnen, und die beiden Säulen blieben ohne Stütze.

Das erschütterte den Baum der Sephiroth. Sie fiel und mit ihr fiel der große *Adam*. Der große rote Drache mit seinen sieben Köpfen und zehn Hörnern erhob sich, und Eden verödete. Die Falten des Drachen umschlossen *Malkuth* und verbanden sie mit dem Reich der Hüllen. (Siehe Anmerkung auf Seite 279).

Und die Häupter des Drachen erhoben sich in die niederen Sephiroth hinein, sogar bis hinauf zu *Daath* zu Füßen von Aima Elohim.

So wurden die vier Ströme von *Eden* entweiht, und aus dem Munde des Drachen ergossen sich die infernalischen Ströme in *Daath* hinein. Und das ist *Leviathan*, die beißende und verkrümmte Schlange.

Aber *Tetragrammaton Elohim* setzte die vier Buchstaben *JHVH* des *Namens* und das flammende Schwert der zehn Sephiroth zwischen

Der Garten Eden vor dem Fall

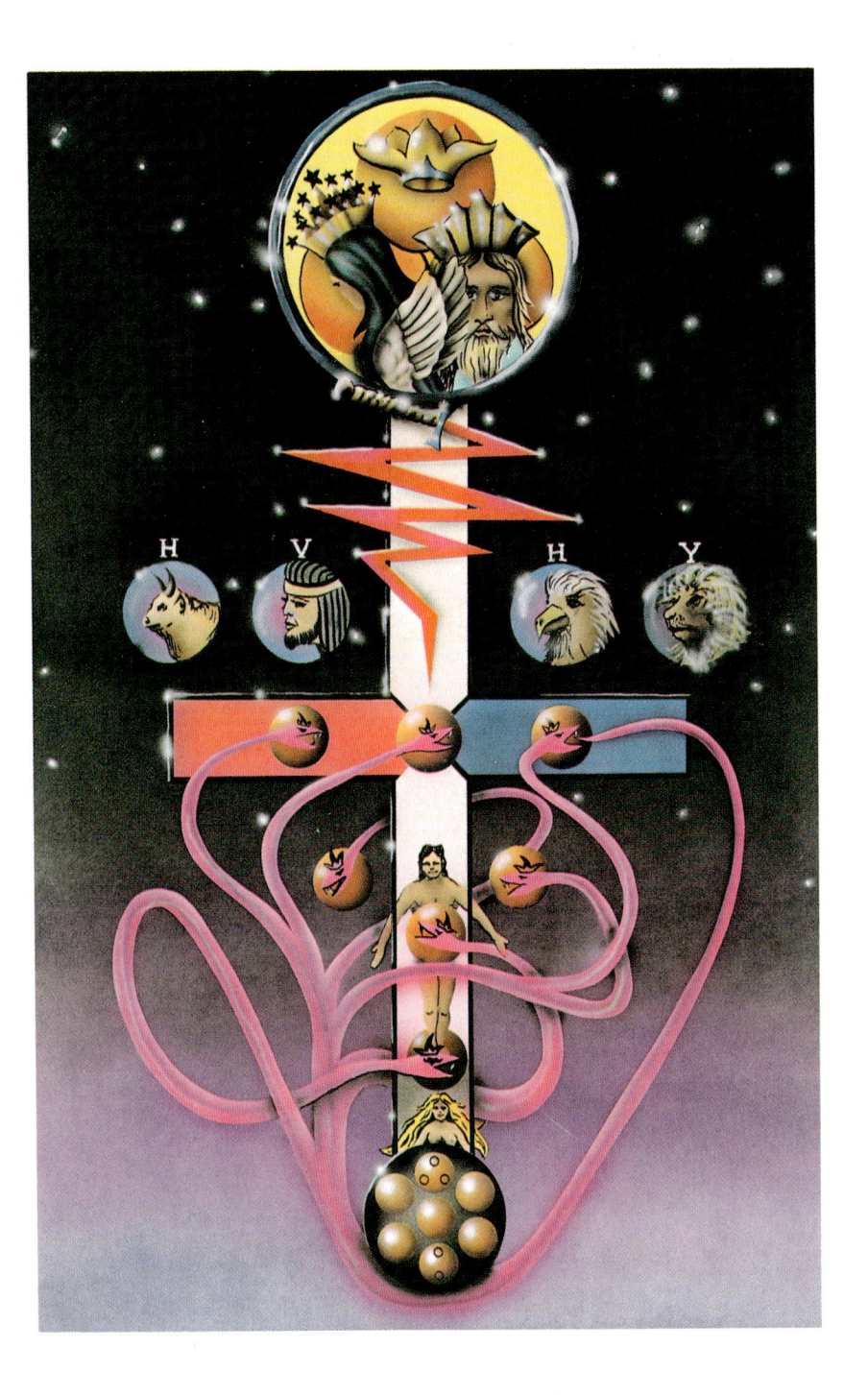

Der Garten Eden nach dem Fall

den verwüsteten Garten und das überweltliche Eden, damit es nicht in *Adams* Fall hineingezogen würde.

Und es wurde nötig, daß ein zweiter Adam erstehen und das Gebäude erneuern müßte. Und so wie *Adam* auf das Kreuz der vier Flüsse ausgestreckt worden war, so mußte der zweite *Adam* auf den infernalischen Strömen des vierarmigen Kreuzes von *Daath* gekreuzigt werden. Doch dazu mußte Er herabsteigen bis ins Niederste, sogar bis zu *Malkuth*, der Erde, und aus ihr geboren werden. (Psalm 74: »Und du hast zerschlagen die Köpfe des Leviathan.«)

Und auf den Häuptern des Drachen standen die Namen der acht Könige von *Edom* und auf seinen Hörnern die Namen der elf Herzöge von *Edom* (1. Moses 36,31-43; 1. Chronik 1,43-54), denn *Daath* hatte im Drachen ein neues Haupt entwickelt. Der siebenköpfige Drache mit den zehn Hörnern wurde achtköpfig und trug elf Hörner.

Die Edomiten waren die Abkömmlinge Esaus, der sein Geburtsrecht verkauft hatte. Die Könige kamen von dort als Vertreter gesetzeswidriger und chaotischer Kräfte.

Lege diese Altarbilder nicht zu schnell beiseite, denn sie gehen tatsächlich sehr tief. Man sollte sie studieren und über sie meditieren, um sie mit allen Inhalten der Psyche zu verbinden. Vielleicht geben in diesem Zusammenhang ein paar Worte aus *What You Should Know About the Golden Dawn* (Falcon Press 1983) Anregungen:

»Alle diese Gedanken werden in zwei Altar-Diagrammen erweitert und zusammengebracht, von denen eines als Garten Eden bezeichnet und im Grade des Practicus gezeigt wird. Das andere heißt Der Fall und gehört zum Grad des Philosophus. Man sollte sie sorgfältig studieren und ihnen ausgedehnte Meditationen widmen, denn in ihnen liegen die Schlüssel für zahlreiche spirituelle und psychologische Probleme, denen der Reisende auf dem Pfade begegnet, und sie fassen die gesamte magische Philosophie zusammen. Viele Hinweise aus philosophischer Sicht, die man zur Unterstützung der Meditation nützlich finden wird, sind in »Der Fluch« im zweiten Band von Blavatskys *Geheimlehre* enthalten. Sie werden dort mit dem Mythos von Prometheus und dem Erwachen von Manas, der Vernunft, in Verbindung gebracht.

Das erste bildet eine Personifikation der drei menschlichen Grundprinzipien ab. Jedes von diesen ist offenbar gesondert und arbeitet auf seinem jeweiligen Niveau ohne Zusammenspiel mit den jeweils höheren oder niederen, weil es sich ihrer nicht bewußt ist. Es stellt im wesentlichen den Menschen im Morgengrauen seiner Rasse dar, in den ersten Runden des evolutionären Bemühens, als das Selbstbewußtsein noch nicht erweckt worden oder durch selbsteingeleitete und selbsterdachte Anstrengungen gewonnen war. Friede und Harmonie herrschten innerlich und äußerlich nicht aufgrund persönlicher Arbeit vor, sondern waren ererbt. Das Diagramm taucht im Grade des Wassers, des Practicus auf, denn Wasser ist ein passendes Bild für diesen beschaulichen Frieden. An der Spitze des Bildes steht die Frau der Apokalypse, mit der Sonne der Herrlichkeit bekleidet, gekrönt von den zwölf Sternen und mit dem Mond zu ihren Füßen. Ihre Symbolik bezieht sich auf die überirdische Essenz der Vernunft und steht so für den Typ und das Symbol des glitzernden *Augoeides*, die Neschamah. Als er in *Das Geheimnis der goldenen Blüte* ein ähnliches Konzept beschreibt, bemerkt Jung: »Es ist ein Grundzug oder ein Prinzip des Lebens, das nach dem Übermenschlichen strebt, nach leuchtenden Höhen.« Am Fuße des Baumes steht Eva, der Nephesch, der im Gegensatz zu diesem Genius das »dunkle, erdgeborene, weibliche Prinzip mit seiner Emotionalität und Instinktivität« verkörpert, »welches weit in die Tiefen der Zeit zurückreicht und zu den Wurzeln der physiologischen Zusammenhänge.« Zwischen beiden steht Adam, unterstützt von der grundlegenden Kraft Evas, mit einem Ruach oder Ego, das noch nicht zum Bewußtsein seiner eigenen Kräfte und Möglichkeiten erwacht ist. Aus höherer Sicht vertritt er die gesamte Rasse und ist »das personifizierte Symbol des kollektiven Logos, des ›Hausherrn‹ und des Herrn der Weisheit oder des himmlischen Menschen, der sich in der Menschheit inkarnierte.« Ansonsten repräsentiert er den einzelnen Anwärter auf dem Pfad kurz vor dem Erwachen der »schlafenden Hunde« in seinem Wesen.

Unter diesen drei Gestalten schläft ein zusammengerollter, vielhäuptiger Drache, schweigend, unerweckt, still. Keiner scheint sich dieser latenten Kraft bewußt zu sein, die dort unten titanisch und prometheisch zusammengerollt liegt, der aktiven magischen Kraft im Menschen, der Libido, die neutral ist, an sich weder gut noch böse.

In vieler Hinsicht ist das im Grade des Philosophus enthüllte Schaubild dem vorangegangenen sehr ähnlich. Wie sich im Grade des Wassers der Frieden von Eden zeigt, so sorgt im Grad des Philosophus das Feuer für die Katastrophe. Der zuvor unter dem Baum aufgerollte hydraköpfige Drache hat in diesem Diagramm seinen rechten Platz eingenommen. Seine gehörnten Köpfe haben sich ihren Weg bis hinein in die Struktur des Lebensbaumes gebahnt, sogar bis zu Daath. Vom Baume der Erkenntnis gelockt (und wir erinnern uns daran, in welchem Sinne die Bibel das Wort »erkennen« benutzt) in jene »großartige dunkle Welt, welche immer eine Tiefe ohne Glauben birgt«, hört Eva, das niedere Selbst, auf, den Baum zu stützen. Sie hat der furchtbaren Faszination der erwachenden Psyche nachgegeben. Es ist viel leichter zu fallen, als in die fernen Höhen zu klettern. Dennoch ist der Fall nur aus einem bestimmten Blickwinkel eine Katastrophe. Die Bewußtwerdung des aufsteigenden Drachen stattet den Menschen mit einem Bewußtsein seiner Kraft aus, und Kraft bedeutet Leben und Entwicklung. Der Drache ist sowohl das Symbol des zu überwindenden Feindes wie auch des Preises, der nach dem errungenen Sieg wartet.

Die kabbalistische Sephirah Daath stellt eine Verbindung von Chokmah und Binah auf dem Lebensbaum dar, das Kind von Weisheit und Verstehen; deshalb bedeutet sie Wissen. Sie bezieht sich auf den symbolischen Bereich, der auf dem Wege der Erfahrung in oder über Ruach gebildet wurde und, wenn er eingegliedert wird, sich in Intuition oder die Fähigkeit zur Vernunft verwandelt. Im Grunde aber handelt es sich um den Aufstieg des Drachen oder, wenn man so will, um die Inbesitznahme der Persönlichkeit durch das Aufwallen unbewußter Archetypen, was zunächst Daath eine Möglichkeit eröffnet. Der Fall ist für die Erlangung des Selbstbewußtseins verantwortlich. Also behauptet Blavatsky, »ist es erwiesen, daß Satan oder der rote feurige Drache, der ›Herr des Phosphors‹, und Lucifer oder der ›Lichtträger‹ in uns ist. Er ist unser Verstand, unser Versucher und Erlöser, unser intelligenter Befreier und Retter vor der reinen Tierheit.« Im evolutionären Schema kommt der Fall durch einen engen Kontakt einer höheren Art von Intelligenz mit der aufkommenden Menschheit zustande, wodurch die Psyche unserer Rasse angeregt wurde – so jedenfalls will es die magische Überlieferung.

Die geraffte Wiederholung dieser Epoche im einzelnen Bewußtsein wird durch Einweihungstechniken vorangetrieben. Der rote Drache wird durch die befruchtende Kraft der Elemente zur Aktivität gebracht. Der Gebrauch des göttlichen Vorrechts, hervorgebracht durch die Magie der Erfahrung, das Erwachen von Daath, erzeugt zunächst Verwirrung, weil die erwachende Psyche nicht vollständig verstanden und für persönliche Zwecke mißbraucht wird. Aber diese Verwirrung und dieser Mißbrauch verleihen ein Bewußtsein des Selbst. Infolgedessen muß die Erkenntnis des Leids, das die Persönlichkeit befällt, und ein Verständnis seiner Gründe den ersten Anstoß zum Großen Werk bilden, auch wenn darin zunächst eher ein Anlaß enthalten scheint, den Psychoanalytiker aufzusuchen. Dieser Anstoß und das Selbstbewußtsein sind die hauptsächlichen Inhalte der Sephirah Daath. Ihre Bedeutung liegt in einer höheren Art Bewußtsein, dem

Beginn einer geistigen Wiedergeburt. Sie wirkt als ein selbstentwikkeltes Bindeglied zwischen dem höheren Selbst auf der einen Seite, das in seinem überweltlichen Eden ruht, und der menschlichen Seele auf der anderen, die durch den Fall in eine Welt der Täuschung, der Sinne und der Materie gebunden ist. Bis aber das Selbstbewußtsein und das erworbene Wissen für edle und altruistische Absichten eingesetzt werden, sind Leid und Sorge die unabwendbaren Auswirkungen. Der rote Drache, die nach innen gewendete Kraft des Eros, wird das kleine Reich unseres Selbst so lange schänden, bis wir uns zu den göttlichen Teilen unserer menschlichen Natur aufschwingen und den Feind dadurch besiegen, daß wir ihn in seinen angestammten Bereich zurückdrängen. Wir benutzen, um so unsere persönlichen Grenzen zu überschreiten, unsere Erfahrungen und ihre Früchte, ohne sie zu ignorieren oder zu unterdrücken.

Ich zitiere dazu einige Zeilen von Jung, die sehr gut zu dem Sündenfall passen, wenn die Grundlage des Ruach vom Reich der Schemen angezogen wird und wenn Malkuth völlig von den übrigen Sephiroth abgeschnitten ist.

»Das von seinen Wurzeln abgeschnittene Bewußtsein, das nicht mehr auf die Autorität der ursprünglichen Bilder zurückgreifen kann, besitzt die Freiheit eines Prometheus, das ist wahr, aber es hat auch an der gottlosen Hybris Anteil. Es schwebt über der Erde, sogar über der Menschheit, aber es besteht die Gefahr des Scheiterns. Natürlich nicht für jedes Individuum, aber, kollektiv gesehen, für die Schwachen einer solchen Gesellschaft, die, wiederum Prometheus gleich, durch das Unbewußte an den kaukasischen Felsen gebunden sind.«

Es reicht für den Adepten also nicht aus, von seiner Wurzel gelöst zu sein. Er muß seinen gesamten Baum einen und integrieren. Und er muß die titanischen Kräfte des Unbewußten üben und entwickeln, so daß sie zu einem mächtigen, aber sanften Tier werden, auf dem sich reiten läßt. (Das im nächsten Absatz besprochene Diagramm findet sich bei den Farbtafeln.)

Der Grad des Adeptus Minor führt das Thema dieser beiden Schaubilder fort. Dem in das Gewölbe begleiteten Anwärter wird der Deckel vom Sarg des Osiris gezeigt, dem Pastos, worin unser Vater Christian Rosenkreuz begraben liegt. Und auf diesem Deckel ist ein Gemälde, welches die Erfüllung der Geschichte aus den beiden vorigen Diagrammen bringt. Es ist in zwei Bereiche unterteilt. Die untere Hälfte des Gemäldes zeigt Adam, ähnlich der Darstellung im Grade des Practicus. Doch fallen hier die Drachenköpfe vom Baume ab und zeigen den Gerechtfertigten, den erleuchteten Adepten, der durch

Hingabe und Selbstopfer das fallende Reich seines natürlichen Selbstes vor dem Zugriff eines ausbrechenden Eros bewahrt. Darüber aber, wie um die wahre Natur hinter der täuschenden Erscheinung der Dinge zu zeigen, ist eine edle Gestalt der Majestät und Göttlichkeit abgebildet, die im Ritual mit folgenden Worten beschrieben wird: »Und als ich mich umwandte, sah ich sieben goldene Lichtträger, und in der Mitte der Lichtträger einen gleich wie Ben Adam, mit einem Gewand bis zu den Füßen bekleidet und mit einem goldenen Gürtel umwunden. Seine Haare und sein Kopf waren weiß wie Schnee und seine Augen flammend wie Feuer. Seine Füße gingen wie auf Messing, als würden sie in einem Feuer brennen. Seine Stimme war wie der Klang vieler Wasser. Und in der rechten Hand trug er sieben Sterne, und von seinem Mund ging ein Flammenschwert aus, und sein Antlitz war stark wie die Sonne.«

Diese Erlösung der Persönlichkeit zu erreichen, die gewaltige Kraft des roten Drachen neu zu bilden und umzuwandeln und zu versuchen, dem einzelnen die Erkenntnis seiner potentiellen Göttlichkeit nahezubringen, ist das Ziel der Zeremonie des Adeptus Minor. Aus diesem Grunde bin ich der Meinung, daß die Techniken des Golden Dawn oder der Magie für die gesamte Menschheit von überragender und unschätzbarer Bedeutung sind. Darin mag die Arbeit der akademischen Psychologie einen logischen Abschluß finden, so daß sie ihren besonderen Beitrag zum modernen Leben und der modernen Kultur weiter zu entwickeln vermag. Denn das System weist einen Weg zur psychologischen Lösung des Anima-Problems. *»Erwache! Leuchte! Denn dein Licht ist erschienen!«*

Über die Führung und Reinigung der Seele

Zunächst, oh Practicus unseres alten Ordens, lerne, daß wirkliches Gleichgewicht die Grundlage der Seele bildet. Hast du selbst keine sichere Grundlage, worauf willst du dann stehen, um über die Kräfte der Natur zu gebieten?

Sodann wisse, daß der Mensch, inmitten der Dunkelheit der Natur und des Kampfes widerstreitender Kräfte in diese Welt geboren, zuerst danach trachten muß, durch seine Versöhnung das Licht zu suchen. Der du also Versuchungen und Schwierigkeiten in deinem Leben erleidest, frohlocke, denn in ihnen liegt Kraft, und durch sie wird der Pfad ins göttliche Licht hinein geöffnet.

Wie sollte es anders sein, oh Mensch, dessen Leben nur ein Tag in der Ewigkeit ist, ein Tropfen im Ozean der Zeit? Wären die Versuchungen nicht so viele, wie könntest du anders deine Seele von den irdischen Schlacken reinigen?

Ist das höhere Leben nur heute voller Gefahren und Schwierigkeiten? Ist es für die Heiligen und Hierophanten der Vergangenheit nicht schon immer so gewesen? Sie wurden verfolgt und geschmäht, und die Menschen haben sie gequält. Doch ist dadurch ihr Ruhm nur um so größer geworden. Darum frohlocke, oh Eingeweihter, je schwerer deine Prüfung, um so leuchtender wird dein Triumph. Wenn die Menschen dich schmähen und dich belügen, sagte dazu nicht der Meister »Sei gesegnet.« Doch lasse, oh Practicus, deine Siege nicht zu deiner Eitelkeit führen, denn mit zunehmendem Wissen sollte auch deine Weisheit zunehmen. Der nämlich wenig weiß, glaubt, er wisse vieles. Der aber vieles weiß, hat seine Unwissenheit kennengelernt. Siehst du einen Menschen, der sich einbildet, weise zu sein? Für einen Narren gäbe es größere Hoffnung als für ihn.

Verurteile nicht leichtfertig eines anderen Sünde. Woher weißt du, daß du an seiner Statt der Versuchung widerstanden hättest? Und selbst wenn es so sei, warum solltest du den verachten, der schwächer ist als du? Darum sei dessen gewiß, daß in Verleumdung und Selbstgerechtigkeit Sünde liegt. Vergib also dem Sünder, aber stärke die Sünde nicht. Der Meister verurteilte die Ehebrecherin nicht, aber er ermutigte sie auch nicht zu ihrer Sünde.

Versichere dich darum, der du nach magischen Fähigkeiten trachtest, daß deine Seele fest und standhaft ist; denn der Böse bekommt Macht über dich, indem er deiner Schwäche schmeichelt. Demütige dich vor deinem Gott, doch fürchte weder Geist noch Mensch. Angst bedeutet Versagen und geht dem Versagen voraus. Mut hingegen ist der Anfang der Tugend. Fürchte darum nicht die Geister, sondern behandle sie fest und höflich, denn auch das kann dich in Sünde führen. Gebiete den bösen Mächten und banne sie. Verfluche sie bei den Namen des großen Gottes, wenn es sein muß, aber spotte ihrer nicht, noch schmähe sie, denn das führt dich gewiß in den Irrtum.

Ein Mensch ist, was er innerhalb der Grenzen seines angeborenen Schicksals aus sich macht. Er ist ein Teil der Menschheit. Daher berühren seine Taten nicht nur ihn selbst, sondern auch jene, mit denen er in Kontakt kommt, zum guten oder zum Schlechten.

Verehre den physischen Körper nicht, noch vernachlässige ihn. Er stellt deine zeitweilige Verbindung zur äußeren und materiellen Welt dar. Stelle darum dein geistiges Gleichgewicht über die materiellen Störungen. Halte die tierischen Leidenschaften zurück, und nähre die höheren Ziele. Durch Leiden werden die Emotionen geläutert.

Tue Gutes an anderen um Gottes willen, nicht für eine Belohnung und weder um ihrer Dankbarkeit noch ihrer Zuneigung willen. Bist du großzügig, so lasse deine Ohren nicht durch Ausdrücke des Dankes betören. Denke daran, daß Kräfte ohne Gleichgewicht böse sind und daß Strenge ohne Gleichgewicht nur Grausamkeit und Unterdrückung bringt, daß aber auch Gnade ohne Gleichgewicht nur Schwäche ist, die das Böse zuläßt und unterstützt.

Ein wirkliches Gebet ist über das Wort hinaus auch Handlung und Äußerung des Willens. Die Götter werden für den Menschen nicht das tun, was seine höheren Kräfte selbst vermögen, wenn er Wille und Weisheit pflegt. Erinnere dich daran, daß diese Erde nichts ist als ein Atom im Universum, und du bist ein Atom darauf. Du könntest sogar die Gottheit dieser Erde werden, auf welcher du kriechst, und wärest immer noch ein bloßes Atom unter vielen. Habe dennoch die größte Achtung vor dir selbst, und darum sündige nicht gegen dich. Die Sünde, welche nicht vergeben wird, ist die absichtliche und bewußte Ablehnung der geistigen Wahrheit, doch hinterläßt jede Sünde und jede Handlung eine Wirkung.

Um magische Kraft zu erlangen, lerne die Gedanken kontrollieren. Lasse nur wahre Vorstellungen zu, die im Einklang mit dem angestrebten Ziel stehen, nicht aber ablenkende oder gegensätzliche Ideen, die sich einmischen mögen. Gerichtete Gedanken sind ein Mittel zum Zweck. Schenke darum der Kraft des stillen Gedankens und der Meditation Aufmerksamkeit. Die materielle Handlung ist nur ein äußerer Ausdruck des Gedankens, und darum ist gesagt worden, daß »ein Gedanke aus Narrheit Sünde ist«. Der Gedanke ist der Beginn der Tat. Wenn schon ein zufälliger Gedanke einige Wirkung nach sich ziehen kann, was kann dann nicht alles ein gerichteter Gedanke bewirken? Darum gründe dich fest im Gleichgewicht der Kräfte, wie es bereits gesagt wurde, im Zentrum des Kreuzes der Elemente, jenes Kreuzes, von dessen Mitte bei der Geburt des heraufdämmernden Universums das schöpferische Wort ausging.

Wie dir im Grade des Theoricus bereits gesagt wurde: »Sei darum flink und tätig wie die Sylphen, meide aber Leichtsinn und Launenhaftigkeit. Sei kraftvoll und stark wie die Salamander, aber meide Reizbarkeit und Heftigkeit. Sei flexibel und aufmerksam für Bilder wie die Undinen, aber vermeide Müßiggang und Wechselhaftigkeit. Sei fleißig und geduldig wie die Gnome, aber meide Plumpheit und

Gier.« So sollst du allmählich deine Seelenkräfte bilden und dich darauf vorbereiten, über die Geister der Elemente zu gebieten.

Wolltest du nämlich die Gnome beschwören, damit sie deiner Habsucht dienen, würdest du nicht ihnen befehlen, sondern sie dir. Wolltest du die reinen Geschöpfe aus Gottes Schöpfung mißbrauchen, um deine Taschen zu füllen und deine Sucht nach Gold zu befriedigen? Würdest du die Geister des treibenden Feuers entweihen, um deinem Zorn und Haß zu dienen? Würdest du der Reinheit der Wasserseelen Gewalt antun, um deiner Wollust und deinen Ausschweifungen zu Willen zu sein? Würdest du die Geister des Abendwindes zwingen, deiner Narrheit und deinem Leichtsinn beizustehen?

Wisse, daß du mit solchen Wünschen nur das Böse, nicht aber das Gute anziehen kannst. Und das Böse wird dann Macht über dich gewinnen. In der wahren Religion gibt es keine Sekte. Siehe dich darum vor, daß du nicht den Namen lästerst, unter dem ein anderer seinen Gott nennt, denn wenn du dieses bei Jupiter tust, dann lästerst du *JHVH*, und bei Osiris *Jeheshua*.

»Bittet Gott, und euch wird gegeben.
Suchet, so werdet ihr finden.
Klopfet an, so wird euch aufgetan.«

Shem Ha-Mephoresch – der 72-fältige Name

Dies bezieht sich auf die zweiundsiebzig Namen der ausführlichen Form des Namens *JHVH*.

Die Zahl der Buchstaben des Tetragrammatons ist vier. Vier beträgt auch die Anzahl der Buchstaben des Namens *ADNI*, welcher seinen Vertreter und Schlüssel bildet. Letzterer Name ist an den ersteren gebunden und mit ihm vereinigt, darum bildet *IAHDVNHJ* einen Namen von acht Buchstaben. 8 × 3 ist die Zahl der übernatürlichen Dreiheit, die die 24 Throne der Ältesten aus der Apokalypse hervorbringt, von denen jeder eine goldene Krone mit drei Strahlen auf dem Kopfe trägt, die je einen Namen darstellen. Jeder Name ist eine absolute Idee oder herrschende Kraft des großen Namens *JHVH* Tetragrammaton.

Die Zahl der 24 Throne mit der drei der Strahlen multipliziert

Der Kern der Überlieferung 289

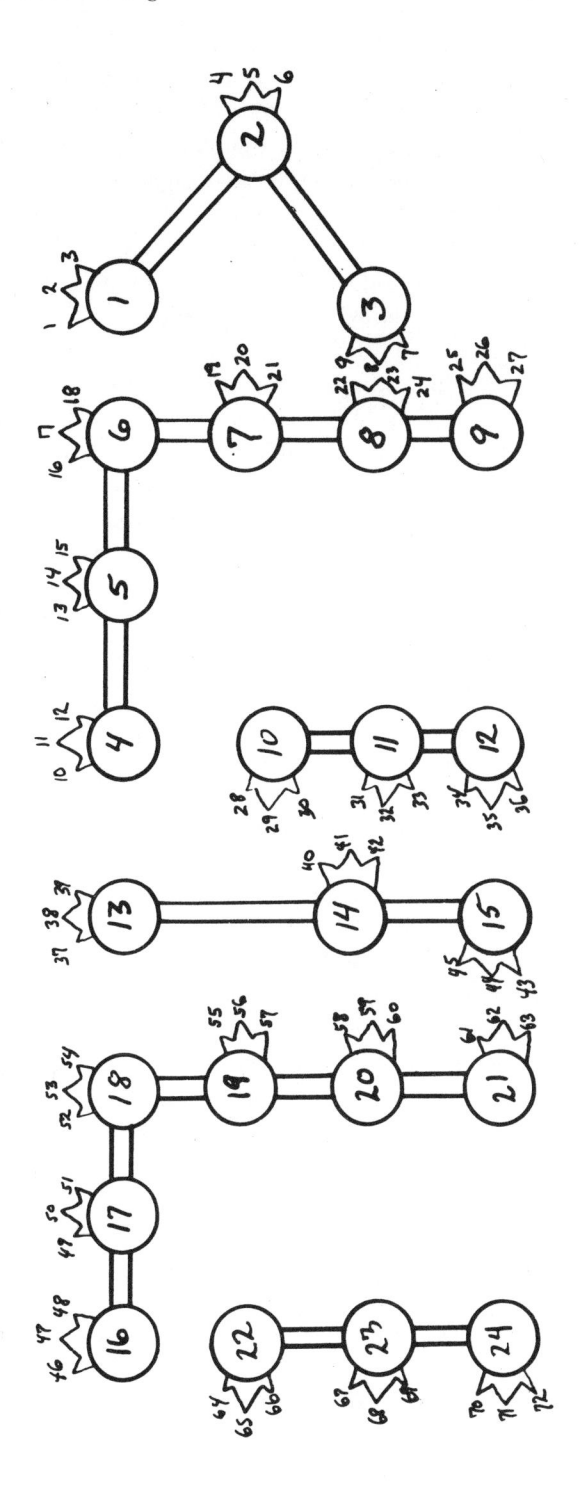

ergibt 72, den Namen Gottes mit 72 Buchstaben, der auf diese Weise mystisch im *JHVH* gefunden wird. (Oder wie es in der Offenbarung des Johannes heißt: »Und wenn die Wesen (die vier Cherubim der Buchstaben seines Namens) Preis darbringen etc., fallen die 24 Ältesten vor Ihm nieder und werfen ihre Kronen vor dem Thron nieder, etc.«, sind das die Kronen, von denen jede drei der 72 Namen trägt, und diese 72 Namen sind auf die Blätter des Lebensbaumes geschrieben, die zur Heilung der Völker bestimmt waren.)

Diese sind auch die 72 Namen der Jakobsleiter, auf welcher die Engel Gottes herab und hinauf steigen. Nun soll gezeigt werden, wie die 72 Namen aus den 72 Namen der Gottheit gebildet werden und wie ihre Bedeutung herauszufinden ist. Die 72 Namen der Gottheit erhält man folgendermaßen: der 19., 20. und 21. Vers des 14. Kapitels aus dem Buche *Exodus* (2. Mose) enthält jeweils 72 Buchstaben.

(Die deutsche Übersetzung der Verse lautet in Anlehnung an die Lutherbibel:) 14,19: »Da erhob sich der Engel Gottes, der vor dem Heer Israels zog, und stellte sich hinter sie. Und die Wolkensäule vor ihnen erhob sich und trat hinter sie.«

14,20: »und kam zwischen das Heer der Ägypter und das Heer Israels. Und dort war die Wolke finster, und hier erleuchtete sie die Nacht. Und so kamen die Heere die ganze Nacht einander nicht näher.«

14,21: »Als nun Mose seine Hand über das Meer reckte, ließ es der Herr zurückweichen durch einen starken Ostwind die ganze Nacht und machte das Meer trocken, und die Wasser teilten sich.«

Diese drei Verse müssen nun in ganzer Länge übereinander geschrieben werden (in Hebräisch), der erste von rechts nach links, der zweite von links nach rechts, und der dritte wieder von rechts nach links. Und da sie je 72 Buchstaben enthalten, entstehen 72 Spalten zu je drei Buchstaben. So bildet jede Spalte ein Wort aus drei Buchstaben, die 72 Namen zu je drei Buchstaben darstellen, welche die Shem ha-Mephoresch oder 72 Namen der Gottheit sind, die die Kräfte des Namens *JHVH* erklären.

Aus diesem Namen werden 72 Engelnamen gebildet, indem in einigen Fällen der Zusatz JH angefügt wird, der für Gnade und Milde steht, in anderen der Zusatz AL, der Strenge und Urteil bedeutet. Oder wie gesagt wird: »Und der Name ist in Ihm, usw.«

Diese 72 Engel regieren die 72 Quinate oder 5°-Teilungen des Zodiaks. Jedes Dekanat oder 10°-Teil eines Zeichens hat zwei Quinate, jedes Zeichen hat drei Dekanate, welche wiederum in regelmäßiger Folge den Planeten zugeordnet werden. Das ist der oben angegebene Aufbau, jeder Engelname enthält fünf Buchstaben und jeder Gottesname drei.

Diese bilden also die Shem ha-Mephoresch oder 72 Engel, welche die Namen Gottes tragen. Sie werden in neun Gruppen zu je acht unterteilt, die den neun Engelchören entsprechen, sowie in vier große Gruppen zu je 18, die unter der Vorherrschaft je eines der vier Buchstaben des Namens *JHVH* stehen.

Weiterhin werden sie als den Dekanaten des Tierkreises zugehörig eingeteilt, wobei jedem Dekanat zwei Quinate entsprechen. Die erste Abteilung von drei Zeichen steht unter der Herrschaft des Jod, dem Buchstaben des Feuers. Die zweite Abteilung von drei Zeichen, geführt vom Wasserzeichen Krebs, steht unter der Herrschaft des Heh, des Buchstaben des Wassers. Die dritte Abteilung von drei Zeichen, geführt vom Luftzeichen Waage, steht unter der Herrschaft des Vau, des Buchstaben der Luft. Und die vierte Abteilung von drei Zeichen, geführt vom Erdzeichen Steinbock, steht unter der Herrschaft des endenden Heh, des Buchstaben der Erde.

Es sollte aber daran gedacht werden, daß die stärkste Herrschaft des Jod des Tetragrammatons für die drei Feuerzeichen, des Heh für die drei Wasserzeichen, des Vau für die drei Luftzeichen und des endenden Heh über die drei Erdzeichen gilt.

Im 22. Kapitel der Offenbarung des Johannes heißt es, »ein Baum des Lebens, der trägt zwölf Früchte und bringt seine Früchte jeden Monat. Und die Blätter des Baumes dienen zur Heilung der Völker. Unter dem Baum wird nichts mehr sein. Der Thron Gottes und des Lammes wird darin sein.«

Das wird durch die Zeichnung aus dem 3 = 8 Altardiagramm verdeutlicht. Die »zwölf Arten Früchte, die jeden Monat hervorgebracht werden«, entsprechen den zwölf Zeichen des Zodiaks, den zwölf Stämmen der Söhne Jakobs und den zwölf Jüngern. Die heilenden Blätter sind jene des Shem ha-Mephoresch oder des geteilten Namens des Zauir Anpin, des Mikroprosopus, des Christus, des Lammes der Elohim, dessen Thron im Baume ist und von welchem der Fluß mit dem Lebenswasser ausgeht.

Die 72 Blätter vom Lebensbaum sind der Zauir oder Mikroprosopus.

Die zwölf Söhne Jakobs gehen hinab nach Ägypten, welches das Reich Malkuth darstellt, das durch den Fall zerstört worden ist und vom Baum der Sephiroth abgetrennt wurde durch die sich überschneidenden Falten des großen Drachen, der dann zum Herrscher wird, wie es das Altarbild des Grades 4 = 7 zeigt. »Denn siehe, ich bin gegen dich, Pharao, König von Ägypten, der große Drachen, der in der Mitte der Flüsse liegt.« Als erster der Söhne Jakobs geht Joseph hinaus, dessen Stämme, Ephraim und Manasseh, sich in Chesed und Geburah das Gleichgewicht halten. Das heißt, daß auf die verödete Erde zuerst die vereinten Kräfte von Strenge und Gnade herniederkommen. Und Ephraim, das cherubinische Zeichen des Ochsen, ist der natürliche Beherrscher der Erde in Malkuth unter der Kraft des letzten H des heiligen Namens, der Braut, Eva und der Königin. Die Shem ha-Mephoresch, die 72, finden sich auch in der Anzahl der Familienmitglieder von Jakobs Sohn, die 70 beträgt. Mit Jakob und Joseph ergeben sich 72.

Der damals regierende Pharao entspricht aber eher Hadar unter den Königen Edoms, der eine nicht ganz so böse Tendenz vertritt. Das apokalyptische Symbol des Lammes und des Luftzeichens, welches die Shem ha-Mephoresch anführt, ist Chesed, das dem bösen Symbol des Drachen entgegensteht. Deshalb ist jeder Schafhirte den Ägyptern abscheulich, die aber ein gutes Verhältnis zum Symbol des Ochsen haben, dem cherubinischen Herrscher der Erde. Deshalb wird von den Kindern Israel symbolisch gesagt, daß die Rinder ihre Angelegenheit waren, nicht die Schafe.

Der Name *JHVH*, der Sohn, der Mikroprosopus, kann sich darin nicht etablieren, bis die zehn Sephiroth ihr Urteil nach dem Lande Ägypten ausgesandt haben, das sind die zehn Plagen. Deshalb treten die Verse, die auf die Shem ha-Mephoresch hindeuten, nur dort im Exodus auf, wo *JHVH* zwischen Ägypten und Israel tritt. Es gibt auch andere Möglichkeiten, aus diesen Versen, 2. Mose 14,19-21, Gruppen

Der Kern der Überlieferung 293

von 72 Namen zu bilden, indem zum Beispiel alle von rechts nach links geschrieben werden, wie auch die Umwandlung der Buchstaben nach allen Regeln der Temurah. Deren Bedeutungen werden als hierin enthalten gefunden, nachdem sie für die regulären Shem ha-Mephoresch gezeigt worden sind.

Es ist wert anzumerken, daß mit Ausnahme von Gimel alle Buchstaben des Alphabetes bei den Shem ha-Mephoresch Verwendung finden. Der Buchstabe Gimel, dessen Zahlenwert 3 beträgt, stellt also den Schlüssel zu ihrem Aufbau dar, da sie in Gruppen zu je drei Buchstaben gegliedert sind. Darüber hinaus hat der Zodiak 360 Grad, die bei Teilung durch 5 zu 72 Grad werden, welche den Winkel zwischen den Eckpunkten eines regelmäßigen Pentagramms im Kreis darstellen. Die Zahl 72 entspricht auch 6×12, die wiederum den 72 Würfeln oder Hexagrammen entsprechen, so daß jedes Hexagramm durch seine Winkel die sechs Quinate eines Zeichens darstellt, wenn das Zeichen selbst in die Mitte geschrieben wird, und zwar in jeder gewünschten Anordnung.

Die Bedeutung dieser 72 Namen Gottes, der Engel oder Shem ha-Mephoresch werden dann in folgender Weise von den 72 Versen gesammelt, die verschiedenen Psalmen entnommen sind, wobei in jedem der Name *JHVH* erscheint, mit Ausnahme des 70., *JBM*.

Hier folgen die genannten Psalme im Detail und verdeutlichen die Methode, die Engelnamen herauszufinden.

Die 72 Namen und ihre Bedeutung

1. VAHAVIAH ist Gott, der begeistert.
2. JELAJEL ist die Stärke.
3. SAITEL ist Zuflucht, Festung und Vertrauen.
4. OLMIAH ist verborgen und stark.
5. MAHASHIAH ist die Suche nach Sicherheit vor Unruhe.
6. LELAHEL ist der Lobenswerte, der seine Taten nennt.
7. AKAIAH ist das lange Leiden.
8. KEHETHEL ist bewundernswert.
9. HAZAJEL ist voll Gnade.
10. ALDAIH ist nützlich.
11. LAVIAH soll erhöht werden.
12. HIHAAJAH ist die Zuflucht.

13. JEZAHEL ist der Jubel über alle Dinge.
14. MEBAHEL ist der Wächter und Erhalter.
15. HARAJEL ist die Hilfe.
16. HOQMIAH ist das Aufrichten und Beten Tag und Nacht.
17. LAVIAH ist wunderbar.
18. KELIAL ist wert, angerufen zu werden.
19. LIVOJAH eilt, um zu hören.
20. PHEHILJAH ist der Erlöser und Befreier.
21. NELOKIEL bist allein du.
22. JEJAJIEL ist deine rechte Hand.
23. MELOHEL wendet das Böse ab.
24. CHAHAVIAH ist in sich selbst das Gute.
25. NITHAHIAH ist weit in der Ausdehnung, der Erweiterer, wunderbar.
26. HAAJOH ist der geheime Himmel.
27. JIRTHIEL ist der Erlöser.
28. SAHJOH nimmt alle Übel fort.
29. REJAJEL ist die Erwartung.
30. EVAMEL ist geduldig.
31. LEKABEL ist der Lehrer und Anweiser.
32. VESHIRIAH ist aufrecht.
33. JECHAVAH ist der Kenner aller Dinge.
34. LEHACHIAH ist milde und gnädig.
35. KEVEQIAH ist, um darin zu jubeln.
36. MENDIAL ist ehrbar.
37. ANIEL ist Herr der Tugenden.
38. CHAAMIAH ist die Hoffnung an allen Enden der Erde.
39. REHAAIEL ist schnell im Übersehen.
40. JEJEZIEL erfreut.
41. HEHIHEL ist dreieinig.
42. MICHAEL ist, der Ihm ähnlich ist.
43. VAVALIAH ist König und Herrscher.
44. JELAHIAH bleibt für immer.
45. SALIAH ist der Beweger aller Dinge.
46. AARIEL ist der Offenbarer.
47. AASLAJOH ist der gerechte Richter.
48. MIHAL sendet aus wie ein Vater.
49. VEHOOEL ist groß und stolz.
50. DENEJEL ist ein gnädiger Richter.
51. HECHASHJAH ist geheim und undurchdringbar.
52. AAMAMIAH ist in Dunkelheit verborgen.

53. NANAEL wirft die Stolzen nieder.
54. NITHAEL ist der himmlische König.
55. MIBAHAIAH ist ewig.
56. POOJAEL unterstützt alle Dinge.
57. NEMAMIAH ist liebenswert.
58. JEJEELEL ist der Erhörer der Schreie.
59. HEROCHIEL durchdringt alle Dinge.
60. MITZRAEL richtet die Unterdrückten auf.
61. VEMIBAEL ist der Name, der über allen ist.
62. JAHOEL ist das höchste Ziel, die Essenz.
63. AANEVAL ist der Jubel.
64. MACHAJEL ist belebend.
65. DAMABAJAH ist die Quelle der Weisheit.
66. MENQEL ernährt alle.
67. AAJOEL ist die Freude der Menschensöhne.
68. CHABOOJAH ist der Freigebigste.
69. RAHAEL schaut auf alle.
70. JABOMAJAH ist schöpferisch durch Sein Wort.
71. HAHAJEL ist Herr des Universums.
72. MEVAMAJAH ist das Ende des Universums.

Der 78. Psalm »Leiht mir euer Ohr, mein Volk«, hat ebenfalls 72 Verse, die auf die Shem ha-Mephoresch bezogen werden können. Wie zuvor gezeigt wurde, werden die von den 72 Engelnamen regierten Quinate des Zodiaks in Paaren in die 36 Dekanate eingeteilt, die 10 Grad-Abschnitte in jedem Zeichen. Diese Zeichen und Dekanate haben wiederum ihre regierenden Engel und Intelligenzen.

Die magischen Bilder der Dekanate

Jedem Dekanat werden folgende magische Bilder und Charakteristika zugeordnet:

Widder

Erstes Dekanat. Mars. Darin taucht ein großer, dunkler, machtvoller und unruhiger Mann auf, der in eine weiße Tunika und einen scharlachroten Mantel gekleidet ist. Er hat scharfe, flammendrote Augen und hält ein scharfes Schwert in seiner Hand. Es ist das Dekanat des Mutes, der Wildheit, Entschiedenheit und Schamlosigkeit.

Das zweite Dekanat des Widders ist das der Sonne, worin eine Frau auftaucht, die in eine grüne Robe gekleidet ist. Ein Bein ist bis zum Knie unbedeckt. Dies ist ein Dekanat des Stolzes, des Adels, des Reichtums und der Herrschaft.

Das dritte Dekanat des Widders untersteht der Venus. Darin tritt ein unruhiger Mann auf, der ganz in scharlachrote Roben gekleidet ist und an Armen und Händen goldene Reifen trägt. Es ist das Dekanat der Feinheit, Schönheit usw.

Stier

Im ersten Dekanat des Stieres, das unter Merkur steht, tritt eine Frau mit schönem langem Haar auf, die flammend rote Roben trägt. Es ist das Dekanat des Pflügens, Säens, Bauens und der erdbezogenen Weisheit.

Im zweiten Dekanat des Stieres, das dem Mond untersteht, sehen wir einen Mann wie die vorhergehende Gestalt, der Hufe wie ein Ochse hat. Dieses Dekanat steht für Macht, Adel und Herrschaft über Menschen.

Im dritten Dekanat des Stieres, welches Saturn untersteht, tritt ein dunkelhäutiger Mann auf, der große weiße, hervorstehende Zähne hat. Sein Körper gleicht dem eines Elefanten mit langen Beinen. Mit ihm kommen ein Pferd, ein Hirsch und ein Kalb. Es ist das Dekanat des Elendes, der Sklaverei, der Not, der Verrücktheit und Niedertracht.

Zwillinge

Im ersten Dekanat der Zwillinge, das unter Jupiter steht, tritt eine schöne Frau auf, und mit ihr kommen zwei Pferde. Dies ist das Dekanat des Schreibens, Rechnens, Gebens und Nehmens von Geld und der Weisheit in nutzlosen Dingen.

Im zweiten Dekanat der Zwillinge, das dem Mars untersteht, erscheint ein adlerköpfiger Mann, der einen stählernen Helm und darauf eine Krone trägt. In den Händen hält er Pfeil und Bogen. Es ist ein Dekanat der Last, Bedrücktheit, Mühe, Spitzfindigkeit und Unehrlichkeit.

Im dritten Dekanat der Zwillinge, das der Sonne untersteht, sehen wir einen Mann, der in einen Kettenpanzer gehüllt ist, mit zwei

Pfeilen und Köcher. Das Dekanat ist eines der Verachtung, Freude, Ausgelassenheit und vieler nutzloser Worte.

Krebs

Im ersten Dekanat des Krebses, welches der Venus untersteht, erscheint ein Mann, der ein verzerrtes Gesicht und verdrehte Hände hat. Sein Körper gleicht dem eines Pferdes mit weißen Hufen und Blättergirlanden um den Leib. Ein Dekanat der Herrschaft, Wissenschaft, Liebe, Freude, Feinsinnigkeit und Friedensstiftung.

Im zweiten Dekanat des Krebses, welches Merkur untersteht, tritt eine Frau mit schönem Angesicht auf, die auf ihrem Kopf einen grünen Myrtenkranz trägt, in der Hand eine Leier hält und von Liebe und Glück singt. Ein Dekanat des Vergnügens, des Frohsinns, des Überflusses und der Fülle.

Im dritten Dekanat des Krebses, welches dem Mond untersteht, taucht eine schnellfüßige Person auf, die in der Hand eine Viper hält und vor der Hunde herlaufen. Es ist das Dekanat des Laufens, Jagens, Erlangens von Gütern durch Krieg und Streit unter Männern.

Löwe

Im ersten Dekanat des Löwen, das unter Saturn steht, erscheint ein Mann in heruntergekommener Kleidung. Mit ihm kommt ein Adliger zu Pferd, der von Bären und Hunden begleitet wird. Ein Dekanat des Mutes, der Freizügigkeit, des Sieges, der Grausamkeit, Lust und Gewalt.

Im zweiten Dekanat des Löwen, das Jupiter untersteht, tritt ein Mann mit einem weißen Myrtenkranz und einem Bogen in der Hand auf. Es ist das Dekanat der Liebe, des Vergnügens, der Gesellschaft, der Vermeidung von Streit und der Vorsicht beim Aufgeben von Gütern.

Im dritten Dekanat des Löwen, welches Mars untersteht, erscheint ein dunkelhäutiger, finsterer Mann, der haarig ist und in einer Hand ein gezogenes Schwert, in der anderen einen Schild hält. Es ist das Dekanat des Streitens, der Unwissenheit und des vorgespiegelten Wissens, des Zanks, des Siegs über das Gesetz, der Niedertracht und des Ziehens der Schwerter.

Jungfrau

Im ersten Dekanat der Jungfrau, das der Sonne untersteht, erscheint eine in Leinen gekleidete Jungfrau, die einen Apfel oder Granatapfel in der Hand hält. Ein Dekanat des Säens, Pflügens, Pflanzens von Kräutern, der Besiedlung und des Speicherns von Geld und Nahrung.

Im zweiten Dekanat der Jungfrau, das unter Venus steht, erscheint ein großer, blonder und kräftiger Mann und mit ihm eine Frau, die in der Hand einen schwarzen Ölkrug hält. Es ist das Dekanat des Profits, der Begierde, des Erhaltens von Gütern, des sorgfältigen Aufbaus und des Ansammelns.

Im dritten Dekanat der Jungfrau, das dem Merkur untersteht, tritt ein alter Mann auf, der sich auf einen Stock stützt und in einen Mantel gewickelt ist. Es ist das Dekanat des Alters, der Trägheit, des Verlustes und des Bevölkerungsrückgangs.

Waage

Im ersten Dekanat der Waage, das dem Mond untersteht, erscheint ein dunkler Mann, der in der rechten Hand einen Speer und einen Lorbeerzweig hält, in seiner linken ein Buch. Es ist das Dekanat der Gerechtigkeit, Unterstützung, Wahrheit und Hilfe für die Armen.

Im zweiten Dekanat der Waage, das dem Saturn untersteht, tritt ein Mann mit dunklem, unangenehmem Gesicht auf. Es ist ein »Gesicht«, das schlechte Taten, aber auch Gesang, Frohsinn und Völlerei ausdrückt, Sodomie und die Neigung zu üblen Gelüsten.

Im dritten Dekanat der Waage, das unter Jupiter steht, erscheint ein Mann, der auf einem Esel reitet und vor dem ein Wolf herläuft. Ein Dekanat der Stille, Leichtigkeit und Fülle, des guten Lebens und des Tanzens.

Skorpion

Im ersten Dekanat des Skorpions, das dem Mars untersteht, taucht ein Mann auf, der in seiner Rechten eine Lanze hält und in der Linken einen Menschenkopf. Es ist ein Dekanat des Kampfes, der Traurigkeit, des Verrats, des Betrugs, der Zerstörung und des bösen Willens.

Im zweiten Dekanat des Skorpions, das der Sonne untersteht, tritt ein Mann auf, der auf einem Kamel reitet und einen Skorpion in der Hand hält. Ein Dekanat der Beleidigung, der Entlarvung, des Streites und Aufruhrstiftens, der Wissenschaft und Zerstörung.

Im dritten Dekanat des Skorpions, das der Venus untersteht, erscheinen ein Pferd und ein Wolf. Ein Dekanat des Krieges, der Trunkenheit, der Unzucht, des Reichtums, des Stolzes und des Hasses und der Gewalt gegen Frauen.

Schütze

Im ersten Dekanat des Schützen, das dem Merkur untersteht, taucht ein Mann mit drei Körpern auf, einer weiß, einer rot und einer schwarz. Es ist ein Dekanat des Mutes, der Freiheit, des Wohlstandes, der Freizügigkeit und der Felder und Gärten.

Im zweiten Dekanat des Schützen, das dem Mond untersteht, tritt ein Mann auf, der Kühe führt und vor dem ein Affe und ein Bär gehen. Es ist ein Dekanat der Angst, der Klage, Trauer, Besorgnis und Verwirrung.

Im dritten Dekanat des Schützen, das Saturn untersteht, sehen wir einen Mann, der einen anderen an den Haaren hält und tötet. Ein Dekanat der Böswilligkeit, der Leichtfertigkeit, des Neides, der Hartnäckigkeit und Gewandtheit in allem Bösen und der betrügerischen Taten.

Steinbock

Im ersten Dekanat des Steinbocks, das unter Jupiter steht, tritt ein Mann auf, der in seiner rechten Hand einen Pfeil oder Speer hält, in seiner linken einen Kiebitz. Es ist ein Dekanat des Wechsels von Mühe, Arbeit und Freude, des abwechselnden Gewinns und Verlustes, der Schwäche und Not.

Im zweiten Dekanat des Steinbocks, das Mars untersteht, erscheint ein Mann, vor dem ein Affe herläuft. Es ist das Dekanat des ewigen Suchens dessen, was nicht erkannt und nicht erreicht werden kann.

Im dritten Dekanat des Steinbocks, das der Sonne untersteht, tritt ein Mann mit einem Buch auf, das er öffnet und schließt. Ein Dekanat der Begehrlichkeit, des Argwohns, der sorgfältigen Ordnung der Dinge, aber in Unzufriedenheit.

Wassermann

Im ersten Dekanat des Wassermanns, das der Venus untersteht, tritt ein Mann mit gebeugtem Haupt und einer Tasche in der Hand auf. Es ist ein Dekanat der Armut, der Sorge, der Trauer nach einem

Gewinn, der mangelnden Ruhe nach der Arbeit, des Verlustes und der Gewalt.

Im zweiten Dekanat des Wassermanns, das dem Merkur untersteht, taucht ein Mann auf, der wie ein König geschmückt ist und voll Stolz und Einbildung auf alle anderen schaut. Es ist ein Dekanat der Schönheit, der Überlegenheit, der Eingebildetheit, guter Manieren und hoher, aber bescheidener Selbstachtung.

Im dritten Dekanat des Wassermanns, das dem Mond untersteht, tritt ein Mann mit kleinem Kopf auf, der wie eine Frau gekleidet ist und von einem alten Mann begleitet wird. Es ist ein Dekanat des Überflusses und der Schmeichelei, der Entlarvung und Beleidigung.

Fische

Im ersten Dekanat der Fische, das dem Saturn untersteht, erscheint ein Mann mit zwei Körpern, die aber in einem Kopf verschmelzen. Es ist ein Dekanat vieler Gedanken, der Sorgen, der Reisen von einem Ort zum anderen, des Elendes, der Suche nach Reichtümern und Nahrung.

Im zweiten Dekanat der Fische, das dem Jupiter untersteht, tritt ein Mann auf, der auf den Himmel zeigt. Ein Dekanat des Eigenlobs, der hohen Meinung, des Suchens nach großen und hohen Zielen.

Im dritten Dekanat der Fische, das dem Mars untersteht, erscheint ein anmutiger Mann mit gedankenvollem Gesicht, der einen Vogel in der Hand trägt. Vor ihm gehen eine Frau und ein Esel. Es ist ein Dekanat des Vergnügens, der Unzucht, der Stille und Friedfertigkeit.

Die Bilder der Dekanate werden von anderen Autoren anders angegeben, aber die Bedeutungen sind ähnlich. So hat auch jeder einzelne Grad sein zugehöriges Wahrzeichen und seine Bedeutung. (Der Orden hat diese nicht aufgeführt, aber neuere Autoren haben es getan. Dem interessierten Studierenden wird geraten, die *Sabischen Symbole* von Marc Edmund Jones heranzuziehen. Er befaßt sich ausführlich mit diesem Thema.)

Die folgenden Bemerkungen zeigen weiterhin den Zusammenhang zwischen dem *JHVH* und den Shem ha-Mephoresch.

Schreiben wir das Tetragrammaton, wie in diesem Diagramm, in ein Dreieck mit der Spitze nach oben, so daß seine Buchstaben in sich ein Dreieck bilden, wobei in jeder nach unten folgenden Linie die Breite der darüberliegenden erweitert wird. Oben ist dann ein einzelnes Jod, darunter zwei Hehs, dann drei Vaus und schließlich vier

Der Kern der Überlieferung

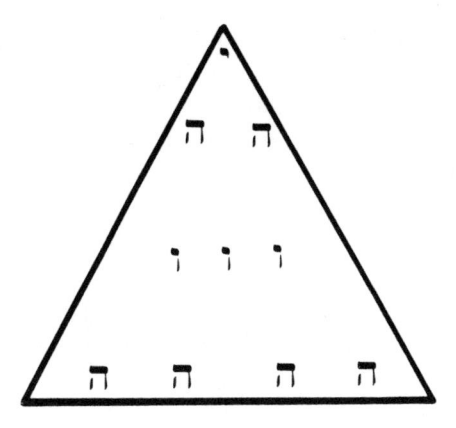

endende Hehs. So erhalten wir ein Dreieck mit zehn Buchstaben, die den zehn Sephiroth entsprechen, wobei das oberste Jod zu Kether Bezug hat, die zwei Hehs zu Chokmah und Binah, die drei Vaus zu Chesed, Geburah und Tiphareth, und die vier endenden Hehs zu Netzach, Hod, Jesod und Malkuth.

Drehen wir das Dreieck nun um und schreiben wir in absteigender Folge vier Jods, drei Hehs, zwei Vaus und ein endendes Heh, so finden wir, daß der gesamte Zahlenwert 72 beträgt, die Zahl der Shem ha-Mephoresch.

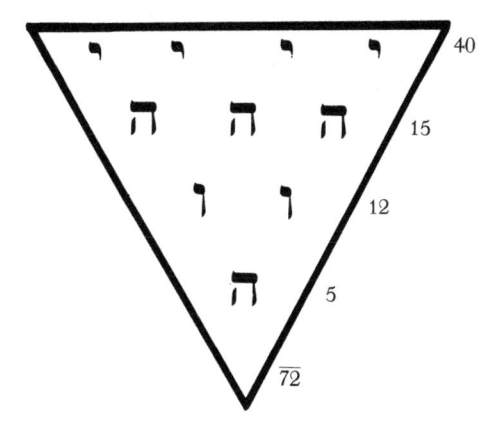

Die beste der Formen entsteht aber, wenn es mit Jod, Heh usw. geschrieben wird. Also so:

Jod ist 10 und gleicht Atziluth
Jod Heh ist 15 und gleicht Briah
Jod Heh Vau ist 21 und gleicht Jetzirah.

Dadurch entdecken wir, warum die Verteilung der Zahlen in Jetzirah, die dort der Hexade von Höhe, Tiefe, Osten, Westen, Norden und Süden entspricht, mit den Wandlungen von Jod Heh Vau versiegelt ist und nicht mit dem Tetragrammaton.

Darüber hinaus ist 21 die Zahl von *Eheieh*. *JHVH* ist 26, was Assiah bedeutet. Die Summe aller Zahlen: 10 + 15 + 21 + 26 = 72 ist die Zahl der Shem ha-Mephoresch.

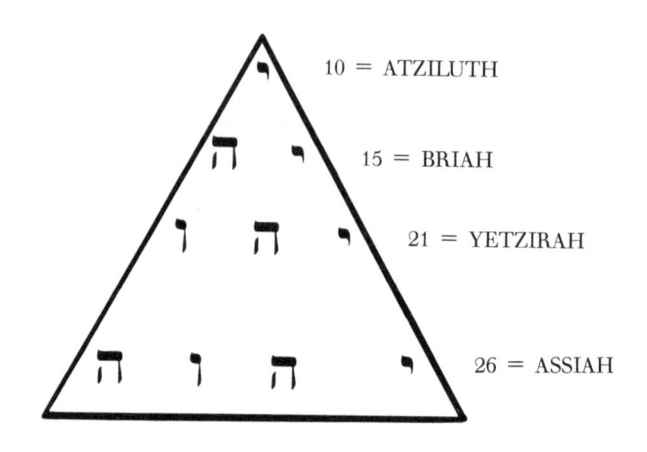

```
                    י         10 = ATZILUTH

                ה       י     15 = BRIAH

            ו       ה       י 21 = YETZIRAH

        ה       ו       ה   י 26 = ASSIAH
```

Hodos Chamelionis
in bezug auf den Lebensbaum

Dies ist das Buch des Chamäleonpfades – des Wissens um die Farben der Kräfte, die jenseits des physikalischen Universums liegen. (Siehe Farbtafel nach Seite 144.) Studiere gut den Satz des Hermes: »Dasjenige, das unten ist, gleicht demjenigen, das oben ist«. Wenn nämlich das, was unten ist, dem Gesetz des Einen Verborgenen – Groß ist sein Name – angepaßt ist, dann sei versichert, daß deine magische Arbeit um so gerechter und wahrer ist, je näher du am Gesetz des Universums bleibst.

Erinnere dich daran, was dir im Ritual der Pfade zum Tor des Gewölbes der Adepten gesagt wurde: »Durch den geraden und schmalen Pfad Samekh lasse daher den Philosophus wie den Pfeil vom Bogen Qesheth vorankommen.« Der Bogen Qesheth ist nun der Regenbogen des Versprechens, der über der Erde aufgespannt ist und dessen Name aus den Buchstaben der Pfade gebildet ist, die von Malkuth fortführen. Sollte der Philosophus sodann über den Pfad

Samekh zum Wissen der Adepten vordringen, wenn er sich weder nach links noch nach rechts umwendet, wo die bösen und drohenden Zeichen des Todes und Teufels lauern, muß er ein vollständiges und absolutes Wissen über den Bogen haben, bevor er dem Pfade des Pfeiles folgen kann. Der Bogen aber ist von brillanter und vollendeter Färbung, dessen Analyse und Synthese andere von der gleichen Reihenfolge ergibt. Darum heißt das Buch *Das Buch vom Chamäleonpfad* – des Pfades, der allein durch die Kraft von Qesheth, dem Bogen, aufsteigt.

Wenn dein Wissen und deine Anwendung äußeren Wissens, das du bereits gelernt hast, falsch oder unkorrekt sind, wie willst du dann vermeiden, dich zu deinem Schaden ablenken zu lassen? Lerne dein Wissen daher nicht auswendig, wie ein unvernünftiges Kind, sondern meditiere, untersuche und vergleiche, und denke vor allem gering von dir selbst. Denn nur wer sich selbst demütigt, wird erhöht werden. Magisches Wissen wird dir nicht verliehen, um deine Eitelkeit und Eingebildetheit anzustacheln, sondern damit du durch seine Hilfe deine geistige Natur läuterst und ausgleichst und den Großen und Verborgenen Einen ehrst.

Dies ist die Erläuterung des ersten Diagramms der Pfade – die Sephiroth finden sich in der weiblichen Reihe, die Pfade in der männlichen oder Königsreihe. Sie bilden den Schlüssel zu den Kräften, die in Qesheth, dem Bogen, liegen. Bewahre sie in deinem Herzen, und beachte sie wohl, erkenne, daß in ihnen der Schlüssel oder das Wesen liegt. Meditiere darüber, und enthülle sie nicht gegenüber Profanen, denn die Geheimnisse sind groß, und ihrer sind viele.

Es gibt vier Farbreihen, die den vier Welten entsprechen. Es sind:

Königsreihe	Atziluth	Stäbe	Jod	Feuer
Reihe der Königin	Briah	Kelche	Heh	Wasser
Ritterreihe	Jetzirah	Schwerter	Vau	Luft
Knappenreihe	Assiah	Pentakel	Heh	Erde

Die Farben sind je nach der Welt oder dem Aspekt des Großen Namens, den sie vertreten, unterschiedlich. So ist Samekh in der

Königsreihe	Tiefblau;
Reihe der Königin	Gelb;
Ritterreihe	Grün;
Knappenreihe	Graublau.

Tiphareth ist in der

Königsreihe	Rosa;
Reihe der Königin	Gold;
Ritterreihe	Pink;
Knappenreihe	Bräunlichgelb.

Der *Lebensbaum* für die Verwendung eines Adeptus Minor ist aus den ersten beiden Reihen zusammengesetzt. Die *Sephiroth* sind in der passiven, weiblichen oder Reihe der Königin. Die *Pfade* finden sich in der männlichen, aktiven oder Königsreihe. Der Baum stellt also die Kräfte von *Atziluth* in den Pfaden dar, die die *Sephiroth* vereinen, wie sie sich in der Welt *BRIAH* spiegeln, eine der möglichen Anordnungen der Kräfte, die im *Jod He* des *Großen Namens* liegen.

Zunächst betrachten wir die weiblichen Farben der Sephiroth, der Reihe der Königin. In Kether findet sich göttliches weißes Strahlen, das Funkeln und Blitzen der göttlichen Herrlichkeit, das Licht, welches das Universum erhellt – das Licht, welches den Glanz der Sonne übertrifft und neben dem das sterbliche Licht wie Dunkelheit ist und in bezug auf welches es unangemessen wäre, noch weiter zu sprechen. Die Sphäre seiner Wirkung heißt Rashith ha-Gilgalim, der Beginn des Wirbelns (oder der Wirbel), das Primum Mobile oder der Erste Beweger, der die Gabe des Lebens an alle Dinge verlieh und das ganze Universum erfüllt. Und Eheieh ist der Name der göttlichen Essenz in Kether. Ihr Erzengel ist der Fürst des Angesichtes, Metatron oder Metraton. Er, der andere vor das Angesicht Gottes bringt. Der Name des Engelchores ist Chaioth ha-Quadesh, die heiligen lebenden Geschöpfe, oder auch Chor der Seraphim.

In Chokmah findet sich ein wolkengleiches Grau, welches verschiedene Farben enthält und mit ihnen vermischt ist, wie ein durchscheinender, perlfarbiger Nebel, der doch überallhin strahlt, als wäre hinter ihm eine glänzende Herrlichkeit. Und seine Wirkungssphäre liegt in Masloth, dem sternenbesetzten Himmel, worin es die Form der Dinge niederlegt. Jah ist die göttliche, vollkommene Weisheit, und ihr Erzengel ist Ratziel, der Fürst des Wissens der geheimen und verborgenen Dinge, und der Name des Engelchores ist Auphanim, die Räder oder wirbelnden Kräfte, die auch als Chor der Cherubim bezeichnet werden.

In Binah liegt dichte Dunkelheit, die noch den göttlichen Glanz einhüllt, in welchem alle Farben verborgen sind, worin das Geheimnis, die Tiefe und Stille liegen, worin aber dennoch das überirdische

Licht wohnt. So ist die überweltliche Dreiheit vollständig. Und die Sphäre ihrer Wirksamkeit ist Shabbathai oder Ruhe, und sie verleiht dem chaotischen Stoff Form und Charakter, und sie herrscht in der Sphäre der Tätigkeit des Planeten Saturn. Jehovah Elohim ist die Erfüllung der Schöpfung und das Leben der kommenden Welt. Sein Erzengel ist Kzaphiel, der Fürst des geistigen Kampfes gegen das Böse. Und der Name des Engelchores ist Aralim, die Starken und Mächtigen, die auch als der Chor der Throne bezeichnet werden. Der Engel Jophiel gehört auch Binah an.

In Chokmah liegt die Wurzel des Blau, und deshalb ist dort eine reine und ursprüngliche blaue Farbe, die im geistigen Licht glitzert, welches nach Chesed reflektiert wird. Die Sphäre ihrer Wirkung heißt Tzedek oder Gerechtigkeit, und sie formt die Bilder der materiellen Dinge, verbreitet Frieden und Gnade. Sie beherrscht den Bereich des Planeten Jupiter. Al ist der Titel eines starken und mächtigen Gottes, der in Herrlichkeit, Größe und Gnade herrscht. Der Erzengel Cheseds ist Tzadkiel, der Prinz der Gnade und Barmherzigkeit. Und der Name des Engelchores ist Chasmalim, die Strahlenden, die auch als der Chor der Dominionen oder Dominationen bezeichnet werden. Die Sephirah Chesed wird auch Gedulah genannt oder Großartigkeit oder Herrlichkeit.

In Binah liegt die Wurzel des Rot, und darum ist dort eine rote Farbe, rein und glitzernd und mit Flammen aufleuchtend, die nach Geburah reflektiert wird. Die Sphäre ihrer Wirksamkeit heißt Madim oder wild brausende Kraft, und sie bringt Tapferkeit, Krieg, Stärke und Gemetzel, wie sie auch das flammende Schwert eines rachsüchtigen Gottes war. Sie herrscht über den Einflußbereich des Planeten Mars. Elohim Gibbor ist der unter den Elohim, der mächtig und fürchterlich ist, richtend und das Böse rächend, herrschend in Zorn und Schrecken und Sturm, dessen Schritte Blitze und Flammen sind. Sein Erzengel ist Kamael, der Fürst der Stärke und des Mutes, und der Name des Engelchores ist Seraphim, die Flammenden, die auch als der Chor der Mächte bezeichnet werden. Die Sephirah Chesed wird auch Gedulah genannt oder Großartigkeit oder Herrlichkeit, und die Sephirah Geburah heißt auch Pachad, Schrecken und Furcht.

In Kether liegt die Wurzel einer goldenen Herrlichkeit, und von daher kommt ein reines, ursprüngliches, sprühendes und glänzendes Goldgelb, welches nach Tiphareth reflektiert wird. So ist die erste reflektierte Dreiheit vervollständigt. Der Bereich ihrer Wirksamkeit liegt in Shemesh, dem Sonnenlicht und schenkt aller metallischen Materie Leben, Licht und Glanz. Sie regiert die Wirkungsebene der

Sonne. Jhvh Eloah va-Daath ist ein Gott des Wissens und der Weisheit, der über das Licht des Universums herrscht. Sein Erzengel ist Raphael, der Prinz der Helligkeit, der Schönheit und des Lebens. Der Name des Engelchores ist Melechim oder Malakim, das heißt Könige oder Engelkönige, die auch als der Chor der Tugenden, Engel und Herrscher bezeichnet werden. Dieser Sephirah gehören auch die Engel Peniel und Pelial an. Ihr untersteht besonders die mineralische Welt.

Die Strahlen von Chesed und Tiphareth treffen sich in Netzach. Deshalb tritt in Netzach ein Grün auf, rein, glänzend, flüssig und scheinend wie ein Smaragd. Seine Wirkungssphäre ist Nogah oder die äußere Pracht, die Eifer, Liebe und Harmonie hervorbringt. Es regiert den Bereich des Planeten Venus und die Natur des Pflanzenreichs. Jehovah Tzabaoth ist der Gott der Heerscharen und Armeen, des Triumphs und Sieges, der das Universum ewig in Gerechtigkeit beherrscht. Sein Erzengel Haniel ist der Fürst der Liebe und Harmonie, und der Name des Engelchores ist Elohim oder Götter, die auch als der Chor der Herrscher bezeichnet werden. Zu dieser Sephirah gehört auch der Engel Cerviel.

Die Strahlen von Geburah und Tiphareth treffen sich in Hod, und daher entsteht in Hod ein glänzend reines und aufleuchtendes, bräunliches Orange. Die Sphäre seiner Wirkung ist Kokab, das Sternenlicht, das Eleganz, Geschicklichkeit, wissenschaftliche Kenntnis und Kunst und den Redefluß verleiht. Es beherrscht den Aktionsbereich des Planeten Merkur. Elohim Tzabaoth ist auch ein Gott der Heerscharen und Armeen, der Gnade und Einigkeit, des Lobes und der Ehre, der das Universum in Weisheit und Harmonie regiert. Sein Erzengel ist Michael, der Prinz der Pracht und Weisheit, und der Name des Engelchores ist Beni Elohim oder Söhne Gottes, die auch als Orden der Erzengel bezeichnet werden.

Die Strahlen von Chesed und Geburah treffen sich in Jesod, und deshalb entsteht in Jesod ein brillantes, tiefes Purpurviolett oder Braunrot. So wird die dritte Dreiheit vervollständigt. Die Sphäre ihrer Wirksamkeit ist Levanah, der Strahl des Mondes, der allen geschaffenen Dingen Wechsel, Wachstum und Vergehen schenkt. Sie regiert den Aktionsbereich des Mondes und die Natur des Menschen. Shaddai ist ein Gott, der Wohltaten schenkt, allmächtig und befriedigend, und Al Chai ist der Gott des Lebens, der Lebendige Eine. Sein Erzengel ist Gabriel, der Prinz des Wechsels und der Veränderung. Der Name des Engelchores ist Cherubim oder die Cherubischen, die auch als Chor der Engel bezeichnet werden.

Aus den Strahlen dieser Dreiheit erscheinen zusammen mit einer vierten, die ihre Synthese darstellt, drei Farben in Malkuth. Aus dem bräunlichen Orange von Hod und der grünen Natur von Netzach entsteht eine bestimmte grünliche, »zitronenhafte« Farbe, die dennoch gänzlich rein und durchscheinend ist. Aus dem bräunlichen Orange von Hod, das mit dem Braunrot von Jesod vermischt wird, entsteht ein Rotbraun, das mit einem verborgenen Feuer leuchtet. Aus dem Grün von Netzach und dem Braunrot von Jesod geht ein anderes, dunkleres Olivgrün hervor, das aber voll und glänzend ist. Die Synthese all dieser bildet die Schwärze, welche an die Qlippoth angrenzt.

So werden die Farben der Sephiroth in der weiblichen oder Regenbogenreihe vervollständigt.

Obwohl der Lebensbaum in allen Sephiroth wirksam ist, hat er darüber hinaus einen besonderen Bezug zu Tiphareth. Und obwohl die Äste des Baumes der Erkenntnis des Guten und des Bösen sich in die sieben niederen Sephiroth erstrecken und herab in das Reich der Schemen, hat er doch besonderen Bezug zu Malkuth. Ebenso werden die rechte und die linke Säule der Sephiroth besonders auf Netzach beziehungsweise Hod bezogen.

In Malkuth ist Adonai ha-Aretz der Gott, der Herr und König, der über das Reich des sichtbaren Universums herrscht.

Cholem Jesodoth, der Zerbrecher der Fundamente, ist der Name der Sphäre der Elemente, aus denen alle Dinge gemacht werden, und seine Erzengel sind drei: Metatron, der Fürst des Angesichts, der von Kether reflektiert wird, und Sandalphon, der Fürst des Gebets (weiblich), und Nephesch ha-Messiah, die Seele des Erlösers auf der Erde. Der Engelchor heißt Ashim, oder Feuerflammen, wie geschrieben steht, »der seine Engel zu Ashimgeistern macht und seine Minister zu flammenden Feuern«. Diese werden auch als Chor der gesegneten Seelen bezeichnet oder als die vollkommenen Seelen der Gerechten.

Die drei Erzengel, die Malkuth zugeordnet werden, haben in christlicher Symbolik Bezug auf unseren Vater, unsere Gottesmutter und unseren Herrn. Die folgenden Tabellen stellen eine Anordnung der Farbreihen in jeder der vier Welten dar. Die ersten zehn beziehen sich jeweils auf die Sephiroth und die verbleibenden 22 auf die Pfade.

Jod-Feuer	Heh-Wasser
Königsreihe	Reihe der Königin
Atziluth	Briah
Stäbe	Kelche

Strahlen	weißes Strahlen
sanftes Blau	Grau
Purpur	Schwarz
tiefes Violett	Blau
Orange	Scharlachrot
klares Pinkrosa	(gold)Gelb
Bernstein	Smaragd
Purpurviolett	Orange
Indigo	Violett
Gelb	Zitron, Oliv, Rotbraun, Schwarz
blasses Hellgelb	Himmelblau
Gelb	Lila
Blau	Silber
Smaragdgrün	Himmelblau
Scharlachrot	Rot
Orangerot	tiefes Indigo
Orange	blaß Malve
Bernstein	Kastanienbraun
Grünlichgelb	tiefes Lila
gelbliches Grün	Schiefergrau
Violett	Blau
Smaragdgrün	Blau
Tiefblau	Seegrün
Grünblau	Dumpfbraun
Blau	Gelb
Indigo	Schwarz
Scharlachrot	Rot
Violett	Himmelblau
äußerst violettes Purpur	silberweiß getupftes Gelbbraun
Orange	Goldgelb
leuchtendes Scharlachorange	Zinnoberrot
Indigo	Schwarz
*Zitron, Oliv, Braunrot, Schwarz	Bernstein
*Weiß, mit Grau verfließend	Tieflila

---

* Beachte: Diese vertreten die Tatsache, daß ein Dagesh (Vokalisationszeichen, Anm. d. Übers.) in Shin und Tau einen zusätzlichen Klang hervorbringt. Daath, eine »falsche« Sephirah, die im Abyssos liegt, hat als Farbe in der Königsreihe Lavendel,

Der Kern der Überlieferung

Vau-Luft	Heh (endend) -Erde
Ritter	Knappe
Jetzirah	Assiah
Schwerter	Pentakel (Münzen)

weißes Strahlen	goldgetupftes Weiß
bläuliches Perlmutt	Weiß mit roten, blauen, gelben Tupfen
Dunkelbraun	Grau mit roten, blauen, gelben Tupfen
Tieflila	gelbgetupftes tiefes Azurblau
helles Scharlachrot	schwarzgetupftes Rot
volles Lachsrosa	goldenes Bernstein
helles Gelbgrün	goldgetupftes Oliv
Rotbraun	weißgetupftes Gelbbraun
sehr dunkles Lila	azurgetupftes Zitron
4 goldgetupfte Farben	Schwarz mit gelben Strahlen
smaragdblaues Grün	goldgetupftes Smaragd
Grau	Violett mit Indigostrahlen
blaßes, kaltes Blau	Himmelblau mit Silberstrahlen
Frühlingsgrün	Hellrosa oder Kirschrot mit blaßgelben Streifen
strahlende Flamme	leuchtendes Rot
tiefes, warmes Oliv	volles Braun
frisches Gelb	rötliches Grau bis Malve
volles helles Rotbraun	dunkles Grünlichbraun
Grau	rötliches Bernstein
Grüngrau	Pflaumfarben
volles Lila	Hellblau mit gelben Strahlen
tiefes Blaugrün	Blaßgrün
tiefes Olivgrün	Weiß mit lila Flocken, Perlmutt
sehr dunkles Braun	blaues Indigo, Schaben-Braunschwarz
Grün	dunkles, lebhaftes Blau
Blauschwarz	kaltes Dunkelgrau, fast Schwarz
venezianisch Rot	Hellrot, azurn oder smaragd gestreift
bläulich Malve	Weiß mit Lilatönung
durchscheinendes Rosabraun	Steinfarben
volles Bernstein	Bernstein mit roten Strahlen
goldgetupftes Scharlach	Zinnober purpur-smaragd getupft
Blauschwarz	Schwarz mit blauen Strahlen
Dunkelbraun	Schwarz und Gelb
7 Regenbogenfarben, außen Violett	Weiß, Rot, Gelb, Blau, außen Schwarz

in der Reihe der Königin Grauweiß, in der Ritterreihe reines Violett und in der Knappenreihe goldgetupftes Grau. (Anmerkung des Originals)

Der Mensch als Mikrokosmos

Wisse, daß die gesamte Gefühlssphäre*, die den menschlichen Körper umgibt, als »magischer Spiegel des Universums« bezeichnet wird. Denn darin sind alle okkulten Kräfte des Universums wie in eine Sphäre projiziert enthalten, nach außen konvex, für den Menschen selbst aber konkav. Diese Sphäre umgibt den menschlichen Körper, wie die Himmelsgewölbe den Körper eines Planeten oder Sterns umgeben und ihre Kräfte in seiner Atmosphäre spiegeln. Seine Anordnung oder Organisation ist deshalb eine Wiedergabe der größeren Welt des Makrokosmos. In diesem »magischen Spiegel des Universums« werden deshalb die zehn Sephiroth wie in eine feste Kugelform des Lebensbaumes projiziert. (Siehe das Diagramm über den Lebensbaum in einer festen Kugel bei den Farbtafeln). Ein menschlicher Körper ist innerhalb der zehn Sephiroth in eine feste Kugel projiziert. Die Abschnitte und Teile des Körpers werden von den Sephiroth des Lebensbaumes geformt. Also:

Kether

Kether befindet sich über dem Scheitel und stellt in der Tat eine mächtige Krone dar, derer man aber wert sein muß. Im Scheitel liegt das Vermögen der Neschamah, welche die Kraft des Strebens nach dem bildet, was darüber kommt. Diese Kraft Neschamah wird besonders der übernatürlichen Dreiheit in Assiah zugeordnet, von welcher es drei Manifestationen gibt, die alle in der Gestaltung der Neschamah veranlagt sind. Aus Chokmah und Binah sind die Seiten des Gehirns und des Kopfes geformt. Darin liegen die intellektuellen Fähigkeiten der Weisheit und des Verständnisses, die in den darunter befindlichen Ruach hineinleuchten und ihn erhellen. Sie stellen die Wohnung der praktischen Verwaltung des Intellektes dar, dessen physischer Ausdruck in der Reflektion in Ruach liegt. Im magischen Spiegel des Universums oder der Gefühlssphäre wird der Mensch zwischen vier Säulen des Lebensbaumes gestellt, welcher in eine Sphäre projiziert ist. Diese halten ihren Platz und bewegen sich nicht,

---

* (Anm. d. Übers.: Diese »Gefühlssphäre« oder auch »Empfindungssphäre« – »sphere of sensation« meint den Bereich um den menschlichen Körper, der oft auch als »Aura« bekannt ist. Das Wort »Astralkörper«, das ebenfalls diese Sphäre bezeichnet, leitet sich von lat. »astrum« [= Stern] her und damit aus genau der im Text genannten Idee des »magischen Spiegels des Universums«.)

der Mensch selbst aber setzt in seine Gefühlssphäre denjenigen Punkt des Tierkreises, der im Augenblick seiner Geburt und Zeugung aufsteigt, (denn derselbe Grad des Zodiaks steigt in beiden auf, sonst könnte die Geburt nicht stattfinden). Zu diesen Zeiten steigt also derselbe Grad des Tierkreises im Osten des Himmels von jenem Stern auf, auf dem der betreffende Mensch inkarniert ist. In der Stellung bleibt er während dieser Inkarnation und blickt diesen bestimmten Punkt in seiner Gefühlssphäre an. Das heißt, daß diese Sphäre sich nicht um den physischen Körper bewegt.

Chesed und Geburah

Die Arme werden durch Chesed und Geburah gebildet. In ihnen liegen die Möglichkeiten wirksamer Handlungen, weshalb an den äußersten Extremitäten die Symbole der vier Elemente und des Geistes folgendermaßen verteilt sind:

Daumen	Geist
Mittelfinger	Feuer
Zeigefinger	Wasser
Kleiner Finger	Luft
Ringfinger	Erde

Die Arme sind Erscheinung der Handlungskraft von Ruach, und in ihnen ist das Vermögen der Berührung stark ausgedrückt.

Tiphareth

bildet den Rumpf, unabhängig von den Gliedern; darin liegen in einem Behälter von Kräften die vitalen Organe. Das Blut ist mit dem wäßrigen Prinzip vermischter und dieses regierender Geist. Die Lungen sind die Behältnisse der Luft, die das Blut besänftigt, wie der Wind die See. Die fauligen Verunreinigungen des Blutes bei seinem Durchfluß durch den Körper bedürfen der auflösenden Kraft der Luft, denn sogar das Meer gerät in einer Windstille in Verwesung und wird faulig. Das Herz ist das große Zentrum der Wirksamkeit des Feuers und verleiht seine ungeheure Kraft in Form von Impulsen den anderen Organen. Dieser feurigen Natur entspringt die rote Farbe des Blutes. Der Ort über dem Herzen ist der Hauptaufenthalt des Ruach, welcher dort die anderen Ausdrucksformen seiner Sephirah empfängt und sammelt. Dieser Ort ist die zentrale Festung des Körpers und der besondere Ausgangspunkt des niederen und eher physischen Willens. Der höhere Wille liegt im Kether des Körpers. Der höhere Wille muß, um sich manifestieren zu können, durch *Neschamah* in den niederen reflektiert werden. Dieser *niedere* Wille ist im Bereich des Herzens wirksam und sitzt auf seinem Thron wie der König des Körpers. Die Sammlung der anderen Vermögen des Ruach unter der Vorherrschaft des Willens, die zugleich die verwaltende Führung von *Chokmah* und *Binah* spiegelt, bezeichnen wir als das menschliche Bewußtsein. Dabei handelt es sich also um eine Spiegelung der zwei schöpferischen Sephiroth unter der Herrschaft der vier Elemente, oder die Spiegelung von Aima und Abba als den Eltern des menschlichen Jehovah. Die menschliche Neschamah existiert aber nur, wenn der höhere Wille mit Hilfe des Strebens in den niederen Körper gespiegelt wird und wenn der flammende Buchstabe *Shin* wie eine Krone auf den Kopf des Mikroprosopus gesetzt wird. Nur dadurch wird der menschliche Wille zu einem Empfänger des höheren Willens, und die Wirkung der Neschamah bildet das Verbindungsglied. Der niedere Wille ist der menschliche Jehovah, ein zorniger und eifersüchtiger Gott, der Erschütterer der Elemente, der das Leben im Körper manifestiert. Durch den höheren Willen erleuchtet, wird er aber zu *Jeheshuah*, der nicht mehr zornig und eifersüchtig ist, sondern der sich selbst opfert, der Büßer und Erlöser.

Soweit zur Tätigkeit des eher physischen Menschen. Die Spiegelungen des makrokosmischen Universums in die Sphäre der Gefühle richten sich ebenfalls auf diesen Ruach. Sie umgeben den Ruach, der sie im natürlichen Menschen nur schwach wahrnimmt und nicht versteht. Die Vermögen der Erde zeigen sich in den Organen, welche verdauen und reinigen, indem sie die Unreinheiten hinauswerfen, obwohl die Erde über den Qlippoth gelegen ist. Du wirst also annehmen, daß der Ruach nicht der denkende Geist sein kann, weil du siehst, daß seine Vernunft von Chokmah und Binah widergespiegelt wird. Aber er ist die ausführende Fähigkeit, die denkt, die arbeitet und die Vermögen zusammenbringt, die in ihn hineinreflektiert werden. Der denkende Geist ist es also, der die Prinzipien von Chokmah und Binah benutzt und vereinigt, so daß jene Teile von Chokmah und Binah, die den Ruach berühren, die Erzeuger der Verstandeskraft sind. Der Verstand selbst ist ein Vorgang, bloß eine Wiedergabe des Verhaltens der höheren Weisheit und des Verstehens; denn die Luft ist nicht das Licht, sondern nur der Überträger des Lichtes. Doch ohne die Luft könnten die Wirkungen des Lichtes nicht so gut ausgedrückt werden. Das Wort Ruach, Geist, bedeutet auch Luft. Es ist etwas, das hinausgeht, und du weißt nicht, wohin, und das hereinkommt, und du weißt nicht, woher. »Der Wind weht, wo er will, und du hörest wohl sein Rauschen, aber du kannst nicht sagen, von woher er kommt und wohin er geht. Und so ist ein jeder, der aus dem Geiste geboren ist.« Diese Luft, der Ruach, durchdringt den ganzen physischen Körper, aber sein konzentrierter Einfluß ist über dem Herzen. Wäre aber nicht die begrenzende Kraft von Chokmah und Binah von oben, von der ihn umgebenden Sphäre der Gefühle und von Malkuth darunter, könnte Ruach sich nicht unter der Vorherrschaft des Namens sammeln, und das Leben würde den Körper verlassen. So weit, was Ruach als Ganzes angeht, das heißt, den Ausdruck des Willens in Tiphareth.

Netzach und Hod

Aus Netzach und Hod sind die Schenkel und Beine gebildet; sie enden im Symbol der Fünf. Der Wirkung von Malkuth zufolge sind sie aber nicht so beweglich. In ihnen liegen die Vermögen des Stützens, der Festigkeit und Balance. Sie zeigen stärker physische Eigenschaften als der Ruach. In ihnen liegt die nährende Kraft für den Ruach. Sie sind die Unterstützung für die Säulen der Sephiroth, die sich auf das Passive beziehen, wie die Arme sich mehr auf die aktiven Säulen beziehen. Sie stellen die Pfeiler des menschlichen Tempels dar.

Jesod

Von Jesod werden die Geschlechts- und Ausscheidungsorgane gebildet. Darin liegen die niederen Bedürfnisse, die stärker von der doppelten Natur abhängen, einerseits der Ausscheidung der Qlippoth, andererseits das Abbild der Lebenskräfte von Tiphareth. Hier liegt insbesondere das automatische Bewußtsein, also nicht der Wille, sondern das Abbild des Willens in Tiphareth. Jesod ist die niedrigste der Sephiroth des Ruach und repräsentiert »fundamentale Tätigkeit«. Deshalb gebietet sie über die Fortpflanzung, weshalb hier das automatische Bewußtsein oder das Abbild des Willens liegt. Dieses automatische Bewußtstein verhält sich zu Nephesch wie die Tätigkeit Daaths zum Ruach. Deshalb besteht in den von Jesod regierten Bereichen ein Abbild oder eine Spiegelung des Herzens und der vitalen Organe. Wenn sich das Bewußtsein von Tiphareth völlig daran hingibt, bahnt es deshalb den Weg für Krankheit und Tod, denn dann ziehen sich die vitalen Kräfte des Namens zurück, die in der Zitadelle

Tiphareth wohnen, um sich nach Jesod zu verlegen, wo sie leichter angreifbar sind; denn das automatische Bewußtsein ist der Überträger vom Ruach zum Nephesch.

Malkuth

Von Malkuth aus wird der gesamte physische Körper unter Anleitung und Führung des Nephesch gebildet. Nephesch ist der feinstoffliche Körper aus geläutertem astralem Licht, auf den der physische Körper wie auf ein unsichtbares Muster aufbaut. Der Körper wird von Strahlen des Ruach durchdrungen, dessen materielle Erfüllung er darstellt. Der Nephesch scheint durch den materiellen Körper und bildet den magischen Spiegel oder die Gefühlssphäre. Diese stellt eine Kopie oder Nachbildung der Sphäre des Universums dar. Der Raum zwischen dem physischen Körper und der Grenze der Gefühlssphäre wird durch den astralen Äther ausgefüllt, d.h. durch den Behälter oder Empfänger der astralen Strahlen aus dem Makrokosmos. Der Nephesch ist in seine sieben Paläste unterteilt, worin die Einflüsse der Sephiroth in ihren materiellsten Ausformungen vereint werden: also die Welt der Leidenschaften unter Leitung des Ruach oder der dahinter liegenden Welt. Seine Sephiroth zeigen sich leidenschaftlich, um eine leidenschaftliche Herrschaft auszudrücken. Seine drei übernatürlichen Sephiroth, Kether, Chokmah und Binah, sind zu einem Sinn des Gefühls und des Vergleichs von Eindrücken zusammengefaßt. Sein Chesed zeigt sich in der Lässigkeit der Handlungen, Geburah durch Gewalt. Sein Tiphareth drückt sich in Form mehr oder weniger sinnlicher Kontemplation der Schönheit und Liebe zur Sinnlichkeit aus, sein Hod und Netzach durch körperliches Wohlsein und Gesundheit. Jesod zeigt sich in körperlichen Bedürfnissen und Befriedigungen, Malkuth in starkem Wachstum und der Herrschaft der Materie im Körper. Nephesch ist der wirkliche, der eigentliche Körper, aus welchem der physische nur durch die Tätigkeit des Ruach hervorgeht, welcher mit Hilfe des Nephesch aus seinen Strahlen den materiellen Körper bildet, über den diese gewöhnlich nicht hinausgehen. Das bedeutet, daß die Strahlen des Ruach beim gewöhnlichen Menschen selten bis in die Sphäre des Gefühls durchdringen. In dieser Gefühlssphäre liegt eine Fähigkeit, die wie ein Licht in einer Öffnung im oberen Bereich des Ruach gelegen ist. Ihre Strahlen reichen über die Grenzen des Raumes hinaus und scheinen durch die unendlichen Welten. Darin wirken die Strahlen von Chokmah und Binah, die die Vernunft, Daath, regieren.

Diese Fähigkeit kann in den Ruach hinabgeworfen werden und von dort in den Nephesch ausstrahlen. Sie besteht aus sieben Manifestationen, die dem Hexagramm entsprechen und gleicht der Seele des Mikroprosopus oder dem Elohim des menschlichen *JHVH*. Darum hat der Kopf, der ihren natürlichen und hauptsächlichen Sitz darstellt, sieben Öffnungen. Es geht dabei um das spirituelle Bewußtsein, im Unterschied zum menschlichen. Es manifestiert sich in 7 oder in 8, falls Daath mitgezählt wird. Der Vater ist die Sonne (Chokmah). Die Mutter ist der Mond (Binah). Der Wind trägt es in seinem Schoße (Ruach). Seine Amme ist die Erde (Nephesch). Die Kraft manifestiert sich, wenn sie durch die Erde schwingen kann.

Die wahren Zuordnungen der sieben Öffnungen des Kopfes sind:

Das rechte Ohr ist Saturn.
Das linke Ohr ist Jupiter.
Das rechte Auge ist die Sonne.
Das linke Auge ist der Mond.
Der Mund ist Merkur.
Das rechte Nasenloch ist Mars.
Das linke Nasenloch ist Venus.

Die ersteren vertreten hier den klangtragenden Sinn; das rechte und linke Auge den Lichtsinn, wie auch Sonne und Mond die leuchtenden Himmelskörper des Makrokosmos sind. Das rechte und linke Nasenloch, durch welche der Atem geht und dem physischen Körper Kraft gibt, unterstehen Mars und Venus. Der Mund untersteht Merkur, dem Boten und Redner.

Dieses spirituelle Bewußtsein ist der Brennpunkt für die Wirkung der Neschamah. Die niedere Willenskraft sollte den Abstieg dieses spirituellen Bewußtseins in den Ruach kontrollieren, und von dort in den Nephesch. Denn das Bewußtsein muß in den Nephesch herabsteigen, bevor die Bilder der Gefühlssphäre empfangen werden können. Nur die Strahlen dieses Bewußtseins nämlich, die den Ruach durchdringen, können Kenntnis davon gewinnen. Dieses Vermögen des spirituellen Bewußtseins ist der Sitz des Denkens. Das Denken ist ein Licht, das von der Strahlung des spirituellen Bewußtseins ausgeht und den Ruach durchzieht, wie Licht die Luft durchdringt. Danach begegnet es den Symbolen, die in der Sphäre der Gefühle, dem magischen Spiegel des Universums, reflektiert werden. Durch die Strahlung der Gedanken werden diese Symbole wiederum in das spirituelle Bewußtsein reflektiert, wo sie der Tätigkeit der Vernunft und des niederen Willens unterworfen werden. Das bedeutet, daß das Denken beim gewöhnlichen wachen Menschen durch den Ruach tätig wird und dort unter dem Einfluß des niederen Willens steht, wie auch den Kräften der Vernunft unterworfen ist, die, wie beschrieben, von Chokmah und Binah abgeleitet sind. Beim gewöhnlichen schlafenden Menschen, beim Verrückten, Wahnsinnigen oder Betrunkenen ist der Vorgang nicht ganz der gleiche.

Was den Schlafenden anbetrifft, so hat während des Wachseins die Konzentration des Ruach im Herzen eine Schwächung der Tätigkeit des Ruach in seinen untergeordneten Sephiroth im physischen Körper erzeugt. Um die gesunde Verbindung des Ruach mit Nephesch im Körper zu erhalten, dessen Grenzen durch die Sephiroth des Ruach festgelegt sind, ist es notwendig, die Konzentration in Tiphareth abzuschwächen, um die Belastung auszugleichen, die durch diese Konzentration im Wachzustand hervorgerufen wird. Dieser Rückfluß des Ruach in seine untergeordneten Sephiroth erzeugt natürlich eine Schwächung des niederen Willens. Deshalb reflektiert der Ruach die Verstandesfähigkeit nicht mehr so klar. Der Gedanke des spirituellen Bewußtseins reflektiert das Bild in verwirrten Folgen, die vom niederen Willen nur teilweise verstanden werden. Soweit zum gewöhnlichen Menschen im Schlafzustand.

Beim Irren, vom Besessenen abgesehen, begleitet die gedankliche Zwangsvorstellung oft die Manie und ist häufiger noch ihre Ursache. Dabei setzen sich Gedanken und niederer Wille sehr stark auf Kosten der Vernunft durch. Zwischen diesen ersteren bildet sich ein Zusammenspiel, welches die Tätigkeit von Chokmah und Binah in letzterer überwältigt. Eine Monomanie zeigt sich in der alleinigen Fixierung auf ein Symbol, das eine zu starke Anziehungskraft auf den Willen ausübt. Eine Gedankenfolge stellt daher einfach eine abgestufte Schwingung dar, die dem Kontakt eines Gedankenstrahles mit einem Symbol entspringt.

Unter Kontrolle der Vernunft und mit Erlaubnis des Willens wird solch eine Schwingung ausgeglichen und von gleichmäßiger Länge sein. Ohne Kontrolle ist sie aber unausgewogen und disharmonisch, also von uneinheitlicher Länge. Im Falle des Betrunkenen ist das Gleichgewicht der Gefühlssphäre und deshalb auch des Nephesch gestört. Daraufhin werden die Gedankenstrahlen mit jeder Schwingung erschüttert, so daß die Gefühlssphäre des Nephesch ins Schwanken gerät und an den körperlichen Extremitäten zittert, wo die Tätigkeit des Ruach begrenzt ist. Dadurch werden die Gedanken von Symbolen aus der Gefühlssphäre geblendet, wie die Augen von einem Spiegel geblendet werden können, wenn dieser zum Schwanken oder

Zittern gebracht wird. Die Eindrücke, die dann von den Gedanken vermittelt werden, beruhen auf einer Gefühlssphäre, die schwingt und sich fast um den Körper dreht, wodurch Übelkeit, Schwindelgefühl, Gleichgewichtsstörungen und ein Verlust des Gefühls für den Ort und die Lage hervorgerufen werden. Fast das gleiche gilt für Seekrankheit und die Wirkung einiger Drogen. Die Wiederherstellung des Gleichgewichts der Gefühlssphäre erzeugt natürlicherweise eine Minderung der Konzentration des Ruach in Tiphareth, weshalb Schlaf für den Betrunkenen eine absolute Notwendigkeit darstellt. Das ist so zwingend, daß er gegen das Bedürfnis nicht ankämpfen kann. Tut er es dennoch oder wiederholt sich der Zustand dauernd, werden die Gedankenstrahlen derart unregelmäßig und wild in die Gefühlssphäre geschleudert, daß sie ihre Grenzen überschreiten, ohne daß der niedere Wille, die Vernunft, nicht einmal das Denken selbst zustimmen könnten. Letzteres bleibt deshalb ohne den Schutz des Willens.

Daher stammen die Zustände des Zitterns im Delirium, und in der unbewachten Gefühlssphäre entstehen Öffnungen, durch welche feindliche Einflüsse eindringen können. Letzteres fällt allerdings schon in den Bereich der Besessenheit. Alle gedankliche Tätigkeit im spirituellen Bewußtsein geht aus der Strahlung hervor. Strahlung ist mit dem spirituellen Bewußtsein ebenso untrennbar verbunden wie mit dem Licht. Das spirituelle Bewußtsein ist der Brennpunkt der Tätigkeit der Neschamah und auch das Vehikel oder der Thron des lebendigen Geistes, welcher Chiah ist. Gemeinsam bilden diese den Wagen des höheren Willens, der in Kether liegt. Die besondere Fähigkeit der Neschamah besteht auch im Streben nach dem, was jenseits liegt. Der höhere Wille manifestiert sich durch Jechidah. Chiah ist das wirkliche Lebensprinzip, im Unterschied zum eher illusionären Leben des physischen Körpers.

Die leuchtende Flamme des göttlichen Feuers, das körperliche Kether, stellt das wirkliche Selbst der Inkarnation dar. Aber nur wenige Menschenkinder kennen oder spüren seine Gegenwart. Und noch weniger glauben oder verstehen sie jene höheren Kräfte der Engel, Erzengel oder Gottes, deren Wirkungen als höherer Genius direkte Berührung mit Jechidah haben. Diese Jechidah kann beim gewöhnlichen Menschen nur selten durch das spirituelle Bewußtsein wirken, weil dazu der König des physischen Körpers, der niedere Wille, sich von seinem Thron erheben und die ihm übergeordnete Kraft anerkennen muß. Das ist ein Grund, warum sich beim gewöhnlichen Menschen der höhere Wille oft nur im Schlaf in Form von Träumen niederschlägt. In anderen Fällen kann er seinen Ausdruck in ernsthaften religiösen Übungen oder bei Gelegenheiten der Selbstaufopferung finden. Bei allen diesen Fällen hat der niedere Wille für einen Augenblick eine höhere Form seiner selbst anerkannt, und das *Jhvh* des Menschen hat etwas vom ewigen Herrn des höheren Lebens wiedergegeben. Diese Jechidah ist der einzige Teil des Menschen, der wahrhaft sagen kann: *Eheihe*, Ich bin. Dies ist dann bloß Kether von Assiah des Mikrokosmos, das heißt des höchsten Teils des Menschen als solchem. Es hat Berührung mit oder ist eine Auswirkung eines höheren und weiteren Seinsbereichs. Jechidah ist gleichzeitig das höhere menschliche Selbst und der niedere Genius, der Gott des Menschen, Atziluth seiner Assiah, genau wie Chiah und Neschamah seine Briah bilden und Ruach seine Jetzirah. Sie ist der höhere Wille und das göttliche Bewußtsein, wie Daath das spirituelle Bewußtsein darstellt, Tiphareth das menschliche Bewußtsein und Jesod das automatische Bewußtsein.

Sie stellt das göttliche Bewußtsein dar, weil sie den einzigen Teil des Menschen bildet, der an die allmächtigen Kräfte rühren kann. Hinter Jechidah stehen die Mächte der Engel und Erzengel, deren Ausdruck sie ist. Sie bildet deshalb den niederen Genius oder Stellvertreter des höheren Genius, welcher jenseits liegt, ein mächtiger und furchtbarer Engel. Dieser große Engel ist der höhere Genius, jenseits dessen die Erzengel und göttlichen Kräfte liegen. Denke an den Satz des Adeptus Minor für Tiphareth: »Des weiteren schwöre und verspreche ich feierlich, daß ich mich mit der göttlichen Erlaubnis von diesem Tage an dem Großen Werk widmen werde, welches darin besteht, meine geistige Natur zu reinigen und zu erhöhen, daß ich mit göttlicher Hilfe schließlich über das Menschliche hinausreiche und mich auf diese Weise allmählich zum höheren und göttlichen Genius erhebe und mit ihm verschmelze, und daß ich in diesem Falle die mir dann anvertraute große Macht nicht mißbrauchen werde.« Beachte, daß dieser Satz Tiphareth entspricht, weil es der niedere Wille ist, der sich diesem Werk widmen muß, denn er ist der König des physischen Menschen.

All die leuchtenden Wesen, die wir als Engel bezeichnen, sind Mikrokosmen des Makrokosmos Jetzirah, genau wie der Mensch ein Mikrokosmos des Makrokosmos Assiah ist. Alle Erzengel sind Mikrokosmen des Makrokosmos Briah, und die Götter der Sephiroth sind demzufolge Mikrokosmen des Makrokosmos Atziluth. Betrachte deshalb diese Vervollkommnung der spirituellen Natur als eine Vorbereitung für den Pfad des glänzenden, des himmlischen Lichts.

Die böse Persönlichkeit eines Menschen befindet sich in der Sphäre der Qlippoth, und die Teufel sind die Mikrokosmen des Makrokosmos der Qlippoth. Diese böse Persönlichkeit hat ihre Teile und Abschnitte, von welchen derjenige, der Malkuth des Nephesch berührt, ihr Kether bildet. Darum zittere vor den bösen Kräften, die in deiner eigenen bösen Persönlichkeit liegen. Und so wie oben die Sephirah Kether des Menschen seine engelhafte und andere Formen bildet, so bildet unten die Sephirah Malkuth der bösen Persönlichkeit fürchterliche Formen, über die zu sprechen oder zu denken bereits gefährlich ist.

Die Aufgabe des Adeptus Minor

Dies also ist die Aufgabe, die der Adeptus Minor zu erfüllen hat: Die bösen Sephiroth aus der Besetzung der Sephiroth des Nephesch zu vertreiben; die Tätigkeit der Sephiroth des Ruach in denen des Nephesch auszubalancieren; den niederen Willen und das menschliche Bewußtsein daran zu hindern, auf die Stufe des automatischen herabzusinken; den König des Körpers, den niederen Willen, gehorsam und bereit zu machen, die Befehle des höheren Willens auszuführen, *damit er weder ein Eindringling in die Fähigkeiten des höheren, noch ein sinnlicher Despot, sondern ein eingeweihter Herrscher sei* und ein gesalbter König, der Stellvertreter und Repräsentant des höheren Willens, weil er von diesem in seinem Reich, welches der Mensch ist, inspiriert wird. Dann wird es geschehen, daß der höhere Wille, das ist der niedere Genius, in die königliche Wohnstatt hinabsteigt, so daß der höhere und der niedere Wille eins werden. Der höhere Wille steigt herab zur Kether des Menschen und bringt die ungeheure Erleuchtung seines engelhaften Wesens mit sich. Und dem Menschen geschieht, wie zu Henoch gesagt wurde: »Und Chanokh ging mit Gott, und er verschwand, denn Gott nahm ihn hinweg.« (1. Moses 5,24) Und wisse auch dies, daß der Nephesch des Menschen zum Genius der bösen Persönlichkeit werden soll, so daß die böse Persönlichkeit selbst zur Kraft des Göttlichen in den Qlippoth wird, wie gesagt ist: »Wohin soll ich gehen vor deinem Geist, und wohin fliehen vor deiner Gegenwart? Führe ich gen Himmel, so bist du da. Und bettete ich mich in der Hölle, siehe, so bist du auch da.« (Psalm 139,7).
Darum ist auch die böse Persönlichkeit nicht so böse, wenn sie ihre

Aufgabe erfüllt, denn sie wird zum Anfang eines schwachen Widerscheins des Lichts unter den Qlippoth, und das ist in dem Wort verborgen, daß »Typhon der Bruder des Osiris ist«. So vernimm denn ein Geheimnis aus der Kenntnis des Bösen. Im Ritual des Adeptus Minor heißt es, daß sogar »das Böse dem Guten weiterhilft«. Wenn die bösen Sephiroth von Nephesch in die böse Persönlichkeit vertrieben werden, sind sie darin in gewissem Sinne im Gleichgewicht. *Die böse Persönlichkeit kann zu einem großen und starken, aber trainierten Tier gemacht werden, worauf der Mensch reitet, und wird dann zu einer Kraft für seine körperliche Handlungsbasis.* Dieses Geheimnis halte von der Kenntnis des äußeren Ordens fern, und noch mehr von der äußeren Welt wie eine Formel, wissend, daß es sich um ein gefährliches Geheimnis handelt.

Nun sollst du beginnen, den Satz zu verstehen, der da heißt, »er stieg herab in die Hölle«, und teilweise auch diese Stärke zu verstehen und dadurch auch die Notwendigkeit des Bösen für die materielle Schöpfung. Darum schmähe die bösen Mächte nicht zu sehr, denn auch sie haben einen Platz und eine Verpflichtung, und darin besteht ihr Daseinsrecht. Überwache aber ihr Eindringen, und wirf sie auf ihre Ebene zurück. Verfluche sie zu diesem Zweck bei den mächtigen Namen, wenn es sein muß, aber schmähe sie nicht wegen ihrer Art, denn dann wirst auch du in den Irrtum geführt. Der Adeptus Minor muß außerdem ein großes Geheimnis kennen: wie das spirituelle Bewußtsein in und jenseits der Gefühlssphäre handeln kann.

Das »Denken« ist eine gewaltige Kraft, wenn es mit aller Kraft des niederen Willens, vernunftgeleitet und erleuchtet vom höheren Willen projiziert wird. Deshalb bist du angewiesen, bei den okkulten Arbeiten die himmlischen und Engelnamen anzurufen, so daß der niedere Wille bereitwillig den Einfluß des höheren annimmt, der auch der niedere Genius ist, hinter dem die allmächtigen Kräfte stehen.

Das ist die magische Arbeitsweise des Eingeweihten, wenn er in der geistigen Vision »sieht«. Aus seiner eigenen verborgenen Weisheit kennt er die Anordnungen und die Korrespondenzen der Kräfte des Makrokosmos. Er wählt nicht viele, sondern ein Symbol aus, das ausgeglichen ist und in seinen Wechselbeziehungen steht. Dann sendet er von seinem spirituellen Bewußtsein, das vom höheren Willen erleuchtet wird, einen Gedankenstrahl direkt in jenen Bereich der Gefühlssphäre aus, der mit dem benutzten Symbol in Einklang steht. Wie in einem Spiegel empfängt er dort dessen Eigenarten, wie sie vom Makrokosmos reflektiert werden und in den unendlichen Abgrund der Himmel hineinscheinen.

Dann kann er dem von dort ausgehenden Reflektionsstrahl folgen und die direkte Reflektion des Strahles aus dem Makrokosmos empfangen, während er sein gesamtes Bewußtsein auf diesen Punkt in der Gefühlssphäre konzentriert. Wenn er derart den direkten Strahl empfängt, wie er in sein Denken hineingespiegelt wird, kann er sich selbst mit dem Strahl seines Denkens vereinen und einen fortlaufenden Strahl vom betreffenden Punkt im Makrokosmos bis in das Zentrum seines Bewußtseins bilden. Wenn er sich nicht an dem wirklichen Punkt seiner Gefühlssphäre konzentriert, sondern den Gedankenstrahl zurückhält und ihn nur die Gefühlssphäre an diesem Punkt berühren läßt, wird er tatsächlich auch eine Spiegelung des makrokosmischen Strahles empfangen, der diesem Symbol in der Sphäre seines Bewußtseins entspricht. Aber der Empfang dieser Reflektion wird stark durch sein eigenes Wesen eingefärbt und daher teilweise unwahr sein, weil seine vereinten Bewußtseine nicht in der Lage waren, sich entlang des Gedankenstrahls an der Begrenzung der Gefühlssphäre zu konzentrieren. Das ist der Grund für die zahlreichen und vielfältigen Fehler bei der ungeübten geistigen Vision. Der ungeübte Seher, sogar wenn er frei von irreleitenden Zwangsvorstellungen ist, weiß und versteht nicht, wie die Bewußtseine zu vereinen sind und die Harmonien zwischen seiner Gefühlssphäre und dem Universum, dem Makrokosmos, herzustellen ist. Deshalb ist es so notwendig, daß der Adeptus Minor die Prinzipien und Axiome unseres geheimen Wissens, das in unseren Ritualen und Lehrschriften enthalten ist, richtig versteht.

Das Reisen in der geistigen Schau

Wenn das Symbol, der Ort, die Richtung oder Ebene bekannt sind, worauf sich die Handlung richtet, wird wie zuvor ein Gedankenstrahl in den entsprechenden Teil der Gefühlssphäre des Nephesch ausgesendet. Dieser Gedankenstrahl wird wie ein Pfeil von einem Bogen durch die Begrenzung dieser Sphäre hindurch direkt zum erwünschten Ort gesendet. Dort angekommen, wird eine Kugel aus astralem Licht gebildet. Dies geschieht durch die Vermittlung des niederen Willens, der vom höheren erleuchtet ist und über das spirituelle Bewußtsein durch Reflektion entlang des Gedankenstrahls wirkt. Diese Kugel aus astralem Licht wird zum Teil aus der umgebenden

Atmosphäre genommen. Wenn diese Kugel geformt ist, wird ein Abbild der Person des Sehers entlang des Gedankenstrahls projiziert, und das vereinte Bewußtsein wird dann in dieses hineinverlegt.

Durch die Reflektion wird diese Sphäre zu einem Duplikat der Gefühlssphäre. Wie es gesagt ist: »Glaube, daß du an einem Ort seiest, und du bist dort«. Während dieser Astralprojektion muß jedoch ein Teil des Bewußtseins im Körper verbleiben, um den Gedankenstrahl außerhalb der Sphäre der Gefühle zu schützen, (wie auch die Sphäre selbst an diesem Punkt, wo der Gedankenstrahl sie verläßt), damit er nicht von feindlichen Kräften angegriffen wird. Deshalb ist das derart projizierte Bewußtsein nicht ebenso stark, als wenn es im gewöhnlichen Leben im natürlichen Körper konzentriert ist. Die Rückkehr findet durch eine Umkehrung des Vorganges statt. Abgesehen von Personen, deren Nephesch und physischer Körper außergewöhnlich kräftig und gesund sind, ist die Arbeit des »Sehens« und der Reise in der Geistvision natürlich ermüdend. Es gibt noch eine andere Art der Astralprojektion, die vom erfahreneren und fortgeschritteneren Adepten benutzt werden kann. Diese besteht darin, sein eigenes Abbild hineinzuwerfen und dann das Ganze an den gewünschten Ort zu projizieren, wie bei der vorigen Methode. Aber das ist außer für sehr erfahrene Arbeiter nicht leicht durchführbar. So weit, was das Sehen und das Reisen in der Vision des Geistes angeht.

Über die Mikrokosmen des Makrokosmos

Wie du wohl weißt, gibt es neben dem Menschen, den Engeln und Teufeln zahllose andere Bewohner des Makrokosmos. Die Tiere sind in gewissem Sinne Mikrokosmen, jedoch nicht so vollständig wie der Mensch. In ihnen liegen viele und große Geheimnisse. Auch sie haben ihren magischen Spiegel, ihre Gefühlssphäre. Deren Polarisierung ist aber horizontal und nicht aufrecht, weil die Sephiroth darin nicht auftreten. Diese Sphäre ist also nicht durch die Säulen der Sephiroth begrenzt, sondern wird insbesondere durch das Sternensystem regiert. Deshalb werden sie eher durch die Pfade als durch die Sephiroth bestimmt und demzufolge jeweils einem Element oder Planeten oder Zeichen zugeordnet. Jedes folgt einer Formel, die in Buchstaben übersetzt werden kann, und diese wiederum bilden einen Namen aus Schwingungen. Wie geschrieben steht: »Und Adam gab

Namen allem Vieh und allen Vögeln unter dem Himmel und allen Tieren auf dem Felde.« (1. Moses 2,20) Dennoch unterstehen sie dem Namen *JHVH*, obwohl sie eher einem oder mehreren seiner Buchstaben zugeordnet werden.

Fische stehen unter dem Einfluß des Wassers, Vögel unter dem der Luft, Vierfüßer unter dem des Feuers und Kriechtiere und Insekten unter dem der Erde.

Einige haben an zwei Elementen Teil, aber gewöhnlich ist ein Element vorherrschend, und neben den Elementen steht jedes noch unter einem Planeten oder Zeichen.

Das Pflanzenreich gehorcht wiederum einem anderen Gesetz. Pflanzen unterstehen einem Planeten und einem Zeichen, wobei der Planet zunächst durch das Zeichen differenziert wird. Das Mineralreich untersteht nur den Zeichen. Pflanzen haben ebenfalls eine Gefühlssphäre, die aber nur auf die Planeten und Tierkreiszeichen Bezug nimmt. Die Sphäre der Minerale steht nur mit den Zeichen in Zusammenhang, wohingegen die Metalle nur einem Planeten zugeordnet sind. Darin liegt der Unterschied zwischen ihnen und den Mineralien, weshalb sie auch stärker als diese sind. Leuchtende Steine unterstehen besonders dem Licht. Sie sind Zentren der Tätigkeit des Lichts in der Finsternis der Materie, wie gesagt ist: »Mein Licht ist in allem verborgen, was leuchtet.« (Dieser Satz soll aus dem Zend-Avesta stammen.) Sie stehen deshalb unter der Herrschaft der drei aktiven Elemente mit einer erdigen Basis. Die Strahlen des Makrokosmos scheinen durch alle Dinge insgesamt hindurch. Neben diesen Klassen des Lebens gibt es die vielfältigsten Existenzen, die die Kräfte des Makrokosmos repräsentieren, jede mit einem eigenen Mikrokosmos. Solche sind die Elementargeister, Planetengeister, Olympische Geister, Feen, Erzfeen, Genii und viele andere Kräfte, die nicht unter diese Formen gefaßt werden können.

Das makrokosmische Universum ist eine riesige, unendliche Sphäre, die so viele und verschiedene, unendliche mikrokosmische Formen enthält, von welchen nur der fortgeschrittene Adept vollständige Kenntnis hat. Es soll hier auch genügen zu sagen, daß du zwischen der vierhändigen Rasse (Quadrumana, Affen und Halbaffen), die auf halbem Wege zwischen Mensch und Tier stehen, und anderen Tieren einen Unterschied machen sollst. Denn sie sind weder das eine noch das andere, sondern das gefallene und erniedrigte Produkt eines uralten magischen Versuchs, ein materielles und direktes Bindeglied zwischen den menschlichen und tierischen Mikrokosmen zu schaffen. Darüber wird woanders gesprochen, und es soll hier genügen festzustellen, daß sie nicht einen Aufstieg vom Tier zum Menschen, sondern einen fehlerhaften magischen Fall des Menschen zum Tier darstellen. Einstmals bildeten sie auf diesem Planeten eine fürchterliche Macht, als sie noch mehr vom Menschen als vom Tier hatten, während sie heute eher tierisch als menschlich sind.

Die alte Überlieferung ihrer ursprünglichen Zustände ist bis auf den heutigen Tag in den Legenden von Monstern und in bestimmten Berichten vom Kannibalismus und seinen Riten erhalten. Was die Tiere angeht, so sind sie zum größten Teil leicht besessen und spirituell nicht so verantwortlich wie der Mensch. Sie haben keine böse Natur, sondern, dem natürlichen Gesetz folgend, stehen die Tiere höher als die Pflanzen und Mineralien, wie der Mensch die Spitze der Schöpfung von Assiah bildet. Und behalte wohl im Gedächtnis, daß die Rasse der Umwandler sich der Grausamkeit hingegeben hat. So vornehmlich die Rasse der Kriechtiere. Wie der Mensch einen Ruach besitzt, der aufrecht im Lebensbaum steht, so hat das Tier einen horizontalen, wie gesagt ist: »Der Ruach des Menschen, der aufwärts geht (d.h., sich aufwärts richtet), und der Ruach des Tieres, welcher abwärts (oder waagerecht) in die Erde geht.« Die Neschamah existiert im Tiere nicht. Das Tier besteht aus Ruach und Nephesch mit einem rudimentären Daath oder spirituellen Bewußtsein. Dieses Daath sucht immer nach dem, was jenseits davon liegt; daher sind Tiere nicht verantwortlich, sondern leicht einer Besessenheit unterworfen. Hierin liegt ein großes Geheimnis.

Der Mensch ist der Kopf der Tiere. Wehe ihm, wenn er ihre elementare Daath Grausamkeit und Ungerechtigkeit statt Gnade und Gerechtigkeit lehrt, denn der Mensch ist den Tieren ein Gott, und das Streben der Tiere gilt dem Menschen. Und der Dienst des Tieres ist groß, denn es bereitet dem Menschen das Fundament. Der Mensch ist für die Schöpfung verantwortlich, und so wie er ursprünglich als der Herr über die Schöpfung gesetzt wurde, der er ist, so folgt die Schöpfung ihm nach. Deshalb vermag der Genius einer Nation das Klima eines Landes zu verändern und das Wesen der darin lebenden Tiere. Der Mensch fiel aus dem Urzustand, und die zuvor formlos waren, wurden jetzt in Formen gebildet, mißgebildet. Dies ist ein Geheimnis der dämonischen Ebene, welche nicht in diesen Abschnitt gehört. Die Elementargeister und andere ihrer Art verfügen nicht über eine so vollständige Organisation wie der Mensch. Ihr spirituelles Bewußtsein ist schärfer und dem Menschen in mancher Hinsicht überlegen, obwohl sie ihm organisch unterlegen sind. Sie sind die Bildner des ursprünglichen, des elementaren Menschen, und sie haben andere und größere Dienste zu versehen, denn in ihnen liegen viele Welten, Schichten und Sphären. Sie sind wie jüngere Menschen (wie Kinder), und auch für sie ist der Mensch verantwortlich, und er hat ihnen viel Unrecht zugefügt.

Über Besessenheit, Trance und Tod

Besessenheit tritt immer durch eine Trennung des höheren vom niederen Willen auf und wird gewöhnlich durch einen Gedankenstrahl des fehlgeleiteten spirituellen Bewußtseins eingeleitet (daher die Gefährlichkeit böser Gedanken), der die Gefühlssphäre durchdringt und einer anderen Kraft Zugang gewährt, sei sie nun menschlich verkörpert oder nicht, elementar oder dämonisch. Die erste Aktion einer solchen Kraft besteht darin, dem niederen Willen zu schmeicheln, bis sie einen Zugang zur Sphäre der Gefühle fest eingerichtet hat. Das soll den Nephesch stärker belasten und dadurch dem Ruach die Konzentration nehmen. Sobald der Ruach sich verteilt, um die körperliche Belastung auszugleichen, wird der niedere Wille geschwächt und sofort von dem Eindringling ergriffen und an sich gebunden. Daher kommt das Gefühl des Fröstelns und der Schläfrigkeit, das der Besessenheit gewöhnlich vorausgeht.

Um die Kraft aufzubringen, die den niederen Willen jeder Möglichkeit einer Verständigung mit dem höheren Willen beraubt, ergreift die obsessive Idee Daath. Dies ist demzufolge der Hauptangriffspunkt, insbesondere der Teil des physischen Körpers, wo die Wirbelsäule in den Hinterkopf übergeht. Wenn sich der niedere Wille nun nicht absichtlich darum bemüht, die Verbindung wiederherzustellen, ist es dem höheren Willen unmöglich einzugreifen, denn der niedere ist der König im Körper. Aber denke daran, daß keine Kraft der Besessenheit den niederen Willen überwältigen kann, wenn sich dieser tapfer und gegen alle Widerstände an den höheren Willen wendet.

Trance kann aus einer Besessenheit entstehen oder aus der Tätigkeit des höheren Willens. Deshalb sind ihre Aspekte ganz verschiedene.

Der Tod tritt beim natürlichen Menschen auf, wenn die geistige Tätigkeit des Ruach und des Nephesch im physischen Körper entschieden und endgültig unterbrochen ist. Beim Adepten kann der Tod nur mit dem Einverständnis des höheren Willens auftreten, und darin liegt das ganze Geheimnis des Lebenselixiers beschlossen.

Über die Arbeit zwischen der Pforte* und dem Adeptus Minor

Die Arbeit fällt unter die sechs folgenden Überschriften:

1. Eine Abhandlung über die Rituale.
2. Eine Meditation über die Kreuze, die als Einlassungszeichen bei den Graden benutzt worden sind. Dies ist eine Vorbereitung auf die Meditation, die dem Grad des Adeptus Minor voraufgeht, und du solltest sie beantragen, wenn du sieben Monate lang Mitglied der Pforte bist.
3. Ein vollständiges Diagramm des Lebensbaumes.
4. Die Praxis der Aurakontrolle.
5. Die Lage des Lebensbaumes in der Aura.
6. Tattwas, Astrologie und Divination.

1. Die Abhandlung
Lies die Rituale. Baue sie in deiner Vorstellung auf. Vergleiche die Eröffnung und den Abschluß in den verschiedenen Graden. Beachte das allgemein zugrundeliegende Schema für jeden Elementargrad – und achte darauf, wo die Unterschiede auftreten. Folge der Entwicklung der einzelnen Beamten. Beachte, bei welchem Grad ein Beamter auftritt.

Fertige eine Zusammenfassung jedes Rituals an, so daß das allgemeine Schema deutlich wird. Das stellt eine sehr große Hilfe dar, wenn du in ein Amt gerufen wirst, denn dann brauchst du nicht jeder Einzelheit des Rituals zu folgen, sondern nur auf die Textseite zu blättern, wo dein Amt erwähnt ist, und wenn du nichts mehr zu sagen hast, kannst du zum Abschluß weitergehen und den Ritualtext zur

---

* Anm.d.Übers.: Bei der »Pforte« (engl.: portal), von welcher hier die Rede ist, handelt es sich um den Schleier (hebr.: Paroketh), der vor Tiphareth liegt und sie von den niederen Sephiroth trennt. Der Tiphareth entsprechende Grad ist der des Adeptus Minor. Der »Grad der Pforte« ist kein Ordensgrad im engeren Sinne, sondern bereitet auf Adeptus Minor vor.

Der Kern der Überlieferung

Seite legen, bis er dafür gebraucht wird. Die Fähigkeit, dies zu tun und sich im Tempel richtig zu bewegen, trägt sehr zur Harmonie und Ruhe der ganzen Zeremonie bei.

Beachte die Position der einzelnen Beamten – welche geometrischen Figuren sie zwischen sich bilden, wenn sie von Zeit zu Zeit ihre Plätze im Tempel einnehmen. Es kann sich um ein Dreieck, ein Kreuz, ein Pentagramm usw. handeln.

Lies die Reden sorgfältig, und lies sie mehrmals laut vor, so daß du mit dem Klang deiner Stimme beim Sprechen dieser Worte vertraut wirst. Beachte, daß einige der Reden dazu angelegt sind, durch ihre archaische Form eine Atmosphäre aufzubauen. Sie sollten rhythmisch und klangvoll vorgetragen werden. Andere sind eher informativ und sollten so vorgelesen werden, daß ihre Argumente deutlich werden.

Beispiele der archaischen Passagen sind die Herausforderungen der Götter: »Und nennest du mich nicht bei meinem Namen, so kannst du das Tor des westlichen Himmels nicht durchschreiten.« Oder die Rede der Kabiren im Grade des Practicus und Philosophus. Informationen werden in den Reden über den Tarot und über Diagramme vermittelt.

Beachte die Techniken, um die Pfade zu überqueren – die Worte und die Abzeichen, mit welchen der Pfad betreten wird, die Dauer des Umhergehens und die besondere, darin beschriebene Symbolik.

Lasse alle diese Dinge in deinen Geist eindringen, mache Notizen, wenn dir Ideen dazu kommen. Dabei werden sich deine persönlichen Reaktionen den Graden gegenüber herausstellen, und du wirst in der Lage sein, die Abhandlung zu schreiben.

2. Die Kreuze

Mache eine Liste und Zeichnungen der Kreuze, die dir als Einlassungszeichen bei den Graden gegeben worden sind, von der Swastika des Zelators bis zum fünfquadratigen Kreuz, das du anlegtest, als du vor dem Altar am zweiten Punkt des Grades der Pforte standest. Lies, was in den Ritualen und Lehrschriften über sie gesagt wird, und mache darüber Notizen.

3. Der Lebensbaum

Dieser sollte groß ausgeführt werden, damit die Beschriftung und die Symbolik deutlich werden. Es ist entscheidend, die Namen der Gottheiten, der Erzengel und Engel in Hebräisch in die Sephiroth zu schreiben sowie die Pfade zu numerieren und ihre Attribute zuzuordnen. Abgesehen davon, sollte der Lebensbaum deine persönliche Synthese der Ordenssymbolik darstellen, sofern sie sich auf diesen bezieht. Farben können benutzt werden.

4. Kontrolle der Aura
Wenn du mit deinen Körperteilen, wie dem Nerven-, dem Atmungs- und Verdauungssystem, noch nicht vertraut bist, besorge dir einige Handbücher, wie sie bei der Sanitätsarbeit benutzt werden, oder besuche einen Erste-Hilfe-Kurs, so daß du etwas über den physischen Körper weißt, bevor du mit der Arbeit am feinstofflichen beginnst.

Dein physischer Körper wird von einem feinstofflichen Körper, der Aura, durchdrungen, welche den physischen wie ein Lichtei umgibt. Du solltest nun damit beginnen, diese Aura oder Gefühlssphäre zu kontrollieren. Das bedeutet, daß du deine emotionalen Reaktionen zunächst unter bewußte Kontrolle bringen mußt. Anstelle nur automatisch das eine zu mögen und das andere abzulehnen, mußt du versuchen, die Mechanismen zu verstehen, die diesen Gefühlen zugrunde liegen. Zur Untersützung dessen empfiehlt sich ein Studium der Psychologie. Zu dem Thema gibt es viele Bücher, von denen die folgenden leicht verständlich und klar ausgedrückt sind: *Psychoanalysis for Normal People* von Geraldine Coster. *You are in Charge* von Janette Rainwater. *Die Funktion des Orgasmus* von Wilhelm Reich. *Zwei Schriften über Analytische Psychologie* von C.G. Jung. *Das Buch vom Es* von Georg Groddeck. *The Image and Appearance of the Human Body* von Paul Schilder. *Die Vielfalt der religiösen Erfahrung* von William James.

Nachdem du dir ein Bild von den Mechanismen deiner geistigen Prozesse gemacht hast, solltest du nun versuchen, willentlich eine positive oder negative Einstellung zu Personen oder Meinungen zu erzeugen. Wenn du voraussichtlich jemandem begegnen wirst, der dich immer streitlustig und ärgerlich macht, beschließe, daß deine Aura seiner Kraft, dich zu ärgern, gegenüber verschlossen ist und daß dein Geist durch seine Äußerungen nicht gestört werden kann. Manchmal ist es gut, dir Meinungen anzuhören, mit denen du nicht übereinstimmst, um zu lernen, keine verbalen Erwiderungen zu machen und deine Gefühle in Ruhe zu halten. (Anmerkung: Denke daran, daß dies nur eine Technik darstellt. Es gibt in der Tat Zeiten des Wortes und Zeiten des Schweigens. Aber es ist wichtig zu vermeiden, daß eine Technik zum Zwang wird. I.R.) Auf diese Weise lernst du, welcher Anteil deiner Ablehnung aus Vorurteilen oder persönlichen Faktoren hervorgeht und wieviel aus deiner Achtung vor der abstrakten Wahrheit.

Übe auch, deine Aura Menschen und Meinungen gegenüber zu öffnen im Bemühen, die Dinge aus der Perspektive anderer zu sehen.
Die Praxis tiefen Atmens ist auch dabei hilfreich, Haltung zu bewahren und die Nervosität unter Kontrolle zu halten. Es ist gut, zunächst die Brust voll zu weiten, dann das Zwerchfell und schließlich den Atem langsam und stetig mit dem Klang eines Vokals ausströmen zu lassen, etwa auf Ah oder Oh. (Anmerkung: Ziehe hierbei zu Rate: *Undoing yourself with Energized Meditation* von Christopher Hyatt, Falcon Press, 1982. I.R.).
Wenn du nervös bist, wirst du bemerken, daß deine Atmung flach ist und die Muskeln gespannt sind. Du neigst dazu, die Fäuste zu ballen und die Bauchmuskeln anzuspannen. Um das abzustellen, nimm einen tiefen, vollen Atemzug und halte den Atem an, während du die Bauchmuskeln abwechselnd spannst und entspannst. Dieses Spannen und Lösen führe dreimal durch, und entspanne dich dann völlig auf einem Stuhl. Lasse alle Muskeln völlig erschlaffen und den Atem bis zum Schluß ausströmen. Falls erforderlich, führe die gesamte Prozedur dreimal durch. Sie ist dazu angelegt, den Solarplexus zu stimulieren, der das Herz des Nervensystems darstellt, welches die Gefühle regiert.
Eine andere gute Übung besteht darin, die Gottesnamen laut auszusprechen. Hole tief Luft und sprich sie weich, sanft und langsam, während du dir vorstellst, daß deine Stimme bis an die Grenzen des Universums dringt. Das kann auch in Verbindung mit dem Pentagrammritual durchgeführt werden.

5. Der Lebensbaum in der Aura
Wir müssen in der Aura, die den physischen Körper durchdringt und umgibt, ein Abbild des Lebensbaumes aufbauen. Dabei ist die Säule der Strenge zu unserer Rechten, die Säule der Gnade zu unserer Linken, die Mittlere Säule* in unserer Mitte.
Am besten ist es, zunächst die mittlere Säule aufzubauen. Stelle dich dazu hin und erhebe dich in deiner Vorstellung zu *Kether* – ein glänzendes Licht über deinem Kopf. Stelle dir vor, daß dieses Licht zu *Daath* in den Nacken hinabsteigt und von dort zu *Tiphareth* in dein Herz, wo es wie Sonnenlicht leuchtet und von wo es in die anderen Sephiroth ausstrahlt. Von *Tiphareth* aus geht das Licht weiter zu *Jesod*

---

* Anm.d.Übers.: Es heißt im Original: »pillar of beneficience« (Säule der Barmherzigkeit/Wohltätigkeit). Da im Deutschen aber nur der Begriff der Mittleren Säule üblich geworden ist, wird dieser durchgängig benutzt.

in der Hüftgegend und von dort zu *Malkuth*, worin die Füße stehen. Nachdem du ein festes Bild der Mittleren Säule gewonnen hast, kannst du die anderen Sephiroth durch Vibrieren der Gottesnamen aufbauen. Das kann anstatt des Pentagrammrituals zur Vorbereitung einer Meditation benutzt werden.

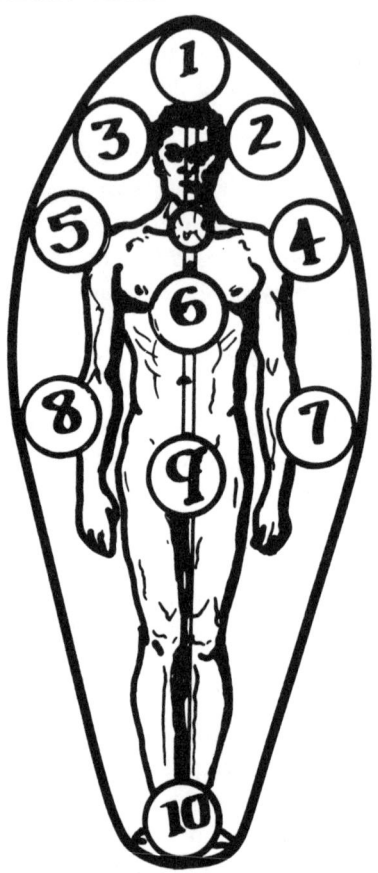

1. Stelle dir vor, daß du nach Westen gewandt im Tempel stehst. Der schwarze Pfeiler der Strenge befindet sich zu deiner Rechten, der weiße Pfeiler der Gnade zu deiner Linken. Zwischen ihnen stehend stellst du die Mittlere Säule dar.

2. Stelle dir nun vor, daß der schwarze Pfeiler in deine rechte Seite reflektiert wird, der weiße in deine linke.

3. Hole tief Luft, und erhebe dein Bewußtsein zu *Kether* über deinem Kopf, und vibriere den Namen *Eheieh*, was bedeutet Ich Bin. Stelle dir das durch *Daath* (im Nacken) nach *Tiphareth* herabfließende Licht vor.

4. Baue auf gleiche Weise *Jesod* im Namen *Shaddai el Chai* auf, und *Malkuth* im Namen *Adonai Ha-Aretz*.
5. Führe das kabbalistische Kreuz aus, um anzuzeigen, daß du das Licht von *Kether* herabgerufen und in deiner Aura ausbalanciert hast. Lasse deine Imagination in der Aura ruhen, sieh sie als ein klares Oval, das im Glanz von *Tiphareth* pulsiert.

Wirst du zu jemandem gerufen, der krank oder depressiv ist oder eine bedrückende Wirkung auf dich ausübt, solltest du diese Übung zuvor durchführen. Im Falle einer Person, die diese Bedrücktheit auslöst, kannst du dir auch vorstellen, daß deine Aura am Rande gehärtet ist, so daß die Auswirkung nicht in der Lage ist, zu dir hindurchzudringen und dir Lebenskraft zu entziehen (darauf deutet so ein Gefühl gewöhnlich hin).

Bei allen diesen Praktiken ist es immer gut, sich daran zu erinnern, daß »in der Stille Kraft liegt«.

(Anmerkung: Die Originaldokumente des Ordens, die bis 1895 und vielleicht auch weiter zurückreichen, geben uns nicht den geringsten Hinweis auf den Ursprung dessen, was dann als die Übung der Mittleren Säule bekannt wurde. So weit ich es entdecken konnte, scheint es sich dabei um eine besondere Entwicklung der Stella Matutina zu handeln, in welchem Falle Dr. R. Felkin der Urheber wäre. Das würde erklären, warum in den Übungsbeschreibungen Aleister Crowleys sich keine Spur davon findet, der sonst starken Gebrauch von den Techniken des Ordens gemacht hat und sie sicherlich verwendet hätte, wären sie verfügbar gewesen.

Sogar in der Stella Matutina aber wurde die Übung nur in einem Vorstadium beschrieben, das heißt, sie blieb weitgehend unentwickelt. Sie wird in dem Papier, das die Arbeit zwischen dem Grad der Pforte und des Adeptus Minor darlegt, kurz angesprochen. In dieser Methode liegen enorme Möglichkeiten. Ich hatte das Glück, auf einen eher praktischen Zugang zu stoßen, der einige dieser Möglichkeiten weiter ausführt, die im ursprünglichen Papier von Felkin angedeutet sind.

In meinem Buch *Foundations of Practical Magic* fügte ich kürzlich meinen älteren Aufsatz »The Art of True Healing« ein, der einmal als Büchlein bei Helios Publishing Service in England veröffentlicht worden war. Er beschreibt diese Methode, die ich im Laufe der Jahre außergewöhnlich nützlich gefunden habe. Wer auch immer die Grundtechnik entwickelte, ob Felkin oder jemand anders, schuf damit eine grundlegende Methode zur Unterstützung persönlichen und spirituellen Wachstums. Wenn du außer zu deinem Vorgesetzten darüber sprichst oder versuchst, die Wirkungen zu analysieren, wirst du keinen Nutzen davon haben. Übe sie ein Jahr lang in schlichtem Glauben und Schweigen, bevor du sie rationalisierst. I.R.).

Es ist zunächst günstiger, deine Aura bei dir zu behalten, als zu versuchen, damit zu anderen hinzufließen. Wenn du nicht ganz besonders vital und ausgeglichen bist, verschwendest du damit nur Energie. Sogenannte Heilungen und »anderen Gutes tun« sollte eine Zeitlang vermieden werden. Diese Methoden haben eigene Techniken und erfordern einen geschulten und ausgeglichenen Geist und Körper, um sie durchzuführen. Bringe zunächst dich selbst in Ordnung, bevor du versuchst, dich anderen gegenüber in irgendeiner Weise einzumischen, die über freundliche, anständige Geselligkeit hinausgeht.

Wenn du die Übung der Mittleren Säule einige Zeit über praktiziert hast und sie leicht visualisieren kannst, kannst du auch die anderen Sephiroth aufbauen.

6. Tattwas-Astrologie-Divination
Die Tattwas sind dazu angelegt, dich bei den Forschungen nach der Seele der Natur zu unterstützen. Sie werden zunächst mit einem älteren Ordensmitglied durchgeführt und können später auch allein oder mit einem Begleiter des eigenen Grades unternommen werden. Man sollte aber nie zulassen, daß sie zu unkontrollierten Tagträumen werden. Man halte sich daher strikt an die gelehrte Methode. Eine bestimmte Zeit sollte dafür abgestellt werden, am besten der Morgen, und man sollte sich nie daran versuchen, wenn man sich müde fühlt oder wenn der Geist zu sehr mit anderen Dingen beschäftigt ist, um »fortzukommen«. Sie sollten auch nicht zu häufig unternommen werden, etwa einmal in drei bis vier Wochen genügt, eventuell auch einmal wöchentlich, wenn Zeit und Umstände es zulassen. Notizen über die wahrgenommenen Bilder und Symbole sollten in einem Buch zusammengehalten werden.

Astrologie
Damit beschäftige man sich, wie die Zeit es erlaubt. Es handelt sich um ein weites und sehr technisches Thema, das bei verschiedenen Schulen und Fernkursen gründlich studiert werden kann, wenn Interesse da ist. Anhand der Ordensschriften solltest du in der Lage sein, ein korrektes Geburtshoroskop für beliebige Zeiten und Orte zu erstellen. Du kannst das Aufstellen von Horoskopen an den Fällen üben, die in dem Buch *The Circle Book of Charts* angegeben sind, und nachsehen, ob du das Bemerkenswerte an den Horoskopen herausge-

Der Kern der Überlieferung

funden hast. Du solltest versuchen, für jemanden das Horoskop zu deuten, den du kennst, und dann mit den Daten einer Person, über die du nichts weißt, eine Deutung versuchen, die ihre Freunde zufriedenstellt.

Der Orden erwartet nur, daß du in der Lage bist, ein genaues Horoskop zu erstellen, daß du weißt, wie die Aspekte herauszuarbeiten sind und eine einfache Einschätzung der guten und schlechten Faktoren in einem Stundenkreis zu machen. Falls du weiteres Interesse an der Astrologie hast, stellt sie ein faszinierendes Forschungsgebiet dar.

Divination
Du kannst versuchen, deine Intuition durch Geburts- und Stundenastrologie zu entwickeln, durch Geomantie und durch das Lesen von Tarotkarten nach der Methode, die A.E. Waite in seinem kleinen Buch angibt.

Du solltest das aber nur mit Fragen versuchen, die dich emotional nicht betreffen, denn die Divinationsmethoden können einen sehr fruchtbaren Boden für Selbstbetrug abgeben, falls man medial veranlagt ist, aber sich selbst nicht kennt. Wenn es dir vergönnt ist, Intuitionen zu empfangen, mußt du lernen, nicht nur »ich hatte recht«, sondern auch »ich hatte unrecht« zu sagen. Wenn du vor deinem eigenen Gewissen nur die Erfolge verzeichnest (was üblich ist), dann lerne sie aufrichtig einschätzen.

Die Zeitspanne zwischen *Pforte* und *Adeptus Minor* sollte völlig dem Studium deiner gesamten Verfassung gewidmet sein. Alle Methoden sind dazu geeignet, dich auf dem Weg zur Selbsterkenntnis möglichst weit zu bringen.

Du mußt die verschiedenen Schichten deines Wesens erkennen, durch die du zum Teil in den äußeren Graden symbolisch geführt worden bist, »was in einer Hinsicht *Malkuth* nicht befreit«, das Königreich deiner selbst.

In Verbindung mit dem Studium der Rituale kann das dazu führen zu erkennen, was du am ersten Punkt des Rituals der Pforte zusammengesammelt hast und was du zu vervollkommnen suchst, um es auf den Altar des Geistes zu legen.

In der Pforte wird uns mitgeteilt, daß die neunmonatige Frist, die bis zur nächsten Öffnung der Pforte für den Anwärter verstreichen muß, den neun Monaten Schwangerschaft vor der Geburt entspricht. Wie das ungeborene Kind schrittweise die vergangene Geschichte der Rasse durchläuft, so wiederholt der Kandidat in der Pforte durch je eine Umkreisung seine vergangenen Grade und sieht ihre Symbole auf dem Altar des ersten Punktes als Teile seines Körpers an. Er kontempliert ihr Zusammenfließen in einem Ort – der Einheit seiner Person.

Am zweiten Punkt opfert er seinen Namen, das Symbol seiner Vorstellung von sich selbst, um die Vorstellung eines neuen Selbstes und ein neues Bewußtsein gewinnen zu können.

Das korrespondiert mit der Geburt eines Kindes. Es löst sich von den Schleimhäuten und der Plazenta, die bisher sein Körper und seine Lebensquelle waren, und findet sich nach der furchtbaren Veränderung nicht ›tot‹ wieder, sondern in ein viel weiteres Bewußtsein übertragen.

Auf diese Weise deutet die Pforte die Art der Veränderung und Entwicklung an, die für das Verständnis der Symbolik im Grade des Adeptus Minor notwendig ist.

Wir wissen nicht, über was für ein Bewußtsein ein ungeborenes Kind verfügt, wie weit seine Entwicklung fortgeschritten ist, durch welche Mittel es die Möglichkeiten seines winzigen Samens entfaltet und das zum Wachstum notwendige Material an sich zieht. Das Wunder geschieht und gibt uns den Mut, daran zu glauben, daß ein ähnliches Wunder sich jetzt wieder ereignet, aufgrund dessen für uns ein Körper bereit sein wird, wenn dieser, der uns so wirklich erscheint, das Schicksal der Plazenta und Schleimhäute teilen wird, die bei unserer Geburt »sterben«.

Die Tradition aber, die unser Orden ausdrückt und auf die auch die offenbarten Religionen weniger deutlich hinweisen, lehrt, daß diese Entwicklung durch bewußte Anstrengungen tatsächlich gefördert werden kann und daß eine Zeit kommt, wenn diese Anstrengung von dem Körper und dem Geist, mit denen wir jetzt versehen sind, gemacht werden muß. Da wir einsehen, daß wir uns tatsächlich auf einem Pfade der Finsternis befinden und nach dem Licht greifen, müssen wir einen Weg zum Verständnis der Bedeutung dieses Lichtes erspüren, den Grund des Todes.

Der Orden bringt denen, die sich zu dieser Anstrengung berufen fühlen, eine Folge von Bildern, die das Wachstum der Seele zu einem neuen Leben symbolisieren. Die Meditationen für jeden Grad sind so angelegt, daß sie den Geist auf Ideen hinführen, die die Selbsterkenntnis fördern, universale, unpersönliche Ideen, die jeder auf eigene Weise finden muß, »die Geheimnisse, die nur jenen mitgeteilt werden können, die sie ohnehin schon kennen«.

Der Anwärter wird dazu angeleitet zurückzuschauen. Zunächst

muß er anerkennen, daß er der Evolution die Vervollkommnung dieses Instrumentes zu verdanken hat, in welchem sein Geist arbeitet und Material sammelt. Durch Meditationen wird er dann dazu geführt, daß er nicht nur selbstbewußt ist — als einer, der Eindrücke empfängt — der kritisiert und beobachtet — in dessen Willen man sich einmischt — der mißverstanden wird — dem gegenüber die anderen als Personen oder Masken (lateinisch »persona«: Maske) erscheinen — sondern er bemüht sich, außer sich stehend zu erkennen, wie seine Maske auf andere wirkt, er sieht sich selbst als Teil des Bewußtseins der anderen, als einen, der Eindrücke hervorruft, der kritisiert und beobachtet wird, der sich in den Willen anderer mischt, der andere mißversteht.

Er kann sich vielleicht an Zeiten in seinem Leben erinnern, als seine Überzeugungen klar, seine Urteile hart und ungerecht und seine Handlungen schändlich waren. Er wird sich selbst in diesem Bild leidenschaftslos als ein Wesen sehen, das in das Geben und Nehmen des Lebens verwickelt war, etwas Wachsendes, das der Kategorie des Urteils entzogen war, wie die Bitterkeit einer unreifen Frucht.

Wenn das Wissen um seinen Ort und seine relative Wichtigkeit im Universum reift, wird er die Kraft gewinnen, sich selbst gegenüber ehrlich zu sein, sich für nichts zu schämen, das er in seinem Geist findet, die Possen seiner Persönlichkeit mit toleranter Belustigung zu beobachten, und immer zu lernen.

Er wird über Worte nachdenken und über die Macht der Worte. Er wird sich dabei erwischen, wie er sie weiterspinnt, ihre Bedeutung verdreht, sich und andere mit ihnen betrügt. Er wird sich von ihnen besessen finden, wird sehen, wie sie die Erinnerung an Ereignisse und Gefühle bestimmen und ermöglichen. Mit diesem Wissen wird er sich darüber bewußt werden, wie seine Worte andere Menschen beeinflussen.

Wenn er beginnt, das ungeheure Wunder der Worte zu erkennen, die sowohl gute wie böse Magie der menschlichen Vereinigung durch Worte, dann wird er zu verstehen anfangen, warum der Orden die Wichtigkeit des Schweigens derart betont. Der wahre Magier muß seine Instrumente verstehen und in den Perioden des Schweigens über Worte als Instrumente kontemplieren.

So durchläuft er die lange Straße zur leidenschaftslosen Selbsterkenntnis und verschwendet keine Energie mehr daran, verletzten Gefühlen nachzuhängen und für sie zu kämpfen, weil er ein völlig falsches Selbstbild verteidigt. Dann wird er dazu geführt, über die verschiedenen Symbole des Kreuzes zu meditieren und von dort aus über den Gekreuzigten, der dem Westen als Jesus von Nazareth offenbart wurde. (Sei jedoch vorsichtig, die Ideen von Jesus mit den politischen Religionen zu verbinden, die sich aus seiner Lehre entwickelt haben. I.R.).

Dieses Leben und die Sprüche Jesu, die in den Meditationen gegeben werden, sollten studiert und im Geist in Bilder gebracht werden.

Der Geist muß lernen, unnütze Grübeleien über Vergangenes und eitle Befürchtungen über die Zukunft bleiben zu lassen. Das ist schwierig, denn menschliche Phantasien sterben nur schwer, aber wenn die Anstrengung einmal gemacht ist, sei das Ergebnis auch vorübergehend, wird es mit der Zeit leichter, unnütze Gedanken durch solche zu ersetzen, die um ein kraftvolles Symbol von unvergänglicher Wahrheit angeordnet sind.

Wenn die Zeit der Zeremonie des Adeptus Minor näherrückt, sollte sich der Anwärter so weit als möglich von Äußerlichkeiten zurückziehen, damit diese Symbole in seinem Geist wirken können.

Er wird feststellen, daß sie an der Schwelle seines Bewußtseins warten, bereit, ihre Geschichte zu erzählen, wenn er herumläuft oder mit Routinearbeiten beschäftigt ist. Wenn für sie einmal ein Platz bereitet ist, ist keine ›Zeit‹ erforderlich, um sie zu entwickeln. Sie wachsen in den Leerstellen.

Bestimmte Zeiten sollten außerdem für die Meditation reserviert werden, worin die Ideen so weit wie möglich ausgeformt werden.

Vor dem Schlafengehen sollte der Anwärter das Pentagrammritual durchführen und seinem Geist einprägen, daß er sich beim Erwachen an jede Belehrung erinnern wird, die ihm im Traum oder in einer Vision gegeben worden ist. Das kann beim Erwachen unterstützt werden, wenn er die hinter dünnen Wolkenschleiern aufgehende Sonne vor sein geistiges Auge ruft.

Das sollte wenigstens in der Woche, die der Gradarbeit vorausgeht, durchgeführt werden.

Die Zeremonie wird für den Anwärter nur insofern eine wahre Einweihung darstellen, wie er sich selbst darauf vorbereitet hat, sie zu empfangen.

Wie bei einem Wort handelt es sich dabei um ein Symbol, dessen Wesen sich gemäß dem Verständnis und der Erfahrung des Empfängers mitteilt.

(Anmerkung: Von diesem wichtigen Papier gibt es unter den frühen Dokumenten des Ordens keine Spur. Offenbar ist es von jemandem aus der Stella Matutina geschrieben worden. Ich bin manchmal die ständige Kritik leid, die gegen die Stella Matutina vorgebracht wird, und halte sie für völlig ungerechtfertigt, wie dieses Papier erweist. Es enthüllt ein grundlegendes praktisches Wissen über psychologische Prinzipien, die der Leser am besten seinem geistigen Rüstzeug zu eigen macht. Darüber hinaus war sich der Autor durchaus der Probleme der Identifikationen, Projektionen, Erwägungen und Ego-Manien bewußt, die den Vorgang der Erleuchtung stören können. I.R.).

V.H. Frater A.M.A.G. (Israel Regardie)

Der Lebensbaum in der Aura

Diese Idee ist zuerst im Papier zur Pforte in sehr einfacher Form niedergelegt worden. Der dazugehörige Text erscheint zunächst nicht sehr vielversprechend. Darüber hinaus ist sie von einer Menge Material über andere Themen des Ordens umgeben, von denen keines die Wichtigkeit der Methode zu betonen scheint. Kurz, sie scheint nicht viel zu versprechen. Ein wenig Aufmerksamkeit und Studium der Grundzüge vermag einen jedoch bald davon zu überzeugen, daß mehr daran ist, als es den Anschein hatte. Überall in den Ordensdokumenten sind Hinweise darauf verstreut, die entscheidend dazu beitragen, wie diese rudimentäre Skizze zu einem großartigen Arbeitsschema ausgebaut werden kann. Zunächst einmal heißt es in der Rede des Hierophanten im Ritual des Neophyten, daß »alle Kräfte durch Namen und Bilder erweckt und wiedererweckt werden können«, eine der Grundlagen aller Arbeiten des Ordens, die natürlich auf diese Methode besonders angewendet werden kann. Dann gibt es weiterhin die Theorie des Lebensbaumes, der, in eine feste Kugel projiziert, nicht drei Säulen, sondern vier ergibt, die um die Achse der Mittleren Säule angeordnet sind. In Z-3 wird die zeremonielle Umkreisung im Tempel als Kreisen der Energie in der Gefühlssphäre auf die Aura angewendet, was mich zuerst auf die Idee der drei verschiedenen Typen der Zirkulation brachte, die in meiner Entwicklung dieser Methode zentral geworden ist. Dann ist da natürlich noch im gleichen Papier die Beschreibung des rhythmischen Atmungsprozesses, welche eine grundsätzliche Voraussetzung für die ganze Methode bildet. Alle diese Ideen und einige andere über die Ordensdokumente verstreute trugen als bedeutsame Hinweise zur Ausarbeitung des einfachen dort beschriebenen Schemas zu jenem bei, welches ich und viele andere so außergewöhnlich nützlich gefunden haben.

In der derart ausgearbeiteten Form ist die Übung leicht durchzuführen, sogar leichter, als sie zu beschreiben. Wie bei allen anderen Techniken des Ordens auch, wird wenig Mühe darauf verwendet, die Wirkungen und Effekte zu beschreiben. Die Hauptsache besteht darin, sie oft zu gebrauchen und damit zu arbeiten, wenn möglich täglich, um sich der in der Übung steckenden Möglichkeiten voll bewußt zu werden.

Der erste Schritt liegt in der Annahme der gesamten Philosophie des Ordens, der bewußten Erkenntnis des gewaltigen spirituellen Reservoirs, in welchem wir leben, uns bewegen und sind. Die wiederholte intellektuelle Anstrengung, dies zum festen Bestandteil unseres geistigen Weltbildes zu machen, zerbricht oder löst automatisch den starren Charakterpanzer auf, der sowohl unsere körperlichen wie auch psychologischen Aktivitäten einschränkt. Im Zuge dieser allmählichen Erweichung des Panzers kann sich eine spirituelle Haltung entwickeln, so daß unsere ganze Einstellung eine radikale Änderung zum Besseren durchmacht.

Der zweite Schritt bezieht sich auf die Praxis der kontrollierten Atmung, die im Grunde recht einfach ist. Wir kontemplieren die Tatsache, daß alle Lebensvorgänge rhythmischer Natur sind. So lassen wir im Laufe des Tages mehrmals den Atem in uns einströmen, während wir im Geiste sehr langsam zählen – eins, zwei, drei, vier. Dann atmen wir im gleichen Takt wieder aus. Es ist grundlegend wichtig, daß der anfängliche Rhythmus, gleich ob er vier, zehn oder eine andere angenehme Zahl an Schlägen beträgt, einige Minuten lang beibehalten wird. Es handelt sich dabei um genau den Rhythmus, der zur leichten Aufnahme von Lebenskraft von außen und Steigerung der göttlichen Kraft innen sorgt.

Benutze Entspannungstechniken, um diesen Prozeß zu stützen. Sie sind aus einer Unzahl guter Bücher (*The Lazy Man's Guide to Relaxation* von Israel Regardie, Falcon Press 1983) leicht zu erlernen, die in jedem guten Buchhandel erhältlich sind. Die Verbindung von Entspannungstechniken mit rhythmischem Atmen führt tief in den Prozeß der Mobilisierung unserer Kräfte. Einer der Anzeiger für den Erfolg des Prozesses besteht darin, daß innerhalb weniger Minuten der ganze Körper im Einklang mit dem Atemrhythmus vibriert. Jede Zelle scheint mitzuschwingen, und der ganze Organismus fühlt sich wie eine unerschöpfliche Batterie voll Kraft an. Das dabei am häufigsten auftretende Gefühl ist, daß das Zwerchfell sich kräuselt und summt.

Wenn man das einmal erfahren hat, kann man sich der Skizze zuwenden, die im Papier zur Pforte abgebildet ist, wobei den Sephiroth der Mittleren Säule besondere Beachtung zu schenken ist – Kether, Daath, Tiphareth, Jesod und Malkuth. Wir können diese als Sephiroth oder psychospirituelle Zentren bezeichnen, oder sogar die indische Entsprechung, die Chakras, verwenden. Der Bequemlichkeit halber können wir sie nach den Elementen benennen, die im System des Ordens so gebräuchlich sind. Kether bezeichnen wir als Geist, Daath als Luft, die folgenden als Feuer, Wasser, Erde.

Es gilt im System des Ordens als Axiom, daß grundsätzlich zwei Möglichkeiten bestehen, mit Hilfe derer wir uns dieser Zentren bewußt werden, sie aus ihrem Ruhestand erwecken und zu aktiv arbeitenden Chakras machen können – Gedanken, Farben und Klänge. Wir müssen uns in der Aura auf eine Sephirah nach der anderen konzentrieren und gleichzeitig die dazugehörigen Gottesnamen vibrieren. Jedes Zentrum muß mit einer bestimmten Farbe und Form imaginiert werden. Die Kombination dieser drei Mittel treibt die Zentren der Sephiroth allmählich zu kraftvoller Aktivität an. Langsam werden sie dazu angeregt, jedes nach seiner eigenen Natur zu arbeiten und einen Kraftstrom spiritueller Energie in den psychophysischen Organismus auszuschütten. Mit einiger Übung kann dieser Vorgang überall und zu jeder Zeit ausgeführt werden, ohne daß jemand etwas davon bemerkt. Allein die Aufmerksamkeit auf ein bestimmtes Zentrum zu lenken, wird genügen, es in eine Aktivität zu versetzen, die zumindest ein kribbelndes Gefühl erzeugt, das sich von dort ausbreitet.

Zunächst muß die Lage der Zentren gelernt werden, wie sie im Diagramm für die Pforte gezeigt wird. Der Student, der die Lehrschriften über die Kabbala durchgearbeitet hat, dürfte damit jetzt keine Probleme haben. Die Meditation, denn so können wir die Übung nennen, kann im Sitzen oder flach auf dem Rücken liegend in völlig entspannter Haltung durchgeführt werden. Die Hände dürfen gefaltet im Schoß liegen oder bequem neben dem Körper. Der Geist sollte zur Ruhe gebracht werden, und man sollte einige Minuten auf die rhythmische Atmung verwenden, bis ein kribbelndes Gefühl um den Solarplexus herum auftritt.

Wende dann die Aufmerksamkeit Kether zu, der Sephirah etwas oberhalb des Scheitels. Versuche sie dir als einen Ball oder eine Kugel aus strahlend weißem Licht vorzustellen – versuche es ohne Anstrengung oder Gewalt. Wenn der Geist wie gewöhnlich zunächst wandert, falls du noch nicht gelernt hast, dich gut zu konzentrieren, warte einige Momente und führe ihn sanft zur anliegenden Aufgabe zurück. Vibriere oder summe gleichzeitig den Gottesnamen *Eheieh*, der als ›Ehi-hu-jei‹ auszusprechen ist. Nach ein paar Tagen nachhaltiger Übung wirst du es leicht finden, den Namen im Zentrum zu vibrieren. Kether und ihr Gottesname ist der Sitz der über uns wohnenden Gottheit, der Jechidah, des höheren, göttlichen Genius, an den wir uns alle wenden können.

Die Wirkung dieser Konzentration und Vibration besteht darin, das Zentrum in dynamische Aktivität zu versetzen. Es beginnt über dem Scheitel zu vibrieren und zu kreisen, während Licht und Energie in die niederen Sephiroth ausgeschüttet werden. Sogar die Fingerspitzen und Zehen reagieren auf dieses Erwachen mit schwachen prickelnden Empfindungen, die sich später zu einem mächtigen Pulsieren der Kraft entwickeln. Bis man darin einige Fertigkeit erworben hat, sollte der Name hörbar vibriert werden. Ein Summton reicht aus, wenn man ein geistiges Bild des gewünschten Namens festhält. Wenn die Fertigkeit ausreicht, kann der Name still in jedem gewünschten Zentrum gesummt werden. Wiederum gilt, wenn der Geist zu wandern neigt, hilft die häufige Wiederholung der Vibration oder des Summens, die Konzentration zu halten.

Halte dein Bewußtsein dort ungefähr fünf Minuten lang. In dieser Zeit sollte das Zentrum leuchten und funkeln. Stelle dir dann einen Strahl weißen Lichts vor, der von diesem Zentrum ausgehend sich auf das Zentrum Daath im Nacken zu bewegt. Dort dehnt er sich aus, um eine weitere Kugel aus weißem Licht zu bilden, die die Größe einer kleinen Untertasse hat. Wenn der Kehlkopf der Mittelpunkt dieser Sephirah ist, dann ist der Abstand von dort bis zu den Halswirbeln in etwa der Radius. Natürlich ist dieses Maß bei jedem Menschen ein wenig anders. Auch bei dieser Kugel, die wir als diejenige der Luft bezeichnen, sollte eine ähnliche Technik angewendet werden wie zuvor bei Kether. Sie sollte stark und lebhaft als eine funkelnde Kugel aus weißem Licht vorgestellt werden, die von innen heraus leuchtet. Der Gottesname, der dieser Sphäre zugehört, lautet *JHVH Elohim* – gesprochen Ju-hou-vau Eh-lo-him.

Lasse den Klang etliche Male schwingen und summen, bis er zu einem klaren Sinneseindruck geworden ist. Man kann sein Erwachen keinesfalls fehldeuten. Für die Bildung des Luftzentrums oder Daath sollte etwa gleichviel Zeit aufgewendet werden wie für Kether. Wenn du bereit bist weiterzuschreiten, stelle dir einen weißen Lichtstrahl vor, der von der Kehle aus in die Brustmitte zum Zentrum Tiphareth geht. Spüre dann, wie er sich hinter dem Brustbein ausdehnt, um ein weiteres Zentrum zu bilden, das sogenannte Feuerzentrum. Sein traditioneller Gottesname ist *JHVH Eloah ve-Daath*, gesprochen: Juhou-vau Eh-lo ve-Da-aht. Einige Studierende haben sich darüber beschwert, daß dieser Gottesname ausgesprochen lang und schwer auszusprechen sei. Nach einer langen Zeit des Probierens habe ich den gnostischen Namen *IAO* dafür eingesetzt, der allgemein im Schlüsselwort des Adeptus Minor gebräuchlich ist. Beide werden auf dem Lebensbaum kabbalistisch Tiphareth zugeordnet und sind also gleichwertig. Meiner Erfahrung nach ist dieser Name ebenso wirksam wie der hebräische Gottesname, und er ist in meiner eigenen Meditationspraxis zu einem beständigen Teil der Technik geworden.

IAO sollte Ih-Ah-Oh ausgesprochen und ebenfalls kraftvoll gesummt oder intoniert werden. Er ist in der Tat leichter zu vibrieren als jeder andere Name und erzeugt eine klare und starke Schwingung.

Wenn du das Gefühl hast, lange genug mit diesem Zentrum zugebracht zu haben, fahre damit fort, den Strahl abwärts zu lenken, bis er die Beckengegend erreicht, den Sitz der Geschlechtsorgane. Bilde hier, genauso wie zuvor, eine Kugel aus strahlendem weißen Licht in Größe einer Untertasse. Auch hier muß ein Name ausgesprochen werden, um ein Erwachen der Schwingungen in diesem Zentrum zu erreichen, das in jeder Zelle und jedem Molekül des Bereichs gespürt werden sollte. Der Gottesname in Jesod, wo sich das Zentrum befindet, ist *Shaddai El Chai*, gesprochen als Scha-dai Ehl Chai (mit gutturalem Ch, wie in »ach«). Das Bewußtsein soll sich einige Minuten lang an die Konzentration auf dieses Zentrum gewöhnen und es in weiß strahlender Aktivität visualisieren. Wenn der Geist abgelenkt wird, bringe ihn durch wiederholtes Vibrieren der Namen zurück.

Der letzte Schritt in der Vervollständigung der Mittleren Säule besteht darin, den weißen Lichtstrahl vom Becken zu den Füßen zu leiten. Dort dehnt er sich von einem Punkt gerade oberhalb der Knöchel aus und bildet in Malkuth die fünfte Kugel. Der Bequemlichkeit halber bezeichnen wir es als Erdzentrum, wodurch die Reihe der Elemente voll wird. Bilde auch hier ein strahlend weißes Zentrum von der gleichen Größe wie die anderen. Du kennst den Gottesnamen von Malkuth bereits als *Adonai ha-Aretz*, gesprochen Ah-dou-nai ha-Ah-ritz. Stetige Meditation in diesem Bereich sollte das Zentrum zum Erwachen bringen und die Vibration wird das Gefühl eines gewaltigen Energiestromes anregen.

Verbleibe auch hier wieder so lange, wie du zur Aktivierung des Zentrums für nötig hältst. Bist du damit fertig, kehre in deiner Vorstellung zu Kether zurück und visualisiere die Mittlere Säule als einen Strahl silbrig weißen Lichts, der mit fünf herrlichen Diamanten von außergewöhnlicher Leuchtkraft besetzt ist. Halte das Bild lange genug, um dir sicher zu sein, daß die Zentren erweckt sind.

Übende mit guter Imaginationsfähigkeit können die Farben dieser Zentren gemäß den Elementzuordnungen des Ordens verändern. Das würde bedeuten, daß Kether strahlend weiß bleibt. Das Zentrum Daath wird lavendelfarben, das Herzzentrum rot für Feuer und Tiphareth, das Beckenzentrum für Wasser bekommt blaue Färbung und das Erdzentrum Malkuth erhält die satte braune Färbung der Erde selbst, des Bodens, auf dem wir alle ruhen. Mir sind jedoch viele hochgebildete und intelligente Studierende bekannt, deren eidetische Fähigkeiten nur sehr schwach sind und die diese Übungen alles andere als leicht finden. Bei wem diese Art der Übung also auch nach vielfacher Bemühung keinen Fortschritt bringt, dem schlage ich vor, für die gesamte Technik nur mit der Farbe weiß zu arbeiten.

Die Technik des Ordens, wie sie im Dokument für die Pforte beschrieben ist, schlägt dann vor, die übrigen Sephiroth auf dem Lebensbaum in der Gefühlssphäre aufzubauen. Meiner eigenen Erfahrung zufolge ist das jedoch überflüssig und würde für den von uns gewählten Zugang eine Wiederholung bedeuten. Die Sephiroth können mittels einer Methode, die ich als Zirkulationstechnik bezeichnet habe, leicht in die Aura plaziert werden. Ich beschreibe sie im folgenden.

Der erste Schritt besteht darin, den Geist in das Scheitelzentrum Kether zu bringen, welches wiederum in einen Zustand lebhafter Tätigkeit versetzt wird. In demselben wirft es eine ungeheure Energiemenge in das System der Sephiroth und wandelt es dahingehend um, daß es für jede Aktivität im menschlichen Organismus zur Verfügung steht. Stelle dir dann vor, wie die Energie an der linken Seite des Körpers oder Baumes in einem breiten Band herabströmt, das um einiges über den Körper hinaus ausgedehnt ist. Während die Energie den Leib und die Schenkel entlang zu den Füßen herabströmt, versuche die Energiebewegung mit dem Atem zu synchronisieren. Lasse das Energieband mit dem Fluß der Atmung vom linken zum rechten Fuß wechseln und dann an der rechten Seite wieder zum Scheitelzentrum aufsteigen, von wo sie gekommen ist. Fahre fort, den Vorgang unter Begleitung der Atmung zu wiederholen, bis du die Verbindung zwischen der Energiebewegung durch den linken und rechten Pfeiler des Baumes und der Ein- und Ausatmung der Luft spüren kannst. Du wirst dabei erkennen, daß es sich um einen innerpsychischen Kreislauf handelt, der aber seine körperlichen Entsprechungen hat.

Auf diesen Vorgang folgt noch eine weitere Art der Zirkulation, die leicht zu verstehen ist, wenn man die Idee begriffen hat, daß der Lebensbaum vier Säulen besitzt, wenn er in eine feste Kugel projiziert wird, welche die Aura darstellt.

Kehre also in der Kontemplation zu Kether zurück und leite dann einen Energiestrom an der Vorderseite deines Körpers herab zu den Füßen, immer synchron mit der Atmung. Während du einatmest, bewege die Energie von den Fußspitzen zu den Fersen und dann an der hinteren Oberfläche des Körpers aufwärts zu Kether zurück. Führe den Zirkulationsvorgang auf jeden Fall durch, bis er als eine Bewegung von Energie deutlich spürbar wird. Sorge dich nicht darum, wenn die Imagination nicht scharf genug zu sein scheint, um sich die Bewegung vorzustellen. Manchmal reicht es aus, die Bewegung zu wollen und zu fühlen, um die Kraft der Säulenvorstellung folgen zu lassen.

Diese beiden Kreisläufe legen die vier Säulen klar und deutlich fest und erzeugen bei beständiger Praxis ein unmißverständliches, nahezu körperliches Gefühl. Die allgemeinen Erfahrungen und Wahrnehmungen weisen darauf hin, daß diese Sphäre des Lichts und der Kraft bis auf etwa Armeslänge den Körper umgibt. Innerhalb dieser Lichtkugel existiert der Mensch fast wie ein Kern in der Nuß.

Die letzte Zirkulationsmethode kann mit der Tätigkeit eines Springbrunnens verglichen werden – ich bezeichne sie als den Fontänenkreislauf. Genauso wie Wasser durch ein Rohr hinaufgesaugt wird, um dann nach oben spritzend auf allen Seiten herabzuregnen, verhält sich auch die Energie bei dieser Zirkulationsweise, wenn sie von Wille und Vorstellung gelenkt wird.

Richte die Aufmerksamkeit hinab zu Malkuth, dem Erdzentrum. Empfinde es als Sammelpunkt aller anderen, als Behälter der anderen, den Endpunkt und die Speicherstätte aller einfließenden Lebenskraft. Stelle dir dann vor, daß diese Kraft zu Kether über dem Scheitel aufsteigt oder von dort angezogen wird. Dem Willen folgend steigt die Kraft auf und sprudelt dann aus Kether heraus, wobei sie auf allen Seiten wieder zu Malkuth herabregnet, um dort erneut konzentriert und zum nächsten Aufstieg gesammelt zu werden. Man wird herausfinden, daß das Aufsteigen der Kraft am leichtesten mit dem Einatmen unterstützt wird, während das Ausatmen das Versprühen über dem Kopf und Herabfallen zu Malkuth natürlich zu begleiten scheint.

Dadurch wird die Achse des Lebensbaumes vervollständigt, die fünf Säulen, die in verschiedenen Ordenspapieren so lebhaft beschrieben sind. Halte diese Idee im Geiste fest, wenn du mit den Kreisläufen arbeitest. Ist der fünfsäulige Baum einmal so fest aufgebaut, daß er gefühlt werden kann, lasse den Geist in der Idee der Lichtkugel ruhen, des LVX, das spirituell und heilsam den ganzen Körper umgibt und durchdringt. Du solltest ein unverkennbares Gefühl der Ruhe, Lebenskraft und Haltung bekommen, als wäre der Geist ruhig und still. Der Körper, der sich in herrlicher Entspannung befindet, fühlt sich durch und durch von pulsierender Lebenskraft aufgeladen und durchdrungen an.

Auf dieser Stufe der Übung sollte der Studierende einige der Gebete und Invokationen, die in den Ordensarbeiten gängig sind, durchgehen. Da gibt es zum Beispiel das Gebet des Hierophanten im Grad des Neophyten, wenn er vom Thron des Ostens zum Kandidaten herabsteigt, der vor dem Altar kniet. »Ich komme in der Kraft des Lichts. Ich komme im Lichte der Weisheit. Ich komme in der Gnade des Lichts. Und das Licht trägt Heilung auf seinen Schwingen.«

Auch das andere Gebet des Hierophanten im gleichen Ritual kann hier benutzt werden, um das göttliche Licht herabzurufen. »O Herr des Universums, du Großer und Mächtiger, Herrscher des Lichtes und der Finsternis, wir beten dich an und rufen dich. Sieh voll Wohlwollen herab auf mich, der hier vor dir steht, und gewähre den höchsten Zielen meiner Seele deine Hilfe, so daß ich mich deiner Hilfe wert zeige, das Große Werk zu vollbringen.« Die Rede des Hauptadepten* im Gewölbe während des 5–6 Rituals ist es auch wert, auswendig gelernt zu werden, so daß sie in dieser Übung rezitiert werden kann:

»Ich bin die Auferstehung und das Leben. Wer an mich glaubt, der wird leben, wenn er auch stürbe. Und wer an mich glaubt und in mir lebt, der wird niemals sterben. Ich bin der Erste, und ich bin der Letzte. Ich bin, der lebt und tot war. Und siehe! Ich lebe ewiglich und halte den Schlüssel des Himmels und der Hölle. Denn ich weiß, daß mein Erlöser lebt und daß er am Jüngsten Tage auf die Erde kommen wird.

Ich bin der Weg, die Wahrheit und das Leben. Niemand kommt zum Vater denn durch mich. Ich bin der Geläuterte. Ich habe die Tore der Finsternis zum Licht durchschritten. Ich habe auf der Erde für das

---

* Anm.d.Übers.: Der »Hauptadept« (chief-adept) bezeichnet das höchste Amt im Ritual.

Der Kern der Überlieferung

Gute gestritten. Ich habe meine Arbeit beendet und das Unsichtbare betreten.

Ich bin die Sonne in ihrem Aufgang, die durch die Stunde der Wolken und der Nacht hindurchgegangen ist. Ich bin Amun, der Verborgene, der Öffner des Tages. Ich bin Osiris, Onnophris, der Gerechtfertigte, der Herr des Lebens, der Sieger über den Tod. Nichts ist an mir, das nicht von den Göttern wäre. Ich bin der Bereiter des Pfades, der Erretter des Lichts. Lasse das weiße Licht des göttlichen Geistes herabsteigen.«

Der nächste rituelle Abschnitt unterscheidet sich stark vom vorhergehenden, obwohl beide eine ähnliche Wirkung haben, wenn sie langsam wiederholt werden, wenn man darüber meditiert und sich intensiv hineinfühlt. Er besteht aus zwei Teilen: Der erste ist eine Art Bitte an den höheren und göttlichen Genius, während der zweite die Erkenntnis der Einheit mit ihm ausspricht.

»Dich, den Ungeborenen, rufe ich an. Dich, der du die Erde und den Himmel schufst. Dich, der die Nacht und den Tag gemacht hat. Dich, der du die Dunkelheit und das Licht geschaffen hast. Du bist der Mensch in seiner Vollkommenheit, den nie ein menschliches Auge erblickt. Du bist Gott und über Gott. Du hast unterschieden zwischen den Gerechten und den Ungerechten. Du schufst die Weiblichen und die Männlichen. Von dir kommen Samen und Frucht. Du machtest die Menschen, daß sie einander lieben und einander hassen. Du hast das Trockene geschaffen und das Feuchte und jenes, das alle Geschöpfe nähret.«

Der zweite Teil sollte erst nach einer längeren Pause folgen, in welcher man sich klarzumachen versucht, was dieses Gebet ausdrückt, das heißt, den Geist zu einer Ahnung der geheimen, verborgenen Gottheit im Inneren aufzuschwingen, welche der Schöpfer aller Dinge ist.

»Dies ist der Herr der Götter. Dies ist der Herr des Universums. Dies ist Er, den die Winde fürchten. Dies ist Er, der durch die Stimme seines Befehls Herr aller Dinge ist, König, Herrscher und Helfer. Höre mich und unterwirf mir alle Geister, so daß ein jeder Geist des Himmels und des Äthers, auf der Erde und unter der Erde, auf dem Lande und im Wasser, in der wirbelnden Luft und im rasenden Feuer, und jeder Zauber und jede Geißel des Unendlichen Gottes mir zu Gehorsam seien.

Ich bin der ungeborene Geist, dessen Füße Augen haben, starkes und unsterbliches Feuer. Ich bin Er, die Wahrheit. Ich bin Er, der die Taten des Bösen in der Welt haßt. Ich bin Er, der blitzt und donnert.

Ich bin Er, von dem der Strom des Lebens auf der Erde ausgeht. Ich bin Er, dessen Mund Flammen speit. Ich bin Er, der Erzeuger und Bringer des Lichts. Ich bin Er, die Gnade der Welt. Mein Name ist das Herz, mit einer Schlange gegürtet.«

Diese Gebetsabschnitte sind bloß Vorschläge und können benutzt werden oder nicht, wie es der Studierende für passend hält. Es gibt für ihre Benutzung keine letzte Autorität im Orden.

Die Übung hat einen breiten Anwendungsbereich, weit über die Entwicklung von Einsicht und Erleuchtung hinaus, als würde sie einen magischen Motor darstellen, durch den der erleuchtete Wille angemessenen Ausdruck fände. Den weiteren Bemerkungen möchte ich vorherschicken, daß die Grundlagen des astrologischen Schemas aus praktischer Sicht unermeßlichen Wert besitzen, indem sie für die endlose Verteilung der Dinge ein genaues Klassifikationssystem anbieten. Ich beschäftige mich hier nicht mit Astrologie als solcher, sondern nur damit, daß es praktisch ist, ihr Schema zu verwenden. Ihre Wurzeln liegen in den sieben grundlegenden Ideen oder Planeten, auf welche die meisten Ideen und Dinge bezogen werden können. Jeder dieser Wurzelideen wird eine positive und eine negative Farbe zugeordnet sowie ein Gottesname zum Zwecke der Vibration. Ich schlage vor, die Planeten mit ihren Hauptattributen wie folgt zu benennen:

Saturn
Ältere Menschen und alte Vorhaben. Schulden und ihre Rückzahlung. Landwirtschaft und Grundbesitz, Tod, Testamente, Stabilität, Trägheit. Die positive Farbe ist indigo, die negative schwarz. *JHVH* Elohim – ausgesprochen Ju-hou-vau Eh-lo-him.

Jupiter
bedeutet Überfluß, Fülle. Wachstum, Ausdehnung, Großzügigkeit. Spiritualität, Visionen, Träume, lange Reisen – subjektiv oder anders. Bankiers, Kreditgeber, Schuldner, Spielen. Die positive Farbe ist lila, die negative blau. *El* – ausgesprochen Ehl.

Mars
Energie, Eile, Ärger, Aufbau oder Zerstörung (je nach Anwendung). Gefahr, Risiko, Operationen, Vitalität und Magnetismus, Willenskraft. Die positive und negative Farbe ist hellrot. Elohim Gibbor – ausgesprochen Eh-lo-him Gibber.

Sonne
Vorgesetzte, Angestellte, Manager, Beamte. Macht und Erfolg. Leben, Geld, Wachstum aller Art. Erleuchtung, Imagination, Geisteskraft. Gesundheit. Die positive Farbe ist orange, die negative gelb oder gold. *JHVH* Eloah ve-Daath. Da dies zwar der traditionelle, aber ein derart umständlicher und langer Name ist, habe ich mich entschlossen, ihn durch den kürzeren und ebenfalls traditionellen *IAO* zu ersetzen.

Venus
Gesellschaften, Gefühle und Zuneigungen, Frauen, jüngere Leute. Alle Freuden von Kunst, Musik, Schönheit, Extravaganz, Luxus, Maßlosigkeit. Beide Farben smaragdgrün. *JHVH* Tzabaoth – ausgesprochen Ju-hou-vau Tsa-bah-oth (stimmloses ›th‹).

Merkur
Geschäftsangelegenheiten, Schreiben, Verträge, Urteile und kurze Reisen. Kaufen und Verkaufen, Handeln. Nachbarn, Geben und Erhalten von Informationen. Literarische Fähigkeiten, Veröffentlichungen und intellektuelle Freunde. Bücher, Papier usw. Die positive Farbe ist gelb, die negative orange. Elohim Tzabaoth – ausgesprochen Eh-loh-him Tsa-bah-oth.

Mond
Öffentlichkeit, Frauen. Gefühlsreaktionen. Kurze Reisen und Umzüge. Wechsel und Schwankungen. Die Persönlichkeit. Die positive Farbe ist blau, die negative Braunrot. Shaddai el Chai – ausgesprochen Scha-dai Ehl Chai (gutturales Ch).

Dies sind ganz kurz die Zuordnungen zu den Planeten, unter die fast alles und jedes eingeordnet werden kann. Diese Klassifikationen sind sehr nützlich, weil sie die gewaltige Aufgabe der körperlichen und spirituellen Entwicklung vereinfachen können. Zumindest in der allgemeinen Theorie können sie viele praktische Arbeiten im Orden vereinfachen, es manchmal sogar ermöglichen, die Arbeit selbst zu vereinfachen und zu strukturieren. Ein wenig wirklicher Gebrauch der Methode wird weitere Nutzungsmöglichkeiten anzeigen.

Die Lehrschriften

Erste Lehrschrift

Die klassischen *vier Elemente* stehen für die Zustände von:

Hitze und Trockenheit	Feuer	△
Hitze und Feuchtigkeit	Luft	▲
Kälte und Trockenheit	Erde	▽̄
Kälte und Feuchtigkeit	Wasser	▽

Es gibt zwölf Tierkreiszeichen:

1. Widder	♈	7. Waage	♎
2. Stier	♉	8. Skorpion	♏
3. Zwillinge	♊	9. Schütze	♐
4. Krebs	♋	10. Steinbock	♑
5. Löwe	♌	11. Wassermann	♒
6. Jungfrau	♍	12. Fische	♓

Diese zwölf Zeichen werden in vier Dreiergruppen unterteilt, von denen jede einem Element zugehört. Sie stehen für die Tätigkeit der Elemente im Tierkreis.

Zu Feuer gehören
    Widder, Löwe, Schütze   ♈ ♌ ♐

Zu Erde gehören
    Stier, Jungfrau, Steinbock   ♉ ♍ ♑

Zu Luft gehören
    Zwillinge, Waage, Wassermann   ♊ ♎ ♒

Zu Wasser gehören
    Krebs, Skorpion, Fische   ♋ ♏ ♓

Der Kern der Überlieferung

Unseren Vorfahren waren neben der Sonne sechs Planeten bekannt. Bestimmte planetare Werte sprachen sie auch dem nördlichen und südlichen Mondknoten zu, den Punkten, an welchen die Mondumlaufbahn die Ekliptik schneidet. Diese wurden bezeichnet als:

Caput Draconis – Drachenkopf ☊

Cauda Draconis – Drachenschwanz ☋

Seit der Entdeckung der entfernteren Planeten Neptun und Uranus sind diese beiden Faktoren praktisch von ihnen ersetzt worden.

Die Wirkung von Caput Draconis ist ähnlich wie ♆

Die Wirkung von Cauda Draconis ist ähnlich wie ♅

Die Namen der alten Planeten sind:

Saturn	♄	Sonne	☉
Jupiter	♃	Venus	♀
Mars	♂	Merkur	☿
		Mond	☽

Zweite Lehrschrift

Der alchimistischen Lehre zufolge gibt es drei Prinzipien:

Sulfur (Sulphur) 🜍

Merkur (Mercurius) ☿

Salz (Sal) 🜔

Die Metalle werden den Planeten folgendermaßen zugeordnet:

Blei	♄	Gold	☉
Zinn	♃	Kupfer	♀
Eisen	♂	Quecksilber	☿
		Silber	☽

In alchimistischen Texten werden Ausdrücke benutzt, die bedeuten:

Sol Philosophorum – der reine, lebendige, alchimistische Geist des Goldes, die geläuterte Essenz von Hitze und Feuer.

Luna Philosophorum – der reine, lebendige, alchimistische Geist des Silbers, die geläuterte Essenz von Hitze und Feuchtigkeit.

Der grüne Löwe – der Stamm und die Wurzel der ursprünglichen Essenz der Metalle.

Der schwarze Drache – Tod, Verwesung, Verfall.

Der König – rot – der kabbalistische Mikroprosopus. Tiphareth, analog zum Gold und zur Sonne.

Die Königin – weiß – die kabbalistische Braut des Mikroprosopus. Malkuth, analog zum Silber und zum Mond.

Das hebräische Alphabet

Buchstabe	Kraft	Wert	Name	Bedeutung
א	A	1	Aleph	Ochse
ב	B, V	2	Beth	Haus
ג	G, Gh	3	Gimel	Kamel
ד	D, Dh	4	Daleth	Tür
ה	H	5	Heh	Fenster
ו	V, O, U	6	Vau	Stift oder Haken
ז	Z	7	Zajin	Schwert oder Panzer
ח	Ch	8	Cheth	Zaun oder Einfriedung
ט	T	9	Teth	Schlange
י	I, Y, J	10	Jod	Hand

Der Kern der Überlieferung

Buchstabe	Kraft	Wert	Name	Bedeutung
כ	K, Kh	20	Caph	Faust
ל	L	30	Lamed	Ochsentreibstock
מ	M	40	Mem	Wasser
נ	N	50	Nun	Fisch
ס	S	60	Samekh	Stütze
ע	Aa, Ngh	70	Ajin	Auge
פ	P, F	80	Peh	Mund
צ	Tz	90	Tzaddi	Angelhaken
ק	Q	100	Qoph	Ohr, Hinterkopf
ר	R	200	Resh	Kopf
ש	S, Sh	300	Shin	Zahn
ת	T, Th	400	Tau	Kreuz

Jeder hebräische Buchstabe hat einen Zahlenwert und eine Bedeutung. Fünf Buchstaben haben eine andere Gestalt und auch einen anderen Zahlenwert, wenn sie am Ende eines Wortes geschrieben werden. Man bezeichnet sie als Schlußbuchstaben. Unter diesen Schlußbuchstaben ist Mem als der einzige rechteckige herausgehoben. Die vier anderen, Kaph, Nun, Peh und Tzaddi, haben lange Schwänze, die unter die Zeile führen sollen, wie auf der Tafel unten gezeigt. Manchmal werden die Buchstaben sehr groß dargestellt und haben dann den vielfachen Zahlenwert. Ein sehr großes Aleph bedeutet 1000, ein sehr großes Beth 2000 usw. Wenn der Studierende das Zeichnen der hebräischen Buchstaben übt, tut er das am besten auf liniertem Papier. Beachte auch, daß die Buchstaben von rechts nach links geschrieben werden. Der Orden lehrt auch, daß es sich bei ihnen um heilige Symbole handelt, die sorgfältig und genau gezeichnet werden sollten.

Tafel der Schlußbuchstaben

Buchstabe	Kraft	Wert	Name
ך	K, Kh	500	Caph
ם	M	600	Mem
ן	N	700	Nun
ף	P, F	800	Peh
ץ	Tz	900	Tzaddi

Der Dagesh ist ein Punkt, der in manche der hebräischen Buchstaben gesetzt wird. Er verändert den Klang des Buchstabens. In der modernen hebräischen Schrift repräsentiert er einen Vokal, wird aber in diesem Buch nicht benutzt. S.R.M.D. (Mathers) versichert, daß es sich dabei um eine späte Erfindung zur Standardisierung der Aussprache handelt.

Die hebräischen Kabbalisten ordneten die höchsten und abstraktesten Ideen den Emanationen der Gottheit zu, derer es zehn gibt. Jede wird eine Sephirah genannt, in der Mehrzahl Sephiroth. Werden sie auf eine bestimmte Art angeordnet, so stellen sie dar, was man als Etz Chajim, den Lebensbaum bezeichnet.

Der Etz Chajim oder Baum des Lebens

1	Kether	K-Th-R	Krone	כתר
2	Chokmah	Ch-K-M-H	Weisheit	חכמת
3	Binah	B-I-N-H	Verstehen	בינה
4	Chesed	Ch-S-D	Gnade	חסד
5	Geburah	G-B-U-R-H	Strenge	גבורה
6	Tiphareth	T-Ph-A-R-Th	Schönheit	תפארת
7	Netzach	N-Tz-Ch	Sieg	נצח

8	Hod	H-O-D	Herrlichkeit	הוד
9	Jesod	J-S-O-D	Fundament	יסוד
10	Malkuth	M-L-K-U-Th	Reich	מלכות

Das kleine Pentagrammritual

In manchen Gegenden wird das Pentagramm oder der fünfzackige Stern als ein »böses« oder dämonisches Zeichen angesehen. Es repräsentiert jedoch im Gegenteil die Spiritualisierung der elementaren Aspekte des Menschen, wenn die Spitze nach oben weist. Manche moderne Gruppen haben sich auch entschlossen, das Pentagramm umzudrehen, nicht für »böse« Zwecke, sondern als ein Zeichen der Veränderung. Andere Gruppen, die tatsächlich »böse« sind, haben das Pentagramm ebenfalls als ihr Wahrzeichen entlehnt. Das alles hat aber nichts mit seiner Verwendung im Orden zu tun.

Die Verwendungen des Pentagrammrituals

Mache das Pentagramm groß, wenn du es ziehst. Nimm den Arm zunächst bis zur Mitte des linken Oberschenkels herab, wenn du das bannende Pentagramm schlägst. Dann schwinge ihn im Winkel bis etwa auf Scheitelhöhe aufwärts. Bewege den Arm von dort bis zur Mitte des rechten Oberschenkels, dann hinauf zur linken Schulter, gerade hinüber zur rechten und kehre dann zum Anfangspunkt am linken Oberschenkel zurück. Das anrufende (invozierende) Pentagramm sollte genau umgekehrt gezogen werden, an der Spitze beginnend, dann zum linken Oberschenkel usw.

Ich war oft entsetzt, wenn Studierende, die mich bei Gelegenheit besuchten, ein zehn Zentimeter großes Mini-Pentagramm vor ihrem Kopf zogen.

Der Orden schlägt vor, das Pentagrammritual wie ein Gebet zu benutzen, das invozierende am Morgen, das bannende am Abend. Die angegebenen Namen sollten innerlich kurz mit dem Atem vibriert oder gesummt werden, soweit möglich. (Eine vollständige Beschrei-

anrufend　　　　　　　　bannend

bung findet sich auf den Regardie Tapes, Falcon Press, 1982. Wenn du nicht das gesamte Set von sechs Tonbändern mit Anleitungsbuch brauchst, kannst du das einzelne Band zu diesem Thema bestellen. Gib einfach das bannende Pentagrammritual an.) Versuche zu spüren, wie dein ganzer Körper dröhnt und kribbelt, wenn die Schwingungswelle zu den Enden des Quadranten ausgesendet wird.

Es wird gesagt, daß das Pentagrammritual als Schutz gegen negative psychische Zustände in dir selbst und anderen benutzt werden kann. Bilde von deiner Sorge oder dem Anliegen ein geistiges Bild und baue es vor dir auf. Projiziere es mit der Grußgebärde des Neophyten, (die auf einer späteren Seite abgebildet wird,) von dir fort. Wenn es einen Meter entfernt ist, hindere es mit der Gebärde des Schweigens an der Rückkehr. Stelle dir das Bild nun im östlichen Quadranten vor und führe das bannende Pentagrammritual durch, um es zu zerstören. Sieh vor deinem geistigen Auge, wie es sich außerhalb deines Flammenkreises auflöst.

Darüber hinaus kann es als eine Übung zur Konzentration benutzt werden. Stelle dir im Meditationssitz oder liegend vor, wie du in deine Robe gekleidet mit einem Dolch in der Hand dastehst. Verlege dein Bewußtsein in dieses geistige Bild deiner selbst hinein. Dort angelangt, bewege dich nach Osten. Sorge dafür, daß du das Gefühl bekommst, dort zu sein, indem du die Wand berührst, die Augen öffnest, aufstampfst oder ähnliches.

Führe das Ritual in dieser Form durch und bewege dich geistig im Raume umher, vibriere die Worte und fühle sie von deinem geistigen Bild aus gesehen. Beende das Ritual wieder im Osten, und versuche seine Wirkung zu erfühlen. Gehe dann zurück, stelle dich hinter den Kopf deines ruhenden Körpers und lasse dich zurückgleiten.

Die Ausführung des Pentagrammrituals

Das anrufende Pentagramm

Nimm einen Dolch oder ein Messer aus Stahl in die rechte Hand, schaue nach Osten:

Berühre die Stirn und sprich Ateh (Du bist).
Berühre die Brust und sprich Malkuth (das Reich).
Beühre die rechte Schulter und sprich ve-Geburah (und die Kraft).
Berühre die linke Schulter und sprich ve-Gedulah (und die Herrlichkeit).
Lege die Hände über der Brust zusammen und sprich le Olahm (in Ewigkeit).
Halte den Dolch mit der Spitze nach oben in den gefalteten Händen und sprich Amen (So sei es).

Die Hinzufügung des Wortes Amen bedeutet das Ende. Es ist mit Amun, dem Verborgenen, in Verbindung gebracht worden. Es ist auch eine Merkform dreier hebräischer Wörter, Adonai Melekh Neh-ehmon, die Der Herr Getreue König bedeuten.

Ziehe, nach Osten gewandt, ein großes invozierendes Pentagramm, wie oben gezeigt. Wenn es vollständig ist, stoße die Spitze des Dolches in die Mitte des Pentagramms und vibriere den Gottesnamen *JHVH* (Jod, Heh, Vau, Heh), wobei du dir vorstellst, daß deine Stimme die Schwingung in den Osten der Welt trägt.

Halte dann den Dolch vor dich und bewege dich nach Süden. Ziehe dort das Pentagramm und vibriere den Gottesnamen Adonai.

Gehe in den Westen, schlage wiederum ein großes Pentagramm und vibriere Eheieh.

Bewege dich in den Norden, den Dolch mit ausgestrecktem Arm haltend. Ziehe das große Pentagramm und vibriere Agla.

Vollende den Kreis immer im Osten, wobei der Dolch wieder in das vorgestellte Zentrum des ersten Pentagramms gebracht wird. Stelle dich nun mit ausgestreckten Armen in Kreuzform auf und sprich die Namen gedehnt (wie geschrieben):

Vor mir	Raphael	Rah-fah-el
Hinter mir	Gabriel	Gah-brie-el

Zu meiner Rechten	Michael	Mi-chah-el
Zu meiner Linken	Auriel	Au-ri-el

Sprich dann: *Vor mir flammt das Pentagramm. Hinter mir scheint der sechsstrahlige Stern.*

Ziehe dann wieder wie zu Anfang das kabbalistische Kreuz. Zum Bannen wird das gleiche Ritual mit umgekehrter Linienführung bei den Pentagrammen benutzt.

Weitere alchimistische Zuordnungen zum Lebensbaum

Kether	Quecksilber	Ursprung der Metalle
Chokmah	Salz	Blei
Binah	Schwefel	Zinn
Chesed	Silber	Silber
Geburah	Gold	Gold
Tiphareth	Eisen	Eisen
Netzach	Kupfer	Hermaphroditisches Messing
Hod	Zinn	Messing
Jesod	Blei	Quecksilber
Malkuth	Mercurius Philosophorum	Medicina Metallorum

Die vier Klassen der Elementargeister sind:

Geister der Erde	Gnome
Geister der Luft	Sylphen
Geister des Wassers	Undinen
Geister des Feuers	Salamander

Diese sind die ursprünglichen Geistwesen, die gerufen sind, Gott im Benedicite Omnia Opera zu loben. Die Cherubim sind die lebendigen Mächte des *Jhvh* auf der materiellen Ebene und gebieten über die vier Elemente. Sie wirken durch die fixen oder cherubischen Zeichen des Tierkreises und werden folgendermaßen zugeordnet:

Cherub der Luft	Mensch	Wassermann
Cherub des Feuers	Löwe	Löwe
Cherub der Erde	Stier	Stier
Cherub des Wassers	Adler	Skorpion

Das Tetragrammaton ist der vierbuchstabige Name *(JHVH)* und bezieht sich auf den unaussprechlichen Namen Gottes, der durch Jehovah symbolisiert wird.

Das Wasserbecken der Läuterung bezieht sich auf die Wasser von Binah, der weiblichen Kraft, die sich in den Wassern der Schöpfung ausdrückt.

Das Wasserbecken der Läuterung bezieht sich auf die Wasser von Binah, der weiblichen Kraft, die sich in den Wassern der Schöpfung ausdrückt.

Der Altar der Brandopfer zur Opferung von Tieren steht für die Qlippoth oder bösen Dämonen der Ebene, die an das materielle Universum angrenzt und darunter liegt. Er weist darauf hin, daß unsere Leidenschaften geopfert werden sollen. (Das bedeutet einfach, daß die Leidenschaften der Kontrolle des Willens unterstehen sollen, wie schon im Papier mit dem Titel »Über die Reinigung der Seele« ausgeführt.)

Der Räucheraltar im Tabernakel war mit Gold überzogen. Unserer ist schwarz, um anzuzeigen, daß unsere Arbeit darin besteht, das philosophische Gold vom Schwarzen Drachen der Materie zu lösen.

Die Qlippoth sind Wesenheiten (oft als »böse« bezeichnet) unterhalb von Malkuth und die Schemen der Toten.

Die Qlippoth auf dem Lebensbaum

Kether	Thaumiel	Die zwei widerstreitenden Kräfte
Chokmah	Ghogiel	Die Verzögerer
Binah	Satariel	Die Verhüller
Chesed	Agshekeloh	Die Friedensbrecher
Geburah	Golohab	Die Verbrenner
Tiphareth	Tagiriron	Die Diskutierer
Netzach	Gharab Tzerek	Die Raben des Todes

Hod   Samael   Die Lügner oder Gifte Gottes
Jesod   Gamaliel   Die Obszönen
Malkuth   Lilith   Königin der Nacht und der
                        Dämonen

Das Altardiagramm des Baumes

Das Altardiagramm zeigt die zehn Sephiroth mit den verbindenden Pfaden, die mit ihren Zahlen und Buchstaben versehen sind, und um jeden Pfad windet sich die Schlange. Um jede Sephirah sind die Namen der Gottheit, des Erzengels und des Engelchores geschrieben. Die zweiundzwanzig Pfade werden durch die Schlange der Weisheit verbunden, die die Pfade verbindet, aber keine der Sephiroth berührt, welche untereinander durch das flammende Schwert verknüpft sind. Das flammende Schwert wird von der natürlichen Ordnung des Lebensbaumes gebildet. Es ähnelt einem Blitz.

Die beiden Säulen auf beiden Seiten des Altars repräsentieren:

Aktiv: Die weiße Säule auf der Südseite
•   Männlich
            Adam
            Säule des Lichtes und Feuers
            Rechter Cherub
            Metatron

Die Schlange der Weisheit.
Säule der Strenge
Mittlere Säule
Säule der Gnade

Passiv: Die schwarze Säule auf der Nordseite
            Weiblich
            Eva
            Wolkensäule
            Linker Cherub
            Sandalphon

Der Kern der Überlieferung

Säule der Milde

CHAYOTH HA-QADESH

TZAPHKIEL — OPHANIM

KAMAEL — CHASHMALIM

RAPHAEL

MICHAEL — HANIEL

Säule der Strenge   Säule der Gnade

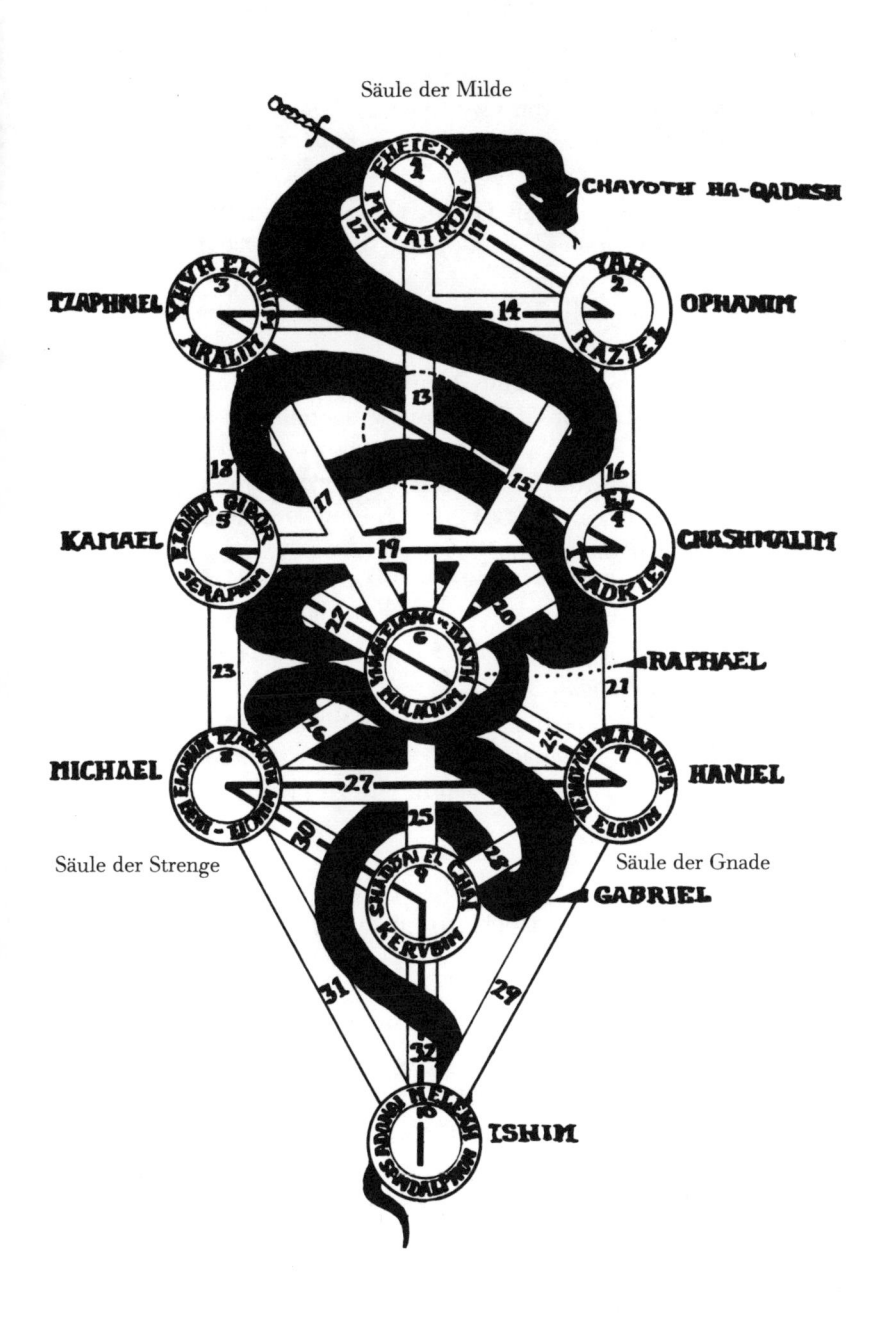

GABRIEL

ISHIM

Schlange der Weisheit

Die vier Welten der Kabbala

Die Kabbalisten gingen von vier Existenzebenen zwischen Gott und dem Menschen aus. Diese heißen:

Atziluth, archetypisch – reine Gottheit	אצילות
Briah, kreativ – Erzengel	בריאה
Jetzirah, gestaltend – Engel	יצירה
Assiah, tätig – materielle Welt	עשיה

Assiah, die Welt des Stoffes, des Menschen, der Schemen und Dämonen wird in zehn Häuser oder Himmel eingeteilt. Diese sind:

Primum Mobile, Rashith ha Gilgalim	ראשית הגלגלים
Sphäre des Tierkreises, Mazloth	מזלות
Sphäre des Saturn, Shabbathai	שבתאי
Sphäre des Jupiter, Tzedek	צדק
Sphäre des Mars, Madim	מדים
Sphäre der Sonne, Shemesh	שמש
Sphäre der Venus, Nogah	נוגה
Sphäre des Merkur, Kokab	כוכב
Sphäre des Mondes, Levanah	לבנה
Sphäre der Elemente, Olam Jesodoth	עולם יסודות

Einige Entsprechungen aus dem Tarot

Der traditionelle Tarot besteht aus einem Deck von 78 Karten, die in vier Farben von je 14 Karten (stellvertretend für die vier oben besprochenen Welten) und 22 Trümpfe oder große Arkane unterteilt sind, welche die Geschichte der Seele erzählen.

Jede Farbe besteht aus zehn numerierten Karten, (die sich auf die zehn Sephiroth beziehen), wie bei den modernen Spielkarten auch, aber es kommen vier statt nur drei Hofkarten pro Farbe hinzu: König, Königin, Ritter und Knappe. Die vier Farben sind:

Stäbe, entsprechend Karo.   Schwerter, entsprechend Pik.
Kelche, entsprechend Herz.   Pentakel, entsprechend Kreuz.

Dritte Lehrschrift

Die Seele wird von den Kabbalisten in drei grundlegenden Teilen angenommen:

Neschamah – der höchste Teil, entspricht der übernatürlichen Dreiheit und den höheren Seelenregungen.
Ruach – der mittlere Teil, entspricht den sechs Sephiroth von Chesed bis Jesod einschließlich dem Geist und den Verstandeskräften.
Nephesch – der niederste Teil, entspricht Malkuth und den tierischen Instinkten.

Neschamah selbst wird weiterhin dreigeteilt in

Jechidah – mit Bezug auf Kether.
Chiah – mit Bezug auf Chokmah.
Neschamah – mit Bezug auf Binah.

Die drei Gruppen der hebräischen Buchstaben

Das Sepher Jetzirah unterteilt das hebräische Alphabet in drei Buchstabengruppen, zu drei, zu sieben, zu zwölf Buchstaben.

Drei Mütter	א מ ש
Sieben Doppelte	ב ג ד כ פ ר ת
Zwölf Einzelne	ה ו ז ח ט י ל נ ס ע צ ק

Der heilige Ort des Tempels umfaßt ebenfalls die Symbolik der 22 Buchstaben. Der Altar des Schaubrotes die Einzelbuchstaben, der Räucheraltar die drei Mutterbuchstaben.

Astralgeister sind solche, die zur Astralebene gehören. Dazu gehören illusionäre und Scheingestalten, die Schemen der Toten, Gespenster und Phantome, die in Seancen zuweilen auftauchen.

Elementargeister sind jene, die der Natur der Elemente angehören. Manche von ihnen sind gut, manche böse.

Ein Engel ist ein reiner, hoher Geist, der in Pflicht und Funktion unverfälscht Gutes ausdrückt.

Im Tarot beziehen sich die zehn kleinen Karten einer jeden Farbe auf die Sephiroth. Die vier Farben entsprechen den Buchstaben des *JHVH*, die Stäbe dem Jod, die Kelche dem Heh, Schwerter dem Vau und Pentakel dem letzten Heh.

Außerdem haben die vier Farben Bezug auf die vier Welten der Kabbala: Stäbe zu Atziluth, Kelche zu Briah, Schwerter zu Jetzirah und Pentakel zu Assiah.

Die Hofkarten des Tarot sind die Statthalter des Großen Namens *(JHVH)* in der jeweiligen kabbalistischen Welt, der jede Farbe angehört. Sie stehen auch für Vater, Mutter, Sohn, Tochter oder Geburt, Leben, Tod, Auferstehung.

Die Swastika

Die 17 Quadrate innerhalb des größeren Quadrates entsprechen der Sonne in den zwölf Tierkreiszeichen und den vier Elementen. Sie sind derart angeordnet, daß sich jeweils die kardinalen, fixen und veränderlichen Zeichen gegenüberliegen.

Der Caduceus

Diese Gestalt des Hermesstabes setzt sich aus den drei Mutterbuchstaben, Shin, Aleph und Mem, zusammen. Er steht für die Luft als Mittler zwischen dem Feuer oben und dem Wasser unten.

Dieses Symbol hat auf dem Lebensbaum eine andere Bedeutung. Der obere Teil und die Flügel berühren Chokmah und Binah. Der Knauf berührt Kether. Und das sind die drei übernatürlichen Sephiroth.

Die sieben niederen Sephiroth werden von den Zwillings-Schlangen umfaßt, deren Köpfe auf Chesed und Geburah ruhen.

Der Mond auf dem Lebensbaum

Bei zunehmendem Mond wird die Säule der Gnade erfaßt, vom abnehmenden Mond die Säule der Strenge. Und der Vollmond reflektiert die Sonne aus Tiphareth.

Vierte Lehrschrift

Unten sind die Geomantischen Figuren mit ihren jeweiligen Tierkreis-Entsprechungen dargestellt.

♈	⁝	PUER	♎	⁝	PUELLA
♉	⁝	AMISSIO	♏	⁝	RUBEUS
♊	⁝	ALBUS	♐	⁝	ACQUISITIO
♋	⁝	POPULUS	♑	⁝	CARCER
♋	⁝	VIA	♒	⁝	TRISTITIA
♌	⁝	FORTUNA MAJOR	♓	⁝	LAETITIA
♌	⁝	FORTUNA MINOR	♌	⁝	CAPUT DRACONIS
♍	⁝	CONJUNCTIO	♑	⁝	CAUDA DRACONIS

Die geometrischen Figuren der Planeten

Die Zahlen und geometrischen Figuren, die zu den Planeten gehören, sind folgende:

Saturn	3	Dreieck
Jupiter	4	Quadrat
Mars	5	Pentagramm
Sonne	6	Hexagramm
Venus	7	Heptagramm (Siebenstern)
Merkur	8	Achteck
Mond	9	Neuneck

Dieses Thema wird in einer sehr wichtigen Schrift namens »Polygone und Polygramme« genauer ausgeführt. Dort finden sich auch zahlreiche Zeichnungen zur Illustration.

Die magischen Quadrate der Planeten

Diese Quadrate, die an einer anderen Stelle des Buches abgebildet sind, werden technisch als Kameas bezeichnet. Sie werden von den Quadraten der jeweils zu den Planeten gehörigen Zahlen derart gebildet, daß ihre Summe in jeder Richtung gleich hoch ist. Die Summe dieser jeweiligen Zahlenreihen und die Gesamtsumme innerhalb eines Quadrates sind auch besonders mit dem betreffenden Planeten verbunden. Die Zahl des Saturn beispielsweise ist 3, das Quadrat davon 9. Die Summe der vertikalen, horizontalen und diagonalen Zahlenreihen im magischen Quadrat des Saturn beträgt 15, und die Gesamtsumme aller Zahlen 45. Aus diesen Zahlen werden dann die göttlichen und Geisternamen gebildet, wie in dem Kapitel über die Sigille gezeigt wird.

Das griechische Würfelkreuz

Es stellt das Einlassungszeichen des Pfades Tau dar und setzt sich aus 22 Quadraten zusammen, welche den 22 Buchstaben des hebräischen Alphabetes entsprechen.

Das räumliche Dreieck oder Tetraeder

Diese Figur ist auch als Pyramide des Feuers bekannt. Sie ist das Einlassungszeichen des Pfades Shin und stellt sowohl das einfache Feuer der Natur dar wie auch das schlafende, verborgene Feuer.

Die drei oberen Dreiecke (beachte, daß die Abbildung zweidimensional ist) beziehen sich auf das Sonnen-, Vulkan- und Astralfeuer. Das untere oder Basisdreieck steht für die ruhende Wärme.

Das griechische Kreuz

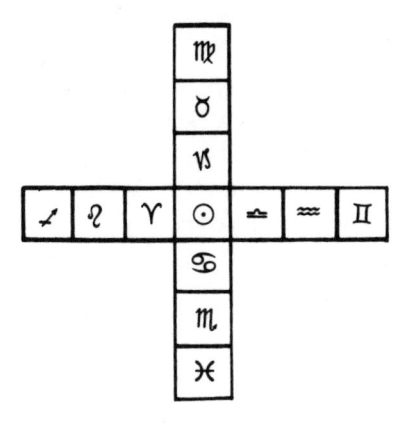

Dieses Einlassungszeichen für den Pfad Resh enthält dreizehn Quadrate. Es nimmt auf die Sonne in den zwölf Tierkreiszeichen Bezug, die in Dreiergruppen angeordnet sind.

Der Kelch des Stolistes

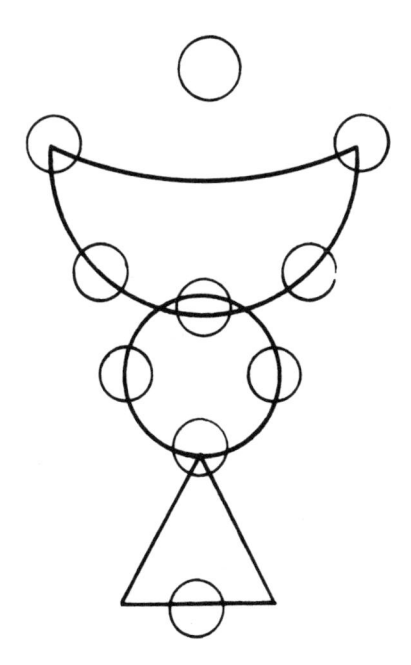

Hierbei handelt es sich um das Zulassungszeichen für den Grad des Practicus. Wie im Diagramm dargestellt, bezieht es sich auf den Lebensbaum. Es umschließt neun der Sephiroth, mit Ausnahme von Kether.

Jesod und Malkuth werden dem unteren Dreieck zugeordnet, erstere zur Spitze, letztere zur Basis. Wie der Caduceus steht die Figur außerdem für Wasser, Feuer und Luft, aber in anderer Zusammenstellung. Die Sichel oben bezieht sich auf das Wasser des Himmels und das untere Dreieck auf das verzehrende Feuer, welches dem Feuer, das im oberen Teil des Caduceus Ausdruck fand, entgegengesetzt ist.

Das Symbol Merkurs

Das Symbol umfaßt alle Sephiroth des Lebensbaumes bis auf Kether. Die Hörner gehen von Daath (Wissen) aus, welche keine Sephirah im engeren Sinne ist, sondern eher eine Verbindung von Chokmah und Binah.

Fünfte Lehrschrift oder Azoth

Azoth ist ein Wort, das aus dem ersten und letzten Buchstaben des griechischen, lateinischen und hebräischen Alphabetes gebildet wird: A und Z, Alpha und Omega, Aleph und Tau*. Verschiedene Autoren benutzen es in unterschiedlicher Weise, aber es deutet im wesentlichen auf die Essenz hin. Es wird gewöhnlich von alchimistischen Autoren verwendet.

Folgende Namen treten in kabbalistischen Schriften auf:

Ain	Nicht-Nichts
Ain-Soph	Das Unendliche
Ain Soph Aur	Unendliches Licht

Diese drei bilden die Schleier der Nicht-Existenz, die in Kether verborgen liegen.

Arik Anpin – der Makroprosopus oder das große Antlitz ist einer der Titel Kethers, ein weiterer Titel ist der Alte der Tage, Aatik Jomin. Kether oder das große Antlitz emaniert zunächst als der höchste Vater, Abba, und als die höchste Mutter, Aima. Abba bezieht sich auf das Jod des *JHVH*, und Aima auf das Heh. Beide Urformen zusammen erhalten den Namen Elohim.

---

* Anm.d.Übers.: Im Original heißt es falsch: »A und Z, Alpha und Tau, Alpha und Omega«.

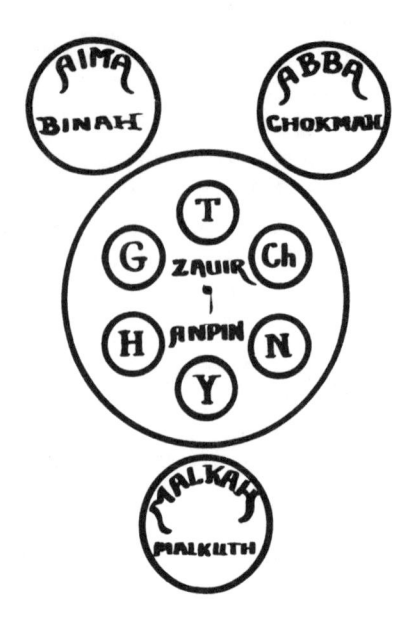

Als Elohim werden sie als die Eltern des Sohnes, Zauir Anpin, auch *Mikroprosopus*, oder kleineres Antlitz, bezeichnet.

Abba bezieht sich auf das Jod und Chokmah. Aima bezieht sich auf das Heh und Binah. Zauir Anpin bezieht sich auf die sechs Sephiroth Chesed, Geburah, Tiphareth, Netzach, Hod, Jesod und unter diesen ganz besonders auf Tiphareth.

Malkah, die Königin, und Kahal, die Braut, sind Bezeichnungen Malkuths, wenn sie als die Geliebte des Zauir Anpin, des Mikroprosopus angesehen wird.

Die Buchstaben des Namens *JHVH* enthalten diese Bedeutungen:

Jod bezieht sich auf Abba;
Heh auf Aima;
Vau auf Zauir Anpin;
Heh (letztes) auf Malkah.

Diese Buchstaben beziehen sich auch auf die vier Welten und die vier Farben des Tarot. Es entsprechen sich:

Jod	Atziluth	Stäbe
Heh	Briah	Kelche
Vau	Jetzirah	Schwerter
Heh (letztes)	Assiah	Pentakel (Münzen)

Der Kern der Überlieferung 371

In jeder dieser vier Welten existieren zehn Sephiroth, von denen jede wiederum zehn weitere Sephiroth enthält. Zusammen kommen so vierhundert Sephiroth zustande, die Zahl des Buchstaben Tau, des Kreuzes, des Universums, der Vollendung aller Dinge.

Der Tarot wird dem Lebensbaum folgendermaßen zugeordnet:

Die vier Asse werden auf den Thron Kethers gesetzt und die verbleibenden kleinen Karten einer jeden Farbe auf die entsprechenden Sephiroth: Zwei auf Chokmah, Drei auf Binah usw. Die 22 Trümpfe werden dann gemäß den ihnen entsprechenden Buchstaben den Pfaden zugeordnet. König und Königin einer Farbe werden neben Chokmah und Binah gelegt, der Ritter und der Knappe neben Tiphareth und Malkuth. Den Trümpfen des Tarot teilt sich so das Gleichgewicht der Sephiroth mit, die sie verbinden.

Einlassungszeichen im Grade des Philosophus

Das erste unter diesen ist das Passions- und Kalvarienkreuz mit zwölf Quadraten.

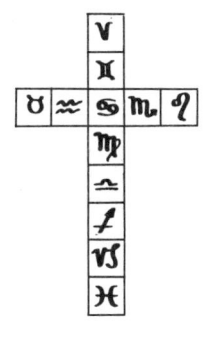

		♈		
		♊		
♉	♒	♋	♏	♐
		♍		
		♎		
		♐		
		♑		
		♓		

Es verschafft Zugang zum Pfade Qoph, dem 29. Pfad, und bezieht sich auf den Zodiak und den ewigen Fluß in Eden, der folgendermaßen in vier Quellen unterteilt ist:

Naher – Der Fluß
1. Hiddikel
2. Pison
3. Gihon
4. Phrath – Euphrates

Die Pyramide der vier Elemente verschafft Zugang zum 28. Pfad Tzaddi.

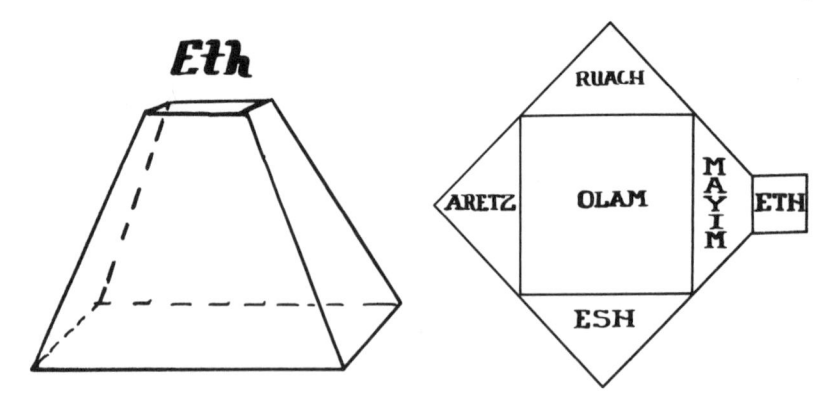

Auf die Seiten der Pyramide sind die hebräischen Namen der Elemente geschrieben, auf den Gipfel das Wort *Eth*, welches Essenz bedeutet, und *Olam*, was heißt: Welt.

Das nächste Abzeichen ist das Kalvarienkreuz mit zehn Quadraten, welches Zugang zum 27. Pfad, Peh, Mars, erwirkt.

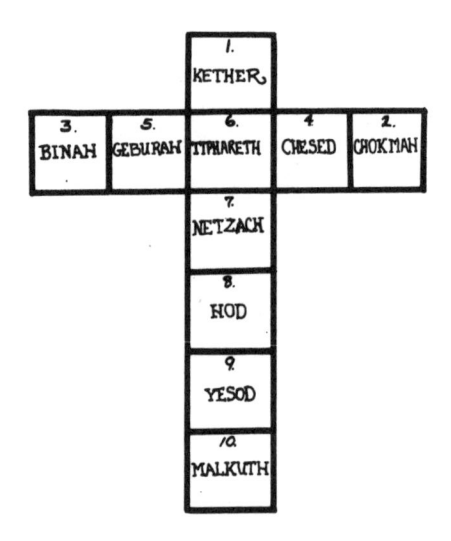

Die zehn Quadrate gehören zu den zehn Sephiroth in balancierter Lage. Es handelt sich also um die geöffnete Form des Doppelwürfels vom Räucheraltar.

Ein weiteres Zeichen ist das Kreuz des Hegemon, welches zum Grade des Philosophus zuläßt.

Der Kern der Überlieferung 373

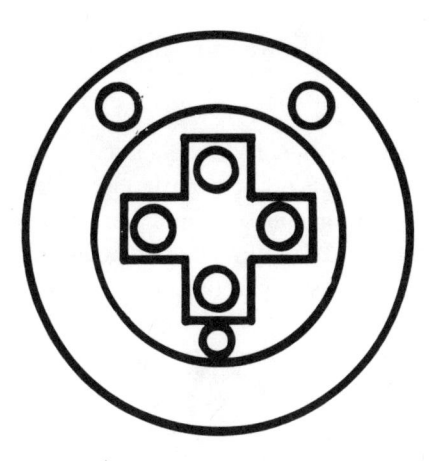

Dieses Kreuz umfaßt Tiphareth, Netzach, Hod und Jesod und ruht auf Malkuth. Das Kreuz steht auch mit den 6 Sephiroth des Mikroprosopus in Zusammenhang und stellt die geöffnete Form des Würfels dar.

Schließlich haben wir noch das Symbol der Venus auf dem Lebensbaum.

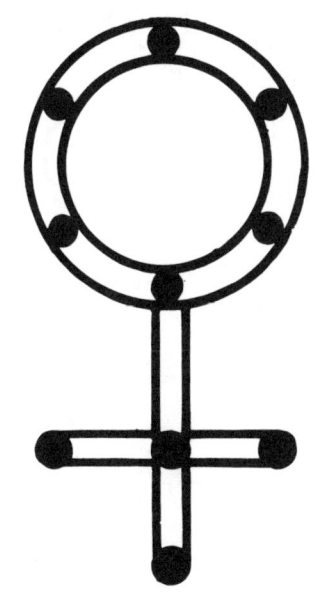

Es umfaßt alle zehn Sephiroth des Baumes und stellt das passende Zeichen der Isis in der Natur dar. Da es alle Sephiroth enthält, sollte der Kreis größer als derjenige bei Merkur gemacht werden, der oben dargestellt wurde.

Eine andere Anordnung des Lebensbaumes

Der Lebensbaum wird in verschiedenen Gestalten dargestellt, von denen die häufigste bereits erklärt worden ist. Es gibt daher noch eine weitere gängige Fassung, die man auf den großen Altarbildern des Grades des Practicus und des Philosophus finden wird. Sie wird oft als die sieben Paläste von Assiah in der Zuordnung der zehn Sephiroth bezeichnet.

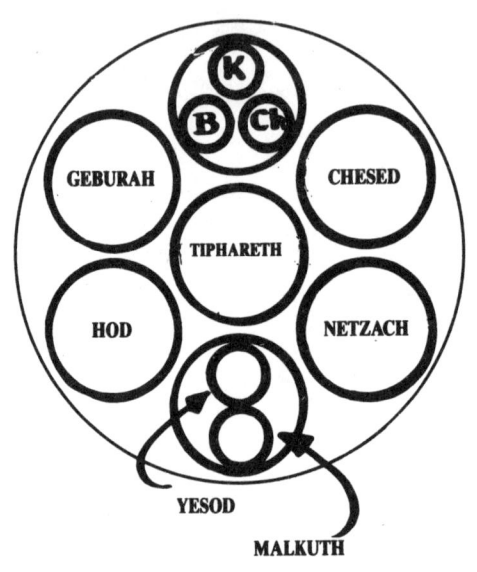

Die Spiegelung der Elemente den Lebensbaum hinab

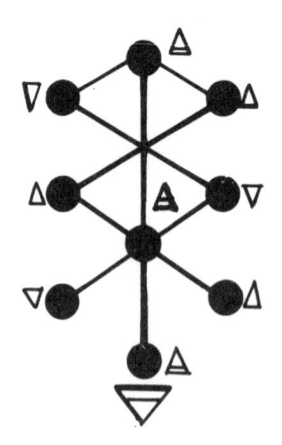

Diese Zeichnung stellt die Dreiheit der Elemente in ihrer Tätigkeit durch die Sephiroth und in der Spiegelung am Lebensbaum herunter dar. Luft wird direkt an der Mittleren Säule herab reflektiert, von Kether durch Tiphareth zu Jesod und dem oberen Quadranten von Malkuth. Wasser wird über Kreuz reflektiert, von Binah durch Chesed nach Hod. Feuer wird über Kreuz reflektiert von Chokmah durch Geburah nach Netzach. Malkuth wird deshalb zum Behälter aller anderen drei Elemente.

Erste Meditation

Der *Neophyt* soll über einen Punkt nachdenken, wie er in der Mathematik definiert wird, mit einer Position, jedoch ohne Ausdehnung. Was ihm dabei in den Sinn kommt, soll er aufschreiben. Wenn er seine Fähigkeiten darauf konzentriert hat, soll er sich bemühen, die Immanenz des Göttlichen in der Natur in allen ihren Aspekten zu erkennen.

Suche dir zunächst eine feste, aber ausreichend bequeme Lage. Atme rhythmisch, bis der Körper ruhig und der Geist still ist. Bleibe zunächst einige Minuten lang in diesem Zustand und später länger, wenn du dich daran gewöhnst, den Geist am Wandern zu hindern. Denke dann allgemein an das Meditationsthema und suche einen Gedanken oder ein Bild davon aus, dem du bis zum Schluß folgst.

Für Anfänger besteht der einfachste Rhythmus im vierfachen Atem.

1. Entleere die Lunge und bleibe in diesem Zustand, während du bis vier zählst.
2. Atme ein, zähle dabei bis vier, so daß die Brust bis zum Hals mit Luft gefüllt ist.
3. Halte den Atem an, während du bis vier zählst.
4. Atme aus, zähle bis vier, bis die Lungen leer sind.

Das sollte geübt werden, indem du schneller oder langsamer zählst, bis du einen Rhythmus findest, der bequem und beruhigend wirkt.

Nachdem du das erreicht hast, zähle den Atem auf diese Weise zwei oder drei Minuten lang, bis du dich ruhig fühlst, und fahre dann in der Meditation fort.

Zweite Meditation

Der *Zelator* soll über eine gerade Linie meditieren. Er nehme ein Lineal oder einen Bleistift und, indem er es soweit verschiebt, wie es lang ist, bezeichne er ein Quadrat.

Dann beruhige er seinen Geist mit dem rhythmischen Atmen, das in der ersten Meditation gelehrt wurde, und bilde dann im Geiste einen Würfel. Er soll sich bemühen, die Bedeutung dieser Figur und ihre Entsprechungen herauszufinden.

Er soll über Minerale und Kristalle meditieren, wobei er sich besonders ein *Salz*kristall aussuchen und in dieses eintreten soll, um sich ganz in kristalliner Gestalt zu empfinden.

Wenn er von diesem Standpunkt aus die Welt betrachtet, soll er sich in Liebe und Sympathie mit den Erdgeistern identifizieren und, so weit er kann, ihr Gebet aus dem Abschluß des Grades des Zelators wiederholen.

Er soll über die *Erd-Dreiheit* meditieren, indem er sich einen *Stier*, eine *Jungfrau* und einen *Steinbock* vorstellt, die für die *cherubische Erde, veränderliche Erde, kardinale Erde* stehen.

Lies zu den oben genannten Begriffen in einem einfachen Astrologie-Handbuch nach. Mache Notizen über die Ideen und Bilder, die in deinem Geiste auftauchen.

Dritte Meditation

Der *Theoricus* soll den Mondatem üben, während er im Geiste das Wort *Aum* ausspricht. (Der Mondatem geht nur durch das linke Nasenloch.)

Er soll über die zunehmende und abnehmende Sichel meditieren, wobei er sie sich als silberne Sicheln vor einem indigofarbenen Hintergrund vorstellt.

Dann soll er sich die Luft-Dreiheit ins Gedächtnis rufen. Von dieser umgeben, soll er über die Zahlen 9 und 5, das Pentagramm und das Pentagon (Fünfeck) meditieren.

In seiner Vorstellung soll er sich dann aus der mineralischen Welt in die Welt der Bäume und Blumen erheben und sich voll Liebe und Sympathie mit der Kraft der Elemente hinter diesen identifizieren.

Er möge die mentale Welt erkennen, wo der Geist über die Materie herrscht, und über die Ideen von Erscheinung und Wirklichkeit meditieren.

Vierte Meditation

Der *Practicus* soll über die Symbole des Rhomboids (Raute) und der Blase meditieren.
Er möge ihre Bedeutung und Entsprechungen herausfinden.
Er soll das Symbol des Merkur und die Zahl 8 kontemplieren.
Jetzt soll er lernen, seine Gefühle zu kontrollieren, auf keinen Fall Ärger zuzulassen, Haß oder Eifersucht, sondern die Kraft, die er sonst dafür verbrauchte, auf das Erreichen der Vollendung lenken, damit der Malariasumpf seiner Natur zu einem klaren und reinen See werde, der das göttliche Wesen wahrhaftig und ohne Verzerrung spiegeln kann.
Er soll sich selbst mit den Mächten des Wassers identifizieren, über die Wasser-Dreiheit in allen ihren Aspekten nachdenken, über ihre Zuordnungen und Entsprechungen.

Fünfte Meditation

Der *Philosophus* meditiere über das Symbol der Feuer-Dreiheit in allen ihren Aspekten.
Er kontempliere das Symbol des Planeten *Venus*, bis er die universale Liebe erkennt, welche sich in vollendetem Dienst an der ganzen Menschheit ausdrücken würde und welche sowohl die sichtbare wie die unsichtbare Natur umfaßt.
Er möge sich mit den Kräften des *Feuer*s identifizieren, sich ihnen ganz weihen, bis das Brandopfer verzehrt ist und er den Christus im Geiste empfangen kann.
Er meditiere über die Feuer-Dreiheit, ihre Zuordnungen und Entsprechungen.

Sechste Meditation

Der *Aspirant* (des Grades Adeptus Minor) meditiere über das Kreuz in seinen verschiedenen Gestalten und Aspekten, wie sie in den Einlassungszeichen der verschiedenen Grade vorgestellt werden.

Er soll die Notwendigkeit und Vorrangigkeit des Opfers in Natur und Religion bedenken.

Er soll die Worte des Meisters erkennen: »Wer aber sein Leben erhalten will, der wird es verlieren. Und wer sein Leben verliert um meinetwillen, der wird es finden.«

»Wenn aber ein Weizenkorn nicht auf den Boden fällt und stirbt, so bleibt es allein; stirbt es aber, so bringt es mannigfaltige Frucht.«

Er soll sich bemühen, seinen eigenen Ort und seine Bedeutung im Universum zu erkennen, indem er versucht, außer sich zu stehen und sich nur das zuzugestehen, was er auch einem anderen zugestände.

Er soll sorgfältig vermeiden, von sich selbst, von seinen Gefühlen oder Erfahrungen zu sprechen, damit er Enthaltsamkeit im Sprechen gewinnt und lernt, die verschwenderische Aktivität seines Geistes einzuschränken.

Er möge die in dünne Wolkenschleier gehüllte Sonne kontemplieren.

Übungen zur Entwicklung

V. H. Frater A.M.A.G. (Israel Regardie)

Das Sigill* des heiligen Namens

Der Orden hat gewisse Meditationen vorgeschrieben, die zwischen den Graden durchzuführen sind. Diese lösten verschiedene Reaktionen aus, zustimmende und ablehnende. Um eine Lücke zwischen dem Studium der Kabbala und der weiter fortgeschrittenen magischen Arbeit des inneren Ordens zu füllen, entwickelte ich im Laufe der Jahre eine Übungsreihe, die ich nützlich fand. Es handelt sich dabei nicht um traditionelle Übungen oder Meditationen des Golden Dawn im engeren Sinne, sie bauen jedoch im wesentlichen auf den im Orden gebräuchlichen Techniken auf. Die Übungen benutzen grundlegende Methoden vieler Systeme, wie rhythmisches Atmen, Vibration von Namen, Visualisation von Bildern, Sigille aus der Rose und andere. Ich empfehle sie als einen Brückenschlag zwischen der theoretischen Ordensarbeit und den technischeren Prozessen, die später behandelt werden.

Viele dieser Übungen beginnen mit rhythmischem Atmen, um eine gewisse Ruhe in Körper und Geist herzustellen. Der Orden empfiehlt einen vierfachen Atem, das heißt, man atmet bis vier ein, hält den Atem bis vier zählend an, atmet die gleiche Länge aus und hält dann wieder bis vier an. Es erfordert nur ein wenig Übung mehrmals am Tage, um darin einige Fertigkeit zu erlangen. Zeichen des Erfolges sind: Ein Gefühl der Ruhe und Stille in Körper und Geist, ein Gefühl der Auflademng mit Kraft und darüber hinaus ein kribbelndes Gefühl um das Zwerchfell.

---

* Anm. d. Übers.: Hier und im folgenden ist die ältere deutsche Form ›das Sigill‹ (pl.: die Sigille) gewählt worden, um es von ›Siegel‹ zu unterscheiden, das meist in anderem Zusammenhang gebraucht wird. In neuerer Zeit hat sich auch die Form ›die Sigil‹ (pl.: die Sigillen) eingebürgert. Diese anglisierende Schreibung ist jedoch von Frater V.; D.; (»Sigillenmagie« Verl. Ralph Tegtmeier und »Austin Osman Spase und seine Sigillenlehre«, Unicorn I, Horns Verlag) ausschließlich für die besondere Form der Sparesen Sigille eingeführt worden.

Mit regelmäßiger Übung werden die Wirkungen ziemlich schnell eintreten. Dann kannst du mit dem nächsten Schritt fortfahren. Du kannst den Atemrhythmus ruhig selbst verändern. Wenn es deiner Bequemlichkeit dient, verkürze die Periode des Atemhaltens auf zwei statt vier. Oder lasse das Atemanhalten ganz fort, und atme vier Zähleinheiten ein und vier aus. Alles hängt davon ab, was du für ein Gefühl bei dem hast, was du tust.

Die Zeichnung unten stellt ein Sigill dar, das über eine menschliche Figur gelegt ist. Sigille stellen eine traditionelle Technik dar,

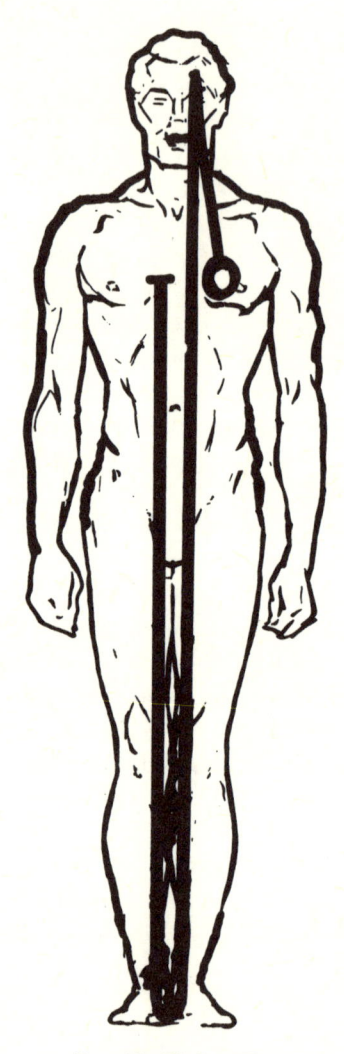

Das Sigill des Eheieh

eine Signatur zu bilden. Es kann entweder aus der Rose gebildet werden, wie später abgebildet, oder von der Kamea oder dem magischen Quadrat, das ebenfalls später angegeben wird.

Die Signatur in dieser Skizze basiert auf dem hebräischen Wort Eheieh und ist aus der Rose gebildet. Wie später näher ausgeführt wird, zieht man einfach eine Linie vom ersten hebräischen Buchstaben zum nächsten usw., bis das Sigill vollständig ist.

Die Zeichnung stellt die Gestalt eines Menschen mit überlagertem Sigill dar. Betrachte sie zunächst sorgfältig, so daß du eine klare Vorstellung davon hast, was du tust, wenn du sie zu visualisieren versuchst. Setze dich bequem auf einen Stuhl mit gerader Lehne, oder lege dich auf ein Bett oder ein Sofa. Dann fange mit einigen Minuten rhythmischer Atmung an. Stelle dir dann das Sigill des heiligen Namens in Schwarz vor, nicht außerhalb auf deiner Körperoberfläche, sondern innerhalb deines eigenen Wesens. Stelle dir vor, daß es in der Herzgegend beginnt und von dort zum Kopf aufsteigt, von da aus gerade zu den Füßen abfällt und schließlich wieder bis zum Herzen aufsteigt. Lasse dich nicht davon stören, wenn dein Geist manchmal oder oft zu wandern beginnt. Bringe ihn geduldig zum Thema zurück, das du kontemplierst, und fahre ohne Selbstkritik fort. Es bedarf einiger Übung, um höhere Grade der Konzentration zu erreichen. Eine nützliche Hilfe kann darin bestehen, den oben angegebenen Namen einige Male zu vibrieren, besser hörbar als leise. Das ist ein einfaches Mittel, die Konzentration zu erleichtern.

Führe das einige Wochen lang morgens und abends durch, wenn es sein muß, bis du spürst, daß in dir etwas vor sich geht, das du zuvor noch nicht bemerkt hattest. Ich möchte hier nicht die möglichen Wirkungen beschreiben, um zu vermeiden, daß sich Suggestionen in die Übung einschleichen. Was aber auch immer die Wirkung sein mag, sie wird dich ermutigen und eine Anregung darstellen, das weiße göttliche Licht weiterhin in deinem eigenen Wesen in Tätigkeit zu bringen. Eine spätere Übung, die bei der Pfortenmeditation beschrieben ist, führt das zur Technik der Mittleren Säule weiter aus. Bis dahin ist die Übung mit diesem Sigill eine hervorragende Vorbereitung auf die spätere Arbeit. Sei geduldig und habe Vertrauen – der Rest wird von selbst folgen.

Wenn du größere Fertigkeit erworben hast, wechsle die Farbe des Sigills von schwarz nach weiß, aber behalte die Form genau bei. Folge ansonsten dem oben angegebenen Verlauf.

Sensitivitäts-Übungen
(Übungen der Empfindungsfähigkeit)

Nimm ein Kartendeck zur Hand, entweder normale Spielkarten oder eines der vielen verfügbaren Tarot-Decks. Denke daran, daß es auch einen Tarot des Golden Dawn gibt, der in jeder esoterischen Buchhandlung oder bei U.S. Games Systems, Inc. New York zu erhalten ist. Halte dir auch die Belehrungen aus der einführenden Schrift zum Tarot oben in diesem Band vor Augen.

Mische das Deck sorgfältig, so daß du zunächst ein Gefühl für die Karten bekommst und auch den Karten etwas von deiner Atmosphäre und deinem Magnetismus vermittelst. Verwende darauf einige Minuten, und sieh dir die Karten auch an, um mit ihrem Aussehen vertraut zu werden. Mische sie dann wieder, und lege den Packen mit dem Rücken nach oben. Berühre die oberste Karte, ohne sie umzudrehen. Wenn du sie berührst, versuche zu spüren (oder zu raten), welche Farbe es ist – nur die Farbe, nicht die Art der Karte. Bei normalen Spielkarten versuche also herauszufinden, ob es Kreuz, Herz, Pik oder Karo ist, beim Tarot ob Stäbe, Kelche, Schwerter oder Pentakel (Münzen). Lasse deiner Phantasie freien Lauf und denke daran, daß es keine Konsequenzen hat, wenn du beim Umdrehen der Karte feststellst, daß du falsch liegst. Betrachte das Ganze als eine Übung oder ein Spiel. Es könnte ganz vorteilhaft sein, wenn du Papier und Stift bereithältst, um die Ergebnisse zu notieren.

Nachdem du die oberste Karte berührt und versucht hast, die Farbe herauszufinden, drehe die Karte um. Verzeichne zunächst deine Vermutung und nach dem Umdrehen die wirkliche Farbe der Karte. Du wirst zunächst, und vielleicht auch eine ganze Zeit lang, immer wieder falsch raten. Aber laß dich davon nicht entmutigen, sondern fahre mit der Übung fort. Nach einiger Zeit rätst du vielleicht einmal unter einem Dutzend richtig, was gar nicht schlecht wäre. Mit wachsender Praxis wirst du dann wiederholt richtig tippen. All das mußt du aufschreiben, denn dadurch kannst du schließlich feststellen, wie genau deine Annahmen sind und wie sich deine Sensitivität entwikkelt. Aber rate zunächst nur die Farbe, später kannst du dann deine Sensitivität härteren Tests unterwerfen. Gehe dabei langsam und schrittweise vor.

Sensitivitäts-Übung II

Mische die Karten gründlich wie zuvor, so daß sie alle gut verteilt sind und ganz andere Positionen eingenommen haben als vorher. Lege dir wiederum ein Blatt Papier und einen Stift zurecht, damit du mühelos über deine Versuchsergebnisse Protokoll führen kannst.

Lege dann deine rechte Hand auf die erste Karte des Stapels wie vorher. Lasse sie eine Weile dort. Sei still und ruhig, atme leicht. Versuche nun zu erraten, ob es sich bei der Karte um eine Zahlenkarte zwischen eins und zehn handelt. Kümmere dich an dieser Stelle nicht um die Farbe oder eine andere Einzelheit, sondern allein um die Nummer der Karte.

Dabei hast du zehn Wahlmöglichkeiten. Mache dir nichts vor, indem du darüber nachdenkst oder im Geiste die Zahlen durchgehst. Sei still und warte, während deine Hand auf den Karten ruht, bis eine bestimmte Zahl in deinem Geist auftaucht. Natürlich machst du zunächst viele Fehler. Aber du wirst dich darüber wundern, wieviele richtige Versuche du bei fortschreitender Übung bekommst. Es kann Zeiten geben, in denen du schlechter statt besser zu werden scheinst. Achte aber nicht darauf, selbst wenn es entmutigend ist. Bald wird deine Erfolgsrate sich langsam verbessern und erheblich steigen.

Und es ist sehr wichtig, daß du alle Ergebnisse schriftlich festhältst.

Wenn du den Eindruck hast, daß du in diesem Spiel gut abschneidest, füge weitere Kategorien hinzu. Versuche nicht nur die Zahl, sondern jetzt auch die Farbe zu erraten.

Wenn du Tarotkarten benutzt, dann denke daran, daß Stäbe und Schwerter vergleichbar sind, sowie Kelche und Pentakel. Wenn du auf eine Kelch 6 getippt hast, und es handelte sich um eine Münz 6, so war das schon ganz gut. Das gleiche gilt, wenn du für eine Schwert 7 eine Stab 7 geraten hast, usw.

Habe Geduld mit dir selbst und erwarte nicht gleich Wunder. Deine Fertigkeit und deine Sensitivität werden sich langsam entwickeln, während du übst. Außerdem hat die Übung nützliche Nebeneffekte. Vor allem anderen, was ich hier überspringe, wirst du bemerken, daß deine Intuition sich genauer auf die Hinweise deines inneren und höheren Wesens einstimmt. Sie bereitet den Weg für den Einfluß und die Führung deines eigenen höheren und göttlichen Genius, was eines der Hauptziele des Großen Werks darstellt.

Heiliger Boden

Erinnere dich an die biblische Geschichte, in welcher Mose Gottes Stimme vernahm, die ihm gebot, seine Sandalen abzulegen, denn der Boden, den er betrat, war heiliger Boden.

Als ein Teil des Einweihungsprozesses ist es nötig, in dir Malkuth zu weihen und zum höheren Bewußtsein Kethers zu erheben, wie auch andererseits die Gottheit in das heilige Reich herabzubringen. Die Einweihung stellt einen doppelten Vorgang dar, die niederen Vermögen zu sensitivieren und die höheren herabzurufen. Eigentlich sollte der doppelte Prozeß gleichzeitig vor sich gehen, aber um die Sicherheit des Prozesses zu gewährleisten, wurde die Übung so angelegt, daß sie sich in Einklang mit der Tradition befindet.

Setze dich bequem auf deinen Stuhl mit gerader Lehne und beginne mit dem rhythmischen Atem zu arbeiten. Ziehe Schuhe oder Pantoffeln aus, so daß die Füße fest auf dem Boden stehen. Dann versuche dir vorzustellen, daß vom Fußboden aus Flammen aufschießen, die nicht nur um deine Füße herumzüngeln, sondern in ihnen brennen. Verschaffe dir vor der Übung eine Vorstellung davon, wie Flammen aussehen, indem du dir Bilder oder Fotos anschaust, oder auch einen Gasbrenner. Wenn du einen Grillplatz im Hof hast oder kürzlich ein Freudenfeuer abgebrannt hast, nimm diese als Vorbild deines geistigen Bildes.

Versuche bei dieser Vorstellung zu spüren, wie die Füße wegen der Flammen darunter immer heißer werden. Es dürfte nicht lange dauern, die Empfindung der Hitze dort zu spüren, und dies wiederum müßte die Visualisation erleichtern. Wenn es bei der Imagination zunächst Schwierigkeiten gibt, zögere nicht, künstliche Hilfsmittel zu benutzen, um die entsprechende Empfindung hervorzurufen. Nimm zum Beispiel Sloans Einreibemittel, Absorbine Jr. oder ein Arthritismedikament namens *Heet**. Reibe eine kleine Menge davon auf die Füße, entweder direkt unter den Knöchel oder in gerader Linie von der Ferse bis zur großen Zehe mitten über die Fußsohle. Da die Haut unter dem Fuß viel dicker ist als sonst, bedarf es möglicherweise mehrerer Anwendungen des Einreibemittels, bis du die hautreizende Wirkung der Substanz spüren kannst, die deutliche körperliche Emp-

---

* Anm.d.Übers.: Anstelle dieser amerikanischen Medikamente, die für deutsche Leser schwer erhältlich sein dürften, kann jede Sportsalbe genommen werden, die die Haut kräftig reizt und ein kribbelndes oder brennendes Gefühl erzeugt.

findungen im Fuß erzeugen müßte. Das wird der Vorstellungskraft gestatten, das Feuer und die Flammen müheloser und kräftiger in den Füßen wahrzunehmen.

Wenn wir den Begriffen der magischen Tradition folgen, erinnern wir uns daran, daß die Füße auf dem Lebensbaum der Sephirah Malkuth zugeordnet werden, zu welcher verschiedene Gottes- und Engelnamen gehören. Benutze diese, so oft du willst, um die Konzentration zu stärken und die Kräfte der Erde und des Feuers anzurufen. Adonai ha-Aretz ist der Gottesname, der über die Erde gebietet, während *JHVH* Tzabaoth dem Feuer zugehört. Wenn du dir der anderen Namen nicht mehr sicher bist, dann frische dein Gedächtnis anhand der entsprechenden Tafeln in den Lehrschriften auf. Benutze diese Namen energisch und immer hörbar. Durch die Art des Systems bist du dazu verpflichtet, bei jeder magischen Arbeit die höchsten Gottesnamen anzurufen, die du kennst.

Führe diese Übung während eines möglichst langen Zeitraumes mindestens zweimal täglich 15 Minuten lang durch und mache dir dazu natürlich Notizen. Solltest du allergische Reaktionen gegenüber einem der Medikamente zeigen, wasche es mit Seife und Wasser ab oder mit einem anti-allergischen Mittel, das du gewöhnt bist. Teste die Substanzen vor dem Gebrauch, indem du eine kleine Menge auf den Unterarm reibst. Entsteht keine allergische Reaktion, fahre fort. Bist du allergisch dagegen, wasche das Mittel ab und benutze es nicht weiter.

Das kabbalistische Kreuz

Auf diese magische Gebärde wird im ganzen System des Golden Dawn immer wieder Bezug genommen. Die korrekte Art der Ausführung ist folgende:

1. Stehe aufrecht, nach Osten blickend. Stelle dir vor, daß du sehr groß wirst, so groß, daß sich dein Kopf über den Wolken befindet, während die Erde unter deinen Füßen zu einer kleinen Kugel wird, auf der du stehst. Verwende einige Minuten darauf, diese Visualisierung zu erreichen. Der Erfolg des gesamten Manövers hängt davon ab.
2. Intoniere oder vibriere Ateh, während du die Stirn mit dem Zeige-

finger der rechten Hand berührst. Stelle dir das weiße Licht Kethers über dir vor, von welchem ein Strahl ausgeht, während du die Übung fortführst.
3. Führe die Hand vom Kopf herab zur Mitte der Brust und intoniere Malkuth. Spüre, wie das Licht bis ganz zu den Füßen hinabgeht, nicht bloß bis zur Brust, die du berührst. Dadurch wird der Stamm des Lichtkreuzes aufgebaut.
4. Bewege die Hand zur linken Schulter und vibriere ve-Gedulah. Während du das tust, stelle dir deine linke Schulter von weißem Licht entflammt vor, das bereit ist, zur rechten Seite hinüberzustrahlen, um den Querbalken des Lichtkreuzes zu erzeugen.
5. Bewege die Hand zur rechten Schulter hinüber, und vibriere ve-Geburah. Das vervollständigt den Querbalken, so daß nun das gesamte Kreuz gebildet ist.
6. Falte die Hände über der Brust, und vibriere le-Olahm Amen. Während du dies tust, versuche, dir des riesigen Kreuzes aus Licht äußerst bewußt zu sein, das sich durch deinen gesamten Körper erstreckt und sich jetzt gewaltig bis weit in den Raum hinein ausdehnt.

Übe das immer und immer wieder. Eile während der Übung nicht. Führe sie langsam durch, langsam genug, um klare Visualisationen der Lichtbalken zu erzeugen, des herabführenden und desjenigen auf Schulterhöhe. Vibriere die Namen kräftig, falls nötig mehrmals, nicht nur, um die Konzentration zu verbessern, sondern auch um das Kreuz klarer und lebhafter auszubilden.

Es sollte erwähnt werden, daß der ganze Vorgang umgekehrt wird, wenn die Übung vorüber ist. Das heißt, daß man allmählich wieder normale Größe annimmt und das Lichtkreuz in sich absorbiert. Schließe mit der Geste des Schweigens. Im Laufe der Zeit wirst du dir der überschattenden Gegenwart deines höheren und göttlichen Genius bewußter werden, auf dessen Hilfe und Führung du zählen kannst. Aber zunächst mußt du dich selbst Seiner Gegenwart gegenüber öffnen, indem du die angemessenen Gebärden vollziehst und das rechte Streben entwickelst.

Das kannst du so oft tun, wie du möchtest. Es gibt keine festgelegten Übungszeiten. Je öfter, um so besser.

Der Heilige Geist

Im Menschen stellt Kether die Jechidah dar, den höheren und göttlichen Genius. Das ist im gesamten vorhergehenden Text gründlich ausgeführt worden und stellt die Basis der Kabbala und des ganzen Ordenssystems dar. Diese Übung soll nun dabei helfen, ein tieferes Verständnis dieser ständigen, uns überschattenden Gegenwart zu erlangen. Die ganze Arbeit, die du bisher durchgeführt hast, die theoretische, intellektuelle Arbeit an der Kabbala usw., verfolgt allein den Zweck, dein intuitives Vermögen zu schärfen und dich für einen höheren Bewußtseinszustand zu öffnen.

Das Symbol des Heiligen Geistes ist der hebräische Buchstabe Shin. Da jeder hebräische Buchstabe auch einen Zahlenwert hat, solltest du bereits gelernt haben, daß seine Zahl 300 ist. Das hebräische Wort für den Geist der Götter ist Ruach Elohim. Diese Worte haben ebenfalls den Zahlenwert von 300, weshalb der Buchstabe Shin gut als ihr Symbol dienen kann.

Sitze wiederum aufrecht auf einem Stuhl mit gerader Lehne und beginne sofort mit dem rhythmischen Atem. Inzwischen solltest du fähig sein, den Zustand ohne großartige Einleitung zu erreichen.

Visualisiere über deinem Kopf in flammendem Rot einen großen Buchstaben Shin. Visualisiere ihn so lebhaft wie möglich, bis du ihn direkt über der Kopfhaut vibrieren spüren kannst. Der Gottesname für Kether ist Eheieh. Vibriere ihn oft, wie schon in der vorigen Übung vorgeschlagen, da er sowohl eine Hilfe bei der Konzentration bildet als auch die Verbindung zu den höheren Kräften deines eigenen Wesens herstellt.

Wie auch bei früheren Übungen gilt: Sollten Schwierigkeiten auftauchen, so sollte ein einmaliges Einreiben der Kopfhaut mit einem der hautreizenden Mittel genügen, um dich in die Lage zu versetzen, deine Aufmerksamkeit relativ leicht dort zu halten. Und wiederum möchte ich empfehlen, alle Erfolge oder Mißerfolge in deinem privaten Buch zu verzeichnen.

Der reinigende Atem

Hierbei handelt es sich um eine Begleitübung des rhythmischen Atems, die als Abschluß aller Übungen und Praktiken dieses Kapitels durchgeführt werden sollte.

Es ist wirklich ganz einfach. Nimm einen vollen Atemzug, der alle Teile der Brust voll in Anspruch nimmt. Wenn die Brust gänzlich mit Luft erfüllt ist, halte den Atem einige Sekunden lang an. Dann stülpe die Lippen aus, als wolltest du pfeifen, aber blase nicht die Wangen auf. Atme die Luft durch die Öffnung in den Lippen energisch aus. Laß die Öffnung eng und stoße die Luft in kleinen Etappen aus.

Mache eine Weile Pause, in welcher du aber die Atmung weiter anhältst. Wiederhole dann den Vorgang des kräftigen Ausstoßens einer kleinen Luftmenge durch die Öffnung im Mund. Halte wieder ein, und wiederhole den Vorgang nochmals, bis alle Luft entwichen ist. Das zwingt die Brust zu unmittelbarer Wiederauffüllung, wenn die Ausatmung derart zu Ende geführt wird. Wenn aufgrund von Hyperventilation leichter Schwindel entsteht, halte ein und setze dich einen Moment lang hin, bevor du weitermachst. Übe diese Art der Atmung über einen längeren Zeitraum hinweg regelmäßig, bis sie leicht und bequem durchgeführt werden kann.

Prithivi

Du bist oberflächlich schon in das hinduistische Tattwa-System eingeführt worden. Nun wollen wir diese Tattwas stufenweise praktisch verwenden, um in die Möglichkeit einer Selbst-Einweihung einzuführen.

Das Diagramm bei den Farbtafeln in diesem Buch zeigt ein Quadrat. Stelle es dir gelb vor. Es ist das Symbol der Erde in der Hindu-Psychologie – Prithivi. Es vertritt alles im festen, physischen und faßbaren Zustand und hat noch eine Menge anderer Bedeutungen, die du entdecken wirst, wenn du mit diesen Übungen arbeitest. Schaue dieses gelbe Quadrat einige Augenblicke lang an, und schließe dann die Augen in der Vorstellung, daß es dich umgibt. Fühle dich, als würdest du darin sitzen oder vor oder in einer gelben Wand stehen. Versuche keine Tricks mit dieser gelben Wand, etwa die Komplementärfarbe zu sehen oder dir vorzustellen, du würdest durch eine imaginäre Tür gehen. Sieh sie einfach, wie sie ist – ein großes gelbes Quadrat, in welchem du sitzt. Richte deine Aufmerksamkeit darauf und nur darauf.

Den Annahmen unserer esoterischen Tradition zufolge muß dann eine Reihe hierarchischer Namen vibriert werden, um dich in völlige Harmonie mit den Kräften zu versetzen, mit denen du zu tun hast. Wie das Ritual des Adeptus Minor anzeigt, sind Farben nicht Symbole für Kräfte, sondern sie sind selbst elementare Kräfte. Gelb ist kein Symbol für irgend etwas, sondern eine besondere, feine Kraft an und für sich selbst. Diese Kräfte können durch den Gebrauch der entsprechenden Gottes- oder Engelnamen aktiviert werden, wobei sie die verschiedenen psychosomatischen Vermögen wiederbeleben und zu empfindsamen Empfängern umwandeln, die du für das Gelingen des Großen Werkes benötigst.

Der Gottesname lautet Adonai ha-Aretz, der Erzengel ist Auriel. Vibriere diese Namen kraftvoll und häufig, um die Konzentration zu fördern, solange bis der gesamte Körper vibriert und stark kribbelt. Wenn du das erlebst, weißt du, daß du auf dem richtigen Weg bist. Bleibe einige Zeit dabei und übe mehrmals täglich. Notiere die Ergebnisse.

Vayu

Dabei handelt es sich um einen großen blauen Kreis, der wiederum bei den Farbtafeln in diesem Buch gefunden werden kann. Stelle dir vor, von ihm umschlossen zu sein. Dieser blaue Kreis heißt Vayu und wird dem Element Luft zugeordnet. Denke wiederum daran, daß er eingesetzt wird, um den langsamen, aber zwangsläufigen Prozeß der Vorbereitung auf deine Einweihung mitzutragen. Dieser kommt in kleinen Steigerungsraten zustande, so daß du dich ohne unnötige Belastung oder Streß darauf einstellen kannst.

Gehe vor, wie oben beschrieben. Stelle dir vor, daß du vor einer Wand stehst oder sitzt, auf die ein großer blauer Kreis gemalt ist. Versuche nicht, über das hier Beschriebene hinauszugehen.

Der westlichen magischen Tradition entsprechend vibrierst du als nächstes die höchsten dir bekannten Gottesnamen, um dich mit der spirituellen Realität zu verbinden und dich gegen Mißgeschicke zu schützen. Der Gottesname ist Shaddai El Chai. Im Moment beschäftigen wir uns noch nicht mit der wörtlichen Bedeutung dieser Namen. Wir wissen, daß sie als Vibration eine deutliche Wirkung haben und daß ihr Gebrauch gewaltig dabei hilft, das Bewußtsein zu konzentrieren. Führe diese Übung so oft durch, bis dein Geist leicht auf die Bilder konzentriert ist und bis du die kribbelnde und vibrierende Empfindung in deinem ganzen Wesen spüren kannst.

Gehe mit den verbleibenden Tattwas auf gleiche Weise vor. Apas ist die silberne Sichel für Wasser, Tejas das rote Dreieck für Feuer und Akasa das schwarze Ei für den Geist. In den Lehrschriften findest du die passenden Namen für den Gebrauch eines jeden.

Liebe

Diese magische Lebensweise ist durch ein völliges Fehlen an Sentimentalität gekennzeichnet. Sie geht in der Behandlung der verschiedenen Komponenten deiner psychospirituellen Verfassung und der daraus folgenden Beziehungen zu anderen Menschen in deiner Umgebung direkt, geradeheraus und eindeutig vor.

Das heißt aber nicht, daß die emotionalen und spirituellen Komponenten des Menschen mit Verachtung oder Geringschätzung betrachtet werden. Im Gegenteil: Liebe ist das Gesetz, Liebe unter Willen. Ohne Liebe sind alle unsere Arbeiten steril und werden nichts erreichen. Aber die Liebe muß dem Gesetz unterstehen und natürlich in den allgemeinen philosophischen und theoretischen Hintergrund der magischen Tradition passen.

Es ist eine interessante und sehr nützliche Beobachtung, daß es nur ein planetarisches Symbol gibt, welches alle Sephiroth auf dem Lebensbaum umfaßt. Und dies ohne besondere Gewalt oder Bemühung, wie man auf dem Diagramm unten sehen kann. Bei diesem Planeten handelt es sich um Venus, den Stern der Liebe, wobei wir uns um die weiteren astrologischen Zuordnungen und Bedeutungen nicht kümmern wollen, ausgenommen, daß Venus mehr oder weniger gleichbedeutend mit Liebe ist. Das hebräische Wort dafür ist entweder Ahavoh oder Chesed, eine der Sephiroth. Chesed bedeutet liebevolle Freundlichkeit. Verbinde diese Worte mit dem Symbol der Venus, welches ein Kreis über einem Kreuz ist.

Schaue dir die Zeichnung an und sieh, wie alle zehn Sephiroth in die geometrische Form hineinpassen. Nimm dann deine Meditations-

Der Kern der Überlieferung

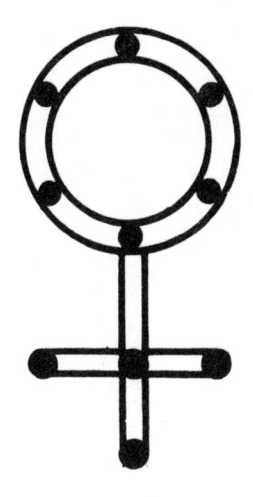

haltung auf dem Stuhl mit aufrechter Lehne ein und beginne mit rhythmischer Atmung. Visualisiere das Symbol Venus, das den gesamten Baum zusammenfaßt, der das Zeichen deines ganzen Selbstes darstellt, wie du nun gelernt hast. Gehe mit dem Rücken voraus in die Figur ein, wobei du fühlst, daß das planetare Symbol sich mit deinem gesamten Wesen deckt.

Es gibt hier keine künstlichen Hilfsmittel, die du einsetzen könntest, um eine Empfindung oder ein Gefühl der Liebe hervorzurufen. Aber du kannst, während du meditierst, darüber nachdenken, was Liebe ist, wen du geliebt hast und wie du dabei fühltest. Konzentriere dich auf alle diese Gefühle, während du dir vorstellst, das Symbol der Venus zu sein. Begleite diese Konzentration mit der einfachsten Art der rhythmischen Atmung, indem du 4 Ein und 4 Aus zählst.

Beachte kurze Zeit über, wie der Atem in die Nasenlöcher einströmt, denke dabei: Der Atem fließt ein. Wenn er die Nasenlöcher verläßt, denke: Der Atem fließt aus. Das ist einfach. Behalte diese Übung tagein, tagaus bei, bis du das damit zusammenhängende Gefühl und einige weitere Feinheiten wahrnimmst.

Wenn das zur Gewohnheit geworden ist, ändere den Satz in deinen Gedanken zu: Liebe fließt in mich ein, und wenn du ausatmest: Liebe strömt aus mir aus. Meditiere darüber, daß die Liebe von Kether, dem Allerhöchsten, in dich fließt und von dir mit deiner Segnung an jedes einzelne Wesen des gesamten Universums ausgeht. Vielleicht möchtest du eine der schönen Passagen aus den traditionellen Ritualen des Golden Dawn anwenden, während du Liebe in die ganze Welt hineinatmest. Zum Beispiel: Heilig seid Ihr, Herrscher des Universums, denn jauchzend strömt Eure Liebe aus bis ans Ende der Welten.

Teil IV

Grundlegende Techniken

Allgemeine Anweisungen

Die Mitglieder des Zweiten Ordens in Schottland werden gebeten, keine privaten Belehrungen zum Zweiten Orden mit privaten Mitgliedern aus England oder woandersher zu vereinbaren. Für alle Anweisungen wird auf Antrag an das schottische Hauptquartier gesorgt, wie auch für die Manuskripte, die in diesem Orden ausgegeben werden, und für Prüfungen.

Die Mitglieder werden gebeten, die zentrale Autorität eher zu unterstützen als zu schwächen und harmonisch zusammenzuarbeiten.

Genehmigt vom Hauptadepten des Ordens
G.H. Frater D.D.C.F.
(Mathers Ordensname für den
7 = 4 Grad [Adeptus exemptus])
(September 1897, überarbeitet 1898)

Jedes Mitglied des inneren Ordens ist mit Genehmigung des Hauptadepten zugelassen, und jedes Mitglied behält die Mitgliedschaft nur mit fortgesetzter Zustimmung des Hauptadepten in Britannien bei.

Es gibt keine Aufnahmegebühr und keinen jährlichen Beitrag. Aber insoweit als die Oberen sich selbst zu gewissen Ausgaben verpflichtet haben, indem sie ein Ordenshaus in London aufbauten und es unterhalten, gehen sie davon aus, daß alle Mitglieder ihren Möglichkeiten entsprechend mithelfen werden, den Orden zu unterstützen und die Mittel aufzubringen, die für die allgemeine Unterhaltung des Hauses, die Auslagen der Versammlungen und die Erweiterung der Bibliothek erforderlich sind.

Alle offiziellen Anweisungen gehen jetzt vom Hauptadepten – G.H. Frater D.D.C.F. – aus. Der verantwortliche Hauptadept, G.H. Frater N.O.M. (Westcott), ist sein Exekutiv-Beamter. Er hat auch das Amt des Kanzlers des zweiten Ordens inne. An ihn sind *alle* Mitteilungen und Anträge zu richten. Die V.H. Soror Shemeber (Mrs. Pamela Bullock) ist als stellvertretende Kanzlerin tätig und überwacht das Kursieren der Rituale etc.

Die Fortführung der Mitgliedschaft im Zweiten Orden enthält einen Vertrag darüber, daß auf Verlangen, bei Austritt, Entlassung oder Ausschluß alle Dokumente, Rituale, Rollen, Werkzeuge und Insignien, die man als Adeptus Minor besaß, dem Kanzler zurückzugeben sind.

Die Mitgliedschaft beinhaltet ebenfalls die Zustimmung zum Recht des Hauptadepten, die Tatsache und Ursache eines zeitweiligen Ausschlusses, eines Austritts, einer Entlassung oder eines Ausschlusses aus dem Zweiten Orden allen anderen Mitgliedern desselben bekanntzugeben.

Von jedem Mitglied wird die Teilnahme an der jährlichen Zeremonie zu Fronleichnam (Corpus Christi) erwartet. Abwesenheit ist vor dem Tag der Versammlung mit plausiblem Grund beim Kanzler zu entschuldigen. Die Tatsache, daß ein Ordenshaus für den Zweiten Orden existiert sowie dessen Adresse, sind vor jedem Mitglied des Äußeren Ordens des Golden Dawn sowie von allen außerhalb der Schranken des Ordens Befindlichen geheimzuhalten.

Die im Ordenshaus versammelten Adepten bilden einen Rat, welcher für alle Angelegenheiten, die sowohl den Orden des Golden Dawn als auch den Zweiten Orden betreffen, zuständig ist. Jeder Beschluß, der durch Zweidrittelmehrheit der Anwesenden bei irgendeiner Sitzung zustande kommt, kann an den Kanzler weitergereicht werden, der diesen Beschluß dem Hauptadepten vorlegen wird, aber eine solche Ratsversammlung *muß* repräsentativ sein.

Die Mitgliedschaft im Zweiten Orden setzt auch ein Bedürfnis und ein Bemühen voraus, Fortschritte in seinen besonderen Lehrinhalten zu machen. Wie im Äußeren Orden wird die Rolle (Mitgliederverzeichnis) einmal jährlich überprüft. Falls die Hochehrwürdigen Oberen befinden, daß ein Mitglied sich nicht so sehr um einen Fortschritt bemüht hat, wie man es vernünftigerweise erwarten kann, können sie von jedem Mitglied eine Erklärung dafür fordern. Fällt diese unbefriedigend aus, kann das einen zeitweiligen Ausschluß oder den Erlaß einer Degradierung zum Rang eines Herrn der Pforte oder die Entziehung der Mitgliedschaft zur Folge haben.

Verstöße gegen die Verpflichtungen eines Adeptus Minor werden als äußerst schwer erachtet, wohingegen Übertretungen der Exekutivbestimmungen für weniger schwerwiegend gehalten werden, sofern sie nicht wiederholt und unentschuldbar sind. Die Oberen hoffen, daß private Differenzen zwischen den Mitgliedern friedlich und privat geklärt werden, da sie sich in derartige Angelegenheiten nicht einzumischen wünschen.

Alle Mitglieder sollten jederzeit darauf achten, daß sie die persönlichen religiösen Gefühle anderer Mitglieder nicht verletzen.

Ab und zu werden in der Bibliothek Mitteilungen ausgehängt, die unbedeutendere Bestimmungen betreffen, den Preis von Büchern oder die Abhaltung von Studiengruppen.

Wenn ein Adeptus Minor an einen anderen Adepten über Angelegenheiten des Zweiten Ordens schreibt, hat er den Umschlag auf besondere Weise zu frankieren. Die Briefmarke wird in die übliche Ecke geklebt, aber umgedreht, so daß das Gesicht nach oben schaut, wie C.R.C. (Christian Rosenkreutz) in dem Pastos.

Insbesondere sollst du von allen anderen Schulen des wahren Okkultismus und von den östlichen Philosophien, die von den hermetischen und rosenkreuzerischen zu unterscheiden sind, stets mit Toleranz und Achtung sprechen und denken.

Die Arbeiten der Schule von Lake Harris werden besser gemieden. Das H.B. von L.[1] ist verflucht, wie natürlich auch alle Luziferianischen und die Lehren von Palladin[2]. Das sogenannte Rosenkreuz von Sor Péladan[3] wird als eine ignorante Verdrehung des Namens angesehen, die *kein wirkliches Wissen* enthält und nicht einmal des Titels eines okkulten Ordens wert ist. Die Schwarze Messe gehört natürlich dem eigenen Bekenntnis nach zur bösen magischen Richtung. Die Martinisten[4] dürften, solange sich sich an die Lehren des Gründers halten, nicht in Konflikt mit dem R.R. und A.C. geraten.

Die Bestimmungen für die Verfahrensweise der Führung eines Mitgliedes durch den Untergrad des Zelator im Grade des Adeptus Minor.

---

[1] Hermetic Brotherhood of Luxor. Die H.B. von L. wurde um 1880 von einem gewissen Peter Davidson gegründet. Die Bruderschaft wurde in finanzielle Betrügereien verwickelt. Einige Mitglieder des Golden Dawn hatten Verbindungen zur H.B. von L.

[2] Bezieht sich auf fiktive Enthüllungen, die später als Zeitungsente entlarvt wurden, einer »Diane Vaughan« über Satanismus in Paris.

[3] Josephin Péladan. Gründete 1890 einen Orden des katholischen Rosenkreuzes, des Tempels und des Grals.

[4] Mitglieder des von Papus 1898 gegründeten Martinistenordens. Die Martinisten gründen ihre Lehre auf Martinez Pasqualis. Papus war übrigens auch Mitglied von Mather's Ahathoor Tempel in Paris.

Erste Stufe – Neophyt Adeptus Minor

1. Einlassungszeremonie. Durchlaufe danach Ritual A, welches aus allgemeinen Anweisungen besteht. Das Ritual des Adeptus Minor sollte gründlich studiert und die Klauseln der Verpflichtung, die sich auf die Sephiroth beziehen, auswendig gelernt werden.
2. Pentagrammritual. Lerne das System auswendig.
3. Hexagrammritual. Lerne das System auswendig.
4. Empfange Ritual U, Mikrokosmos, welches aufmerksam studiert, aber nicht auswendig gelernt werden soll.
5. Empfange Ritual Z-1 und Z-3.
6. Empfange Ritual D und fertige einen Lotusstab an, der mit Zustimmung des verantwortlichen Oberen geweiht wird.
7. Empfange Rituale E und F. Fertige ein Rosenkreuz an und weihe es nach Einverständnis, wie oben.
8. Empfange Ritual G. Fertige und weihe die fünf Werkzeuge wie zuvor.
9. Empfange Ritual K – die Weihungszeremonie. Und M[1] – Die Vision des Hermes; Geometrische Figuren, und W – Hodos Chamelionis.
10. Nimm die »Flying Rolls[2]« 1–10 in Empfang und studiere sie zu beliebiger Zeit während der ersten Stufe.

Der Adept *muß* am Ende der ersten Stufe die als A und B gekennzeichneten Prüfungen bestehen und wird so zum Zelator Adeptus Minor.

(Beachte. Mit Erlaubnis des Hauptadepten kann 6, 7 und 8 unmittelbar nach 3 durchgeführt werden, danach 4 und 5.)

Zweite Stufe – Zelator Adeptus Minor

11. Nimm die »Flying Rolls[2]« 11, 12, 14, 20, 21, 26, 28, 29, 30 entgegen und studiere sie. Du kannst jetzt die Prüfungen C, G und E machen.

---
[1] Anm.d.Übers.: Diese Buchstaben und Titel stimmen nicht genau mit jenen des »Katalogs der Manuskripte« später in diesem Kapitel überein, obwohl sie sich offenbar darauf beziehen.
[2] Anm. d. Übers.: Dieser Fachbegriff des Ordens bezeichnet Schriften außerhalb des regulären Katalogs. Da das deutsche »Fliegende Blätter« eine andere Bedeutung
* hat, haben wir den Ausdruck so beibehalten. Siehe auch Vorwort des Herausgebers.

Dritte Stufe – Das System des Tarot

12. Nimm die Rituale N, O, P, Q, R entgegen und studiere sie. Die Prüfungen G, C, D und E *müssen* jetzt bestanden werden.

Vierte Stufe – Das Henochische System

13. Nimm die Rituale H, S, T, X, Y in Empfang. Prüfung F *muß* jetzt bestanden werden.

Fünfte Stufe

14. Empfange und studiere die Z-2-Rituale. Übe Weihungen und Anrufungen. Prüfung H *muß* jetzt bestanden werden. Praktische Erfolge in den Z-2-Zeremonien werden erwartet.

Die Rituale und »Flying Rolls« können fest verpackt per Post versandt werden. Die Mitglieder haben sie auf gleiche Weise zurückzuschicken. Wer sie nicht per Einschreiben schickt, wird für Verluste verantwortlich gemacht und muß dieselben ersetzen.

Falls ein Dokument mit »Darf... Tage behalten werden.« gekennzeichnet ist, soll diese Frist nicht überschritten werden.

Nach Vollendung dieser Studienphase und der Ablegung der entsprechenden acht Prüfungen können die Oberen nach ihrem eigenen Ermessen den Zelator Adeptus Minor zum Untergrade des Theoricus Adeptus Minor zulassen. Aber es gibt kein Anrecht auf einen solchen höheren Grad. Diese Studienphase kann innerhalb von zwei Jahren abgeschlossen werden.

Die Prüfungen, welche von den Untergraden des Neophyten und Zelator Adeptus Minor zum Untergrade Theoricus Adeptus Minor führen.

Die Prüfungen finden zum Teil mündlich statt, zum Teil schriftlich in Gegenwart des Prüfers, zum Teil zu Hause geschrieben. In letzterem Falle darf auf Manuskripte Bezug genommen werden, aber bei Strafe völliger Zurückweisung darf keine persönliche Hilfe in Anspruch genommen werden.

Kein Adept kann zum Untergrade des Theoricus Adeptus Minor zugelassen werden, wenn er nicht zu allen diesen Themen ein fundiertes Wissen unter Beweis stellt. Adepten, die eine Prüfung bereits bestanden haben, sind angehalten, anderen Adepten, bis diese die Prüfung ebenfalls bestanden haben, keine Informationen bezüglich der Fragen und des Verlaufs zukommen zu lassen. Wie die Prüfungen abzuwickeln sind, ist bereits festgelegt worden.

Falls erforderlich, ist dem Hauptprüfer das Recht vorbehalten, weitere Regelungen dahingehend zu treffen, wie nach einem Nichtbestehen einer Prüfung weiter zu verfahren ist. Er kann anschließend auf einer völlig unterschiedlichen Prüfungsweise als der niedergelegten bestehen.

Z.A.M. zum Th.A.M.[1]

Acht Prüfungen

A. Einleitung

Teil 1 schriftlich. Teil 2 mündlich und praktisch in Anwesenheit des Prüfers. Kein Teil zu Hause.

Die Verpflichtung, Prüfung der Vertrautheit mit allen Klauseln.

Minutum Mundum-Diagramme. Namen, Buchstaben, Farben, Tarot, mit den Tarot-Zuordnungen der Sephiroth und Pfade.

Rosen- und Kreuz-Sigill. Ziehe das Sigill für jeden gewünschten Namen.

Großes Pentagrammritual. Zuteilung der Elemente, Namen und Kräfte. Die Art, einige oder alle zu zeichnen.

In Teil 1 müssen die Zeremonien ihre Wirkung zeigen, sowie wörtlich korrekt sein.

Z.A.M. zum Th.A.M.

B. Elementar

Teil 1 schriftlich und mündlich in Anwesenheit des Prüfers. Kein Teil zu Hause.

Die magischen Werkzeuge. Schwert, Kelch, Stab, Dolch, Pentakel und Lotusstab.

---

[1] Zelator Adeptus Minor zum Theoricus Adeptus Minor.

Grundlegende Techniken

Ihre Herstellung, ihr Aufbau, ihre Symbolik und die Regeln zu ihrer Verwendung. Die Gefahren unvollkommener Herstellung und unbedarften Gebrauchs. Die Weihungszeremonien und Invokationsformeln.

Z.A.M. zum Th.A.M.

C. Visionär

Die geistige Vision und Astralprojektion.
Teil 1. In Anwesenheit des Prüfers, mündlich und praktisch. Beschreibe die Erfolge bei vorgegebenem Symbol. Beurteilung von Tattwa-Karten und den Visionen von Tattwa-Karten.
Teil 2. In Abwesenheit des Prüfers, falls erwünscht unter Zuhilfenahme von Manuskripten und Lehrschriften, aber ohne persönliche Hilfestellung. Schriftliche Abhandlungen über Erfahrungen mit den Tattwas, die vom Kandidaten gemacht worden sind, aber vom Prüfer ausgewählt werden.

Z.A.M. zum Th.A.M.

D. Divination

Astrologie, Geomantie, Tarot. Die divinatorische Praxis anhand dieser drei Systeme.
Teil 2. Divinationsversuche in allen drei Disziplinen zu einem vorgegebenen Thema. Schriftlicher Bericht zu Hause, aber ohne persönliche Hilfe.
Teil 3. Eine zusätzliche mündliche Prüfung, falls erwünscht.

Z.A.M. zum Th.A.M.

E. Magie

Talismane und blitzende Tafeln – ihre Herstellung und Weihung. Aufstieg zu den Ebenen. Die Bildung von Engel- und Telesmatischen Figuren bei vorgegebenen Buchstaben des Namens.
Die Vibrationstechnik zur Aussprache der Gottesnamen. Durchfüh-

rung der Vibration von *Adonai ha-Aretz*, bis das Strahlen in der Aura aufgebaut ist.

Teil 1. Führe eine Invokations- oder Bannungszeremonie der Kräfte eines bestimmten Zeichens, Planeten oder Elementes durch.

Reise, von einem bestimmten Symbol ausgehend, zu dessen Ebene und steige auf, indem du die passenden Namen vibrierst etc. Vibration von *Adonai ha-Aretz*, bis die Strahlung ausreicht.

Teil 2. Zu Hause. Fertige und weihe einen Talisman zu einem vorgegebenen Zweck. Fertige und lade drei blitzende Tafeln, nämlich für ein Element, einen Planeten und ein Zeichen.

Zeichne und bemale Engel- oder Elementar-Figuren, die dazu passen, falls erwünscht.

Z.A.M. zum Th.A.M.

F. Henochische Elementtafeln

Insbesondere die zehn Unterquadrate jedes Unterabschnitts in bezug auf Engel, Sphinx und Gottheit. Schachspiel, Beziehung der Figuren zum Tarot usw., wie es im Y.1 und Y.2-Ritual gelehrt wird.

Teil 1. Schriftlich in Anwesenheit des Prüfers. Die Fähigkeit, alle Zuordnungen zu jedem vorgegebenen Unterabschnitt zu finden, falls erwünscht auch mündlich.

Teil 2. Schriftlicher Bericht über Astralreisen zu bestimmten Quadraten, mit dem Aufbau und den Farben der Unterteilungen eines jeden Quadrates, sowie farbigen Zeichnungen der entsprechenden Engel, Sphinxe und Pyramidengottheiten, wie gefordert.

Z.A.M. zum Th.A.M.

G. Symbolisch

Symbole und Formeln aus dem Neophyt-Ritual. Erläutere alle Anspielungen irgendeines Abschnittes und die Symbolik in bezug auf Robe, Lamen, Stab oder Handlung. Das geheime Wort des Neophyten und das koptische Alphabet.

Mündlich und schriftlich in Anwesenheit des Prüfers nach dessen Ermessen.

Weihung und Evokation.

Grundlegende Techniken

Eine Zeremonie zur Formel des Z-2-Rituals muß vor dem Prüfer durchgeführt werden und seine Zustimmung finden, was die Methode, die Ausführung und die Wirkung angeht.

Der verantwortliche Hauptadept hält es für wünschenswert, daß sich jeder Adept ein Heft besorgt und für sich alle Titel und Unterteilungen der Prüfungen einträgt. Für jede abgenommene Prüfung wird folgende Formulierung eingetragen:

> ›Ich, der Unterzeichnende, bestätige an diesem Tage, daß ich gebührend geprüft und die gezeigten Erfolge als befriedigend befunden habe.‹

Dieses Buch ist bei jeder Prüfung vorzuzeigen, wie auch bei der Zulassung zum Grade des Theoricus Adeptus Minor.

Katalog der Manuskripte

A. Allgemeine Anweisungen
B. Pentagrammritual
C. Hexagrammritual
D. Der Lotusstab
E. Das Rosenkreuz
F. Sigille aus der Rose
G. Die fünf Werkzeuge
H. Enochi Clavis oder die Henochischen Tafeln
I. Die Verpflichtung des Adeptus Minor
J. Weihungszeremonie
K. Geschichte
L. Vision des Hermes. Geometrische Figuren
M. Beschreibung des Tarot
N. Astronomisches -- Tarot
O. Tarot-Sternenkarte
P. Schlüssel zur Divination mittels Tarot
Q. Tabellarische Regeln, Tarot
R. 1. Henochische Zuordnungen von N.O.M. (Westcott)
S. 2. Henochische Zuordnungen – offiziell
T. Die henochischen Rufe
U. Mikrokosmos
V. Hodos Chamelionis
X. Pyramidengötter

Y-1. Schach und Chaturanga
Y-2. Schachformeln und -regeln
Z-1.und 3. Über das Neophytenritual
Z-2. Zeremonialmagie

Katalog der fliegenden Rollen (»Flying Rolls«)*

1. Warnungen
2. Reinheit und Wille
3. Anordnungen
4. Die geistige Vision
5. Imagination
6. Bemerkungen zu 2.
7. physikalische Alchemie
8. Geomantische Pentagramme
9. Rechte und linke Säule
10. Selbstopfer
11. Hellsicht
12. Telesmatische Bilder und Adonai ha-Aretz
13. Geheimhaltung und hermetische Liebe
14. Talismane
15. Mensch und Gott
16. Fama Fraternitatis
17. Die Wände des Gewölbes
18. Fortschritt im Orden
19. Ziele und Mittel der Adeptschaft
20. Elementare Sichtweise des Menschen
21. Erkenne dich selbst
22. Freier Wille
23. Tattwa-Visionen
24. Stundenfiguren
25. Abhandlung über Hellsichtigkeit
26. Planeten und Tattwas
27. Theurgie
28. Gebrauch der Werkzeuge
29. Anordnungen
30. Regeln zum Hellsehen
31. Äthiopische Buchstaben

---

* siehe Anmerkung Seite 398

32. Thebanische Buchstaben
33. Visionen der henochischen Quadrate
34. Ein Exorzismus
35. Bemerkungen zur Einleitung (Exordium) im Z.-Ritual
36. Über das Hellsehen von V.N.R. (Moina Mathers)

Invokationstechniken

Es folgen einige grundlegende Anrufungstechniken. Sie sind verhältnismäßig einfach – aber entscheidend wichtig. Machen wir da keine Ausflüchte. Sie sind so wichtig, daß ich sehr empfehle, sie gründlich auswendig zu lernen.

Wenn ich einige der frühen Ordensdokumente anschaue sowie auch diejenigen der späteren Ordensbildung Stella Matutina, bin ich immer wieder von der Tatsache verblüfft, daß die Pentagramme und Hexagramme in den Ritualen, ob sie nun der Initiation oder dem persönlichen Wachstum und der Entwicklung dienen, diagrammartig abgebildet sind. Obwohl die Schriften über die Pentagramme und Hexagramme deutlich nahelegen, ja fordern, daß die Inhalte auswendig gelernt werden, ist diese Anordnung anscheinend nur von wenigen ernstgenommen worden. Statt daß es ausreicht, wenn in der Ritualübersicht vermerkt ist, das invozierende Luftpentagramm solle in die Luft gezogen werden, oder das bannende Pentagramm des Merkur, haben die Mitglieder, deren Unterlagen ich gesehen habe, die entsprechenden Figuren aufgezeichnet. Das deutet natürlich darauf hin, daß die Figuren nicht im Gedächtnis behalten wurden und daß die Mitglieder sie in die Unterlagen einzeichnen mußten, um ihrem Gedächtnis nachzuhelfen.

Das ist alles völlig unnötig, weshalb ich kategorisch fordere, daß ernsthaft Studierende die folgenden Seiten durcharbeiten und die Schemata auswendig lernen sollten. Versuche die Unterlagen mit der Vorstellung zu bearbeiten, daß du die zugrundeliegenden Zuordnungen wahrnimmst. Wenn dann ein momentaner Zweifel über die anzuwendende Figur auftritt, brauchst du bloß die Eigenschaften des betreffenden Engels zu visualisieren und dir dann die Grundregeln ins Gedächtnis zu rufen. Diese besteht bei den Pentagrammen darin, beim Invozieren sich auf den betreffenden Winkel zuzubewegen, beim Bannen davon fort. Im Falle des Hexagramms besteht die Regel darin, im Uhrzeigersinne von dem Winkel auszugehen, welchem die Invokation entspricht, und gegen den Uhrzeigersinn bei einer Bannung. So einfach ist das.

Im Grunde ist es derart leicht, daß es mich ziemlich wundert, die Pentagramme und Hexagramme bei verschiedenen Ritualen abgebildet zu finden, wie bei der Weihung der Elementarwaffen etc. Das müßte eigentlich bedeuten, daß die Studierenden achtlos damit umgehen oder eine geringschätzende Haltung gegenüber diesen grundlegenden, aber äußerst wichtigen Bestandteilen der Invokationskunst einnehmen. Die gesamte magische Kunst baut auf diesen Grundlagen auf, ohne welche nur Form und Leere bestünden.

Nehmt dies also als einen weisen Ratschlag an. Lernt die Grundlagen, dann gibt es keine Probleme. In dem Fall kann man zum nächsten wichtigen Teil des Rituals fortschreiten, der Visualisation. Um eine frühere Behauptung zu wiederholen: Es kann keinen magischen Fortschritt geben, ohne daß die geometrischen Gottesformen visualisiert werden. Gehe schrittweise vor. Beginne mit den Grundlagen und schreite dann weiter zum Komplizierteren vor. Die Gottesformen und die telesmatischen Bilder sind ganz genauso wichtig wie die geometrischen Gottesformen, mehr sogar. Es erfordert erhebliche praktische Erfahrung, um darin einige Fertigkeiten zu erlangen. Das ist ein Grund mehr, die Teile der magischen Arbeit auswendig zu lernen, die eher mechanischer Natur sind.

Eine der befriedigendsten Methoden, diese Grundlagen zu erlernen, besteht darin, ein Ritual zu entwerfen, welches ohne allzu großen Aufwand täglich durchgeführt werden kann. Es sollte alle die Grundtechniken des großen Pentagrammrituals enthalten, und zusätzlich ein dramatisches Element, das etwas für den Übenden bewirkt.

Vor ungefähr fünfzig Jahren entwarf ich ein kurzes, einfaches Ritual, welches ich ein Jahr lang täglich gebrauchte. Im Laufe der Zeit wurde ich mit den Grundlagen des Systems des Golden Dawn vertrauter, und das Ritual entwickelte sich zu einem Typus, den ich als *Eröffnung durch den Wachtturm* bezeichnete. Es umfaßte alle wesentlichen Punkte des großen Rituals und die Verwendung der Elementarwaffen. Als Ergebnis erreichte ich in kürzester Zeit eine beachtliche Fähigkeit in bezug auf die Grundprinzipien des magischen Anrufens und Bannens, die mir viele Jahre lang sehr zustatten gekommen ist. Das erklärt in der Tat mein festes Beharren darauf, daß die Zeichnungen von Pentagrammen und Hexagrammen in Ritualtexten vermieden werden, die mich beim Abtippen einiger der frühesten Ordensdokumente immer mehr abstoßen.

Ich habe dieses Ritual mit mehreren Variationen in dem Buch *Ceremonial Magic* veröffentlicht (welches bei Aquarian Press, England, erschien). Es gibt unzählige Veränderungen, die einem einfachen Thema entspringen können. Ein Studierender, der wirkliche Fähigkeiten in den magischen Künsten erlangen möchte, kann eines dieser Themen wählen, welche ich in diesem Buch abdrucke, und damit mit großem Gewinn arbeiten. Indem er das tut, entwickelt er ein fundamentales Verständnis der unzähligen anderen Schemata, die auf den ersten Blick wenig Ähnlichkeit mit dem haben, was er sich zu tun anschickt. (Von V.H. Frater A.M.A.G. [Israel Regardie])

Das Pentagrammritual

Das Pentagramm ist ein mächtiges Symbol, welches die Tätigkeit des ewigen Geistes und der vier Elemente unter der göttlichen Vorherrschaft der Buchstaben des Namens *Jeheshuah* repräsentiert. Die Elemente selbst werden im Symbol des Kreuzes durch *JHVH* regiert. Aber bei Hinzufügung des Buchstabens Shin, der für den *Ruach Elohim* steht, den göttlichen Geist, wandelt sich der Name zu *Jeheshuah* oder *Jehovashah*. Letzterer kommt zustande, wenn das Shin zwischen die die Erde beherrschenden Buchstaben und die anderen drei Buchstaben des Tetragrammatons gesetzt wird.

Von jedem rückführenden Winkel des Pentagramms geht deshalb ein Strahl aus, der eine Strahlung des Göttlichen darstellt. Es wird deshalb, in Bestätigung der göttlichen Lichtkräfte, die darin liegen, als Flammendes Pentagramm bezeichnet oder als Stern des großen Lichtes.

Als ein Symbol des Guten sollte es mit der Spitze nach oben gezogen werden und repräsentiert so die Herrschaft des göttlichen Geistes. Beschreibst du es aber mit zwei nach oben gewandten Spitzen, so stellt es ein böses Zeichen dar, welches die Herrschaft der Materie über jenen heiligen Geist ausdrückt, der über sie gebieten sollte. *Achte darauf, das nicht zu tun.*

Sollte jedoch eine absolute Notwendigkeit auftreten, mit einem Geist bösen Wesens zu arbeiten oder dich zu unterhalten, so mußt du, um ihn vor dir festzuhalten, ohne ihn zu quälen, das Symbol des umgekehrten Pentagrammes anwenden. (Denn wisse wohl, daß du nicht einmal ein Recht dazu hast, böse Geister zu verletzen oder ihnen zu schaden, um deiner Neugier oder Laune Genüge zu tun.) In solch einem Fall halte die Schneide deines magischen Schwertes auf den einzelnen unteren Punkt des Pentagrammes, bis du den Geist zu entlassen beliebst. Schmähe auch die bösen Geister nicht; denke daran, daß der Erzengel Michael, von dem St. Judas spricht, im Kampfe mit Satan nicht wagt, ihn anklagend zu beschimpfen, sondern nur sagt: »Der Herr tadele dich.«

Wenn du nun das Pentagramm zeichnen möchtest, um es als Symbol bei dir zu tragen, so sollst du es in den bereits gelehrten Farben auf schwarzem Grund anfertigen. Das Zeichen des Pentagrammes soll gezeigt werden, das Rad, der Löwe, der Adler, der Ochse und der Mensch, und jedem ist eine Ecke zugeteilt, über die er gebietet. Daraus geht das große Pentagrammritual hervor, nach den Ecken, von welchen aus das Pentagramm gezogen wird. Der Kreis oder das Rad entspricht dem alles durchdringenden Geist. Der schwerfällige Ochse ist das Symbol der Erde. Der Löwe zeigt die Heftigkeit des Feuers und der Adler das Wasser, wenn es durch die Kraft der Hitze verdampft ist und wie auf Flügeln dahinschwebt. Der Mensch entspricht der Luft, fein und gedankenvoll durchdringt er das Verborgene.

Vervollständige stets den Kreis des Ortes, bevor du eine Invokation beginnst.

Die Ströme, die vom Feuer zur Luft und von der Erde zum Wasser führen, gehören dem Geist an – die Meditation der aktiven und passiven Elemente. Diese beiden Geistpentagramme sollten den Invokationen vorausgehen und sie beschließen, um das Gleichgewicht der Elemente herzustellen und ihre Einflüsse zu harmonisieren. Beim Abschluß werden diese Ströme umgekehrt.

Diese sind die invozierenden und bannenden Geistpentagramme. Das Sigill des Rades sollte in ihre Mitte gezogen werden. Beim anrufenden Erdpentagramm fließt der Strom vom Geist zur Erde herab und ist beim bannenden umgekehrt. Das Sigill des Ochsen sollte in seine Mitte gezeichnet werden. Diese beiden Pentagramme werden allgemein zum Invozieren und Bannen benutzt. Der Neophyt im Orden des Golden Dawn wird unter dem Titel des kleinen Pentagrammrituals zu ihrem Gebrauch angewiesen.

Das kleine Pentagrammritual wird nur bei allgemeinen und weniger wichtigen Invokationen eingesetzt. Seine Benutzung ist im äußeren Orden gestattet, damit die Neophyten einen Schutz gegen widrige Kräfte haben und damit sie sich ein Bild davon machen können, wie sie spirituelle und unsichtbare Dinge anziehen und in Kommunikation damit treten können. Das bannende Erdpentagramm wird dir

Grundlegende Techniken 409

Aktives Gleichgewicht

EXARP
BITOM

Passives Gleichgewicht

HCOMA
NANTA

Anrufende Geistpentagramme

Abschluß der aktiven Seite

EXARP
BITOM

Abschluß der passiven Seite

HCOMA
NANTA

Bannende Geistpentagramme

auch gegen widrige astrale Kräfte helfen. Bei jedem Ziehen eines Pentagrammes sollte der Schlußwinkel sorgfältig geschlossen werden.

Das invozierende Luftpentagramm beginnt beim Winkel des Wassers und das des Wassers bei dem der Luft. Diejenigen des Feuers und der Erde beginnen bei der Ecke des Geistes. Das cherubische Symbol des Elementes sollte in die Mitte des Pentagramms gezeichnet werden. Die bannenden Zeichen kommen durch umgekehrte Strömungsrichtung zustande. Vor allen Dingen aber vervollständige den Kreis des Ortes, worin du arbeitest, denn dieser ist der Schlüssel zum übrigen.

Ziehe um ein Pentagramm keinen Kreis, wenn du nicht die Kräfte begrenzen willst, es sei denn, er hilft dabei, das Pentagramm korrekt zu ziehen. Wird die Kraft jedoch auf ein Symbol oder einen Talisman geleitet, sollst du auf dieses den Kreis mit dem Pentagramm ziehen, um die Kraft darauf zu konzentrieren.

Regel: Ziehe beim Invozieren zu dem Punkt hin, beim Bannen von diesem fort, welcher dem betreffenden Element zugeordnet wird.

Zur Luft gehört ein wäßriges Symbol (Wassermann), weil sie der Träger von Regen und Feuchtigkeit ist. Das Feuer hat die Gestalt einer Löwen-Schlange (Löwe), Wasser die des alchimistischen Adlers (Adlerkopf), und zur Erde gehört der schwerfällige Ochse (Stier). Der Geist entsteht aus dem Einen, das in allen Dingen wirksam ist.

Die Elemente schwingen zwischen den Kardinalpunkten, denn sie haben darin keinen unveränderlichen Platz, obwohl sie für die Invokationen bei Zeremonien des Ersten Ordens den vier Richtungen zugeordnet werden. Diese Zuordnung entstammt dem Wesen der Winde. Denn der Ostwind hat besonderen Anteil an der Natur der Luft. Der Südwind bringt das Wesen des Feuers zur Geltung. Westwinde bringen Feuchtigkeit und Regen, und Nordwinde sind so kalt und trocken wie die Erde. Der Südwestwind ist heftig und explosiv, eine Mischung der gegensätzlichen Elemente Wasser und Feuer. Die Nordwest- und Südost*winde verhalten sich harmonischer, da sie die Einflüsse von zwei passiven und zwei aktiven Elementen vereinigen.

Ihre natürliche Position im Tierkreis ist jedoch folgende: Feuer im Osten, Erde im Süden, Luft im Westen und Wasser im Norden. Deshalb schwingen sie folgendermaßen: Luft zwischen West und Ost, Feuer zwischen Ost und Süd, Wasser zwischen Nord und West, Erde zwischen Süd und Nord.

Der Geist schwingt außerdem zwischen Höhe und Tiefe.

Wenn du also invozierst, ist es besser, in die Richtung der Winde zu schauen, weil die Erde, die immer an den Polen kreiselt, ihren Einflüssen stärker unterworfen ist. *Willst du aber in der geistigen Vision an ihren Ort gehen,* ist es besser, von ihrer Lage im Tierkreis auszugehen.

Luft und Wasser haben vieles gemein, und weil das eine das andere enthält, sind ihre Symbole immer wieder ausgetauscht worden. Der Adler wurde der Luft zugeordnet und der Wassermann dem Wasser. Es ist dennoch besser, sie zuzuordnen wie oben festgelegt. Aus dem vorher genannten Grund ist das bannende Pentagramm des einen gleich dem invozierenden des anderen und umgekehrt.

---

* Anm.d.Übers.: Im Original heißt es falsch »Südwestwind«.

Grundlegende Techniken 411

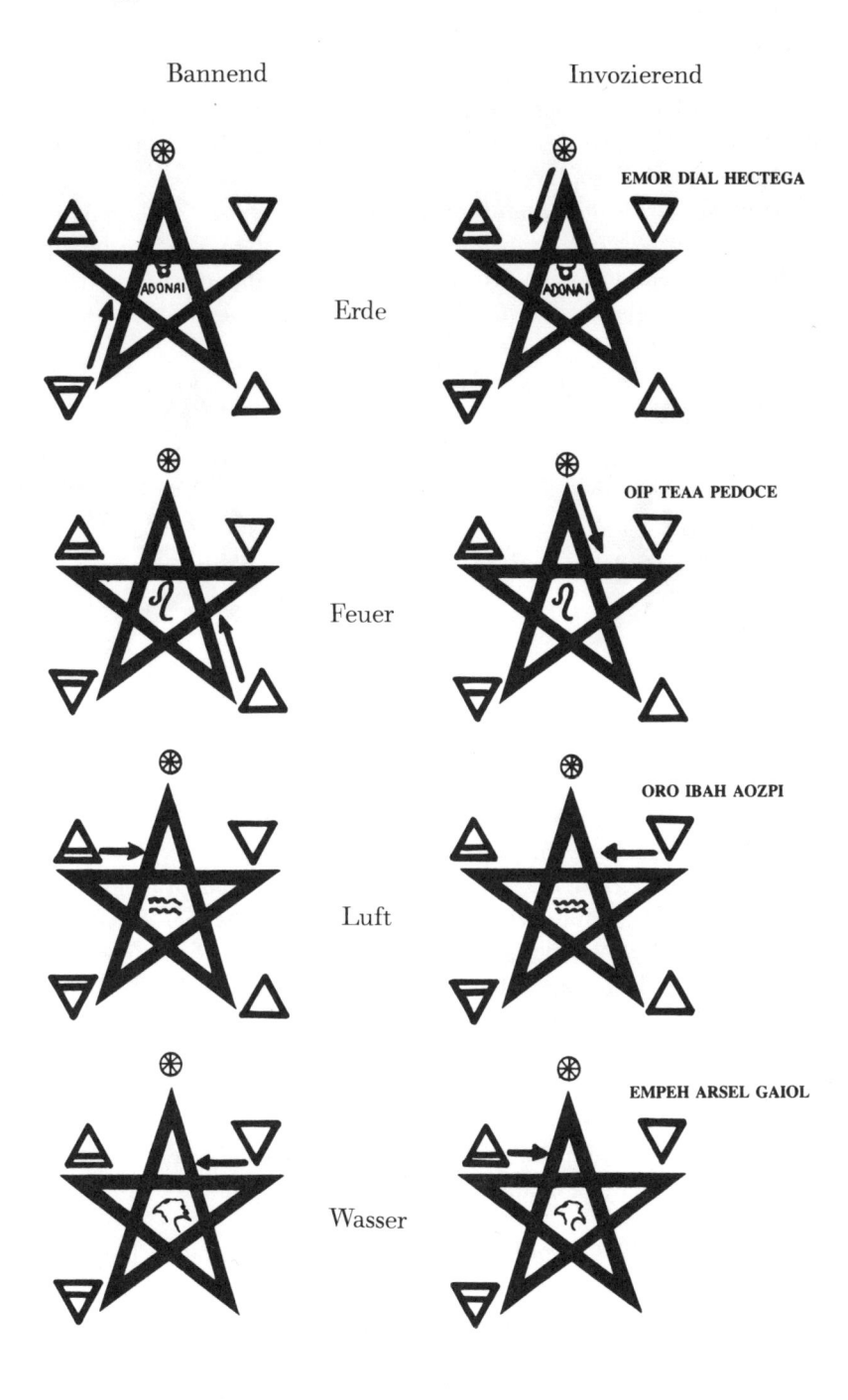

Bannend		Invozierend	
	Erde	EMOR DIAL HECTEGA	
	Feuer	OIP TEAA PEDOCE	
	Luft	ORO IBAH AOZPI	
	Wasser	EMPEH ARSEL GAIOL	

Wenn du mit dem Geistpentagramm zu tun hast, gib die Grußzeichen des Adeptus Minor, für das Erdpentagramm das Zeichen des Zelators, für Luft das des Theoricus, für Wasser das des Practicus und für Feuer des Philosophus.

Wenn du das Pentagramm benutzen willst, die Kräfte des Tierkreises zu invozieren oder zu bannen, dann gehe von dem Elementpentagramm aus, das zu diesem Zeichen gehört, und ziehe in sein Zentrum auf folgende Weise das gewöhnliche Sigill des Zeichens:

Wäßrig: Bannend
Für Fische

Feurig: Invozierend
Für Widder

Wenn du ein Sigill irgendeiner Art ziehst, dann beginne an der linken Seite derselben, und ziehe sie im Uhrzeigersinn.

Wenn du die Kräfte des Tierkreises, im Unterschied zu denen der Elemente, anrufst, dann sollst du ein Horoskop *für die Zeit der Arbeit* erstellen, so daß du weißt, in welche Richtung du dich bei der Arbeit wenden mußt. Denn zu einer Tageszeit kann ein Zeichen sich im Osten befinden, zu einer anderen im Westen.

Wenn du dich auf eine magische Arbeit oder Operation vorbereitest, ist es ratsam, den Ort der Arbeit mittels des kleinen bannenden Pentagrammrituals zuvor zu reinigen und zu weihen. In bestimmten Fällen, besonders wenn du mit den Planetenkräften arbeitest, ist es klug, auch das kleinere bannende Ritual des Hexagramms zu verwenden.

Damit eine Kraft, eine Strömung, eine Farbe und ein Klang im gleichen Symbol vereint sind, werden jedem Winkel des Pentagramms bestimmte hebräische Gottesnamen und Namen von den Engeltafeln zugesprochen. Diese werden mit den invozierenden und bannenden Pentagrammen ausgesprochen, wie aus dem Diagramm zu entnehmen ist:

Grundlegende Techniken 413

```
              ✴ Geist

ORO IBAH AOZPI   /\   EMPEH ARSEL GAIOL
     ♒               ♏
    YHVH                EL
    Luft                Wasser

    Erde                Feuer
   ADONAI              ELOHIM
DIAL HECTEGA        OIP TEAA PEDOCE
     ♉                  ♌
```

Die Zuordnungen zu den Winkeln des Pentagramms stellen den Schlüssel zu dem Ritual dar. Bei einer normalen Anrufung ohne Zuhilfenahme der henochischen Tafeln der Elemente sollst du den Gottesnamen *Al* mit dem Wasserpentagramm aussprechen, *Elohim* mit Feuer usw. Arbeitest du aber mit den Elementen- oder henochischen Tafeln, sollst du die davon entnommenen Gottesnamen in der Engelsprache verwenden. Für Erde also *Emor Dial Hectega* etc., und für den Geist die vier Worte: *Exarp* im Osten, *Hcoma* im Westen, *Nanta* im Norden und *Bitom* im Süden.

Beim Sprechen aller dieser Namen nimm einen tiefen Atemzug und vibriere sie innerlich so stark wie möglich beim Ausatmen, nicht unbedingt laut, aber mit verstärkter Schwingung: *A-a-a-el-ll* (Da dieser Gottesname nur aus zwei Buchstaben besteht, habe ich es mir zur Gewohnheit gemacht, die Buchstaben einzeln zu intonieren, nämlich Aleph Lamed, dann den vorgenannten Klang.) Oder *Em-or-r Di-a-ll Hec-te-e-gah*. Wenn du willst, kannst du außerdem die Buchstaben oder Sigille dieser Namen in die Luft zeichnen.

Um die vier Elementarkräfte in den vier Richtungen gleichzeitig anzurufen, beginne im Osten und ziehe dort das ausgleichende Pentagramm der aktiven Seite und das invozierende Pentagramm der Luft und sprich die entsprechenden Namen. Führe dann die Spitze deines Stabes zum Süden und ziehe dort das ausgleichende Pentagramm der aktiven Seite und das invozierende Pentagramm der Luft und sprich die Gottesnamen. Gehe dann zum Westen weiter, ziehe das passive ausgleichende Pentagramm und das anrufende Wasserpentagramm und sprich die passenden Namen. Dann ziehe im Norden das passive ausgleichende Pentagramm und das invozierende Pentagramm der Erde, sprich die Namen und vollende den Kreis des Ortes.

Auf gleiche Weise sollst du auch bannen, falls du nicht bestimmte Kräfte eine Zeitlang dort behalten willst. Alle Invokationen sollten mit dem kabbalistischen Kreuz eröffnet und beendet werden. In bestimmten Fällen können andere Namen, jene von Engeln oder Geistern, in die betreffende Richtung gesprochen werden, wobei ihre Namen und Sigille in die Luft zu ziehen sind.

Arbeitest du ausschließlich mit einem Element, dann schlage bloß das aktive ausgleichende Pentagramm (falls es sich um ein aktives Element wie Feuer oder Luft handelt), und das invozierende Pentagramm des betreffenden Elementes, nicht jedoch diejenigen der anderen Elemente. Handelt es sich um ein passives Element, Erde oder Wasser, so schlage das passive ausgleichende Pentagramm und das invozierende des Elementes. Das Bannen folgt dem gleichen Gesetz. Achte darauf, daß du die zum Pentagramm passenden Namen aussprichst.

(Für ausführliche Anweisungen zum kabbalistischen Kreuz siehe in meinem Buch *What You Should Know About The Golden Dawn*, Falcon Press, 1983, I.R.).

Das große invozierende Ritual des Pentagramms

Blicke nach Osten.
Schlage das kabbalistische Kreuz.
Ziehe das aktive ausgleichende Geistpentagramm.
Vibriere beim Ziehen des Pentagramms *Exarp*.
Vibriere beim Ziehen des Rades *Eheieh*.
Schließe mit dem Gradzeichen des Adeptus Minor.

Ziehe das anrufende Luftpentagramm.
Vibriere beim Ziehen des Pentagramms *Oro Ibah Aozpi*.
Beim Beschreiben des Wassermannzeichens vibriere *JHVH*.
Schließe mit dem Gradzeichen des Theoricus.

Bewege die Spitze des Instruments zum Süden.

Ziehe das aktive ausgleichende Geistpentagramm.
Beim Beschreiben des Pentagramms vibriere *Bitom*.
Beim Ziehen des Rades vibriere *Eheieh*.
Gib die Gradzeichen des Adeptus Minor.

Schlage das anrufende Pentagramm des Feuers.
Vibriere dabei *Oip Teaa Pedoce*.
Beim Ziehen des Löwezeichens vibriere *Elohim*.
Gib das Gradzeichen des Philosophus.

Bewege die Spitze des Instruments zum Westen.

Ziehe das passive ausgleichende Pentagramm des Geistes.
Vibriere beim Beschreiben des Pentagramms *Hcoma*.
Beim Ziehen des Rades vibriere *Agla*.
Gib das Gradzeichen des Adeptus Minor.

Schlage das invozierende Wasserpentagramm.
Beim Ziehen des Pentagramms vibriere *Empeh Arsel Gaiol*.
Beim Ziehen des Adlerkopfes vibriere *Al*.
Schließe mit dem Gradzeichen des Practicus.

Führe die Instrumentenspitze in den Norden.

Ziehe das ausgleichende passive Geistpentagramm.
Vibriere dabei *Nanta*.
Beim Ziehen des Rades vibriere *Agla*.
Gib das Gradzeichen des Adeptus Minor.

Schlage das anrufende Erdpentagramm.
Beim Ziehen des Pentagramms vibriere *Emor Dial Hectega*.
Beim Zeichnen des Zeichens für Stier vibriere *Adonai*.
Gib das Gradzeichen des Zelators.

Führe die Instrumentenspitze in den Osten.

Schließe im Osten wie beim kleinen Pentagrammritual mit den Erzengeln und dem kabbalistischen Kreuz.

Das Hexagrammritual

Das Hexagramm ist ein mächtiges Symbol, das die Tätigkeit der sieben Planeten unter der Regentschaft der Sephiroth repräsentiert sowie des siebenbuchstabigen Namens *Ararita*. Das Hexagramm wird manchmal als der Siegelstern oder das Symbol des Makrokosmos bezeichnet, wie das Pentagramm den Siegelstern oder das Symbol des Mikrokosmos bedeutet. *Ararita* ist ein Gottesname, der aus den sieben Buchstaben gebildet wird, welche die hebräischen Initialen des Satzes darstellen:

Eins ist sein Anfang. Eins ist seine Individualität. Eins ist seine Wandlung.

Wie auch beim Pentagramm geht von jedem rückführenden Winkel des Hexagramms ein Strahl aus, der eine göttliche Strahlung repräsentiert. Es wird deshalb als das flammende Hexagramm bezeichnet oder als der sechsstrahlige Stern. Es wird gewöhnlich mit einer einzelnen nach oben weisenden Spitze gezeichnet. Jedoch stellt es im Unterschied zum Pentagramm mit beiden Spitzen nach oben kein böses Symbol dar.

Wenn du nun das Hexagramm zeichnen möchtest, um es als Symbol bei dir zu haben, dann sollst du es in den bereits gelehrten Farben auf schwarzen Grund zeichnen. Und dies sind die planetaren Kräfte, die den Winkeln des Hexagramms zugeordnet werden.

		Königsreihe	Reihe der Königin
Oben	♄	Indigo	Schwarz
Unten	☽	Blau	Braunrot
Oben rechts	♃	Violett	Blau
Unten rechts	♀	Grün	Grün
Oben links	♂	Rot	Rot
Unten links	☿	Gelb	Orange
In der Mitte ist die Sonne	☉	Orange	Golden

Die Reihenfolge der Zuordnungen entspricht derjenigen der Sephiroth auf dem Lebensbaum. Das große Hexagrammritual entsteht also daraus gemäß den Winkeln, von welchen aus es gezogen wird.

Der oberste Winkel steht auch mit *Daath* in Zusammenhang, der unterste mit *Jesod* und die übrigen Winkel mit den verbleibenden Winkeln des Mikroprosopus. Das Hexagramm setzt sich aus den beiden Dreiecken für Feuer und Wasser zusammen und wird darum *nicht* in einer durchgehenden Linie gezeichnet wie das Pentagramm, sondern jedes Dreieck einzeln. (Die Ausnahme bilden die durchgezogenen Hexagramme, wobei das Hexagramm in einem Strich gezogen wird. Diese werden am Ende des Abschnittes ausführlich dargestellt.)

Alle anrufenden Hexagramme folgen in ihrer Strömung dem Sonnenlauf, das heißt von links nach rechts. Die bannenden Hexagramme hingegen werden von rechts nach links gegen den Lauf der Sonne vom gleichen Winkel aus gezogen wie die entsprechenden invozierenden. Das Hexagramm eines jeden Planeten wird in zwei Dreiecken gezeichnet, wobei das erste am Winkel dieses Planeten beginnt und das zweite am gegenüberliegenden. Dann wird das Symbol des Planeten selbst in die Mitte geschrieben. Im Falle des invozierenden Saturnhexagrammes also wird das erste Dreieck vom Winkel des Saturn aus gezogen und folgt dem Sonnenlauf, das zweite Dreieck beginnt am Winkel des Mondes.

(Zeichne in der Praxis bloß die Planetenzeichen in der Mitte, die anderen werden nur in der Zeichnung zur Illustration gezeigt.) Vibriere *Ararita*, während du das Hexagramm ziehst, und den Gottesnamen des Planeten, während du sein Symbol zeichnest.

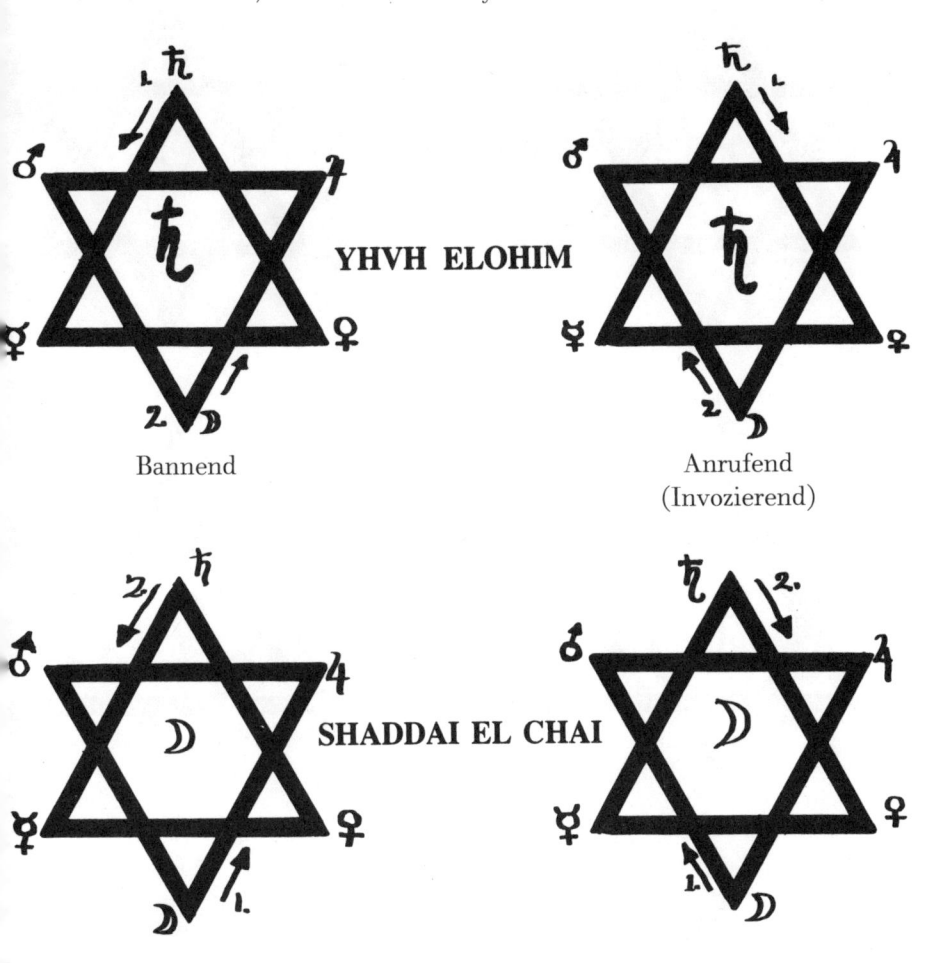

YHVH ELOHIM

Bannend

Anrufend
(Invozierend)

SHADDAI EL CHAI

Das invozierende Hexagramm des Mondes wird zunächst von der Ecke des Mondes aus gezogen, sein zweites Dreieck wird von der Ecke des Saturns aus gezeichnet.

Das bannende Hexagramm des Jupiters zum Beispiel wird von der gleichen Ecke aus gezogen wie das invozierende, aber in umgekehrter Strömungsrichtung. In allen Fällen soll das Planetensymbol in die Mitte gezeichnet werden.

ELOHIM TZABAOTH

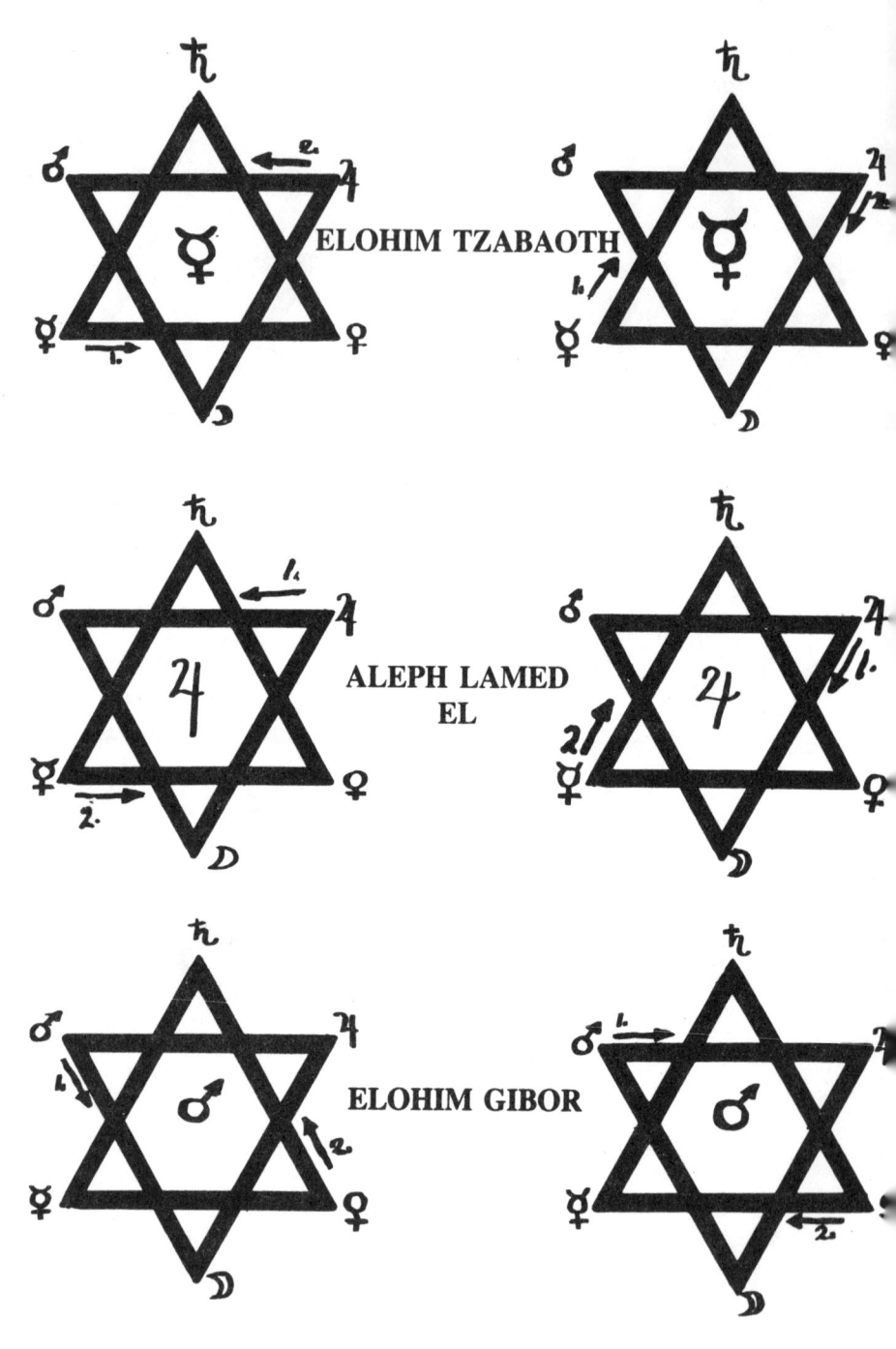

ALEPH LAMED EL

ELOHIM GIBOR

Bannend   Anrufend

Grundlegende Techniken

YHVH TZABAOTH

Bannend　　　　　　　　　　　Anrufend (Invozierend)

(Hier ist der Gottesname derart lang und umständlich, daß ich vor längerer Zeit mit anderen experimentiert habe, die ebenfalls *Sol* zugeordnet werden. Ich habe also ohne Minderung der solaren Wirkung begonnen, *IAO* zu benutzen. Es ist kürzer und leichter zu verwenden. I.R.).

(Anmerkung: Was die hebräische Schreibung dieser Namen anbetrifft, so gehe bitte zu einer der frühen Lehrschriften zurück. I.R.).

Für die Sonne aber sollten alle invozierenden Planetenhexagramme in ihrer regulären planetarischen Reihenfolge gezeichnet werden, mit dem Sonnensymbol in der Mitte. Bei ihren bannenden Hexagrammen sollte ebenso verfahren werden, daß alle bannenden Hexagramme der Planeten in ihrer regulären Reihenfolge gezogen werden, nur eben mit dem Sonnensymbol in der Mitte. (Weil das sehr umständlich ist, hat das durchgezogene Hexagramm große Vorteile. I.R.).

Denke daran, daß das Symbol des Mondes sich verändert und daß der zunehmende Mond günstig gestellt ist. Der abnehmende Mond ist hingegen für Gutes nicht so günstig. Das Mondsymbol sollte in der zunehmenden Phase zunehmend in das Hexagramm gezeichnet werden, in der abnehmenden umgekehrt. Denke daran, daß der abnehmende Mond Einschränkung repräsentiert und kein so günstiges Symbol darstellt wie der zunehmende. Der Vollmond ist durch einen vollen Kreis darzustellen, der Neumond durch einen schwarzen Kreis.

In vielen Fällen sind die letzteren beiden Gestalten des Mondes nicht gut. Wenn du die Kräfte des Drachenkopfes des Mondes anrufen willst, dann ziehe das anrufende Mondhexagramm und schreibe das Symbol des Caput hinein, beim Schwanz Cauda. Diese Kräfte von

Bannend

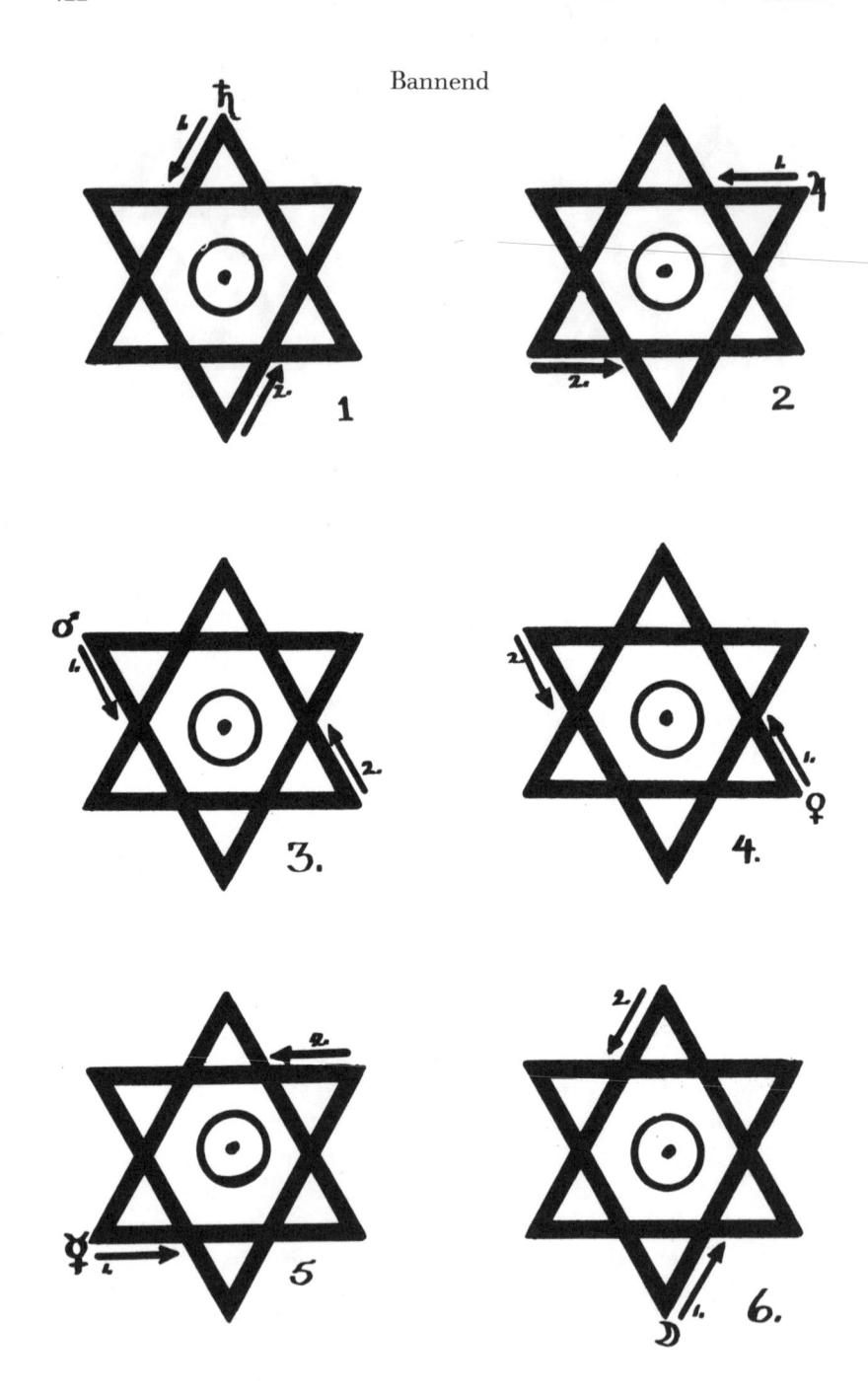

YHVH ELOAH VE - DAATH

Grundlegende Techniken   423

Anrufend

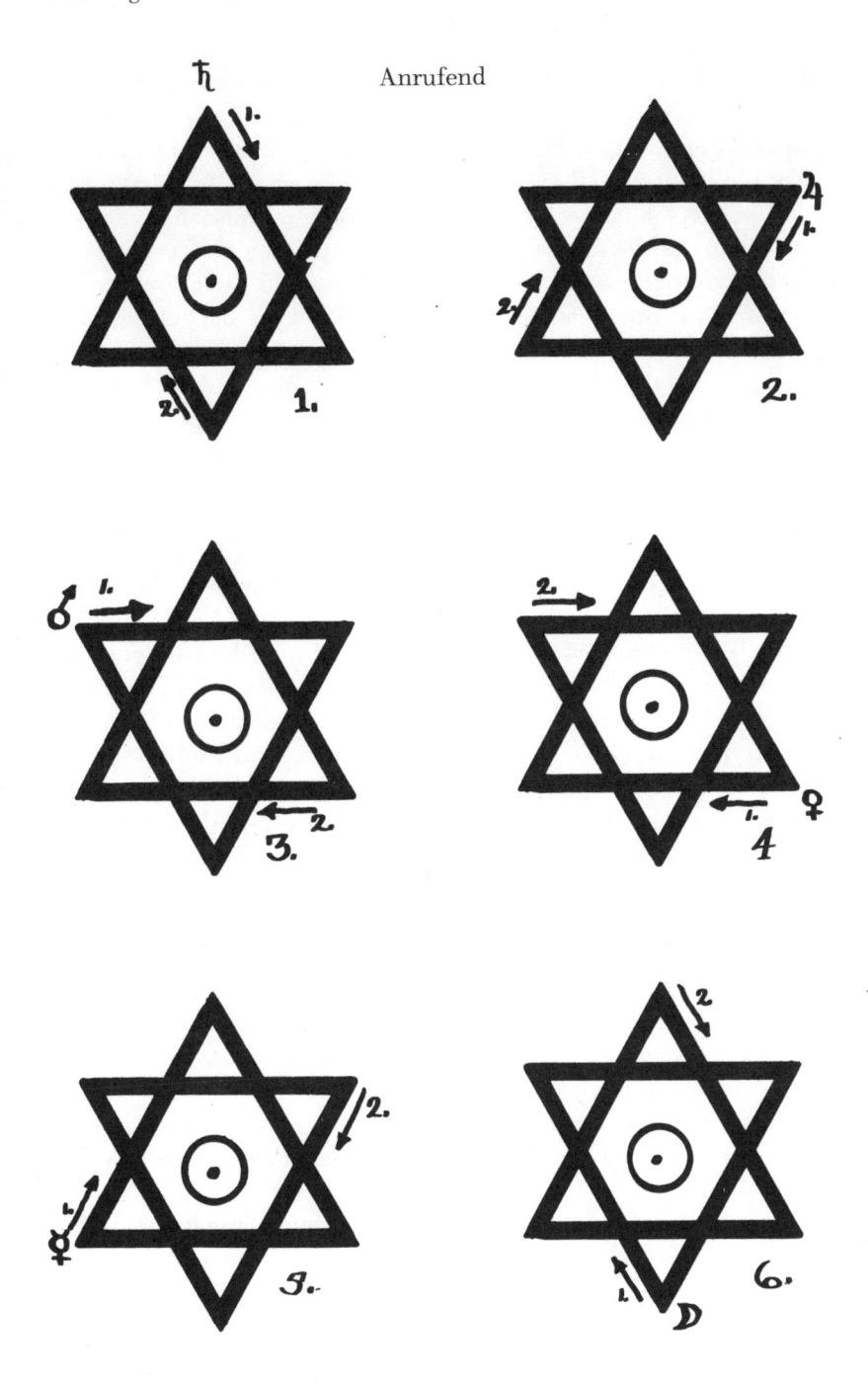

YHVH ELOAH VE - DAATH

Caput und Cauda sind leichter dann zu invozieren, wenn Sonne oder Mond im Tierkreis mit ihnen in Konjunktion stehen. Bei solchen Invokationen sollst du die gleichen Namen und Buchstaben aussprechen, die beim Mondhexagramm angegeben sind. Caput hat einen wohltuenden Charakter und Cauda mit wenigen Ausnahmen einen bösartigen. Und sei sehr vorsichtig damit, mit diesen Kräften oder mit denen von Sonne und Mond während einer Finsternis zu tun zu bekommen, denn sie stellen die Kraft der Eklipse dar. Damit eine Eklipse stattfinden kann, müssen sowohl Sonne als auch Mond mit ihnen im Zodiak in Konjunktion stehen, wobei die beiden Himmelslichter zueinander entweder in Konjunktion oder in Opposition stehen.

In allen Hexagrammritualen sowie in denen des Pentagramms, sollst du den Kreis des Ortes schließen. Du sollst nicht um jedes Hexagramm einen Kreis ziehen, falls du die Kraft nicht auf einen Ort beschränken willst, wie bei der Aufladung eines Symboles oder Talismanes.

Aus der Anordnung der Planeten zu je einer Ecke des Hexagramms kannst du die Ursache für die Sympathie je eines höheren Planeten zu einem niederen ersehen, nämlich zu dem genau gegenüberliegenden im Hexagramm. Deshalb sind die Dreiecke für ihre Anrufung und Bannung wechselseitig gültig. Die oberen Planeten sind Saturn, Jupiter und Mars, die niederen sind Venus, Merkur und Mond. In ihrer Mitte liegt das Sonnenfeuer. Deshalb stehen die gegenüberliegenden Planeten Saturn und Mond in sympathischer Beziehung, sowie Venus zu Mars und Merkur zu Jupiter.

Im großen Hexagrammritual müssen die Zeichen des Adeptus Minor gegeben werden, nicht aber jene der Grade des Ersten Ordens, obwohl letztere im großen Pentagrammritual verwendet werden. Weil das Hexagramm das Zeichen des Makrokosmos, der äußeren Welt, darstellt, soll es bei allen Invokationen der Kräfte der Sephiroth eingesetzt werden. Doch der Siegelstern des Pentagramms vertritt ihre Tätigkeit in der Mondebene, bei den Elementen und beim Menschen.

Wenn du mit den Kräften der übernatürlichen Dreiheit der *Sephiroth* in Verbindung treten willst, so benutze die Hexagramme des Saturn. Für *Chesed* nimm die des Jupiter, für *Geburah* die des Mars, für *Tiphareth* die der Sonne, für *Netzach* die der Venus, für *Hod* jene des Merkur und für *Jesod* und *Malkuth* jene des Mondes.

Wisse auch, daß die Sephiroth nicht bei jeder Gelegenheit angerufen werden dürfen, sondern nur mit gebührendem Ernst und Sorgfalt.

Grundlegende Techniken

Vor allem bedürfen *Kether* und *Chokmah* der größten Reinheit und Ernsthaftigkeit des Herzens und des Geistes dessen, der in ihre Geheimnisse eindringen will. Denn solch hohes Wissen erlangt nur jener, dessen Genius in der Gegenwart der Heiligen weilen darf. Achte darauf, die Gottesnamen mit Achtung und Demut zu benutzen, denn verflucht ist jener, der den Namen des Gewaltigen unnütz gebraucht.

Wenn du das Symbol eines Planeten in die Mitte des Hexagramms zeichnest, sollst du diese in einer zum Inneren des Hexagramms passenden Größe ziehen, und du sollst sie von links nach rechts, soweit möglich dem Sonnenlauf folgend, zeichnen. Caput und Cauda Draconis folgen der allgemeinen Regel.

Wenn du die Kräfte eines bestimmten Planeten oder jene von allen Planeten anrufen willst, wende dich dem Bereich des Tierkreises zu, in welchem sich dieser Planet gerade befindet. Denn sowohl aufgrund der Bewegung der Planeten im Zodiak als auch aufgrund der täglichen Umdrehung desselben verändert sich die Position eines Planeten ständig. Deshalb ist es nötig, für die genau Zeit der Arbeit ein Horoskop für die Planetenstellung am Himmel anzufertigen, so daß du ihre jeweilige Richtung daraus ersehen kannst. Das ist bei der Arbeit mit den Planeten noch notwendiger als bei der Arbeit mit den Tierkreiszeichen.

Um einen beliebigen Ort zu reinigen und zu weihen, benutze je nach den bestehenden Umständen das kleine bannende Hexagrammritual entweder in Verbindung mit oder anstelle des Pentagrammrituals. Wenn du zum Beispiel zuvor auf der Ebene der Elemente gearbeitet hast, ist es gut, zunächst das kleine Pentagrammritual durchzuführen. bevor man mit der Arbeit im planetaren Bereich fortfährt. Dadurch wird der Ort vollständig von allen Kräften befreit, die zwar in sich nicht feindlich oder böse, aber mit der Kraft einer ganz anderen Ebene überhaupt nicht im Einklang sind. Und vergewissere dich stets, daß du den Kreis um den Ort deiner Arbeit vollendet hast.

Die vier Formen

Dieses sind die vier Formen, die die beiden Dreiecke, aus denen das Hexagramm sich zusammensetzt, zueinander einnehmen können. Die erste Form ist:

Die Winkel werden zugeordnet, wie in der Abbildung gezeigt. Es hat eine Tendenz zur östlichen Richtung, der Richtung des Feuers im Tierkreis. (Beachte: Um diese Anordnung aus dem üblichen Hexagramm zu gewinnen, verschiebe das umgekehrte Dreieck nach unten und klappe es dann um, indem du die Mondecke von unten nach oben kehrst. Mars und Jupiter wechseln die Seiten nicht.)

Die zweite Form stellt das gewöhnliche Hexagramm dar mit den normalen Zuordnungen der Ecken. Es hängt mit der südlichen Richtung zusammen, der Lage der Erde im Zodiak und der Sonne am Gipfelpunkt zu Mittag.

Die dritte Form ist:

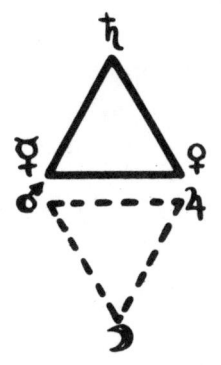

Die Winkel werden zugeordnet, wie gezeigt, und ein Zusammenhang besteht zur westlichen Richtung, der Position der Luft im Tierkreis.

Die vierte Form ist:

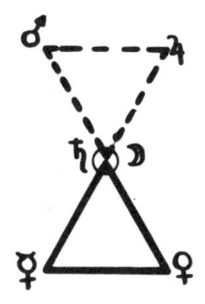

Die Winkel werden zugeordnet, wie gezeigt, und es besteht eine Neigung zur nördlichen Richtung, der Lage des Wassers im Tierkreis.

Mit jeder dieser Formen wird *Ararita* ausgesprochen. Wie auch bei den vorhergehenden Fällen gibt es für jede der Formen sieben Arten, sie zu zeichnen, entsprechend dem betreffenden Planeten, mit dessen Kräften du zu dieser Zeit arbeitest.

Die Saturnhexagramme können bei allgemeinen und verhältnismäßig unwichtigen Operationen verwendet werden, wie etwa das Pentagramm. Bei diesen vier Hexagrammformen sollst du wiederum beim Winkel des Planeten beginnen, unter dessen Herrschaft deine Arbeit steht, und dem Lauf der Sonne folgen, wenn du invozierst. Beim Bannen kehrt die Richtung sich um. Das heißt, im ersteren Falle arbeitet man von links nach rechts, im letzteren von rechts nach links. Denke immer daran, daß die Elementensymbole nicht auf die Sigille gezeichnet, sondern durch die cherubischen Zeichen, Aquarius, Löwe, Stier und Adlerkopf, ersetzt werden.

Das kleine Hexagrammritual

Beginne mit dem kabbalistischen Kreuzzeichen wie im kleinen Pentagrammritual und benutze die magischen Werkzeuge, die für die betreffende Arbeit nötig sind, entweder den Lotusstab oder das magische Schwert.

Stelle dich mit Blickrichtung zum Osten auf. Willst du invozieren, so ziehe die Figur folgendermaßen:

Folge dem Sonnenlauf von links nach rechts und sprich dabei den Namen *Ararita*, indem du ihn so stark wie möglich mit dem Atem vibrieren läßt und die Spitze des Instrumentes in die Mitte der Figur hältst.

Willst du aber bannen, so ziehe die Figur folgendermaßen:

Von rechts nach links, und sieh zu, daß du die Schlußwinkel der Dreiecke sorgfältig schließt.

Führe dein magisches Werkzeug in den Süden und ziehe diese Figur, wenn du invozieren willst:

Willst du aber bannen, so gehe von rechts nach links:

Halte wie zuvor die Spitze deines magischen Werkzeugs in die Mitte und sprich den Namen *Ararita*.
Gehe in den Westen und ziehe die anrufende Figur:

Bannend so:

Dann im Norden, invoziere:

Oder banne:

Gehe dann wieder in den Osten, so daß du den Kreis um den Platz geschlossen hast, an welchem du stehst. Gib dann das Zeichen für *LVX* und wiederhole die Analyse des Paßwortes für den Grad des Adeptus Minor *INRI*.

Nachtrag

Willst du beim großen Hexagrammritual zusätzlich zur Planetenkraft auch diejenige des Tierkreiszeichens anziehen, worin dieser gerade steht, dann sollst du in die Mitte des anrufenden Planetenhexagramms unter das Planetensymbol dasjenige des Tierkreiszeichens zeichnen. Sollte das nicht ausreichen, dann schlage außerdem das invozierende Pentagramm des Zeichens, wie es beim Pentagrammritual ausgeführt ist.

Beim Ziehen des Hexagramms eines Planeten sollst du gleichzeitig, wie gelehrt wurde, sowohl den Gottesnamen der Sephirah, die über den Planeten gebietet, und den siebenbuchstabigen Namen *Ararita* vibrieren, als auch den besonderen Buchstaben des Namens, der zu dem betreffenden Planeten gehört.

Willst du nun die Kräfte eines ganz bestimmten Planeten anrufen, sollst du zunächst herausfinden, in welcher Himmelsgegend er sich zur Zeit deiner Arbeit befindet. Dann weihe und schütze den Ort, an welchem du bist, mittels des kleinen bannenden Hexagrammrituals. Dann führe das kleine invozierende Hexagrammritual durch, aber indem du die vier betreffenden Figuren alle von dem Winkel des erwünschten Planeten aus ziehst, wobei die Art des Vorgehens für jeden Planeten unterschiedlich ist. Arbeitest du mit der Sonne, dann rufe mit allen sechs Figuren an und zeichne in sie das Planetensymbol. Sprich dabei den Namen *Ararita*, wie du es gelernt hast.

Dann wende dich in die Himmelsrichtung des Planeten, schlage sein invozierendes Hexagramm und nenne die entsprechenden Namen. Invoziere auch die Engel und Naturkräfte, die gebraucht werden, und ziehe ihre Sigille in die Luft.

Hast du deine Invokation beendet, solltest du sie in den meisten Fällen wieder entlassen und die bannenden Symbole darüber ausführen, wodurch die Zeichen vollständig entladen und auf den Zustand reduziert werden, in welchem sie zuerst gemacht wurden, tot und leblos.

Wenn du die Strahlen aller oder einiger Planeten gleichzeitig zur Wirkung bringen willst, dann stelle ihre Stellung am Himmel während der Arbeitszeit fest. Führe das kleine invozierende Hexagrammritual durch, aber nicht nach einzelnen Planeten unterschieden. Gehe dann in die entsprechenden Richtungen der Planeten, und rufe ihre Kräfte an, wie zuvor beschrieben. Banne sie, wenn die Invokation beendet ist, und schließe mit dem kleinen bannenden Hexagrammritual. Denke stets daran, den Kreis um den Ort der Arbeit in Richtung des Sonnenlaufs zu schließen.

Anmerkung: Die Folge der Hexagramme, die zur Anrufung und Bannung solarer Kräfte erforderlich sind, ist umständlich, ermüdend und wiederholt sich. Crowley hat ein durchgezogenes Hexagramm entwickelt, auf welches alle regulären, traditionellen Zuordnungen angewendet werden können. Später entdeckte ich, daß das nicht auf Crowley zurückging, sondern schon in dem Dokument *Polygone und Polygramme* gefunden werden konnte. Es war jedenfalls eine glückliche Erfindung, denn sie sind viel einfacher und weniger ermüdend zu handhaben. Ich veröffentlichte diesen Fund zuerst in *Ceremonial Magic*, (Aquarian Press). Ich stelle die Zuordnungen hier nochmals dar, da ich annehme, daß der moderne Studierende nicht in unnötigen traditionellen Formen steckenbleiben möchte, die auch durch einen Stromlinieneffekt ersetzt werden können I.R.

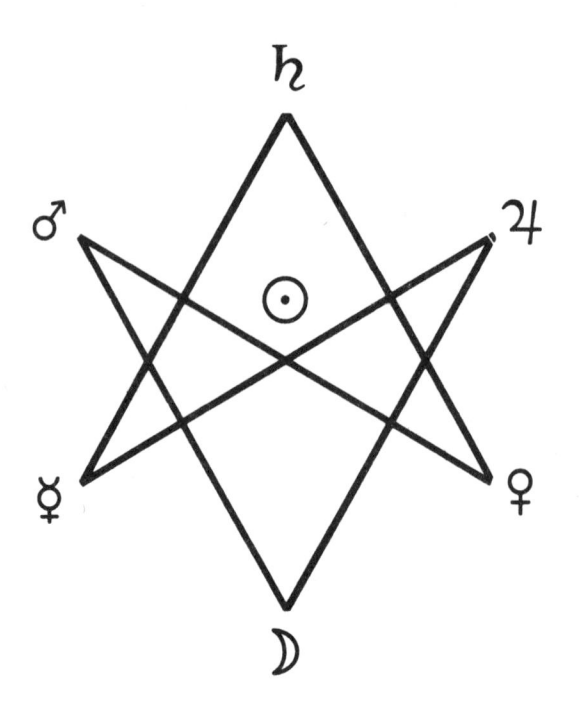

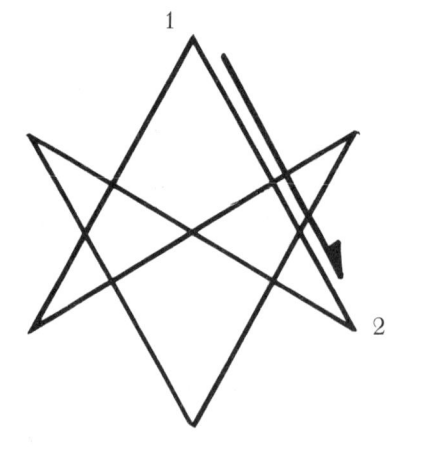

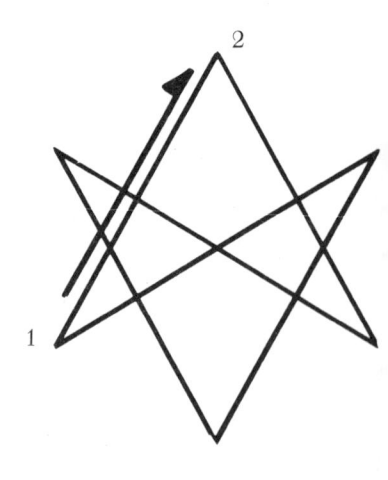

Bannend   Invozierend

Grundlegende Techniken 433

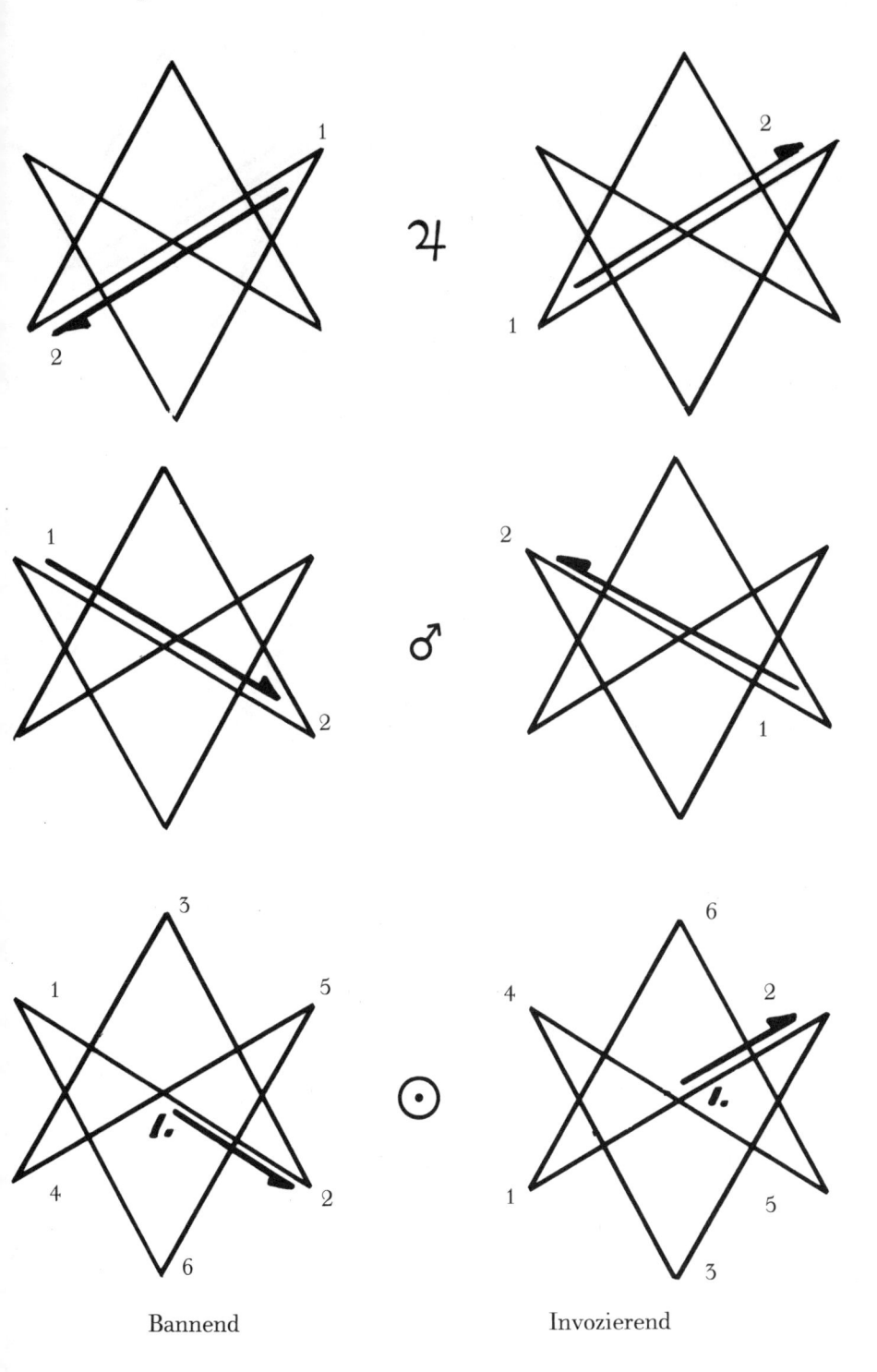

♃

♂

☉

Bannend   Invozierend

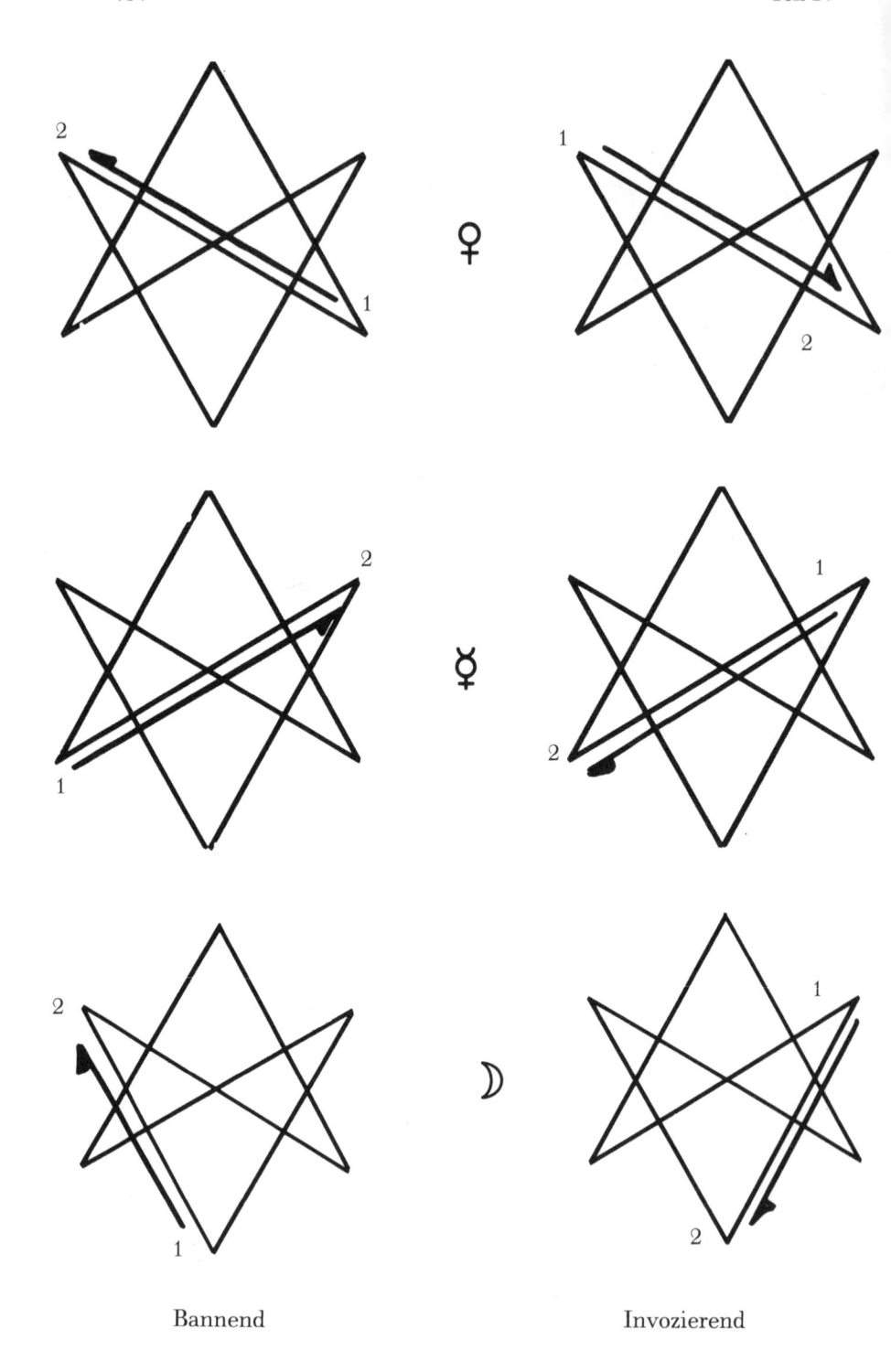

Bannend Invozierend

Das magische Schwert

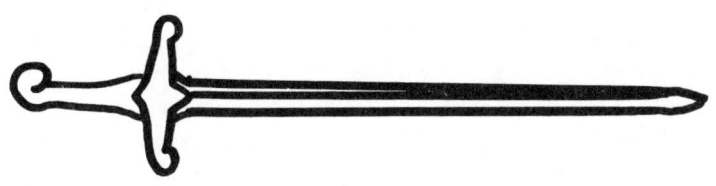

Die folgende Darstellung umfaßt die Beschreibung des Schwertes, seinen Gebrauch, die Weihung, Benutzungsweise, Vorsichtsmaßnahmen. Die Notwendigkeit der Ehrfurcht.

Es ist zum allgemeinen Gebrauch beim Bannen und zur Abwehr böser Kräfte bestimmt sowie zu bestimmten Invokationen.

Das Schwert sollte von mittlerer Länge und mittlerem Gewicht sein.

Jedes genehme Schwert kann dazu angepaßt werden; die hier angegebene Heftform ist nicht wesentlich. Aber Griff, Heft und Handschutz müssen eine Oberfläche anbieten, auf der sich schreiben läßt.

Auf die hervorstehenden Teile sollten Pentagramme aufgemalt werden, weil sie die zu Geburah gehörigen geometrischen Figuren sind.

Die Gottes- und Engelnamen für Geburah werden dann hinzugefügt, wie auch ihre Sigille von der Rose.

Das Motto des Adepten sollte darauf eingeritzt werden, oder in smaragdgrünen Buchstaben auf das Heft, zusätzlich zu den anderen mystischen Emblemen und Namen.

Die Schneide sollte sauber und hell sein. Handgriff und -schutz werden in hellem Scharlachrot bemalt. Auf diese Hintergrundfarbe werden die Inschriften in Smaragdgrün gemalt.

Das Schwert sollte dann in der angemessenen Weise geweiht werden.

Gebrauch

Es wird in allen Fällen eingesetzt, die den Einsatz großer Kraft und Macht erforderlich machen, grundsätzlich aber zum Bannen und zur Abwehr böser Mächte.

Es steht aus diesem Grund unter der Vorherrschaft von *Geburah* und *Mars*. Bei der Weihung sind ihre Kräfte deshalb anzurufen, und sie sollte am Tag und zur Stunde des Mars stattfinden oder während der Zeit des Feuertattwas.

Der Z.A.M. soll sich hier wieder an sein Versprechen erinnern, sein Wissen in der praktischen Magie niemals für böse Zwecke einzusetzen. Er möge sich darüber klar sein, daß, wenn er solches entgegen seinem Versprechen tut, das Böse sich gegen ihn wenden wird und daß er am eigenen Leibe und in seinen eigenen Angelegenheiten genau das erfahren wird, was er einem anderen zugedacht hatte.

Darum soll er unter uns verschwinden und in unserem Gedächtnis ausgelöscht werden.

Die Art und Weise der Benutzung

Wenn du dich konzentrieren und die volle Kraft des Schwertes einsetzen willst, halte es so: Der Knauf des Griffes ruhe in der Hand, während Daumen und Zeigefinger am Heft entlang auf den Griffschutz hin ausgestreckt sind.

Vorsichtsregel

Die Notwendigkeit der Ehrfurcht. Denke daran, daß es bei den Ritualen kaum einen Umstand gibt, nicht einmal im Ersten Orden, der nicht eine besondere Bedeutung und Anwendungsweise hat und der nicht eine mächtige magische Formel birgt.

Diese Zeremonien bringen dich mit bestimmten Kräften in Verbindung, die du dann in dir selbst zu erwecken lernen mußt. Zu diesem Zweck lies, bearbeite und lies noch einmal, was du bereits erhalten hast. Sei dir nie sicher, auch nicht nach Ablauf längerer Zeit, daß du alles verstanden hast, was man daraus lernen kann.

Um dir wirklich zu nützen, muß es sich um die Arbeit deines eigenen inneren Selbstes handeln – deine eigene, nicht die Arbeit eines anderen, so daß du allmählich das Wissen der Himmlischen erlangst.

Weihungszeremonie

Bereite die Kammer vor: schwarz verhüllter Altar mit einem roten Kreuz, weißem Dreieck, Rose und Weihrauch, Kelch und Wasser, Lampe, Teller und Salz, Rosenkreuz, geweihtem Lotusstab. Eine weiße Robe wäre wünschenswert, das neue Schwert, rote Kutte und Lamen.
Als nächstes: Eine Invokation an Mars und Geburah. Eine astrologische Berechnung der Marsstellung zur Zeit der Arbeit. Beim Sprechen und Formulieren der Invokation der Kräfte von Geburah sind Kraft und Stärke besonders hervorzuheben.

1. Lege das Schwert auf den Altar, den Knauf nahe an den Weihrauch, die Spitze zum Wasser.
2. Nimm den Lotusstab, nahe am Wasser.
3. Stehe westlich vom Altar, blicke nach Osten.
4. Sprich: *Hekas Hekas Este Bebeloi.*
5. Nimm den Kelch, und reinige mit Wasser, indem du nach O.S.W.N. sprenkelst.
6. Sprich: *Darum muß der Priester, der die Arbeiten des Feuers beherrscht, zunächst das Lustralwasser des laut brandenden Meeres versprengen.*
7. Stelle den Kelch auf den Altar.
8. Nimm den Weihrauch und schwenke ihn, indem du O.S.W.N. umkreist.
9. Sprich: *Und wenn du, nachdem alle Phantome geflohen sind, das heilige, formlose Feuer siehst, das Feuer, das durch die verborgenen Tiefen des Universums flammt und blitzt, so höre dann die Stimme des Feuers.*
10. Stelle den Weihrauch nieder. Nimm den Stab.
11. Umkreise dreimal im Uhrzeigersinne, halte den Stab am weißen Streifen. Gehe zum Westen zurück, blicke nach Osten und sprich die Anbetungsformel:

Heilig seid Ihr, Herr des Universums.
Heilig seid Ihr, Den die Natur nicht erschaffen hat.
Heilig seid Ihr, Der Weite und Mächtige.
Herr des Lichtes und der Finsternis.

12. Führe das kleine anrufende Ritual des Marshexagramms durch, halte den Stab am weißen Streifen. Gib die Zeichen des Adeptus Minor und erkläre das Schlüsselwort.
13. Gehe zurück zum Westen des Altars.
14. Drehe dich in die Richtung, in welcher Mars steht, so daß der Altar zwischen dir und Mars steht.
15. Beschreibe in der Luft das anrufende Pentagramm des Zeichens, in welchem Mars steht.
16. Beschreibe das invozierende Hexagramm des Mars und sage dabei: *Elohim Gibbor*. Halte immer noch den Stab an dem weißen Streifen.
17. Rezitiere deine Invokation an die Kraft von Geburah und die Kräfte des Mars. Ziehe dabei das Sigill eines jeden, wenn du liest.

Mächtige Kraft, die du Geburah regierst. Starker und furchtbarer Elohim Gibbor. Ich rufe dich an, diesem magischen Schwert alle Kraft und Macht zu verleihen, das Böse und Schwache zu vernichten, dem ich begegnen werde. Der mächtige Erzengel Kamael verleihe mir den Mut, das Schwert in der rechten Weise zu benutzen. Und mögen die machtvollen Seraphim mit ihren Flammen die Schwäche meines Vorsatzes verbrennen, die mich an der Suche nach dem wahren Licht hindern könnte.

18. Beschreibe dann in der Luft langsam obiges Schwert und ein Marshexagramm, wie darauf stehend. Tue das mit dem Lotusstab, den du immer noch am weißen Streifen hältst.
19. Schreibe über dem Schwert die Buchstaben der Namen aus der Invokation und ihre Sigille.
20. Lege den Stab nieder.
21. Nimm den Kelch, und reinige das neue Schwert mit Wasser, indem du das Kreuz darüber beschreibst. Stelle den Kelch ab.
22. Nimm den Weihrauch, und schwenke ihn über dem Schwert. Stelle den Weihrauch nieder.
23. Nimm das neue Schwert und führe damit das kleine invozierende Hexagrammritual durch; ziehe auch das anrufende Marshexagramm, während du *Ararita* und *Elohim Gibbor* wiederholst.
24. Lege das Schwert nieder.
25. Reinige die Kammer mit dem Kelch wie zuvor.
26. Reinige wie zuvor mit Weihrauch.
27. Umkreise dreimal umgekehrt und sprich:
28. In Namen *Jeheshuah*s entlasse ich alle Geister, die durch diese Zeremonie gebunden wurden.

Grundlegende Techniken 439

29. Vollziehe das kleine bannende Hexagrammritual mit dem Schwert.
30. Vollziehe das kleine bannende Pentagrammritual.
31. Schließe mit dem kabbalistischen Kreuz.
32. Wickle das Schwert in weiße oder scharlachrote Seide oder Leinen. Von nun an berühre es niemand sonst.

Die vier Elementarwaffen

Diese stellen die Tarotsymbole der Buchstaben des heiligen Namens *JHVH* dar und die Elemente. Unter ihnen besteht ein gewisses Band und eine Sympathie, so daß, wenn eines benutzt wird, die anderen ebenfalls anwesend sein sollten. Auch die vier Elemententafeln sind ja in sich wiederum in vier Viertel unterteilt, die die anderen drei Elemente in der Verbindung mit und auf derselben Tafel zeigen.

Deshalb möge der Zelator Adeptus Minor, wenn er mit diesen Kräften arbeitet, daran denken, daß er es mit den Kräften des Gottesnamens *JHVH* zu tun hat.

Jedes Werkzeug soll geweiht sein, und wenn dies von einem Adeptus vorgenommen worden ist, soll niemand sonst es mehr berühren.

Der Stab des Feuers

Der Schaft des Stabes sollte hölzern sein, gerundet und glatt, mit einem durchgehenden Loch. In dieses setzt man einen stählernen Stab, der lang genug ist, um an jeder Seite 2 cm hervorzustehen.

Oft ist es praktisch, den Stab aus Rohr zu fertigen, das eine natürliche Höhlung besitzt. Wird er aus Rohr gemacht, so sollte dieses drei natürliche Abschnitte mit Verdickungen besitzen, so daß dieselben auf gleiche Weise angeordnet werden können wie die Zeichnung es zeigt und wie es sonst gedrechselt werden kann.

Die Höchstlänge beträgt 45 cm. Der Magnet muß stark sein.

Ein Ende des Holzstabes sei zapfenförmig. Das Nordende des Magneten, (welches man daran erkennt, daß es die Nordspitze der Kompaßnadel abstößt), sollte sich an der flachen Stabseite befinden.

Das Ganze wird flammendrot angemalt und mit gelben Streifen in drei Abschnitte geteilt.

Auf das zapfenförmige Ende werden auf den roten Untergrund drei flammenförmige *Jods* als Verzierung gemalt, und zwar in leuchtend gelber Farbe, wie in der Illustration.

Die Gottes- und Engelnamen des Feuerelementes werden in grüner Farbe auf den Schaft und den Zapfen geschrieben.

Ihren Sigillen wird das Motto des Adepten hinzugefügt. Bei der grünen Farbe sollte es sich um ein leuchtendes Smaragdgrün handeln. Dann muß der Stab geweiht werden.

Der Stab wird bei allen Arbeiten benutzt, die mit der Kraft des Feuers zu tun haben und untersteht der Vorherrschaft des *Jod* und der Stäbe des Tarot. Sigille werden nicht angegeben. Der Adept muß sie selbst herausfinden.

Der Dolch der Luft

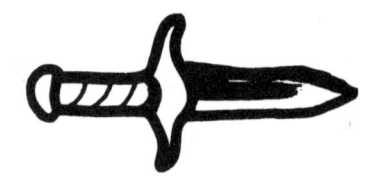

Diesem Zweck kann jeder genehme Dolch, jedes Messer oder Schwert angepaßt werden; je kürzer um so besser. Griff, Knauf und Griffschutz werden mit leuchtendem, reinem Gelb bemalt.

Auf diesem Untergrund werden dann die Gottes- und Engelnamen in lila oder violett gemalt, gemeinsam mit dem Sigill aus der Rose und dem Motto des Adepten.

Er ist dann zur Weihung bereit.

Wenn der Dolch der Luft in der rituellen Arbeit verwendet wird, hält man ihn wie einen gewöhnlichen Dolch, oder wie ein Messer, oder wie es für Schwert und Stab beschrieben ist.

Er wird für alle Arbeiten der Luft unter der Herrschaft des *Vau* und der Schwerter im Tarot benutzt.

Das magische Schwert und der Dolch der Luft dürfen keinesfalls verwechselt werden. Sie gehören verschiedenen Ebenen an, und es ist *schädlich*, sie zu vertauschen.

Das magische Schwert steht unter *Geburah* und wird zur Abwehr und für Stärke benutzt. Der Dolch der Luft ist für die Luft zu verwenden, für das *Vau* des *JHVH* und in Zusammenhang mit den anderen drei Elementarwaffen.

Der Kelch des Wassers

Dazu kann jeder zweckmäßige gläserne Kelch dienlich gemacht werden.

Er sollte der Form einer Krokusblüte ein wenig ähnlich sein und acht Blütenblätter tragen. Ein glatter Glaskelch ist also annehmbar, aber einer mit acht Einschnitten oder Rillen wäre vorzuziehen.

Diese Blütenblätter müssen hellblau gemalt werden, weder zu blaß, noch zu dunkel. Die Ränder werden mit hellem Orange gezeichnet, die sehr klar und korrekt ausgeführt werden, genau komplementär zu dem Blau, um ein Blitzen zu erzeugen.

Die Blütenblätter kann man mit Farbe oder mittels aufgeklebtem farbigem Papier auf dem Glas gestalten. (Das ist aber nicht sehr praktisch, denn wenn Wasser über den Rand läuft, kann es das aufgeklebte Papier völlig verderben. Farbe ist ein viel besseres Mittel. I.R.). Die entsprechenden Gottes- und Engelnamen werden dann mit oranger Farbe auf die Blätter geschrieben, zusammen mit den Sigillen der Rose. Füge dann das Motto des Adepten hinzu. Der Stiel und Sockel könnten ebenfalls blau sein – aber das hat keinerlei Vorteile.

Der Kelch wird mit der angemessenen Zeremonie geweiht.

Wenn du ihn benutzt, strenge das Wasser aus dem Kelch in die entsprechende Richtung.

Er wird bei allen Arbeiten des Wassers verwendet und untersteht dem Buchstaben *Heh* und den Kelchen im Tarot.

Das Erdpentakel

Das Pantakel oder Pentakel wird aus einer runden Holzscheibe gefertigt, deren Durchmesser etwa 15 cm beträgt und deren Dicke 1,3 bis 2,5 cm. Sie wird schön glattpoliert und soll in der Dicke und Rundung gleichmäßig sein.

Der Rand wird weiß bemalt, und auf jeder Seite der Scheibe wird ein weißes Hexagramm aufgezeichnet. Der Raum innerhalb des weißen Kreises wird durch ein schräges Kreuz in vier Abschnitte mit rechten Winkeln unterteilt.

Diese vier Kreisviertel werden folgendermaßen gefärbt:

Das obere – zitronengelb – für den luftigen Anteil der Erde.
Das rechte – olivgrün – für den wässrigen Anteil der Erde.
Das linke – rotbraun – für den feurigen Anteil der Erde.
Das untere – schwarz – für den erdigen Anteil der Erde.

Die Gottes- und Engelnamen werden in Schwarz auf den weißen Rand geschrieben, wobei jedem Namen das Sigill von der Rose zu folgen hat. Hinter jedes Sigill kann ein Kreuz gezeichnet werden. Das Motto des Adepten wird hinzugefügt.

Beide Seiten des Pentakels sollten sich gleichen. In der Hand hält man es mit dem zitronengelben Winkel nach oben, falls nicht ein besonderer Grund besteht, einen der anderen Abschnitte zu benutzen.

Das Pentakel wird mit einer entsprechenden Zeremonie geweiht.

Es wird für alle Arbeiten der Erde verwendet und steht unter der Vorherrschaft des (schließenden) *Heh* und der Pentakel (Münzen) des Tarot.

Das Ritual zur Weihung der vier Elementarwaffen

(Anmerkung: Die Weihungszeremonien, die in den ältesten Ordensunterlagen angegeben sind, sind nicht sehr systematisch und ziemlich durcheinander. Es blieb einem der Ableger nach der Rebellion, der Stella Matutina, überlassen, das Material zu ordnen und ein systematisches Ritual zu entwickeln. Wer auch immer für diese Herausgabe verantwortlich war, hat ein Musterbeispiel guter Bearbeitung und Neuordnung gegeben. Ich hatte nichts damit zu tun, obwohl ich wünschte, behaupten zu können, es sei von mir. I.R.).

Grundsätzliche Bemerkungen zur Weihung der vier Werkzeuge

Der Adept trage seine weiße Robe, seine weiße Schärpe und das Rosenkreuz.

Halte den Lotusstab und das magische Schwert bereit und bereite die Kammer vor wie schon bei der Weihung des Schwertes.

Alle vier Waffen liegen zugleich auf dem Altar, sowie alle vier Elementsymbole.

Lege den Stab des Feuers neben die Lampe, den Kelch neben das Wasser, den Dolch neben den Weihrauch und das Pentakel neben das Salz.

Jede Elementarwaffe muß innerhalb derjenigen Zeit (24 Minuten) geweiht werden, während der das betreffende Tattwa fließt.

Die Weihung eines jeden Elementes ist eine besondere Zeremonie, obwohl alle hintereinander durchgeführt werden können.

Die Öffnungs- und Schlußzeremonie reicht für eines aus oder für alle. Sie braucht nicht wiederholt zu werden, wenn alle bei der gleichen Gelegenheit geweiht werden.

Die jeweilige Laufzeit eines Tattwas reicht in der Praxis für den entsprechenden Teil des Rituals aus.

Bereite jedes Element durch die Invokation des Königs und der sechs Ältesten von der Elementenafel vor, wie es in demjenigen Abschnitt des Buches, der ausführlich auf das henochische System eingeht, dargestellt wird.

Nach der Weihung wird jedes Werkzeug in weiße oder der Elementarfarbe entsprechende Seide eingewickelt.

Eine Bemerkung des V.H. Fraters N.O.M (Westcott)

Vor der Ausführung dieser vier Zeremonien ist es klug, die gesamte Form niederzuschreiben, einschließlich aller Pentagramme, Sigillen und Invokationen, indem man die folgenden Notizen als Leitfaden benutzt. Sonst kommt es zwischen den Namen der Täfelchen zu Verwirrung.
(Bei allem Respekt vor der Weisheit des G.H. Fraters N.O.M. ist jedoch dieser Hinweis absolut schädlich. Bis zu diesem Zeitpunkt sollte der Studierende oder Z.A.M. durch Training und Wiederholungen mit den Grundlagen derart vertraut sein, daß er es nicht mehr nötig haben dürfte, die oben genannten Formen aufzuschreiben. Der zu Anfang dieser Sektion gegebene Ratschlag ist praktischer – falls der Z.A.M. nicht ein völliger Schwachkopf ist. I.R.).

Das Weihungsritual

1. Nimm den Lotusstab am schwarzen Ende und sprich: *Hekas Hekas Este Bebeloi.* Lege den Stab nieder, ergreife das magische Schwert und gehe damit in den Osten.
2. Führe das kleine Bannungsritual des Pentagramms durch.
3. Lege das Schwert nieder, reinige mit Wasser und sprich: *Darum muß der Priester, der die Arbeiten des Feuers beherrscht, zunächst das Lustralwasser des laut brandenden Meeres versprengen.*
4. Weihe mit Feuer, während du sprichst: *Und wenn du, nachdem alle Phantome geflohen sind, das heilige, formlose Feuer siehst, das Feuer, das durch die verborgenen Tiefen des Universums flammt und blitzt, so höre dann die Stimme des Feuers.*
5. Nimm den Lotusstab am weißen Ende.
6. Umkreise dreimal in Richtung des Sonnenlaufs.
7. Wiederhole dabei die Anbetungsformel und grüße jedesmal mit dem Zeichen des Neophyten.

Grundlegende Techniken 445

Heilig seid Ihr, Herr des Universums.
Heilig seid Ihr, Den die Natur nicht erschaffen hat.
Heilig seid Ihr, Der Weite und Mächtige.
Herr des Lichtes und der Finsternis.

8. Dem jeweiligen Element des Werkzeuges entsprechend, vollziehe an verschiedenen Tagen oder in zwanzigminütigen Abständen zwischen den einzelnen Anfängen, zur Zeit des je passenden Tattwas, das große anrufende Pentagrammritual mit dem Lotusstab, der am Streifen der entsprechenden cherubischen Figur festgehalten wird.
9. Stehe mit dem Lotusstab in der Hand vor dem Altar mit Blick auf das Viertel des Elementes, dessen Werkzeug gerade geweiht werden soll. Beschreibe über dem Werkzeug das invozierende Pentagramm des betreffenden Elementes, als stünde es darauf.
10. Rufe die Gottes- und Engelnamen an, die bereits auf die Instrumente eingraviert sind, indem du ihre Buchstaben und Sigille mit dem Lotusstab über dem Werkzeug in die Luft zeichnest.

Oh Jener aus dem immerwährenden Reich, Der Du alle Dinge geschaffen hast und Dich selbst mit den Mächten der Natur bekleidest, in Deinem heiligen und göttlichen Namen (beim Pentakel vibriere Adonai, beim Dolch JHVH, beim Kelch El, beim Stab Elohim), bei dem Du besonders in der Richtung, die wir (bei Pentakel und Erde vibriere Tzaphon für den Norden, bei Dolch und Luft vibriere Mizrach für den Osten, bei Kelch und Wasser vibriere Mearab für den Westen, bei Stab und Feuer vibriere Darom für den Süden) nennen, bekannt bist.
Ich rufe Dich an, mir für meine Suche nach dem verborgenen Licht und der Weisheit Kraft und Einsicht zu verleihen. Ich flehe zu Dir, daß Dein wunderbarer Erzengel (beim Pentakel vibriere Auriel, der die Arbeiten der Erde regiert; beim Dolch vibriere Raphael, der die Arbeiten der Luft regiert; beim Kelch vibriere Gabriel, der die Arbeiten des Wassers regiert; beim Stab vibriere Michael, der die Arbeiten des Feuers regiert) mich auf meinem Pfad leite. Sende Deinen Engel (beim Pentakel vibriere Phorlakh, beim Dolch vibriere Chassan, beim Kelch vibriere Taliahad, beim Stab vibriere Aral), über meine Schritte auf dem Weg zu wachen.
Möge der Herrscher der/s (Elementenname), der mächtige Prinz (für Pentakel und Erde vibriere Cherub, für Dolch und Luft vibriere Ariel, für Kelch und Wasser vibriere Tharsis, für Stab und Feuer vibriere Seraph), mit der Erlaubnis des Allerhöchsten Ewigen die verbor-

genen Kräfte und okkulten Tugenden dieses (Name des Werkzeuges) vermehren, so daß ich damit in der Lage bin, die magischen Operationen in der rechten Weise zu vollziehen, für die es gemacht ist. Zu diesem Zweck vollziehe ich nun diese mystische Weihung in der göttlichen Gegenwart von (beim Pentakel vibriere Adonai; beim Dolch vibriere JHVH; beim Kelch vibriere El; beim Stab vibriere Elohim).

11. Lege den Lotusstab beiseite.
12. Ergreife das magische Schwert und lies die Anrufung an den König, wobei das invozierende Pentagramm des Elementes in die Luft zu ziehen ist.

Bei den drei großen, geheimen und heiligen Namen Gottes, die das Banner des (für Pentakel, Erde, Norden vibriere Emor Dial Hectega; für Dolch, Luft, Osten vibriere Oro Ibah Aozpi; für Kelch, Wasser, Westen vibriere Empeh Arsel Gaiol; für Stab, Feuer, Süden vibriere Oip Teaa Pedoce) trägt, beschwöre ich dich, großer König des (für Pentakel, Norden vibriere Ic Zod Heh Chal, für Dolch, Luft vibriere Bataivah, für Kelch, Westen vibriere Ra Agiosel, für Stab, Süden vibriere Edel Pernaa), dieser Zeremonie beizuwohnen und ihre Wirkung durch deine Gegenwart zu erhöhen, womit ich nun dieses magische (Name des Werkzeuges) weihe. Übertrage ihm die größte okkulte Macht und Tugend, die es deinem Urteile gemäß bei allen Arbeiten des (Name des betreffenden Elementes) zu führen vermag, so daß ich darin einen starken Schutz und eine mächtige Waffe finde, um mit ihr den Geistern der Elemente zu gebieten und sie zu leiten.

13. Zeichne mit dem Schwert das Saturnhexagramm über dem Werkzeug in die Luft und lies die Invokation der sechs Ältesten.

Ihr mächtigen Prinzen des (Name des Quadranten) Vierecks, ich rufe euch an, die ihr mir bei dem ehrwürdigen Titel und dem Range der Ältesten bekannt seid. Hört mein Ersuchen, ihr mächtigen Prinzen, ihr sechs Ältesten der (gleiche Richtung) Richtung auf der Erde, die ihr die Namen (für Erde – Laidrom Alphctga Aczinor Ahmllicv Lzinopo Lüansa, für Luft – Habioro Ahaozpi Aaozaif Avtotar Htmorda Hipotga, für Wasser – Lsrahpm Slgaiol Saiinor Soniznt Laoaxrp Ligdisa, für Feuer – Aaetpoi Aapdoce Adoeoet Anodoin Alndvod Arinnap) tragt, und seid heute bei mir. Verleiht diesem (Name der Waffe) die Stärke und Reinheit der elementaren Kraft, deren Meister ihr seid, damit ihre äußere und materielle Form ein wahres Symbol der inneren und spirituellen Kraft sei.

Grundlegende Techniken

14. Lies dann die Invokationen an die Engel der vier Unterabschnitte. Während einer jeden ziehe das anrufende Pentagramm des Elementes, dessen Werkzeug soeben geweiht wird, Kelch, Stab, Dolch oder Pentakel, entsprechend dem Unterabschnitt, der gerade bearbeitet wird, und schlage das Pentagramm sofort mit dem Schwert über dem betreffenden Werkzeug.

Der Stab des Feuers

Unterabschnitt des Feuers. *Oh mächtiger Engel Bziza, der du Herrscher und Regent über die vier Engel der feurigen Unterabschnitte des Feuers bist, ich rufe dich an, dieser Waffe die Kraft und feurige Energie deines Reiches und deiner Diener einzuprägen, so daß ich ihnen in allen gerechten und rechtschaffenen Angelegenheiten gebieten kann.*

Ziehe mit dem Schwert das invozierende Feuerpentagramm mit dem Cherub des Löwen.

Unterabschnitt des Wassers. *Oh mächtiger Engel Banaa, Herrscher und Regent über die vier Engel des wäßrigen Feuers, ich flehe dich an, dieser Waffe deine magische Kraft einzuprügen, so daß ich den Geistern, die dir dienen, in allen gerechten und rechtschaffenen Angelegenheiten gebieten kann.*

Ziehe mit dem Kelch das invozierende Pentagramm des Feuers.

Unterabschnitt der Luft. *Oh mächtiger Engel Bdopa, Herrscher und Regent über die vier Engel und Gebieter des feinen und aufstrebenden ätherischen Feuers, ich flehe dich an, dieser Waffe deine Kraft und feurige Standhaftigkeit einzuprägen, so daß ich den Geistern deines Bereichs in allen gerechten und rechtschaffenen Angelegenheiten gebieten kann.*

Ziehe das invozierende Feuerpentagramm mit dem Dolch.

Unterabschnitt der Erde. *Oh mächtiger Engel Bpsac, der du Herrscher und Regent bist über die vier Engel des dichteren Feuers der Erde, ich flehe dich an, dieser Waffe deine Kraft und feurige Standhaftigkeit einzuprägen, so daß ich den Geistern deines Bereiches in allen gerechten und rechtschaffenen Angelegenheiten gebieten kann.*

Ziehe das invozierende Feuerpentagramm mit dem Pentakel.

Der Kelch des Wassers

Unterabschnitt des Feuers. *Oh mächtiger Engel Hnirx, der du Herr und Gebieter bist über die feurigen Wasser, ich flehe dich an, diesem Kelch die magische Kraft einzuprägen, über die du gebietest, so daß ich mit seiner Hilfe die Geister, die dir in Reinheit und Zielstrebigkeit dienen, leiten kann.*

Beschreibe mit dem Stab das invozierende Wasserpentagramm mit dem Cherub des Adlers.

Unterabschnitt des Wassers. *Oh mächtiger Engel Htdim, der du Herr und Gebieter über das reine und flüssige Element Wasser bist, ich flehe dich an, diesem Kelch die magische Kraft zu verleihen, über die du gebietest, so daß ich mit seiner Hilfe die Geister, die dir in Reinheit und Zielstrebigkeit dienen, leiten kann.*

Ziehe mit dem Schwert das invozierende Wasserpentagramm.

Unterabschnitt der Luft. *Oh mächtiger Engel Htaad, der du Herr und Gebieter über die ätherischen und luftigen Eigenschaften des Wassers bist, ich flehe dich an, diesem Kelch die magische Kraft zu verleihen, über die du gebietest, so daß ich mit seiner Hilfe die Geister, die dir in Reinheit und Zielstrebigkeit dienen, leiten kann.*

Ziehe das invozierende Wasserpentagramm mit dem Dolch.

Unterabschnitt der Erde. *Oh mächtiger Engel Hmagl, der du Herr und Gebieter über die dichteren und festeren Eigenschaften des Wassers bist, ich flehe dich an, diesem Kelch die magische Kraft zu verleihen, über die du gebietest, so daß ich mit seiner Hilfe die Geister, die dir in Reinheit und Zielstrebigkeit dienen, leiten kann.*

Ziehe das anrufende Wasserpentagramm mit dem Pentakel.

Der Dolch der Luft

Unterabschnitt des Feuers. *Oh strahlender Engel Exgsd, der du über die feurigen Bereiche der Luft gebietest, ich beschwöre dich, diesem Dolch deine geheimen und magischen Kräfte zu übertragen, so daß ich damit den Geistern, die dir dienen, zu reinen und aufrichtigen Zwecken gebieten kann.*

Ziehe mit dem Stab das invozierende Pentagramm der Luft mit dem Zeichen des Wassermannes.

Unterabschnitt des Wassers. *Oh strahlender Engel Eytpa, der du über die Bereiche der flüssigen Luft gebietest, ich beschwöre dich, diesem Dolch deine geheimen Kräfte zu übertragen, so daß ich mit seiner Hilfe den Geistern, die dir dienen, zu reinen und aufrichtigen Zwecken gebieten kann.*
 Mit dem Kelch beschreibe das anrufende Luftpentagramm.
 Unterabschnitt der Luft. *Oh strahlender Engel Erzla, der du über die Bereiche der reinen und durchdringenden Luft gebietest, ich beschwöre dich, diesem Dolch die magische Kraft zu übertragen, deren Meister du bist, so daß ich damit den Geistern, die dir dienen, zu reinen und aufrichtigen Zwecken gebieten kann.*
 Ziehe mit dem Schwert das invozierende Luftpentagramm.
 Unterabschnitt der Erde. *Oh strahlender Engel Etnbr, der du über die dichteren Bereiche der Luft gebietest, die durch den Unterabschnitt der Erde symbolisiert werden, ich beschwöre dich, diesem Dolch die magischen Kräfte zu übertragen, deren Meister du bist, so daß ich damit den Geistern, die dir dienen, zu reinen und aufrichtigen Zwecken gebieten kann.*
 Ziehe mit dem Pentakel das invozierende Pentagramm der Luft.

Das Pentakel der Erde

Unterabschnitt des Feuers. *Oh herrlicher Engel Naaom, der du über die feurigen Substanzen der Erde herrschst, ich rufe dich, diesem Pentakel die magischen Kräfte zu verleihen, deren Herr du bist, so daß ich mit seiner Hilfe den Geistern, deren Gebieter du bist, mit Ernst und Standhaftigkeit befehlen kann.*
 Ziehe über den rotbraunen Teil mit dem Stab das invozierende Erdpentagramm mit dem Cherub des Stiers.
 Unterabschnitt des Wassers. *Oh herrlicher Engel Nphra, der du über die feuchten und flüssigen Substanzen der Erde herrschst, ich rufe dich, diesem Pentakel die magischen Kräfte zu verleihen, deren Herr du bist, so daß ich mit seiner Hilfe den Geistern, deren Gebieter du bist, mit Ernst und Standhaftigkeit befehlen kann.*
 Ziehe über dem olivfarbenen Teil das invozierende Erdpentagramm mit dem Kelch.
 Unterabschnitt der Luft. *Oh herrlicher Engel Nboza, der du über die luftigen und feinen Substanzen der Erde herrschst, ich rufe dich, diesem*

Pentakel die magischen Kräfte zu verleihen, deren Herr du bist, so daß ich mit seiner Hilfe den Geistern, deren Gebieter du bist, mit Ernst und Standhaftigkeit befehlen kann.

Ziehe das anrufende Erdpentagramm mit dem Dolch über dem zitronengelben Abschnitt.

Unterabschnitt der Erde. *Oh herrlicher Engel Nroam, der du über die dichte und feste Erde herrschst, ich rufe dich, diesem Pentakel die magischen Kräfte zu verleihen, deren Herr du bist, so daß ich mit seiner Hilfe den Geistern, deren Gebieter du bist, mit Ernst und Standhaftigkeit befehlen kann.*

Ziehe über dem schwarzen Teil das invozierende Erdpentagramm.

15. Nimm dann das neu geweihte Werkzeug und vollziehe damit das große invozierende Ritual des Pentagramms seines Elementes in den vier Richtungen, wobei jedem Pentagramm ein entsprechendes ausgleichendes Pentagramm vorausgeschickt wird. Schließe mit dem kabbalistischen Kreuz und einem Gebet. Jedes Werkzeug wird nach seiner Vollendung in Seide oder Leinen von weißer oder passender Farbe gehüllt.
16. Reinige mit Wasser, wobei du den Vers aus der Eröffnung wiederholst.
17. Weihe mit Feuer unter Wiederholung des Verses aus der Eröffnung.
18. Umkreisung in umgekehrter Richtung.
19. Stehe westlich vom Altar und sprich: Im Namen vom *Jeheshuah* entlasse ich alle Geister, die durch diese Zeremonie gebunden worden sind.
20. Führe das kleine bannende Pentagrammritual in den vier Richtungen durch.
21. Wenn du es vorziehst, führe auch das große bannende Pentagrammritual des besonderen Elementes durch, falls ein, zwei oder drei Werkzeuge und nicht alle geweiht worden sind.

Skizze des Lotusstabes

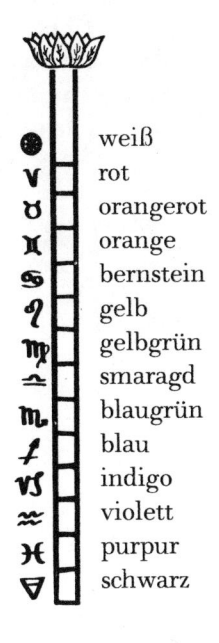

☉	weiß
♈	rot
♉	orangerot
♊	orange
♋	bernstein
♌	gelb
♍	gelbgrün
♎	smaragd
♏	blaugrün
♐	blau
♑	indigo
♒	violett
♓	purpur
▽	schwarz

Der Lotusstab
(Für den Grad des Zelators Adeptus Minor)

Dieser ist für den allgemeinen Gebrauch bei der magischen Arbeit bestimmt. Er wird vom Z.A.M. bei allen Ordenstreffen getragen, an denen er ein Teilnahmerecht besitzt.

1. Er ist von ihm selbst ohne Hilfe anzufertigen;
2. von ihm selbst geweiht;
3. nur von ihm selbst benutzt;
4. von anderen Personen nicht berührt;
5. in weiße Seide oder Leinen eingewickelt.

Dadurch ist er auf der menschlichen Ebene von allen äußeren Einflüssen frei, außer den eigenen.

Das obere Ende des Stabes ist weiß, das untere schwarz, dazwischen liegen die zwölf Farben der Tierkreiszeichen in der positiven, maskulinen Farbskala. Am oberen Ende des weißen Teils wird eine Lotusblume mit drei Wirbeln von insgesamt 26 Blütenblättern angebracht: Der äußere trägt 8, der mittlere 8 und der innere 10 Blätter. Der Blütenkelch hat vier Lappen oder Kelchblätter von oranger Farbe. Die Blütenmitte ist orange. Der Stab sollte 60 bis 100 cm lang sein, hölzern und etwa zweieinhalb Zentimeter im Durchmesser. Zur Defintion von XX siehe die nächste Seite.

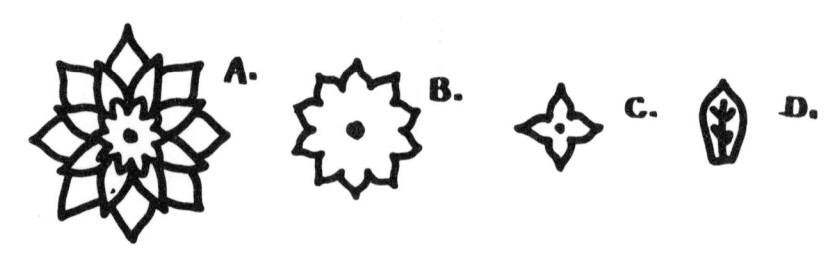

XX

Die Streifen von weiß, zwölf Farben und schwarz können gemalt oder emailliert oder aus farbigen Papierstreifen aufgeklebt werden. Die Breite der Streifen sollte bei weiß am größten sein, dann schwarz und dann die restlichen zwölf Farben von gleicher Breite. Die Farben sollen sauber, strahlend und korrekt sein.

Es handelt sich um folgende:

	Weiß	
Widder		Rot
Stier		Orangerot
Zwillinge		Orange
Krebs		Bernstein
Löwe		Zitronengelb
Jungfrau		Gelbgrün
Waage		Smaragdgrün
Skorpion		grünlich Blau
Schütze		leuchtend Blau
Steinbock		Indigo
Wassermann		Violett
Fische		Purpur
	Schwarz	

Grundlegende Techniken

Die Lotusblüte kann aus Blech oder Pappe gefertigt werden und besteht aus drei Wirbeln zu acht, acht und zehn Blättern, die innen weiß sind und deren Spitzen sich etwas nach außen wölben. Von außen sollten die Blätter olivgrün sein und fünf Striche tragen wie in der Zeichnung.

Die Mitte der Blume ist orange, aber ein Messingbolzen, der alles zusammenhält, tut es auch.

Auf den weißen Teil des Stabes wird das Motto des Besitzers geschrieben.

Die Symbolik und der Gebrauch des Lotusstabes

Als allgemeine Regel ist das weiße Ende zum Invozieren, das schwarze zum Bannen zu verwenden. Das weiße Ende kann zum Bannen benutzt werden, indem man damit ein bannendes Symbol gegen eine widerspenstige böse Kraft zeichnet, die sich anderen Bemühungen widersetzt hat.

Damit ist gemeint, daß beim Invozieren das weiße Ende nach außen in die betreffende Richtung gehalten wird, beim Bannen das schwarze, ganz gleich, welchen Streifen man gerade festhält, den weißen für spirituelle Dinge, den schwarzen für weltliche, den blauen für Schütze oder den roten für die Feuerdreiheit etc. Der Stab darf *niemals* herumgedreht werden. Wenn jedoch* sehr materielle Kräfte angesprochen werden sollen, mag das schwarze Ende zur Invokation am passendsten sein, aber nur mit der größten Vorsicht.

Bei der Arbeit mit dem Tierkreis wird der Stab an der Stelle, auf die man gerade Bezug nimmt, zwischen dem Daumen und zwei Fingern gehalten. Geht es um eine Planetenarbeit, so wird der Stab an dem Streifen gehalten, der dem Tages- oder Nachthaus des Planeten entspricht oder auch bei dem Zeichen, in welchem er gerade steht.

Planet	Tageshaus	Nachthaus
Saturn	Steinbock	Wassermann
Jupiter	Schütze	Fische
Mars	Widder	Skorpion

---

* Anm.d.Übers.: Im Original heißt es unlogischerweise: »also« statt »jedoch«.

Planet	Tageshaus	Nachthaus
Venus	Waage	Stier
Merkur	Zwillinge	Jungfrau
Sonne	nur Löwe	
Mond		nur Krebs

Geht es in der Arbeit um die Elemente, so sollte man den Stab an der Stelle eines der Zeichen festhalten, das zur Dreiheit dieses Elementes gehört, das invoziert werden soll.

Man behalte dabei im Auge, daß das cherubische Zeichen unter denjenigen der Dreiheit das am stärksten wirksame ist.

Löwe – starke sommerliche Hitze
Widder – Beginn der Wärme im Frühling
Schütze – Schwinden der Wärme im Herbst

Halte den Stab für alle göttlichen und spirituellen Zwecke, für die Einflüsse der Sephiroth und alle Versuche, zu anderen Ebenen aufzusteigen, am weißen Ende.

Für alle weltlichen und materiellen Angelegenheiten halte ihn am schwarzen Ende.

Die zehn oberen und inneren Blütenblätter stehen für die Reinheit der zehn Sephiroth. Die mittleren acht beziehen sich auf die einander entgegengerichteten* natürlichen und spirituellen Kräfte von Feuer und Luft, die unteren und äußeren acht auf die Kräfte von Erde und Wasser. Der mittlere gelbe Teil entspricht der geistigen Sonne. Der äußere Kelch zeigt die Tätigkeit der Sonne unter den Elementen, wo sie das Leben aller Dinge durch Differenzierung vollendet.

Der Stab sollte niemals umgedreht benutzt werden

Die Lotusblume darf während der Arbeit nicht berührt werden. In spirituellen Dingen und solchen, die die Sephiroth betreffen, ist die Blüte jedoch der Stirn zugeneigt. Um in den Ebenen aufzusteigen, wird das orange Zentrum voll auf die Stirn gerichtet.

---

* Anm.d.Übers.: Vermutlich handelt es sich hier um einen Druckfehler des Originals: »counter-charged« statt »counter-changed«. Die richtige Übersetzung würde dann lauten: »die miteinander wechselnden/einander abwechselnden«

Grundlegende Techniken 455

Die Weihung des Lotusstabes

Zunächst sorge für:

1. Einen separaten Raum
2. Ein weißes Dreieck
3. Ein rotes Kreuz aus sechs Dreiecken
4. Weihrauch und eine Rose
5. Eine Lampe oder eine Feuerschale
6. Wasser in einem Krug
7. Salz auf einem Teller
8. Ein Horoskop für den Zeitpunkt der Weihe
9. Das Pentagrammritual
10. Den neuen Stab
11. Weißes Leinen oder ein Seidentuch
12. Einen Altartisch mit
13. schwarzer Decke und Behang.

Finde zweitens die Lage des Ostens heraus.
Bereite drittens eine Invokation an die Kräfte des Tierkreises vor.
Stelle viertens den Altar mitten in den Raum, verhänge und bedecke ihn mit einem schwarzen Tuch.
Lege fünftens das Kreuz und das Dreieck darauf zurecht, das Wasser an die Basis des Dreiecks, den Weihrauch und die Rose im Osten über das Kreuz, die Lampe in den Süden.
Sechstens zünde die Lampe an.
Stelle dich siebentens mit Blick in den Osten westlich vom Altar auf und halte dabei den Stab.
Ergreife achtens das schwarze Ende des Stabes und
neuntens sprich: *Hekas, Hekas, este Beheloi.*
Führe zehntens das kleine bannende Pentagrammritual durch.
Lege elftens den Stab auf dem Altar ab.
Zünde zwölftens den Weihrauch an der Lampe an.
Dreizehntens streue etwas Salz ins Wasser.
Reinige vierzehntens den Raum, erst mit Wasser, dann mit Feuer, wie im Grade des Neophyten, wobei du diese beiden Passagen aus dem Ritual des 31. Pfades wiederholen sollst: Beim Wasser: Darum muß der Priester, der die Arbeiten des Feuers beherrscht, zunächst das Lustralwasser des laut brandenden Meeres versprengen.
Fünfzehntens beim Feuer: Und wenn du, nachdem alle Phantome

geflohen sind, das heilige, formlose Feuer siehst, das Feuer, das durch die verborgenen Tiefen des Universums flammt und blitzt, so höre dann die Stimme des Feuers.

Nimm wieder den Stab am weißem Ende, umkreise dreimal den Raum und wiederhole, im Westen stehend, mit Blick nach dem Osten die Anbetungsformel:

Heilig seid Ihr, Herr des Universums.
Heilig seid Ihr, Den die Natur nicht erschaffen hat.
Heilig seid Ihr, Der Weite und Mächtige.
Herr des Lichtes und der Finsternis.

Sechzehntens führe in alle vier Raumrichtungen das große invozierende Pentagrammritual durch, wobei in jedem Viertel das entsprechende Pentagramm gezogen wird.

Stehe dann siebzehntens im östlichen Viertel, blicke nach Osten, halte den Stab an der weißen Seite, gib das Zeichen des Adeptus Minor. Schaue empor, halte den Stab der Höhe entgegen und sprich:

Oh Harpokrates, Herr des Schweigens, der du auf dem Lotus wohnst. Sechsundzwanzig beträgt die Zahl der Lotusblüten an dem Stab. Oh Herr der Schöpfung! Dies ist die Zahl deines Namens. Im Namen *JHVH*s, lasse das göttliche Licht herabkommen.

Blicke achtzehntens nacheinander in die jeweilige Richtung der Tierkreiszeichen, und wiederhole in jede der zwölf Richtungen die folgende Anrufung, wobei die entsprechenden Gottes- und Engelnamen und Buchstaben für jedes Zeichen benutzt werden. Beginne beim Widder. Halte den Stab an der passenden farbigen Stelle und nimm das Elementsymbol, zu welchem das betreffende Zeichen Bezug hat, vom Altar in die linke Hand. Sprich:

(Für Widder) über mir der Himmel und unter mir die Erde, und zwischen Licht und Dunkelheit schwingen die Farben.
Hiermit rufe ich die Kräfte und Mächte, die über den Bereich, den Ort und die Autorität des Zeichens Widder gebieten, in der Majestät des göttlichen Namens JHVH an, mit welchem ich im irdischen Leben und Sprechen den Buchstaben Heh verbinde, welchem der symbolische Stamm Gad zugehört und über welches der Engel Malchidael wacht, diesen Tag und diese Stunde zu segnen und ihren mystischen und kraftvollen Einfluß diesem roten Streifen des Lotus-

Grundlegende Techniken   457

Die Anrufung der Kräfte der Tierkreiszeichen

Zeichen	Gegenstand	Wandlungsform des Namens	Hebräischer Buchstabe	Stamm Israels	Engel	Farbe
Widder	Lampe	YHVH	Heh	Gad	Malchidael	Rot
Stier	Salz	YHHV	Vau	Ephraim	Asmodel	Orangerot
Zwillinge	Rose	YVHH	Zajin	Manasseh	Ambriel	Orange
Krebs	Kelch	YVHY	Cheth	Issachar	Muriel	Bernstein
Löwe	Lampe	HVYH	Teth	Judah	Verchiel	Zitronengelb
Jungfrau	Salz	HHVY	Yod	Naphthali	Hamaliel	Gelbgrün
Waage	Rose	VHYH	Lamed	Asshur	Zuriel	Grün
Skorpion	Kelch	VHHY	Nun	Dan	Barchiel	Blaugrün
Schütze	Lampe	VYHH	Samech	Benjamin	Advachiel	Blau
Steinbock	Salz	HYHV	Ajin	Zebulun	Hanael	Indigo
Wassermann	Rose	HYVH	Tzaddi	Reuben	Cambriel	Violett
Fische	Kelch	HHYV	Qoph	Simeon	Ammixiel	Purpur

stabes mitzuteilen, den ich hiermit der Reinheit und okkulten Arbeit weihe. Möge der Griff nach ihm mich stärken bei den Arbeiten des Widders und allen seinen Angelegenheiten.

Wenn dieses rezitiert ist, ziehe neunzehntens das Pentagramm des erforderlichen Zeichens mit dem Lotusende des Stabes und halte den entsprechenden Gegenstand vom Altar in der linken Hand, während du in jede der 12 Richtungen des Zodiaks blickst.

Zwanzigstens, lege den Stab auf den Altar, wobei der Lotus nach Osten zeigt. Stehe westlich vom Altar, blicke nach Osten und sprich:

Oh Isis! Große Göttin der Kräfte in der Natur, lasse deine Macht herniederkommen, und segne diesen Stab, den ich Dir widme, um die magischen Arbeiten des Lichts durchzuführen.

Einundzwanzigstens, wickle den Stab in Seide oder Leinen.

Zweiundzwanzigstens, reinige den Raum mit Wasser und Feuer wie zuvor, und umkreise ihn dann umgekehrt.

Stehe dreiundzwanzigstens westlich des Altares, blicke nach Osten und rezitiere:

Im Namen Jeheshuahs entlasse ich hiermit alle Geister, die durch diese Zeremonie gebunden wurden.

Am besten führst du dann noch das kleine bannende Pentagrammritual durch.

Die Beschreibung des Rosenkreuzes

Strahlen – weiß mit schwarzen Buchstaben und Symbolen; Luft – gelber Untergrund, lila Pentagramm und Symbole; Feuer – scharlachroter Untergrund, smaragdenes Pentagramm und Symbole;

Wasser – blauer Untergrund, oranges Pentagramm und Symbole; weißer Untergrund – schwarzes Hexagramm und Symbole; Erde – zitronengelb, rotbraun, olivgrün, schwarz, weißes Pentagramm und Symbole.

Grundlegende Techniken 459

Das Rosenkreuz

Die Rose und das Kreuz sind in der magischen Arbeit allgemein gebräuchlich und werden vom Zelator Adeptus Minor bei allen Ordensversammlungen getragen, bei welchen er anwesend sein darf. Es sollte an einem gelben Seidenkragen oder -band aufgehängt werden und ist von ihm selbst ohne Hilfe anzufertigen und zu weihen. Ist es nicht in Gebrauch, so wird es in weiße Seide oder Leinen eingewikkelt. Nach der Weihung sollte es, wie auch der Lotusstab, nur von seinem Besitzer berührt werden.

Es stellt eine vollständige Synthese der positiven, maskulinen oder Regenbogenskala unter den Farbzuordnungen dar, der ›Königsreihe‹, wie sie auch genannt wird. Diese Farben können in den Lehrschriften nachgesehen werden. Die vier Arme werden den Elementen zugeordnet, der weiße Teil dem Geist und den Planeten, die 22 Blütenblätter der Rose den 22 Pfaden. Es stellt das Kreuz von Tiphareth dar, den Mittelpunkt und Behälter für die Kräfte der Sephiroth und der Pfade. Der innerste Mittelpunkt der Rose ist weiß, der reflektierte spirituelle Glanz von Kether, der die rote Rose und das goldene Kreuz trägt, von welchen der Zweite Orden seinen Namen nimmt, die Symbole der erlösenden Kraft.

Auf dem weißen Teil unterhalb der Rose befinden sich um das Hexagramm herum die Planeten in der Anordnung, die den Schlüssel zum großen Hexagrammritual bildet. Um die Pentagramme herum sieht man die Symbole des Geistes und der vier Elemente in der Anordnung, die den Schlüssel für das große Pentagrammritual bildet. An den blumenartigen Enden des Kreuzes befinden sich die drei alchimistischen Prinzipien, aber bei jedem Element in anderer Reihenfolge, die ihre jeweilige Funktion darin zum Ausdruck bringt.

Der obere Arm des Kreuzes gehört der Luft an und trägt die gelbe Farbe Tiphareths. Darin hat das fließende Wesen des Merkurs das Übergewicht und wird an seiner Beweglichkeit nicht gehindert, und daher rührt die ständig bewegte Natur der Luft. Ihre schweflige Seite entstammt dem Anteil des Feuers, woher ihre leuchtenden und elektrischen Eigenschaften stammen. Ihr Salz entstammt dem Wasser, und daher kommen die Wolken und der Regen aus der Wirksamkeit der Sonnenkräfte.

Den unteren Arm ordnen wir der Erde zu, seine vier Farben sind die von Malkuth, denn die Erde ist von Natur aus ein Empfänger und Behälter anderer Einflüsse. Die zitronengelbe Farbe entspricht ihrem luftigen Anteil, die olivgrüne dem wässrigen, die rotbraune dem feurigen, die schwarze dem niedrigsten, erdigen Teil der Erde.

Hier ist wiederum der merkuriale Anteil der führende, der aber durch die zusammengesetzte Art behindert wird, wo seine Eigenschaften sich eher in der Fähigkeit des Keimens ausdrücken als in der Beweglichkeit. Das Salz und das Sulfur sind jeweils von der Seite des Feuers und des Wassers, die ihre natürliche Wirksamkeit nahezu neutralisieren und auf diese Weise die Festigkeit und Unbeweglichkeit der Erde hervorbringen.

Der dem Feuer angehörige Ausläufer trägt die scharlachrote Farbe *Geburah*s, und darin überwiegt das Sulfur, woher die Kraft zu wärmen und zu brennen stammt. Das Salz stammt von der Seite des Wassers, daher die Notwendigkeit, immer Nahrung zu haben, von welcher es zehren kann. Das Merkur stammt von der luftigen Seite, und daher kommen die sprunghaften, flackernden Bewegungen der Flammen, besonders wenn der Wind mit ihnen spielt.

Der Arm des Wassers trägt die blaue Farbe *Chesed*s, und darin herrscht die salzige Natur vor, wofür das Salz im Meer ein Beispiel ist, wohin alles Wasser fließt. Daher stammt auch die Tendenz, immer eine waagerechte Linie einzunehmen. Das Merkur ist von der Erde, daher das Gewicht und die Kraft seines Hin- und Herströmens. Der schweflige Anteil entstammt der Luft und erklärt die Wirkung der Wellen und Stürme.

Die Aufstellung dieser drei Prinzipien bildet also den Schlüssel für ihre alchymische Wirksamkeit in den Elementen.

Die hinter der Rose hervortretenden weißen Strahlen in den Winkeln zwischen den Armen stellen die Strahlen des göttlichen Lichts dar, welches vom reflektierten Lichte Kethers in seiner Mitte ausgeht und hervorfunkelt. Die Buchstaben und Symbole beziehen sich auf die Analyse des Schlüsselwortes eines Adeptus Minor.

I.N.R.I.

Durch oben genanntes wird die Öffnung des Gewölbes erreicht. Die Assoziationen dazu sind die folgenden:

Das erste I wird dem Zeichen der Jungfrau zugesprochen, wie auch das L in (LVX); der Buchstabe N gehört zu Skorpion, wie auch das V in (LVX); der Buchstabe R untersteht der Sonne, wie auch das X in (LVX); das letzte I wiederholt nur die Zuordnungen.

Die zwölf Buchstaben der äußeren zwölf Blütenblätter folgen der Reihenfolge der Tierkreiszeichen.
Heh ist ganz oben der Widder.
Lamed ist die Waage ganz unten.
Die sieben Doppelbuchstaben der mittleren Reihe werden den Planeten in der Reihenfolge ihrer Erhöhungen zugeteilt, da die Planeten in bezug auf die Erde wandern, die Sterne aber feststehen.

Die sieben Doppelbuchstaben auf der Rose

7	Tau	Saturn
6	Resh	Sonne
5	Peh	Mars
4	Kaph	Jupiter
3	Daleth	Venus
2	Gimel	Mond
1	Beth	Merkur

Die drei Mutterbuchstaben werden den Elementen verbunden und so angeordnet, daß das Blütenblatt, welches zur Luft gehört, unterhalb des Kreuzarmes der Luft befindlich ist. Jene des Feuers und Wassers sind auf je umgekehrten Seiten, so daß die Kräfte der Kreuzarme die planetarischen und zodiakalen in der Rose nicht zu stark beherrschen, was der Fall sein könnte, wenn das Blatt des Feuers auf der Feuerseite und das Blatt des Wassers auf der Wasserseite liegen würden.

Die Art und Weise, aus den Rosenblättern Sigillen zu formen, wird an einer anderen Stelle erklärt.

Die Rückseite des Kreuzes trägt folgende Inschriften:

An die Spitze wird in Latein zwischen vier Malteserkreuze, die die vier geöffneten Elementenpyramiden bedeuten, geschrieben: »Der Herr Jesus Christus, Gott und Mensch«.

Das wird an die Spitze gesetzt, weil hier die Niederkunft der göttlichen Kräfte in Tiphareth bestätigt wird, welche den Mittelpunkt zwischen den übernatürlichen und niederen Sephiroth bildet. An den untersten Punkt wird das Motto des Zelators Adeptus Minor geschrieben, weil darin die Bekräftigung des Aufstiegs vom Menschlichen zum Göttlichen liegt.

Ohne die Hilfe des göttlichen Geistes von Kether ist das jedoch nicht möglich, weshalb der Raum auf der Vorderseite des Kreuzes oberhalb von Malkuth weiß bleibt. Weiß ist das Symbol des Geistigen, das sich vom Materiellen löst.

In der Mitte zwischen den alchimistischen Prinzipien, von denen Sulfur das äußere bildet, steht das reinigende Feuer des Leidens und Selbstopfers in Latein geschrieben: »Gesegnet sei der Herr unser Gott, der uns das Symbol *Signum* gegeben hat«, welches ein Wort mit sechs Buchstaben ist und derart die sechs (kreativen) Epochen des Universums repräsentiert. Und der Weg durch die Planeten ist erforderlich, bevor die Herrlichkeit der Sonne erlangt wird.

S.R.M.D.s (Mathers) Bemerkung zur Herstellung eines Rosenkreuzes

Das Kreuz sollte aus Pappe ausgeschnitten werden; die farbigen Teile sollten gemalt oder aus farbigem Papier der passenden Formen aufgeklebt werden. *Die Farben müssen korrekt, klar und strahlend sein.* Sind sie es nicht, so ist das Symbol als solches oder als Inschrift nutzlos. *Es können sogar üble Folgen auftreten, falls die Farben nicht klar und strahlend oder wenn sie schmutzig sind. Sollte das vorkommen, zerstöre man das Ganze.* Falsche Farben oder Formen bei göttlichen Symbolen stellen eine Erniedrigung des Heiligen und eine Gotteslästerung dar, weil sie das Unordentliche und Böse für das Gute einsetzen.

Bei den Blütenblättern kann man eine Form entwerfen und daraus gleich mehrere ausschneiden, indem man die bunten Papiere übereinanderlegt.

Offiziell werden keine Größenangaben gemacht, aber aus praktischen Gründen sollte es 17 bis 20 cm lang sein.

Grundlegende Techniken   463

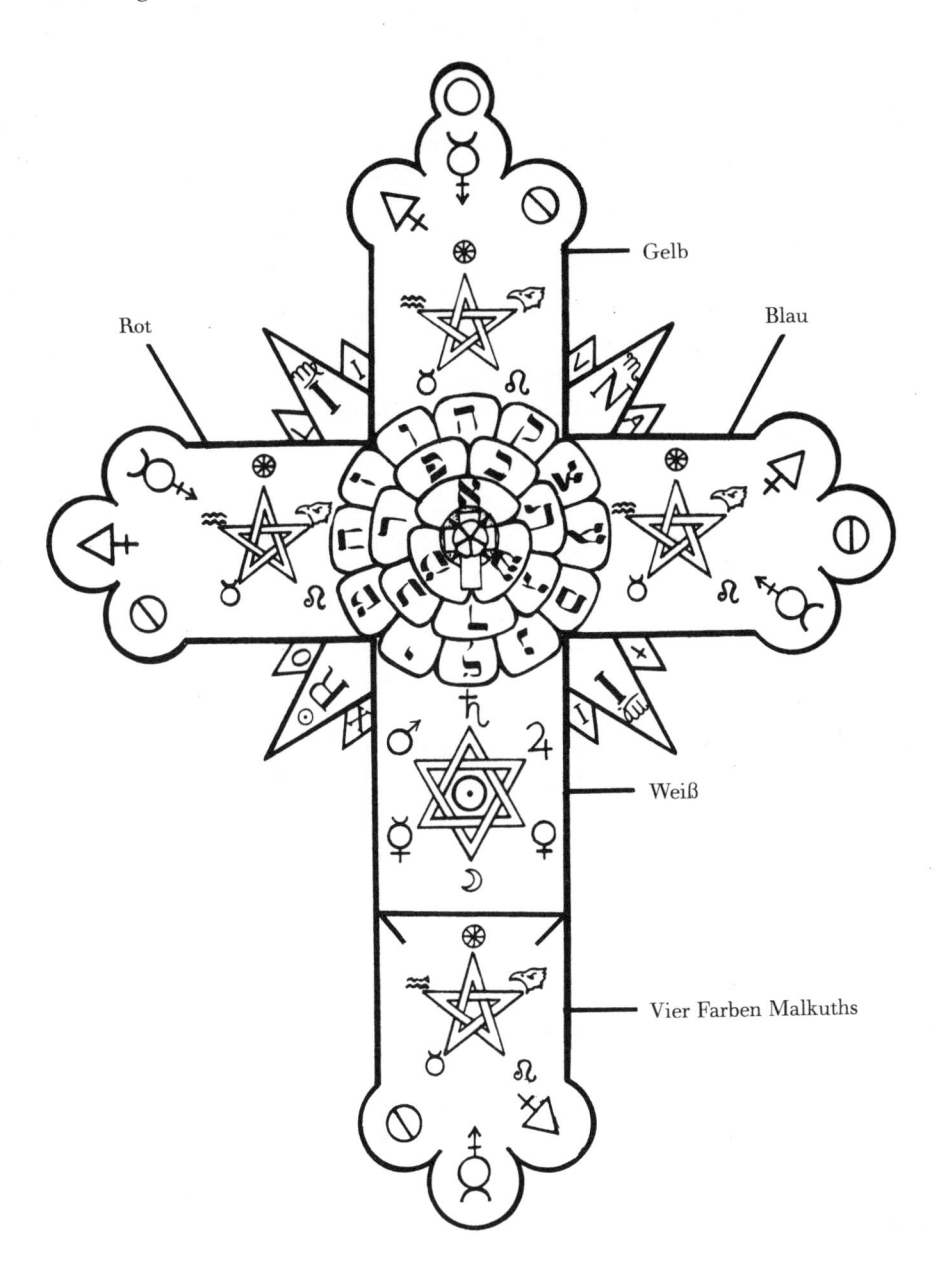

Gelb

Blau

Rot

Weiß

Vier Farben Malkuths

Die Weihung des Rosenkreuzes

1. Bereite die Kammer und eine Invokation an Tiphareth vor.
2. Baue einen Altar in die Mitte, der in schwarz gehüllt ist.
3. Lege das Dreieck und das Kreuz darauf wie im Grade des Neophyten.
4. Lege die Rose, den Kelch, das Salz und Feuer darauf, aber stelle den Kelch zwischen Kreuz und Dreieck wie im Neophytengrad, mit der Rose und dem Weihrauch an der östlichen Seite.
5. Lege das neue Rosenkreuz *auf das Dreieck*.
6. Stelle dich westlich vom Altar auf und habe den Lotusstab zur Hand.
7. Zünde die Lampe an und den Weihrauch. Streue Salz in das Wasser.
8. Nimm den Stab in die rechte Hand.
9. Sprich: *Hekas, Hekas, este Bebeloi.*
10. Führe das kleine bannende Pentagrammritual durch.
11. Führe das kleine bannende Hexagrammritual durch.
12. Lege den Stab auf dem Altar ab.
13. Reinige die Kammer in den vier Richtungen mit Wasser. *Darum muß der Priester, der die Arbeiten des Feuers beherrscht, zunächst das Lustralwasser des laut brandenden Meeres versprengen.*
14. Reinige die Kammer in den vier Richtungen mit Feuer und sprich: *Und wenn du, nachdem alle Phantome geflohen sind, das heilige, formlose Feuer siehst, das Feuer, das durch die verborgenen Tiefen des Universums flammt und blitzt, so höre dann die Stimme des Feuers.*
15. Nimm den Stab.
16. Umkreise den Raum dreimal mit dem Sonnenlauf (Uhrzeigersinn).
17. Gehe zum vorigen Ort zurück und wiederhole die Anbetungsformel.

Heilig seid Ihr, Herr des Universums.
Heilig seid Ihr, Den die Natur nicht erschaffen hat.
Heilig seid Ihr, Der Weite und Mächtige.
Herr des Lichtes und der Finsternis.

Gib das Zeichen des Neophyten bei jeder Anbetung und zum Schluß die Gebärde des Schweigens.

Grundlegende Techniken

18. Führe das große invozierende Pentagrammritual in die vier Richtungen der Kammer durch.
19. Stelle dich westlich des Altares auf, blicke nach Osten, halte den Stab am weißen Ende.
20. Ziehe mit dem Lotusstab in der Luft über dem Rosenkreuz das Symbol, als stünde es auf demselben, und rufe dabei alle Gottes- und Engelnamen Tiphareths mit der folgenden, besonderen Formel an:

Du erhabenste, höchste Majestät, die Du zu bestimmten Zeiten würdig im Bilde der strahlenden Sonne von Tiphareth erscheinst, ich flehe Dich an, diesem Symbol der Rose und des Kreuzes, das ich Dir zu Ehren und zur Mehrung des großen Werkes im Geiste der Reinheit und der Liebe gebildet habe, die allerhöchsten Tugenden zu verleihen, in deinem göttlichen Namen JHVH und in dem großen Namen Eloah ve Daath. Lasse Dich herbei, so bitte ich Dich, den großen Erzengel Raphael und den mächtigen Engel Michael zur Stärkung dieses Zeichens anzuhalten, daß sie durch die Sphäre des großartigen Gestirnes Shemesh ihm solche Kraft und Tugend vermitteln, daß es mich zur Lösung des großen Geheimnisses führen kann. (Erhebe die Hände und Augen während des Gebetes zum Himmel und bedecke sie am Ende.)

21. Sprich die folgenden Worte aus 1. Moses (2,10):

Und der Fluß Nahar ging von Eden aus, den Garten zu bewässern, und er war von da an geteilt und floß in vier Armen.

22. Beschreibe die invozierenden Hexagramme der Planeten über dem weißen Bereich, als stünden sie darauf. Sprich dabei die entsprechenden Namen aus, und halte den Stab am weißen Ende.
23. Beschreibe die ausgleichenden Pentagramme des Geistes und die Worte *Exarp-Bitom-Hcoma-Nanta*, wie zuvor dargestellt.
24. Dann schlage über die vier farbigen Teile (Arme) die invozierenden Pentagramme der Elemente, und benutze dabei die Worte und Gradzeichen. Sprich die Verse aus 1. Moses 2,11-13,14,15, mit Bezug auf jedes. Halte den Stab an der Stelle des cherubischen Zeichens, das dem betreffenden Element angehört.
    Erstens lies über dem roten Arm des Feuers: *Und der Name des ersten Flusses ist Pison. Dieser umfließt das ganze Land Hevilah, wo es Gold gibt. Und das Gold dieses Landes ist gut. Es gibt dort auch Balsam und Onyxsteine.* Ziehe das invozierende Feuerpenta-

gramm und halte dabei den Stab an der Stelle des Löwen. Gib das Zeichen des Feuergrades.

Lies zweitens über dem blauen Arm des Wassers (halte den Stab beim Blaugrün des Skorpions): *Und der zweite Strom heißt Gihon, und dieser umfaßt das ganze Land Äthiopien.* Das Zeichen des Practicusgrades und das invozierende Wasserpentagramm.

Lies drittens über dem gelben Arm der Luft (halte den Stab beim Violett des Wassermannes): *Und der dritte Strom heißt Hiddekel*, welcher östlich von Assyrien fließt.* Das Zeichen des Theoricus und das invozierende Luftpentagramm.

Lies viertens über dem schwarzen Arm der Erde (und halte den Stab beim Orangerot des Stieres): *Und der vierte Fluß ist der Euphrates.* Das Zeichen des Zelators mit dem invozierenden Erdpentagramm.

25. Halte schließlich den Stab wieder am weißen Ende, beschreibe von links nach rechts einen Kreis über die äußeren zwölf Blütenblätter der Rose und vibriere dabei den Namen *Adonai*, wie gelehrt.
26. Beschreibe über den sieben mittleren Blättern einen gleichartigen Kreis und sprich: *Ararita*.
27. Beschreibe dann einen Kreis über die drei inneren Blätter und sage: *JHVH*.
28. Ziehe eine senkrechte Linie herab und sprich: *Eheieh*.
29. Ziehe eine horizontale Linie von links nach rechts und sprich: *Elohim*.
30. Wickle das Kreuz in weiße Seide.
31. Schließe die Zeremonie mit der Reinigung durch Wasser.
32. Schließe die Zeremonie mit der Reinigung durch Feuer.
33. Umkreise den Raum dreimal im Gegenuhrzeigersinn.
34. Stehe westlich des Altares, blicke nach Osten und sprich: *Im Namen Jeheshuahs entlasse ich hiermit alle Geister, die durch diese Zeremonie gebunden wurden.*
35. Führe das kleine bannende Pentagrammritual durch.

---

* Anm.d.Übers.: In der Lutherbibel wird hier der Tigris genannt. Und statt Assyrien heißt es Kusch.

Das Ritual des Rosenkreuzes

1. Zünde ein Weihrauchstäbchen an. Gehe in die südöstliche Ecke des Raumes. Ziehe auf folgende Weise ein großes Kreuz und einen Kreis:

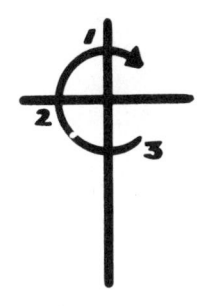

Halte die Spitze des Stäbchens in die Mitte und vibriere das Wort *Jeheshuah*.
2. Gehe mit auf der Höhe des Kreuzmittelpunktes ausgestrecktem Arm in die südwestliche Ecke, wobei du das Räucherstäbchen hältst, und ziehe dort ein gleiches Kreuz unter Wiederholung des gleichen Worts.
3. Gehe in die nordwestliche Ecke, wiederhole Kreuz und Wort.
4. Gehe in die nordöstliche Ecke, wiederhole Kreuz und Wort.
5. Vollende den Kreis, indem du in den Südosten zurückgehst und die Spitze des Stäbchens in die Mitte des ersten Kreuzes zurückführst, welches du dort astral imaginieren solltest.
6. Halte das Stäbchen hoch, gehe in die Mitte des Raumes, indem du schräg in Richtung Nordwesten gehst. In der Mitte des Raumes ziehe über deinem Kopf Kreuz und Kreis und vibriere den Namen.
7. Halte das Stäbchen hoch, gehe in den Nordwesten und führe das Stäbchen bis in die Mitte des dortigen astralen Kreuzes.
8. Wende dich wieder nach Südosten und gehe dorthin zurück, aber halte dieses Mal das Stäbchen unmittelbar über den Fußboden. Ziehe in der Mitte des Raumes Kreuz und Kreis auf den Boden, unter die Füße, vibriere den Namen.
9. Vollende den Kreis, indem du in den Südosten zurückkehrst und die Spitze des Räucherstäbchens wieder in die Mitte des Kreuzes führst. Gehe dann mit ausgestrecktem Arm in die südwestliche Ecke.
10. Gehe von der Mitte dieses Kreuzes mit erhobenem Stäbchen

schräg durch den Raum auf die nordöstliche Ecke zu. Nimm in der Mitte des Raumes wieder das Kreuz über deinem Kopf von vorher auf und vibriere den Namen. Es ist nicht nötig, noch ein weiteres Kreuz zu ziehen.

11. Führe das Stäbchen in das Zentrum des Kreuzes im Nordosten, und kehre mit zu Boden gehaltenem Stäbchen in den Südwesten zurück. Halte in der Mitte des Raumes wiederum ein, um die Verbindung mit dem Kreuz unter deinen Füßen herzustellen.
12. Kehre in den Südwesten zurück und halte das Stäbchen einen Augenblick lang in die Mitte des dortigen Kreuzes. Strecke das Stäbchen aus, gehe dem Kreis wieder in den Nordwesten nach, stelle die Verbindung mit dem nordwestlichen Kreuz her – gehe weiter zum Nordosten und vollende den Kreis, indem du in den Südosten und zur Mitte des ersten Kreuzes zurückkehrst.
13. Ziehe das Kreuz noch einmal nach, aber größer. Mache einen großen Kreis darum, für dessen untere Hälfte du *Jeheshuah*, für die obere *Jehovashah* vibrierst.
14. Kehre zum Zentrum des Raumes zurück und visualisiere die sechs Kreuze als ein Netz um dich herum. Diese Zeremonie kann mit der Analyse des Schlüsselwortes abgeschlossen werden, die im folgenden angegeben ist.

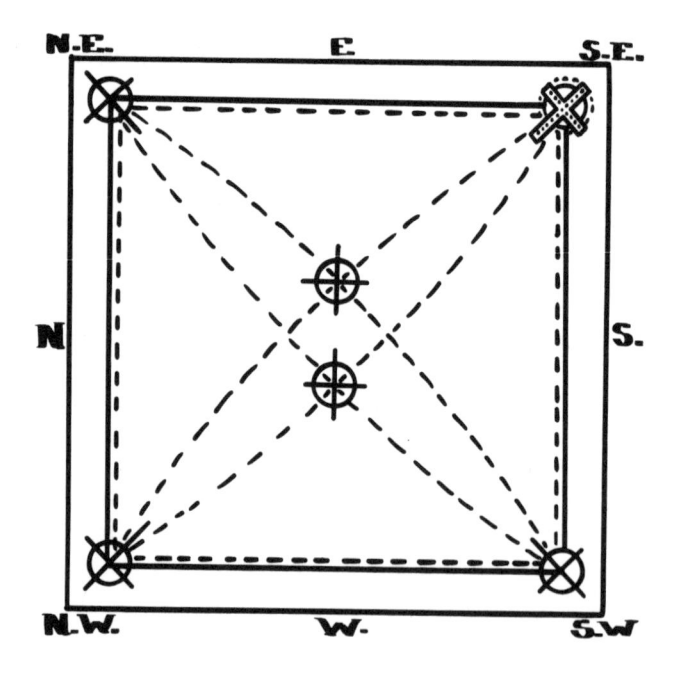

Die Analyse des Schlüsselwortes

1. Stehe mit ausgestreckten Armen in Form eines Kreuzes. Blicke nach Osten.

2. Vibriere folgende Worte:
   I.   N.   R.   I.
   Jod   Nun   Resh   Jod

   Das Zeichen des erschlagenen Osiris.[1]

3. Erhebe den rechten Arm, der linke Arm bleibt von der Schulter aus ausgestreckt, der Kopf wird zur linken Seite hin geneigt.
   L – Das Zeichen der trauernden Isis.[1]

4. Erhebe beide Arme zur V-Stellung.
   V – Das Zeichen von Typhon und Apophis.[1]

5. Kreuze die Arme über der Brust und senke den Kopf.
   X – Das Zeichen des auferstandenen Osiris.[1]

6. Mache die Zeichen wiederum, während du L.V.X. wiederholst.
   LUX

7. Falte die Arme über der Brust, senke den Kopf.
   Das Licht des Kreuzes.

8. Dann werden die Arme im Zeichen des erschlagenen Osiris ausgebreitet
Jungfrau	Isis	Mächtige Mutter
Skorpion	Apophis	Zerstörer
Sonne	Osiris	Erschlagen und auferstanden

9. Erhebe allmählich die Arme.
   Isis Apophis Osiris

10. Arme über dem Kopf, Gesicht erhoben.
    I.   *A.*   *O.*

---

[1] siehe Abbildung im 2. Band.

11. Vibriere jetzt die Namen der vier Vereinigungs-Tafeln, um das Licht auszubalancieren, es sei denn, du bist im Gewölbe.
Exarp Hcoma Nanta Bitom

12. Strebe nach dem Licht und ziehe es über deinen Kopf bis zu den Füßen herab.
Lasse das göttliche Licht herniederkommen.

Der Gebrauch des Rosenkreuzrituals

1. Es schließt die Aura in einen Schutz gegen äußere Einflüsse ein. Es wirkt da wie ein Schleier. Die Pentagramme schützen zwar, aber sie erhellen den astralen Bereich auch und machen andere Wesen auf dich aufmerksam. Sie sind für magische Arbeiten positiver. Wenn du stark abgelenkt bist, benutze die Pentagramme zum Bannen und das Rosenkreuz, um Frieden zu halten.
2. Es stellt einen Ruf an eine andere Bewußtseinsweise dar und löst dich vom Physischen. Es ist eine gute Meditationsvorbereitung und bildet, in Verbindung mit dem Schlüsselwort, eine Art Invokation der höheren Weisheit, die sehr hilfreich sein kann, wenn man Probleme zu lösen hat oder sich auf ein schwieriges Gespräch vorbereitet oder auch, um stark und ruhig zu sein, wenn man jemand anderem helfen will.
3. Wenn du mit dem Ritual gut vertraut bist, aber nicht vorher, kann es in der Imagination durchgeführt werden, während man ruht oder liegt. Ein Teil von dir tritt aus, und du empfindest alle Eindrücke des Umhergehens um deinen ruhigen Körper. Zusammen mit rhythmischem Atmen benutzt, wird es auf diese Weise deinen Geist von Schmerzen fernhalten (falls sie nicht zu stark sind) und dich zum Schlafen entspannen. Du kannst die Analyse des Schlüsselwortes hinter deinem Kopf stehend durchführen. Und du kannst den göttlichen weißen Glanz herabrufen, ihn über deinen Körper fließen, die Verwirrungen deines ätherischen Doppels klären und dir Frieden und Ruhe bringen sehen.
4. Du kannst das Ritual in der Absicht durchführen, anderen in Schmerzen oder Schwierigkeiten zu helfen. Baue zu diesem Zweck ein astrales Abbild der betreffenden Person in der Mitte des Raumes auf. Rufe das göttliche Licht auf sie herab, nachdem

du sie mit sechs Kreuzen umgeben hast. Befiehl dem astralen Doppel, nach Abschluß der Zeremonie zu der Person zurückzukehren und den Frieden *Jeheshuahs* mit sich zu nehmen.
5. Es stellt einen Schutz gegen das psychische Eindringen der Gedanken von anderen dar oder gegen psychische Verwirrungszustände, die an einem Ort auftreten können, der mit Furcht aufgeladen ist, weil dort fürchterliche Dinge geschehen sind.

(Anmerkung: Dieses scheint kein originales Ordensdokument zu sein. Es wurde wahrscheinlich von Dr. R. Felkin während der Zeit der Stella Matutina geschrieben und zusammengestellt. I.R.)